Jürgen Oelkers
Reformpädagogik

Grundlagentexte Pädagogik

Jürgen Oelkers

Reformpädagogik

Eine kritische Dogmengeschichte

4., vollständig überarbeitete und erweiterte Auflage 2005

Juventa Verlag Weinheim und München

Der Autor

Jürgen Oelkers, Dr. phil., Jg. 1947, ist Professor für Allgemeine Pädagogik an der Universität Zürich.
Seine Arbeitsschwerpunkte sind Historische Bildungsforschung, vor allem des 18. und 19. Jahrhunderts, Reformpädagogik im internationalen Vergleich, Analytische Erziehungsphilosophie, Inhaltsanalysen öffentlicher Bildung und Bildungspolitik.

Bibliografische Information Der Deutschen Bibliothek

Die Deutsche Bibliothek verzeichnet diese Publikation in der Deutschen Nationalbibliografie; detaillierte bibliografische Daten sind im Internet über http://dnb.ddb.de abrufbar.

Umschlaggestaltung: Atelier Warminski, 63654 Büdingen
Umschlagabbildung: Lovis Corinth, Mädchen mit roter Puppe. Öl auf Leinwand 1886
Printed in Germany

ISBN 3-7799-1525-1

Vorwort zur vierten Auflage

Die erneute gründliche Überarbeitung der „Dogmengeschichte“ erfolgte zwischen Sommer 2003 und Frühjahr 2004 im Anschluss an eine Vorlesung, die ich im Sommersemester 2003 an der Universität Zürich gehalten habe. Die Datenbasis ist wesentlich erweitert, der gesamte Text nochmals vollständig redigiert worden, teilweise mit detaillierten Veränderungen und neuen Daten, ohne das hauptsächliche Argument anzutasten. Ich habe auf grundsätzliche Einwände der Kritik an anderer Stelle geantwortet, insbesondere auf Fragen der Dignität von „Reformpädagogik“ im Prozess gesellschaftlicher Modernisierungen. Die Überarbeitung nimmt an verschiedenen Stellen, auch implizit, Bezug auf diese Arbeiten nach 1996, versucht ansonsten aber, den ursprünglichen Zugriff zu bewahren und zugleich durch neuere Forschungen zu erweitern. Offensichtliche Fehler und Irrtümer sind beiläufig korrigiert worden. Ich habe die Einleitung neu gefasst, im zweiten und dritten Kapitel längere Passagen eingefügt, insgesamt bestimmte Gewichtungen verändert und überall die Literatur angepasst. Die unbekannten Autoren des 19. Jahrhunderts sind so gut es heute möglich ist nachgewiesen worden.

Die Gegenstandsbestimmung ist unverändert: Reformpädagogik muss vorgestellt werden als anhaltende Publizistik, die zugleich tradiert *und* erneuert, ohne das jeweilige Tagesgeschäft von einem übergeordneten Standpunkt betrachten zu können. Sie benutzt die pädagogische Umgangssprache und reichert sie je nach Lage an, aber erfindet sie nicht neu. Die Absicht ist immer eine innovative, sie muss rhetorisch verfahren und kann dabei auf bewährte Bestände gerade da zurückgreifen, wo sie Erneuerungen anstrebt. Die Relation von „alt“ und „neu“ ist Teil der Rhetorik, tatsächlich muss von einem kontinuierlichen Diskurs ausgegangen werden, der wohl beweglich, aber nicht beliebig variabel ist. Das gilt auch für die Praxis, auch sie hat nicht beliebig viele, sondern immer nur begrenzte Möglichkeiten zur Verfügung, die oft eher fortlaufende Erneuerungen als wirkliche Innovationen sind. Man muss jedenfalls immer mit Vorgeschichten rechnen, die Originalitätsbehauptungen in einem je anderen Licht erscheinen lassen.

Die Forschungssituation war 1985, also vor fast zwanzig Jahren, unvergleichlich schlechter als heute, nimmt man die internationale Diskussion zur Grundlage und bezieht sich auf ein breiter gewordenes Interesse, das zu Beginn der achtziger Jahre noch gar nicht abzusehen war. Die Revision einer allzu selbstgewissen und viel zu leichten Figur der Geschichtsschreibung war eine Intention am Ausgang meiner Forschungen, die ich nach wie vor vertrete. Was ich anbiete, ist eine Analyse reformpädagogischer Aussagen und ihrer Kontexte, soweit sie in den gewählten Zeitrahmen hineinpassen. Ich nenne sie auch deswegen „Dogmen“, weil sie erzieherisch inszeniert und kritikfest kommuniziert werden. Man glaubt ihnen *vor* der Kritik, auch und soweit die Texte und Argumente durch Charisma gesichert sind. Die Autoren der Reformpädagogik stehen mit ihrer Person dafür ein, dass die Aussagen als authentisch gelten können, während sich die Aussagen selbst oft gar nicht unterscheiden.

Dogmen wollen und müssen Recht behalten, und das Eigentümliche an der Reformpädagogik ist, dass die sanfte Sprache dies zugleich artikulieren und verdecken kann. Mich interessiert wesentlich die Macht dieser Sprache sowie die mit ihr artikulierten Postulate und Argumente, die als Fundus der Reflexion zur Verfügung stehen. Davon zu unterscheiden sind die praktischen Versuche, die nicht selten der Rhetorik widersprechen oder sie auf Abstand halten. Oft entspricht die ambitionierte Sprache nicht den Erfahrungen und vielfach ist das Ergebnis erheblich anders als die Erwartung, ohne die Ambitionen auskühlen zu können. Sie bleiben mit der reformpädagogischen Sprache erhalten. Die Geschichte ist also nicht nur eine der Kommunikation von Dogmen, sondern zugleich der fortlaufenden Anpassung von Sprache und Praxis mit sehr stabilen Mustern.

Dabei muss zwischen auffälligen und unauffälligen Versuchen unterschieden werden, also solchen, die großes öffentliches Interesse geweckt haben und solchen, die kaum zur Kenntnis genommen wurden und trotzdem wirksam waren. Ich habe daher in dieser Auflage verstärkt auch den *courant normal* der Reform berücksichtigt, nicht nur die herausgehobenen Versuche, die oft übertrieben spektakulär wahrgenommen werden und weniger originell sind, als sie selbst behauptet haben. Aber nur mit Blick auf unspektakulären Wandel kann die tatsächliche Wirksamkeit methodischer oder schulpraktischer Innovationen abgeschätzt werden, ohne immer gleich den Nimbus „Reformpädagogik" benutzen zu müssen. Die Entwicklungen innerhalb der staatlichen Schulen sind für den historischen Effekt der Reformpädagogik oft wesentlich repräsentativer als die viel diskutierten großen Alternativen wie Summerhill oder die Jena-Plan-Schule.

Was ich vorlege, ist eine Geschichte der Reform*pädagogik*, also der Theoriesprache und der öffentlichen Reflexion über Themen der Erziehung und Bildung. Im Mittelpunkt stehen dabei Autoren und Texte, Formen der Praxis werden so weit wie möglich berücksichtigt. Die These des Buches hat in der deutschsprachigen Diskussion nach 1989 eine gewisse Rolle gespielt, sie ist nunmehr erweitert und hoffentlich auch präzisiert worden. Ich habe den vergleichenden Aspekt nochmals verstärkt, zudem die Kontextualisierung schärfer zu fassen versucht und die Optik ausgedehnt. Die Darstellung nimmt Beziehungsnetze in den Blick, die Karriere von Themen, ein wiederum erweitertes Personal, die Entwicklung von Theorien und nicht zuletzt die praktischen Beispiele, die für „Reformpädagogik" und ihr Gelingen stehen sollen. Dabei wird nicht beansprucht, die Gegenstände in ihrer Komplexität vollständig zu erfassen. Das Buch enthält so vieles *nicht*, auch weil das Unbekannte das Bekannte immer noch weit überwiegt. Dafür ist die stark erweiterte Forschung verantwortlich, die leichte Reduktionen inzwischen verbietet und vieles offen halten muss. Das Konstrukt „Reformpädagogik“ wird sich Forschungseinsichten anpassen, und das setzt die abstrakten Modelle des Gegenstandes unter Druck.

Diese vierte Auflage der „Dogmengeschichte“ ist in Zürich geschrieben worden. Ich verdanke der Diskussionskultur des Pädagogischen Instituts der Universität Zürich viele Hinweise und Inspirationen, die sich oft nur ergeben, wenn sie *nicht* gewollt sind. Besonders profitiert habe ich von Diskussionen über die methodischen Probleme der pädagogischen Historiographie und von gemeinsamen Auseinandersetzungen mit dem Pragmatismus, die gezeigt haben, wie Modernisierungen der Theorie verstanden werden können. Überdies ist in Zürich meine Auffassung bestärkt worden, dass neben politischen und gesellschaftlichen auch ästhetische Kontexte zu berücksichtigen sind, wenn von Erziehungsreformen und so am Ende dann auch von „Reformpädagogik“ die Rede sein soll. Schließlich: Es gibt eine Buchproduktion *vor* und *mit* dem Internet. Auch das unterscheidet diese Auflage von den bisherigen.

Für Intuitionen, Recherchen, Kommentare und Kritik sowie nicht zuletzt für Reaktionen auf schnelle Anfragen hin danke ich Sabine Andresen, Esther Berner, Sylvia Bürkler, Felix Bürchler, Rita Casale, Rebekka Horlacher, Sabina Larcher-Klee, Alois Suter, Daniel Tröhler und Monika Wicki. Für *Hard-to-Find-Literature* waren auch Christian Kämpfer und Philipp Zimmermann zuständig, denen ich nicht zuletzt für Nachsicht im Blick auf die Rückgabe der ausgeliehenen Bücher danke. Ein wesentliches Medium für den Austausch war (und ist) der Mittagstisch. Insofern gebührt auch dem Zürcher Restaurant *Neumarkt* Dank. Lothar Schweim danke ich für die Möglichkeit, über einen zweiten Band nachzudenken. Sonja Geiser hat das Management für die Fertigstellung der vierten Auflage übernommen, ihr danke ich auch für Ruhe und Umsicht.

Uesslingen TG, 20. April 2004 *Jürgen Oelkers*

Inhalt

1. Einleitung: „Reformpädagogik" als Problem der Geschichtsschreibung

War die Reformpädagogik ein einziger Fehlschlag? Oder ist sie weiterhin *die* maßgebende Tradition für die künftige Schulentwicklung? Beide Fragen hätten noch vor zehn Jahren so nicht gestellt werden können, schon gar nicht als Alternative. Die erste Frage wäre ein Sakrileg gewesen, und die zweite hätte auf eine Selbstverständlichkeit verwiesen. Inzwischen hat sich die generelle Sichtweise oder der Blick auf die Reformpädagogik geändert, Kritik ist nicht mehr Zumutung und Empörung über Kritik stößt nicht mehr nur auf Zustimmung. Die Reformpädagogik, anders gesagt, verliert offenbar mindestens im akademischen Diskurs ihren Nimbus als herausgehobene Epoche der Erziehungsgeschichte, wenigstens ist dieser Nimbus nicht mehr unbestritten. Mittlerweile kann auf Forschungen zugegriffen werden, die unbesehene Größe fraglich erscheinen lassen, und die erlauben, zwischen Selbstanspruch und Effekt zu unterscheiden.

Die erste Frage nach dem Fehlschlag zielt auf die Legitimität der Reformpädagogik. Sie ist in der amerikanischen Diskussion im Anschluss an DIANE RAVITCH' Buch *Left Back: A Century of Failed School Reform* (2000) leidenschaftlich erörtert worden, vorerst ohne Lösung, weil die grundlegenden Positionen seit Mitte des 20. Jahrhunderts bekannt sind[1] und RAVITCH leicht als „konservativ" bezeichnet werden konnte. Sie diskutiert das Verhältnis von politischer Rhetorik und pädagogischer Praxis so, dass gewohnte Annahmen der „guten" Reformpädagogik fraglich werden. Im Kern lautet die These, dass die Praxis der *progressive education* wesentlich anders beschaffen war als die Rhetorik der kindzentrierten Erziehung durchscheinen ließ. Die Rhetorik war vor allem in der Hinsicht wirksam, politische Besitzstände abzusichern und die organisatorische Entwicklung der staatlichen Schulen zu behindern, insbesondere im Blick auf inhaltliche Bildungsansprüche. Auf dieser Linie ist von einem Jahrhundert-Fehlschlag die Rede, aus dem sich nur ein Schluss ziehen lässt: die Kindzentrierung schadet der gesellschaftlichen Bildung.

---

1 Die zentrale Diskussion war die zwischen ROBERT MAYNARD HUTCHINS und JOHN DEWEY im Anschluss an HUTCHINS' Buch *The Higher Learning in America* (1936). HUTCHINS formulierte gegen die amerikanische Reformpädagogik einen kulturphilosophischen Bildungsbegriff, der auf einen abendländischen Kanon großer Bücher bezogen war. Die Diskussion mit DEWEY fand 1936 und 1937 in der Zeitschrift *The Social Frontier* statt und hatte die definitive Spaltung der Lager zur Folge (Details in OELKERS 2003a; siehe auch NODDINGS 2003).

Die konzeptionellen Probleme der progressiven Erziehung hat zwei Jahre später KIERAN EGAN (2002) untersucht. Er stellt die auf HERBERT SPENCER, JOHN DEWEY und JEAN PIAGET zurückgehende Theoriebasis der progressiven Erziehung radikal in Frage. Nicht nur habe die Praxis nie der utopischen Rhetorik entsprochen, wofür es gute historische Daten gibt (TYACK/CUBAN 1995), auch stelle die Theorie keinen wirklichen Fortschritt und zumindest keinen haltbaren Grund dar. Insbesondere der Naturalismus[2] hinter den Theorien der unaufhörlichen Anpassung der Erfahrung, der intelligenten Problemlösung oder der kognitiven Entwicklung sei nicht haltbar. Erziehung könne nicht von der einheitlichen Natur des Kindes her verstanden werden, wie SPENCER, DEWEY oder PIAGET, jeder auf seine Weise, dies versucht hätten. Auch und gerade in theoretischer Hinsicht sei daher die Reformpädagogik ein Fehlschlag gewesen.[3]

Die zweite Frage nach der Vorbildlichkeit der Reformpädagogik dominiert immer noch die deutsche Diskussion, die nach wie vor in der Reformpädagogik und ihren Bewegungen das herausragende Vorbild für die künftige Entwicklung von Schule und Erziehung sieht (zuletzt: HANSEN-SCHABERG/SCHONIG 2002, differenzierter SKIERA 2003). Die historiographische Fragwürdigkeit von „vorbildlichen" Personen oder Epochen wird dabei ebenso wenig beachtet wie der zeitliche Abstand zur Gegenwart oder die Kontexte der Überlieferung. Letztlich geht der Ansatz auf eine Geschichtsschreibung zurück, die in der internationalen Literatur früh entwickelt war (etwa: GUEUX 1906), nämlich „moderne Erziehung" aus einer dazu passenden Vergangenheit abzuleiten und möglichst einheitliche Traditionslinien zu ziehen, die unmittelbar in die Gegenwart hineinragen. Dabei ist immer der Vergleich mit dem Ausland (wie BUYSE 1908) maßgeblich gewesen.[4]

In der deutschen Diskussion ist auch versucht worden, die Perennität der Reformpädagogik seit dem 18. Jahrhundert nachzuweisen (BENNER/KEMPER 2001-2003; vgl. DEPAEPE 2003), also die zeitliche Begrenzung aufzulösen und größere Zusammenhänge ins Auge zu fassen. Das entspricht der Idee, *vor* der „Reformpädagogik" nach Reformpädagogik zu suchen. Die von DIETRICH BENNER (1998) vorgeschlagene Einteilung von Phasen der *Reform-* und der *Normalpädagogik* hat freilich den Nachteil, nur auf deutsche Verhältnisse zugeschnitten zu sein und ein sehr formales Kriterium zu verwenden, während die Reformpädagogik als internationales und inhaltli-

2 EGAN diskutiert nicht die in diesem Zusammenhang zentrale Schrift DEWEYS, nämlich *Human Nature and Conduct* (1922), die eine klare Kritik an SPENCER enthält (vgl. DEWEY 2004, Nachwort).

3 Ich bin einem Vortrag verpflichtet, den JOHANNES BELLMANN am 18. Juni 2003 im Kolloquium Allgemeine Pädagogik des Pädagogischen Instituts der Universität Zürich gehalten hat. Auf seine im Entstehen begriffene Berliner Habilitationsschrift über JOHN DEWEY kann ich an dieser Stelle nur hinweisen.

4 Das ist zu unterscheiden von nationalen Fortschrittsgeschichten wie MARION (1889), DE MONTMORENCY (1904) oder BENEDICT (1942).

ches Phänomen verstanden werden muss. Zudem kann der Phänomenbestand nicht lediglich unter dem Blickwinkel einer „systematischen Pädagogik" betrachtet werden, also in einer theoriekritischen Perspektive, die große Linien zieht, ohne auf Details wirklich achten zu können. Die dabei konstruierten Bewegungen setzen eine historische Einheit voraus, die sich gerade beim Betrachten der Details kaum wird halten lassen.

Allgemeiner gesagt: Die heutige Auseinandersetzung mit Reformpädagogik stößt auf sehr grundlegende Probleme der pädagogischen Geschichtsschreibung, vor allem solche, die sich aus der normativen Verwendung der „Geschichte der Pädagogik" ergeben (OELKERS 1999, OELKERS 2004b).[5] Dieser Konflikt muss in einer Disziplin ausgetragen werden, die traditionell Forschung immer nur dann schätzt, wenn sie identitätsstiftende Annahmen verifiziert. Das Hauptproblem ist so die Konstruktion vieler komplexer Geschichten vor dem Hintergrund unmittelbarer Verwertungsinteressen, die „Reformpädagogik" mit *richtiger Praxis* gleichsetzen und den Kanon ihrer Einheitlichkeit nutzen, um Legitimationsbedürfnissen nachzukommen. Die historische würde dann die gegenwärtige Reformpädagogik rechtfertigen, was eine gerade Linie und so auch einen geschlossenen Korpus des Personals zwingend erforderlich macht. Nur so kann sie vorbildlich erscheinen und eine makellose Vergangenheit darstellen, was sie naturgemäß an keiner Stelle gewesen ist.

Das anhaltende Interesse an der Reformpädagogik etwa in der Ausbildung von Lehrkräften ist so *pädagogischer* Natur und setzt keine differenzierte Forschung voraus. Das pädagogische Interesse fragt nach Kontinuitäten und Vorbildern des *Guten* der Erziehung, die nicht historisiert werden dürfen. Geschichte auf gleicher Spur dient der Legitimation der je eigenen Praxis, von der angenommen wird, sie könne oder müsse sich analog zu historischen Vorbildern verhalten. Die zeitliche Distanz spielt keine Rolle, trotz starker Beschleunigung der Geschichte wird nach einem ruhenden Pol gesucht. Die Gegenwart soll an bestimmte, zu ihr passende Vorgänger anschließen, damit eine historische Linie entsteht, die Modellcharakter beanspruchen kann. Das verlangt nachträgliche Selektion, die die tatsächlichen Ereignisse filtert und das historische Personal radikal verengt, nämlich auf wenige bedeutsame Namen reduziert. Die Reformpädagogik kann so als begrenzte *und* herausgehobene Epoche erscheinen, die abgeschlossen ist und zugleich weiterwirkt. Der Rückgriff heutiger Autoren gilt einem spezifischen Zeitrahmen, einem spezifischen Themenkreis und auch einem spe-

---

5 Im Internet entstehen *Histories of Education*, die mindestens in formaler Hinsicht einen neuen Weg einschlagen, etwa die „Selected Moments of the 20th Century" von DANIEL SCHUGURENSKY: http://fcis.oise.utoronto.ca/``daniel_schugurensky/assignment1/
Daten zur Geschichte der amerikanischen Berufsbildung sind ebenfalls im Internet zugänglich: A Selected Chronology of Vocational and Technical Education.
http://www. okcareertech.org/history/history1.htm

zifischen Personal, das als repräsentativ für „die" Reformpädagogik vermutet wird.

Diese Objektbehauptung ist vor allem deswegen stabil, weil sie durch eine weitgehend gleichsinnige Geschichtsschreibung und damit verbundene starke Lexikalisierungen gesichert wird.[6] Kontrollierende Analysen im Blick auf diese Festschreibungen sind von der pädagogischen Forschung erst in den letzten Jahren unternommen worden. Die starke Kontinuität überrascht daher nicht, andere Sichtweisen haben immer noch Mühe, sich außerhalb der akademischen Literatur durchzusetzen. Die erste Frage in dieser Auseinandersetzung wäre freilich, ob Reformpädagogik überhaupt eine historische *Epoche* gewesen ist. Oft wird sie so verstanden, weil viele Akteure zwischen 1890 und 1930 von „neuer" im Unterschied zur „alten" Erziehung gesprochen haben und dabei einfach aus rhetorischen Gründen eine Art Epochenbruch unterstellten. Das „Neue" sollte sich auf ganzer Linie vom „Alten" unterscheiden, weil das optimale Aufmerksamkeit sicherte. Das Projekt des Neuen kann nur im Kampf mit dem Alten durchgesetzt werden, die Sprache muss daher suggestiv auf „Modernisierung" oder „Fortschritt" verweisen.

Die Frage nach der Epoche und ihrer Besonderheit lässt sich jedoch nicht einfach vom Akteursbewusstsein her entscheiden, also unter Rückgriff auf Sprache und Absichten der zeitgenössisch Handelnden, die in der Gegenwart zunächst nur durch die Geschichtsschreibung präsent sind und durch sie ihre Bedeutung erhalten. Das gilt umso mehr, wenn die Akteure zu Vorbildern und Legenden stilisiert wurden, was im Falle der Reformpädagogik immer noch als Regelerscheinung gelten kann. Die Interaktion mit Legenden (wie COIGNARD 2000) aber wäre gerade Teil der historischen Kritik, die sich insofern auf Überlieferungen nicht verlassen kann. Bei zu vielen Stichproben kommen zu viele Anomalien zutage, um auf diesem Wege das Bild der vorbildlichen Epoche aufrechterhalten zu können. Die Analyse wird also anders ansetzen müssen. Sie kann nicht einfach Personen zu literarischen Denkmälern machen und sie mit einer heroischen Zeit verbinden.

Eine solche Historiographie reagiert nicht auf Praxis, sondern auf Rhetorik. Seit etwa 1880 ist in der pädagogischen Literatur in zunehmendem Masse nicht mehr nur von Reform der Erziehung die Rede, sondern von „neuer" oder radikal anderer Erziehung, die es zuvor nicht gegeben haben soll. Als „neu" wird behauptet vor allem die Orientierung an der Entwicklung und im Weiteren an der Psyche des *Kindes*, zudem auf ein darauf bezogenes Arsenal von liberalen Methoden, Umgangsformen oder Lebensprinzipien etwa

---

6 Diese Tendenz wird durch die verschiedenen Webseiten pädagogischer Ansätze, die sich selbst auf die Reformpädagogik und ihre charismatischen Figuren zurückführen, nur noch verstärkt. Ein von aller Kritik unbeirrtes Beispiel ist das Archiv eines Reformpädagogischen Verlages in Freiburg/Breisgau, das gegen Gebühr Texte und Grafiken zur „klassischen und aktuellen Reformpädagogik" anbietet. Das Archiv ist zu erreichen unter: http://reformpaedagogik-archiv.de/index.html

im Blick auf die Reform der Schulen. Aber Plädoyers für die Freiheit der Kindheit und gegen die uniforme Schulbildung gab es im 19. Jahrhundert unablässig (wie DE LAPRADE 1867)[7] und nicht etwa nur an entlegenen Stellen. Die Einzigartigkeit des Kindes und seiner Persönlichkeit können keine Erfindungen von Autoren sein, die der Reformpädagogik nach 1890 zugerechnet werden, wenn man Mitte des 19. Jahrhunderts lesen kann:

> „N'oublions jamais ceci: que l'éducation est la formation d'une personnalité en vue d'elle-même, d'abord; tout autre but est secondaire" (ebd., S. 18).[8]

Aussagen wie diese finden sich vielfach im internationalen pädagogischen Diskurs des 19. Jahrhunderts, wenn man darunter nicht nur die Fachdiskussion der Lehrkräfte, sondern im Weiteren auch die literarische Diskussion der Öffentlichkeit versteht. Ständig werden Reformideen lanciert und ausprobiert, ohne auf Kindheitsrhetorik beschränkt zu sein. Reformpädagogische Ansätze reichen von CATHERINE BEECHERS (1829)[9] Begründung der neuen Mädchenbildung in den Vereinigten Staaten bis zu JULES SIMONS (1865)[10] Entwurf einer Volksschule für Frankreich, um nur zwei herausragende Beispiele aus sehr unterschiedlichen historischen Kontexten zu nennen.

Versuche wie diese waren erfolgreich, weil sie *nicht* das gesamte System verändern wollten, sondern sich auf bestimmte Problembereiche beziehen konnten. Damit ist keine epochale „neue Erziehung" verbunden gewesen,

---

7 VICTOR DE LAPRADE (1812-1883) war ein bekannter französischer Schriftsteller, der 1858 in die *Académie française* gewählt wurde. LAPRADE registriert eine „sollicitude pour l'enfance", die als Tugend der Gegenwart wahrgenommen werde und aber angesichts des Zustandes der Schulen und des staatlichen Regiments über die Kinder nur als nichtig erscheinen könne (DE LAPRADE 1867, S. 18ff.).

8 „Les droits de la société, si elle en a, ne viennent qu'après les droits de l'enfant" (DE LAPRADE 1867, S. 18).

9 CATHERINE ESTHER BEECHER (1800-1878) war seit 1821 als Lehrerin tätig und gründete 1823 zusammen mit ihrer Schwester MARY BEECHER eine eigene Schule, die vier Jahre später *Hartford Female Seminary* genannt wurde und als Reformschule nationale Berühmtheit erlangte. 1832 eröffnete CATHERINE BEECHER das *Western Female Institute* in Cincinnati, das allerdings nur fünf Jahre Bestand hatte. 1841 erschien ihr Hauptwerk, *A Treatise on Domestic Economy*, das die pädagogische Rolle der amerikanischen Hausfrau definierte und fünfzehn Auflagen erlebte. Eine Folge des Buches war die Gründung der *American Woman's Education Association* im Jahre 1852 (vgl.WHITE 2003).

10 JULES SIMON (1814-1896) war von 1833 an neben VICTOR COUSIN am Lehrstuhl für Philosophie der Sorbonne tätig und unterrichtete zugleich Geschichte der Philosophie an der Ecole Normale. Von 1848 an war er Deputierter der Nationalversammlung und wurde später mehrfach Mitglied der Regierung, darunter von 1870 bis 1873 als Minister für den Bereich der Instruction publique. Sein republikanisches Buch über die Schule (1865) entwirft ein Programm obligatorischer Schulbildung bei gleichzeitiger Freiheit des Unterrichtens. SIMON ist vielleicht der erste Autor, der Ausdruck „bonne école" benutzte und damit *Schulqualität* meinte (SIMON 1865, S. 213ff.).

es handelte sich immer um domänenspezifische Projekte mit begrenzter Reichweite, die nicht von sich aus auf einen Epochenwechsel verwiesen. Wer, wie SIMON, die Ignoranz der arbeitenden Klassen in Frankreich verändern und den Bildungsstand der Bevölkerung anheben wollte,[11] war auf die Verdichtung der Schulversorgung und vor allem auf die Verbesserung der Schulqualität verwiesen, nicht auf eine suggestive „neue Erziehung". Der Adressat ist immer eine sich entwickelnde Praxis, die nicht von ihren rhetorischen Formeln her verstanden werden kann. CATHERINE BEECHER gründete Institutionen für die Höhere Bildung von Mädchen,[12] ihre reformpädagogische Rhetorik sollte *diese* Vorhaben begründen und absichern.

Jede Reform benötigt Rhetorik, und die kann nicht einfach übernommen, sondern muss in ihrer Reichweite und ihren Bezügen je neu bestimmt werden. Dafür steht die Sprache der guten Erziehung zur Verfügung, die kein Autor für sich erfinden könnte. Wenn also in der deutschen Literatur Mitte des 19. Jahrhunderts von „naturgemäßer Erziehung" die Rede war (TIEDEMANN 1864), dann bezog sich das auf den Gemeinplatz der „Entwicklung der Anlagen", nicht auf eine neue Epoche der Erziehung, die angesichts der unbekannten Vorgeschichte immer eine riskante Behauptung sein muss. Der Topos des „Naturgemäßen" in der Erziehung fand längst vor ROUSSEAU Verwendung (OELKERS 2002), und er ist immer als Topos der Kritik eingesetzt worden, ohne sich auf eine gleichsinnige Praxis zu beziehen. Wenn also je zeitgenössische Autoren vom Beginn einer „neuen Erziehung" sprechen, dann benutzen sie eine rhetorische Figur und keinen Epochenbegriff, der nachträglich konstruiert wurde.

Die neueren Ansätze der reformpädagogischen Historiographie versuchen erkennbar, diese Probleme zu vermeiden, ohne dass die Ansätze ihrerseits bereits überzeugend sind. Mit ihnen sind erhebliche Nachteile verbunden: Alle großen Konstruktionen in der neueren Diskussion, die eine veränderte Geschichtsschreibung anstreben, verengen den Blick. Weder ist die historische Reformpädagogik ein normatives Reservoir für die Gegenwart noch war sie ein einzigartiger geschichtlicher Fehlschlag, sie kennzeichnet auch keine Pendelbewegung zwischen „normal" und „exzeptionell", schließlich war sie kein grundlegender Irrtum der Theorie und keine Praxis, die generell gescheitert ist. In diesem Sinne sind starke Negationen ebenso fragwürdig wie hagiographische Konstrukte, die man im Übrigen nicht dadurch überwindet, dass sie negiert werden. Sie sind Teil einer lexikalisierten Ordnung, die andauert und nur schwer zu verändern ist.

11 Der Analyse SIMONS lagen Daten von ROBERT (1863) zugrunde.

12 Neben den bereits erwähnten war CATHERINE BEECHER beteiligt an Gründungen von Women's Colleges in Burlington, Iowa, Quincy, Illinois und Milwaukee, Wisconsin. Befördert wurden diese Gründungen von *The Ladies Society for Promoting Education in the West.*

Der Hauptgrund für diese Zurückweisungen der historiographischen Modelle erwächst aus der fehlenden geschichtlichen Einheit des Objekts. Es gibt keine fest umrissene Größe „Reformpädagogik“, sondern nur angenäherte Semantiken, Praxen und Publizistiken, die international vernetzt waren und sind. Das Objekt also ist vielfältig, nicht einheitlich, und die einzelnen Stränge müssen ebenso kontextspezifisch wie detailliert aufgearbeitet werden, ohne gleichsam in einer Summe zusammen zu stimmen. Das gilt für „Phasen“ ebenso wie für „Einheiten“ oder für einen Gesamtkorpus „Reformpädagogik“, zudem für das verzweigte Personal, das biographisch, karrieremäßig und semantisch vielfach verbunden war, ohne hauptsächliche und marginale Akteure (und Aktricen) immer genau unterscheiden zu können.

Man kann Motive erfassen, den Fluss von Themen darstellen, praktische Versuche beschreiben und Ereignisketten rekonstruieren, ohne dabei auf „die“ Reformpädagogik zu stoßen. Der Ausdruck erlaubt nominelle Einheit, die aber weder auf einheitliche Theoriezusammenhänge noch auf analoge Verläufe oder passende Anschlüsse verweist. Viele Motive der Erziehungsreform sind sehr stabile Erscheinungen in der Literatur, manche Versuche sind kurzlebig, andere überdauern selbst den Wechsel von Gesellschaftsformen, bestimmte Ereignisse haben unmittelbare Folgen, ohne mit Nachhaltigkeit verbunden zu sein, andere Ereignisse werden in ihrer Bedeutung erst sehr viel später sichtbar, etc. So gesehen existiert wohl eine eng aufeinander bezogene Rhetorik, aber nicht eine theoretische oder praktische Einheit *hinter* den historischen Erscheinungen. Die Struktur muss jeweils der historischen Erfahrung und so dem Detail abgewonnen, also kann nicht vorausgesetzt werden.

Das aber stellt die gewohnte Historiographie der Reformpädagogik sehr nachhaltig in Frage. Sie rechnet mit bestimmten Zeiträumen, darauf abgestimmten Phasen, herausgehobenen Orten und einer bestimmten Namensordnung, die kanonischen Charakter angenommen hat. Untersucht man allein nur die Breite und Vernetzung des Personals der Reformpädagogik, dann wird ein problematischer Grundzug der Geschichtsschreibung sichtbar, die Fixierung von thematischen Prioritäten auf der einen, Prominenz der Autorenschaft auf der anderen Seite. Bestimmte Autoren gehören automatisch zum lexikalischen Code der Reformpädagogik, andere werden nie erwähnt, obwohl sie sich qualitativ oder im Blick auf ihre Originalität nicht unterscheiden und in der Rekonstruktion der Zusammenhänge nicht zu übersehen sind. In der bis heute maßgebenden Historiographie der Reformpädagogik gibt es eine erstaunlich geringe Zahl eminenter Autoren und sehr viele, die übersehen oder vergessen wurden, ohne dafür geeignete Kriterien zur Verfügung zu haben.

Das scheint die heutige Forschung korrigieren zu wollen. Wenn man andere Kriterien der Selektion als einzig die der lexikalisierten Bedeutung zulässt, zum Beispiel die Rekonstruktion der Führerschaft nach dem Geschlecht (SADOVNIK/SEMEL 2002), dann ergeben sich sofort andere Zuordnungen und erweitert sich unmittelbar das Spektrum der relevanten Namen.[13] Der männliche Grundzug der Bedeutsamkeit, die die bisherige Historiographie festgelegt hat, verschwindet zugunsten einer konkreten Beschreibung von Projekten, die sehr oft Frauen im Zentrum gesehen haben. Ähnliches gilt für regionale Studien, die reformpädagogische Akteure in der Provinz oder an unbekannten Orten sichtbar machen, ohne diese Akteure einfach den großen Namen nachordnen zu können (COBB 2000). Sie stehen mit ihrer Praxis für sich und sind nicht einfach zweitrangig, wie auch neuere Studien zu „Unbekannten" der deutschen Reformpädagogik zeigen (KLENNER 2003; siehe auch DÜHLMEIER 2004). Überzeugende Rangfolgen und Namenshierarchien sind generell schwierig zu konstruieren.[14]

Auch die detaillierte Rekonstruktion der herausgehobenen Modelle oder der Paradigmen der Reformpädagogik, etwa die *King Alfred School* (BROOKS 1998) oder die *Odenwaldschule* (NÄF 2004), relativiert die gewohnte Reihe der „bedeutenden" Autoren. Zudem wird sichtbar, dass die Praxis sehr viel profaner und sehr viel widersprüchlicher gewesen ist, als die hagiographischen Zuschreibungen durchscheinen lassen. Schließlich wird auch die pädagogische Geschichte des 19. Jahrhunderts anders sichtbar, nämlich als Geschichte *vieler* Experimente mit Erziehungsreformen, etwa solchen der sozialistischen Siedlungsexperimente (ROYLE 1998), die untereinander weit mehr und viel kontinuierlicher verknüpft waren, als es eine Geschichtsschreibung wahrhaben kann, die erst am Ende des Jahrhunderts eine herausgehobene Epoche beginnen lassen will. Und Kontextvergleiche machen den Zusammenhang von politischen und pädagogischen Bewegungen sichtbar, der es verbietet, Erziehungsreformen zu isolieren und „autonom" zu betrachten (MCGERR 2003).[15]

Sichtbar wird heute auch, dass die Geschichte der öffentlichen Bildung nicht als die Geschichte des Erfolges der Reformpädagogik geschrieben werden kann, wie DAVID TYACK und Andere (MONDALE/PATTON 2001) für

---

13 Links zu dem Thema finden sich unter: http://www.distinguishedwomen.com/subject/educate.html

14 Ein solcher Effekt der Demokratisierung der Namenshierarchien tritt auch ein, wenn loyal verfahren wird, etwa in einer *Hall of Fame* der „Pädagogischen Revolution", die auf der Website der *Alternative Education Resource Organization* (AERO) einzusehen ist. Die Liste umfasste am 27. Dezember 2003 176 Namen von ALEXANDER ADAMSKY über STRINGFELLOW BARR, HARTMUT VON HENTIG, JÜRG JEGGE und CARL ROGERS bis auf RUDOLPH STEINER, BILL WETZEL und „Every Teacher". Vgl. http://www.educationrevolution.org.

15 MCGERR beschreibt die vier Ziele der progressiven Bewegung in den Vereinigten Staaten (1870-1920), nämlich die Beendigung der Klassenkämpfe, die Bildung der Bevölkerung, die Kontrolle von Big Business und die Integration der Gesellschaft. *Progressive education* ist nur verständlichen vor dem Hintergrund dieser Mittelklasse-Bewegung und ihres evangelistischen Sendungsbewusstseins.

die Vereinigten Staaten dargelegt haben. Die im 19. Jahrhundert entwickelte Schulstruktur oder die *grammar of schooling* ist weit weniger durch progressive Methoden verändert worden, als dies in den Selbstbeschreibungen vieler Projekte behauptet wurde. Das Basisproblem der öffentlichen Bildung war immer soziale Integration angesichts hoher gesellschaftlicher Diversität (TYACK 2003) und nicht einfach „kindzentriertes" Lernen. Der Individualismus der progressiven Erziehung ist nur sehr bedingt in Einklang zu bringen mit den Bildungsaufgaben der öffentlichen Schulen. Und schließlich war die progressive Erziehung eher eine Episode in der amerikanischen Schulgeschichte als eine Epoche, die mit einem dramatischen Wandel verbunden gewesen wäre.[16] Die Geschichte der Pädagogik generell ist weit mehr eine *longue durée* und nicht eine unterteilte Bewegung, die scharfe Epochengrenzen kennen würde.

In der deutschen Geschichtsschreibung ist demgegenüber früh versucht worden, Reformpädagogik als eigene und herausragende Epoche der Erziehung zu fassen. Der nachhaltigste Entwurf stammt von HERMAN NOHL (1970),[17] der die Zeit zwischen 1890 und 1930 als Einheit *pädagogischer Bewegungen* versteht, die eine weitgehende Neubegründung der Erziehungspraxis bewirkt haben sollen. NOHL unterscheidet pädagogische Volksbewegungen, einzelne pädagogische Reformbewegungen sowie Bewegungen und Ansätze der Schulreform. Letztlich soll es sich um *eine* Bewegung gehandelt haben, die in ein bestimmtes Schema der Geschichtsschreibung eingefügt wird. NOHL sieht eine maßgebende Vorläuferepoche, nämlich die „Deutsche Bewegung", die

16 Das fordert Gegengeschichten heraus, etwa JOHN TALYOR GATTOS (2001) *Underground History of American Education*. Hier werden im Übrigen die „German Mind Science" und die „Prussian style of schooling" verantwortlich gemacht für die Kolonialisierung der zuvor freiheitlich verfassten amerikanischen Schule (ebd., S. 168ff.).

17 NOHLS Schrift *Die pädagogische Bewegung in Deutschland und ihre Theorie* ist eine Zusammenfügung zweier längerer Abhandlungen aus dem von ihm und LUDWIG PALLAT herausgegebenen „Handbuch der Pädagogik", dessen erster Band 1933 als letzter veröffentlicht wurde. Der Band thematisiert „Die Theorie und die Entwicklung des Bildungswesens". NOHLS Beiträge betrafen *Die Theorie der Bildung* (NOHL/PALLAT 1933, S. 3-80) und *Die pädagogische Bewegung in Deutschland* (ebd., S. 302-374). Die erste Buchveröffentlichung von 1935 fasst diese beiden Handbuchbeiträge zusammen, ergänzt um ein Nachwort („Die zwei Formen der Pädagogik": NOHL 1970, S. 221-227). 1948 erscheint eine Neuauflage mit einem wiederum eigenen Nachwort (ebd., S. 229). Seitdem ist das Buch inhaltlich unverändert im Handel, 2002 erschien die elfte Auflage. Der Entstehungszusammenhang wird von der Rezeption zumeist nicht beachtet: Den Epochenbegriff „Deutsche Bewegung„ verwendete NOHL zuerst in einem philosophiehistorischen Aufsatz, der im zweiten Band des Logos (1911/1912) erschien. Die Idee der Einheit der „pädagogischen Bewegung" – NOHLS Chiffre für Reformpädagogik – wurde in Aufsätzen im Pädagogischen Zentralblatt (1921) sowie in der Zeitschrift Die Erziehung (1926) entwickelt (NOHL 1949, S. 9-20, 21-27, 28-38). NOHLS Vorlesungen über die „Deutsche Bewegung„ sind aus dem Nachlass ediert worden (NOHL 1970a). Das Konzept geht auf WILHELM DILTHEYS Basler Antrittsvorlesung (1867) zurück.

zwischen 1770 und 1830 neben der literarischen auch die pädagogische Nationalkultur etabliert haben soll. Daran schließt sich eine negative Vorgeschichte an, die Entwicklung der Industriegesellschaft im 19. Jahrhundert, in deren Folge die ursprünglich organische Volks- und Erziehungskultur zersplittert worden sei.

Ohne diese beiden Voraussetzungen hätte, so NOHL, die deutsche Reformpädagogik nicht entstehen können. Sie würde so eine Dialektik von Ursprung und Zerfall voraussetzen, an deren Ende nachhaltige Erneuerung entsteht. Für eine solche Erneuerung hatte schon der Herbartianer WILHELM REIN argumentiert, als er 1895 in der einflussreichen Publikumszeitschrift *Deutsche Revue*[18] die „alte" und die „neue" Pädagogik unterschied, um ein Programm der deutschen Erziehungsreform postulieren zu können. Dieses Programm wird als dringendes und sich unmittelbar aufdrängendes Anliegen der Gegenwart verstanden, für dessen Notwendigkeit die durchgehend *falsche* Praxis der Schule den Beweis abgeben sollte. Wie für NOHL so ist auch für REIN ist der Hauptgegner die starre Didaktik der Schulfächer, die keine Rücksicht nähme auf die Individualität des Lernens und gleichwohl die Schulen, Gymnasien wie Volksschulen, bestimme.

Ähnliche Kritiken finden sich, wie zu zeigen sein wird, freilich im gesamten 19. Jahrhundert, das Grundschema, die „alte" und die „neue" Pädagogik, taucht an vielen Stellen auf. Die Gegenwart wird als notwendiger Bruch verstanden, mit dem etwas grundlegend Neues beginnen soll. NOHL behauptete eine „reißende" Veränderung des Systems – Erziehung und Bildung – „seit den achtziger Jahren", die durch drei Faktoren ausgelöst worden sei, die es vorher nicht gegeben habe, die Autonomie der Pädagogik, die „ganz neue Verbreiterung ihres Arbeitsgebietes" sowie die Einheit aller Ansätze in der „pädagogischen Idee" (NOHL 1970, S. 9/10). Grundlegend ist die Annahme der Autonomie der Erziehung. Am Ende von NOHLS Darstellung der pädagogischen Bewegungen stehen die „ewigen Wahrheiten des autonomen pädagogischen Wesens" (ebd., S. 101) und die daraus resultierende Differenz von Weltanschauung und Erziehung. Sie erlaubt, was in der „Reformpädagogik"[19] tatsächlich zu konstatieren ist, nämlich *Dogmatik*:

18 Gegründet 1875; es handelt sich nicht um eine Neugründung des 1835 verbotenen Zeitungsprojekts des Jungdeutschlands. Die *Deutsche Revue* war ein wilhelminisches Publikumsorgan. WILHELM REIN (1847-1929) war einer der wenigen Pädagogen, der hier publizieren konnten. Als Vertreter des Herbartianismus ist REIN konträr zur Reformpädagogik wahrgenommen worden, die er de facto aber entschieden befördert hat (OELKERS 1998).

19 Den Ausdruck „Reformpädagogik" verwendet NOHL nicht; er ist vermutlich zuerst von CLEMENS NOHL zur Beschreibung von Gymnasialreformen verwendet worden (NOHL 1901). In WILHELM REINS *Encyclopädischem Handbuch der Pädagogik* (1895-1899) taucht der Begriff noch nicht auf. Historiographische Einordnungen der deutschen Reformpädagogik haben vor NOHL und unabhängig von ihm so unterschiedliche Autoren wie RUDOLF LEHMANN (1920), ALFRED HERGET (1921), KARL

„Die gesunde Dogmatik des Pädagogen beginnt mit einer radikalen Gläubigkeit an das Gesetz seiner Lebensarbeit“ (ebd., S. 102).

NOHL stellt eine vorbildliche Epoche dar, also nicht lediglich die Geschichte von Gruppen und Reformereignissen. Reformpädagogik erscheint als Ensemble von pädagogischen Bewegungen, die bei aller programmatischen oder praktischen Differenz in der Idee übereinstimmen und in diesem Sinn eine Einheit bilden. Diese Konstruktion bestimmt die auf NOHL zurückgehende Historiographie, ausgehend von Kulturkritik habe sich zwischen 1890 und 1930 eine spezifische Konstellation deutscher Reformpädagogik ausgebildet, die es zuvor nicht gab, die originell ist und die weitreichende Innovationen auslöste (FLITNER/KUDRITZKI 1965; RÖHRS 1991; SCHEIBE 1994). In den pädagogischen Bewegungen figuriert sich, was WILHELM FLITNER 1928[20] das „beinah ... geschlossene Ganze“ der Reformpädagogik genannt hat (FLITNER 1968, S. 71). Sie wird als ideelle Einheit verstanden, die die Differenz der Bewegungen überlagert. Der Ausgang der Reformpädagogik von der „Deutschen Bewegung“ ist freilich reines Konstrukt. Die geschichtliche Differenz zwischen der Goethezeit und der Wende zum 20. Jahrhundert ist viel zu groß, um mit relativ einfachen Analogien eine einheitliche Dynamik erfassen zu können.

Es ist allerdings üblich, in der Geschichte der Reformpädagogik auf Vorbilder, also pädagogische Konzepte früherer Epochen, zurück zu greifen, auf die sich nachfolgende Bewegungen in der einen oder anderen Form berufen haben. Diese Konstruktion findet sich auch außerhalb der deutschen Geschichtsschreibung (MEDICI 1940),[21] der internationale Vergleich der Historiographie zeigt sogar eine starke Neigung, von *précurseurs* auszugehen und so die Pioniere der „neuen Erziehung“ (FERRIÈRE 1928) ihrerseits an Pioniere zu binden. Es gibt in der internationalen Reformpädagogik seit den dreißiger Jahren eine Tendenz zur Traditionalisierung des Neuen (BOUCHET 1933, EHM 1938, MACK 1941, HUSSON 1946), während zugleich ein deutlicher Bruch mit der Tradition herausgestellt werden muss. Einzelne Pioniere antizipieren das Neue, die Vergangenheit insgesamt wird verworfen, anders könnte es keine radikale Erneuerung geben, die wohl Vorläufer hat, aber zugleich historisch offen sein soll.

FRIEDRICH STURM (1930) oder HEINRICH DEITERS (1935) vorgelegt. Nur NOHLS Version hat sich durchgesetzt.

20 WILHELM FLITNER: *Die drei Phasen der pädagogischen Reformbewegung*. In: Neue Jahrbücher für Wissenschaft und Jugendbildung Heft 2 (1928) (FLITNER 1968, S. 71-82). Die Phasen beziehen auf die nationale Reformbewegung, die von der internationalen klar unterschieden wird (FLITNER 1931).

21 ANGELA MEDICIS *L'éducation nouvelle* (vierzehn Auflagen bis 1990, kurze Fassung in MEDICI 1940a) hat die französische Historiographie ähnlich beeinflusst wie NOHLS „pädagogische Bewegung“. Eine wechselseitige Bezugnahme ist nicht nachgewiesen, aber MEDICI lässt die „neue Erziehung“ genau dort beginnen, wo NOHL die „Deutsche Bewegung„ ansetzt. ANGELA MEDICI (1902-2001) eröffnete 1938 die *Ecole active à St. Cloud*, die sie 50 Jahre lang leitete.

Kein Akteur nimmt an, dass seine Bewegung endlich ist, einfach weil die gesamte Reformprogrammatik ohne zeitliches Limit kommuniziert wird. Entwicklungen werden wie *Steigerungen* erwartet, die fortdauern sollen, ohne ein abschließendes Niveau zu erreichen, während faktisch die Energie jeder praktischen Bewegung begrenzt ist. Die Emphase hinter der „Bewegung" *muss* sich verbrauchen, aber das Programm – NOHLS „pädagogische Idee" – scheint beliebig erneuerbar zu sein. Dagegen ist die Frage, was aus Reformbewegungen wird, wie und wo sie enden, was den Stillstand auslöst und was die nachfolgende Bewegung, von zentraler Bedeutung für das gesamte Problemfeld. Offenbar gibt es nicht einfach lineare Verknüpfungen über die Zeit, eher benutzen bestimmte Gruppierungen bestimmte Schlagworte und Verweisungszusammenhänge, um je neu eine Reformpraxis zu begründen. Nicht zuletzt aus diesem Grunde ist es schwierig, Reformpädagogik als Epoche anzusehen.

Drei Bedingungen müssen mindestens erfüllt sein, um von einer historischen „Epoche" in der Geschichte der Pädagogik sprechen zu können, die Umgrenzung ihrer Dauer, die Unterscheidbarkeit gegenüber Vorläufern und Nachfolgern sowie die Zuordnung eines bestimmten, unverwechselbaren Personals. Auf dieser Linie wären pädagogische Epochen einmalig, abgeschlossen und irreversibel. Sie wären, anders gesagt, Vergangenheit, die von der Gegenwart unterschieden werden muss. Das trifft jedoch weder auf die Sprache der Erziehung noch auf die Entwicklung ihrer Praxisfelder zu. Sie können nicht nach dem Vorbild der Stil- oder Kunstgeschichte in Epochen unterteilt werden, ohne deshalb platonisch verstanden werden zu müssen. Hinter der Sprache steht keine pädagogische „Idee", sondern Kommunikation und Publizistik, die fortlaufend erneuert und auf je andere Kontexte hin konturiert wird, ohne sich von der eigenen Vergangenheit einfach trennen zu können.

„Reformpädagogik" ist ein perennierendes Thema, das nicht von einer anderen Pädagogik unterschieden werden kann. Pädagogik im modernen Sinne ist *immer* Reformpädagogik. Ihre grundlegenden Konzepte passen sich wechselnden Situationen an, bringen auch praktische Innovationen hervor, erzeugen aber zugleich neue Problemlagen, die für eine Kontinuierung der Reflexion sorgen. Die Reflexion selbst muss dann über einen stabilen Kern verfügen, Formeln der Kommunikation und Muster der Argumentation verwenden, die als „pädagogisch" unterscheidbar sind und für moralische Gefolgschaft sorgen können. Diese eigenartige Dialektik von Kontinuität und Neuaufladung lässt sich an den Themen der *éducation nouvelle*, der *progressive education* oder der „neuen Erziehung", also der massierten Erziehungspublizistik am Ende des 19. und zu Beginn des 20. Jahrhunderts, gut zeigen.

Diese Publizistik gewann zusehends öffentlichen Einfluss und konnte Motive und Modelle der Reform präsentieren, ohne auf die eigene Kontinuität achten zu müssen. Die Modernisierungserfahrungen der Gesellschaft prägten die Erziehungsreflexion nicht vollständig neu. Ihre historische Struktur blieb erhalten, Innovationen wurden oft mit sehr traditionalen Motiven begründet, die seit der Reformation immer dann ins Spiel kamen, wenn pädagogische Umkehr zur „wahren" oder „eigentlichen" Erziehung gefordert wurde (vgl. OELKERS/OSTERWALDER/TENORTH 2002). Und das erlaubt einen paradoxen Schluss: Semantisch, motivational oder argumentativ gesehen hat es eine eigene, strikt unterscheidbare Epoche „Reformpädagogik" nicht gegeben, die Sprache der Reform entsteht nicht neu, die Einstellungen hinter der Sprache werden am Ende des 19. Jahrhunderts nicht neu geprägt und zentrale Argumente für die bessere oder die neue Erziehung sind seit der Antike nachweisbar (OELKERS 2004). Gleichwohl ist der Zeitraum zwischen 1880 und 1930, dem die Reformpädagogik gemeinhin zugeordnet wird, eine historisch besondere Erfahrung gewesen. Die Erziehungsreflexion musste auf eine grundlegend neue gesellschaftliche Situation reagieren, für die es vielen Hinsichten keine Vorbilder gab.

Zur Rekonstruktion dieses Erfahrungsraumes kann auf einen historiographisch strikten Epochenbegriff verzichtet werden. Auch ohne eigene Epoche „Reformpädagogik" können Innovationen der Erziehung und Bildung konstatiert werden. Die Innovationen müssen nicht von einem Nullpunkt des Neubeginns aus erzeugt worden sein; ihre Bedeutung kann auch darin liegen, ältere Konzepte und so eine Kontinuität zu beerben, die nachfolgenden Problemlagen angepasst wird. Genau das scheint ausgelöst zu haben, was später als eigene Epoche kodiert wurde, nämlich die Erziehungskritik und die Reformsprache im letzten Drittel des 19. Jahrhunderts und im ersten Drittel des 20. Jahrhunderts. Neu und originell sind dabei nicht die kommunikativen Formeln, sondern deren Verbreitung und Rezeption sowie die damit reflektierte Praxis.

Die Reflexionseliten wurden erweitert und nicht mehr nur aus den Lehrerprofessionen des 19. Jahrhunderts rekrutiert, zahllose Literaten und Intellektuelle engagierten sich für die „neue Erziehung" in allen ihren Spielarten, auf diesem Wege verdichteten sich die pädagogischen Diskussionen und erfuhren weltanschauliche Aufladung, gleichzeitig nahm die die funktionale Bedeutung des Feldes zu, „Erziehung", anders gesagt, wurde endgültig zu einem laizistischen Thema einer größeren, fachübergreifenden Öffentlichkeit. Die enge konfessionelle Bindung der Pädagogik löste sich auf, wenngleich christliche Erziehungslehren die Alltagspraxis bis weit ins 20. Jahrhundert hinein weit mehr bestimmten, als die Modernisierungsannahmen hinter der Reformpädagogik ahnen lassen. Aber „Erziehungsreform" und damit „neue Erziehung" wurde zu einem übergreifenden Assoziationsfeld öffentlicher Diskussion mit einem aufwändig erzeugten Themenstrom und vielschichtigen intellektuellen wie sozialen Bezügen, die sich nicht länger konfessionell kanalisieren ließen. Das geschah unter Wahrung moralischer Bindungen der Kritik. Oft wurden auch metaphysische Begründungszusammenhänge beibehalten, wenngleich diese an bestimmten Stellen Umbesetzungen erfuhren, etwa dort, wo spirituelle Bewegungen christliche Begründungen ablösten.

„Reformpädagogik" hieße so zunächst die Platzierung bestimmter Erziehungsthemen in der öffentlichen Diskussion, die Fixierung einer überzeugenden Sprache und die Intensivierung der damit verbundenen moralischen Diskurse anhand herausgehobener praktischer Beispiele. Die Akteure der Reformpädagogik nach 1890 entwickelten ein ausgeprägtes Modernitätsbewusstsein *mit* Bezug auf die eigene Tradition. Jeder pädagogische Strukturwandel, jede neue Praxis, jeder alternative Versuch muss die eigene Innovation gegen das überholte Alte abgrenzen, sich auf positive Vorbilder der Geschichte berufen und zugleich einen rhetorischen Bruch mit der defizitären Gegenwart vollziehen. Das geschieht in Medien öffentlicher Kommunikation, in denen die Abgrenzungen definiert und für die Trägergruppen der Reform stabil gehalten werden. Die „alte" steht gegen die „neue" Erziehung, nicht als historische, sondern als *moralische* Unterscheidung. „Gut" und „böse", die richtige und die falsche Erziehung, verlangen verlässliche Zeugen, die nur aus einer Vorläufertradition abzurufen sind. Glaubwürdige Zeugen für das eigene Anliegen müssen in *historischen* Kontexten gesucht werden, die nah (auch problemnah) genug sind, um einen Zusammenhang mit der Reformsituation der Gegenwart herstellen zu können und die sich zugleich zur Abgrenzung von der „falschen" Praxis eignen.

Von dieser Semantik und Rhetorik der Akteure kann die historische Rekonstruktion ihren Ausgang *nicht* nehmen. Und das verlangt einen Wechsel des historiographischen Zugangs, der ohne Epochenbegriff auskommt und keinen Kanon voraussetzt, weder den der Themen noch den des Personals. Die Epoche verengt und heroisiert die Zeit, der Kanon verstellt den Blick auf Alternativen. Die Zeit *vorher* bleibt Verfallsgeschichte, die Zeit *danach* wird in direkte Abhängigkeit von der einmal fixierten Geschichte gebracht. Eine andere Reformpädagogik wäre dann ebenso wenig darstellbar wie andere Geschichten von Reformen, einfach weil ein exklusiver Kern angenommen wird, den eine frühe Geschichtsschreibung fixiert hat. Der Preis war, alle Varianten ausblenden zu müssen und die Konkurrenz kurz zu halten. Aber Reformpädagogik ist gerade historiographisch ein offenes Problem; die Basisrelationen sind keine festen Größen und die Selektionen können mit jedem neuen Zugriff, soweit dieser überzeugend ist, verändert werden. Die Mitte lässt sich anders definieren und ebenso die Ränder, je nachdem, welche Quellen und Namen aufgearbeitet und so ernst genommen werden, dass sie ins Spiel gebracht werden müssen.

Im Folgenden werde ich also ohne den Epochenbegriff der NOHL-Schule arbeiten, also ohne eine zeitliche Fixierung, die geschichtsphilosophisch aufgeladen wurde, um den Rang oder die Bedeutung pädagogischer Bewegungen bestimmen zu können. Stattdessen werde ich gleichermaßen weiter und abstrakter definieren, was Thema und Objekt der Rekonstruktion ausmachen wird. Zunächst werde ich den Zeitrahmen ausdehnen und nach der Reformpädagogik *vor* der „Reformpädagogik" fragen. Die Reformpädagogik *avant la lettre* ist der Testfall für die Epochenbehauptung, die immer davon ausgegangen ist, dass vor 1890 nichts Wesentliches in Sachen Reform von Schule und Erziehung registriert werden kann. In einem zweiten Schritt werde ich die pädagogische Reformdiskussion in ihren *typischen* Motiven und Theoremen rekonstruieren, so jedoch, dass nicht einfach die Akteure zitiert werden, um dann deren Meinungen zu übernehmen, sondern im kritischen Vergleich sehr heterogener Strömungen, die unabhängig von nationalen Grenzen zur Darstellung kommen. Die Motive, der Stil der Reform und die Basisüberzeugungen sind im internationalen Vergleich mindestens in bestimmten Hinsichten sehr übereinstimmend. Eine Selektion, die national beschränkt bliebe, würde das eigene Problem unterschätzen.

Im Hauptteil des Buches stelle ich dann zwei Konzeptreihen vor, mit denen der literarische Niederschlag der Reformpädagogik – verstanden aus Kontinuum und Wandlungserfahrung – auf einer relativ abstrakten Ebene erfasst und diskutiert werden soll. Ich unterscheide Konzepte der *Schulreform* und solche der *Gesellschaftsreform*, denn „Reformpädagogik" heißt einerseits praktische Veränderung der Institutionen der Erziehung und Bildung, andererseits aber immer auch Reform des Lebens oder Wandel der Gesellschaft. Lediglich die Radikalität der Konzepte ist unterschiedlich. Schule und Gesellschaften waren Themen der Kritik und zugleich Objekte von Veränderungen, die innere wie äußere Bereiche betreffen konnte und die öffentlich mehr oder weniger sichtbar waren. Es gibt so etwas wie ein wenig spektakuläres, gleichwohl wirksames Normalschema der Reform, daneben charismatische Gründungen und hoch ambitionierte Projekte der Gesellschaftsveränderung, die ihre utopischen Zielsetzungen mit Hilfe der „neuen Erziehung" pragmatisch halten wollten. Insgesamt erzeugt die Analyse Differenz und keine Einheit.

2. Reformpädagogik *vor* der „Reformpädagogik“

Die „Reformpädagogik“ beginnt nicht mit einem bestimmten Datum. Es gibt keinen Auslöser der Reformdiskussion, denn das würde implizieren, vorher habe keine Auseinandersetzung über pädagogische Reform stattgefunden. Das lässt sich gerade an dem Ereignis zeigen, das oft für den Beginn der „Reformpädagogik“ in Anspruch genommen wird, nämlich die Rede des deutschen Kaisers WILHELM II. zur Eröffnung der von ihm selbst einberufenen Schulkonferenz 1890 in Berlin.[1] Tatsächlich verlangte WILHELM II. die Reform der Schule, vor allem des Gymnasiums, das einer scharfen Kritik unterzogen wurde. Die einflussreiche Rede betonte im Wesentlichen drei Kritikpunkte, die fehlende Verbindung der Schule mit dem nationalen Leben, die „Überbürdung“ des Unterrichts mit zu viel Stoff und schließlich die mangelhafte Erfüllung des Erziehungsauftrages der Schule. Positiv folgte hieraus die Forderung nach der Lebensdienlichkeit und Nützlichkeit des in der Schule Gelernten, die Entlastung von Ballast, der sich nur aufgrund der Eigengesetzlichkeit der Schulorganisation angesammelt habe und der deutliche Anspruch, dass die Schule an der Bildung des Charakters mitzuwirken habe (Verhandlungen 1891, S. 70-76).

Es gibt nach 1890 keine Programmatik und kein Postulat der Schulreform, in denen diese Motive *nicht* enthalten sind. Man muss aber hinzufügen, es gibt auch *vor* 1890 kein Reformprogramm, das nicht die Verbindung der Schule mit dem Leben, die Reduktion des Stoffes oder die Verstärkung des pädagogischen Auftrages der Schule gefordert hätte. Das Jahr 1890 stellte keinen Einschnitt dar, der einen irgendwie dramatischen Wandel auslöste.

1 Die „Verhandlungen über Fragen des höheren Unterrichts“ fanden vom 4. bis 17. Dezember 1890 in Berlin statt. WILHELM II. hatte dem Staatsministerium der geistlichen, Unterrichts- und Medizinal-Angelegenheiten am 1. Mai 1889, knapp ein Jahr nach der Thronbesteigung, eine Order zur Schulreform erteilt, die am 30. August 1889 mit Vorschlägen des Ministeriums über das niedere und das höhere Schulwesen beantwortet wurden. Politisch zentral war der ideologische Kampf gegen die Sozialdemokratie. Die Schulkonferenz galt allein der Reform des höheren Schulwesens, sie wurde durch den Minister VON GOSSLER am 31. Oktober 1890 eingeladen. Das Verzeichnis der Mitglieder spiegelt das Bildungsestablishment; es reicht von Universitätsvertretern wie RUDOLF VIRCHOW, HERMANN HELMHOLTZ und FRIEDRICH PAULSEN über die Repräsentanten der Schulaufsicht und der Leitung der Gymnasien bis zu dezidierten Reformpädagogen wie HUGO GÖRING (Verhandlungen 1891, S. 3-16). FRIEDRICH PAULSEN hat den Verlauf der Konferenz im *Deutschen Wochenblatt* vom 1. Januar 1891 näher beschrieben (PAULSEN 1912, S. 82-96).

Vielmehr wurden durch die Berliner Schulkonferenz bestimmte pädagogische Postulate, die längst vorher entwickelt waren, nur in einem stärkeren Masse öffentlich. Es war dafür ein Reservoir an Reformideen vorhanden, die nun allmählich immer mehr eine in sich gewandelte Öffentlichkeit interessierten,[2] nachdem sie jahrzehntelang mehr oder weniger nur in den Diskussionsorganen der Volksschullehrerschaft diskutiert worden waren. Aber aus dieser neuen Öffentlichkeit kann nicht geschlossen werden, dass plötzlich und auf breiter Basis neue pädagogische Ideen entstanden, die ältere ablösten und damit einen Bruch bewirkten.

Damit ist die *Vorgeschichte* eine entscheidende Größe für die Erklärung und Einschätzung dessen, was gemeinhin die „Reformpädagogik" der Jahrhundertwende genannt wird. Die Dynamik des 19. Jahrhunderts muss in Rechnung gestellt werden, gesellschaftlich, wissenschaftlich und kulturell, wenn die besondere Konfiguration der „Reformpädagogik" verstanden werden soll. Sie ist in ihren Leitideen das Kind dieses Jahrhunderts, die sozialen und intellektuellen Entwicklungen, die in diesem Zeitraum vollzogen wurden, sind die Voraussetzungen dafür, dass sich überhaupt so etwas wie eine pädagogische Reform vollziehen konnte. Das gilt nicht nur für die Diskussion am Jahrhundertende, die keineswegs in einem exklusiven Sinne „reformerisch" war, sondern das gilt für die gesamte Entwicklung im 19. Jahrhundert, die immer mit pädagogischer Reform konfrontiert war, auch und gerade in politisch ungünstigen Zeiten. Die Besonderheit der Auseinandersetzung zwischen 1890 und 1914 wird erst deutlich, wenn vorausgesetzt ist, dass „Reform" stets das zentrale pädagogische Anliegen war und dieses Anliegen in einem paradoxen Sinne erfolgreich war. Je besser die Reform gelang, desto mehr wurden die Postulate der Reform verstärkt.

Der Ausdruck „Vorgeschichte" darf allerdings nicht marxistisch verstanden und muss mit einer gewissen Vorsicht behandelt werden: Es gibt wiederum nicht eine einheitliche Sequenz, die zu rekonstruieren wäre. Vielmehr sind komplexe und heterogene Verhältnisse vorauszusetzen, die sich, allein schon aus Darstellungsgründen, nicht in *einer* Geschichte behandeln lassen. Ich werde daher mit scharfen Einschränkungen arbeiten und nur jene Aspekte des 19. Jahrhunderts behandeln, die für meine Fragestellung unmittelbar wichtig sind. Nach Lage der Dinge zählt dazu dreierlei, der Aufbau pädagogischer Reflexion im 19. Jahrhundert und die hohe Kontinuität der Reformmotive (2.1), der von Medizin und Physiologie getragenen Zusammenhang von empirischer Forschung und staatlicher Schulentwicklung

---

2 Neu war das Großstadtpublikum, grundlegend verändert gegenüber etwa der Jahrhundertmitte das Pressewesen und der Buchmarkt, stark gewandelt das Lebensgefühl nicht nur der künstlerischen Avantgarde; daraus resultierte die Modeabhängigkeit der öffentlichen Meinung, aber der schnelle Wechsel von Themen und Aufmerksamkeit eröffnete eben auch vormals randständigen Fragen ein Interesse beim Publikum. Dass sich eine neue öffentliche Meinung über Erziehung hergestellt habe, registrierte zum Beispiel DEMOLINS (1901, S. 1-39).

(2.2) sowie die Bedeutung der Kulturkritik für die Profilierung reformpädagogischer Fragestellungen (2.3).

2.1 Aufbau und Kontinuität pädagogischer Reflexion im 19. Jahrhundert

Im 19. Jahrhundert entstand das moderne Schulsystem, eine mehr und mehr staatliche Reform, die sich bis zum Ende des Jahrhunderts zu einem erfolgreichen Monopol entwickelte. Die Reform reagierte auf einen epochalen Wandel, der eine grundlegende Reform der Bildungsverhältnisse abverlangte. Die Modernisierung der Gesellschaft war im historischen Vergleich total und betraf nach und nach alle Lebensbereiche, die unter den Primat des unbeschränkten Wachstums gestellt wurde, mit dem die Umstellung der privaten Wirtschaft von Vorrat auf Verbrauch verbunden war. Dieser radikale Wandel wäre nicht möglich gewesen, wenn nicht neuartige Technologien und Organisationsformen für einen grundlegenden Strukturwandel der Produktion, aber auch der Warendistribution, der Verkehrswege und der Bildung der Bevölkerung gesorgt hätten.

All dies geschah nahezu zeitgleich innerhalb weniger Jahrzehnte: Industrialisierung zur standardisierten Herstellung von Waren, betriebliche Rationalisierung der Ökonomie, Entstehung eines globalen Handelsverkehrs und dessen Effektivierung durch Dampfschiffe, Eisenbahnen und große Kapitalgesellschaften, Aufbau eines Versicherungssystems zur Minderung der gesellschaftlichen Risiken, die medizinische Verlängerung des Lebens, Beginn der Konsumorientierung des häuslichen Verbrauchs und, nicht zuletzt, die staatliche Organisation der öffentlichen Bildung. Deutschland war verglichen mit Frankreich und England Mitte des 19. Jahrhunderts in vielen Bereichen eher rückständig und forcierte die Entwicklung erst nach der Reichsgründung 1871. Hohe Investitionen wurden dabei im Bildungsbereich getätigt, der zunehmend als Modernisierungsfaktor angesehen wurde.

Auf diese neuen Wirklichkeiten reagierte auch die professionelle Literatur im Bildungssystem, die im 19. wesentlich als Schulpädagogik und Fachdidaktik entwickelt wurde.[3] Ihre Autoren waren fast ausschließlich Lehrkräfte, darunter viele Schuldirektoren sowie das Personal der sich entwickelnden Lehrerbildung. Das erklärt den pragmatischen und zugleich innovativen Duktus der Literatur, die auf Systementwicklung eingestellt wurde und so zur perennierenden Reformpädagogik werden konnte. Zwischen 1820 und 1890 wur-

3 Ein Indikator sind die von Karl Nacke und später von August Lüben herausgegebenen *Pädagogischen Jahresberichte für Deutschlands Volksschullehrer Deutschlands*, die von 1846 an erschienen und von Jahrgang 12 (1860) bis Jahrgang 25 (1874) *Pädagogischer Jahresbericht für die Volksschullehrer Deutschlands und der Schweiz* hießen. Sie bilden die Literatur in der Mitte des 19. Jahrhunderts verlässlich ab. Weitere Indikatoren sind die diversen *Wegweiser* durch die Volksschulliteratur.

den institutionelle Wirklichkeiten geschaffen, die das Bildungssystem grundlegend erneuerten und die in vielen Hinsichten eine Erfolgsgeschichte darstellen. Gerade in dieser Hinsicht ist die „Reformpädagogik“ der Jahrhundertwende ein abgeleitetes Phänomen. Sie setzt eine viel größere Reform voraus, die die Bedingung dafür ist, damit „Reformpädagogik“ überhaupt zu einer öffentlichkeitswirksamen Disposition werden konnte.

Die zentrale Reform war die der Volksschule. Sie wurde gestaltet mit zwei Basisprozessen, die Rationalisierung der Schulorganisation und den Aufbau einer staatlichen Bildungsversorgung. Von diesen Prozessen sind alle anderen wie die Professionalisierung der Lehrerschaft, der Lehrmittelmarkt oder der Aufbau der Bildungsverwaltung abhängig. Auch die vielfältige schulische Differenzierung wäre ohne die Basisprozesse der Volksschule nicht möglich gewesen. Kindergärten, sonderpädagogische Einrichtungen, der Aufbau der Sozialpädagogik, am Ende des Jahrhunderts der Beginn der Erwachsenenbildung, vor allem aber die zunehmende Differenzierung des obligatorischen Schulsystems, setzten eine konstante Basisorganisation und eine durchgehende Bildungsversorgung mit hohen Sicherheiten in den staatlichen Haushalten voraus. Die institutionelle wie semantische Verdichtung des Systems wird sichtbar in WILHELM REINS *Encyklopädischem Handbuch der Pädagogik*, dessen letzten beiden Bände im letzen Jahr des 19. Jahrhundert erschienen.[4]

Schon zu Beginn der lang gestreckten Entwicklung vom Elementarunterricht des 17. und 18. Jahrhunderts zur allgemein bildenden Volksschule gab es sichtbare Effekte. Innerhalb von dreißig Jahren (1816 bis 1846) entstanden 18 Prozent mehr Schulen, wurden 40 Prozent mehr Lehrer eingestellt und vergrößerte sich die Schülerzahl um mehr als 100 Prozent (WEHLER 1987, S. 485). Obwohl die durchschnittliche Relation von Schülern und Lehrern bis 1848 auf 1:90 stieg und in den Städten oft noch höher lag (in Berlin entfielen zum gleichen Zeitpunkt auf jeden Lehrer 180 Schüler), gelang es der preußischen Volksschule, die Analphabetenzahlen drastisch zu senken und den Schulbesuch signifikant zu erhöhen. 1848 gingen 82 Prozent aller Kinder regelmäßig in die Schule, wobei allerdings „schroffe regionale Differenzen“ in Rechnung gestellt werden müssen (ebd). Bis zur Mitte des 19. Jahrhunderts wurde die Analphabetenquote auf 10 bis 15 Prozent der Schulabgänger abgesenkt, während sie zur gleichen Zeit in Frankreich und England noch über 40 Prozent betrug (ebd., S. 485f.).

Am Ende des Jahrhunderts war der Schulbesuch total und die Analphabetenquote minimal. Die Schulzeit verlängerte sich allmählich[5] und die Effek-

---

4 WILHELM REIN: *Encyklopädisches Handbuch der Pädagogik*, Bd. I-VII (Langensalza 1895-1899).

5 Die Regelschulzeit betrug um 1900 in fast allen Ländern des Deutschen Reiches acht und unterschritt nirgendwo mehr sieben Jahre (LEXIS 1904, S. 89ff.). Die schulrecht-

tivität nahm zu, nicht zuletzt durch die Verbesserung der Ausbildung der Lehrer. Das schlug sich auch in Zahlen zur Akzeptanz des Schulsystems nieder: „Von den 5.317.037 eingeschulten Kindern in 36.138 öffentlichen preußischen Volksschulen entzogen sich nach der Zählung von 1895 im Ganzen 487 Kinder widerrechtlich der Schulpflicht“ (LEXIS 1904, S. 5). Der Effekt dieser Verschulung wurde bei den jährlichen Rekruteneinstellungen abgelesen: 1881 waren 1,55 Prozent der eingestellten rund 150.000 Rekruten (des Reiches) ohne Schulbildung und also Analphabeten, 1891 waren es 0,45 Prozent bei rund 180.000 Mann und 1901 0,05 Prozent bei 260.000 Einstellungen (ebd., S. 8). Der Eindruck eines erfolgreichen Systems (ebd., S. 14) erhärtet sich, wenn noch drei weitere Tendenzen berücksichtigt werden: Das durchschnittliche Einkommen der Volksschullehrer stieg zwischen 1821 und 1901 um das Sechsfache, die Kosten für einen Volksschüler stiegen zwischen 1871 und 1901 um das Dreifache und die Kosten für die Volksschule insgesamt um das Fünffache (ebd., S. 11f.).

Die Elementarbildung und speziell die Volksschule sind damit Faktoren der Modernisierung im 19. Jahrhundert, wenngleich ambivalente (WEHLER 1987, S. 479; ausführlich zu dieser These: KUHLEMANN 1992; siehe auch LAMBERTI 1989), denn einerseits gelang mit dieser Institution die komplette und dynamische Verschulung der Gesellschaft, andererseits sorgte die Volksschule für soziale Disziplinierung und erlaubte von sich aus nur wenig Spielraum für liberale Ideen. Doch auch dieses Bild ist noch zu grob, denn die entstehende Schulkultur und die damit verknüpfte pädagogische Reflexion akklamierten nie einfach nur das Bestehende, sondern forcierten den Ausbau und damit zugleich die Idealisierung. Die Entwicklung konnte nur *mit* pädagogischen Motiven der Reform gesichert werden, die gleichsam die Anspruchsdynamik darstellten.

Die konservativen Versuche, die Entwicklung der Volksschule restriktiv zu handhaben, waren nur von begrenzter Wirksamkeit, weil die Kontrollinstanz selbst, die staatliche Administration, für einen allmählichen, aber unaufhaltsamen Ausgleich der zunächst sehr großen Unterschiede sorgte, so dass ein immer geschlosseneres System entstehen konnte (WIESE 1884, S. 48ff.; BORNHAK 1889). Einmal etabliert, entwickelte auch das Volksschulwesen eine Eigendynamik, die kontinuierlichen Ausbau erlaubte und immer mehr Ressourcen sowie Zuständigkeiten sicherte. Das gilt auch für die Zeit nach der Revolution von 1848 bis zur Reichsgründung 1871, in der gegenüber liberalen Kräften (vor allem der Lehrerausbildung)[6] Repression ausgeübt wurde und zugleich der Ausbau der Volksschule weiterging.

---

lichen Vorschriften des Allgemeinen Landrechts in Preußen (1794) hatten die Dauer der Schulpflicht noch offen gelassen.

6 Die achtzehn Jahre Geltung der Stiehlschen Regulative in Preußen (1854-1872) haben vor allem auf die Lehrerbildung eingewirkt, durch die Mythisierung dieses Vorgangs aber zugleich auch identitätsbildende Effekte für die Profession gehabt.

Zu diesem Zeitpunkt war der Prozess bereits irreversibel, und er hatte, aller Kritik zum Trotz, im Wesentlichen nur *eine* Richtung, die der kontinuierlichen Ausdehnung. Ein zentraler Faktor war, wie gesagt, der Verlauf der Alphabetisierung (BLOCK 1994), der stetigen Zuwachs zeigte, bis Ende des 19. Jahrhunderts nicht rückläufig war und bei gleichzeitig wachsender Literalität der Gesellschaft intensivierte Verschulung voraussetzte.[7] Irreversibel angestiegen waren aber nicht nur die Niveaus der elementaren Kulturtechniken, sondern auch die Befestigung der Budgets für Ausgaben der Volksschule in den öffentlichen Haushalten, die stete Intensivierung der Lehrerbildung, die Ausdehnung der Schulzeit, die Verbesserung des Angebotes etwa durch qualifizierte Lehrmittel, die erwähnte Reduktion der Klassengrößen und nicht zuletzt die gesellschaftliche Akzeptanz des Systems.

Grundsätzlich begleiten Expansion und Neustrukturierung des Bildungswesens die Modernisierungsprozesse in allen Industriegesellschaften des 19. Jahrhunderts, wenngleich organisatorisch different, sektoriell verschieden und unterschiedlich auch im Entwicklungstempo. Es gibt in Europa zentralistische und schnelle Verstaatlichungen neben föderativen, langsamen und durchaus widerständigen Entwicklungen, ohne dass die Gesamtrichtung dadurch verändert worden wäre. In jedem Falle war eine Antwort auf die Frage zu finden, wie in der neuartigen Dynamik gesellschaftlicher Entwicklung Bildung organisiert werden soll, wenn sie nicht mehr einfach im Anschluss an die Überlieferung bestehen kann, wie sie traditionelle Sozialisationsmilieus leisteten. Dass der Unterricht *nicht* mehr dem „Leben" dient, versteht man darunter einen unmittelbaren Verwendungszusammenhang, darin liegt die eigentliche Revolution der modernen Schule; sie stellt die öffentliche Bildung um von der Überlieferung im engen Lebenskreis auf die Dynamik des Wissens und die darauf bezogene Leistung des Lernens.

Gegenüber dieser institutionellen Wirklichkeit ist die pädagogische Reflexion von Anfang an ambivalent eingestellt. Sie begrüßt die professionellen Gewinne, aber sie ist skeptisch gegenüber dem Vorrang des Wissens und klagt immer wieder das ein, was die moderne Schule strukturell ausschließt, nämlich einfache Gesittung, Elementarität des Lernens und Unmittelbarkeit der Verwendung. Auf der anderen Seite operierte die Reflexion unablässig mit Reformideen, ohne sich je mit der gegebenen Wirklichkeit beruhigen zu können. Die Reformpostulate wurden umso stärker, je besser sich das Bildungssystem entwickelte. Entscheidend ist dabei, dass auf diesem Wege der Reformimpuls in der Institution verankert wurde: Die pragmatische Schulpädagogik des 19. Jahrhunderts ist also nicht einfach affirmativ, sondern immer zugleich kritisch, weil und soweit sie idealisiert, also die Praxis

---

7 Alphabetisierung ist nicht das Produkt der Volksschule allein, sondern des Zusammenspiels von dichter werdender Verschulung und steigender Literalität der Gesellschaft (für die Schweiz: MESSERLI 2002).

überbieten oder über sich hinaustreiben will. So tauchen immer neu Defizite auf, die einen Abschluss der Reform verbieten.

Schulen sind in der pädagogischen Reflexion notorisch imperfekt, und das hängt mit der eigenartigen Struktur zusammen, die die Institution im 19. Jahrhundert herausbildet. Sie organisiert Wissen in Fächern und konzentriert den Unterricht auf Lehrmittel. Diese profane Struktur ist sozusagen idealismusfördernd, damit riskant, weil sie eine Reflexionsdynamik in Gang setzt, die unabschließbar ist, während die idealen Motive der Reform immer mit Zielen verbunden werden, die erreichbar erscheinen müssen. Irgendwann werden sie als Wirklichkeit erwartet, aber die Ziele limitieren nicht wirklich den Prozess und können nur mit vagen Formeln kommuniziert werden. Dass ein zufrieden stellender Endzustand *nicht* erreicht wird, macht die Eigenart der Bewegung aus, die die pädagogische Reflexion unternehmen muss: Sie setzt immer wieder von vorne an. In der typischen Schulpädagogik des 19. Jahrhunderts ist Schulkritik gang und gäbe, wird ständig die Reform der Schule thematisiert und erscheint Zustimmung zum Bestehenden immer unter dem Vorbehalt eines Erziehungsidealismus, der von jeder Realität abweichen muss.

Die einschlägige Literatur behandelt immer wieder Kriterien der „guten Methode“. Darunter sind Forderungskataloge zu verstehen, die selbst einen erzieherischen Zweck haben. Die Lehrkräfte werden mit einem Handlungsideal konfrontiert, aus dem – unablässig – Reformpostulate erwachsen. Die Voraussetzung ist stets, dass in der bisherigen Praxis die „Kräfte der Schüler“ nicht angemessen berücksichtigt worden seien, der Unterricht nicht bildend wirke und das Erziehungsgeschehen nicht den „natürlichen Entwickelungsgang der menschlichen Natur“ angemessen berücksichtige (ZERRENNER 1820, S. 28). Das soll durch die gute Methode anders werden, aber es ist kein Zeitpunkt denkbar, an dem diese Methode optimal wirken würde, denn dass sie „fasslich“, „bildend“ und „naturgemäß“ sein soll (ebd., S. 28/29), ist stets nur Postulat, das jede mögliche Wirklichkeit überholen muss. Daher können die Grundbegriffe und die zentralen Konzepte der pädagogischen Reform trotz stark veränderter Randbedingungen beibehalten und müssen nicht revidiert werden, etwa angesichts von Modernitätsschüben in der Theorie. Die Reformkonzepte können ihre kritische Funktion im Prinzip nicht verlieren, solange sie die Reflexion anleiten. Die Praxis kann sie nicht widerlegen, aber auch nicht wirklich erfüllen.

Es gelingt der pädagogischen Reflexion im 19. Jahrhundert, Kommunikation und Publizistik auf „Reform“ einzustellen, wie sich an vielen Indizien ablesen lässt. Eine der zahlreichen Lehrerzeitschriften Mitte des Jahrhunderts hieß *Die Reform*,[8] und sie thematisierte jene Postulate, die für Re-

8 *Die Reform*, eine pädagogische Vierteljahrsschrift, die bei Hermann Böhlau in Weimar erschien, wurde 1857 begründet und herausgegeben von CARL FRIEDRICH LAUCK-

formpädagogik stehen, also etwa „die Individualität beim Spiel", die Forderung „pädagogischer Allseitigkeit" im Unterricht, die Ausbildung und Fortbildung der Lehrer, das Verhältnis von Schule und Elternhaus, die Begrenzung des Schulstoffes und natürlich den Anschauungsunterricht (Die Reform 1866). Schon 1832 ist der Schullehrer des neunzehnten Jahrhunderts als reformpädagogische Figur auf der Linie dieser Postulate modelliert worden,[9] und 1835 wurde gar das gesamte *Schulehalten im neunzehnten Jahrhundert* als Reformprojekt beschrieben (SCHULTHEISS 1835). Im Blick waren das „geschickte" Lernen der Kinder, der umsichtige und treue Lehrer,[10] der lebensnahe und kindgerechte Unterricht, die Regeln der Aufmerksamkeit und die Nachsicht gegenüber der Eigenart der Kinder. Der Fokus sind die *„innern Einrichtungen"* der Schule (ebd., Bd. I/ S. V), also das Schulleben und ein Unterricht, der der „natürlichen Entwicklung des Menschengeistes" entsprechen soll (ebd.).

Die entsprechenden „Grundzüge der Schulreform" (MEYER 1862) blieben nicht nur erhalten, sondern wurden ausgedehnt, so dass sie ihre Beschränkung auf die Volksschule überwanden (SCHMIDT 1863) und universell erwartet wurden, beziehbar auf jede Erziehung und jeden Unterricht. Die Reformpädagogik der Jahrhundertwende, soweit sie mit Schul- und Unterrichtsreform zu tun hatte, schloss hier an und erhöhte noch einmal den publizistischen Einfluss, ohne die reflexionsleitende Semantik zu verändern. Verwendet wurden genau dieselben Schlagworte in einer identischen Strategie der Propagierung des pädagogisch Guten. Der Theorierahmen kann ausgewechselt werden, aber nur so lange, wie die Reflexionsstruktur nicht gefährdet ist. Vor allem aus diesem Grunde lässt sich die These vertreten, dass es eine ungebrochene Kontinuität der Reformpädagogik im 19. Jahrhundert gegeben hat. Die Herkunft ihrer Motive und Leitideen ist streng genommen kryptisch, sie entstammen der Alltagsreflexion, vor allem der religiös bestimmten Alltagsreflexion, werden theoriefähig immer wieder durch Rückgriffe auf theologische oder metaphysische Systeme und bestimmen die pädagogische Kommunikation, ohne dass sie einem einzigen Entstehungsdatum zugeordnet werden könnten.

HARD, einem Oberschulrat aus Sachsen. Die Hamburger Zeitschrift *Pädagogische Reform* erschien ab 1877.

9 *Der Schullehrer des neunzehnten Jahrhunderts* war eine Zeitschrift, die in der Friedrich Brodhag'schen Buchhandlung herauskam. Sie erschien in achtzehn Einzelheften oder vier Jahrgängen (1832-1837). Dargestellt wurde von einem Anonymus ein komplettes Programm der Schulreform vom Anschauungsunterricht bis zur gesellschaftlichen Schulorganisation.

10 Die Kultivierung des Lehrers, speziell des Elementar- oder Dorfschullehrers, ist Thema einer eigenen Romanliteratur. Autoren wie BERTHOLD AUERBACH (1812-1882) prägen in Romanen wie *Neues Leben* (1851) oder *Das Landhaus am Rhein* (1869) das Bild des aufopferungsvollen, seinen Schülern zugewandten Lehrers, der mit geringen Mittel das pädagogisch Beste erreicht.

Ihre Bewegung lässt sich nicht auf einen Anfangspunkt zurückverfolgen. Sie wird nicht von charismatischen Theoretikern erfunden und dann schubweise verstärkt. Eher muss eine historische Semantik angenommen werden, die eigentlich anonym operiert; sie bestimmt die Tiefenschicht des pädagogischen Bewusstseins, ohne auf gleiche Weise wie ihr Objekt, die Volksschule des 19. Jahrhunderts, rationalisiert worden zu sein. Von einer Reformpädagogik *vor* der „Reformpädagogik" kann also nicht in dem Sinne die Rede sein, dass Vorläufer und Hauptsache unterschieden werden. Das Bild des „vorher" soll einfach die Zäsur in Frage stellen, die mit der Konstruktion der Besonderheit von „Reformpädagogik" immer verbunden wird. Was im 19. Jahrhundert beobachtet werden kann, ist demgegenüber eine hohe Kontinuität bestimmter Motive und Idealannahmen, die Zufriedenheit mit dem Status Quo ausschließen. Diese These werde ich im Folgenden erläutern und zwar zunächst mit drei konzeptionellen Beispielen und danach mit fünf Ketten von Themen und Motiven, die in der „Reformpädagogik" der Jahrhundertwende eine zentrale Rolle spielten und die bis heute präsent sind. Am Ende stehen Hinweise auf Reformschulen des 19. Jahrhunderts, die fast immer übersehen werden.

Als erstes Beispiel für die Kontinuität reformpädagogischen Denkens wähle ich Reflexionen über Erziehung eines Nichtpädagogen, nämlich HERBERT SPENCERS[11] *Education: Intellectual, Moral, and Physical.* Diese Reflexionen erschienen zwischen 1854 und 1859 in einer Serie von Zeitungsartikeln, die dann als Buch veröffentlicht wurden,[12] von welchem es 1874 auch eine deutsche Übersetzung gab. SPENCER argumentiert hier für eine grundlegende Reform der Erziehung und des Unterrichts, wobei er *alte* und *neue* Methoden voneinander abgrenzt. Was beide unterscheidet, wird mit Hilfe dreier Kriterien genauer bestimmt: Neue Methoden legen Wert auf die „systematische Ausbildung des Beobachtungsvermögens", auf „unmittelbare Anschauung" und darauf, das Lernen „angenehm und reizvoll" zu gestalten (SPENCER 1881, S. 99ff.). Damit wird die Methode der „Buchschule" kritisierbar, denn die sorgt lediglich für die Reproduktion des Wissens, das aus zweiter Hand erworben wird und somit mühsam und langweilig gelernt werden muss.

---

11 HERBERT SPENCER (1820-1903), Sohn einer Dissenter-Familie in England, war zwischen 1837 und 1841 bei englischen Eisenbahnunternehmen tätig und arbeitete danach als radikaler Journalist und Erfinder. Zwei Jahre war er ohne Anstellung, 1848 wurde er Redakteur und Mitherausgeber von *The Economist*. Eine Erbschaft ermöglichte ihm, von 1853 als unabhängiger Schriftsteller zu arbeiten. Er wurde zu einem der einflussreichsten – und umstrittensten – Autoren des 19. Jahrhunderts, der englischen Liberalismus, Utilitarismus und Evolutionstheorie zu vermitteln versuchte. SPENCER (1982) war ein entschiedener Kritiker des Staates und so der staatlichen Erziehung.

12 HERBERT SPENCER: *Education: Intellectual, Moral, and Physical* (London 1861).

Der Ansatzpunkt für diese Kritik ist eine Veränderung der Perspektive, die nicht von der Didaktik des Lehrstoffes ausgeht, sondern von den natürlichen Verhältnissen des kindlichen Lernens. „Die zunehmende Übereinstimmung mit dem Verfahren der Natur", so SPENCER, mache das Gemeinsame der verschiedenen Reformansätze aus (ebd., S. 103) und das sei eine alte pädagogische Einsicht, die schon PESTALOZZI formuliert habe (ebd., S. 104). Diese Tradition sei wegweisend auch für die künftige Reform der Erziehung, denn nur wer den „natürlichen Process geistiger Entwicklung" (ebd.) richtig versteht, kann die Erziehung auf die Kräfte und Potentiale des Kindes einstellen; er muss dann aber auch Rücksicht auf die Linien oder Abschnitte der Entwicklung nehmen, also jeweils *kindgemäß* erziehen.

Die Berufung auf „Pestalozzi" war Mitte des 19. Jahrhunderts ein Signum für Reformpädagogik. PESTALOZZI war das praktische Vorbild und der ständige Verweisungszusammenhang für den Anschauungsunterricht, mit dem die Schule reformiert werden sollte, obwohl seine eigene Methode kaum sehr viel mit dem zu tun hatte, was SPENCER unter „Anschauung" verstand und sich zudem sehr schnell als unwirksam herausstellte (KÜHN 1996). PESTALOZZI wurde zum Kult der deutschen Lehrerbildung und damit der Reformpädagogik aufgebaut (OSTERWALDER 1995), zu einer idealen Größe der Referenz, die nie eingelöst werden musste und doch maßgebliche Appellationsinstanz blieb. Reformpädagogik benötigte so immer Charisma, um sich selbst entfalten zu können. Entscheidend war nicht die Theorie, sondern die personale Mitte des Konzepts, also herausgehobene Pädagogen, die vor allem die Lehrerbildung brauchte, um die Erzieher erziehen zu können.

Die Personalisierung wurde nach 1890 erfolgreich fortgesetzt. ROUSSEAU oder PESTALOZZI wurden in zeitgenössischen Editionen zugänglich gemacht (etwa: GANSBERG 1906b oder GURLITT 1907a) und unablässig zitiert, obwohl doch der historische Abstand unübersehbar war. Aber die „neue Erziehung" der Jahrhundertwende konnte auf diesem Weg in einer Traditionslinie erscheinen, die ihr höchste Dignität verlieh,[13] denn sie konnte von sich sagen, dass sie die zentralen Motive und Ideen der klassischen Pädagogik nicht nur fortsetze, sondern sie endlich angemessen verwirkliche.[14] Aber die „Verwirklichung" beginnt nicht erst 1890, sondern wird unaufhörlich behauptet, weil und soweit ganz analoge Reformpostulate vertreten und begriffliche Konzepte verwendet wurden. Natürliche Erziehung, Anschauungsunterricht, „Kopf, Herz und Hand", Ganzheitlichkeit oder selbsttätiges Lernen sind im ganzen 19. Jahrhundert Slogans und Markierungen für Reformpädagogik.

---

13 Nicht nur in Deutschland; vgl. FERRIÈRE (1930), S. 17-48.

14 Auf die pädagogische Tradition, vor allem auf PESTALOZZI und ROUSSEAU, haben sich fast alle Schriftsteller der Reformpädagogik berufen (ich belege als Beispiele nur folgende Stellen: LIETZ 1897, S. 1ff., 67ff.; GURLITT 1906, S. 208f., 239f.; OTTO 1903, S. 33f., 329f.). *Abgrenzungen* von der Vergangenheit dagegen sind selten.

Das zweite Beispiel betrifft den pädagogischen Anspruch der Schule. Ein maßgebliches Stichwort dafür hieß „erziehender Unterricht" (GRAFF 1818, ARNOLD 1837 und zahllose andere). Es bezeichnete eine exklusive Kombination von schulischen Aufgaben, die sich der aufstrebende Lehrerstand in seinen Selbstdeutungen zuschrieb (etwa VOSS 1819, S. 50ff.). Mitte des 19. Jahrhunderts war diese Deutung diskursiv abgesichert, sie beherrschte die Öffentlichkeitsarbeit ebenso wie die Ausbildung der Lehrkräfte, damit das Methoden- und Aufgabenbewusstsein des Volksschullehrerstandes.[15] Schule sollte – und soll bis heute – nicht „nur" unterrichten, sondern zugleich und oft wesentlich betonter erziehen. Die eigene Erziehungsaufgabe der Schule ist eine Folge unablässiger Forderungskataloge und keine natürliche Zuschreibung.

Die Kompendien der Ausbildungsliteratur[16] artikulierten dieses Bewusstsein gleichermaßen paradigmatisch wie uniform: Grundlegend für die *Erziehungslehre* sei das persönliche Verhältnis zwischen „Erzieher" und „Zögling" (BAUR 1844, S. 28ff.), grundlegend für die *Unterrichtslehre* die didaktische Vermittlung von Kenntnissen (ebd., S. 154ff.); zwischen beiden Seiten wird ein enger Zusammenhang angenommen, das pädagogische Verhältnis bedinge die Qualität des Unterrichts, das Unterrichten könne nur so gut sein, wie es erzieherische Effekte habe. Erzieherische Effekte sind immer *seelische* Wirkungen, die als dauerhafte Einstellungen propagiert werden. Der „erziehende Unterricht" ist so die Praxisformel für das Ziel der Verinnerlichung von Moral; diese Formel wurde unabhängig von den tatsächlichen Wirkungen permanent in Anspruch genommen

Das dritte Beispiel ist die unaufhörliche Schulkritik, die sowohl innerhalb als auch außerhalb der Lehrerschaft artikuliert wurde und die nicht erst am Ende des 19. Jahrhunderts registriert werden kann. Radikale Schulkritik findet sich an verschiedenen Stellen in der deutschen Literatur des Vormärz. Ein Beispiel dafür sind etwa LUDWIG BÖRNES *Briefe aus Paris*.[17] Hier wird, unter dem Datum des 18. Januar 1833, die obrigkeitsstaatliche Pädagogisierung der Gesellschaft einer scharfen Kritik unterzogen. Die Erziehung schlage den Menschen tot, weil sie ihn „umstellt" und „umlauert", die Macht

15 Die Formel „erziehender Unterricht" ist auch in der Gymnasialliteratur an vielen Stellen nachweisbar (etwa ROTH 1865). Die Gründung der Lehrerseminare gab allerdings der Volksschulliteratur ein deutliches publizistisches Übergewicht.

16 Begrifflich maßgebend im ganzen 19. Jahrhundert sind AUGUST HERMANN NIEMEYERS *Grundsätze der Erziehung und des Unterrichts*, die 1796 in erster Ausgabe erschienen waren.

17 Die einhundertfünfzehn *Briefe aus Paris* erschienen von 1831 bis 1834 in sechs Bänden. JUDA LÖW BARUCH und LOUIS BARUCH, der sich von 1818 an LUDWIG BÖRNE nannte (1786-1837), wurde 1815 wegen seines jüdischen Glaubens als Polizeiaktuar und Beamter des Grossherzogtums Frankfurt entlassen. Er war danach ein bekannter Journalist, der 1830 ins Exil nach Paris ging. Politische *Briefe aus Paris* etwa mit Hinweisen zur staatlichen Lösung der sozialen Frage verfasste auch KARL GUTZKOW (1842, II. Theil, S. 123ff.).

dazu erhalte sie durch die „Ketten“ des Staates (BÖRNE 1986, S. 629). Am Besten wäre, heißt es am 25. Dezember 1830, ein Aufstand der „Schuljugend“ (ebd., S. 90) für die Freiheit der Bildung und gegen die Bevormundung durch den Staat. Statt „blinden Gehorsam“ zu fordern, müsse die Erziehung vom „Kinde“ aus gehen, also Verständnis zeigen für das, was Kinder sind und so auch nicht sind (ebd., S. 455f.).[18] „Schulmeister“ können demgegenüber nur das Volk unwissend machen und gefügig halten (ebd., S. 334f.).[19]

Die zentrale Rechtfertigung des Lehrerstandes[20] lässt BÖRNE nicht gelten:

> „Öffentliche Schulen sind nicht mehr als Marktanstalten, welche die Regierung mit Nahrungsmitteln für den Geist versehen lässt, damit jeder für sein Geld, so viel er für die Seinigen bedarf, dort finden möge“ (BÖRNE 1964, S. 363).

Ähnlich argumentierten etwa CARL GUSTAV JOCHMANN (1981)[21] in seinen nachgelassenen Papieren (1836-1838) oder auch MAX STIRNER (1842),[22] die jeweils die Schule des Gehorsams und die Erziehung zur Unterwürfigkeit anklagten. Wenn Erziehung überhaupt eine Berechtigung habe, dann könne diese nur in der Freiheit des Kindes gesehen werden. Staatliche Schulen zielten ab auf Untertanen, der „erziehende Unterricht“ sei daher unter den gegebenen Verhältnissen nichts als eine Schimäre. Das wurde etwa in KARL GUTZKOWS[23] satirischem Roman *Basedow und seine Söhne* (1838) deutlich, der den auf die Philanthropen zurückgeführten „erziehenden Unterricht“ als pädagogische Überspanntheit karikierte.

So radikal waren schulpädagogische Positionen im 19. Jahrhundert nie, aber auch sie erlaubten scharfe und konzeptprägende Kritik an den Organisationsformen der Bildung. Die „meisten Volksschulen“, schrieb HEINRICH STE-

---

18 Briefe vom 7. und 9. Februar 1832.

19 Brief vom 30. November 1831.

20 *Über die Nachteile der Schulversäumnisse* (16. Teil der Gesammelten Schriften von LUDWIG BÖRNE, 2. Auflage 1840-1847). BÖRNE rezensiert die Einladungsschrift zu der öffentlichen Prüfung der Frankfurter Musterschule, die 1819 verfasst wurde von deren Direktor, WILHELM HEINRICH SEEL.

21 Der Balte CARL GUSTAV JOCHMANN (1789-1830) arbeitete zunächst als Jurist in Riga und war von 1819 an als freier Schriftsteller in Deutschland tätig. 1828 publizierte er anonym das Buch *Über die Sprache*, eine frühe politische Kritik des Verhältnisses von Sprache und Öffentlichkeit.

22 MAX STIRNER ist das Pseudonym für den Lehrer und Philosophen JOHANN CASPAR SCHMIDT (1806-1856). STIRNER studierte Philosophie und war von 1839 an für sechs Jahre Lehrer an einer Berliner Mädchenschule. Sein Hauptwerk *Der Einzige und sein Eigentum* erschien im Oktober 1844.

23 KARL GUTZKOW (auch E.L. BULWER) (1811-1878) war Journalist und Schriftsteller zunächst in Leipzig und dann in Hamburg. Er war unter den Autoren des Jungen Deutschland derjenige mit der größten Nähe zur politischen Pädagogik. Sein letzter dreibändiger Roman hieß *Die Söhne Pestalozzis* (1870) (GRUBE 1871, S. 91-129; vgl. PROMIES 2003).

PHANI 1836,[24] sollten „eher nur Zuchthäuser als Erziehungshäuser" heißen, weil sie lediglich auf „Ruhe, Ordnung und Gehorsam" Acht haben und gerade nicht erziehen. Lehrer in diesen Schulen seien „Polizeimeister", keine Pädagogen, und ihr „Prinzip der Furcht" verhindere die „wahre sittliche Bildung" (STEPHANI 1836, S. 28ff.). Sittliche Bildung aber sollte das eigentliche Ziel sein (THIERBACH 1836), so dass sich dann auch ständig moralische Defizite nachweisen ließen, die der Schule angelastet wurden. Die „sittliche Verderbnis" konnte schnell mit der Einseitigkeit des Unterrichts zusammengebracht werden (CURTMANN 1847, S. 18ff.), habe man doch sogar schon „die Kleinkinderschulen an manchen Orten in Sitz- und Lernschulen verdreht," und glaube „die schulmeisterliche Weisheit gar nicht frühe genug einimpfen zu können" (ebd., S. 21).

Liberale Auffassungen, vergleichbar denen der Literatur im Vormärz, spielten in diesen Kritiken kaum eine Rolle, doch die Art und Weise, wie die Schule unter Anklage gestellt wird, war sehr ähnlich. Offen bleibt dabei, wie schlimm der vermutete sittliche Verfall jeweils ist (GRADAUS 1852, S. 16ff.), also ob die Schule die Kritik verdient oder nicht vielleicht doch auf einem guten Wege ist. Die Reformpädagogik kann gleichwohl die alte von der neuen Schule unterscheiden (SCHNELL 1864, S. 91-104), die alte Schule verdächtigen, sie betreibe ausschließlich eine „mechanisch todte Wortgedächtnissbildung" (ebd., S. 93f.)[25] und Auswege im kindgemäßen, natürlichen Unterricht nahe legen. Das wird Mitte des 19. Jahrhunderts wie eine wohltätige pädagogische Bewegung verstanden, die vom Leben aus die Schule reformiert:

> „Wie die Turnvereine wieder jene Einheit des Leibes und Geistes erstreben, die uns in der Einseitigkeit unserer Bildung verloren gegangen ist; wie die Gesellenvereine auf dem wohlberechtigten Streben beruhen, die Kluft zwischen Körper- und Geistesarbeit auszugleichen: so wollen die Wohlthätigkeitsvereine gleichfalls die Disharmonie zwischen leiblicher und geistiger Existenz ausgleichen, die unterdrückte freie Persönlichkeit wieder herstellen" (GRUBE 1851, S. 17).

Wohltätigkeitsvereine waren private Institutionen, die schon zu Beginn des 18. Jahrhunderts zur Förderung von Bildung eingesetzt wurden. Diese Aktivitäten konnten noch Mitte des 19. Jahrhunderts als Alternativen zur staatlichen Schulorganisation erscheinen, weil sie keine Verwaltung, sondern

---

24 HEINRICH STEPHANI (1761-1850) war von 1808 an als Schulrat an der Reorganisation des bayrischen Schulwesens beteiligt. 1817 ging er in den Kirchendienst zurück, von dem er 1834 angesichts vieler Konflikte mit der Kirchenordnung suspendiert wurde. STEPHANI ist einer der Begründer der Lautiermethode des Elementarunterrichts.

25 Ähnlich WUNSCHTLI (1845, S. 39f.) und viele andere Autoren. „Wunschtli" ist das Pseudonym für KARL FRIEDRICH WILHELM WANDER (1803-1879), er war einer der Begründer des ersten deutschen Lehrervereins.

freie Vereine und eine unabhängige Vergabepraxis voraussetzten (vgl. GEDRATH 2003).

Im Sinne von AUGUST WILHELM GRUBE[26] war damit die sich entwickelnde rationale Verschulung zur Disposition gestellt, die den Motiven der gefühlten Unmittelbarkeit widerspricht und Lehrplan wie Methode abstrakter ansetzt, nämlich auf eine verbindliche Organisation bezieht, die unabhängig von individueller Zustimmung Geltung finden kann und muss. Nur so kann Schule allgemein gehalten werden. Die Kritik ignoriert diese Bedingung und formuliert eine stereotype Alternative, die der realen Schulentwicklung entgegen läuft und doch ständig hingestellt werden kann, als sei sie jene praktische Möglichkeit der Reform, die nur ergriffen zu werden bräuchte. Dabei war immer „Anschauung" das zentrale Element der methodischen Alternative. „Wir huldigen selbst der Mathematik und Geschichte auf den Gymnasien nur so weit, als den Bedingungen lebendiger Anschauung ... von beyden Genüge geschieht" (FALK 1821, S. 35).

Generell wird „Schulreform" mit Hilfe sehr stabiler Motive und Themen konzipiert,[27] an die die Schulreformdiskussion nach 1890 anschließt, ohne sie zu prüfen und zu verändern. Es sind einfach fortlaufende Assoziationsketten, die immer neu aktiviert werden können, ohne auf die Veränderungen der Praxis zu achten. Im Kern geht es um

- „Arbeit" und „Arbeitsunterricht",
- „Phantasie" und „Lernen" als Medium ästhetischer Erziehung,
- „Wandern" und „Turnen" als Ausweitung und Ergänzung der Schulerfahrung,
- „innere Schulreform" und Bildung des Gemüts sowie schließlich
- um die Reform der Unterrichtsmethode vom Prinzip der „Anschauung" aus.

Sie stellen die fünf zentralen Motivbündel dar, aus denen sich reformpädagogische Reflexion seit Beginn des 19. Jahrhunderts zusammensetzt. Es handelt sich um einen stabilen Erwartungshorizont, der verschiedene Gewichtungen erlaubt und als Tradition eigener Art anzusehen ist, die sich all-

---

26 AUGUST WILHELM GRUBE (1816-1884) lebte zuletzt als freier Schriftsteller in Bregenz. Er besuchte nach 1833 das Lehrerseminar in Weissenfels und war von 1840 an in verschiedenen Stellungen als Hauslehrer tätig. Sein *Leitfaden für das Rechnen in der Elementarschule* (1842, sechs Auflagen bis 1881) entwickelte sich zu einem fachdidaktischen Standardwerk. Erfolgreich waren seine populärwissenschaftlichen Bücher, die ihm eine unabhängige Existenz sicherten. Ein Beispiel sind die vierteiligen *Biographien aus der Naturkunde in ästhetischer Form und religiösem Sinn* (letzte Auflage 1877-1880).

27 „Motiv" verstehe ich im Sinne von *Beweggrund* für Kritik und Reform. Was immer wieder Reformdiskussionen auslöste, war das Motiv der „Ganzheitlichkeit", um das Themen der Arbeitsschule oder der inneren Schulreform gruppiert wurden. Aber solche Themen können auch Motive werden, beides ist nicht trennscharf.

mählich verdichtet und in der Professionsliteratur der Lehrkräfte publizistisch ausprägt.

Ein zentrales Motiv der Erziehungs- und Schulreform ist *Arbeit*, das im 19. Jahrhundert verbunden wird mit dem Konzept der *Arbeitsschule*. Produktive Tätigkeit wurde als wesentliches Erziehungsmittel angesehen und in einem effektvollen Gegensatz zur passiven „Lern- und Buchschule" gebracht, der bis heute in der Kritik des „Frontalunterrichts" nachwirkt. Das Konzept ist am Ende des 19. Jahrhunderts nicht erfunden worden, wie es vor allem der Prioritätenstreit zwischen ROBERT SEIDEL und GEORG KERSCHENSTEINER vermuten ließ.[28] Eine Geschichte des Arbeitsunterrichts in Deutschland ließ ROBERT RISSMANN bereits 1882 erscheinen, die die pädagogische Bedeutung der Handarbeit auf den pädagogischen Realismus des 17. Jahrhunderts zurückführte und die, vermittelt über den Pietismus und PESTALOZZI, vor allem FRIEDRICH FRÖBEL und die Kindergartenbewegung für die Verwirklichung des Konzeptes im 19. Jahrhundert verantwortlich sah (RISSMANN 1882, S. 47ff.).

In der Gegenwart, so RISSMANN weiter, müsse nun eine Entscheidung getroffen werden über die Grundprinzipien der Schulbildung und nicht zufällig führt diese Entscheidung direkt auf Reformpädagogik: Es seien drei Richtungen des „Arbeitsunterrichts" entstanden, nämlich die Ausbildung von Fertigkeiten zur Entwicklung einer „Hausindustrie", die Bildung der Handgeschicklichkeit im Sinne einer Berufsvorbereitung und schließlich die Handarbeit als Erziehungsmittel des ganzen Menschen (ebd., S. 86ff.).[29] Nur diese dritte Richtung sei erzieherisch im Geiste FRÖBELS (ebd., S. 90/91), und einzig sie könne die Volksschule bereichern, ohne „technologisch" verstanden zu werden.[30] Die pädagogische Begründung der Arbeit müsse von der ökonomischen strikt unterschieden werden, denn es gehe

---

28 Der Zürcher Privatdozent und spätere Nationalrat ROBERT SEIDEL (1850-1933) bestritt, dass KERSCHENSTEINER bei seinem Vortrag *Die Schule der Zukunft eine Arbeitsschule*, gehalten anlässlich der Pestalozzifeier am 12. Januar 1908 in Zürich, eine originelle Position vertreten habe (SEIDEL 1909, S. 7ff.). Vielmehr sei das zentrale Konzept bereits 1885 von ihm, SEIDEL, formuliert worden, und zwar mit einer entscheidenden Differenz zur Pestalozzischen Idee der Anschauung (ebd., S. 22ff.; vgl. SEIDEL 1885), der gerade nicht als Grundlage des Arbeitsunterrichts fungieren könne. Seit der Industrieschule zu Beginn des 19. Jahrhunderts ist dies allerdings auch kein sonderlich neuer Gedanke mehr und lässt sich ein lang anhaltender Streit zwischen beiden Prinzipien nachweisen.

29 Das bezieht sich etwa auf die „Leipziger Schülerwerkstatt", die 1880 von der Gemeinnützigen Gesellschaft in Leipzig gegründet und von JULIUS WOLDEMAR GÖTZE (1843-1898) geleitet wurde. GÖTZE richtete 1884 auch Lehrkurse für die Ausbildung der Lehrkräfte in Knabenhandarbeit ein, die 1886 vom dem Deutschen Verein für Knabenhandarbeit zu einer Lehrerbildungsanstalt befördert wurden. Das Konzept der „Handarbeit" ging zurück auf KARL BIEDERMANNS (1812-1901) Schrift *Die Erziehung zur Arbeit* von 1852.

30 Der Ausdruck „Technologie" ist seit HERMANN (1781) im pädagogischen Bereich auf Ausbildung in Kunstfertigkeiten und Industrieschulen beschränkt.

nicht um materielle Existenzsicherung, sondern um ein Lernprinzip, das unabhängig von seinem wirtschaftlichen Ertrag zu verstehen sei.

Das Prinzip wird zumeist so formuliert: Nur das kann zu allgemeinen Regeln und Grundsätzen des Handelns werden, was zuvor erprobt und in eigener Tätigkeit als nützlich erfahren wurde. Hinzu kommt, dass die Arbeit an einem Produkt abschließbar ist und sichtbaren Erfolg hat, während die Schule Probleme des Wissens und der Erkenntnis thematisiert, die in aller Regel unabgeschlossen sind und dogmatisch traktiert werden. Das Unabschließbare aber ist für Kinder langweilig oder abstoßend, weil kein Erfolg sichtbar wird (so schon HEUSINGER 1800, S. 37ff.). Kinder lernen weit mehr, wenn sie produzieren und arbeiten können. Sie gehen aus von praktischen Problemen und nicht von abstrakten didaktischen Unterscheidungen, die nichts zu tun haben mit ihrem Erfahrungshorizont.

Auf der Linie dieser Kritik sind im ganzen 19. Jahrhundert Diskussionen geführt worden, wie Arbeit und produktive Selbsttätigkeit zum Prinzip schulischen Unterrichts gemacht werden können. Im Sinne von KARL PREUSKER (1835) ging es dabei auch um ein Gesamtkonzept der organisierten Volksbildung, das den Ausbau der Sonntagsschulen ebenso umfassen sollte wie den Aufbau von Real- und Gewerbeschulen, die Förderung des Vereinswesens für die Hebung des Gewerbefleißes, das Cameralstudium und nicht zuletzt die Einrichtung öffentlicher Bibliotheken.[31] Die Realschulen und die Sonntagsschulen als Vorläufer der Berufsschulen sind ambitionierte Reformprojekte im 19. Jahrhundert, die von Gemeinden sowie Vereinen getragen und die lange *nicht* als „Staatsanstalten“ betrieben wurden.[32] Für sie war produktive Arbeit das didaktische Grundprinzip. Das gilt auch für das erstmals wohl von PREUSKER gebrauchte Konzept der „Fortbildung“ in Beruf und Gewerbe (PREUSKER 1835 Teil III/S. 9ff.).

Aber schon Mitte des Jahrhunderts gibt es Auseinandersetzungen, ob „Handarbeit“ pädagogisch definiert werden kann oder nicht. Ein wesentlicher Impuls für die Didaktik der Handarbeit ist die Weltausstellung in Wien 1873 gewesen.[33] Sie war der Anlass für eine Diskussion, ob nicht die „sozia-

31 KARL BENJAMIN PREUSKER (1786-1871) studierte Kameralistik in Leipzig und war seit 1824 als königlich sächsischer Rentammann in Großenhain tätig. Er ließ hier am 24. Oktober 1828 die erste Schulbibliothek für Lehrer und Schüler einrichten, die 1832 nach Plänen PREUSKERS zur ersten unentgeltlichten deutschen Bürgerbibliothek erweitert wurde. PREUSKER gründete 1830 auch eine der ersten gewerblichen Sonntagsschulen und war zudem Förderer der Gewerbevereine.

32 Die Forderung geht wohl zurück auf LEHMUS (1833).

33 Seit der Londoner Weltausstellung 1851 sind mit derartigen Ereignissen immer pädagogische Reformdiskussionen verbunden gewesen, vor allem solche um die richtige Methode (mit Blick auf Philadelphia 1876 und die Projektmethode: KNOLL 1988, S. 502f.). Die Ausstellung in Wien präsentierte Musterschulen, die auch das Konzept der „Arbeitsschule“ berücksichtigten, wenngleich auf einem vergleichsweise einfachen Niveau (SCHWAB 1873, S. 6).

le Frage“ durch eine Revision der Volksschule in Richtung Arbeitsunterricht gelöst werden könne (ECKARDT 1875). Damit verlagerte sich die Aufmerksamkeit von Lehrgängen des Handarbeits-Unterrichts (SCHALLENFELDT 1861) zum Problem, wie das Verhältnis von Berufsausbildung und Allgemeinbildung gestaltet werden kann. Deren Verzahnung etwa über Lehrwerkstätten (BÜCHER 1879, S. 35 ff., 55ff.) sollte so gestaltet werden, dass der Arbeitsunterricht als allgemeines Unterrichtsprinzip erscheinen konnte.[34] Versuche der Verbindung von „Arbeitsschule“ und „Lernschule“ gab es etwa im Umkreis der Fröbelpädagogik, deren praktischer Ansatz 1876 so beschrieben wurde, dass mühelos die Projektmethode und der „Epochenunterricht“ zu erkennen sind (HANSCHMANN 1876, S. 276ff.), die also keineswegs erst in den Arbeitsschulmodellen der nachfolgenden Reformpädagogik auftauchen.

Das Grundprinzip dieser Ansätze richtete sich gegen die institutionelle Gestalt der Volksschule im 19. Jahrhundert: Der Unterricht sollte nicht länger nach Fächern getrennt und mit standardisierten Lehrmitteln erteilt, sondern auf konkrete, praktische Probleme bezogen werden, deren Bearbeitung selbsttätig und produktorientiert geleistet wird. Aus dieser „lernenden Arbeit“ ergeben sich Einsichten und Fragen, die sich auf bestimmte Wissensgebiete beziehen lassen, ohne dass deren Struktur die Façon des Unterrichts bestimmen darf. Das Wissen wird nicht nach einem Lehrplan gelernt, sondern im Vollzuge praktischer Tätigkeiten erarbeitet (SCHWAB 1873a, S. 19ff.). Auf diese Weise, so wird angenommen, stelle sich eine ganz andere Motivation der Schule gegenüber ein, die sich als unmittelbar lebensdienlich erweisen könne. Es handelte sich, anders gesagt, auch hier um eine frühe Version der Projektmethode, die ihren Ursprung in Konzepten der Arbeitsschule hat.

Die Diskussion Mitte des 19. Jahrhunderts hatte noch eine Kritik vor Augen, die den Arbeitsunterricht als „unpädagogisch“ hinstellte. 1847 hatte etwa HEINRICH GRÄFE[35] darauf verwiesen, dass Lernen und nicht Arbeit der

---

34 Der dänische Rittmeister D. CLAUSON-KAAS (gest. 1906) hatte auf einer Vortragsreise 1878 durch Deutschland ein Konzept des „Hausfleißes“ empfohlen, das Handfertigkeitsunterricht zum Nebenerwerb im Hause bezeichnete. 1873 war auf Betreiben von CLAUSON-KAAS in Kopenhagen die Allgemeine Dänische Hausfleiß-Gesellschaft gegründet worden, die die lokalen Hausfleißvereine organisierte. Die Vereine betrieben Handarbeitsschulen, die auf Berufe vorbereiteten. Sie fanden auch in Deutschland Beachtung (SCHENKENDORFF 1880, S. 50ff., WIESSNER 1889, S. 332ff.). Den Zusammenhang des Konzepts mit der schwedischen „Slöjd“-Bewegung stellt REINCKE (1995) dar, über die Kontinuität der Arbeitsschul-Diskussion informiert GONON (1992).

35 HEINRICH GRÄFE (1802-1868) wurde 1825 Direktor der Bürgerschule in Jena und erhielt 1840 an der Universität Jena eine außerordentliche Professur. Zwei Jahre später nahm er einen Ruf als Direktor der Bürgerschule nach Kassel an. GRÄFE entwickelte die Schule zu einer zeitgemäßen Realschule. Er wurde Mitglied der kurfürstlichen Oberschulkommission und Mitglied des Hessischen Landtages. 1851

Hauptinhalt der Schule sein müsse. Lernen *ist* die „Arbeit" der Jugend (GRÄFE 1847, Bd. 1/S. 627). Dieser Einwand ist immer wieder erhoben worden (vgl. nur: Die Schulwerkstätten 1881), ohne doch das klassische Argument der Reformpädagogik – produktive Tätigkeit erzieht – entkräften zu können. Gesucht wurde die Verbindung, nämlich wie Schule und Arbeit so verkoppelt werden können, dass das Lernprinzip der Schule gewahrt bleibt und zugleich das abstrakte Prinzip des Unterrichts nach Schulfächern korrigiert werden kann. Dafür steht früh der Ausdruck „polytechnische Schule" zur Verfügung (SCHNELL 1821).

Diese Diskussion hat eine Praxis zur Voraussetzung, in der Konzepte des Handfertigkeitsunterrichts, der Schulwerkstätten und nicht zuletzt der Schulgärten ausprobiert wurden, die als besonders wichtig galten für die Entwicklung von Projektunterricht.[36] In der zweiten Hälfte des 19. Jahrhunderts sind an vielen Stellen Versuche unternommen worden, das expandierende Schulsystem auf jene Prinzipien der Reform einzustellen, die die pädagogische Reflexion der Lehrerschaft auf PESTALOZZI oder FRÖBEL zurückführte und wach hielt (WIESSNER 1889). ERASMUS SCHWAB stellte 1873 in Wien den Prototyp eines österreichischen Landschulhauses vor, das neben dem Schulhaus und dem Schulgarten auch ein Wirtschaftsgebäude und eine Turnhalle umfasste. Die Idee war so inspirierend, zu Beginn des 20. Jahrhunderts „Idealschulgärten" geradezu als Utopie der Reformpädagogik erscheinen konnten (GRAEBER 1907).

Ein ähnlicher Befund gilt für die „ästhetische Bildung", deren Reorganisation längst *vor* der Kunsterziehungsbewegung gefordert wurde (RICHTER 1909, S. 22; LANGE 1893, S. 179). Der Hauptkritikpunkt war wiederum, dass der Schule zwar die Bildung „aller Interessen" der Schüler obliege, sie aber die ästhetische Bildung sträflich vernachlässige und auch in dieser Hinsicht nicht kindgemäß verfahre (MENGE 1879, S. 3). Schon 1848 war die Schulreform mit einem neuen Verhältnis von Kunst und Schule begründet worden (STARK 1848) und Mitte des 19. Jahrhunderts wurden Entwürfe

agitierte er pointiert gegen die konservative Reaktion im Verfassungskampf von Hessen-Kassel, wurde verhaftet und aus dem Dienst entlassen. Nach Verbüßung einer einjährigen Festungshaft ging GRÄFE in die Schweiz und gründete eine eigene Erziehungsanstalt. 1855 folgte er einem Ruf nach Bremen und wurde Direktor der dortigen Gewerbeschule.

36 Schulgärten waren schon Mitte des 19. Jahrhunderts Reformthema und sind dann in den siebziger Jahren vor allem durch ERASMUS SCHWAB propagiert worden (etwa: SCHWAB 1876). Es gibt hier einen auch ideologisch zu verstehenden Zusammenhang mit der Schrebergartenbewegung: „Müssen nicht die Kinder alle zu Baum- und Blumenfreunden werden und sind sie nicht dadurch, dass sie Naturfreunde werden, schon auf dem Wege, gute Menschen zu sein?" (ebd., S. 17) ERASMUS SCHWAB (1831-1917) war von 1853 an Gymnasiallehrer in Kaschau, Brünn und Olmütz, wo er 1872 das Direktoriat übernahm. Im gleichen Jahr verließ er den Staatsdienst und wurde Direktor des privaten Mariahilfer Kommunal-, Real- und Obergymnasiums im sechsten Bezirk Wiens.

diskutiert, wie das „Ästhetische als Erziehungsmittel und Unterrichtsgegenstand“ (GRUBE 1851; MEYER 1868) behandelt werden muss, damit „ganzheitliche“ Ziele der schulischen Bildung Wirklichkeit werden können (HENNIG 1874, S. 5 ff.).

In derartigen Postulaten machen sich die Interessen eines randständigen Schulfaches bemerkbar,[37] denn mit dem Argument der Ganzheit wird Gleichbehandlung gewünscht, die in der Einseitigkeit des intellektuellen Unterrichts nicht möglich ist. „Wirkliche Bildung ist nur da zu finden, wo die möglichst vollkommene Harmonie aller menschlichen Kräfte hergestellt ist“ (MEYER 1873, S. 8). Zugleich liegt darin aber auch Schulkritik: „Nur der künstlerische Gedanke ... ist erziehlicher Wirkung fähig, nicht sein Abbild oder die mechanische Fertigkeit, ein solches zu erzeugen“ (ebd., S. 70/71). Diese These lässt sich gegen den autoritären Zeichenunterricht wenden und damit auf die entscheidende methodische Frage führen, ob der Zeichenunterricht eher technisch (geometrisch) oder eher künstlerisch ausgerichtet werden solle (STEIGL 1886). Gegen die vielen „Zeichnungsschulen“ des Volksschulunterrichts, die der Bildung des Auges dienten, konnte schon 1856 eine Schule ins Feld geführt werden, die der „Selbstunterhaltung“ der Kinder dienlich sein sollte (OBACH 1856).

Die Kritik am geometrischen Schulzeichnen stimulierte die Bewegung der Kunsterzieher, die sich auf deren ersten Kongress 1901 in Dresden konstituierte. Aber diese Kritik hatte GEORG HIRTH schon 1887 geäußert, und sie lässt sich in der Tendenz noch weiter zurückverfolgen (etwa auf HILLEBRAND 1874 oder FLINZER 1864). Neu ist freilich, dass die Kunsterziehungsbewegung dieses Reformmotiv mit einer Psychologie des Kindes verknüpfte, die wesentlich nur noch die Kreativität betonte und auf Formungsabsichten verzichtete, welche zuvor auch in den „künstlerischen“ Positionen des Zeichenunterrichts vertreten worden sind (MEYER 1873, S. 153ff.). Zeichnen ist schon Mitte des 19. Jahrhunderts Teil der „Schulreform“, sofern es dem „selbstständigen Erfinden“ dient (PÖSCHE 1856, S. 287) und sich nach der Anschauung des Kindes richtet (FIALKOWSKI 1856).

Diese Kindzentrierung hat eine eigene Motivkette zur Voraussetzung. Ein starker Ausgangspunkt ist FRIEDRICH FRÖBELS romantische Theorie des kleinen Kindes gewesen, die es erlaubte, von „hoher angestrengter Geistesthätigkeit“ zu sprechen und in stark mythisierender Weise die „Ahnungen

37 Selbst in der Gymnasialpädagogik wird schon früh der Vorrang der ästhetischen Bildung gegenüber dem geometrischen Zeichenunterricht betont. Dieser, so argumentierte etwa der Kirchenhistoriker FERDINAND PIPER 1864 vor der Versammlung Deutscher Philologen und Schulmänner, vermittle lediglich „die bloße Technik der Linienführung“ und ihm fehle das „eigentlich kunstsinnige Verständnis“ (PIPER 1865, S. 92f.). FERDINAND PIPER (1811-1889) war seit 1842 Extraordinarius für Kirchengeschichte und christliche Archäologie in Berlin. Sein zentraler Forschungsbereich waren die christlichen Kunstdenkmäler, er sprach vor den Philologen als Direktor des 1849 gegründeten christlichen Museums der Universität Berlin.

und Empfindungen“ des Kindes zu thematisieren (FRÖBEL 1863, S. 388, 385). Das romantische Bild blieb erhalten (vgl. GOLTZ 1908),[38] auch wenn die Theoriesysteme wechselten. Ein didaktischer Zusammenhang von „Kind“ und „Poesie“ ließ sich auch mit den Mitteln einer herbartianisch gewendeten Völkerpsychologie konstruieren (GÖTZE 1872, S. 179ff.), ohne dass dies die „mythische“ Sicht des Kindes (ebd., S. 181) beeinträchtigt hätte. Das Bild des Kindes prägt die psychologische Deutung, nicht umgekehrt; daher besteht in der Reformpädagogik immer eine relative Distanz zur Erziehungstheorie, die durch Romantisierungen oder Mythenbildung überbrückt wird.

In einem von FRÖBEL inspirierten Buch mit dem Titel *Der Kinder-Advokat* findet sich 1866 der Satz: „Die humansten Theorien verhalten sich zur mütterlichen Praxis, wie menschliche Berechnung zu göttlicher Inspiration“ (Der Kinder-Advokat 1866, S. 10). Aber auch unabhängig von FRÖBEL konnte die „tiefinnerste Ergründung“ der Kinderseele zum Maßstab sowohl der Erziehung als auch des ersten Unterrichts erklärt werden (WINTER 1855).[39] Schließlich wurde auch die natürliche „Würde des Kindes“ (SCHMIDT 1864) thematisiert, die in jeder Erziehung und in jedem Unterrichts zu beachten sei. „Vom Kinde aus“ ist also nicht erst der Schlachtruf der Jahrhundertwende. Und es passt ins Bild, dass derartige Forderungen ummittelbar konservative Gegenschriften veranlassten, die zur Verteidigung der Disziplin ausriefen und die „Emancipation der Schüler“ für einen verhängnisvollen Irrweg hielten (JÄGER 1864).

Weit mehr Kontinuität als Diskontinuität muss auch für zwei weitere Themen der „Reformpädagogik“ angenommen werden, nämlich Turnen und Wandern. Wiederum ist die Ganzheitlichkeit von Erfahrung und Lernen der Anlass für Kritik. Dass es um pädagogische Reform gehen soll, ist in beiden Fällen von Anfang an sichtbar, wenngleich in unterschiedlicher Gewichtung. Körpererziehung sollte vor allem durch Turnkunst erreicht werden, die FRIEDRICH LUDWIG JAHN zur nationalpädagogischen Reform der Schule einsetzen wollte. Wiederum war das Hauptmotiv die Kritik der Einseitigkeit schulischer Bildung:

> „Die Turnkunst soll die verloren gegangene Gleichmäßigkeit der menschlichen Bildung wiederherstellen, der bloß einseitigen Vergeisti-

---

38 Ursprünglich: BUGOMIL GOLTZ: *Buch der Kindheit.* (Frankfurt 1847). Die letzte Ausgabe dieses einflussreichen Buches erschien 1964 im Münchner Kösel-Verlag.

39 AMELIE WINTER bezieht sich auf MARIE PAPE-CARPENTIERS (1849) Buch über die Erziehung in *écoles maternelles*. MARIE PAPE-CARPENTIER (1815-1878) war eine der Begründerinnen der französischen Mutterschulen, die ursprünglich *salles d'asile* genannt wurden. Ihr Buch *Conseils sur la direction des salles d'asiles* (1846) gewann 1847 den Preis der Académie française. Von 1847 bis 1874 leitete MARIE PAPE-CARPENTIER die Ausbildung der Lehrkräfte für die Mutterschulen. In dieser Stellung wurde sie eine der ersten führenden Pädagoginnen in Frankreich, die von klerikaler Seite heftig attackiert wurde.

gung die wahre Leibhaftigkeit zuordnen, der Überfeinerung ... das notwendige Gegengewicht geben und im jugendlichen Zusammenleben den ganzen Menschen umfassen und ergreifen" (JAHN 1887, S. 110).

Das Argument, die Praxis des Turnens solle der „einseitigen Vergeistigung" die „wahre Leibhaftigkeit" entgegen halten, liegt dem pädagogischen Konzept der *Deutschen Turnkunst* zugrunde (JAHN/EISELEN 1816, S. 209). Das „leibliche Leben" „versieche" ohne „Kraft und Stärke", ohne „Dauerbarkeit und Nachhaltigkeit", „ohne Gewandtheit und Anstelligkeit" (ebd.). Turnen wurde daher als vollwertiger Teil der Bildung definiert (PASSOW 1818, S. 88ff.), solange nur die „körperliche Ausbildung eine rein menschliche bleibt" (ebd., S. 111).

Damit war ein ähnliches Problem wie bei der Diskussion der Arbeitsschule gegeben, denn auch hier sollte die pädagogische und so ganzheitliche Gestaltung des Lernens im Mittelpunkt stehen, also die Einseitigkeit rein physischen Trainings vermieden werden. Freilich überwog schon in den frühen Reformansätzen am Anfang des 19. Jahrhunderts die nationalpolitische Bedeutung (ebd., S. 133ff.), die das Turnen in den „*Dienst des Vaterlandes*" stellte (KLUMPP 1842) und damit die pädagogische Reform politisch instrumentalisierte, ein Grundzug „ganzheitlicher" Reformpädagogik, der sich bis 1914 immens verstärken sollte. Dabei spielte die „körperliche Ertüchtigung" eine zentrale Rolle, „geordnete Leibesübungen" wurden verstanden als ausgleichender Gegensatz zum „gelehrten Unterricht" (STRAUSS 1828), und „Körperpflege durch Gymnastik" wurde in Programmschriften der Gymnasien früh als Kompensation der Einseitigkeit der Schule hingestellt (DANNEIL 1832).

Durchgesetzt wurde das Schulturnen freilich mit dem Argument paramilitärischer Nützlichkeit. 1851 fragte ein anonymer Autor, wie sich Volksschule und Wehrstand gegenseitig unterstützen können (Wie kann die Volksschule, 1851), 1852 erschienen militärische Übungen für Schülerturnplätze (LANGBEIN 1852), Schulturnen wurde als Erziehung zur Wehrtüchtigkeit verstanden (REDDERSEN 1864), auf den Linien, die ADOLF SPIESS, der Begründer des Schulreformfaches „Turnen", vorgegeben hatte.[40] Die Militarisierung des Körpers im 19. Jahrhundert hat hier einen ihrer Ursprünge,

40 ADOLF SPIESS (1810-1858) studierte in Giessen und Halle Theologie. Er war neben seinem Studium als aktiver Burschenschaftler und Turner tätig und geriet mehrfach in Konflikt mit den Behörden. Im Frühjahr 1832 musste er sich einer Verhaftung durch Flucht entziehen, wurde kurzfristig Hauslehrer und ging 1833 in die Schweiz. SPIESS wurde zunächst Lehrer für Geschichte, Gesang und Turnen in Burgdorf/BE. Hier entwickelte er das Konzept eines eigenen Unterrichtsfaches Turnen. 1840 wechselte er nach Basel, und 1848 wurde er als Leiter des hessischen Schulturnens nach Darmstadt berufen. 1842, unmittelbar nach Aufhebung des 1819 ausgesprochenen Turnverbots in Preußen, veröffentlichte SPIESS seine Programmschrift *Gedanken über die Einordnung des Turnens in das Ganze der Volkserziehung* (Daten nach GEISS 1991).

während die Postulate der leibseelischen Ganzheitlichkeit auch in bestimmten neoromantischen Theorien eine Rolle spielten, die in die Lebensreformbewegung am Ende des Jahrhunderts überleiteten. Die Ambivalenz blieb erhalten, ohne sich reformpädagogisch auflösen zu lassen. Was aber ständig genutzt wurde, war die damit gegebene Kritikchance. Das Postulat der Ganzheit erlaubte es, auch und gerade im Bereich der Körpererziehung die Einseitigkeit des schulischen Unterrichts anzuklagen und die harmonische Ausbildung aller Kräfte und Anlagen zu verlangen.

Die Reformdiskussion am Ende des 19. Jahrhunderts machte sich eher JAHNS Ideen als die des Turnunterrichts von SPIESS zu Eigen (EULER 1891), aber die Kritiklinien und die zentralen Argument der Reform blieben konstant. Der intellektuelle Fachunterricht der Volksschule sollte mehr herausgefordert als ergänzt werden, wobei die nationalpolitischen Anliegen des Reformfaches Turnen eher noch verstärkt wurden. Die inhaltliche Grundforderung einer *pädagogischen* Gymnastik, die HUGO ROTHSTEIN[41] 1857 formulierte, hatte sich nach 1890 keineswegs überlebt, denn auch die neuen Bewegungen verstanden darunter allgemein die „Kunst", „die menschlichen Leibesbewegungen in ihrer Bedeutung für die allseitige und harmonische Ausbildung des Menschen zu begreifen" (ROTHSTEIN 1857, S. 1). Ein Indikator für diese Kontinuität sind die Mängelrügen der Schulaufsicht, die nicht zufällig oft Fächer wie Turnen oder Zeichen betrafen (etwa: KETTINGER 1856).

Es lag nahe, die Idee der Leibesübungen mit Schülerreisen und Wanderungen zu verbinden (BACH 1885), weil beides „ganzheitlich" erscheinen konnte und zudem als Alternative zur bewegungsarmen Schulerfahrung einen besonderen erzieherischen Effekt versprach. Fußreisen waren schon Mitte des Jahrhunderts Thema der Schulreform (BAUR 1860), woraus sich das Konzept der *pädagogischen Schulreise* entwickelte, das bis heute Grundelement der Schulerfahrung ist. Wandern ist dabei immer auch als Überwindung der engen Schulmauern verstanden worden, gefördert durch die Entwicklung der deutschen Wanderbewegung,[42] die ihrerseits volkspädagogische Ziele verfolgte. Ein zentrales Dokument dieser Reformpädagogik außerhalb der Schule war WILHELM HEINRICH RIEHLS *Wanderbuch* aus dem Jahre 1869,[43] das für eine zunehmende Großstadtfeindschaft innerhalb der deutschen Reformliteratur steht (BERGMANN 1970, S. 38ff.).

---

41 Der preußische Major HUGO ROTHSTEIN war von 1851 bis 1863 der zweite Direktor der 1848 gegründeten Königlich-preußischen Centralturnanstalt für Offiziere und Lehrer in Berlin. ROTHSTEIN war strikter Anhänger der „schwedischen Gymnastik", die auf PER HENRIK LING (1776-1839) zurückgeht.

42 Die ersten örtlichen Wandervereine entstanden zu Beginn des 19. Jahrhunderts, der erste größere Zusammenschluss war der Badische Schwarzwaldverein (1864), der nationale „Verband deutscher Gebirgs- und Wandervereine" wurde 1883 gegründet. Seit 1896 wird der „deutsche Wandertag" durchgeführt.

43 Erschienen als zweiter Teil von *Land und Leute* und als vierter Band von RIEHLS *Naturgeschichte des Volkes* (RIEHL 1903).

Auch Schulen nahmen sich dieser Erfahrungsdimension an, schon um die Folgen der Verstädterung zu kompensieren. Sie sollen, postulierte THEODOR BACH ein Vierteljahrhundert vor Gründung des Wandervogels,[44] der „jugendlichen Wanderlust“ „Inhalt und Richtung“ geben, dürften jedoch keine „Verordnung von oben“ darstellen, sondern müssten eine freie, ganzheitliche Erfahrung sein (BACH 1885, S. 192f.). Wandern war Erlebnis und nicht Unterricht, und das freie Erleben sollte erziehen. Diese Absicht ließ sich psychologisch gut begründen und sogar mit der herbartianischen Schulpädagogik zusammenbringen (LOMBERG 1887), ohne hier eine Diskrepanz zu registrieren. Auf dieser Linie lässt sich dann auch wirkungsvoll zwischen dem Unterricht in der Schule und dem Unterricht im Freien unterscheiden, und „todtes Wissen“ (NOIRÉ 1874, S. 153-178) ist ein Muster selbst in der Kritik des Gymnasiums.

Innere Schulreform war im 19. Jahrhundert vor allem die Reform der Methode des Unterrichts, versteht man darunter nicht mehr eine durch Lehrmittel gesteuerte Katechese von Fragen und Antworten, sondern ein umfassendes Arrangement des Lernens, das der Lehrer kontrolliert und das doch der Psychologie des Schülers gemäß eingerichtet ist. Hier besteht eine direkte Linie vom Anschauungsunterricht zu Beginn auf die Diskussion am Ende des 19. Jahrhunderts, die, ohne dass es einen Bruch geben würde, zu den Methoden des Erlebnisunterrichts führen, die vor dem Ersten Weltkrieg als entschiedene Erneuerung der Volksschule erscheinen konnten. Damit vergleichbare Überlegungen finden sich in FERDINAND SCHNELLS (1867)[45] Studie über die Hemmung und Förderung des Lernaktes oder in FRIEDRICH DITTES' (1878, S. 133ff.) Methodik des Anschauungsunterrichts.

Der Frage der *Anschaulichkeit* war in den intensiven Auseinandersetzungen der Volksschulfächer das Reformproblem schlechthin, weil, wie ein Methodiker des Rechenunterrichts schrieb, die Anschauung das „Fundament allen Denkens und Wissens“ darstelle und darum der „Ausgangs- und Mit-

---

44 *Wanderungen, Turnfahrten und Schülerreisen* (erste Auflage 1877).

45 KARL FERDINAND SCHNELL (1809-1880) besuchte das Pädagogium in Züllichau, studierte in Berlin und Leipzig, war danach als Hauslehrer und Fürsorgeerzieher tätig und fand eine Dauerstellung in Prenzlau in der Uckermark. Hier leitete er zunächst die Johannis-Schule und im Nebenamt das Kantonat der deutsch-reformierten Johannisgemeinde. Die Schule war eine kombinierte Knabenschule der französischen und der deutsch-reformierten Gemeinde, mit ihr verbunden war Präparandenanstalt für Kandidaten des Schulamtes. Die französische Kolonie in Prenzlau wurde 1687, die deutsch-reformierte Gemeinde wurde 1695 gegründet. Im Herbst 1867 wandte sich SCHNELL mit einer Petition, die 8'000 Lehrkräfte unterzeichneten, an den preußischen König, um auf die Lage der Volksschullehrer aufmerksam zu machen. Die Bürger- und Adressbücher der Stadt Prenzlau verzeichnen zwischen 1856 und 1870 einen Kantor und Lehrer SCHNELL in der reformierten Knabenschule Klosterstrasse 116 (Auskunft der Dominikanerklosters Prenzlau mit Brief vom 18. März 2004 sowie der Ev. Kirchengemeinde St. Nikolai Prenzlau vom 14. Juni 2004).

telpunkt allen Unterrichtens“ sein müsse (JÄNICKE 1888, S. 124). Und die Einsicht, Schüler nicht mit abstraktem, „äußeren“ Wissen oder mit einer „trockenen“ Sprache zu „martern“, sondern sie stattdessen „mit dem Leben in der Natur ... bekannt zu machen“ (HELM 1888, S. 170), nimmt bis in die Details die reformpädagogische Unterrichtskritik vorweg. Genauer: Der Vorrang der Anschauung und so des Erlebens der Schüler ist ein Gemeinplatz in der pädagogischen Literatur, der 1865 von FERDINAND SCHNELL maßgeblich expliziert wurde und der am Ende des 19. Jahrhunderts also keineswegs neu erfunden wurde.

„Anschauung“ war in allen Schulmethoden des 19. Jahrhunderts das zentrale Schlagwort, um neue von alten Unterrichtsverfahren abzugrenzen. Das gilt auch da, wo PESTALOZZIS Idee der Anschauung bekämpft wurde, also in der Volksschuldidaktik des frühen 19. Jahrhunderts. Das Schlagwort ließ auffällig konträre Verwendungen zu, die in der Diskussion auch bemängelt wurden. Die Versuche einer Präzisierung, also die Entwicklung des Slogans zum Theorem, scheiterten oder zeigten die Verlegenheit. Gerade die historische Wendung des Problems, also die Darstellung der „Hauptmomente“ des Anschauungsunterrichts seit BACON und bis auf die Jahrhundertmitte (so: SCHLOTTERBECK 1860), demonstrierte die Verschiedenheit der einzelnen Systeme, denen lediglich gemeinsam war, was sie ablehnten, nämlich den „abstrakten Unterricht“ der Lern- und Buchschule. Wie die Reform hin zu mehr „Natur“ und „Anschauung“ bewerkstelligt werden sollte, konnte weder im Rückgriff auf die Geschichte noch in den je gegenwärtigen Diskussionen einheitlich beantwortet werden.[46]

Die Diskussionen hatten einen anderen Effekt, die Forderung nach Anschauung wurde fest verkoppelt mit der Forderung nach „Naturgemäßheit“ und so nach entschiedener Reform des Unterrichts. Diese Verkoppelung erscheint dann in einer langen und maßgebenden Traditionskette (zurückgeführt bis auf die Stoa: DINKLER 1897, S. 7ff.), die spätestens seit der Barockliteratur „Reformpädagogik“ heißen konnte (ebd., S. 23ff.). „Anschauung“ oder „Anschauungsunterricht“ wurden auf diesem Wege zu einem geschichtlich gesicherten Zentrum der Reformpädagogik, ohne diese selbst zu historisieren. Die lange Tradition eines didaktischen Postulats wurde nicht gelesen als Unmöglichkeit seiner Verwirklichung, sondern als Bestätigung von gegenwärtigen Mängeln, die in Zukunft – mit der richtigen Methode – beseitigt werden würden. Auffällig ist, dass dies immer neu behauptet wer-

---

46 Ein Beispiel ist die Preisfrage des Schweizers Landammanns SCHINDLER aus Glarus: „Wie kann der Unterricht in der Volksschule von der abstrakten Methode emanzipiert und für die Gemütskräfte fruchtbar gemacht werden?“ Auf diese Frage gingen verschiedene Antworten ein, die teilweise die Arbeitsschule in den Mittelpunkt stellten, aber auch eine Gesamtreform der Volksschule projektierten oder eine Revision der Unterrichtsmethoden vorschlugen. Der genaue Fundort der Preisfrage war nicht zu ermitteln; die eingegangenen Schriften datieren aus den Jahren 1851 und 1852 (vgl. GONON 1992).

den und mit Zustimmung rechnen konnte. „Anschauung“ war so primär kritischer Appell, den Unterricht zu verändern und die pädagogischen Institutionen zu reformieren. Das gilt für alle ähnlichen Schlagworte in gleicher Weise, etwa für den „naturgemäßen Unterricht“ oder die „kindgerechte Erziehung“. Sie wurden nicht präzise bestimmt, sondern blieben vage, und waren aber gerade deswegen emotional wirksam.

Gegenüber dieser klaren Kontinuität der methodischen Topoi und Begriffe scheint es eine Diskontinuität in der Entwicklung der Schule als Institution gegeben zu haben. Oft wird angenommen, dass erst die Reformpädagogik am Ende des 19. Jahrhunderts für einen sichtbaren Bruch mit der autoritären Schule des 19. Jahrhunderts gesorgt habe, was sich dann als ihre eigentliche Leistung darstellen ließe. Tatsächlich waren innerhalb der staatlichen Verwaltung Schulexperimente selten und wurden alternative Schulmodelle erst nach 1890 überhaupt registriert.[47] Gleichwohl trügt der Eindruck,[48] der von den Verhältnissen am Ende des 19. Jahrhunderts ausgeht, fast überwiegend nur Preußen vor Augen hat und einen internationalen Vergleich gar nicht mehr in Rechnung stellt. Die Reformpädagogik kann auf diese Weise ihren Abstand und so ihre Originalität darstellen, aber sie berücksichtigt allenfalls die staatliche Volksschule, wie sie die Bildungsverwaltung zu Beginn des 20. Jahrhunderts beschrieben hat (LEXIS 1902), während völlig aus dem Blick gerät, welche differenzierte Schullandschaft – europaweit – *vor* Durchsetzung des staatlichen Monopols bestanden hat und was die Verstaatlichung *nicht* beseitigte.[49]

Die allmähliche Vereinheitlichung von oben löste keineswegs alle örtlichen und regionalen Besonderheiten auf und führte auch nicht dazu, die zumeist gut geführten privaten Reformschulen einzustellen oder sie auch nur dem emergierenden Normalschema staatlichen Unterrichts anzupassen. Die Projektion vom Ende des Jahrhunderts aus übersieht, dass auch dieses Schema erst sehr allmählich entstanden ist und dass in der Geschichte der Verstaatlichung die ständige Suche nach Alternativen nicht ausgeschlossen werden kann, wie sich alleine an den wechselseitigen Beobachtungen der verschiedenen nationalen System zeigen lässt. Bildungsunternehmen halten sich in

---

47 FERDINAND HUEPPE (1905, S. 501) zählte bis Ende 1904, beginnend von 1892, 75 „Reformschulen“ in Deutschland. Das ausschlaggebende Kriterium für „Reform“ war die Reorganisation des Unterrichts gemäß „dem allgemeinen Fassungsvermögen des Kindes“ und in „praktischer“ Anschauung (ebd.). Wie viele Schulen es *vor* 1890 gegeben hat, die diesem Kriterium genügt haben, lässt sich nur schwer ermitteln. Aber es gibt wenigstens gut dokumentierte Beispiele.

48 Ich folge der Kontinuitätsthese, die HANNO SCHMITT (1993a) entwickelt hat: Reformschulen sind zwischen den Philanthropinen, den herbartianischen Übungsschulen und den Experimentierschulen der Weimarer Republik durchgehend nachweisbar.

49 Das zeigen neuere lokalgeschichtliche Studien, die Abstand nehmen von der Vorstellung einer flächendeckenden und zeitgleichen Verstaatlichung (etwa: HERRMANN 1991, FLECK 1999, ANNEN 2003 und andere).

vielen europäischen Ländern bis Ende des 19. Jahrhunderts (für die Schweiz: TOBLER 1944), zudem waren städtische Schulen oft Gründungen in eigener Hoheit, die erst allmählich einer zentralen Verwaltung unterstellt wurden (etwa Leipzig: BORNEMANN 1865).

Ein bekanntes Beispiel ist die Frankfurter *Musterschule*, die 1803 als „Neue Bürgerschule" mit dem Status einer „Probier- und Experimentierschule" gegründet wurde und die bis heute besteht.[50] Einzigartig war diese Schule aber keineswegs. Vergleichbare Gründungen waren etwa KARL FRÖBELS Erziehungsanstalt in Zürich, die nach 1854 von FRIEDRICH VON BEUST geleitet wurde, FRÖBELS Höhere Mädchenschule in Hamburg, ERNST BARTHS Realschule in Leipzig oder die 1839 gegründete *Ecole Vinet* in Lausanne, die erste Höhere Schule für Mädchen in der französischen Schweiz. Mit diesen wie zahlreichen anderen Schulen und Lehranstalten sind vergessene Geschichten verbunden, die nochmals darauf hinweisen, wie einseitig die Sicht auf die Pädagogik der Jahrhundertwende gewesen ist.

KARL FRÖBEL[51] kam auf Empfehlung seines Bruders JULIUS[52] nach Zürich, der Lehrer an der dortigen kantonalen Industrieschule war. Vorläufer dieser Schule war das 1827 gegründete private Technische Institut, das der naturwissenschaftlichen Bildung gewidmet war. Beide Brüder FRÖBEL waren radikale Demokraten, die für weitgehende Erziehungsreformen eintraten. Das Grundprinzip der 1845 gegründeten *Erziehungs- und Pensionsanstalt* von Karl Fröbel im Zürcher Seefeld war der liberale Anschauungsunterricht, der die Lernschablonen der Elementarbildung ersetzen sollte. Dafür mussten von Anfang an eigene methodische Formen und Wege gefunden werden. Die Schule war in diesem Sinne ein Ort praktischer Versuche, die auch deswegen möglich waren, weil die Zahl der Schüler klein gehalten wurde.[53]

---

50 Den Namen „Musterschule" erhielt die Höhere Bürgerschule am 6. Oktober 1804 mit Beschluss des Senats der Stadt Frankfurt. Die neue Schule sollte Modell sein für die Reform der anderen Schulen der Stadt. Tatsächlich entwickelte sich die Musterschule zu einer Art Realgymnasium, das auf die höheren praktischen Berufe vorbereitete. Reformelemente waren neben den naturwissenschaftlichen Fächern und dem Turnunterricht auch die jährlichen *Musterstunden*, also öffentliche Prüfungen, die Einblick geben sollten in die methodischen und didaktischen Fortschritte der Schule.

51 KARL FRIEDRICH FRÖBEL (1807-1894) war zunächst Englischlehrer an der Oberen Industrieschule in Zürich und eröffnete dann ein eigenes Institut für Kindererziehung.

52 JULIUS FRÖBEL (1805-1893), ein Neffe FRIEDRICH FRÖBELS, habilitierte sich 1833 an der Universität Zürich und war von 1833 bis 1844 Lehrer an der Zürcher Industrieschule. Zudem wirkte er von 1836 bis 1843 als außerordentlicher Professor für Mineralogie an der Universität Zürich. JULIUS FRÖBEL war Mitglied der Frankfurter Nationalversammlung und ging 1849 ins amerikanische Exil. Er kehrte 1857 nach Deutschland zurück und arbeitete als Journalist und Schriftsteller. 1873 wurde er Konsul des Deutschen Reiches in Smyrna, dem heutigen Izmir.

53 KARL FRÖBEL leitete die Schule bis 1849. Sie wurde dann von dreien seiner Lehrer als *Erziehungsanstalt im Seefeld* weitergeführt. FRIEDRICH BEUST trat im Herbst

FRIEDRICH BEUST[54] entwickelte die Schule zu einer Tagesschule mit naturwissenschaftlichen Schwerpunkten für höhere praktische Berufe, ähnlich wie die Musterschule in Frankfurt. Voraussetzung für die Praxis des Unterrichts war die Annahme eines natürlichen Spiel- und Wissenstriebes der Kinder, der methodisch in die richtigen Bahnen geleitet werden sollte. Der Geometrieunterricht wurde mit Beschäftigungsspielen und spezifischen Materialen, etwa „Würfelcentimetern", abgehalten, für den Geographieunterricht wurden eigene Reliefs angefertigt, im Fach Heimatkunde wurde der naturwissenschaftlichen Unterricht anschaulich und pädagogische Schulreisen waren ein weiteres zentrales Medium im Angebot der Erziehungsanstalt von F. Beust (BEUST 1885).

Im ersten Schulprogramm von 1854 hieß es:

> „Die Grundlagen des erziehenden Unterrichtes bildet der Gedanke, dass den Kindern nichts aufgezwungen werde, sondern dass diese durch eigene, freiwillige Arbeit sich Kenntnisse erringen; es wird in ihnen das Bedürfnis nach Wissen geweckt und sie werden zu schaffender Arbeit angeleitet" (Zum achtzigsten Geburtstage von Friedrich Beust 1897, S. 22).

Die *Hamburger Hochschule für das weibliche Geschlecht* gründeten KARL FRÖBEL und JOHANNA KÜSTNER-FRÖBEL 1849. Die Hochschule beruhte auf einer Theorie komplementärer weiblicher Bildung, gemäß der die Geschlechter eine ergänzende, nicht jedoch eine gleiche Bildung sollten. Faktisch handelte sich um ein Realgymnasium für Mädchen, das mit sechzehn Jahren besucht werden konnte. Das fachliche Angebot war auf Sprachen, Literatur und Realien zugeschnitten, die Prinzipien des Unterrichts waren diskursiv und der Lehrkörper bestand größtenteils aus Exilanten der verschiedenen Revolutionen des Jahres 1848. Die Hochschule wurde 1852 auf Betreiben von Pietisten geschlossen, was auch damit zu tun hatte, dass sie von Mitgliedern der liberalen *Deutschen-Katholischen Bewegung* unterhalten wurde, die JOHANNES RONGE 1845 als „romfreie Kirche" gegründet hatte.[55]

1851 in die Leitung, die Schule wurde 1854 geteilt und BEUST entwickelte die eine Hälfte zu einem erfolgreichen und angesehenen Institut der Stadt Zürch.

54 FRIEDRICH VON BEUST (1817-1899) wurde als Offizier der preußischen Armee ausgebildet. Er nahm unter dem Eindruck der Ereignisse des Jahres 1848 seinen Abschied und wurde entschiedener Demokrat. BEUST übernahm für kurze Zeit die Redaktion der „Neuen Kölnischen Zeitung" und wurde parallel dazu Kommandant der Kölner Landwehr. Als über Köln der Belagerungszustand verhängt wurde, floh BEUST nach Brüssel und dann weiter nach Paris. Er kam 1849 in die Schweiz, beteiligte sich an der Revolution in Baden und gelangt auf der erneuten Flucht vor den preußischen Truppen nach Zürich. Hier trat er im gleichen Jahr in FRÖBELS Institut ein.

55 Der schlesische Priester JOHANNES RONGE (1813-1887) war am 4. Dezember 1844, nach heftigen Konflikten mit der Amtskirche, exkommuniziert worden. Er rief am 12. Januar 1845 zur Gründung einer „Romfreien Kirche" aus, die Ende März des

Liberale Schulgründungen hatten in Deutschland nach 1848 kaum Bestand. Nicht zufällig setzten Pädagogen wie KARL und JOHANNA FRÖBEL ihre Tätigkeit im Ausland fort.[56] Viele Reformschulen in England, den Vereinigten Staaten und in der Schweiz waren Gründungen deutscher Emigranten, die sich für eine demokratische Erziehung ausgesprochen hatten. Im Blick auf die Entwicklung derartiger Schulen spielten immer Vorbilder eine Rolle. Es waren nie Gründungen, die sich völlig aus sich selbst heraus definiert hätten. Das lässt sich auch in umgekehrter Hinsicht zeigen, etwa an der deutschen Rezeption von THOMAS ARNOLDS Schulreform in Rugby, in der die Lehrplanrevision und besonders die inneren Reformen, nämlich das Monitorensystem und die Charaktererziehung, als vorbildlich hingestellt wurde (Thomas Arnold 1847, S. 50ff.).[57]

Deutsche Reformschulen waren Mitte des 19. Jahrhunderts oft private Realschulen, die Unterricht mit Arbeit verbinden sollten. Ein Beispiel ist die *Barthsche Realschule* in Leipzig, die 1863 gegründet wurde und die bis zum ersten Weltkrieg Bestand hatte. ERNST BARTH, Begründer des Allgemeinen Deutschen Privatschullehrervereins, entwickelte eine integrale Schule, die sich aus einem Kindergarten, einer vierklassigen Elementar- sowie einer sechsklassigen Realschule zusammensetzte, und der auch eine „Schülerwerkstatt" angeschlossen war. Unterrichtet wurden nicht nur Realfächer, sondern zugleich Handarbeit, die BARTH selbst in einem erfolgreichen „Handwerkbuch" (1873) didaktisiert hatte. Was später Arbeitsschule genannt wurde, hatte hier einen schulpädagogischen Kern, der nicht auf ein Fach, sondern auf ein Prinzip verwies.

Ein weiteres Beispiel ist die 1839 von ALEXANDRE VINET[58] gegründete *Ecole Supérieure des jeunes filles*, die von 1890 an „Ecole Vinet" hieß. Diese Schu-

---

gleichen Jahres in Leipzig ihr erstes Konzil veranstaltete. RONGE entwickelte daraus eine „Religion des Humanismus", die nur noch nominell „katholisch" war. RONGE, der an der Revolution von 1848 beteiligt war, musste 1849 zusammen mit BERTA RONGE (geb. TRAUN) nach England fliehen und stand nunmehr der Arbeiterbewegung nahe. 1859 eröffneten JOHANNES und BERTA RONGE Manchester den ersten Kindergarten Englands.

56 KARL FRÖBEL starb am 9. Mai 1894 in Edinburgh als Leiter einer Töchterschule. Seine Frau und er hatten dort auch einen Kindergarten gegründet.

57 THOMAS ARNOLD (1795-1842) wurde 1828 Headmaster der Schule von Rugby und übte dieses Amt bis zu seinem Tode aus. Rugby, gegründet 1567, ist eine der ältesten Public Schools des Vereinigten Königreichs. ARNOLD reformierte diese private Grammar School für Jungen in mehrfacher Hinsicht, das klassische Curriculum wurde modernisiert, der Unterricht legte Wert auf selbständiges Denken, das Schulleben setzte Mitverantwortung der Schüler voraus und Sport war Teil der Charakterbildung.

58 ALEXANDRE VINET (1797-1847) studierte protestantische Theologie und französische Literatur in Lausanne und Basel. Er wurde 1819 zum *pasteur* ordiniert, ohne in den Kirchendienst einzutreten. Er war seit 1817 Lehrer für französische Sprache und Literatur am Basler Pädagogium und am Humanistischen Gymnasium. 1819 wurde VINET als außerordentlicher Professor für französische Sprache und Literatur

le war die erste Höhere Mädchenschule mit einem naturwissenschaftlichen Lehrplan in der französischen Schweiz, die sich zu einer Schule auch der inneren Reform entwickelte (Hommage à l'Ecole Vinet 1939). VINET stellte 1842 der *Société vaudoises d'ulitité publique* die Prinzipien seiner Reformpädagogik vor, nämlich eine Atmosphäre des Zutrauens zum eigenen Lernen, die Einstellung pädagogischer Sorge (sollicité) auf Seiten der Lehrkräfte, feste und zugleich auf Zustimmung beruhende Disziplin sowie ganzheitliche Erziehung sowohl des Herzens als auch des Geistes. Die Schülerinnen sollten sich spontan verpflichtet fühlen, ohne einem äußeren Druck ausgesetzt zu werden. Das Programm der Schule, schließlich, sollte von den Lehrkräften und den Eltern gemeinsam getragen und verwirklicht werden (VINET 1842).

Pendants zu diesen Gründungen gab es auch in Deutschland, etwa die *Smitt'sche Höhere Töchterschule* in Leipzig, die nach dem Prinzip des Gesamtgymnasiums aufgebaut war, also auch die Volksschulklassen einschloss. Die Schule wurde privat unterhalten und stand in Wettbewerb zu anderen Anbietern am gleichen Ort. Neben Einführungsklassen und Sprachklassen (Deutsch, Englisch, Französisch) wurden auch Fortbildungsklassen geführt sowie Klassen für den obligatorischen Turnunterricht. Das Profil war modern und unterscheidbar. Die Schule bot etwa auch Fortbildungskurse für Eltern an und setzte Lehrkräfte für die Erziehungsberatung ein. Dafür wurden eigene Programme entwickelt, die auf Nachfrage reagierten (BORNEMANN 1865, S. 55). Privat geführt waren nicht wenige Leipziger Schulen zu diesem Zeitpunkt, etwa die 1834 zunächst als Fortbildungsklasse für die allgemeine Bürgerschule geführte „Realschule," die 1840 staatliche Anerkennung erhielt und 1861 zur sächsischen Vollanstalt wurde. Ein andere Beispiel ist die 1831 gegründete „öffentliche Handelsschule", die aus Stiftungsvermögen finanziert wurde und deren Aufsicht dem Ministerium des Inneren oblag (ebd., S. 44), ohne dass dies als Widerspruch verstanden worden wäre.

Ein weiteres gut dokumentiertes Beispiel aus der französischen Schweiz ist die Schule von FRANÇOIS NAVILLE,[59] die 1817 in Vernier bei Genf gegründet wurde und an die ADOLPHE FERRIÈRE zu Beginn des 20. Jahrhunderts erinnerte. FERRIÈRE (1907, S. 262) stellte diese Schule in den Kontext der Diskussion um die neuen „Landerziehungsheime" und beschrieb die *Ecole Naville* als liberales Philanthropin, das dem selbsttätigen Lernen verschrieben war, sich um die körperliche Erziehung bemühte und zugleich im Spiel

an die Universität Basel berufen, 1835 erhielt er dort ein Ordinariat im gleichen Fach. 1837 folgte er einem Ruf auf eine Professur für Praktische Theologie an der Académie von Lausanne. Von 1841 bis 1847 leitete er daneben die *Ecole Supérieure des jeunes filles*.

59 FRANÇOIS NAVILLE (1784-1846) war Pfarrer in Genf und gründete die Schule nach einem Lehrplan für seine eigenen Kinder. Als Sohn von MARC NAVILLE (1707-1786) gehörte FRANÇOIS NAVILLE der *branche ainée* der Genfer Familie NAVILLE an, die seit 1506 über das Bürgerrecht verfügt (Auskunft von GUSTAVE NAVILLE mit Mail vom 19. September 2003).

ein zentrales Prinzip der neuen Pädagogik sah (ebd., S. 264). NAVILLE selbst hat 1845 seine Erfahrungen publiziert und sich in diesem *mémoire explicatif* auch zur Unterrichtsmethode geäußert. Grundlegend sei „le principe intellectuel", gemäß dem das Gedächtnis des Kindes seiner Intelligenz unterzuordnen sei. (NAVILLE 1845, S. 8f.). Das verlange eine starke innere Differenzierung sowie die Aufhebung des strikten Fachprinzips, „qui est en opposition avec la nature des choses, puisqu'il suppose que toutes les intelligences doivent marcher du même pas" (ebd., S. 9).

In dieser Absage an den mechanischen Unterricht und den Schüler der Routine (ebd., S. 10) sah FERRIÈRE (1907, S. 267f.) nicht zu Unrecht eine Antizipation der psychologischen Schule vom Kinde aus. Der Unterricht sei individualisiert worden und konnte auf diese Weise der Entwicklung des Kindes folgen (ebd., S. 268). NAVILLE ordnete die Studien nach didaktischen, dabei fächerübergreifenden Prinzipien an (gradation, synthèse, harmonie: NAVILLE 1845, S. 13ff.). Damit wurde auch eine bessere Vorbereitung auf das Leben angestrebt (ebd., S. 10f., 14f.; FERRIÈRE 1907, S. 268), das multiple Dispositionen verlange und nicht einfach nach dem Fächerkanon der Schule eingerichtet sei. Gemäß dieser Einsicht hatte NAVILLE schon 1832 einen umfassenden Schulplan für die fortschrittliche Zivilisation publiziert (NAVILLE 1832, S. 126 ff.), in dem eine „heureuse unité" der häuslichen und der öffentlichen Erziehung verlangt wurde.

Daraus resultierten hohe Anforderungen an die Reform der Schule. Die Unterrichtsmethode etwa sollte von der Eigentätigkeit und Anschauung des Schülers her begriffen werden (ebd., S. 179ff.) und das Schulsystem insgesamt den differenzierten Bedürfnissen der Gesellschaft entsprechen (ebd., S. 158ff.). NAVILLE sprach sich auch für eine schulnahe Lehrerausbildung aus (ebd., S. 211ff.) und optierte für eine Mischung von kommunaler und zentraler Schulaufsicht (ebd., S. 218ff.), ähnlich wie FRIEDRICH WILHELM DÖRPFELD (1863, S. 84ff., 92ff.) später mit dem Konzept der „Schulgemeinde". Nur so könne es gelingen, die Erziehungskräfte des Ortes zu bündeln und „la culture d'un terrain" (NAVILLE 1832, S. 216) pädagogisch sinnvoll zu bearbeiten. Dabei wird auch das kindliche Spiel als Existential anerkannt (ebd., S. 113ff.), ohne einer radikal freien Ordnung das Wort zu reden, wie es in bestimmten Entwürfen des Vormärz üblich war.

Die Kontinuität ist also groß, mindestens in der Motivlage der Lehrkräfte und ihrer publizierenden Elite, aber auch im Blick auf die vorgeschlagenen Alternativen zur jeweils schlechten Gegenwart von Schule und Erziehung. Immer wieder kommen nur bestimmte Konzepte ins Blickfeld (und keine anderen): Ganzheit und Vollkommenheit aller Kräfte und Anlagen des Kindes, Arbeit und Kunst als neue Mittel der schulischen Bildung, Harmonie von Körper und Geist, Anschauung als Grundlage der Methode, Schule als Schulgemeinde und Lebensform. Schließlich ist auch die pädagogische Stilisierung des Kindes, seiner Kreativität und der Magie seines Spiels, längst formuliert, bevor die „Pädagogik vom Kinde aus“ zu einer öffentlichkeitswirksamen Kraft wird. An alle diese Vorgaben, nicht zuletzt an die Mythisierung des Kindes, knüpfte die vielfältige Reformdiskussion nach 1890 an, ohne sich dieser erstaunlichen Kontinuität wirklich bewusst zu werden. Das gilt auch für ihr politisches Selbstverständnis, das sich zwar mit dem Lebensgefühl einer jungen Generation vermischt, jedoch nicht einfach in der „Kulturkritik“ der Gründerjahre entstanden ist.

Reformpädagogik im 19. Jahrhundert ist aber nicht nur eine Motivkette und thematische Linie in der Literatur der Lehrkräfte. Das staatliche Schulsystem benötigte zusehends nicht nur Selbstreflexion, sondern auch Daten, die nicht von Lehrkräften geliefert werden konnten. *Fehler* und *Übel* der Schule (SACHS 1830) sind schon im ersten Drittel des 19. Jahrhunderts vom eigenen Personal vielfach markiert und mit Alternativprogrammen versehen worden. Aber Kritik allein war nicht ausreichend, um tatsächlich staatliche Schulentwicklung in Gang zu bringen. Stark und durchschlagend wurde die Schulkritik erst durch Unterstützung von anderer Seite. Allein die „Wichtigkeit der Elementarbildung“ zu betonen (WEIGAND 1838) oder ständig „Schulverbesserungspläne“ (WEINGART 1817) vorzulegen, wäre nicht ausreichend gewesen, auch nur die kirchliche Aufsicht zu lockern, geschweige denn die Besoldungsprobleme des Lehrerstandes zu lösen oder für eine nachhaltige Verbesserung der Schulhygiene zu sorgen.

2.2 Physiologie, Medizin und Schulentwicklung

1836 veröffentlichte der schlesische Medizinalrat KARL IGNATIUS LORINSER[60] eine Untersuchung, die den Verdacht der „Fehler“ und „Übel“ der Schule mit gravierenden Gesundheitsschäden in Verbindung brachte und medizinisch sanktionierte. LORINSER prägte dabei das folgenreiche Schlagwort der „Überbürdung“, also der entwicklungsfeindlichen Belastung der Schüler mit zu viel Schulstoff. Sein Artikel *Zum Schutze der Gesundheit in den Schulen* löste eine heftige Kontroverse aus, in der erstmalig auf breiter Basis die öffentliche Wirksamkeit medizinischer Befunde in der Schulkritik sichtbar wurde.[61] Sie bewirkten mit Argumenten der gesundheitsschädlichen

60 KARL IGNATIUS LORINSER (1796-1853) promovierte 1817 in Berlin und war parallel zum Studium als Hauslehrer tätig. Von 1826 an wirkte LORINSER als Regierungs- und Medicinalrath in Oppeln. 1835 wurde er hier Direktor der Hebammenlehranstalt.

61 Der Artikel eröffnete den Jahrgang 1836 der *Medizinischen Zeitschrift für Heilkunde in Preußen*. Die Gegen- und Streitschriften stammten überwiegend aus den Kreisen der angegriffenen Gymnasiallehrerschaft (TÜMPEL 1899, S. 183). LORINSER behauptete Gesundheitsschädigungen wie zunehmende Kurzsichtigkeit, Unterleibsstockungen oder Lungensucht, ohne einen statistischen Beweis anzuführen. Empirisch lagen dem Artikel lediglich einige Fälle zugrunde. Das gilt freilich ähnlich für die medizinische Kritik an LORINSER, auch sie bestand aus Behauptung und Fallbeispiel.

Überbelastung mehr an Schulreform als die idealisierenden und oft wenig greifbaren Argumente aus der Lehrerschaft.

Das preußische Kultusministerium holte nach der Veröffentlichung von LORINSERS Artikel, der allein 1836 mehr als dreißig Gegenschriften veranlasst hatte (TÜMPEL 1899, S. 183), Gutachten der Gymnasialdirektoren ein, die Stellung nehmen sollten zu dem Verdacht der Gesundheitsgefährdung.[62] Die Gutachten waren die Grundlage für die Einführung des Knaben-Turnunterrichts an preußischen Schulen,[63] was unmittelbar anzeigt, wie sensibel die Bildungsverwaltung auf medizinische Kritik reagieren musste. Die staatliche Schulaufsicht konnte auf ganzer Fläche unter Druck gesetzt werden, die wachsende Schul- und Schülerdichte sorgte für massive Problemlagen besonders im Hygiene- und Gesundheitsbereich und die Bildungsverwaltung musste darauf ungeteilt und mit möglichst einheitlichen Normierungen reagieren. Eine pädagogische Schulforschung existierte nicht, zuständig für die empirischen Datenerhebungen wurden Physiologie und Medizin.

Ihr wirkungsvollster Propagandist in Deutschland wurde RUDOLF VIRCHOW,[64] der die zweite Hälfte des 19. Jahrhunderts mit attraktiver und politisch nachhaltiger Reformpädagogik zu bedienen verstand. VIRCHOW versuchte nichts weniger, als die *moderne* Pädagogik zu definieren, die von klerikalen Zugriffen befreit und naturwissenschaftlich fundiert werden sollte. Die Grundlinien seines Projekts der „neuen Erziehung" trug VIRCHOW am 18. September 1860 auf der 35. Versammlung Deutscher Naturforscher und Ärzte in Königsberg vor. Das zentrale Stichwort hieß „Naturalismus".

---

62 Die Umfrage geht auf eine Cabinetsordre des Unterrichtsministers vom 2. Februar 1836 zurück, die unmittelbar nach Erscheinen von LORINSERS Artikel veranlasst wurde. In einer Cirkularverfügung des Ministers vom 24. Oktober 1837 wurde der Pauschalvorwurf zurückgewiesen und schulinterne Maßnahmen getroffen, die sich aber als weitgehend unwirksam erwiesen. Am 20. Mai 1854 etwa musste eine neue Verfügung den Gymnasien das Maßhalten in schriftlichen Hausarbeiten einschärfen, weitere Erlasse und Gutachten folgten.

63 Der preußische König FRIEDRICH WILHELM IV. erließ am 6. Juni 1842 eine Cabinetsordre, in der die Leibesübungen als „nothwendiger und unentbehrlicher Bestandteil" der *männlichen* Erziehung bezeichnet wurden. Das Argument der Gesundheitsgefährdung wurde verknüpft mit Befürchtungen mangelnder Tauglichkeit für den Militärdienst; auch dieses Muster hielt sich bis zum Ende des Jahrhunderts. Das *Mädchen*turnen war am Ende des 19. Jahrhunderts noch immer nicht obligatorisch, obwohl etwa RUDOLF VIRCHOW 1877 im Preußischen Abgeordnetenhaus sich dafür eingesetzt hatte.

64 RUDOLF VIRCHOW (1821-1902) habilitierte sich 1847 in Berlin und wurde 1849 Professor für Pathologische Anatomie an der Universität Würzburg. 1856 wurde er als Direktor des neu errichteten Pathologischen Instituts nach Berlin berufen. 1860 erschien VIRCHOWS Hauptwerk, *Die Cellularpathologie in ihrer Begründung auf physiologische und pathologische Gewebelehre*. 1861 war VIRCHOW Mitbegründer der Deutschen Fortschrittspartei und von 1880 bis 1883 war er Mitglied des Deutschen Reichstages. 1876 führte er die erste Reihenuntersuchung an Schulkindern durch, an der sich mehr als sechseinhalb Millionen Schüler beteiligten.

Der Schulerziehung wird der „Mangel an frischer Luft und freier Bewegung“ vorgehalten, eine „kräftige Generation“ könne nur gebildet werden, wenn früh die Bedingungen einer „gesundheitsgemäßen Entwicklung“ geschaffen werden, nämlich

> „eine frühzeitige, geregelte Gymnastik, eine Verallgemeinerung des Turnens, eine militairische Erziehung der Jugend neben einer methodischen, wirklich philosophischen und nicht mechanischen Entwicklung des Geistes“ (VIRCHOW 1860, S. 42).

Das Schlagwort der „Überbürdung“ verselbständigte sich in der Folge, die Kritik nutzte die Chancen der periodischen Alarmierung, ohne peinlich auf den Erzeugungskontext der Daten achten zu müssen. Exakte Messungen etwa des Zusammenhangs von Schulleistung und Ermüdung wurden zunächst nicht unternommen. Der Kontext der medizinischen Argumente ist noch Mitte des 19. Jahrhunderts die *Sanitätspolizei* (PAPPENHEIM 1858, S. 425-441) oder die Hygiene der Schule. LION (1863) bestimmte deren Fokus in der Anordnung der „Localitäten“ einerseits, der medizinischen Aufsicht über das Verhalten andererseits. Schulgebäude und Klassenzimmer müssten medizinisch normiert werden, um körperliches Wachstum zu unterstützen, „Verkrümmungen“ zu vermeiden und „reine Luft“ zu erhalten (ebd., S. 10). Der Bedarf an Atemluft sollte ebenso exakt bestimmt werden[65] wie der notwendige Raum für jedes Schulkind und so die Mindestgröße der Klassen, die korreliert wurde mit Schadensvermeidung, etwa der Kurzsichtigkeit, die auf schlechte Beleuchtung, räumliche Enge und unzulässige „Sehdistanz für mittlere Druckschrift“ zurückgeführt wurde (ebd., S. 11).

Die Verhaltensaufsicht – ein zentrales Thema professioneller Zuständigkeit (MASSO 1862) – bezog sich auf den Zeitrahmen, den Jahresrhythmus, die Leistungserwartungen, den Lehrplan und nicht zuletzt die Geräte der Schule, also Schiefertafel, Stahlfedern, die Farbe der Tinte und das Papier der Schulhefte. *Überforderung* wurde im Rahmen dieser medizinischen Normen zum Thema, wobei die Basis der Kritik immer ein reformpädagogisches Argument war: Wenn sie Schaden für die Gesundheit der Schüler vermeiden will, muss die Schule als Grundnorm vor Augen haben,

> „dass sie die Jugend erziehen, d.h. ihre Phantasie beleben, ihre Anschauungen erweitern, ihre Denkkraft üben, nicht aber ein bestimmtes, von vornherein feststehendes Quantum von Wissen einpfropfen soll, und dass nicht die Bildung des Geistes allein, sondern auch die des Körpers zu den Aufgaben einer normalen Erziehung gehört“ (SCHRAUBE 1860, S. 263).

---

65 Eine Modellrechnung geht auf VALENTINS *Handbuch der Physiologie* zurück: Berechnet wird das Ausatmen von Kohlensäure pro Stunde nach Lebensaltern (männliche Personen von acht Jahren, fünfzehn Jahren und achtzehn bis zwanzig Jahren) unterschieden. Bei geschlossenen Schulzimmern, die nicht ventiliert sind, ergibt sich so ein Maß der Luftverunreinigung (LION 1863, S. 10).

Die Schulerfahrung, anders gesagt, muss *ganzheitlich* sein, wenn sie legitim erscheinen will. Hier trifft sich Lehrerliteratur mit medizinischem Befund, der schon in der Anthropologie und Pädiatrie des 18. Jahrhunderts immer von einer „kindzentrierten“ Optik ausging.

Diese Optik allein war aber nicht ausreichend, hinzukommen mussten gesundheitliche Defizite und pathologische Befunde. RUDOLF VIRCHOWS Gutachten *Über gewisse, die Gesundheit benachteiligende Einflüsse der Schulen* von 1869[66] fasste die sanitätspolizeilichen Gutachten zusammen und erhärtete sie mit empirischen Untersuchungen. Demnach sei die Schule verantwortlich für Kurzsichtigkeit, Kopfschmerzen, Verkrümmungen, Brust- und Unterleibserkrankungen, bestimmte ansteckende Krankheiten und gewisse Verletzungen, die auch auf „unzulässige Züchtigungsmittel der Lehrer“ zurückzuführen seien (VIRCHOW 1869, S. 22). VIRCHOW klammerte die Fragen der inneren Rationalisierung der Schule aus und konzentrierte sich auf die vorliegenden medizinischen Forschungen.

Daten für die Verursachung von Kopfweh durch Überbeanspruchung basierten auf Untersuchungen von LOUIS GUILLAUME (1864, S. 33ff., 76f.) zur Schulhygiene. Eine deutsche Studie von THEODOR BECKER (1867) zeigte einen vergleichbaren Befund, mit der zusätzlichen Information, dass die Kontingente der Leidenden in den oberen Klassen der höheren Schulen stark zunehmen. Verkrümmungen der Wirbelsäule brachte GUILLAUME (1864, S. 118f.) mit der Schreibstellung in Verbindung, FAHRNER (1865) mit dem Schultisch und der Dauerbelastung beim Sitzen und MEYER (1866) mit der Gewöhnung an ständiges Schiefsitzen. Beobachtungen von SCHILDBACH (1867, S. 17ff.) ergaben zudem geschlechtsspezifische Unterschiede, die Vermutungen zu bestätigen schienen, dass Skoliose bei Mädchen häufiger vorkommt als bei Knaben (KNORR 1860, S. 23f.). „Orthopädische Krankheiten“ – Veränderungen der „äußeren Körperform“ (ebd., S. 19) – konnten so massiv und zugleich differenziert der Schule angelastet werden.

Aber als bedrohlich erschienen nicht nur die Beeinträchtigungen der Körperformen, VIRCHOW dehnte den Verdacht aus und bezog ihn auch auf innere Pathologien. Die Gefahr von Brusterkrankungen konnte statistisch belegt werden, das „schnelle Anwachsen der Mortalität an Lungen- und Halsschwindsucht“ zwischen dem zehnte n und dem fünfzehnten Lebensjahr ließ sich dann mit gesundheitsschädigenden Bedingungen des Schulbesuchs in Zusammenhang bringen (VIRCHOW 1869, S. 18). Das sollte ähnlich gelten für Erkrankungen, die mit den Folgen des „langen Sitzens“ zu tun haben, mit mangelnder Ventilation, fehlender Bewegung und zu vielen und zu

66 Auftraggeber war der seit 1862 amtierende preußische Minister der geistlichen, Unterrichts- und Medicinalangelegenheiten HEINRICH VON MÜHLER (1812-1874). Das Gutachten erschien auch im *Centralblatt für die gesammte Unterrichtsverwaltung in Preußen.*

schwierigen „Unterrichtsgegenständen“, aus denen „wirkliches Kranksein“ entstehen könne (GAST 1863, S. 23).

Als Königsargument erwies sich aber die Untersuchung der Kurzsichtigkeit, die HERMANN COHN an 33 Schulen aller Kategorien in Breslau und Umgebung vornahm.[67] Einfache Myopie korrelierte demnach mit dem Ort der Verschulung (Stadt/Land), den Stufen (Elementar- und Höhere Schulen) sowie mit dem Geschlecht. Zentrale Ergebnisse der Studie waren: Keine einzige Schule war frei von Kurzsichtigkeit, Dorfschulen hatten aber nur wenige kurzsichtige Schüler, in Stadtschulen waren achtmal mehr Kinder myopisch, in Stadtschulen steigt die Myopenzahl kontinuierlich an, über ein Viertel aller Gymnasiasten sind kurzsichtig (COHN 1867, S. 30f.).[68]

Befunde wie diese führten zu weitgehenden Rationalisierungsmaßnahmen, deren hygienepolitische Ausrichtung sich etwa an der „Schulbankfrage“ darstellen lässt. Ein Basler Gutachten von 1871 greift auf die beiden Schweizer Mediziner GUILLAUME und FAHRNER zurück, orientiert sich reformpraktisch an HENRY BARNARDS gusseisernen Schulpulten (zweisitzig und einsitzig mit Rücklehnen, die unnütze Muskelermüdungen vermeiden sollen) und argumentiert an entscheidender Stelle mit COHNS Daten (Gutachten 1871, S. 15f.), um das folgende Reformargument stark zu machen:

> „Schlechte Haltung beim Lesen und Schreiben, somit also schlecht construirte Schulbänke, führen wegen der vorwärts geneigten Haltung des Kopfes zu Blutüberfüllung und zu vermehrtem Druck im Auge, und Letzterer bedingt die Ausweitung des noch jugendlichen Augapfels. In gleicher Weise wirkt die überangestrengte Accomodation, welche beim Sehen sehr naher Gegenstände erfordert wird. Diese Einflüsse vermögen das gesunde Auge kurzsichtig zu machen, sie machen jedenfalls das kurzsichtige noch kurzsichtiger“ (ebd., S. 17).

Derartige Gutachten erfolgten fast immer im Auftrag der Schulaufsicht. Aus ihnen sollten sich „zweckmäßigste“ (ebd., S. 59) Normierungen ergeben, in der Schulbankfrage *Subsellien* auf der Grundlage „allgemeiner physiologischer Gesetze“ (ebd.). Darunter sind Mitte des 19. Jahrhunderts etwa die „physikalischen Bedingungen“ von aufrechter und sitzender Stellung zu verstehen, aus denen sich einheitliche Maße und Regeln ableiten ließen.

---

67 Die Untersuchung begann im Oktober 1865. HERMANN COHN (1838-1906) war zu diesem Zeitpunkt Sekundärarzt in einer Augenklinik und befasste sich mit der Statistik von Augenkrankheiten. Die Hypothese der Kurzsichtigkeit von Schulkindern ging auf die Studie von FAHRNER (1865) zurück. Die erste Stichprobe (fünf Elementarschulen mit 1300 Kindern) wurde im Laufe des Jahres 1866 erweitert (COHN 1867, Vorwort).

68 Dieser Befund deckt sich mit früheren Untersuchungen. Im Großherzogtum Baden waren von 2172 Schülern der 15 Gelehrtenschulen 392 kurzsichtig. In den höheren Bürgerschulen waren es 46 von 930 Schülern. Eine besondere Häufigkeit verzeichneten die Eingangsklassen der Gymnasien und Lyzeen, ein Viertel bis die Hälfte der Schüler waren kurzsichtig (SCHÜRMAYER 1856, S. 60ff.).

Die medizinischen Untersuchungen machten fehlersensibel und erlaubten die Einführung korrigierender Standards, aber sie hatten noch einen weiteren Vorteil, sie ließen andere als pädagogisch-normative Erklärungen zu. „Kein Zureden und keine Strenge", hieß es in COHNS (1867, S. 79) Studie, könne fruchten, „wo *falsch gebaute Subsellien eine normale Haltung direkt unmöglich machen*". Ohne medizinische Kompetenz sei die „*Verbesserung der Schulzimmer*" nicht möglich (ebd., S. 90f.). Tatsächlich sind die Verwaltungsnormen oder Reformmodelle (wie die „Kunze'sche Schulbank")[69] immer von Ärzten begründet und gerechtfertigt worden (SCHILDBACH 1869), ohne dass sich dadurch die Überbürdungsdiskussion beruhigt hätte. Turnunterricht, physiologisch normierte Schulbänke (ZANG 1868) oder exakte Messungen zur gesunden Schulluft (BREITING 1871) führten nicht zur Abschwächung des Verdachtes, die Schule, vornehmlich das Gymnasium, verursache nachhaltige Schäden durch ihre „zu hohen Anforderungen an die geistige Arbeitskraft der Schüler" (PETERMANN 1881, S. 11).

Die Kritik zu Beginn der achtziger Jahre bezog sich auch auf die falschen Grundsätze des schulischen Unterrichts und im Weiteren der Schulorganisation (FINKELNBURG 1878), also das, was LION (1863, S. 17) deren „innere Angelegenheiten" genannte hatte. Gerade in den Methoden des Unterrichtens verkenne die Schule die „physiologische Eigenart" des Kindes. Statt spielerisch lernen und seine „natürliche Neugierde" entwickeln zu können, werde das Schulkind zu „Sitz- und Denkstunden" gezwungen, die durch mechanische Hausarbeiten noch ausgedehnt würden und Freude am Lernen nicht aufkommen lassen. Daher sei es kein Wunder, dass sich das Kind in der Schule „mühselig, belästigt und verwirrt fühlt anstatt aufgeweckt und im Einklange mit seiner innersten Natur angeregt zu werden" (FINKELNBURG 1878, S. 44/45).

Es liegt dann auch nicht mehr fern, der Schule die Schuld an „Geistesstörungen" zu geben, wie der braunschweigische Medizinalrath HASSE im August 1880 der Versammlung der Deutschen Irrenärzte in Eisenach anhand klinischer Fälle darlegte.[70] Ausgehend von der Aktenlage verschiedener preußischer Provinzial-Schulkollegien konstruiert HASSE die Ursache der geistigen Störungen seiner jugendlichen Patienten aus den Anforderungen der Gymnasien. Die Lehrpläne seien derart überfrachtet, dass für die Schularbeit die gesamte Zeit verplant werden müsse, „60 Stunden pro Woche und 10 pro Tag"

69 Auch „Olmützer Schulbank" genannt; es handelt sich um das erste *bewegliche* Modell, die Tischplatte war verschiebbar, so dass Lese- und Schreibabstand reguliert werden konnten.

70 PAUL HASSE war Direktor der Herzoglich Braunschweigischen Irrenanstalt in Königslutter. Seine Fälle sind ältere, männliche Gymnasiasten, bei denen „erbliche Anlagen" und „Überbürdung mit Arbeit" als Krankheitsursachen diagnostiziert wurden (HASSE 1880, S. 11). Die „Überanstrengung", so heißt es, werde „namentlich durch die mathematischen Aufgaben veranlasst" (ebd., S. 20).

(HASSE 1880, S. 35). Folgen für die geistige Gesundheit seien daher nahe liegend, niemand könnte sich unter diesen Umständen normal entwickeln.

Auf diese Weise lässt sich ein allgemeiner Pathologieverdacht erzeugen (PFEIL 1882), der immer wieder auf die bewährten Argumente zurückgreift, dass die Übel in der Einseitigkeit *geistiger* Bildung zu suchen seien (BECK 1872) und nur „Sanitätsrücksichten" (ebd., S. 17) Abhilfe schaffen könnten. Gemeint sind Reduktion des Pensums, körperliche Bewegung, Vermeidung von Überfüllung, Schulhygiene, geräumige Architektur und vor allem die „*Concentrierung des Unterrichts*" auf das, was mit der kindlichen Natur verträglich ist (ebd., S. 50). Die unterstellte Pathologie der Schule schien sich am Maß der Hausarbeiten oder an der Verteilung der Lehrstunden im Tagesplan der Schulen (ALEXI 1879) nachweisen zu lassen, an zu vielen Schularbeiten in den ungeliebten Kernfächern des Gymnasiums (HOSAEUS 1881) oder einfach an der erbgenetisch falschen Zusammensetzung der Schulklassen (MARET 1879). Konsequenterweise forderte der Hygienische Kongress in Nürnberg 1877 die Einrichtung von Stellen für *Schulärzte* an allen deutschen Schulbehörden (COHN 1886, S. 9),[71] um zu einer wirksamen, nämlich medizinischen Form von Schulaufsicht zu gelangen. Für diese Politik wurden konkrete Pläne entwickelt.

Die „sanitätspolizeiliche Überwachung" der Schulen (FALK 1869) sah eigene Inspektorate vor, die Schulhauspläne erstellen und genehmigen sowie semesterweise Aufsicht führen sollten (ebd., S. 86ff.). Aber das hätte eine tief greifende Verwaltungsreform verlangt, die sich gegen die entwickelte Bildungsadministration nicht durchsetzen ließ. Die innere Rationalisierung der Schule aber, von der natürlichen Methode des Unterrichtens bis hin zur Mechanik des Sitzens (MEYER 1867), ist durch Hygieniker und Physiologen wirkungsvoll gestaltet worden. Es ist kein Zufall, dass Ärzte wie HERMANN COHN (1867, 1873) auch die internationale Entwicklung der Schularchitektur beobachteten, die von medizinischen Experten getestet wurde, was für die Hygiene der Schulen brauchbar sein würde und was nicht. Lehrer spielten dabei keine Rolle.

Schulentwicklung im 19. Jahrhundert ist staatlich organisierter Wettbewerb, der ohne Expertenunterstützung aus Medizin und Naturforschung (einschließlich Statistiken[72]) gar nicht hätte geführt werden können. Der Exper-

71 Nach diesem Beschluss setzte eine rege Lobbytätigkeit ein: Militärische Gutachten aus dem Jahre 1882 und 1884 forderten die Überwachung der gesundheitlichen Verhältnisse der Volksschule durch *„erfahrene Ärzte"*, HERMANN COHN formulierte entsprechende Thesen für den internationalen hygienischen Kongress in Genf (September 1882), nachdem RUDOLF VIRCHOW am 13. Dezember 1880 im Preußischen Abgeordnetenhaus verlangte hatte, der Staat möge die Schulen unter *„ärztliche Aufsicht"* stellen (Daten nach COHN 1886, S. 11-15). Das Argument wird verstärkt durch Hinweise auf fortgeschrittene Entwicklungen im Ausland (ebd., S. 37ff.).

72 Die amtliche Schulstatistik wurde 1822 in Preußen mit der regelmäßigen Führung der „Kirchen- und Schultabelle" eingerichtet. Ab 1886 wurde die statistische Zeit-

teneinfluss ist in allen Bereichen der Erziehung, nicht nur den hygienepolitischen, nachweisbar. Im Blick auf die Schule berieten und steuerten sie Rationalisierungen, die auf externe Daten angewiesen waren. „Rationalisierung“ hieß im Wesentlichen *Effektivierung*, Eliminierung störender Einflüsse wie solche der Gesundheitsschädigung, aber zugleich Verbesserung der Lehrmittel und Unterrichtsformen. Ein kaum beachtetes Beispiel ist die Normierung der Handschrift im Elementarunterricht. Physiologisch definierte „Schriftscalen“ (JÄGER 1860) waren der Maßstab für didaktische und methodische Reformen bis hin zur Analyse der Schulbücher, die im Schriftbild oder in ihrer Druck- und Papierqualität einer Kritik unterzogen wurden (KOTELMANN 1877, S. 322f.). Die Untersuchungen zur Kurzsichtigkeit waren dabei Anlass und ausschlaggebendes Argument.

Medizinische Argumente spielten auch *außerhalb* der Schule eine Rolle, im Bereich dessen, was im 19. Jahrhundert literarische „Volksbildung“ genannt wurde. Ein Beispiel ist die öffentliche Gesundheitserziehung, die wesentlich über mediale Beeinflussungen erfolgte und eine umfangreiche Ratgeberliteratur nach sich zog. Unter dem Stichwort „Diätetik“ wurden Daten und Theorien der Ernährungslehre aufgegriffen und daraus umfangreiche Programme der Erziehungsreform abgeleitet. „Diätetik“ ist schon bei KARL FRIEDRICH BURDACH (1800, S. 129) *populäre Gesundheitslehre*, nämlich „gemeinfassliche Anleitung“ an jedermann, „seine geistigen und körperlichen Erscheinungen so zu bestimmen, dass dadurch Gesundheit erhalten wird“ (ebd.). Mitte des 19. Jahrhunderts schien aus MOLESCHOTTS *Physiologie der Nahrungsmittel* hervorzugehen, dass und wie sich die gesamte Erziehung diätetisch regulieren lassen würde (MOLESCHOTT 1850, S. 188ff. u.pass.).

Eine *Schule der Gesundheit* legte FRIEDRICH DORNBLÜTH (1874) vor. Sie enthält alles, das, was an öffentlichen Schulen vermisst wurde, den Vorrang der Leibesübungen, die gleichsinnige Behandlung der „Geistesübungen“, die gesunde Ernährung nach den Regeln des Stoffwechsels und die Wahl der Nahrung nach dem Lebensalter, die der *Küche* zugeordnet wurde (ebd., S. 283ff.). Neben dem Lebensalter regiert die Auswahl der gesunden Nahrungsmittel das Geschlecht, die Temperamente, die Lebensweisen, die Jahreszeit, aber nicht irgendeine Form von Verschulung. Zur Pflege des Kindes ist gesunde Luft, freie Bewegung und zweckmäßige Kleidung erforderlich (ebd., S. 457ff.), weder Schulbücher noch Sitzbänke oder die richtige Haltung beim Lesenlernen. Auf diese Weise würden allenfalls „Stubenkinder“ erzogen (ebd., S. 459), ein Stichwort, das sich in der nachfolgenden Lebensreformbewegung an vielen Stellen nachweisen lässt.

Wenn physiologische Argumente der einen oder der anderen Art einen derartigen Einfluss hatten auf die Diskussion der Schul- und Erziehungsreform im 19. Jahrhundert, dann muss die Entwicklung einer *physiologischen* Reform-

---

schrift *Das gesammte Volksschulwesen in Preußen* geführt, in der Jahresdaten veröffentlicht wurden.

pädagogik ein nahe liegendes Projekt gewesen sein. Die bekannteste Theorie dieser Reformpädagogik stammt von DANIEL SCHREBER,[73] der 1858 einen „ärztlichem Blick in das Schulwesen" warf, dabei die sanitätspolizeilichen Argumente zusammen fasste und sie mit einer „Zimmer-Gymnastik für Schulen"[74] verknüpfte. Am Ende dieser Analyse steht die Forderung nach einer „exacten Erziehungswissenschaft" (SCHREBER 1858, S. 44), die wesentlich physiologisch und anatomisch ausgerichtet sein sollte (ebd., S. 42).

> „So lange die Pädagogik dieser Grundlage ermangelt, bleibt sie eine Wissenschaft ohne Boden, ein Baum ohne Wurzel; es bleiben Unsicherheiten und Fehlgriffe im ganzen Schulsystem unvermeidlich. Es wäre daher im höchsten Grade unbillig, wenn man der gegenwärtigen Lehrerwelt alle im Schulwesen vorkommenden Irrungen gegen die im Organismus waltenden Naturgesetze anrechnen wollte. Nicht sie, sondern den allgemeinen Zustand der Pädagogik trifft die Schuld" (ebd., S. 44).

Den Entwurf dieser neuen Erziehungswissenschaft nannte SCHREBER *Kallipädie oder Erziehung zur Schönheit* (SCHREBER 1858a). Er bietet doktrinär gesehen kaum Neues, wiederholt die Zielsetzung der „*denkbar höchsten allseitigen Ausbildung des jungen Menschen in der Richtung nach gottähnlicher Geistesfreiheit*" (ebd., S. 26), vertritt bekannte Ideale der „vollen Harmonie" aller Kräfte (ebd., S. 27) und rekapituliert den „*Weg natürlicher Einfachheit*" (ebd).[75] Die praktische Erziehung baut auf der Theorie der Le-

---

73 DANIEL GOTTLOB SCHREBER (1808-1861) liess sich 1836 als praktischer Arzt in seiner Heimatstadt Leipzig nieder und lehrte gleichzeitig an der Universität. Er war von 1843 bis 1861 Leiter der Orthopädischen Privatklinik in Leipzig. SCHREBER war neben seiner psychiatrischen Tätigkeit Erziehungsreformer und Stadtplaner. Die Gründung eines „Schrebervereins" 1864 durch seinen Schwiegersohn, den Leipziger Schuldirektor ERNST INNOCENZ HAUSCHILD (1808-1866), geht auf seine Idee zurück. Der Verein wollte ursprünglich die Gründung von Spielplätzen für Stadtkinder fördern. HAUSCHILD leitete seit 1859 eine Bürgerschule in Leipzig, der „Schreberverein" entstand in Zusammenarbeit mit den Eltern seiner Schüler. Der Verein stellte den Schülern einen Garten zu Verfügung, den sie als Schulgarten nutzen sollen. Das Projekt war jedoch nicht erfolgreich, die Eltern des Schrebervereins mussten die Fläche übernehmen und nannten sie dann „Schrebergärten".

74 SCHREBERS großer Bucherfolg war die *Ärztliche Zimmergymnastik*, die 1855 in erster und zweiter Auflage erschien. Die 23. Auflage bearbeitete RUDOLF GRAEFE, die 32. Auflage dieser Ausgabe stand 1909 im 205. Tausend. Eine Neuausgabe kam 1914 heraus. Die englische Übersetzung (*Illustrated In-Door Gymnastics*) erschien 1856 bei Williams & Norgate in London, im gleichen Jahr kam auch eine französische Übersetzung (*Système de gymnastique de chambre médicale et hygiénique*, bei Victor Masson in Paris) heraus, spanische, holländische und amerikanische Ausgaben folgten.

75 Das Argument klingt rousseauistisch: Insoweit als der „*Entwickelungsgang eines Kindes die volle bestimmungsgemäße Richtung an sich schon hat*", sei die sicherste praktische Regel der Erziehung, sich „*durchaus negativ ... zu verhalten*". Sie könne sich „*auf Abhaltung von störenden Einflüssen ... beschränken*" und der „*Natürlichkeit den freien Lauf ... lassen*". Eingreifen und nachhelfen müsse die Erziehung –

bensalter auf, die vergleichbar in vielen zeitgenössischen Handbüchern der Erziehung zu finden ist. Ebenso ist die Gleichsetzung von Erziehung mit Gewöhnung Gemeingut der Pädagogik, einschließlich der damit verbundenen Effekterwartung.[76]

Was SCHREBERS „Kallipädie" von den philosophischen Systemen der Erziehung unterscheidet, ist der orthopädische Teil, die exakten Apparate der Bewegung (ebd., S. 84ff.), die von den berühmten Gehschienen über Anleitungen zur Gymnastik (ebd., S. 94ff.), die Bekämpfung von Haltungsfehlern, verschiebbaren *„Geradhaltern"* (ebd., S. 203ff.) zur Übung fehlerfreien Sitzens, methodischen „Gehübungen" für den geraden Gang (ebd., S. 208ff.) bis zu ledernen Kinnbändern für die Kopfhaltung (ebd., S. 220ff.) reichen. Die *Erziehung* zur Schönheit, entwickelt nach einem eigenen System der „Orthobiotik" (SCHREBER 1839), ist wesentlich dies, Anpassung an eine Haltungs- und Aussehensnorm, die die „Ausbildung der Körperform" leiten soll (SCHREBER 1858a, S. 224). Der professionelle Führungsanspruch ist unmissverständlich, nur durch ständige ärztliche Kontrolle sei eine Gewähr zu erlangen, „jeder Abnormität und krankhaften Bildung rechtzeitig zuvorgekommen und entgegengetreten" zu sein (ebd.).

Die *Methode* dieses „tactvoll" (ebd., S. 222)[77] begründeten Konzepts hat SCHREBER 1859 dargelegt, als „planmäßige Schärfung der Sinnesorgane". Das Ziel ist der „sinnengeschärfte Mensch" (SCHREBER 1859, S. 5).

> „Die Fähigkeit aber, die Gewohnheit, seine Sinnesorgane *richtig* und *tüchtig* zu brauchen, alles in die Sinne Fallende gründlich zu beobachten und zu prüfen, die Neigung zu *progressiver Schärfung der Sinnesorgane*, muss dem Menschen *in früher Jugend beigebracht* werden, wenn die Sinnesorgane ihre volle Entwicklung erhalten sollen" (ebd., S. 6; Hervorhebungen J.O.).

Übung ist *Abgewöhnung* „schädlicher Körperhaltungen und Gewohnheiten" (SCHREBER 1853), sie ist die eigentliche Aufgabe der „exacten" Erziehungswissenschaft (SCHREBER 1858a, S. 309). Prophylaktisch soll die, wie sie auch genannt wird, „rationelle Erziehungswissenschaft" (SCHREBER 1859, S. 41ff.), dafür sorgen, dass in jeder Schule die Hauptregeln der Diä-

---

„anregend, mäßigend, umstimmend, leitend" – nur dort, *„wo dies der Entwickelungsgang erforderlich* macht" (SCHREBER 1858a, S. 27).

76 „Indem wir das Kind an das Gute und Rechte *gewöhnen*, bereiten wir es vor, späterhin das Gute und Recht *mit Bewusstsein* und *aus freiem Willen* zu thun" (SCHREBER 1858a, S. 60).

77 „Bei Unternehmung aller dergleichen Maßregeln bedarf es ... eines tactvollen Benehmens gegen die Kinder, damit die feine Grenzlinie richtig eingehalten wird zwischen der nothwendigen und pflichtmäßigen Selbstachtsamkeit und Selbstsorgsamkeit der Kinder für Gesundheit, Reinlichkeit, Ordnung und Wohlgefälligkeit ihres eigenen Körpers einerseits und – einer unedlen Eitelkeit oder hohlen Aeusserlichkeit andererseits" (SCHREBER 1858a, S. 222).

tetik unterrichtet werden, soweit diese sich aus der „menschlichen Anatomie und Physiologie“ ableiten lassen (ebd., S. 38f.).

SCHREBER, heute fast nur noch im Zusammenhang mit FREUDS Analyse[78] oder der „Schwarzen Pädagogik“ erwähnt und jedenfalls kein „Reformpädagoge“, rationalisierte die turnerische Gymnastik, schrieb Erziehungsratgeber und stand der pädagogischen Reformbewegung in Leipzig nahe. Seine Verdienste für die Leipziger Erziehungs- und Schulreform sind Mitte des 19. Jahrhunderts unstrittig. ERNST INNOCENZ HAUSCHILDS *Leipziger Blätter für Erziehung und Unterricht* waren in den fünfziger Jahren das Organ für eine medizinisch-pädagogische – in diesem Sinne „ganzheitliche“ – Reformdiskussion, die auch die Schrebergarten-Bewegung beförderte.[79] „Schreber-Gärten“ sind Maßnahmen zur Volkserziehung, die SCHREBER (1860) als Gesamtprogramm – „Urquelle aller Volkswohlfahrt“ (ebd., S. 16) – verstand, in dem und mit dem sich Schule und Haus annähern sollten. „Volksgesundheit“ war die andere Seite der „Menschenveredelung“, zwischen angewandter Medizin und praktischer Pädagogik schien keine prinzipielle Grenze zu bestehen (SCHREBER 1861).

Die langfristigen Verhaltensnormierungen der populären Zimmer-Gymnastik sind unübersehbar, Turnen wurde wesentlich durch SCHREBER zum standardisierten, *häuslichen* Erziehungsmittel. Seine orthopädischen Normierungen haben die Kleinkindererziehung ebenso beeinflusst wie die Heilgymnastik und die Behindertenhilfe (vgl. RETHSCHULTE 1995). Selbst SCHREBERS allgemeine Grundsätze des Unterrichts – Freude, Anschaulich-

---

78 FREUD veröffentlichte 1911 *Psychoanalytische Bemerkungen über einen autobiographischen Fall von Paranoia*, die sich auf DANIEL PAUL SCHREBERS (1842-1911) Buch *Denkwürdigkeiten eines Nervenkranken* bezogen, das 1903 veröffentlicht worden war. FREUD erklärte die Paranoia mit ödipalen Bindungen an einen übermächtigen Vater. DANIEL PAUL SCHREBER, zweiter Sohn DANIEL SCHREBERS und sein drittes Kind, schrieb das Buch zur Aufhebung eines Entmündigungsurteils.

79 Die Daten sind nicht systematisch erschlossen. SCHREBER übernahm 1844 die orthopädische Heilanstalt von E.A. CARUS in Leipzig. 1846 wurde er Vorsitzender des Leipziger Allgemeinen Turnvereins, den er mit CARL ERNST BOCK und KARL BIEDERMANN ein Jahr zuvor gegründet hatte. BIEDERMANN war später, wie erwähnt, eine der Hauptautoren der „Arbeitsschule“. SCHREBER erhielt Kontakt zur Schulreform durch ERNST HAUSCHILD, der 1849 ein „Modernes Gesammtgymnasium“ als Privatschule in Leipzig gegründet hatte. Dieses Projekt wurde stark beachtet, weil es erstmalig Volksschule und Gymnasium durchlässig verknüpfte und zugleich den Fremdsprachenunterricht (statt die klassische Philologie) in den Mittelpunkt rückte. Die Jahrgänge 1855 bis 1857 der *Leipziger Blätter* dokumentieren diese Zusammenhänge, eine Monographie der Leipziger Reformpädagogik liegt jedoch nicht vor. HAUSCHILD (1862, S. 21ff.) beschrieb den Zweck des Schrebervereins deutlich in reformpädagogischer Absicht. Der Verein sollte für gesunde und gesellige Erziehung außerhalb der Schulen sorgen. Praktisch entstanden daraus Spielwiesen mit angeschlossenen Kindergärten. Mitglied des „Schrebervereins“ konnten ab 1869 nur Kleingartenbesitzer werden, die Bewegung der „Schrebergärten“ erhielt Aufschwung mit den Lebensreformbewegungen am Ende des 19. Jahrhunderts (ISRAELS 1988, S. 208f.).

keit und *„Hinwirkung auf selbstschaffende Denkkraft“* (SCHREBER 1858a, S. 228ff., 232) – spiegeln zeitgenössische Überzeugungen. Das zentrale Anliegen allerdings, in keiner Schule dürfe *„menschliche Anatomie und Physiologie vermisst werden“*, blieb „Wunsch“ (ebd., S. 234). SCHREBER artikulierte Reformoptionen, die auch ohne diese Bedingung überlebensfähig waren und die mit anderen Referenzen weiterentwickelt wurden.

Ärzte und Naturforscher prägten weiterhin die Schulkritik. Gegenüber dem Gymnasium verschränkten Physiologen wie ADOLPH FICK (1876) oder EMIL DU BOIS-REYMOND (1877) das Überbürdungsargument mit dem Verdacht der Unzeitgemäßheit der klassischen Bildung. Ein „formidables Gymnasialreform-Meeting“ habe sich eingestellt, so DU BOIS-REYMOND am Ende seines einflussreichen Vortrages über *Culturgeschichte und Naturwissenschaft*, das mit der Macht und dem Anspruch der Naturwissenschaft die Vorherrschaft der philologischen Fächer brechen werde. Der Reformansatz ging aber wesentlich weiter, bis hin zu hygienepolitischen Gesamtprogrammen, die Schullokalitäten als Teil einer rigorosen Anstaltsreform definierten und dabei weder die Kanalisation noch die Idealnorm der Pausenhöfe vergaßen (für Berlin:VIRCHOW/GUTTSTADT 1886). HERMANN COHN konnte 1890 das Projekt der Schulreform – zitiert nach RICHARD WAGNER – als „Gesamtkunstwerk“ bezeichnen, das sich durch drei Sektoren der *Hygiene* – Schullokale, Schüler, Unterricht – auszeichne und die geistige mit der körperlichen Nahrung gleichsetzen müsse (COHN 1890, S. 111/112). Die medizinische Kritik veranlasste wiederum Reaktionen der Verwaltung[80] und stützte öffentliche Reformpetitionen, aus denen sich organisierter Widerstand entwickelte.[81]

---

80 Angesichts der Kritik hatte der preußische Kultusminister GUSTAV VON GOSSLER (1838-1902) schon zu Beginn der achtziger Jahre ein Gutachten der Deputation für das Medizinalwesen angefordert, das dem Thema der Überbürdung gewidmet war. Das Gutachten wurde zusammen mit einer Denkschrift am 19. Dezember 1883 dem preußischen Abgeordnetenhaus vorgelegt und dort am 14. Februar 1884 beraten. Das Gutachten, ohne großen Einfluss auf die auch weiterhin hitzige öffentliche Diskussion, verwies darauf, dass mangels statistischer Unterlagen und einschlägiger empirischer Forschungen eine streng wissenschaftliche Aussage zum Thema „Überbürdung“ kaum möglich sei. Der einzige erhärtete Indikator sei die Kurzsichtigkeit; militärische Untauglichkeit, Selbstmorde unter Schülern oder Geisteskrankheiten lassen keinen kausalen Zusammenhang mit Schule und Überbürdung erkennen (Gutachten 1883).

81 Eine Petition mit 23’000 Unterschriften legte der Direktions-Rath der Deutschen Reichspost, EMIL VON SCHENKENDORFF (1837-1915), Mitglied des Preußischen Abgeordnetenhauses, vor. Das Parlament verhandelte die Petition am 6. März 1889. SCHENKENDORFF war 1881 Begründer und langjähriger Vorsitzender des „Deutschen Vereins für werktätige Erziehung“. Dieser Verein propagierte Konzepte des Arbeitsunterrichts und der praktischen Erziehung, die vom bloß „theoretischen Unterricht“ der Volksschule scharf abgegrenzt wurde (SCHENKENDORFF 1880, S. 4ff.). Im Umfeld der Petition entstand im Januar 1889 der Verein für Schulreform „Neue Deutsche Schule“. Tragende Mitglieder waren HERMANN COHN, WILLIAM PREYER und der Berliner Reformpublizist HUGO GÖRING. Den öffentlichen Aufruf des Vereins im Dezember 1889 unterschrieb auch HERMANN VON HELMHOLTZ (PREYER 1900, S.

Ein Hauptvertreter war der Jenenser Physiologe WILLIAM PREYER,[82] der auf der 60. Versammlung der Deutschen Naturforscher und Ärzte am 19. September 1887 in Wiesbaden den Anspruch der *Naturforschung* – Medizin, Physiologie, Physik – auf Gestaltung der Schule zum Ausdruck gebracht hatte. Dieser Vortrag (PREYER 1887) stellte die Überbürdungsargumente in einen *entwicklungstheoretischen* Zusammenhang: Die Schule verstoße durch schlechte Organisation und „verkehrte *Lehrart*" (ebd., S. 9) gegen die Entwicklungsgesetze der Natur mit der Folge falscher Organanpassung und verkümmerter geistiger Entwicklung (ebd., S. 10). PREYER kritisierte die mangelnde Effizienz der Höheren Bildung, die sich statistisch nachweisen ließ[83] und als wirksames Zusatzargument ins Spiel gebracht wurde. Daraus ergab sich eine zentrale Forderung:

> „Es muss in den Schulen viel mehr Zeit auf Charakterbildung, also sittliche Erziehung, und auf Körperpflege, und viel weniger auf gelehrten Unterricht, also Gedächtnisarbeit, verwendet werden" (ebd., S. 36).

Diese Forderung war eine Provokation für das gymnasiale Establishment. Der öffentliche Streit nach PREYERS Vortrag war aber auch ein Theoriekonflikt, der Grundannahmen der Bildungstheorie betraf.[84] PREYER vertrat den Standpunkt und das Interesse der neuen technischen Eliten in Deutschland, ohne dass sich der Ansatz auf eine bildungspolitische Lobby reduzieren lie-

---

15). HELMHOLTZ war, wie erwähnt, Mitglied der Preußischen Schulkonferenz; die Fragestellung dieser Konferenz reagierte direkt auf die Überbürdungsdiskussion, die allerdings im Wesentlichen lehrplantechnisch bearbeitet wurde. Zu der von SCHENKENDORFF geforderten Allgemeinen Schulreform kam es nicht.

82 WILLIAM THIERRY PREYER (1841-1897) habilitierte sich 1865 in Bonn und wurde 1869 Nachfolger von J.R. CZERMAK (1828-1873) in Jena. Hier konzentrierte sich PREYER auf Arbeiten zur physiologischen Psychologie, nachdem er zuvor über Phänomene des Blutes geforscht hatte. PREYER legte Arbeiten über Hypnotismus (1878) vor, übersetzte und edierte den Neurohypnotiker JAMES BRAID (1795-1860) und verfasste nach der *Seele des Kindes* noch eine *Specielle Physiologie des Embryo* (1885). Nachweise der Literatur finden sich im Jahrgang 1897 (Nr. 174) des Börsenblattes für den deutschen Buchhandel.

83 Ein Viertel aller derjenigen, die Reifeprüfung ablegen, ist über 21 Jahre alt, nur 31,2 Prozent der das Gymnasium beginnenden Sextaner schließen nach den amtlich vorgesehenen neun Schuljahren die Prüfung ab, ohne Reifezeugnis und ohne Freiwilligenberechtigung verlassen über 60 Prozent der Schüler die Gymnasien, aus den Rekrutenmusterungen ergab sich, dass ein Viertel der Schüler während der Schulzeit körperliche Schäden erleiden (PREYER 1887, 10ff.). Die Daten entstammten der preußischen Schulstatistik von 1885/1886.

84 Das philologische Establishment höhnte über die „Demagogenrede des Physiologen Preyer." Gegner PREYERS sind der Kölner Gymnasialdirektor OSKAR JÄGER (1830-1910), der Düsseldorfer Gymnasialdirektor ADOLF MATTHIAS (1847-1917), später Vortragender Rat im preußischen Unterrichtsministerium, der hallensische Universitätskurator WILHELM SCHRADER (1817-1907) und Andere mehr (PREYER 1900, S. 28ff.). Die *Preußischen Jahrbücher* räumten 1889 den Gegnern PREYERS eine ganze Serie ein, die im Kern dem Verhältnis von philologischer Bildung und Naturforschung gewidmet ist, mit kräftigen Seitenhieben gegen die Physiologie.

ße. Es ging hier wiederum um die wissenschaftliche Grundlage der Pädagogik, der erneut vorgehalten wurde, sie strebe ohne physiologische Grundlagen vergeblich danach, eine Wissenschaft zu werden (GÖRING 1887, S. 365). Nunmehr richtete sich die Erwartung aber nicht auf gymnastische Volksbildung oder allgemeine pädagogische Hygiene, die „neue Epoche der Forschung über die exakten Grundlagen der Erziehung“ habe PREYER durch „sein Aufsehen erregendes Werk“ *Die Seele des Kindes* eröffnet (ebd.). Tatsächlich, schreibt PREYER im Vorwort zur vierten Auflage, sei das Buch gedacht zum Aufbau einer „physiologischen Pädagogik“, die frei gehalten werde „von den Lehrmeinungen selbst der größten Pädagogen“ (PREYER 1923, S. IX).

Die Fragestellung hatte PREYER 1880 als *Psychogenesis* bezeichnet, Entwicklung aller Fähigkeiten des Kindes aus der Bewegung der Sinne und des Körpers heraus in Wechselwirkung mit konstanten ebenso wie mit flüchtigen Umwelten (PREYER 1880, S. 205). Der Ausgangspunkt der „wahren Pädagogik“ sei die Variabilität ihres Objekts, also die Verschiedenheit der Anlagen. Die Physiologie soll exakt bestimmen, dass und wie „die allerersten seelischen Eindrücke und Ausdrücke des Kindes“ zustande kommen (ebd., S. 204). Nur mit ihr könne die Pädagogik den Respekt vor dem eigenen Problem bewahren:

> „Die Erziehung ist gewiss ein schweres Werk, aber schwerer noch ist es zu begreifen, dass sie Erfolg hat“ (ebd., S. 203).

1882, in der ersten Auflage der *Seele des Kindes*, wird dieses Programm ausgeführt. Die Grundannahme der Theorie – „Nur die Anlagen sind angeboren, nicht der ganze Apparat“ (PREYER 1923, S. 103) – war extrem günstig für reformpädagogische Optionen, weil *Lernen* und *Gewöhnung* wie natürliche Erfahrungen verstanden wurden, ohne durch teleologische Determinismen festgelegt zu sein.

Gleichzeitig vermied PREYER jeden orthopädischen Beiklang. Die Entwicklung der Sinne und Gefühle bezieht sich auf die frühe Geschichte des Gehirns (ebd., S. 99ff.), Haltungen des Körpers entwickeln sich natürlich, aus „Versuchen des Säuglings“ (ebd., S. 149), der seine Bewegungsabläufe erfahren und durch Lernen verbessern muss (ebd., S. 150). Im Normalfall ist eine apparative Korrektur nicht erforderlich, der Lernmechanismus ist Nachahmung (ebd., S. 159ff.), sinnlicher Austausch (Lachen und Weinen: ebd., S. 165ff., 172ff.) und der allmähliche und dann schnelle Übergang in „*überlegte Bewegungen*“ (ebd., S. 181ff.). Die mechanische Orthopädie ist ebenso verschwunden wie die Metaphern der Bildungstheorie. Das Kind entwickelt nicht *in sich* die allgemeine Natur des Menschen, sondern es *lernt* in höchster Plastizität, ohne dass die Theorie noch über Wesensannahmen verfügen müsste.

Gegenüber der „Physiologie des Kindesalters“, wie sie die zeitgenössische Kindermedizin definierte (VIERORDT 1881), geht es PREYER nicht primär um Aussagen und Messungen des *Wachstums*[85], sondern um die Entwicklung der „Seelenthätigkeiten“, die selbst eine Kapazität wie KARL VON VIERORDT[86] nur sehr unzureichend beschreiben konnte (ebd., S. 474-496). PREYER hatte 1876 im Anschluss an HELMHOLTZ die physiologische Entwicklung von Tonwahrnehmungen beschrieben und dabei auch das Verhältnis von Lernen und Übung zu erfassen versucht (PREYER 1876, S. 61ff.). Diese empirische Erfahrung wird generalisiert: Die Basisidee in *Die Seele des Kindes* geht dahin, dass sich Sinne und Gefühle, der Wille des Kindes, Verstand und Sprache, also *einzelne* innere Fakultäten, allmählich entwickeln, ohne auf einen ganzheitlichen Zusammenhang der „Seele“ rekurrieren zu müssen.

Die pädagogische Bedeutung ließ sich aus der sensualistischen Grundannahme ableiten, wie PREYER am Beispiel der Willenserziehung deutlich machte: *Angeborene* müssen von *gewollten* Bewegungen unterschieden werden, die Willenssteuerung geschieht „ganz allmählich“, befördert durch Versuch und Irrtum, soweit der „erste Wille“ betroffen ist (PREYER 1923, S. 186ff.). Der Wille kann „nicht Bewegungen machen“, er entwickelt sich *mit* ihnen, „die ersten vollständig geglückten Nachahmungen sind die ersten deutlichen, vorgestellten, d.h. gewollten Bewegungen“ (ebd., S. 190).[87] Aus gewollten Bewegungen entwickelt sich die Fähigkeit der „*willkürlichen Hemmung* einer Bewegung“ (ebd., S. 191),[88] an sie – ursprünglich schwach – schließt die Erziehung an. Für die Charakterbildung kommt es „am meisten“ auf die „Ausbildung der willkürlichen Hemmungen“ an, sie setzen „Übungen im Gehorsamsein“ voraus (ebd., S. 192). Der „aufkeimende Wille“ muss „frühzeitig“ und „konsequent“ gelenkt werden (ebd.), nicht durch „Dressur“, sondern „durch Voraussetzung der Einsicht beim Kinde“ (ebd., S. 193).

---

85 Natürliches Wachstum ist die Gegenvorstellung zur Idee des „unvollkommenen, *unfertigen* Geschöpfes, dem mit künstlichen Hülfsmitteln nachgeholfen werden müsse“ (VIERORDT 1881, S. 213). „Wachstum“ selbst ist „allmälige Zunahme des Gewichtes des Körpers überhaupt und der einzelnen Organe insbesondere“ (ebd., S. 221). Die Veränderung der „chemischen Constitution“ wird als noch sehr unsicher bezeichnet (ebd., S. 222), entsprechend liegt das Schwergewicht auf Messungen der Veränderung des Körpergewichts im Anschluss an QUETELET (ebd., S. 225ff.).

86 KARL VON VIERORDT (1818-1884) war seit 1855 ordentlicher Professor für Physiologie und Leiter des Physiologischen Instituts der Universität Tübingen.

87 Beweis ist die „später nie wiederkehrende Genauigkeit der kindlichen Nachahmungen“ etwa des „Akzents, der Aussprache, der Klangfarbe vorgesprochener Wörter aus fremden Sprachen und diversen Dialekten der Muttersprache“ (PREYER 1923, S. 190).

88 Die „*willkürliche Hemmung*“ einer Bewegung setzt ein bereits „weit entwickeltes Vorstellungsleben“ voraus. „Sie beruht auf einer Erregung im Zustande des Nichtwollens und wird beim Kinde durch Vorstellungen über den Erfolg einer Bewegung herbeigeführt“ (PREYER 1923, S. 191).

Das gilt für alle inneren Fakultäten, die *sich* entwickeln und zugleich zielgerecht beeinflusst werden können. Der Verstand strukturiert sich ebenso assoziativ-synthetisch[89] wie der „Charakter“ oder das „Ich“. PREYER negiert jegliche Variante platonischer Seelenlehren, die im 19. Jahrhundert etwa durch CARUS noch einmal populär gemacht wurden. Das Ich ist für PREYER *temporäre* „Vereinigung durch veränderliche Synthese“ (ebd., S. 346), eine lernende Assoziation, die von Außen beeinflusst werden kann, keine feste Einheit, die sich aus der *eigenen* Natur entwickeln würde. Die Einheit oder Ganzheit des „Ich“ ist die *Vorstellung* davon, nicht selbst ein physiologischer Tatbestand. Das Ich ist *keine Summe* und auch keine gelernte Struktur, es kann also „nicht einheitlich, nicht unteilbar und nicht ununterbrochen *da sein*“ (ebd., S. 345; Hervorhebung J.O.).

Eine Summe müsste die „Vertauschbarkeit der Bestandteil“ voraussetzen. „Das sehende Ich kann aber ebenso wenig durch ein anderes ersetzt werden wie das hörende oder schmeckende oder riechende oder fühlende.“ Es genügt auch nicht, „die den einzelnen sinnlichen Vorstellungen gemeinsamen Merkmale zu addieren, um daraus das ordnende und kontrollierende Ich zu erhalten“ (ebd.). Die gesamte Ichpsychologie beruht auf einer falschen Annahme, die Kontrolle der physiologischen Bewegungen sei möglich durch ein davon *unabhängiges* seelisches Ganzes. Es gibt aber keine innere Instanz *in* „inneren Instanzen“. „Vielmehr korrespondiert der zunehmenden Anzahl und Mannigfaltigkeit der Sinneseindrücke ein Immermehrwachsen der grauen Substanz des kindlichen Großhirns, eine rasche Zunahme der interzentralen Verbindungsfasern und eine dadurch erleichterte Miterregung, so genannte Assoziation, welche das Empfinden und Fühlen mit dem Wollen und dem Denken im Kinde vereinigt“ (ebd., S. 345/346).

„Entwicklung“ ließ sich so *materiell* erklären, einhergehend mit einer starken Präferenz für eine Erziehung, die sich auf fortlaufendes Lernen einstellen kann. Spätere Zustände müssen nicht als in früheren angelegt verstanden werden, „Anlage“ ist für PREYER einfach „eine den nervösen Zentralorganen innewohnende eigenartige Reaktionsweise oder Erregbarkeit“ (ebd., S. 349), kein „Potential“, das eine geheimnisvolle Natur bereitgestellt hätte. Eine solche Konstruktion könnte nicht erklären, wie aus neuen Erfahrungen gelernt wird, die sich *nicht* auf „Anlagen“ zurückführen lassen (ebd., S. 349f.). Das *„sprachlose Kind“* hat aber nicht die Sprache potentiell „in sich“, sondern erwirbt sie durch zunehmend intelligente Imitation und

89 „Erst durch sehr häufiges Zusammenvorkommen disparater Sinneseindrücke beim Schmecken-Berühren, beim Sehen-Tasten, Sehen-Hören, Sehen-Riechen, Schmecken-Riechen, Hören-Berühren bilden sich die interzentralen Verbindungsfasern aus und dann erst können die verschiedenen Vorstellungszentren, gleichsam Ichbildner, wie bei der gewöhnlichen Begriffsbildung, zu der Bildung des einheitlichen Ichs, welches ganz abstrakt ist, führen“ (PREYER 1923, S. 344).

eigenes Entdecken (ebd., S. 350/351).[90] Zentral ist dabei das „Fragen des Kindes". Mit dem Sprechenlernen entfaltet sich das „Kausalverständnis" und führt zum Problematisieren der Umwelt, also zum „Warumfragen", mit dem sich gleichsam der Rätselcharakter der Erfahrungen erschließt und sich die Intelligenz erprobt (ebd., S. 354). Determiniert ist nichts, weil keine Kindheit durch Größen außerhalb ihrer selbst garantiert ist; ihre „Fehler" (die der Kindheit) können *niemals ganz* abgestreift werden (ebd., S. 355) und Perfektibilität entsteht nicht *aus* der Natur.

Das begrenzt zugleich Erziehung, und zwar aus sehr grundsätzlichen Überlegungen heraus: „Natur", verstanden als „lebendige Einheit" von Körpern, ist charakterisiert durch *Individualisation* (PREYER 1883, S. 128). Eine allgemeine Tendenz zur Perfektion der Gesellschaft oder der Gattung könnte nur angenommen werden, wenn eine *„besondere Lebenskraft"* vorausgesetzt wäre.[91] Stattdessen müsse die Theorie des Lebens *funktional* verstanden werden (ebd., S. 165), was lineare Prognosen und deren Bezug auf allgemeine Erziehungsziele ausschließt.[92] Es handelt sich nicht um „Wertpaare", sondern um „Mannigfaltigkeiten von Veränderungen", die sich reduzieren lassen auf die Beziehung von „Abhängigveränderlichen und Unabhängigveränderlichen" (ebd., S. 168). Man kann also nicht auf individualisiertes Leben so einwirken, dass es eine *allgemein definierte* Richtung nimmt, „schon weil zu derselben Nahrung unendlich verschiedene Ernährungsorgane, zu derselben Luft verschiedene Atmungsapparate gehören bei völliger Identität der Funktion" (ebd., S. 169).

Was PREYER dann aber als *Schulreform* definierte, wiederholte bekannte Topoi der Reformpädagogik von der Arbeitsschule über die „Militairübungen" bis zu den „dänisch-schwedischen ‚Geschmeidigkeitsübungen'" im Turnunterricht (PREYER 1900, S. 17f.), die SCHREBERS „Zimmergymnastik" nachempfunden waren. Das physiologische Argument legitimiert „körperliche Übungen" – die Muskeln sollen „gekräftigt und zu Kunstleistungen

90 Die Lernmethode wird nicht je neu erfunden, aber jedes Kind muss sie entdecken. Das kleine Kind lernt, „dass es mittels der Reproduktion gehörter Laute seine Vorstellungen kundtun und dadurch Lustgefühle herbeiführen, Unlust beseitigen kann. Darum befleißigt es sich dieses Verfahrens ohne künstlichen Unterricht durch Selbstunterricht," ein sprachliches Milieu vorausgesetzt (PREYER 1923, S. 351).

91 „Noch heute spielt der Vitalismus unter alten und neuen Namen, zwar nicht mehr als *Pneuma* und *Impetum faciens*, aber als ‚Lebensprincip, Naturheilkraft, Bildungstrieb (*Nisus formativus*)' und unter unphysikalischen – überhaupt unklaren – Begriffen des ‚Unbewussten', der ‚Zweckthätigkeit', ‚Zielstrebigkeit' eine offene und versteckte Rolle in nicht gehörig physikalisch geschulten Kreisen" (PREYER 1883, S. 175).

92 „Zu jeder physiologischen Funktion gehört ein *Substrat* (das Fungierende), nämlich ein organisches Individuum beliebiger Ordnung oder ein Teil eines solchen, ein *Objekt* (d.h. ein Gegenstand der Funktion), und ein *Reiz*. Letztere beide können von dem Substrat, so lange es fungiert oder lebt, nicht getrennt werden ohne die Funktion zu unterbrechen. Die physiologische Funktion ist stets ein *Geschehen*, bei welchem sowohl das Substrat, wie das Objekt verändert wird" (PREYER 1883, S. 167/168).

geübt, die Sinne geschärft, die Nerven und das Gehirn widerstandsfähig erhalten werden“ (ebd., S. 17/18) –, ohne in der pädagogischen Verwendung eine *Theorie*rolle zu übernehmen. Dass die „Übung“ das „erste und wichtigste Mittel der Willensbildung“ sein müsse (REICHARDT 1905, S. 393), wird in der Professionsliteratur der Lehrkräfte vor und nach PREYER als Gemeingut verwendet, Sätze wie diese bedürfen keiner physiologischen Begründung, sie scheinen mit der Alltagserfahrung plausibel, während die eigentliche Theorie PREYERS, die Individualisierung des Kindes *aus* Grundannahmen der Physiologie, dieses Verständnis empfindlich gestört hätte.

Das schloss Kooperation zwischen Medizin und Pädagogik nicht aus, solange praktischer Nutzen und moralischer Gewinn erwartet werden konnten. Ein Beispiel ist die Erziehung körperlich und geistig Behinderter, die im 19. Jahrhundert allmählich Abstand gewann von konfessioneller *caritas*. Die Heil- und Sonderpädagogik nutzte medizinische Erfahrungen mit alternativer Heim- und Anstaltsorganisation,[93] ohne sich, wie VIRCHOW dies gewollt hatte, dem Gesundheitswesen anzuschließen. Die älteren Vorstellungen von „Idiotie“ oder „Rückständigkeit“ wurden *pädagogisch* neu definiert; „psychopathische Minderwertigkeiten im Kindesalter“ (TRÜPER 1893) sollten durch alternative Erziehung bearbeitet werden,[94] ebenso körperliche Schwächen, für die sich eigene Schul- und Praxisformen entwickelten. Blindenanstalten etwa sind wesentlich eine Form des 19. Jahrhunderts, sie entwickeln sich zu Blindenschulen mit eigener Methodik bis hin zum Turnunterricht für Blinde (ZENZ 1883). BRAILLES Punktschrift, basierend auf physiologischen Überlegungen,[95] erlaubte eine vollständige Alphabetisierung und so einen Anschluss an die Normalform von Verschulung.

---

93 Beispiele sind KARL WILHELM SÄGERTS (1809-1879) „Heil- und Pflegeanstalt für Blödsinnige“ (gegründet 1845) in Berlin oder JOHANN JAKOB GUGGENBÜHLS (1816-1863) Anstalt für kretinische Kinder auf dem Abendberg bei Interlaken (gegründet 1841). Beide bezogen sich auf EDOUARD SEGUINS (1812-1880) Konzept der Behindertenerziehung, also auf eine Theorie *erlernter* Schwächen, die pädagogische Reaktionen nahe legte (KERN 1855, S. 541ff.). SÄGERT war 1840 bis 1858 Direktor der Königlichen Taubstummenanstalt, die 1788 gegründet worden war (vgl. allgemein: HOFER 2000).

94 JOHANNES TRÜPER (1855-1921) gründete 1890 in Jena eine Anstalt für „schwer erziehbare Kinder“, die sich auf Verhaltensauffälligkeiten und Entwicklungsstörungen spezialisierte. Die Anstalt wurde als Reformschule geführt und erlangte als „Sophienhöhe bei Jena“ internationale Bekanntheit. Sie war auch Objekt empirischer Forschung, WILHELM STROHMAYERS lange maßgebliche *Psychopathologie des Kindesalters* (1910) enthält fast ausschließlich Beobachtungsmaterial aus TRÜPERS Anstalt. Viel Material ist auch in TRÜPERS *Zeitschrift für Kinderforschung* (1895-1921) zu finden.

95 Die Buchstaben und Zeichen werden in Punkte aufgelöst, die in dickeres Papier eingeprägt sind. Sie können also, anders als die normale Schrift, ertastet werden. Lesen und Schreiben bezieht sich zunächst auf das gleiche System. Gelesen wird von links nach rechts mit dem rechten Zeigefinger, der linke Zeigefinger erleichtert das Auffinden der nächsten Zeile. Geschrieben wird mit einem Metallgriffel. Der Griffel

Ärztliche Expertenschaft wurde dabei in Anspruch genommen, auch war die medizinische Aufsicht über die Diagnose der Krankheit unbestritten, während die *Blindenlehrer* sich zu einer pädagogischen Profession entwickelten.[96] Ähnliches gilt für alle anderen heilpädagogischen Bereiche. 1893 verabschiedete etwa der siebte „Kongress für das Idiotenwesen" in Berlin eine Resolution, in der es hieß: „Die Leitung der Hilfsschulen und Schulen für Schwachbefähigte wie der Erziehungs- und Beschäftigungsanstalten für Schwachsinnige und Idioten ist vorwiegend eine pädagogische Angelegenheit" (TRÜPER 1898, S. 187). Sie setzt kein physiologisches Paradigma voraus, sondern verlangt eine Expertenberatung, die pädagogische Überzeugungen voraussetzt. Andererseits ist die Dynamik der Erziehungssysteme im 19. Jahrhundert, damit zugleich die Normierungen und die grundlegenden Reformüberzeugungen, wesentlich durch physiologische Argumente angeregt worden.

Aber der allgemeine reformpädagogische Diskurs koppelte sich allmählich von physiologischen Konzepten ab. 1906 etwa musste AUGUST WILHELM LAY die „experimentelle Didaktik" – das physiologische Paradigma in der Schulpädagogik – gegen Angriffe verteidigen, die der Münchner Volksschullehrer ERNST WEBER im Januar 1905 in der neu gegründeten und unmittelbar maßgeblichen reformpädagogischen Zeitschrift *Der Säemann* lanciert hatte. LAYS Theorie der „zirkulären Wechselwirkung zwischen sensorischen und motorischen Prozessen und Vorstellungen" (LAY 1906, S. 105) erwies sich als ebenso abstrakt wie kurzschlüssig, so dass die Behauptung, mit dieser Theorie könnten didaktische Prozesse *allgemein* begründet werden, wenig einsichtig war. Der Rückgriff auf *andere* Konzepte, solche, die keinen Laborapparat und keine komplexe Messmechanik voraussetzten, lag daher nahe.

„Erziehung" oder „Reformpädagogik" als öffentliche Fragestellungen waren nachfolgend das Feld für diverse Theoriedynamiken, darunter solche der Philosophie oder der Tiefenpsychologie, die mehr oder weniger Terrain besetzten, ohne je an ein Monopol zu gelangen. Ein Beispiel, wie Anschlüsse und Übergänge geschaffen wurden, ist die Kinderpsychologie des ausgehenden 19. Jahrhunderts, die sich anfänglich stark auf WILLIAM PREYER bezog, aber dann sehr schnell auf die klassischen pädagogischen Fragestellungen zurückkam. Die *Studies of childhood*, wie sie JAMES SULLY (1903)

---

drückt die Buchstaben von rechts nach links durch ein mit Schreibformen versehenes Lineal auf das Papier, das zwischen Rahmen und Schreibfläche eingespannt ist. Braille-Maschinen sind erst seit 1900 in Gebrauch. Vorher ist mit diversen Schreibapparaten experimentiert worden, etwa einem Modell des dänischen Blindenlehrers CARL E. GULDBERG, das 1877 in Deutschland bekannt wurde.

96 Der erste Blindenlehrer-Kongress fand 1873 in Wien statt, eine eigene Zeitschrift *Der Blindenfreund* als Organ der Blindenanstalten und ihrer Trägergruppen wurde 1881 eingerichtet, daneben entstanden eigene Schriftreihen und eine zunehmend professionelle didaktische Literatur.

darstellte, waren charakterisiert durch drei Grundzüge: Sie behielten Anschluss an die Entwicklungsidee und entfernten sich nicht oder nicht allzu weit von der Theorie der Lebensalter; zugleich lieferten sie neue und reformpädagogisch nutzbare Forschungsthemen wie das Spiel der Kinder oder die Konstitution ihrer ästhetischen Fähigkeiten; schließlich sicherten sie die traditionelle Sprache der Erziehung, die nicht an PREYER und die Physiologie des 19. Jahrhunderts anschließen musste, um Gewähr über ihr Objekt – Kind und Erziehung – zu gewinnen.

Für das Durchsetzen einer reformpädagogischen Programmatik sind nicht nur Defizite, die sich kausal der Schule zurechnen lassen, ausschlaggebend gewesen, sondern auch Krisen oder mindestens starke Krisenvermutungen. Die Diskussion der „Überbürdung" setzte ein mit der Struktur der Schule in Verbindung gebrachtes Defizit voraus, nicht jedoch eine allgemeine Krise der Kultur, die erst in den letzten zwei Jahrzehnten des 19. Jahrhunderts publizistische Macht gewann. Ein Stichwort dafür ist *décadence*, also ein Motiv der Literatur und Kunst, das von CHARLES BAUDELAIRE bis JORIS KARL HUYSMANS zunächst keine pädagogischen Assoziationen enthielt. In Deutschland aber entstand eine eigentümliche Form von „Kulturkritik", die angereichert mit Erziehungs- und Schulkritik vor allem ein national gestimmtes Publikum bediente. Anders als in Frankreich oder England wurde auf diesem Wege die Krise der Schule mit der Krise der Kultur verknüpft, was Reformprogrammen der Erziehung eine nochmals erhöhte Aufmerksamkeit sicherte.

2.3 Pädagogik und Kulturkritik

Die deutsche Kulturkritik richtete sich gegen den „liberalen Bildungsgedanken" des Bürgertums, der „geistigen Kultur" dieses Bürgertums galt ihr „leidenschaftlicher Kampf". So resümierte HERMAN NOHL (1970, S. 7) das Anliegen einer Gruppe sehr unterschiedlicher Autoren, das am Ende des 19. Jahrhunderts auf breiten Konsens gestoßen sein soll:

> „Die Sicherheit der Zeit war im Innersten erschüttert, und die Bildung gab in ihren geistvollsten Vertretern zu, dass sie durch die Mechanisierung, Spezialisierung und Historisierung seelenlos geworden sei, zersplittert, antiquiert und ohne eigenes Ideal, das eine Kultur zusammenhält und die atomisierten Interessen der Menschen bindet" (ebd., S. 8).

Die „geistvollsten Vertreter" der Bildung waren allesamt Deutsche. NOHLS Kronzeugen der Kulturkritik[97] kommentierten ein nationales Bildungssys-

97 LANGBEHNS Buch über den *Rembrandt-Deutschen* (1890) habe eine Zäsur markiert, aber NOHL erwähnt auch GEORG SIMMELS *Begriff und Tragödie der Kultur* (erschienen erstmals im Logos Jahrgang 1911/1912) und verweist auf so unterschiedliche Autoren wie RUDOLF EUCKEN (und dessen Kulturkritik: *Der Kampf um einen geis-*

tem unter Ausschluss internationaler Verknüpfungen. Der alleinige Rekurs auf die nationalen Verhältnisse war wohl üblich, aber hätte angesichts der Entwicklungstendenzen eigentlich ausgeschlossen werden müssen. Die Dynamik des Bildungssystems konnte nicht mehr durch reine Selbstbeobachtungen erschlossen werden. Das System war längst vernetzt, selbst dann, wenn es deutsch-nationalen Zielen dienen sollte.

Alle pädagogischen Modernisierungen des 19. Jahrhunderts sind international und vergleichend entwickelt worden. Neue Technologien für die Schulen entstanden in den verschiedenen nationalen Systemen nahezu gleichzeitig oder wurden wenigstens sehr rasch untereinander ausgetauscht, die Differenzierung der Systeme hatte sehr ähnliche Trends, neue Probleme, etwa der gewerblichen Schulung, entwickelten sich auf vergleichbare Weise und alternative pädagogische Bewegungen, zum Beispiel die des Kunsthandwerks,[98] hatten sehr identische Auswirkungen in den unterschiedlichen nationalen Kontexten. Art déco und Jugendstil, beide verantwortlich für die Ästhetik des neuen Kindes, waren internationale Erscheinungen, aber das waren ebenso der Kindergarten, die Normierung der Schulräume, die experimentelle Psychologie oder die literarische Erziehungskritik vor und nach FLAUBERTS *Mémoires d'un fou.*[99]

Ästhetisch, habituell und mental, in vieler Hinsicht auch reformpraktisch, setzten sich sehr analoge Tendenzen durch, die nur in Deutschland breit und meinungsprägend mit Themen einer antiliberalen „Kulturkritik" verknüpft wurden, welche die Modernisierung an sich zurücknehmen wollte, ohne einfach auf einen Gegensatz von „progressiv" oder „konservativ" eingestellt zu sein. Es war keine Kritik der Gesellschaft, die mit der sozialen Frage des 19. Jahrhunderts in Verbindung gestanden hätte. Die Kritik galt der westlichen Kultur, also vor allem dem Zusammenhang von demokratischer Gesellschaft, Industrialisierung und Massenkultur, auf den hin eine deutsche Alternative aufgebaut wurde. Schon KARL GUTZKOW (1842, II. Theil, S. 226ff.) registrierte in Paris einen grundlegenden Gegensatz von französischem „Boulevard" und deutschem „Volksleben", der nicht zum Vorteil des Boulevards ausgelegt wurde.

Weder die englische Dekadenzliteratur der neunziger Jahre noch die auf HENRI BERGSON zurückgehende französische Lebensphilosophie haben in ihrem Widerstand gegen bestimmte Rationalisierungstendenzen vergleich-

---

tigen Lebensinhalt, 1896) oder WALTHER RATHENAU (und dessen spiritueller Metaphysik: *Die Mechanik des Geistes*, 1913) (NOHL 1970, S. 8).

98 Vor allem die englische Arts&Crafts-Bewegung: Am 18. April 1861 wurden die Werkstätten „Morris, Marshall, Faulkner and Co." gegründet, die Produkte der *decorative arts* herstellten und das Vorbild waren für eine breite internationale Kunstbewegung, die nicht zuletzt auf Erziehungs- und Bildungsprogramme Einfluss nahm (Details in MACCARTHY 1994, S. 166 ff.).

99 Die *Mémoires d'un fou* erschienen zuerst in der *Revue blanche* (Dezember/Januar 1900/1901). Geschrieben hat FLAUBERT die Abrechnung mit seiner Schulzeit 1838.

bare Züge, was sich vor allem mit der intellektuellen Verfassung des frühen Kaiserreichs erklären lässt. Der *Bankerott des Nationalliberalismus* (GLAGAU 1878)[100] war nach der Reichsgründung ein beliebtes Thema der deutschen Publizistik, die eine Krisensemantik erzeugte oder verstärkte und diese umstandslos auf die Bildungsinstitutionen ausweitete. Der Angriff galt tatsächlich dem europäischen Liberalismus, der gleichsam als artfremd hingestellt werden konnte, herausgefordert durch vorindustrielle, antimoderne Ideologien, die in Deutschland einflussreiche Meinungsmacht entfalteten. Von OTTO GLAGAU bis OSWALD SPENGLER führt insofern eine Linie, als immer wieder Untergangsszenarien thematisiert wurden, die Phrasen der nationalen Rettung nahe legten. Der Gegner war identisch, die Kulturkritik selbst aber alles andere als einheitlich. Gleichwohl soll sie Stimulus und ideologisches Movens der „pädagogischen Bewegungen“ gewesen sein.

Gemeint sind damit größere und kleinere Gruppierungen von Reformern, die einen bestimmten thematischen Kern voraussetzen, mit dem das Programm bestimmt wurde. Der Kern war zugleich Schlagwort, das ein öffentliches Signal erzeugte. Auf diese Weise wurde früh unterschieden etwa zwischen

- der *Landerziehungsheimbewegung*
- der *Kunsterziehungsbewegung*
- der Bewegung der *Pädagogik vom Kinde aus*
- der Bewegung *innere Schulreform*, darunter besonders die *Arbeitsschulbewegung*
- Bewegungen der *Gymnastik und Körperschulung* oder
- der *Persönlichkeitspädagogik.*

Alle diese „Bewegungen“ gab es, unter wechselnden Namen, bezogen auf diverse Trägergruppen und mit schwankender Terminologie, aber in ihren Ursprüngen und Effekten nachweisbar. Das Problem ist, was diese heterogenen und mehrfach gegen- und aufeinander bezogenen Gruppierungen mit *Kulturkritik* zu tun haben sollen. Es sind durchgehend Selbstbezeichnungen, die Gruppen oder Autoren gefunden haben, fast immer aus konkreten Anlässen heraus, die wenn überhaupt, dann nur sehr entfernt mit „Kulturkritik“ in Zusammenhang zu bringen sind. Die „Kunsterziehungsbewegung“ etwa

---

100 OTTO GLAGAU (1834-1892) war einer der Herausgeber der führenden Publikumszeitschrift *Die Gartenlaube*, die von 1853 bis 1944 erschien. Zwischen Dezember 1874 und Dezember 1875 lancierte GLAGAU eine Serie von Artikeln, die eine antiliberale Wende der Redaktionspolitik zum Ausdruck brachten. Sein Buch über den *Bankerott des Nationalliberalismus* erlebte acht Auflagen bis 1878 und war besonders in seiner Mixtur stilprägend für die „Kulturkritik“. Neben der Kritik des westlichen Liberalismus argumentierte GLAGAU antisemitisch und romantisch-konservativ, also genau so wie später LAGARDE oder LANGBEHN. Ähnliche Positionen finden sich freilich im gesamten 19. Jahrhundert, wenngleich in ganz unterschiedlichen Gemengelagen. GLAGAUS eigene Zeitschrift *Der Kulturkämpfer* erschien von 1880 bis 1888.

hat sehr verschiedene Quellen und Motive, die von der Kritik am geometrischen Zeichenunterricht der Volksschule bis zur Entdeckung der kreativen Kraft in Kinderzeichnungen reichen, ohne von Kulturkritik auszugehen. Auch die „Persönlichkeitspädagogik“, ein Ausdruck, den der deutsche Volkschullehrer ERNST LINDE 1896 prägte,[101] ist weder eine Ableitung noch ein Verweisungszusammenhang, der auf Kulturkritik abzielte.

In der Historiographie der deutschen Reformpädagogik wird unter dem maßgebenden Personal der „Kulturkritik“ vornehmlich ein Triumvirat dreier Autoren verstanden, nämlich FRIEDRICH NIETZSCHE, PAUL DE LAGARDE und JULIUS LANGBEHN, höchst unterschiedliche Geister, die kaum übereinstimmende Meinungen vertreten haben, doch in ihrem Protest gegen die wilhelminische Bildungskultur zusammenzustimmen schienen. Aber schon die Liste der drei Namen überrascht: PAUL BÖTTICHER, der sich DE LAGARDE nannte,[102] war Gymnasiallehrer und später Orientalist an der Universität Göttingen,[103] JULIUS LANGBEHN war promovierter Kunsthistoriker und Schriftsteller in München, Dresden und Berlin,[104] beide haben nichts miteinander gemein, ausgenommen, dass sie etwa zur gleichen Zeit mehr oder weniger oft zitierte Schriften veröffentlicht haben, in denen sich *auch* Passagen zur Schulkritik und Bildungsreform finden. FRIEDRICH NIETZSCHE kann ernsthaft weder mit LAGARDE noch mit LANGBEHN in Verbindung gebracht werden, wie schon von den äußerlichen Daten her ersichtlich ist.

LAGARDE starb, bevor die europäische NIETZSCHE-Rezeption einsetzte,[105] und LANGBEHNS Bekanntschaft mit NIETZSCHE beschränkte sich auf weni-

---

101 ERNST LINDE (1864-1943) war Volksschullehrer in Gotha. Er leitete von 1907 bis 1914 die Redaktion der *Allgemeinen deutsche Lehrerzeitung*. LINDES anti-herbartianische *Persönlichkeits-Pädagogik* erschien 1896 in erster Auflage. Maßgebend ist das Konzept der „Gemütsbildung“, wie es etwa AUGUST WILHELM GRUBE Mitte des Jahrhunderts entwickelt hatte.

102 LUISE KLEBE, die Mutter LAGARDES, stammte aus der Berliner Hugenottenfamilie LAGARDE. Die Übernahme des mütterlichen Familiennamens sollte auf diese Linie verweisen.

103 PAUL DE LAGARDE (1827-1891) promovierte 1849 bei FRIEDRICH RÜCKERT über die arabische Farbenlehre (*Initia chronomatologiae arabicae*). 1852 habilitierte er sich an der Universität Halle. 1854 absolvierte LAGARDE das Probejahr am *Werderschen Gymnasium* in Berlin, danach übernahm er verschiedene Gymnasiallehrerstellen (sämtlich in Berlin), bevor er 1869 an die Universität Göttingen berufen wurde.

104 JULIUS LANGBEHN (1851-1907) studierte Archäologie und Kunstgeschichte. Er promovierte im Januar 1880 an der Universität München mit einer Arbeit über *Griechische Flügelgestalten*. Danach war er als Archivar und Konservator in verschiedenen, stets temporären Stellungen tätig. Von 1885 bis 1892 lebte LANGBEHN in Dresden, hier entstand *Rembrandt als Erzieher* (Daten nach NISSEN 1929).

105 FRIEDRICH NIETZSCHE brach am 3. Januar 1889 in Turin zusammen. Am 10. Januar wurde er in die Nervenklinik in Basel eingeliefert und am 18. Januar, auf Wunsch seiner Mutter, an die Psychiatrische Universitätsklinik in Jena überwiesen. Das rastlose Leben und die literarische Produktion sind bis zu diesem Zeitpunkt nur wenigen Lesern bekannt. Erst *danach* begann die große Rezeption.

ge Monate in der psychiatrischen Klinik in Jena. LANGBEHN suchte Zugang zu NIETZSCHE, den er für das Christentum retten wollte, ohne auf ihn wirklichen Einfluss ausüben zu können.[106] Mit dem Denken NIETZSCHES hat diese Episode nichts zu tun, weder LAGARDE noch LANGBEHN erreichen auch nur annähernd die Qualität seines Werkes, das unterschätzt wäre, würde man es auf „Kulturkritik" reduzieren. Dennoch sollen alle drei, LAGARDE, LANGBEHN und NIETZSCHE, Kulturkritik in einer Weise begründet haben, dass sie als Anreger oder gar Auslöser der deutschen Reformpädagogik betrachtet werden können (SCHEIBE 1971, S. 5ff.). Die Reformpädagogik soll so *aus* Kulturkritik entstanden sein.

Zitiert werden die „führenden Persönlichkeiten der Kulturkritik" (ebd., S. 6) fast immer nur mit drei Schriften, NIETZSCHE mit den *Unzeitgemäßen Betrachtungen*, LAGARDE mit den *Deutschen Schriften* und LANGBEHN mit dem Buch *Rembrandt als Erzieher*. Letztlich sollen diese Schriften „Kulturkritik" ausmachen, während tatsächlich prägende Autoren wie RUDOLF EUCKEN[107] aus der Historiographie verschwunden sind. Aber NOHLS Idee der „Gegenwehr des Subjekts" angesichts der tiefen „Spaltung" der Kultur und des Verlustes „echter Bildung" geht auf seinen zweiten Lehrer EUCKEN (1923, S. 119)[108] zurück, der auch die „Hauptrichtung" der „Rettung" bestimmte, nämlich die heroische Erziehung zu einer „echten Kultur", in der das „Ganze zu einer Einheit" verbunden ist (ebd., S. 123). Dabei ist sich „der Deutsche ... selbst ein Ideal" (EUCKEN 1914, S. 78), im „deutschen Leben" ist Rettung vor dem Zerfall der Moderne angelegt (ebd., S. 87) und dieses Potential gelte es, pädagogisch zu nutzen, mit PESTALOZZI und FRÖBEL als den beiden Kronzeugen (ebd., S. 46).

Die These der „inneren Leere" und „geistigen Wehrlosigkeit" angesichts einer gesellschaftlichen Bildung ohne Substanz (EUCKEN 1907, S. 10) hatte RUDOLF EUCKEN schon 1895 dargelegt. Seine Schrift *Der Kampf um einen geistigen Lebensinhalt*, die eine Theorie der Charakterbildung enthält, begründete die pädagogische Kulturkritik in Deutschland vermutlich weit

---

106 LANGBEHN nahm im Herbst 1889 mit der Mutter NIETZSCHES Kontakt auf. Er zog die psychiatrische Diagnose in Zweifel und machte der Mutter Hoffnung. OTTO BINSWANGER, der behandelnde Arzt in Jena, ließ persönliche Kontakte LANGBEHNS mit NIETZSCHE zu, die vom 14. November 1889 an wenige Wochen dauerten. LANGBEHN wollte NIETZSCHE „retten", seine Kritik am Christentum hielt er für Teufelswerk, von dem der Patient befreit werden müsse. Während dieser Zeit korrigierte LANGBEHN die Druckfahnen von *Rembrandt als Erzieher* (JANZ 1981, Bd. 3, S. 91-119).

107 RUDOLF EUCKEN (1846-1926) war nach seiner Promotion (1866) von 1867 bis 1871 als Gymnasiallehrer tätig, bevor er als Ordinarius für Philosophie und Pädagogik an die Universität Basel berufen wurden. 1874 ging EUCKEN nach Jena, wo er eine breite und international beachtete philosophische Publizistik entfaltete. 1908 erhielt er den Nobelpreis für Literatur.

108 HERMAN NOHL (1879-1960) habilitierte sich 1908 bei RUDOLF EUCKEN in Jena. NOHL wurde 1920 an die Universität Göttingen berufen.

nachhaltiger als die Schriften von LAGARDE oder LANGBEHN. Mindestens ist sie typischer im Blick für die argumentative Hauptlinie. Gegen die bloß äußerlichen Veränderungen des 19. Jahrhunderts wird „ein sicheres Reich der Innerlichkeit" aufgebaut (ebd., S. 256). Wo keine „reine Innenwelt" gegeben ist, kann wirkliche Gleichheit nicht entstehen, und „kein noch so demokratisches Programm kann davor bewahren" (ebd., S. 257). Das wäre NOHLS Projekt der pädagogischen Autonomie am Ort seiner Entstehung, nämlich der deutschen Lebensphilosophie, wie sie RUDOLF EUCKEN verstanden hat.

Die drei hauptsächlichen Namen der „Kulturkritik" hatten nicht nur inhaltlich wenig miteinander gemein, sondern sondern wurden auch ganz unterschiedlich wahrgenommen. NIETZSCHES vier *Unzeitgemäßen Betrachtungen*[109] erschienen zwischen August 1873 und Juli 1876,[110] ohne auf das damalige Publikum großen Eindruck zu machen. Erst nach GEORG BRANDES' Kopenhagener Vorlesung über NIETZSCHE (1888)[111] begann eine stürmische Rezeption, die allerdings wenig mit pädagogischer Kulturkritik zu tun hatte. LAGARDES *Deutsche Schriften*, eine in zwei Bänden veröffentlichte Aufsatzsammlung, erschienen 1878 und 1881, wiederum zunächst ohne großen Nachhall.[112] Die *Deutschen Schriften* waren kein bedeutender Bucherfolg, wohl aber eine nach 1890 oft gewählte Zitatreferenz. Größten Erfolg dagegen hatte *Rembrandt als Erzieher*. Das Buch erschien 1890 und erreichte

109 *Unzeitgemäße Betrachtungen*. Erstes Stück: David Strauss der Bekennende und der Schriftsteller (S.W. 1/S. 157-242). Zweites Stück: Vom Nutzen und Nachteil der Historie für das Leben (ebd., S. 243-334). Drittes Stück: Schopenhauer als Erzieher (ebd., S.335-427). Viertes Stück: Richard Wagner in Bayreuth (ebd., S. 429-510).

110 *David Strauss* erschien am 8. August 1873 bei E.W. FRITZSCH in Leipzig; *Vom Nutzen und Nachteil der Historie für das Leben* erschien im gleichen Verlag kurz vor Ende Februar 1874; *Schopenhauer als Erzieher* wurde im Oktober 1874 von ERNST SCHMIETZNER in Chemnitz veröffentlicht; *Richard Wagner* erschien Anfang Juli 1876 im gleichen Verlag.

111 GEORG BRANDES (1842-1927) promovierte 1870 an der Universität Kopenhagen mit einer Schrift über die zeitgenössische Ästhetik in Frankreich. 1871 hielt er zum ersten Male öffentliche Vorlesungen, die der Volksbildung dienen sollten. NIETZSCHES Schriften lernte er während eines fünfjährigen Aufenthaltes in Berlin (1877-1882) kennen. Die öffentlichen Vorlesungen über NIETZSCHE 1888 in Kopenhagen galten einem Programm, das BRANDES *aristokratisk radikalisme* nannte.

112 Die „Gesamtausgabe letzter Hand" der *Deutschen Schriften* erschien 1886, ein zweiter Abdruck (1891) wurde noch von LAGARDE selbst besorgt. 1924 erschien die „Münchner Ausgabe", die 1934 nochmals aufgelegt wurde. Die *Deutschen Schriften* versammeln Aufsätze zu den verschiedensten politischen Themen von der „Finanzpolitik Deutschlands" bis zum „Programm für die konservativen Partei Preußens". Nur drei der achtzehn Beiträge der Ausgabe letzter Hand betreffen überhaupt Bildungsthemen. Darunter wird wesentlich nur *ein* Beitrag zitiert, nämlich „Über die Klage, dass der deutschen Jugend der Idealismus fehle" (LAGARDE 1934, S. 430-442).

innerhalb eines Jahres und weitgehend ohne Verlagswerbung 25 Auflagen.[113]

Allein der Titel provozierte Gegenschriften, die Thesen wurden Thema einer öffentlichen Kontroverse, das Buch verkaufte sich bis in die zwanziger Jahre hinein[114] und war so populär, dass der zunächst anonyme Verfasser als der „Rembrandtdeutsche" Furore machte und einen eigenen Kult erzeugte. Nicht zuletzt die damit verbundene Kontroverse konzentrierte die öffentliche Aufmerksamkeit auf Erziehung. Nach *Rembrandt als Erzieher* wurden zahlreiche Männer als „deutsche Erzieher" angeboten, um unter Rückgriff auf sie nationale Krisensituationen zu bewältigen (ANDRESEN 2003). Die Serie reichte von Höllenbreughel und MOLTKE über LUTHER oder BISMARCK bis schließlich auch NIETZSCHE „als Erzieher". Sie verstärkte die Semantik des pädagogischen Vorbildes, wobei auffällt, dass in dieser Publizistik „große Pädagogen" wie PESTALOZZI oder FRÖBEL gar nicht vertreten waren. RUDOLF EUCKEN (1914, S. 130) war da weiter: PESTALOZZI stand bei ihm in nächster Nähe zur „deutschen Art" und war so das eigentliche Vorbild der neuen Erziehung.

Die drei immer wieder zitierten Autoren der Kulturkritik hatten keinen gemeinsamen Nenner, auch nicht in Richtung Kritik der Schule. NIETZSCHES Kritik der „Verminderung der Bildung" durch zunehmende Verbreiterung des Zugangs (S.W. 1/S. 669) setzte ein puristisches Konzept antiker Bildung voraus, das LAGARDE und LANGBEHN fremd war. Wohl kritisierte auch LAGARDE (1934, S. 197ff.) den Verfall der Gymnasien, aber dies eher in Richtung mangelnder Vorbereitung auf die Universität und des Zerfalls der Bildungseinheit in „Lektionenpläne" (ebd., S. 209). Im Wesentlichen ging es um die Kritik der staatlichen Steuerung der Bildungswesens (ebd., S. 184ff.) und die Lebensferne des Unterrichts (ebd., S. 191), also um Dutzendargumente. LANGBEHN polemisierte gegen das „todte Wissen" der Schulbildung, das nicht in die Tiefe, sondern in die „Trivialität" führe, weil es nur mit einer „auf Tagesereignisse und Tagesinteressen gerichteten Gesinnung" verbunden werde (Rembrandt als Erzieher 1909, S. 114). Aber das wäre dann Schul- und nicht Kulturkritik, versteht man unter „Kulturkritik" das, was der ungarische Autor MAX NORDAU[115] 1892 *Entartung* nann-

113 Die ursprüngliche Ausgabe von 1890 erreichte bis 1927 76 Auflagen. Allein im ersten Jahr wurden über 66'000 Exemplare abgesetzt.

114 Die von dem persönlichen Freund und Biographen BENEDIKT MOMME NISSEN besorgte Neuausgabe (1925) erzielte wiederum eine hohe Auflage.

115 MAX NORDAU (eigentlich SIMON MAXIMILIAN SÜDFELD) (1849-1923) war nach einem Medizinstudium seit 1876 als Korrespondent des *Neuen Pester Journals* in Paris tätig. Hier entstanden zwei zentrale Schriften der „Kulturkritik" im deutschsprachigen Raum, nämlich *Die conventionellen Lügen der Menschheit* (1883) und das zweibändige Buch *Entartung* (1892/1893). NORDAU war neben dem österreichischen Juristen und Schriftsteller THEODOR HERZL (1860-1904) einer der führenden Vertreter des Zionismus, dessen Degenerationstheorie medizinische Wur-

te, also Dekadenz- und Krankheitserscheinungen, die als Symptom für eine ermüdete Gesellschaft verstanden wurden (NORDAU 1892, S. 64f.).

Die Kultur des Schnellen und Nervösen wurde als unaufhaltsamer Abstieg von gesellschaftlicher Bildung und so als Auflösung der bürgerlichen Lebensform verstanden (CONSTABLE/DENISOFF/POTOLSKY 1999). Objekt der Kritik war die zeitgenössische Avantgarde der Kunst und Literatur, die NORDAU in Paris beobachten konnte. Er verstand ihre Lebens- und Ausdrucksformen als Krankheitssymptom und interpretierte sie als kulturellen Zerfall, für den auch NIETZSCHE verantwortlich gemacht wurde (NORDAU 1893, S. 273-357). Die *Krankheit des Jahrhunderts* hatte NORDAU 1887 in Romanform beschrieben, nachdem er zuvor die *conventionellen Lügen der Kulturmenschheit* entlarvt hatte.[116] Dieses Buch machte ihn schlagartig bekannt. Nachgewiesen werden sollte der „pathologische Zustand" der modernen, großstädtischen „Zivilisation", der trotz aller staatlichen Reglemente um sich greife und die Mitte der Gesellschaft erfasst habe (NORDAU 1883, S. 149). Schuld daran sei nicht zuletzt eine Erziehung zur Untertänigkeit, die zur inneren Gewohnheit geworden sei (ebd., S. 153/154).

Generell wird der „Kulturmensch des neunzehnten Jahrhunderts" hingestellt als „Sklave aller Gewohnheiten und Bedürfnisse" des so genannt „zivilisierten Lebens" (ebd., S. 189). Besonders sensibel nähmen den Zerfall der Kultur in der Zivilisation die Künstler und Schriftsteller wahr, die die Rollen von Dekadenz beobachtenden Intellektuellen ausübten und die das gesellschaftliche Elend besonders scharf wahrnehmen würden, weil sie der Macht nahe seien (ebd., S. 197/198). Gesteuert werde die Zivilisation durch die Diktatur der öffentlichen Meinung, die nicht mehr nachbarschaftlich strukturiert sei, sondern medial erzeugt werde (ebd., S. 315). Die Macht der Presse ist die Macht ihrer „Tendenz" (ebd., S. 317) und ihrer selektiven Steuerung aller Nachrichten und Meinungen. „Sie bestellt sich zum öffentlichen Gewissen der Gesammtheit" (ebd., S. 318), ohne noch auf Privatsphären oder Rangklassen der Bildung achten zu müssen.

Die Macht der öffentlichen Meinung nutzten auch die deutschen Autoren, LAGARDE (1934, S. 143ff. u. pass.) als Ideologe des aggressiven Nationalismus und LANGBEHN als Adept einer Blut-und-Boden-Ästhetik mit deutlich antisemitischen Obertönen (Rembrandt als Erzieher 1909, S. 300ff. u. pass.). Sie fanden ein breites Publikum und große öffentliche Resonanz, ihr „Culturkampf" freilich geht auf OTTO GLAGAU (1879) zurück und hat we-

---

zeln hatte. NORDAU lernte HERZL 1895 kennen, ein Jahr bevor HERZLS Buch *Der Judenstaat* erschien. (Daten nach SCHULTE 1997, ZUDRELL 2003).

116 NORDAU unterschied vor dem Hintergrund einer allgemein verbreiteten „Scheu vor der Wirklichkeit" (NORDAU 1883, S. 15f.) fünf große Lügenkomplexe der Gesellschaft des 19. Jahrhunderts, nämlich die religiöse Lüge, die monarchistisch-aristokratische Lüge, die politische Lüge, die wirtschaftliche Lüge sowie die Ehelüge. Diese Komplexe widersprechen der naturwissenschaftlichen Weltanschauung (ebd., S. 24ff.) und sind aus diesem Grunde „konventionelle Lügen".

nig zu tun mit NORDAUS Theorie der „Zerrissenheit" der Moderne (NORDAU 1883, S. 29f.), auch wenn dieser Topos immer wieder gebraucht wurde. Für deutsche Autoren ist „Entartung" nicht einfach ein medizinisches Symptom, sondern der Ausdruck einer Überfremdung der nationalen „Art", wobei sich völkische, rassische und anti-westliche Motive oft bis zur Ununterscheidbarkeit mischten (vgl. PUSCHNER/SCHMITZ/ULBRICHT 1999).

Das bekannteste Beispiel dafür ist *Rembrandt als Erzieher*, ein nationalistisches, anti-modernes und anti-semitisches Bekenntnis, das auf völkisches Künstlertum zielen sollte, ohne sich auf irgendeine Variante der zeitgenössischen Reformpädagogik einzulassen. Diese Beziehung ist erst nachträglich hergestellt worden. Die Kritik des „Rembrandtdeutschen" selbst ist weder neu noch besonders originell, sie ist vielmehr im ganzen 19. Jahrhundert präsent. Von FRIEDRICH RÜCKERT[117] über FRIEDRICH FRÖBEL, WILHELM HEINRICH RIEHL,[118] KARL CHRISTIAN PLANCK[119] und HUGO GÖRING[120] lassen sich viele deutsche Autoren finden, die „Rationalismus" und „wissenschaftliche Bildung" als nationales Übel ansahen. Auch die reformpädagogischen Diskursstrategien der „Umkehr" sind sämtlich bereits vorhanden, bevor JULIUS LANGBEHN seinen Bestseller veröffentlichte. Erleben und Leben stehen in dieser Literatur gegen Lernen und Schule, das „Irrationale" soll Macht in der Erziehung gewinnen, Zielgrößen sind „Volk" und „Gemeinschaft", Bildung soll dem „Boden" nützlich sein, die „abstrakte" Wissenschaft ist der Feind der Seele, etc. (vgl. OELKERS 1991).

Die Schul- und Erziehungskritik brauchte also keinen Anstoß wie NIETZSCHES Kritik der Bildungsanstalten,[121] die im Übrigen an vielen Stellen vertreten wurde, nicht zuletzt innerhalb der deutschen Gymnasiallehrerschaft.

---

117 FRIEDRICH RÜCKERT (1788-1866), Orientalist in Berlin und Lehrer von LAGARDE, war als Schriftsteller bekannt, darunter mit einer *Haus- und Jahrespoesie*, die Patriotismus und Kindorientierung zu verbinden verstand.

118 WILHELM HEINRICH RIEHL (1823-1897) war Kulturhistoriker und Novellist in München. Seit 1885 war er Direktor des Bayerischen Nationalmuseums. Seine *Naturgeschichte des Deutschen Volkes* (1851ff.) enthält alle wesentlichen Motive der politischen Reformpädagogik in Deutschland.

119 KARL CHRISTIAN PLANCK (1819-1880) habilitierte sich 1848 in Tübingen für Philosophie. Er wurde 1856 Professor am Gymnasium in Ulm und 1879 Emphorus des Seminars in Blaubeuren. Posthum (1881) erschien *Das Testament eines Deutschen*. Er formulierte eine Theorie der volksbezogenen „pädagogischen Gemeinschaft", die nahezu alle Reformpädagogen vertreten haben.

120 HUGO GÖRING (geb. 1849) studierte in Jena und Berlin und war seit 1878 Lehrer für deutsche Sprache an der Oberrealschule in Basel. Er habilitierte sich an der Universität Basel (1880) mit einer Arbeit über BASEDOW. 1882 gab er seine Basler Lehrtätigkeit auf und war als Erziehungsschriftsteller und Schulreformer tätig.

121 Die eigentliche Kritik an den Bildungsinstitutionen, NIETZSCHES Basler Vorträge *Über die Zukunft unserer Bildungsanstalten* (Januar-März 1872), ist zu Lebzeiten nicht veröffentlicht worden (S.W. 1/S. 641-752). Sie erschien erstmalig im Band IX (1903) der im Verlag C.G. Naumann in Leipzig veröffentlichten Ausgabe der Werke NIETZSCHES.

Schulkritik dieser Art war als Denkmodell und rhetorische Figur längst vorhanden, bevor irgendein historiographischer Bezug auf NIETZSCHE, LANGBEHN oder LAGARDE gesucht wurde. Was HERMANN KÖCHLY[122] 1846 zur *Gymnasialreform* ausführte, zielte auf die Methode des Unterrichts, aber auch auf die anstaltsförmige Organisation der Bildung, die sinnvollem Lernen entgegenstehe. Zwanzig Jahre später behauptete BUGOMIL GOLTZ,[123] dass gymnasiale Bildung zu kultureller Entfremdung führe und benutzte dabei ein frei flottierendes, keinem bestimmten Autor zuzuschreibendes Argument, das FRIEDRICH NIETZSCHE nur aufgreifen und intellektuell verstärken sollte. Aber auch GOLTZ war kein Dutzendname, sondern ein einflussreicher Autor, der um die Jahrhundertmitte Bildungsthemen „kulturkritisch" besetzte.

Dafür entwickelte er eine eigene Sprache der Kritik. GOLTZ (1867 Bd.1/S. 45) kritisierte die „affektirte Ambition" der Gymnasien für „durchsichtig *objektive* Bildung", zudem die „Phrasen" der Erziehungsdiskurse (ebd., S. 46f.) und die „städtischen Bildungs-Phantome" (ebd., S.48). Er prangerte die „Gesetzes-Maschinerie" an (ebd., S. 50) und verstand die „Fortschritte der Cultur" im 19. Jahrhundert als Bedrohung der menschlichen Seele und mit ihr des Genius (ebd., S. 60f.). Die moderne Schule sei wie das moderne Geschäftsleben eine *„Tyrannei"* des Geistes (ebd., S. 64). Die Hast des Fortschritts habe eine „*Cultur-Schwindsucht* erzeugt" und diese „modernen Social- und Cultur-Prozesse" führten „Corruption" in sich (ebd., S. 65). Das gelte für alle Bereiche der Kultur.

Moderne Bildung verbessere vielleicht den Verstand, aber nicht das Glück (ebd., S. 70), und das „Wunder des Genius" (ebd., S. 97) geht in der „übertriebenen Erziehungs- Regierungs- und Lebens-Mechanik" der Gegenwart verloren (ebd., S. 127).

> „Was direct lehr- und lernbar ist, das kann eben nur eine abstrakte Wahrheit, eine Formel, eine Schablone, eine Mathematik und Mechanik,

---

122 Der Gräzist HERMANN KÖCHLY (1815-1876) war von 1840 an Gymnasiallehrer an der Kreuzschule zu Dresden. Er wurde 1851 Professor für klassische Philologie in Zürich und wechselte 1864 nach Heidelberg. KÖCHLY war politisch liberal eingestellt und musste 1849 aus Sachsen fliehen.

123 BUGOMIL GOLTZ (1801-1870) wurde im preußischen Warschau geboren und in Königsberg erzogen. Er studierte von 1821 Theologie und Philosophie an der Universität Breslau. Das Studium brach er ab, um die Bewirtschaftung des Familienbesitzes zu übernehmen. Nach kurzer Zeit musste das väterliche Gut aber verkauft werden. Von 1830 an lebte GOLTZ siebzehn Jahre lang unbekannt in der Stadt Gollup. Mit 46 Jahren wurde er Schriftsteller, nunmehr so erfolgreich, dass der preußische König FRIEDRICH WILHELM IV., ein Verehrer seiner Schriften, ihn mit einem Ehrensold auszeichnete. Zu den bekannteren Büchern von GOLTZ zählen *Zur Charakteristik und Naturgeschichte der Frauen* (1859) und *Zur Geschichte und Charakteristik des deutschen Genius* (1864). Wenig bekannt ist, dass GOLTZ (1867, Bd. 2/S. 249ff.) den Ausdruck „Tragödie der Cultur" prägte, den später GEORG SIMMEL aufgreifen sollte.

eine Kunstfertigkeit, eine Dressur, aber keine lebendige Seele, kein freier Geist, und am wenigsten ein Können und ein Gewissen sein" (ebd., S. 132).

Die Träger des wahren Geistes sind die Genies, die „Dichter und Denker" (ebd., S. 132), die nicht einer Durchschnittskultur entstammen können und so auch nicht die Volksschule nötig haben. Sie sind zu Höherem geboren und können nicht mit profaner Schulbildung drangsaliert werden:

> „Propheten und Welt-Reformatoren, große Dichter, Denker und Künstler, in welchen sich der Witz und das Herz eines ganzen Volkes oder gar der Menschheit, der Natur und der Gottheit konzentrirt: die erstehen nimmermehr im Schooße der Barbarei, oder in den ersten Generationen eines der Cultur zugewendeten Dorfes" (ebd., S. 133).

Die Kritik an den „modernen Lebens- und Bildungsparolen" (ebd., S. 141) hat ein Geniekonzept „hoch über den Werktags-Geschichten, den Alltags-Charakteren und Praktikanten" (ebd., S. 143) zur Voraussetzung. Aber die Abwertung ist zugleich eine Aufwertung. Paradoxerweise gewinnt Bildung auf diese Weise Gewicht, nämlich erhält ein deutsches Ideal, das allerdings nicht auf die seltenen Genies beschränkt werden kann. Die deutschen „Dichter und Denker"[124] garantieren die Höhe und Tiefe der Kultur, nicht ihre Breite, für die pädagogische Erneuerung oder „volkstümliche" Bildung in Anspruch genommen wird.

Auch JULIUS LANGBEHN forderte, dass „wahrhafte Bildung" auf „volkstümliches Denken" (Rembrandt als Erzieher 1909, S. 58ff.) und so auf einen mythischen Ursprung der nationalen Erziehung (ebd., S. 69) bezogen werden müsse. Der Begriff „Volk" wird so weit ästhetisiert, dass es programmatisch heißen kann: „Das tiefste Innere des Volkes ist Poesie; eine Philosophie ..., die ihm gehören soll, müsste zu seinem tiefsten Innern sprechen" (ebd., S. 59). So geht es um deutsche Philosophie und „deutsche Wissenschaft", die zum germanischen „Volkscharakter" zurückfinden müsse (ebd., S. 62ff., 77).[125] Beide, Philosophie wie Wissenschaft, hätten kein Eigenrecht, wer sie betreiben wollte, müsse sich auf deutsches Blut und deutschen Boden beziehen, eine Vision, die als einer der ganz wenigen GEORG SIMMEL (1890) als maßlos und hybrid geißelte.

124 Der Ausdruck stammt vom dem deutschen Literaturkritiker WOLFGANG MENZEL (1798-1873), der von 1826 bis 1849 das konservative *Literaturblatt* leitete. In MENZELS Buch *Die deutsche Literatur* (1836) sind die Deutschen das Volk der „Dichter und Denker", nämlich immer mit dem Buch zur Hand und so im Kern unpraktisch. Erst GOLTZ machte daraus eine positive Bezeichnung.

125 Das erklärt den eigentümlichen Titel „Rembrandt als Erzieher", der nur nominell auf NIETZSCHES *Schopenhauer als Erzieher* anspielte. Germanisch ist das Prinzip der Individualität; REMBRANDT ist die höchst entwickeltste künstlerische Individualität und zugleich „Germane"; also muss er der Erzieher des deutschen Volkes sein.

Der „Zug nach Selbständigkeit und Freiheit, der das ganze germanische Leben durchdringt", ist freilich schon vorher von zahlreichen pädagogischen Autoren benutzt worden, um die Aufgaben „nationaler Erziehung" neu zu bestimmen, besonders im Blick auf die „Erweckung, Belebung und Leitung des Nationalgefühls" (MEYER 1879, S. 26, 18; im Text gesperrt). „Nationale Pädagogik" (SACHSE 1887) und die „Erziehung zur Vaterlandsliebe" (MÜNCH 1887) sind auch nicht erst seit der Reichsgründung 1871 angesagt. Vielmehr zieht sich, nochmals gesagt, eine Linie von den Begründungen der „Nationalbildung" im frühen 19. Jahrhundert über FRÖBELS „allgemeinen deutschen Kindergarten" und DIESTERWEGS Bestimmung „deutscher Nationalerziehung" aus dem „Prinzip des germanischen Lebens" (1854) bis auf die Linie der „Kulturkritiker" LAGARDE und LANGBEHN, nur dass damit ständig steigende imperiale Ansprüche und zugleich eine nationalistische Zuspitzung verbunden waren.

In diesem Rahmen ist immer wieder polemische Schulkritik vorgebracht worden, die in nichts hinter dem zurücksteht, was etwa LAGARDE oder LANGBEHN geäußert haben, ohne sich politisch mit der reaktionären Kulturkritik gleichsetzen zu lassen. So schrieb der Sozialdemokrat JENS CHRISTENSEN[126] 1886 unter dem Titel *Der moderne Bildungsschwindel*:

> „Man pfuscht in der modernen Schule in allen möglichen Wissenschaften herum, giebt der Sache einen möglichst gelehrten Anstrich und lernt in den 9 bis 10 Jahren mit aller Anstrengung gerade so viel, als man in den folgenden Dezennien ohne nennenswerten Kraftaufwand vergessen kann" (CHRISTENSEN 1886, S. 10).

Die Schule erziehe die Kinder nicht „zum Weiterstreben", sondern mache sie, unabsichtlich und doch systematisch, zu „eingebildeten, verlogenen Flachköpfen" (ebd., S. 17). Auch hier gibt es, und zwar unabhängig von der politischen Richtung, semantische Kontinuitätslinien, die von den Philantropinen bis auf HUGO GÖRINGS Konzept der „neuen deutschen Schule" reichen, in der Schulkritik und nationale Schulreform vereint werden sollten.

In diesem Konzept wird sehr vieles antizipiert, was späteren Reformdiskussionen vorbehalten zu sein schien. Es geht um eine „Bildungsanstalt für die vielfältigen Aufgaben des Volkes" (GÖRING 1890, S. 45), die nicht „Spezialwissen und Gelehrsamkeit" in den Mittelpunkt stellt (ebd.), sondern die vom Gedanken der kindlichen Entwicklung ausgeht. Die „kindliche Geisteskraft" soll so erzogen werden, dass den „Gefahren" vorgebeugt wird, „denen das heutige Geschlecht durch einseitige Pflege des Erwerbstriebes

126 JENS LAURITS CHRISTENSEN (1856-1902) besuchte das Lehrerseminar in Tondern und arbeitete von 1878 an als Volksschullehrer in Altona und Leipzig. Von 1882 bis 1890 leitete er in Hamburg eine Übungsschule, 1890 wurde er Mitglied der Sozialdemokratischen Partei und erhielt ein Amt als Parteisekretär. Danach wanderte er in die Vereinigten Staaten aus und arbeitete als Rechtskonsulent. CHRISTENSEN starb 1902 in New York.

und des Wissens bis zur Entartung des sittlichen Lebens und bis zur Zersetzung des religiösen Ideals verfallen ist“ (ebd., S. 11). Das Schulmodell, 1883 das erste Mal öffentlich vorgetragen (ebd., S. XI), reagierte so auf eine implizite Kulturkritik, nämlich auf Dekadenzerscheinungen, denen in einem abgegrenzten pädagogischen Schonraum entgegengewirkt werden sollte. Verbunden damit ist ein nationaler Aufbauwille: „Die Begründung der politischen Macht ... musste erst erreicht sein, ehe man an den Ausbau einer Erziehungsreform gehen konnte“ (ebd., S. 5).

Die Richtung dieser Reform antizipiert das, was HERMANN Lietz später die „Landerziehungsheime“ nennen sollte.[127] Dabei kommt ein altes Konzept erneut zur Anwendung, nämlich die Erziehung auf dem Lande, fernab der Großstadt und also geschützt vor den Veränderungen der modernen Kultur (ebd., S. 12f.). Dementsprechend lauten die allgemeinen Zielsetzungen so: „Die ‚Deutsche Schule' strebt vor allem darnach, religiöse Gesinnung, strenges Pflichtgefühl, Wahrhaftigkeit und Vaterlandsliebe zu pflegen“ (ebd., S. 15). Dies aber soll in reformpädagogischem Geist geschehen, in einer Schule ohne Hausaufgaben, ohne Zensuren, ohne öffentliche Prüfungen, dafür mit „täglich neuen Anforderungen an den praktischen Willen des Kindes“ (ebd., S. 13ff.). GÖRING betonte selber, dass dieses Konzept nicht neu sei und sich sehr stark an den Erfahrungen der Philanthropen orientiere (ebd., S. 46ff.).[128] Auf dieser Grundlage sollte die Staatsschule der Zukunft entstehen (ebd., S. 169ff.), ein Projekt, das später etwa PETER PETERSEN aufgreifen sollte.

Bei dieser Übertragung von Reformpädagogik auf das öffentliche Schulwesen ist die Rede von einem „wichtigen Factor in der Socialreform“, der „der Socialdemokratie und jeder Umsturzrichtung“ den Boden entziehen und zur Entwicklung des „Staates zu einem erstrebenswerten Militärstaat“ beitragen soll (ebd., S. 174). Die „Bekämpfung der Socialdemokratie“ durch Schulreform (SCHENKENDORFF 1880, S. 43ff.) war zeitgenössisch ein verbreitetes Konzept, und diese Idee ist zwischen HERMANN LIETZ und BERTHOLD OTTO auch an vielen Stellen der pädagogischen Reformbewegungen diskutiert worden. Die deutsche Reformpädagogik hatte so durchgehend eine nationalpolitische Spitze. Die notenfreie und prüfungslose „neue Schule“ „muss von Kindheit an den Menschen mit dem Bewusstsein erfüllen, dass man nicht für sich, sondern für das Ganze lebt“ (ebd., S. 176). Das Ganze wird aber definiert durch den „Militärgeist, durch welchen allein Deutschland groß geworden ist“ (ebd.).

---

127 Wenn HERMANN LIETZ und CECIL REDDIE die Schriften von HUGO GÖRING kannten, dann ist die Konzeption der „Landerziehungsheime“ ein glattes Plagiat. Auf den Zusammenhang verweist WIGGE (1898/1900), den REDDIE (1900) abdruckt.

128 HUGO GÖRING gab 1880 für FRIEDRICH MANNS Bibliothek pädagogischer Klassiker ausgewählte Schriften von BASEDOW heraus.

Gerade die Reformschule braucht Moral, nicht Moralkritik, und die Moral ist oft stabilisiert mit nationalkonservativen Leitideen begründet worden, die fernab von dem liegen, was FRIEDRICH NIETZSCHE unter „Moral" verstand,[129] nämlich eine Institution, die nur kritisiert ist, aber nicht reformpädagogisch neu besetzt werden kann. „Das wesentliche und unschätzbare an jeder Moral ist, dass sie ein langer Zwang ist" (S.W. 5/ S. 108). Die Erziehung trägt, unwillkürlich aber wirksam, dazu bei (ebd., S. 116), denn sie vor allem erzeugt das Syndrom der „Moral als Furchtsamkeit" (ebd., S. 117). Die erzieherischen Instanzen – „Eltern, Lehrer, Gesetze, Standesvorurtheile, öffentliche Meinungen" – gebieten über das „du sollst" (ebd., S. 119), also die Bildung des „formalen Gewissens" (ebd.), das die Handlungen unter einen abstrakten Gehorsam stellt, der als innere Instanz automatisiert worden ist und dabei Furcht voraussetzt. Das begrenzt jede Form von Erziehung, soweit sie auf Moral verwiesen ist: „Gesetzt, man könnte überhaupt die Gefahr, den Grund zum Fürchten, abschaffen, so hätte man (die) Moral mit abgeschafft" (ebd., S. 123).

NIETZSCHE wurde in den neunziger Jahren zum viel zitierten Modephilosophen und avancierte bis Ersten Weltkrieg zur Kultfigur. Er lieferte die Stichworte für ganz unterschiedliche Gruppierungen der Literatur, der Avantgarde oder des politischen Protests. Viele dieser Konfigurationen verfolgten Ziele, die NIETZSCHE selbst heftig bekämpft hatte. Der Dissens ist unüberwindlich, denn NIETZSCHE war nicht, wie die vielen zeitgenössischen „Bewegungen", an der Erneuerung, sondern an der Abschaffung der Moral interessiert, weil er in jeder Form von Moral nur eine Herrschaftsattitüde sehen konnte. Zumal die hochmoralischen pädagogischen Bewegungen, die sich oft auf ihn bezogen, waren außerstande nachzuvollziehen, was NIETZSCHE im Kern wollte, nämlich „einen Standpunkt jenseits von gut und böse" (S.W. 10/S. 233) einzunehmen.[130] *„Ascetism"* nannte er das im Winter 1882/ 83 oder den „Versuch ohne Moral zu leben" und sich von ihr zu befreien (ebd.). Das ist zu radikal für jede Version von Reformpädagogik.

Was in endlosen Bemerkungen und Aphorismen als Durchbruch eines neuen Denkens vorbereitet wurde, erschien 1886 (*Jenseits von Gut und Böse*) und 1887 (*Zur Genealogie der Moral*) als Buch und war damit der Öffentlichkeit zugänglich. Beide Bücher, die als Spätphilosophie NIETZSCHES und so als definitive Aussagen verstanden wurden (RICHTER 1903, S. 94ff.), erlebten eine stürmische Rezeption, die auch und gerade in der Pädagogik Spuren hinterließ. Allerdings hatte NIETZSCHE im neunten Hauptstück von *Jenseits von Gut und Böse* das „Genie des Herzens" – in der Lehrerliteratur der Eh-

129 *Jenseits von Gut und Böse* (1886).

130 Die verschlungenen Linien der pädagogischen Nietzsche-Rezeption hat CHRISTIAN NIEMEYER überzeugend herausgearbeitet. Ich danke ihm für die Zusendung verschiedener seiner Schriften und für eine Diskussion in Dresden am 11. Juli 2002. Unsere Differenzen im Blick auf die „andere Vernunft" NIETZSCHES (NIEMEYER 1998) bleiben bestehen.

rentitel für PESTALOZZI – als „Versucher-Gott" und „Rattenfänger der Gewissen" bezeichnet (S.W. 5/S. 237) und so die Frontlinie markiert. Es ist daher nicht verwunderlich, dass eine positive Annäherung an NIETZSCHE entweder mit hohen Missverständnissen oder mit starken Trivialisierungen verbunden war oder aber sich auf die Kritik der Bildungsinstitutionen beschränkte. Der frühe NIETZSCHE hatte, so ERNST WEBER (1907, S. 8)[131] den Vorzug, „noch nicht ein Bildungsideal aufgestellt zu haben, das aus starken Gründen als unerreichbar bezeichnet" werden müsse.

Darüber hinaus prägte neben emphatischer Zustimmung auch heftige Abwehr die Rezeption. NIETZSCHE als „Typus" für den „konsequentesten" Individualismus (OTTO 1914, S. 7) wurde ebenso unter Anklage gestellt wie die „Herrenmoral" seiner Philosophie (GRAMZOW 1901) oder das „ästhetische Ideal" des Übermenschen (ERNST 1914, S. 78ff.). NIETZSCHES Weltanschauung schien gefährlich zu sein (STEIN 1893) und seine Verwerfung der Moral eine Bedrohung der Gesellschaft darzustellen. Grenzgänger wie RUDOLF STEINER (1895) erkannten in NIETZSCHE den „Kämpfer gegen die Zeit", der im Zentrum der Pädagogik auf Unverständnis stieß oder bis zur Unkenntlichkeit vereinnahmt wurde. Die wenigen Pädagogen, die sich zur radikalen Verwerfung der Moral bekannten, waren außerstande, sich über ihre Zirkel hinaus Gehör zu verschaffen.

Das lässt sich etwa an RUDOLF PANNWITZ'[132] vernichtender Kritik der „moralischen" Pädagogik zeigen, die ersetzt werden sollte durch eine Erziehung des Übermenschen (PANNWITZ 1909, S. 10ff., 137ff.). Sie wisse sich „jenseits von gut und böse" und sei daher als Einzige imstande, „neue Menschen zu schaffen" (ebd., S. 141), also für einen wirklichen Bruch mit der kulturellen Überlieferung zu sorgen. Die Umwertung der Werte, „zunächst Naturereignis" bekommt so ein Ziel (ebd., S. 145). Dafür steht der „Übermensch":

> „Ein Ziel für die Menschheit, welches keine Nichtigkeit und kein Dogma ist –! Für den, der nicht sinnlich, irdisch denken kann, ist der Übermensch das Symbol der zukünftigen höchsten Menschheit, für den, der es kann und muss, das Ziel der jetzigen" (ebd., S. 147).

Diese Position wird weder der Reformpädagogik noch der Kulturkritik zugerechnet, obwohl oder weil hier ständig von der Erziehung des „neuen Men-

---

131 ERNST WEBER (1873-1948) promovierte 1906 bei JOHANNES VOLKELT in Leipzig. WEBER war von 1896 bis 1918 Volksschullehrer in München und leitete von 1919 bis 1935 die Lehrerbildungsanstalt in Bamberg.

132 RUDOLF PANNWITZ (1881-1969) war 1904 Mitbegründer der Literaturzeitschrift *Charon* und zeitweise Mitarbeiter in BERTHOLD OTTOS Hauslehrerschule sowie in der *Freien Schule Wickersdorf* (1908). Sein Buch *Das Werk der deutschen Erzieher* (1909) ist die erste kritische Analyse der deutschen Reformpädagogik. Nach dem Ersten Weltkrieg war PANNWITZ Freier Schriftsteller mit Wohnorten vor allem in Jugoslawien und in der Schweiz (GUTH 1973).

schen“ die Rede ist. Aber die Gleichsetzung von Erziehung und Leben und von Leben mit dem „schöpferischen Willen zur Macht“ (ebd., S. 151) ist der zeitgenössischen Diskussion entweder ignoriert oder als pädagogische Verirrung angesehen worden (GUTH 1973, S.70ff., 87ff.). Das hat systematische Gründe: „Nietzsche als Erzieher“ (HAVENSTEIN 1922) kann wohl als das Original gegenüber der erfolgreichen Kopie – *Rembrandt als Erzieher* – ins Spiel gebracht werden, aber unter Verzicht auf die destruktive Moralkritik. Das Künstlerideal des jungen NIETZSCHE, insbesondere der Rückgriff auf die Ästhetik der Antike (WIESENTHAL 1903), waren vereinbar mit Erziehungs- und Schulkritik, nicht jedoch die Idee, „Erziehung“ und „Bildung“ seien wesentlich identisch mit der „Kunst, zu täuschen“ (S.W. 5/ S. 219), also dem Aufbau von Illusionen über Moral und deren Wirksamkeit.

Die Kritik an den pädagogischen Institutionen ließ sich dagegen mit ästhetischen Visionen einer Neugeburt durch Phantasie und Kunst verbinden und effektiv zur Begründung einer besseren Erziehung einsetzen. Ursprüngliche Individualität (Natur) kann dann gegen die Ansprüche staatlicher Erziehung gestellt werden und so die Mechanismen der Schule als ungerechtfertigte Repression erscheinen lassen: „Jene furchtbaren Bollwerke, mit denen sich die staatlichen Organisationen gegen die alten Instinkte der Freiheit schützte – die Strafen gehören vor allem zu diesen Bollwerken – brachten zuwege, dass alle jene Instinkte des wilden, freien, schweifenden Menschen sich rückwärts, sich gegen den Menschen selbst wandten“ (KAATZ 1892, S. 52). Umgekehrt gilt auch: „Mit unserer heutigen Erziehung, mit unseren Lehrern können keine Menschen für eine höhere Kultur herangebildet werden“ (ebd., S. 65).

In diesen Zusammenhang der Artikulation von Unbehagen an der rationalistischen Verschulung des 19. Jahrhunderts, der die Nivellierung des Genies vorgeworfen wurde, gehört auch *Rembrandt als Erzieher*. Aber schon FRANZ OVERBECK beurteilte das Buch als antipodisch zu NIETZSCHE (NISSEN 1929, S. 131; vgl. OVERBECK 1906, S. 51), nicht, wie LANGBEHN selbst meinte, aus physiognomischen oder stilistischen Gründen (NISSEN 1929, S. 131), sondern weil die radikale Moralkritik NIETZSCHES in *Rembrandt als Erzieher* gar nicht auftaucht. LANGBEHN hat NIETZSCHE später als „Don Quichotte und diable boiteux in einer Person“ bezeichnet, grazil und doch verdorben, interessant, aber nur als Ansatzpunkt für eine konstruktive, neue Moral, auf die NIETZSCHE selbst nicht kommen konnte: „NIETZSCHES Philosophie, so verderblich sie ist, durchbricht etwas das herrschende Heuchelsystem“ (NISSEN 1929, S. 132/133). In ihrer schroffen Leugnung eines positiven Sinnes der Moral sei sie aber nicht akzeptabel.[133]

133 LANGBEHN galt aufgrund seiner persönlichen Kontakte auch zur Familie NIETZSCHES als dessen „Jünger“ (NISSEN 1929, S. 127ff.). Die tatsächliche Distanz erklärt sich auch aus dem Unterschied zwischen einem Gottesleugner und einem

Was sich hinter der „Kulturkritik" letztlich verbirgt, ist ein Ressentiment, ein regressives Unbehagen über den Preis gesellschaftlicher und kultureller Modernisierungen, welche erscheinen konnten, als seien sie vorübergehende Erscheinungen, die sich zurücknehmen lassen, wenn nur erst die richtigen sozialen und pädagogischen Verhältnisse eingerichtet worden sind. Insofern beeinflussten kulturkritische Ressentiments die Reformpädagogik, wenngleich anders als es der Bezug auf NIETZSCHE, LAGARDE oder LANGBEHN durchscheinen lässt. Die intellektuelle Mentalität, mit der sie (und viele andere) wahrgenommen wurden, muss vor dem Hintergrund der politisch-konfessionellen Diskussion des Kulturkampfes gesehen werden, also der halbherzigen Säkularisierung des Bildungswesens in Deutschland,[134] die Konflikte genug freisetzte, um Erziehung und Bildung zu publizistisch umstrittenen Größen zu machen, die gerade dadurch an Aufmerksamkeit und Einfluss gewannen. Sittlicher Fortschritt wurde von einer rückwärts gewandten Gemeinschaft erwartete, deren Ursprünge mythisch bestimmt wurden. Die Abwehr galt den moralischen „Aufweichungen" und kulturellen „Dekadenzerscheinungen", sie wurde getragen von einem Ressentiment gegen die, wie LAGARDE sie nannte, „Optimaten Epikurs" (LAGARDE 1878, S. 85) der literarischen Moderne, zu denen – das wäre die Pointe – vor allem NIETZSCHE zu rechnen wäre.

Konvertiten. LANGBEHN trat im Januar 1900 zum katholischen Glauben über (ebd., S. 272ff.).

134 Der Begriff „Kulturkampf" geht auf einen Aufruf zurück, den RUDOLF VIRCHOW für die Fortschrittspartei verfasst und *Kampf für die Kultur* genannt hatte. Von besonderer Bedeutung in der Gesetzgebung nach der Reichsgründung war der Beschluss des Preußischen Landtages über die staatliche Schulaufsicht von 1872 sowie die „Maigesetze" von 1873, die die staatliche Aufsicht auch auf die kirchliche Ausbildung ausdehnten. In dieser Hinsicht ist der „Kulturkampf" in erster Linie eine bildungspolitische und ideologische Auseinandersetzung gewesen, die erst nach 1918 verfassungsrechtlich entschieden wurde.

3. Reformpädagogik als Publizistik

Das Verhältnis von *routine et progrès* oder von „alt" und „neu" in der Erziehung (TSCHUMI 1883) war ein europäisches Thema, das vor allem in der zweiten Hälfte des 19. Jahrhunderts diskutiert und durch publizistische Verbreiterung intensiviert wurde. Die Linie der progressiven Tradition wurde dabei ebenso fortgeschrieben wie das, was sie ausgeschlossen wissen wollte, nämlich die falsche Praxis einer bloß routinierten Erziehung, der der Geist und die Seele der Erneuerung fehlen würde. Nur die progressive Linie erhielt identitätsstiftende Namen, für das Schlechte genügte eine anonyme Bezeichnung. Am Ende des Jahrhunderts reichte die fortschrittliche Linie von den Schulversuchen der Philanthropen über PESTALOZZI und FRÖBEL bis auf SPENCER (ebd., S. 11f., 13ff., 17f.). Aus ihren Konzepten und Erfahrungen sollte das Arsenal für die natürliche Erziehung, den anschaulichen Unterricht oder die innere Form der Schule gefunden werden. Sie war also nicht Teil der allgemeinen Kulturkritik, auf die sich pädagogische Autoren immer positiv bezogen haben, mit der „neuen Erziehung" als Alternative zu gesellschaftlichen Dekadenz.

Gleichzeitig änderte sich die allgemeine Theoriesituation, so dass die tradierten Konzepte der Erziehungsreform eigentlich diskrepant hätten erscheinen müssen. Die medizinisch-biologische Anthropologie reagierte auf die Evolutionstheorie, die Sozialwissenschaften expandierten mit den Instrumenten der Wahrscheinlichkeitsrechnung, in der Psychologie setzten sich empirisch-experimentelle Verfahren durch und in der Philosophie entstanden unter dem Sammelbegriff „Pragmatismus" Ansätze einer Handlungstheorie und Sprachkritik, die der idealistischen Philosophie und ihren Erziehungstheorien widersprachen. Im Lichte dieser Entwicklungen hätte ein Bruch mit der Tradition nahe liegen müssen, denn die „neue Erziehung" am Ende des 19. Jahrhunderts konnte sich nur noch nominell auf die eigene Tradition beziehen. Der pietistisch-sensuelle Theorierahmen PESTALOZZIS war eben so wenig mehr vorhanden wie der romantische FRÖBELS, während sich die Reformsprache unirritiert überliefern konnte.

Der Konflikt lässt sich dort zeigen, wo die größte Verstärkung der Reformpädagogik gesehen wird, nämlich in der Koalition von „neuer Erziehung" und experimenteller Kinderpsychologie. Tatsächlich sind Psychologen wie STANLEY HALL[1] oder ERNST MEUMANN[2] dezidierte Reformpädagogen gewe-

1 GRANVILLE STANLEY HALL (1844-1924) promovierte 1878 bei WILLIAM JAMES an der Harvard University. Danach studierte er in Leipzig bei WILHELM WUNDT. 1881 ging HALL an die Johns Hopkins University, 1887 gründete er das *American Journal of*

sen, aber sie betrachten individuelle Kinder, deren Entwicklung und Verhalten, ohne eine allgemeine pädagogische Anthropologie oder Teleologie vorauszusetzen. Die Natur des Kindes steht nicht immer schon fest, sondern ist Objekt der Forschung, Erziehung ist so kein Anwendungsfall einer allgemeinen Anthropologie. Die Theorien von PESTALOZZI oder FRÖBEL basieren auf Spekulationen, mit denen die psychologische Forschung Ende des 19. Jahrhunderts nichts mehr anfangen konnte. Die starken normativen Vorgaben versperren den unbefangenen Blick auf entscheidende Probleme der Erziehung. Am Beispiel eines Themas von STANLEY HALL gesagt: Kinder sollen nicht lügen, fast alle Kinder verinnerlichen den hohen Wert der Wahrheit, warum lügen dann aber alle irgendwann einmal? Und was bedeutet das für die Erziehung, wenn die „gute Natur" des Kindes in diesen Fällen nicht weiterhilft (HALL 1890)?

Das Problem verschärft sich, wenn nicht nur Verhalten und Lernen, sondern *Entwicklung* beschrieben wird. Am Ende des 19. Jahrhunderts können psychologische Entwicklungstheorien genetische Individualität mit biologischer Evolution verbinden (etwa: BALDWIN 1896), aber nicht mehr das allgemeine Kind aus der guten Natur des Menschen ableiten und auf diesem Wege die richtige Erziehung bestimmen. PESTALOZZI oder FRÖBEL setzen eine Schöpfungsmythologie voraus, der Rahmen der göttlichen Welt ist konstant und nur unter dieser Voraussetzung sollte „Entwicklung" gedacht werden. Die Evolutionstheorie bezieht sich demgegenüber auf eine kontingente Natur, deren Bewegung keinem Schöpfungsplan mehr folgt. Daher kann auch die Psychologie nur noch Gesetze erfassen, aber nicht mehr das „Wesen" der Entwicklung beschreiben. Daraus erwächst eine diskussionsbestimmende Verlegenheit für die Erziehungstheorie: Soll sich das Kind aus sich heraus und frei „entwickeln", dann kann es in keinem starken Sinne mehr „erzogen" werden.

Erziehung und Entwicklung, anders gesagt, trennen sich konzeptionell. Die Pädagogik kann nicht länger die Natur des Kindes betrachten, als entwickle sie sich nach Maßgabe einer Teleologie, die der Erziehung sagt, was sie zu tun hat. Ein Ausweg schien ERNST HAECKELS Theorie der „parallelen" Entwicklung zu sein, derzufolge die Ontogenese die Phylogenese rekapituliert. Ein Anhänger dieser Theorie war zum Beispiel STANLEY HALL, aber

---

Psychology und wurde 1892 Präsident der American Psychological Association. Als erster Präsident der 1887 neu gegründeten Clark University entwickelte HALL das erste Zentrum für Kinderpsychologie, aus denen die *child studies* hervorgingen.

2 ERNST MEUMANN (1862-1915) war Assistent am Institut für experimentelle Psychologie der Universität Leipzig bei WILHELM WUNDT. 1894 habilitierte sich MEUMANN und ging 1897 als Professor für Psychologie und Pädagogik an die Universität Zürich, die er 1905 verließ. Nach verschiedenen weiteren Stationen wurde MEUMANN 1911 Professor für Philosophie und Pädagogik am Kolonialinstitut in Hamburg. Er war 1911 Mitbegründer des „Bundes für Schulreform". Seine Kindzentrierung schloss die Konzentration auf Schulleistungen nicht aus, MEUMANNS Reformpädagogik war weder sentimental noch romantisch.

ein empirischer Beweis für HAECKELS Theorie[3] konnte umso weniger erbracht werden je genauer die psychologische Forschung wurde. Damit wurde die Idee einer einheitlichen Natur fraglich und konnten eigene Theorien der Entwicklung des Kindes in Anschlag gebracht werden, die nicht länger von einer Parallele zwischen Individuum und Gattung ausgingen. Umso mehr wurde dann fraglich, wie Entwicklung und Erziehung in ein Verhältnis gebracht werden können, wenn „Natur" dafür keine gemeinsame Basis ist und sein kann.

Von dieser theoretischen Verlegenheit ist freilich in der reformpädagogischen Publizistik am Ende des 19. Jahrhunderts nichts zu spüren. Erziehung und Bildung werden mit sehr traditionellen Postulaten öffentliches Thema, doch die reformpädagogische Kritik betrifft neue und veränderte Verhältnisse im Bereich der öffentlichen Schulen ebenso wie in der Sozialfürsorge oder in der Professionalisierung der pädagogischen Berufe. Was dabei von vielen Beobachtern als Errungenschaften angesehen wurde, entwertete die Kritik mit einer pädagogischen Semantik der „wahren Erziehung", die sich unabhängig von der Entwicklung ihres Objekts – Schule, Kindheit und Gesellschaft – fortsetzen konnte.

Oft bleiben alte und neue Bestände ungeschieden nebeneinander bestehen, etwa wenn die Erziehungstheorie sensualistisch gedacht wird, während zur gleichen Zeit die Ästhetik des Kindes die Begrenzung pädagogischer „Einwirkungen" deutlich macht. Die zentralen Postulate der Erziehung ändern sich dadurch nicht, sie werden publizistisch verstärkt, ohne auf Widersprüche und theoretische Ungereimtheiten achten zu müssen. Die „neue Erziehung" kann unmittelbar dringlich erscheinen, weil sie postulatorisch, orientiert am allgemein „Guten", so vage definiert wird, dass sie in verschiedenen Theorie- und Verwendungszusammenhängen stets gleiche Aufnahme finden kann. Die Moral des Besseren ist die Definitionsmacht der Reform, in diesem Sinne wäre „Reformpädagogik" zunächst ein ständiges Ereignis einer modernisierten Publizistik.

Im Folgenden soll diese öffentliche Diskussion in ihren großen Zügen rekonstruiert werden, konzentriert auf Deutschland, um danach pädagogische Konzepte zu untersuchen, mit denen die Reformintentionen verwirklicht werden sollten. Beides ist nicht identisch, die öffentliche Auseinandersetzung wird beherrscht von Schlagworten, welche oft nur grob wiedergeben, was an pädagogischer Reform möglich schien und auch ansatzweise ver-

---

3 1872 zuerst formuliert und bekannt geworden unter den Bezeichnungen „biogenetisches Gesetz" oder „Rekapitulationsgesetz". Das Gesetz ergänzt HAECKELS *Generelle Morphologie* von 1866. ERNST HAECKEL (1834-1919) studierte in Würzburg bei RUDOLF VIRCHOW und war 1856 dessen Sektionsassistent. Nach seiner Habilitation 1861 in Jena wurde HAECKEL 1862 am gleichen Ort zum außerordentlicher Professor für vergleichende Anatomie berufen. 1865 wurde HAECKEL Ordinarius für Zoologie und Mitglied der Philosophischen Fakultät.

wirklicht wurde. Andererseits ist diese Reform von öffentlicher Zustimmung abhängig, die nur durch Zentrierung auf wenige Postulate erreicht werden kann. Unter diesen Postulaten sind drei von besonderer Wichtigkeit gewesen, die „neue Schule" (3.1), die Pädagogik „vom Kinde aus" (3.2) und die Leitidee der „Entwicklung" (3.3). Diese Konzepte wurden von der Reformpädagogik am Jahrhundertende reaktiviert, im Laufe einer vielfältigen Auseinandersetzung angereichert und attraktiv gehalten. Neu ist vor allem die Energie und Reichweite der Publizistik, an der sich nicht nur Außenseiter, sondern auch die Sprecher von Eliten beteiligten.

3.1 Schulkritik und Schulreform

Die Modernisierung der Schule im 19. Jahrhundert, ihre Expansion und Verdichtung zu einer erstrangigen gesellschaftlichen Institution, war, wie gezeigt, von permanenter Kritik begleitet, die in aller Regel nicht die Notwendigkeit, wohl aber die Richtung der Modernisierung bezweifelte. Beklagt wurde durchweg die Rationalisierung der Schule, die Verwaltungsnormen an die Stelle der Erziehung setzen würde (LAUCKHARD 1855 und viele andere). Die Rückgewinnung des Pädagogischen war daher ständiges Thema der Kritik, ohne dass dadurch die faktische Schulentwicklung beeinflusst wurde. Das Beklagte, etwa die Zersplitterung des Lehrplans in unverbundene Einzelheiten und die damit einhergehende Überforderung mit zu viel Stoff (WIESE 1884, S. 1-18), verschwand nicht und wurde in seiner Tendenz befestigt, ohne Alternativen wirklich zuzulassen. Daher hatte die Schulkritik immer hochgradig plausible Ansatzpunkte, die davon lebte, dass das deklarierte Übel nie verschwand, obwohl die Schule ständig verbessert wurde.

Dabei spielten medizinische, psychologische und pädagogische Bedenken zusammen, wie etwa WILLIAM PREYER in seinem bereits zitierten Vortrag vor dem Verein Deutscher Naturforscher und Ärzte darlegte. Die Schulen, vor allem die Gymnasien, verstoßen gegen die „Bedingungen und Gesetze" der Entwicklung des Kindes, deren „harmonische Ausbildung" sie doch anstreben, tatsächlich aber aufgrund ihrer Struktur ernsthaft behindern. Die „Lehrart" und der „Lehrstoff" der Schulen seien „verkehrt", also ihre institutionelle Spezifikation, so dass die „Freude am Lernen" sich allmählich bei jedem Kind in das genaue Gegenteil verwandeln müsse (PREYER 1887, S. 8f.). Das sollte strukturell gelten, also sich nicht auf einzelne Schulen, sondern auf die gesamte Organisation beziehen.

Aus der Kritik konnte oder musste geschlossen werden, dass im Rahmen der gegebenen Schulorganisation an eine Veränderung des Übels nicht zu denken war. Der Status quo ließ sich dann aber auch nicht mehr als gutwilliges Objekt einer Veränderung durch kleine Schritte betrachten. Diese Art Reformpädagogik forderte große und gezielte Veränderungen der Schulorganisation, die öffentliche Kritik bündelten und zugleich als erreichbare Größe erscheinen konnten. WILLIAM PREYER war seit 1889 Mitherausgeber von HUGO GÖRINGS Zeitschrift „Die Neue Deutsche Schule“[4] und stand dem im April des gleichen Jahres gegründeten „Allgemeinen Deutschen Verein für Schulreform ‚Die neue Deutsche Schule'“ vor, dessen Programm deutlich macht, was am Ende des 19. Jahrhunderts in der größeren Öffentlichkeit, gestützt vor allem durch akademische Milieus, an Reformforderungen Konsens finden konnte.

Über die Zielsetzungen des Vereins heißt es zusammenfassend: „Der Verein strebt an:

(1) Einheitliche Vorbildung für die höheren Schulen.
(2) Erhebung des Deutschen zum Mittelpunkt des Unterrichts.
(3) Bessere Schulhygiene und größere Fürsorge für die körperliche Entwicklung der Jugend.
(4) Gleichberechtigung der Realanstalten und Gymnasien als nächste Vorbedingung für eine durchgreifende Schulreform.
(5) Bessere Vorbildung der Studierenden für ihren späteren Erzieher- und Lehrerberuf.
(6) Vereinfachung des Prüfungswesens.
(7) Größere Beteiligung der Eltern an den Pflichten und Rechten der Erziehung.
(8) Einigung aller Schulreformbestrebungen.
(9) Eine selbständigere Unterrichtsverwaltung unter stärkerer Heranziehung von Fachmännern.
(10) Ein Unterrichtsgesetz“ (GÖRING 1890, S. 158).

Viele der Forderungen waren nicht neu (ebd., S. 159/160), aber sie schienen nunmehr auf verstärktes öffentliches Interesse zu stoßen. In diesem Sinne äußerte sich auch PREYER (1889), der die Schulreform-Bewegung zu einem zentralen Faktor der künftigen Gestaltung der Gesellschaft stilisierte. Sie erhielt dadurch Größe und Bedeutung, gestützt auf ein Reformkonzept, das nicht von der Auffassung der Verwaltung abhängig war. „Der Allgemeine Deutsche Verein für Schulreform“ war eine unabhängige Instanz, die ihre Anliegen publizistisch vertrat.

Öffentliche Zustimmung zum Reformprogramm von 1889 war vorhanden,[5] was auch damit zu tun hatte, dass schon zuvor das Monopol des humanistischen Gymnasiums in die Kritik geraten war (vgl. nur MACH 1886) und die Unbeweglichkeit der höheren Schule ständig angeprangert wurde. Typisch ist die Stellungnahme eines Arztes über die Rückständigkeit des Lehrplans:

> „1885 wie 1850 das nämlich öde Einerlei, das hundertjährig Hergebrachte, das papageienhaft nachgeschwatzte und nachgeschriebene ewig-Ges-

4 Die Zeitschrift erschien in drei Jahrgängen bis März 1892; zwei Versuche zu ihrer Neugründung (1906/07, 1908/09) scheiterten.

5 Die Forderungen unterstützten mehr als 24.000 Unterschriften, darunter siebzig Prozent akademisch Vorgebildete (Angaben nach PETERSEN 1937, S. 39).

trige vom ‚Verhalten des Philoktet in Sophokles gleichnamiger Tragödie', von der ‚Entwicklung des Gedankengangs in der Vorrede zu Sallustius Jugurthinischen Kriegen', vom ‚Charakter Macbeth's', von den ‚Motiven, welche Hagen zur Ermordung Siegfrieds veranlassten' und so fort in unerfreulicher, unheimlich gleicher Weise" (JACUSIEL 1886, S. 20f.).

Diese Publizistik schien schlagend zu beweisen, dass „Schulreform" endlich an der Zeit sei und eine „neue Schule" entstehen müsse. Tatsächlich aber erhöhten sich nur die Reformerwartungen, nicht zuletzt unter fortlaufender Berufung vieler Pädagogen auf die Rede WILHELMS II. (etwa: LIETZ 1897, S. 131; GURLITT 1906, S. 48; LORENZ 1906, S. 359, PREYER 1900), ohne dass sich im Schulsystem schnell etwas in ihrem Sinne bewegte. Die „neue Schule" war ein Postulat der Kritik, kein wirkliches Objekt.

Von den Forderungen des „Allgemeinen Deutschen Vereins für Schulreform" war bis 1906 nur das preußische Schulgesetz auf den Weg gebracht, und das stieß wegen seiner konfessionellen und gesinnungsethischen Tendenzen auf den scharfen Protest namhafter Professoren und Publizisten.[6] Am Ende blieb das Gesetz Entwurf, aber auch alle anderen Punkte blieben mehr oder weniger offen, zumal diejenigen, die nicht primär administrativ fassbar waren und somit die pädagogische Reflexion besonders herausforderten: Ganzheitlichkeit und Entlastung von „Überbürdung", Vereinfachung, Elternbeteiligung und Schulleben, Zurücknahme der bürokratischen Verwaltung und die Einheit der Reformbewegung selbst. Die Überbürdungsdiskussion hielt sich, wie gezeigt, bis zum Beginn des neuen Jahrhunderts und wurde angereichert durch medizinische Thesen zum Verhältnis von „Nervenhygiene" und Schule (BENDA 1900), in denen die Motivationsstrategien der Schule – Strafe und Ehrgeiz – einer scharfen Kritik unterzogen wurden (ebd., S. 27ff., 32ff.). „Persönlichkeit" und „System" oder Kind und Schule gerieten in einen folgenreichen Gegensatz,[7] das Bild der „neuen Erziehung" war unvereinbar mit autoritärer Führung und die Praxis der Schulen schien genau diesen Eindruck zu bestätigen.

Die Reformdiskussion steigerte die Schulkritik und so den öffentlichen Druck zur Veränderung. Die bekannten und immer wieder vorgebrachten Mängelrügen wurden konsensfähig, nicht zuletzt diejenigen, die die büro-

6 Der Protest wurde unterschrieben unter anderem von FELIX DAHN, RUDOLF EUCKEN, PAUL NATORP, WERNER SOMBART, MAX WEBER, HEINRICH WÖLFFLIN und WILHELM WUNDT (Die Hochschullehrer 1906). Insgesamt unterschrieben 859 Hochschullehrer. Inhaltlich richtete sich der Protest gegen eine Aufweichung des Fachprinzips zugunsten des Einflusses „partikular-religiöser Tendenzen". In diesem Sinne war es ein liberales Manifest.

7 Theoretisch formuliert hat diese Kritik etwa der Münchner Philosoph THEODOR LIPPS (1851-1914) in seiner Ethik von 1899. Es heißt hier, wie zur Munitionierung der pädagogischen Reformer: „Jedes Moralprincip des Gehorsams ist schlechterdings unsittlich" (LIPPS 1899, S. 107). Die Erziehung ist gehalten, „Persönlichkeitswerte" zu schaffen (ebd., S. 188), nicht autoritär für Gehorsam zu sorgen.

kratische Verfassung der Schule gegen die Anforderungen des „praktischen Lebens“ auszuspielen verstanden (BAROLIN 1909, S. 10ff.). Vor allem für die Gymnasien sollte gelten, dass sie dort versagten, wo die „allgemeine praktische Bildung“ anfangen müsse. Dafür werden deutliche Worte gefunden: „Bei Verlassen des Gymnasiums“ sei das Gehirn der Absolventen „voll gepfropft mit ... idealen, abstrakten Wissensbruchteilen ..., während zur gedeihlichen Lebensarbeit der scharfe Blick zur klaren Erfassung der wirtschaftlichen, politischen und ethischen großen Fragen fehlt“ (ebd., S. 15/16).

Postulate wie diese waren unerfüllbar und beherrschten gleichwohl die öffentliche Diskussion, während sich die Reformwirklichkeit unterhalb dieser Ebenen einspielte. Gerade die Gymnasien *waren* Reformobjekt, allerdings im Rahmen ihrer eigenen Publizistik,[8] in praktischer Absicht und immer unter der Voraussetzung geltender Prämissen. „Reformschulen“ sind so Varianten des Gymnasiums mit anderem Lehrplan,[9] keine Neuerfindungen des Systems, mit denen direkt auf die Postulate der Schulkritik hätte reagiert werden können. Die beklagte Lebensferne blieb *mit* der Reform erhalten, und schon BUGOMIL GOLTZ (1869, Band 2, S. 48ff.) hatte darauf verwiesen, dass in der Schule nur die „Schulmeisterwelt“ erzeugt werden könne. „Pädagogik“ sei nichts anderes als eine Lizenz für „Pedanten“, die nicht aus ihrer Haut heraus könnten (ebd., S. 50). Bei ihnen versteht sich nichts von selbst (ebd., S. 52), weil alles unter einen didaktischen Vorbehalt gestellt ist.

Die wesentlich zögerlichere Reform der Volksschule fand bis 1914 weit weniger öffentliches Interesse als die Reform der Gymnasien. „Versuchsschulen“ entstanden freilich auch hier (REINLEIN 1919), wenngleich immer nur solche, die zum System passten. Typische Entwicklungen des Volksschulsystems waren *Arbeitsschulen*, also Schulen, die besonderes Gewicht auf Selbsttätigkeit und handwerkliche Arbeit legten,[10] ohne dadurch die Fächer der Allgemeinbildung zu vernachlässigen. Diese Reformdiskussion ist von den Gymnasien keineswegs ignoriert worden. 1912 wurde etwa in der Versammlung der Gymnasialdirektoren der Provinz Hessen-Nassau zustimmend eine Äußerung „gegen alle Gleichmacherei auf erziehlichem Gebiet“ zitiert. Man müsse den „modernen Reformpädagogen“ aber zugeben,

8 1889 wurde die „Zeitschrift für die Reform der höheren Schulen“ gegründet; sie diskutierte die Systementwicklung und registrierte den zunehmenden Bestand an Reformschulen. Die Zeitschrift erschien in wechselnden Verlagen und Trägerschaften bis Februar 1920.

9 KARL KNABE (1898) listet zum Stichtag 1. März 1898 32 Reformschulen im gymnasialen Bereich auf. Fast alle sind Realgymnasien mit variiertem Lehrplan etwa im Bereich der Fremdsprachen und besonders der Naturwissenschaften.

10 Dazu rechnen etwa die Augusta-Schule in Dortmund, die Leipziger Arbeitsschule sowie die Elias Holl-Schule in Augsburg. Einige dieser Schulen waren Neugründungen, andere schlossen an Vorläufer aus dem 19. Jahrhundert an.

„dass in der Schule heute die Erziehung zur Selbständigkeit einen wichtigen Faktor abgebe" (Verhandlungen 1912, S. 163/164).

Der Kontext für dieses Zitat ist aufschlussreich: Beobachtet wurden „amerikanische Bestrebungen", die persönliche Initiative der Schüler zu befördern und demgegenüber die materiale Bildung zurücktreten zu lassen (ebd., S. 163). FRIEDRICH WILHELM FÖRSTER hatte 1907 das Stichwort *self-government* in der deutschen Diskussion bekannt gemacht und eine erhebliche Diskussion ausgelöst, die auch zu praktischen Versuchen führte,[11] wenngleich die amerikanischen Vorbilder immer umstritten blieben und demokratische Ziele nicht vertreten wurden. Selbstbetätigung und Selbstverantwortung der Schüler „auf erziehlichem Gebiet" (CRAMER 1909) war aber auch ein Thema der gymnasialen Reformpädagogik, die auf Schulkritik reagierte, ohne deren verbale Radikalität zu teilen. Reale Systementwicklung und öffentliche Diskussion traten auseinander, aber was in der Schulkritik als Objekt erschien, war oft nur eine Karikatur der tatsächlichen Verhältnisse.

Das gilt nicht nur für die Schule der Literaten, sondern auch für viele Elaborate aus den eigenen Reihen. Die Annäherung ist frappant: HERMANN HESSES Metapher *Unterm Rad*[12] beschreibt eine Grundüberzeugung der Schulkritik zu Beginn des 20. Jahrhunderts, die in pädagogischen Reflexionen übernommen und verschärft wird, ohne die literarische Aussage näher zu prüfen. Leidenserfahrungen von Schülern sind ein öffentliches Thema (GRAF 1912), und die Schule scheint dann eine einzige „Versündigung" an der jungen Generation zu sein (BAROLIN 1909, S. 9). Allein das legte eine Verschärfung der Schulbeobachtungen nahe, auf die auch die Selbstbeschreibungen reagieren mussten. Thema der erziehungskritischen Literatur war die rücksichtslose Autorität der Schule, die drangsalierende Übermacht der Lehrer und die evidente Hilflosigkeit der Schüler, also eine klare Verteilung von Tätern und Opfern, zumal hier vor allem die Psyche des Kindes betrachtet wurde, die die Schule erleiden muss und in ihr keine angemessene Berücksichtigung findet. „Unterdrückung" ist das Leitmotiv dieser Literatur, die weit in die Öffentlichkeit hineinstrahlte und mit ihren suggestiven Szenarios meinungsbildend wurde.

---

11 Dokumentiert sind Systeme der Mitverwaltung von Schülern in der Frankfurter Musterschule sowie an Realgymnasien in Elberfeld und Wanne, weitergehende Versuche mit „Schulstaaten" im Lehrerseminar von Weimar, im Staatsgymnasium von Pola sowie in verschiedenen Schweizer Schulen (KLATT 1911; GAGGELL 1920, S. 55ff.). Die amerikanischen Vorbilder sind WILSON GILLS Konzept der *School City* (1897) sowie WILLIAM GEORGE'S *Junior Republic* (1910) (vgl. KAMP 1995 über „Kinderrepubliken").

12 Die Erzählung *Unterm Rad* entstand Ende 1903. Sie erschien vom 5. April bis 17. Mai 1904 als Fortsetzungsroman in der Neuen Zürcher Zeitung. Im Oktober 1906 wurde eine erweiterte Fassung als Buch veröffentlicht.

Daher kam nicht zufällig zustande, was 1909 WILHELM OSTWALD,[13] einer der berühmtesten Naturwissenschaftler seiner Zeit, über das „Schulelend“ zu sagen wusste, nämlich dass die Schule durch Überbürdung die „Energien“ der Schüler erschöpfe und dadurch ihre inneren Kräfte nicht zur Entfaltung bringe. Einer ihrer schwersten Nachteile sei die „Unterdrückung der Persönlichkeit“, und zwar der Schüler wie der Lehrer gleichermaßen (OSTWALD 1909, S. 21, 29). OSTWALD sagte dies in einem Vortrag vor der „Gesellschaft für Deutsche Erziehung“ am 19. April 1909 in Berlin. Der Vortrag zeigt, wie sehr Schulreform zum öffentlichen Thema avanciert war und dabei die Diskussion an Schärfe zunahm. OSTWALD monierte die Nivellierung der Schule, kritisierte ihren „dürren Bureaukratengeist“ und forderte die Überwindung der „Massen- oder Ramscharbeit“ (ebd., S. 39, 43f.). Dass Schule elendig sei, darüber herrschte um 1910 in der deutschen Publizistik relativ große Übereinstimmung, ohne dass die Kritik große praktische Folgen gehabt hätte. Für die Schulverwaltung hieß „Schulreform“ Erweiterung der Spielräume, nicht jedoch radikale Strukturveränderung; die Revisionen wurden als Angelegenheit der Verwaltung betrachtet und erst in zweiter Linie als Selbstentwicklung des Schulsystems.

Andererseits sind Einschätzungen wie die von OSTWALD (1912, S. 398), wonach die „möglichst bequeme Verwaltung“ der Schule „durch die vorgesetzte Behörde“ und nicht die „die möglichst erfolgreiche Förderung des Kindes“ im Zentrum der Schulorganisation stehe, Stimulanzen der öffentlichen Diskussion. Kinder dürften in der Schule nicht einfach gut verwaltet werden, das bürokratische „Schema“ der Schule, also Jahrgangsklassen, Versetzungen, Zeugnisse und Berechtigungen, sei wohl leicht zu handhaben, „vom Standpunkt der pädagogischen Wirksamkeit aus“ betrachtet, handele es sich aber um „denkbar roheste“, erfolglose und daher schädliche Formen (ebd.).

> „Der Tatbestand liegt vor uns, dass die gegenwärtige Einrichtung der Schule zu solchen schrecklichen Folgen führt, die mit jedem Jahre schlimmer werden, und der einzige Schluss, den man daraus zu ziehen hat, ist der, dass die Ursachen, welche die im höchsten Grade beklagenswerten Folgen haben, notwendig beseitigt werden müssen“ (ebd., S. 399).

---

13 WILHELM OSTWALD (1853-1932) war zunächst Professor für Chemie am Polytechnikum in Riga, seiner Heimatstadt. 1887 nahm er einen Ruf auf einen Lehrstuhl für physikalische Chemie an der Universität Leipzig an. Im akademischen Jahr 1904/1905 war er der erste Exchange Professor der Universität Harvard, 1909 erhielt OSTWALD den Nobel-Preis für Chemie. Ausgezeichnet wurden Forschungen über den Begriff der Katalyse. 1902 gründete OSTWALD die „Annalen der Naturphilosophie“ und entwickelte sie zu einer der führenden Zeitschriften der internationalen Naturwissenschaft. Daneben war OSTWALD eine öffentliche Figur in Deutschland und ein einflussreicher philosophischer Schriftsteller. Nicht nur sein Buch über den *energetischen Imperativ* (1912) wurde zu einem Bestseller.

OSTWALD ist derjenige, der den Gegensatz von „Schulschema“ und „Entwicklung“ maßgeblich befördert hat, so dass daraus eine naturwissenschaftlich beglaubigte Schulkritik entstehen konnte. Schulkritik erhielt so nicht nur medizinische, sondern zusätzlich physikalisch-biologische Autorität. Zu den Ursachen der Misere heißt es:

> „Diese Ursachen ... liegen in dem Widerspruche zwischen der Schulorganisation und den tatsächlichen Eigenschaften der Schüler, zwischen der Schematisierung der persönlichen Entwicklung durch die Einrichtungen unserer Schule und der lebendigen Mannigfaltigkeit des wirklichen Lebens, welches mit diesem Schema überall in den härtesten Widerspruch tritt“ (ebd.).[14]

Die Schulreform sollte freilich nicht in „pädagogischem Anarchismus“ enden, also an einem Punkt, an dem die Freiheit des Kindes höher geschätzt wurde als die institutionelle Form der Erziehung. Den Begriff des „pädagogischen Anarchismus“ prägte der Hamburger Volksschullehrer und Schriftsteller OTTO ERNST (1907, S. 5),[15] der sich gegen radikale Konzepte der Kindorientierung richtete und gleichwohl von einer dezidierten Schulkritik ausging. Der Utopismus-Verdacht ist schon gegen HUGO GÖRINGS „Neue Deutsche Schule“ vorgebracht worden (Die neue deutsche Schule 1890) und gegen diesen Verdacht mussten sich die deutschen Schulreformer und ihre literarischen Promotoren unablässig zur Wehr setzen. Viele Autoren sahen sich daher veranlasst, zwischen sinnvollen („realistischen“) und utopischen („anarchistischen“) Reformansätzen zu unterscheiden.

Wie dies möglich war, zeigte OTTO ERNST 1901 in seinem Theaterstück *Flachsmann als Erzieher*, einer überaus erfolgreichen Komödie, die sprichwörtliche Bedeutung erlangte.[16] ERNST stellte hier einen paradigmatischen „Flachsmann“ vor, den pedantischen, buchstäblich zu nehmenden Oberleh-

---

14 „Herzu kommt noch häufig ein erschreckendes Maß von Lieblosigkeit dem Schüler gegenüber, welches den Lehrern der höhern Schulen mehr als denen den Volksschulen zum Vorwurf gemacht werden muss, und welche auf einer ungeeigneten Bildung des Lehrerstandes beruht“ (OSTWALD 1912, S. 399).

15 OTTO ERNST (eigentlich OTTO ERNST SCHMIDT) (1862-1926) besuchte von 1877 an die Präparandenanstalt und von 1880 bis 1883 das Lehrerseminar in Hamburg. Danach unterrichtete er achtzehn Jahre lang an Hamburger Volkschulen, zeitweise auch an einer Höheren Töchterschule. Von 1901 lebte er als freier Schriftsteller und Bühnenautor in Hamburg. OTTO ERNST gründete 1891 die Hamburger Literarische Gesellschaft und hatte eigenen Erfolg vor allem mit den Romanen seiner Semper-Trilogie (1904 bis 1914). Während des Ersten Weltkriegs veröffentlichte er emphatische Kriegsgedichte, nach dem Krieg wurde seine Publizistik zusehends anti-semitisch.

16 Das Stück ist bis in die fünfziger Jahre immer wieder aufgeführt worden, zuletzt auf Heimatbühnen (etwa Heimatbühne Paderborn am 29.09.1957). Zudem ist der Stoff zweimal verfilmt worden. Die Stummfilmversion (1920/21) stammt von WILLY ACHSEL und wurde als abendfüllender Spielfilm für die Fery-Film in Hannover gedreht. 1930 entstand eine Tonfilm-Fassung, die CARL HEINZ WOLFF drehte.

rer, der leeres Stroh drischt und dessen autoritäres und borniertes Gehabe durch den jungen Lehrer Flemming herausgefordert wird. Flachsmann repräsentiert die alte, Flemming die neue Schule. Der eine erniedrigt die Schule zu einer „Drill- und Dressieranstalt" (ERNST 1901, S. 121), der andere betreibt seinen Unterricht „mit frohem Vertrauen zum Individuum und seiner Freiheit" (ebd., S. 129), der eine ist Rolle und Charaktermaske, der andere ist Mensch und kann nur darum das Höchste in seiner Kunst als Lehrer und Erzieher erreichen (ebd., S. 132). *Wegen* dieser Klischees war das Stück erfolgreich; es konnte den Gegensatz von „alt" und „neu" effektiv symbolisieren und somit eine klare Alternative nahe legen. Die Publizistik vor allem der Hamburger und Bremer Szenen der Reformpädagogik[17] griff auf diesen Gegensatz immer wieder zurück (z.B. GANSBERG 1909, S. 130ff., 200ff. oder SCHARRELMANN 1912, S. 14ff.) und stilisierte damit die Reform zu einer ebenso einfachen wie nachhaltigen Entscheidung.

Zu radikal sollte es aber auch nicht werden. Bei OTTO ERNST beruft sich der „neue Lehrer" Flemming auf ROUSSEAU, fordert die natürliche Erziehung und will Freiheit und Ganzheit zu Prinzipien der pädagogischen Arbeit machen (ERNST 1901, S. 46ff.), aber es geht doch immer nur um Schulreform, und einzig im Blick darauf steht Handwerk gegen Kunst, Autorität gegen Freiheit und Methode gegen Persönlichkeit (ebd., S. 49ff.). Von den „wildgewordenen Pädagogen" setzte sich OTTO ERNST entschieden ab: Sie ließen sich nicht wirklich auf die Schule ein, sondern folgten nur dem „Größenwahn des Individuums" (ERNST 1920, S. 50). Die Fetischisierung des Kindes der gegenwärtigen Pädagogik (ebd.) sei genau die Grenze, die nicht überschritten werden dürfe. Es geht so letztlich nicht um die Freiheit des Kindes, sondern um die des Lehrers, der sich vor allem gegen die Bürokratie der Schule zur Wehr setzt (WOLGAST 1887/1998).

1907 hat OTTO ERNST die wesentlichen Argumente und Schlagworte dieser Kritik zusammengefasst. Sein Essay *Des Kindes Freiheit und Freude* ist prototypisch für die Schriftsteller der Volksschule[18]: Ihr Gegner ist die „Schulsklaverei" (ERNST 1907, S. 21), die trotz aller Fortschritte der Schulentwicklung andauert.[19] Die Schulwirklichkeit sähe anders aus, sie folge

---

17 Die Bremer und Hamburger Lokalkulturen der Reformpädagogik waren nach Innen und Außen zunächst sehr erfolgreich, etwa im Bereich der Kunsterziehung oder der inneren Schulreform; ihr Einfluss nahm mit der Verbreiterung der Reform ständig ab, so dass sie von der geisteswissenschaftlichen Historiographie schon kaum noch erwähnt wurden. Erst in den siebziger und achtziger Jahren finden sie wieder Aufmerksamkeit, politisch (HAGENER 1973) wie pädagogisch-praktisch (GLEIM 1985, RÖDLER 1987).

18 Dabei muss allerdings betont werden, dass nicht wenige prominente Wortführer der deutschen Reformpädagogik Gymnasiallehrer waren, wie z.B. GEORG KERSCHENSTEINER, LUDWIG GURLITT oder HUGO GAUDIG.

19 In Preußen wurde 1885 das erste Pensionsgesetz erlassen, das 1893 um ein Ruhegehaltskassengesetz und 1899 durch ein Hinterbliebenengesetz ergänzt wurde. 1906 entstand das Volkschulunterhaltsgesetz, 1897 und 1909 wurde mit dem Lehrerbesol-

dem „Prinzip der Gleichmacherei“ (ebd., S. 13), denn sie verlange nicht nur, trotz sehr unterschiedlicher Begabungen, ein „gleiches Minimum“ für alle Kinder, sondern stecke auch „allen Schülern das gleiche Ziel“ (ebd., S. 14). Prüfungsordnungen und Lehrpläne gingen davon aus, dass alle Kinder die gleichen Ziele erreichen, also auch mit identischen Inhalten und Anforderungen konfrontiert werden müssen (ebd.). Der Schulerfolg befriedige mehr oder weniger nur den Ehrgeiz der Eltern (ebd., S. 18), gehe aber faktisch, zumal bei steigenden Anforderungen an Zeit und Arbeit, auf Kosten der Kinder (ebd., S. 18ff.). Die „moderne Paukschule“ lasse „freie Arbeit“ nicht zu und damit auch keine autonome Entwicklung der Persönlichkeit des Kindes (ebd., S. 22f.).

Die Volksschullehrer waren mit dieser Kritik nicht allein. 1912 hatte WILHELM OSTWALD festgehalten:

> „Der Grundgedanke unserer gegenwärtigen Schulorganisation besteht darin, dass man annimmt, die Kinder wären völlig gleich. Man nimmt sie in einem ganz bestimmten Alter in die Schule auf und sucht nun zu erzielen, dass sie alle in gleichen Zeiträumen von Jahr zu Jahr bestimmt vorgeschriebene Portionen des ihnen zugedachten für alle gleichen Wissens aufnehmen und bewältigen, so dass sie in jedem Jahre in eine neue Klasse versetzt werden können und wenn das Glück gut ist, im normalen Ablauf der Jahre mit dem Zeugnisse der Reife entlassen werden“ (OSTWALD 1912, S. 398).

Das Kernproblem der Schule ist für OTTO ERNST aber nicht nur das institutionelle Schema, sondern die „massenhafte Anhäufung von Wissen“, die für „Bildung“ gehalten wird. Die Philologisierung der Schule (ERNST 1907, S. 25f.) stehe wahrer Bildung aber gerade im Wege, die auf das „innere Leben“ ziele und nicht identisch sei mit dem schulischen „Namen-, Zahlen- und Tatsachenwissen“ (ebd., S. 26). Die innere Struktur der „Lernschule“ als „Stoffmagazin“ lasse sich etwa am Beispiel der Klassenarbeiten („Extemporalia“) sichtbar machen. Sie ermöglichen einzig den Erwerb sinn- und nutzlosen Wissens, das keinen Gebrauchswert habe für das spätere „Berufs- und Gewerbeleben“ der Schüler (ebd., S. 30, 33) und dem dann aber auch kein wirklicher Bildungswert zuerkannt werden könne. Der Grund liege vor allem darin, dass es dem durchschnittlichen Unterricht an Anschaulichkeit und an Handlungsorientierung fehle (ebd., S. 37ff.).

Diese Argumente zielen nicht mehr nur, wie bei PREYER und GÖRING, auf institutionelle Veränderungen, sondern haben die Persönlichkeit und das Erleben des Kindes zur Voraussetzung. Die Schule dürfe nicht zwanghaft organisiert sein, sondern müsse dem Kind „Lebensfreude und Lebensmut“

dungsgesetz der Lehrermangel erfolgreich bekämpft, ein Ministerialerlass vom 31. Januar 1908 erleichterte die innere Schulorganisation, ein Extemporalerlass vom 21. Oktober 1911 gewährte Wahlfreiheit in den Oberklassen, etc.

geben (ebd., S. 20). Das gelinge „nur dann, wenn die Arbeit auf der Schulbank wechselt mit reichlichem Spiel und reichlicher Freiheit“ (ebd.). Bildung ist nicht länger eine Art Kopie der Wissenschaften: „Zur allgemeinen Bildung gehört, was für sich allein oder im Zusammenhang mit anderem für das innere Leben aller von Wert und Bedeutung ist.“ Die Verpflichtung der schulischen Bildung einzig auf die Wissenschaften sei sinnlos, weil diese längst keine Einheit mehr darstellten (ebd., S. 26, 27f.). Demgegenüber gelte es, naturgemäßen Unterricht zu erteilen, für den der Spracherwerb des Kindes das beste Beispiel sei, weil er zeigte, wie Lernen zugleich handlungsorientiert und anschaulich vonstatten gehen kann (ebd., S. 35ff.). Wichtig ist dabei vor allem das Durchbrechen der institutionellen Beschränkungen:

> „Hinaus ins Freie! – Das ist das ganze Geheimnis der pädagogischen Erneuerung“ (ebd., S. 49).

Die reformpädagogische Publizistik erörterte dieses kindorientierte Themenspektrum mit öffentlichem Erfolg: Innere Schulreform schien angesagt, die die Reform der Lehrpläne, die Lockerung der Schulaufsicht und die Schulgesetzgebung als eher äußerlich erscheinen ließ, notwendig zwar, jedoch nicht den Kern des pädagogischen Anliegens treffend. Die Diskussion suchte nicht zufällig Anschluss an die Romantik (GURLITT 1905, S. 115) und die Psychologie der Persönlichkeit, hinter der Methode und Schuladministration zurückstehen sollten: „Der ganze Schwerpunkt liegt in dem Geiste, mit dem eine Schule erfüllt ist, in den Persönlichkeiten, welche den Unterricht erteilen“ (ebd., S. 119).

Das bedeutete keinen Verzicht auf politische Optionen. Der häufige Bezug auf LANGBEHNS *Rembrandt als Erzieher* und die „Kulturkritik“ entstand nicht zufällig, denn die meisten Autoren der deutschen Reformpädagogik orientierten sich an der grundlegenden Dialektik von Individuum und Nation, die an nicht wenigen Stellen in „völkischen“ Antiliberalismus umschlug. Nochmals: Viele Autoren vertraten pädagogisch liberale Positionen, vor allem gegen die lebensferne Schule und die staatliche Bürokratie, folgten politisch aber einem autoritären Ideal des Nationalstaates. Ein prominentes Beispiel ist das Engagement ALFRED LICHTWARKS, des Leiters der Hamburger Kunsthalle, in der Reformpädagogik. Die Hamburger Kunsthalle hatte sich schon in den achtziger Jahren für die ästhetische Laienbildung eingesetzt, vor allem in Erwachsenengruppen. Die daraus resultierenden Erfahrungen waren ein wichtiger Anstoß für die Entwicklung der „Kunsterziehungsbewegung“, und zwar sowohl programmatisch als auch methodisch (Versuche und Ergebnisse, 1902).

Die politische Option für diese Reformerfahrungen wurde von LICHTWARK ganz selbstverständlich definiert: Er forderte eine „feste nationale Grundlage“ für die öffentliche Bildung (LICHTWARK 1905, S. 12), die im Konzept der „deutschen Schule“ Wirklichkeit werden sollte (ebd., S. 16). Ihr Ziel war es, die nationale Identität weniger zu befestigen als überhaupt erst hervorzubringen. Und dies wurde nicht zuletzt als ein Problem der Erziehung durch Eliten erkannt: „Dass dies Gefühl der Verpflichtung gegen sein Volk im Deutschen der Zukunft erweckt und lebendig erhalten wird, darauf kann niemand durch sein Beispiel stärker, stetiger und unmittelbarer hinwirken als der deutsche Professor, der deutsche Lehrer und der deutsche Offizier" (ebd., S. 25).

Die Idee der neuen *deutschen* Schule ist nach HUGO GÖRING und WILLIAM PREYER von vielen Autoren vertreten worden, darunter auch von HUGO GAUDIG, etwa in der Kriegsauflage (1915) seiner *Didaktischen Ketzereien*, in der gerade die Erfahrung des Krieges zentrale Bedeutung erlangte für die Konstitution der „einen deutschen Schule" (GAUDIG 1915, S. 7). Deren Einheit setze die des Volkes voraus und die Einheit des Volkes sei durch den Krieg geschaffen worden. Auch und gerade in dieser Zuspitzung ist pädagogischer Nationalismus vor und im Ersten Weltkrieg keine Besonderheit, auch keine deutsche Besonderheit, weil der Nationalstaat in allen europäischen Ländern sich selbst zum Erziehungsziel erhoben hatte. Das Besondere an der deutschen Entwicklung ist, dass diese Zielsetzung so unumstritten war. Über eine demokratische Erziehung oder gar eine Erziehung zur Demokratie wurde so gut wie nicht nachgedacht (anders als zum Beispiel in Frankreich: BOUGLÉ 1900, BAYET 1902, LAVISSE et al. 1907).[20]

Die „neue Erziehung" wurde stattdessen sowohl individuell als auch national konzipiert (PUDOR 1902, S. 25ff.), fixiert auf einen Theoriekanon,[21] der es erlaubte, ein ästhetisches und natürliches Bild vom Kinde zu entwickeln, welches mit der nationalpolitischen Zielsetzung harmoniert werden konnte. Das gilt zumindest für die publizistische Deutung von „Erziehungsreform" vor 1918. In einem der pädagogischen Bestseller des Kaiserreichs[22] formulierte LUDWIG GURLITT den Standpunkt der Modernen vor diesem Hintergrund: „Wir verfahren wissenschaftlich, während das Kind naturgemäß künstlerisch empfindet; wir bieten ihm logische Abstraktionen in einem Alter, das für diese noch gleichgültig und darum unempfindlich ist" (GURLITT 1903, S. 81). Kann sich die Schule auf diese psychologische Bedingung

20 Eine Verbindung von politischer Theorie der Demokratie und Erziehung gibt es in der deutschen Pädagogik nicht. Eine Titelanalyse kann zeigen, dass im relevanten Schrifttum selbst das Adjektiv „demokratisch" nur selten vorkommt.

21 Der Kanon der relevanten Theoretiker und Schriften war schon früh formuliert: Neben LAGARDE , LANGBEHN und den auch im Weltkrieg viel zitierten NIETZSCHE (BUDDE 1915/1916, S. 329ff.) gehörte dazu auch RICHARD WAGNERS Schwiegersohn HOUSTON STEWART CHAMBERLAIN (1855-1927) und seine Schrift *Die Grundlagen des 19. Jahrhunderts* (GURLITT 1903, S. 82f., 84ff., 91ff.).

22 Der erste Bestseller war, wie erwähnt, *Rembrandt als Erzieher*. Ein zweiter Bestseller war LUDWIG GURLITTS Schrift *Der Deutsche und sein Vaterland.* Das Buch stand ein Jahr nach Erscheinen (1902) bereits in der achten Auflage. Zum Vergleich: ELLEN KEYS *Das Jahrhundert des Kindes*, 1902 in deutscher Übersetzung vorliegend, erreichte in sechs Jahren 14 Auflagen (36 Auflagen bis 1926).

einstellen, dann – aber auch nur dann – leistet sie ihren Dienst an der Konstitution nationaler Identität.[23]

Derartige Thesen wurden sehr häufig geäußert und sie ermöglichten eine radikale Semantik, in der nicht mehr nur das Individuum gegen die Institution ausgespielt werden kann, sondern das mythisierte Kind gegen die krankmachende Schule. „Dass unsere Zeit systematisch Krüppel heranzieht, kann von niemandem geleugnet werden" (PUDOR 1902, S. 53). Zur gleichen Zeit, um daran zu erinnern, expandierte das Schulsystem, verbesserte sich die materielle Lage der Lehrer und stieg die Bedeutung der öffentlichen Schulen nicht nur im Blick auf den Schulbesuch, sondern, wichtiger noch, bezogen auf die sozialen Karrieremuster, die von schulischen Berechtigungen abhängig wurden. Nicht nur die höhere Schule, sondern das staatliche Schulsystem insgesamt erfüllte damit eine zentrale gesellschaftliche Aufgabe, aber gerade die „Jagd" nach Berechtigungen (MEYER 1885) forderte die Kritik heraus. Wahre Bildung könne nicht von von äußerlichen Abschlüssen bestimmt sein. Eine solche Rationalisierung wurde als Widerspruch zur pädagogischen Tradition gedeutet (SCHNEIDER 1916, S. 10f.). Das neue Bildungsideal sei die „Kultur der Seele" (ebd., S. 11) und dieses Ideal widerspreche der Verfachlichung der Schule, der eine ganzheitliche Erziehung nicht gelinge (ebd., S. 14ff.), eben weil sie mit unpädagogischen Aufgaben belastet werde und als bloße Funktion der Gesellschaft operiere.

Diese eigenartige und sehr kontinuierliche Unzufriedenheit mit dem Erreichten spiegelt sich in der Sprache der Erziehung, die sich zusehends radikalisierte. Pädagogische Autoren sprachen öffentlich nicht nur von der „Kultur der Seele", sondern vom „Evangelium der natürlichen Erziehung" (HAUFE 1904), dem die „Knechtschaft des Volksschullehrers" gegenüberstehe (PANNWITZ 1908, S. 16), und mehr als das, nämlich der Bankrott der organisierten Erziehung, letztlich der Staatspädagogik, die unfähig sei, den Bedingungen „psychologischer Pädagogik" (KEY 1908, S. 184ff.) nachzukommen. Diese Psychologisierung erlaubte beliebige Radikalisierungen, etwa Konzepte einer Pädagogik des „kindlichen Wesens" (JÖDE 1920), die mit einer „Entfesselung der Seele" (SCHLÜNZ 1919) einhergehen sollte. Gerade nach dem Ersten Weltkrieg verdichtete sich die Klagesemantik zu einem dramatischen Verfallsszenario, aus dem nur die entschiedene Kindorientierung heraushelfen könne.

Derartige Forderungen wurden nach 1918 vor allem in den Großstädten diskutiert, etwa im „Wendekreis" Hamburger Lehrer oder in revolutionären

23 Diese These wird auch im Ausland vertreten; das prominenteste Beispiel ist EDMOND DEMOLINS Schrift *A qoui tient la supériorité des Anglo-Saxons?* (1897). DEMOLINS erklärt die englische Überlegenheit mit der besseren Angepasstheit des Bildungssystems an die moderne Gesellschaft und fordert eine Revision der französischen Erziehung zur Verbesserung der nationalen Chancen im imperialen Wettbewerb der Nationen (DEMOLINS 1897, S. 96ff. u. pass.).

Zellen des Ruhrgebiets. Diese Zirkel vertraten nicht einfach sozialistische oder kommunistische Programme zur Veränderung der Gesellschaft, sondern verstanden Erziehung als innere Befreiung, die mit der „äußeren" (politischen) einhergehen müsse. Die Folgen des Krieges wurden mit einer expressionistischen Sprache verarbeitet, ohne dass wirklich neue pädagogische Motive ins Spiel kamen. Die Dialektik von „Individuum" und „Gemeinschaft" blieb nicht nur erhalten, sondern wurde erlebnispädagogisch verstärkt. Der Erste Weltkrieg war daher für die Theoriestruktur hinter der Erziehungspublizistik keine wirkliche Zäsur, die den Differenzierungsgrad der Gesellschaft zur Kenntnis genommen und nicht länger auf Einheitsideale gesetzt hätte.

Auch in der Weimarer Pädagogik sollte durch die richtige Erziehung die neue Gemeinschaft entstehen. „Gemeinschaft" ist immer doppelt dekodiert gewesen, politisch und pädagogisch. Der Ausdruck bezeichnet „Volk", „Staat" oder „Nation" und zugleich den Bezug zwischen „Erzieher" und „Zögling", also letztlich das Ideal des „erziehenden Unterrichts" in erlebnispädagogischer Umschrift. Politisch wie pädagogisch soll das Gefühl die Gemeinsamkeit schaffen, das Erleben die Tiefenbildung und der Nahraum die Menschlichkeit (so ZEIDLER 1919, S. 19). Diese romantische Projektion wurde nach 1918 nicht revidiert, sondern sie füllte die Wertlücke, die der Krieg und der staatspolitische Wandel hinterlassen hatten. Demokratietheoretische Konzepte lassen sich in der Erziehungspublizistik der Weimarer Republik wohl nachweisen, aber immer gebunden an politische Optionen der Gemeinschaft, die wie ein vordemokratischer Garant sozialer Einheit verstanden wurde.

Ein solcher antimoderner Grundzug der Reformpädagogik in Deutschland ist an vielen Stellen nachweisbar, was pädagogische, zumal schulpädagogische Modernisierungen nicht ausschloss. Die Sprache der Reform behielt ihren romantisch-pathetischen Grundzug, mit dem politische Radikalisierungen nach verschiedenen Seiten hin möglich waren. Immer sollte die „neue Erziehung" die bessere Zukunft herstellen, was nach 1918 eine stark anti-bürgerliche Wendung nahm. Und diese politische Radikalisierung der „Reformpädagogik" wirkte deutlich in den Faschismus hinein. Das Erleben der Gemeinschaft wurde tatsächlich zur Masseninszenierung, zum ästhetischen Augenblick der Verschmelzung von „Führer" und „Gefolgschaft" oder zur Übereinstimmung von Individuum und Gemeinschaft im Gefühl. Bolschewistische Inszenierungstechniken in den dreißiger Jahren schlossen hier unmittelbar an, so dass die politische Reformpädagogik der dreißiger Jahre in einen Wettbewerb totalitärer Systeme einmündete.

Die Totalisierung erfolgte mit den Mitteln moderner Publizistik und unter der Voraussetzung der ständigen Mobilisierung von Massen, wie dies nur hochbewegliche Großstadtkulturen ermöglichen können. Zugleich wurde eine zentrale Errungenschaft dieser Kulturen zur Disposition gestellt, nämlich die plurale Öffentlichkeit, die soziale Differenzen argumentierbar macht und so überhaupt erst eine demokratische Entwicklung zustande bringt. Das pädagogische Einheitsideal entsteht unter Umgehung dieser Bedingung: Eine „Großstadtpädagogik", die Demokratisierung, den Zuwachs persönlicher Freiheit und die Chancen individueller Mobilität betont (TEWS 1911, S. 14ff.)[24] oder die gar die Großstadt selbst zur „Erzieherin" erhebt (ebd., S. 21ff.), widerspricht dem pädagogischen Bedrohungsszenario, das nicht die Chancen, sondern die Gefährdungen betont. Beschworen werden als Erziehungswerte der Großstadt „echter Familiensinn und lebendiger Gottesglaube", nicht die Emanzipationserfahrungen (BATTISTA 1911, S. 517).[25]

Noch nahe liegender ist die Vorstellung, die Großstadt selbst sei lebensfeindlich und in ihr könne wahrhafte Erziehungsarbeit generell nicht mehr gewährleistet werden. Der Widerspruch von „Großstadtkind"[26] und Schulnorm wurde als Kritik der Lehrerrolle und der Unterrichtsmethode, in diesem Sinne reformpädagogisch, reflektiert (GRAZZA 1892, S. 316ff.), aber als weit wirksamer erwiesen sich die Radikalisierungen. HERMANN LIETZ (1897, S. 97) etwa konnte kategorisch feststellen, die Großstädte *an sich* widersprächen dem pädagogischen Idealismus und so der Ausbildung des Guten im Kinde. Andere Autoren verwiesen darauf, dass Großstädte erziehungsfeindlich seien, ihre kulturelle Dekadenz gefährde und verunmögliche den Erziehungszweck (BARTH 1894, S. 253ff.). Großstädte seien keine „Hausväterverbände" mehr (ebd., S. 259), sie entfremdeten sich zunehmend von familialen Traditionen und kirchlichen Gemeinden, eine pädagogische Umkehr des Trends (WEBER 1908, S. 35) sei unwahrscheinlich.[27]

---

24 Bezugsautor für TEWS (1911, S. 15f.) ist GEORG SIMMEL. Dessen Aufsatz *Die Großstädte und das Geistesleben*, 1903 im „Jahrbuch der Gehe-Stiftung" erschienen, hat die reformpädagogische Diskussion ansonsten kaum tangiert. Ähnliches gilt für SIMMELS (1897) Idee de Temposteigerung des modernen Lebens. JOHANNES TEWS (1860-1937) war Volksschullehrer zunächst in Pommern und später in Berlin. Er wirkte seit 1891 als Geschäftsführer der *Gesellschaft für Volksbildung*. 1933 trat er von diesem Amt zurück.

25 Die Gesundung der „großstädtischen Erziehung" (BATTISTA 1911, S. 517) wird von Erziehungsmächten (ebd.) erwartet, die die spezifische Großstadterfahrung ausschließen. Dabei kommt die gesamte Palette der Schulreform ins Spiel, von der Heimatbewegung über den Anschauungsunterricht bis zur Arbeitsschule (ebd., S. 518ff.), mit der die Umkehr des Trends bewirkt werden soll, als lasse sich durch „volkstümliches Lehrgut" und „lebensvollen Unterricht" (ebd., S. 524f.) die Großstadt pädagogisieren.

26 „Großstadtkinder" sind „nervös und sensibel", vor allem aber „oberflächlich" und „blasiert" (BATTISTA 1911, S. 516). Die Großstadt verdirbt ihren Charakter (OTTO 1914, S. 178), wenn die Pädagogik nicht vorbeugt, fehlt dem kleinen Kind alles, was es als „unantastbares Naturrecht verlangen kann" (TEWS 1911, S. 22f.).

27 Die Sündenvermutung darf allerdings nicht für das Ganze genommen werden. Eher ist eigentümlich, dass die zahlreichen Erziehungsreformen, die die schnell wachsenden Großstädte mit sich brachten und die in der alten Sozialordnung unmöglich

Darum lag ein anderer Schluss nahe: Bis hin zu ADOLF REICHWEINS „Deutscher Landschule“[28] wurden die „Grundwahrheiten“ *ländlichen* Daseins (REICHWEIN 1978, S. 94/95) als ungleich pädagogischer begriffen, wenn man sie mit den destruktiven Tendenzen der Großstadt vergleicht. Nur das Dorf sei der Natur noch nahe (ebd., S. 97), und nur das erscheint als echte Pädagogik. Wenn überhaupt „Großstadt“ zu einer pädagogisch akzeptablen Größe wird, dann unter dem Vorbehalt einer romantischen Passung. Die „Großstadtheimat“ (CLASSEN 1908) wird als eine Fortsetzung der Naturgeschichte des Volkes[29] beschrieben, so dass dann auch pädagogische „Streifzüge durch die Welt der Großstadtkinder“ (GANSBERG 1905) diesen Vorbehalt haben. Auch hier soll das Kind in „einfachen natürlichen Lebensgewohnheiten“ (GANSBERG 1906) aufwachsen, deren Maßstab im fiktiven Landleben gesucht wird. Wenigstens sind radikale Verwerfungen leicht möglich, wenn der Mythos des Dorfes mit den Defiziten von Großstadtkindern zusammengebracht wird. „Die Großstadt ist ... der beständige Kindermord“ (OTTO 1914, S. 179). Die Alternative[30] entspricht einem Topos der pädagogischen Tradition, der vornehmlich im 18. Jahrhundert aufgebaut wurde, nämlich die „natürliche Erziehung“ auf dem Lande und in dörflicher Gemeinschaft.

Dieses Ideal kontrastiert eigentümlich mit den schulpolitischen Reformideen der organisierten Lehrerschaft zu Beginn des 20. Jahrhunderts, die die *Einheitsschule* favorisierten (FISCHER 1914, S. 7). Ein solches Modell hat die Großstadt zur Voraussetzung: Die traditionale Dorfgemeinschaft ist zu schwach differenziert und zu sehr auf die überlieferte Erziehung angewiesen, um überhaupt unterschiedliche Schul„typen“ (ebd., S. 13) herausbilden zu können. Die Dorfgemeinschaft konnte zur pädagogischen Idylle stilisiert werden, aber dieser literarischen Metapher entsprach keine historische Wirklichkeit. Erst die öffentliche Erziehung des 18. und 19. Jahrhunderts dynamisierte das Schulsystem und brachte „Differenzierung“ (ebd., S. 11) hervor, mit der auch die „toten Geleise“ vor allem des Berechtigungswesens gewachsen seien (ebd., S. 32), die die Einheitsschule vermeiden sollte. Der Deutsche Lehrerverein,[31] der diese Position vertrat, unterscheidet sich

---

gewesen wären, die reformpädagogische Diskussion kaum erreicht und nicht signifikant verändert haben (LEES 2002).

28 Erschienen in der Frankfurter Zeitung Nr. 37 v. 21. Januar 1934, S. 6.

29 Auch REICHWEIN beruft sich WILHELM HEINRICH RIEHLS *Naturgeschichte des Volkes* (1851ff.). Die „Grundwahrheiten des ländlichen Daseins hat keiner so scharf gesehen und glänzend beschrieben wie mein nassauischer Landsmann WILHELM HEINRICH RIEHL“ (REICHWEIN 1978, S. 94f.).

30 Bei BERTHOLD OTTO (1914, S. 181ff.) ist dies die Einrichtung „besonderer pädagogischer Städte“, in die die Großstadtkinder ausquartiert werden sollen. Die Konstruktion heißt „pädagogische Provinz“.

31 Der erste Allgemeine Deutsche Lehrerverein wurde am 4. August 1848 anlässlich der Dresdner Versammlung sächsischer Lehrer gegründet. Den Gründungsaufruf verfasste und verlas KARL FRIEDRICH WILHELM WANDER. Die Gründungsversammlung fand vom 28. bis 30. September 1848 in Eisenach statt. Die Gründung hatte

auf dieser Linie politisch wie semantisch von der engeren Reformpädagogik (LAMBERTI 2002).

Zwischen 1890 und 1914, so lässt sich der Befund zusammenfassen, bildete sich allmählich ein öffentlicher Konsens über die Notwendigkeit von Schulreformen heraus, der an traditionelle Forderungen der Pädagogik anschloss, jedoch neue oder neu gewichtete Argumentationsformen entwickelte: Die Reformpostulate wurden individualisiert, also auf das einzelne Kind bezogen und psychologisch gedeutet (so etwa OTTO 1898). Die kinderpsychologische Sicht erlaubte Radikalisierungen, die so weit gingen, dass die institutionelle Form der Schule nur noch als Einengung der „Seele" des Kindes wahrgenommen wurde. „Vom Kinde aus!" (SCHLÜTER 1920/1998) war so der Slogan einer entschiedenen Opposition, die auf der einzig möglichen Parteinahme für die wahre Pädagogik beruhen sollte.

Auf der anderen Seite wurden schulpolitische Forderungen fortgesetzt, die nicht die psychologische Differenz, sondern die organisatorische Einheit in den Mittelpunkt stellten. Die entsprechenden Forderungen nach Einheitsschulen sind einem Großstadtpublikum und nicht nur der Schulverwaltung oder der Lehrerschaft präsentiert worden. Die durch die Großstadt veränderte Öffentlichkeit war das Forum der Reformpädagogik, auch und gerade da, wo sie die Großstadt bekämpfte. Nur hier war eine moralische Publizistik möglich, die sich der traditionellen pädagogischen Motive annahm und daraus suggestive Reformpostulate in der bildungspolitischen Auseinandersetzung machte. Zugleich entstand auch vornehmlich hier der institutionelle Unterbau der Reform, nämlich eine vielfältige Vereinstätigkeit[32] und eigene Diskussionsorgane.[33]

---

kaum ein Jahr Bestand, auch die verschiedenen Landes- und Provinzialvereine wurden nach 1850 aufgelöst. Von 1851 existierte die Allgemeine deutsche Lehrerversammlung, die bis 1893 Tagungen abhielt. Der Deutsche Lehrerverein wurde am 28. Dezember 1871 in Berlin gegründet. Dieser Gründung schlossen sich wiederum Landesvereine an, etwa 1873 der Verein Hamburger Volksschullehrer oder 1884 der Bremische Lehrerverein, beides Zentren der Schulreform. Diese Gründungen waren von Dauer. Der Deutsche Lehrerverein bestand bis 1933, ohne je die gesamte Lehrerschaft zu repräsentieren. Während des Kulturkampfes bildeten sich konfessionellen Lehrervereine, die andere Zielsetzungen vertraten. Zudem waren nicht alle Berufsgruppen vertreten, der Verein deutscher Philologen und Schulmänner (gegründet 1837) hat immer Gegenpositionen markiert, ähnlich der Gymnasiallehrerverein (gegründet 1890) oder der Allgemeine Deutsche Realschulmännerverein (gegründet 1875). 1907 umfasste der Deutsche Lehrerverein 112.817 Mitglieder in 3.024 Einzelverbänden (RISSMANN 1908).

32 1908 wurde der „Bund für Schulreform" als Dachorganisation gegründet; darunter blieb ein differenziertes Vereinsleben erhalten oder wurde weiter entwickelt. An neuen Gründungen seien nur genannt die „Vereinigung für staatsbürgerliche Erziehung" (1910), der „Bund für Reform des Religionsunterrichts", (1911) oder der „Deutsche Ausschuss für den mathematischen und naturwissenschaftlichen Unterricht" (1904). Daneben sind Vereine zu nennen, die um die Reformschulen herum

Doch ist die öffentliche Diskussion keineswegs so vorzustellen, als erhalte das liberale Bild vom Kind sehr rasch Auftrieb und Anerkennung, ohne den entsprechenden gesellschaftlichen Wandel vorauszusetzen. Bis zum Ersten Weltkrieg gibt es scharfe Kritik und massiven Widerstand gegen die Publizistik der kindzentrierten Erziehung, die oft als Provokation wirksam war. Vom „pädagogischen Anarchismus" ist häufig die Rede (WENDLING 1913), mit dem nicht etwa die wenigen Anarchisten, sondern die bürgerlich-liberalen Ansätze diffamiert werden sollten. Die Reformbewegung provozierte die sehr stabilen Überzeugungen pädagogischer Autorität, die auf die Breite gesehen nicht einmal die Kriegserfahrung erschüttern konnte. Anders als in England entstand in Deutschland keine *radical education*, die mit Kindzentrierung wirklich Ernst gemacht hätte.

Ein aufschlussreiches Beispiel für starke Widerstände in der Öffentlichkeit sind FRIEDRICH PAULSENS pädagogische Betrachtungen für das „Jahrhundert des Kindes", die 1908 erschienen. Die Anspielung auf ELLEN KEYS psychologische Erziehungskritik ist gewollt und soll auf einen entschiedenen Gegensatz zur liberalen Erziehungstheorie hindeuten. PAULSEN empfiehlt eine Rückkehr zur *educatio strenua*, der ernsten und strengen Erziehung „früherer Tage". Den „Überbürdungs- und Verweichlichungstheoretikern" soll der „Abschied" gegeben werden. Die „wahre Erziehung" hat ganz andere „Imperative", nämlich „Lerne gehorchen! Lerne dich anstrengen! Lerne dir versagen und deine Begierden überwinden!" (PAULSEN 1908, S. 87f.). Zweifellos waren diese Maximen in der Elternschaft, unter den Lehrkräften und bei der Schuladministration vor 1914 weit populärer als alle reformpädagogischen Ideen liberaler Erziehung und wenn sie noch so sehr mit nationalpolitischen Zielsetzungen verknüpft waren.

LUDWIG GURLITT bemühte sich zwar, FRIEDRICH PAULSEN als den Vertreter der „absterbenden Generation" pädagogischer Reformkämpfe hinzustellen, aber PAULSENS, wie GURLITT ihn nannte, „aufgeklärter Despotismus" beschreibt die pädagogische Mehrheitsmeinung im ausgehenden Kaiserreich weit besser als die liberale Erziehungstheorie. GURLITT (1908, S. 411)

---

gegründet wurden, also der Verein der Landerziehungsheime oder der Verein von BERTHOLD OTTOS „Hauslehrerschule".

33 1914 wird die Zahl von 345 pädagogischen Zeitungen und Zeitschriften genannt (TEWS 1914, S. 352). BUCHHEIT (1939, S. 2) zählt 447 Titel. Die Mehrzahl sind Organe der Standesorganisationen und pädagogischen Fachgruppen, in deren Jahrgängen sich aber nach 1900 eine mehr oder weniger große Anpassung an die öffentliche Reformdiskussion beobachten lässt. Davon zu unterscheiden wären die Gründungen der Reformbewegungen selbst. Die bekanntesten unter ihnen sind: „Der Säemann. Monatsschrift für pädagogische Reform" (1905-1914; ab 1908 offizielles Organ des „Bundes für Schulreform"), „Roland. Monatsschrift für freiheitliche Erziehung in Schule und Haus" (1905ff.; Organ der Bremer Schulreformer), „Der Hauslehrer. Wochenschrift für den geistigen Verkehr mit Kindern" (1901-1916 als selbständige Zeitschrift und Hausorgan von BERTHOLD OTTO; erschien von 1917 bis 1942 als Beilage der Zeitschrift „Deutscher Volksgeist").

fasste diese Mehrheitsmeinung so zusammen: „Die Lehrpläne und den Bildungsgang bestimmen die Behörde, Eltern und Erzieher. Die Jugend hat sich zu fügen und zu bescheiden; sie soll hart angefasst werden und doch nicht klagen." Die deutsche Kriegspädagogik zwischen 1914 und 1918, eine eindrückliche und aus heutiger Sicht kaum glaubliche Demonstration ideologischer Geschlossenheit (OELKERS 2004a; siehe auch BRÜNDEL 2003), bestätigte diesen Satz und konnte seine allmähliche Erosion doch nicht verhindern.

Es macht den langfristigen Erfolg der Reformpädagogik aus, dass derartige Einstellungen ihre Selbstverständlichkeit verloren und im Laufe des 20. Jahrhunderts auch im autoritären Deutschland mehr und mehr in die Tabuzonen der öffentlichen Diskussion gerückt wurden. Das zeigt wiederum, wie wenig „Reformpädagogik" eine abgeschlossene historische Epoche war. Man muss sie als Projekt begreifen, das in bestimmten Schüben, aber durchaus folgerichtig wirksam wird und zwar als Erziehung über „Erziehung". Erziehungsreform wird Mitte des 18. Jahrhunderts zum öffentlichen, nicht länger konfessionell gebundenen Thema; die zentralen Forderungen sind unausgesetzt, wenngleich in verschiedener Dosierung, Gegenstand von Auseinandersetzungen, deren Theoriekontexte sich änderten, ohne dass die Richtung der pädagogischen Argumentation wirklich anders wurde. Und indem sie „neue Erziehung" als Reformthema dauerhaft platzieren kann, erzieht sie selbst.

Dabei muss aber auch auf die Differenzen geachtet werden, denn neben der Kontinuität der Motive und Postulate des pädagogischen Denkens sind zu Beginn des 20. Jahrhunderts auch Diskontinuitäten zu verzeichnen, eigentümliche Wendungen oder Umgewichtungen der Problemlage, die vor allem die Stilisierung des Kindes betreffen. Die Erziehungstheorie erlebt hier insofern eine radikale Veränderung, als die christlichen Motive der Vorbildlichkeit des Kindes zu einem säkularen Mythos umgedeutet wurden. Es gehört zu den Pointen der „Reformpädagogik", dass dieser Bruch nicht erkannt wurde und zugleich die eigentlich originelle Leistung der Diskussion darstellt. Die Verschiebung der christlichen Vorbildlichkeit des Kindes geschah langsam und unmerklich, aber wirksam als Topos der Kritik wie als Slogan der Kommunikation. Erstaunlich ist, auf wie wenig Kritik die Mythologisierung des Kindes stieß und wie selbstverständlich die Formel „vom Kinde aus" gehandhabt wurde.

3.2 Kindorientierung: Rhetorik und Mythos

Wie Ende des 19. Jahrhunderts in Europa vornehmlich über Kindheit und Jugend nachgedacht wurde, zeigte CHARLES WAGNERS Buch *Jeunesse*, das 1891 in Paris erschien und von der Académie Française preisgekrönt wurde. WAGNER spricht von der „jeunesse commode" und klagt die neue Arbeitsteilung zwischen den Generationen an: „Les pères se sont fatigués pour les fils, les fils se reposent pour les pères" (WAGNER 1892, S. 92/93). Gegen Verweichlichung und die schleichende Aufkündigung des pädagogischen Verhältnisses der Generationen helfe Disziplin, denn die Disziplin verhalte sich zur Energie wie die Logik zur Intelligenz oder die Ökonomie zu den Finanzen (ebd., S. 255). Derartige Vergewisserungen autoritärer Erziehung zeigten aber auch Unsicherheit an: Die Distanz der Jugend zur Erwachsenengesellschaft nahm zu, nicht zuletzt durch steigende Verschulung, und der durchgehende Sozialisationsmodus war nicht mehr einfach die Weiterführung kultureller oder familiengeschichtlicher Traditionen. Die Disziplinierung der nachwachsenden Generationen wurde mit der sozialen Differenzierung schwieriger, anders hätten pädagogische Appelle der *educatio strenua* kaum Konjunktur gehabt.

Mit der Pädagogisierung der Gesellschaft wuchs ihr Anspruch an Kindheit und Jugend, zugleich wuchs aber auch der Abstand zwischen den Generationen. Steigende Ansprüche und zunehmende Kluft brachten Mythen hervor, der „Jugend" eben sowohl wie der „Kindheit". Die Mythisierung ist durchaus unterschiedlich, „Jugend" wurde sehr stark instrumentell verstanden, in einer politischen Funktion, wie sich an der zahlreichen Kolportageliteratur zu diesem Thema ablesen lässt. Hier muss die Jugend sich „ausprobieren", also eigene Wege gehen lernen, aber die zielen immer auf Rückkehr in die Gemeinschaft und so auf einen ordentlichen Abschluss der Jugendzeit. Die viel beschriebene Besonderheit dieses Alters wird als Transit verstanden, der kein Ausbruch sein soll. Dem entsprach auch eine soziale Wirklichkeit: „Jünglingsvereine" sind um 1900 Formen reformpädagogischer Praxis gewesen, die für soziale Integration sorgen sollte (TIESMEYER 1895).

Die Literatur ist von großem Einfluss gewesen und zeigt sozusagen die akzeptable Seite des Jugendmythos. Ein Beispiel ist der von OTTO ERNST verfasste „Bildungsroman" *Semper der Jüngling*, der 1908 erschien und bis 1914 in einer Auflage von 60.000 Exemplaren verbreitet war.[34] Das klassische Werther-Thema ist vergessen: Asmus Semper, der Protagonist des Romans, leidet nicht an einem inneren Konflikt, sondern erwirbt in der Jugend Gefühle für die deutsche Heimat, die als Land der Dichter und Denker und der schönsten Weihnachtslieder erlebt wird (ERNST 1908, S. 206ff.). Die Einführung ins Leben ist geregelte Erziehung mit gelegentlichem Widerstand (ebd., S. 316f.) und mäßigen Verfehlungen (ebd., S. 360ff.). Am Ende steht pädagogische Harmonie: „Nicht nur die unmittelbare Gewissheit des Sittengesetzes war ihm (Semper; J.O.) aufgegangen, er fühlte auch unmittelbare Gewissheit im Denken und Schaffen, und er nannte dies Gefühl, das die Entwicklung eines Menschen begleitet, das Richtungsgefühl" (ebd.,

34 Der Roman Teil einer stark autobiographisch gefärbten Trilogie. Der erste Band *Asmus Sempers Jugendland. Der Roman einer Kindheit* erschien 1906, der dritte Band *Semper der Mann. Eine Künstler- und Kämpfergeschichte* ist ein Kriegsroman und erschien 1916.

S. 446/447). Es gibt keinen tragischen Konflikt, die Jugend ist für die Welt offen und muss nur lernen, die Stationen der Erfahrung richtig einzuschätzen. Dabei kommt alles auf das innere „Richtungsgefühl" an.

In dieser Literatur entsteht ein gezähmter, ein pädagogisch akzeptabler Mythos „Jugend", der nicht zu dem passt, was zur gleichen Zeit als Mythos des Kindes thematisiert wird. Die ästhetische Inszenierung von „Jugend" erfolgt weitaus instrumenteller und viel politischer, als die Inszenierung von „Kindheit", was auch mit unterschiedlichen literarischen Zugängen erklärt werden kann. Biographische Selbstbeschreibungen[35] konzentrieren sich auf den Verlust der Kindheit, insbesondere auf die Repression der Subjektivität, während die Literatur für Kinder, nicht zuletzt aufgrund ihrer Bildästhetik, kultische Stilisierungen freisetzt. Beides zusammen, die verlorene Zeit der Kindheit und die „kindliche" Kultivierung ihrer Ideale, sorgen für eine Mythisierung, die Unschuld und Leiden kombinieren und auf den Gegensatz Natur und Gesellschaft beziehen kann. Die „Reinheit" der kindlichen Seele ist dann ebenso ästhetisches Thema wie die Unterdrückung ihrer besten Potentiale. „Jugend" ist ein davon getrenntes ästhetisches Programm; an keiner Stelle wird die Aufgabe oder der „Auftrag" der Jugend aus einer gescheiterten oder repressiven Kindheit heraus dargestellt, während Kinder, schon aufgrund der Größenverhältnisse, heilige *und* bedrohte Ikonen sein können.

Jugend ist natürlich auch ein Thema der Dekadenzliteratur, aber *Dorian Gray* hat pädagogisch keine Wirkungen gezeigt. Anders dagegen der literarische Mythos des Kindes, der genau die Empfindungslinien der Reformpädagogen nachzeichnet. Einer der Autoren ist HUGO VON HOFMANNSTHAL, der diesen Mythos wirkungsvoll zum Ausdruck brachte:

> „Kinderaugen geben den Dingen einen Stil, den wir dann vergebens wieder zu finden streben: sie stilisieren das Alltägliche zum Märchenhaften, zum Heroischen, so wie Angst, Fieber oder Genialität stilisieren" (HOFMANNSTHAL 1979, S. 152).[36]

Das Kind ist ein Genie (OTTO 1903, S. 300), eine literarische Majestät (COMPAYRÉ 1911/12), damit eigentlich nur „anti-pédagogique" zu verstehen (PEETERS 1910, S. 5) und doch zugleich ein neuer Maßstab der pädagogischen Kritik, der poetische Unerreichbarkeit voraussetzt. „Nur Künstler und Kinder sehen das Leben, wie es ist" (HOFMANNSTHAL 1979, S. 228).

---

35 Dafür stehen nicht nur die Themen HERMANN HESSES, sondern Titel wie JULES RENARDS *Poil de Carotte* (1894), PIERRE LOTIS *Roman d'un enfant* (1890) oder auch JULES VALLES' *L'enfant* (1879).

36 HUGO VON HOFMANNSTHAL: *Die Menschen in Ibsens Dramen. Eine kritische Studie.* In: Wiener Literaturzeitung 4. Jahrgang, Heft 1, 2, 3 (1893) (HOFMANNSTHAL 1979, S, 149-159).

„Sie wissen den Rang des Lächelns, den Rang der unbewussten Bewegungen, den Wert des Schweigens und die Unterschiede des Schweigens. Sie sind die Einzigen, die das Leben als Ganzes zu fassen vermögen. Sie sind die Einzigen, die über den Tod, den Preis des Lebens, etwas sagen dürfen. Sie geben den Dingen ihre Namen und den Worten ihren Inhalt“ (ebd.).[37]

Der populäre Mythos „Jugend“ konstatiert eine Zeit des Aufbruchs, nimmt dann aber die Konfliktlage zurück oder kanalisiert sie auf politischem Wege. Jugend wird zur Hoffnung der Nation, zur irrationalen Spitze von Erwartungen, die sich nur mythisch ausdrücken lassen. Dies kann etwa an der „Meissner-Formel“ von 1913 gezeigt werden, deren Sinn der Jugendideologe GUSTAV WYNEKEN (1915, S. 20, 37) im Ersten Weltkrieg so definierte: „Der Jugend ist der Krieg in erster Linie nicht ein politisches, sondern ein ethisches Erlebnis“. Er bringe der Jugend „einen Sinn und einen Ernst ihres Lebens, eine Eingliederung ins Leben ihres Volkes“. Eine solche Instrumentierung kann mit dem Mythos des Kindes nicht versucht werden, wenigstens nicht, soweit sich dieser Mythos reformpädagogisch artikuliert hat. „Das Kind“, nicht das konkrete Individuum, sondern das mythische Bild, übernimmt eine Schlüsselrolle in der pädagogischen Diskussion Anfang des 20. Jahrhunderts. Was die Zeitgenossen als Utopie oder pädagogischen Anarchismus bezeichneten, stellte sich als folgenreiche Veränderung der gesellschaftlichen Definition des Kindes heraus, die einzig über einen Mythos[38] zu erreichen war.

Die Berufung auf die Kinderpsychologie kann die Mythisierung des Kindes nicht verdecken. Die Psychologie ist für das neue Bild des Kindes keineswegs der wissenschaftliche Garant. Mythen entstehen eher dort, wo wissenschaftliche Erklärungen ungenügend oder unzutreffend sind. Ein solcher Fall liegt vor, wenn bestimmte Teile der Reformpädagogik das Kind zum Gegenstand grenzenloser Erwartungen erheben, die sich gerade nicht wissenschaftlich kontrollieren lassen. Für diese Tendenz nenne ich zwei Beispiele, bevor ich auf die Analyse des Mythos eingehe. Das erste Beispiel ist einem berühmten Buch entnommen, das 1887 als *L'arte dei Bambini* in Italien erschien und 1906 in deutscher Übersetzung veröffentlicht wurde. Der Kunsthistoriker CORRADO RICCI[39] beschreibt hier die künstlerischen Fähig-

---

37 HUGO VON HOFMANNSTAHL: *Ein neues Wiener Buch*. In: Die Zukunft 4. Jahrgang, Band 16 (1896) (HOFMANNSTHAL 1979, S. 222-239).

38 Mythos verstehe ich als symbolische Denkform im Sinne von ERNST CASSIRERS *Philosophie der symbolischen Formen*, insbesondere mit Blick auf mythische Kausalität. Mythen geben nicht empirische Gesetze wieder, sondern ein bestimmtes Geschehen, das zum Bild stilisiert wird. Mythen erklären wohl, aber nicht wissenschaftlich, sondern poetisch. Das mythische Vorstellen ist nicht analytisch, aber auch nicht synthetisch, sondern ganzheitlich, freilich nur bezogen auf die Ganzheit eines Bildes.

39 CORRADO RICCI (1858-1934) war Kunsthistoriker in Bologna und wurde 1893 als Direktor der Galleria di Parma berufen. 1903 wurde er Direktor der Königlichen Ga-

keiten des Kindes, vor allem anhand einer Untersuchung von Graffitis und Schülerzeichnungen. Dabei wird die Produktion des Kindes als *Kunst* ernst genommen, dem Kind müsse ein reines, wenngleich noch nicht voll entwickeltes „Schönheitsgefühl“ zugeschrieben werden, und es sei in diesem Sinne ein Künstler (RICCI 1906, S. 38ff.).

Das Kind wird platonisiert: Die „Ehrfurcht vor dem Schönen“ (ebd., S. 53) korrespondiert mit dem ethischen Gefühl für das Gute. „Eben diese unbewusste Begeisterung für das Gute und Schöne; dieser noch mehr unbewusste Glaube an das Leben macht die Kinder, sobald sie über die erste Zeit rein physischen Lebens hinaus sind, so liebreizend und herzgewinnend“ (ebd., S. 54). Empirisch lässt sich leicht immer auch das Gegenteil nachweisen, aber entscheidend ist die Stilisierung eines neuen Bildes: Ein Kind, dem man unterstellen muss, es sei unbewusst begeistert für das Gute und das Schöne, behandelt man anders als ein Kind, dem das Gegenteil zugeschrieben wird. Das Kind kann so zum Künstler eigener Würde (vgl. Lehrervereinigung 1898), aber auch zum moralischen Vorbild des Erwachsenen stilisiert werden.

Das zweite Bild hat BERTOLD OTTO[40] 1906 entworfen. Es ist das Bild der höheren Sittlichkeit des Kindes:

> „Die sittlichen Anforderungen, die das Kind an die Welt, an seine Mitmenschen und auch, soweit nicht augenblickliche Stimmungen dagegen sprechen, an sich selbst stellt, sind ganz außerordentlich viel strenger und höher als der Erwachsene sie zu stellen gewohnt ist. Der Erwachsene hat sich gewöhnlich von der Moral, die ihm dereinst sein eigenes Herz vorschrieb, von der Welt schon einen ganz gehörigen Rabatt abhandeln lassen“ (OTTO 1906, S. 105).

Wieder gibt es hierfür nur Emphase, nicht etwa einen objektiven Beweis; die Empirie könnte das Gegenteil plausibel machen, ohne dass sich die Emphase für das gute, das unschuldige Kind korrigieren müsste. Auch wenn alle Kinder einer empirischen Stichprobe sich als sittlich nicht hoch stehend erweisen (schon weil sie „Sittlichkeit“ erst ausbilden müssen), bräuchte OTTO von seiner Behauptung nicht abzurücken, weil er immer noch auf die

---

lerien in Florenz und 1906 Generaldirektor der Altertümer und Kunstwerke in Italien. Seit 1919 amtierte RICCI als Präsident des Königlichen Instituts für Archäologie und Kunstgeschichte in Rom.

40 BERTHOLD OTTO (1859-1933) studierte in Kiel und Berlin verschiedene Fächer, ohne zu einem Abschluss zu kommen. Er versah zwischen 1883 und 1887 diverse Hauslehrerstellen und arbeitete danach als Nachtredakteur in Hamburg. Von 1890 bis 1902 war OTTO Redakteur beim Brockhaus-Lexikon in Leipzig. 1901 gründete er die Zeitschrift *Der Hauslehrer – Wochenschrift für den geistigen Verkehr mit Kindern.* 1902 wurde OTTO vom preußischen Kultusministerium als freier Schriftsteller und Schulreformer nach Berlin berufen, unter Garantie des bisherigen Gehalts und ohne behördliche Einbindung. 1906 gründete OTTO die *Hauslehrerschule* in Lichterfelde bei Berlin, die ihn berühmt machte. Er leitete die Schule bis 1933.

pädagogische Aufgabe verweisen könnte, wie angesichts dieser schlechten Realität das Ideale hervorzubringen sei. Offenbar bedarf es dafür auch und nicht zuletzt eines idealen Bildes vom Kind. Die Idealisierung des Guten ist aber nicht gleichbedeutend mit der Bildung eines Mythos, denn der ist doppelbödig, er muss zugleich auch den möglichen Schrecken symbolisieren.

Diese Struktur lässt sich anhand einer eigenartigen Passage von MARIA MONTESSORI darstellen. Ihr Buch *The Secret of Childhood*[41] beschreibt Erziehung als Repression von Erwachsenen. Sie unterdrücken die missachteten und unverstandenen Kinder, deren autonome Natur gleichsam der Skandal für die Erwachsenenwelt ist. Die Erwachsenen, selbst Opfer der Erziehung, können sich in dieser Natur nicht wieder erkennen, aber sie können sie auch nicht leugnen, sondern nur unterdrücken oder aber das Kind als Kind anerkennen. Das Schlusskapitel des Buches ist überschrieben mit „ecce homo“ (MONTESSORI 1967, S. 301-303) und bezieht sich auf jene Stelle im Johannes-Evangelium, die das Opfer Jesu einleitet (Joh 19, 5). Angesprochen wird damit das leidende Kind, eine Vorstellung, die grundlegend ist für den Mythos, den MARIA MONTESSORI aufbaut. Gleichbedeutend mit dem Grossen und Guten ist das Kind nur dann, wenn eine Stilisierung seines Leidens vorausgesetzt werden kann. Daher beginnt das Schlusskapitel mit folgenden Sätzen:

> „Das Kind wird den Leidensweg Christi zu gehen haben. Der Beginn aber von alledem liegt (im) ... *Ecce homo*. Hier steht ein Mensch, er trägt nicht Gott in sich, er ist wie entleert und ist bereits gedemütigt und gezeichnet worden von solchen Gewalten, die ihn hätten verteidigen können. Dann wurde er vor die Menge, vor die Autorität der Gesellschaft geschleppt“ (MONTESSORI 1967, S. 301).

MONTESSORI verkennt die biblische Geschichte,[42] aber das Verkennen ist wichtig für ihren Mythos. Es genügt eine Analogie, nämlich der Satz, dass das Kind, wie Jesus, der Gewalt der Gesellschaft ausgesetzt werde und darum einen vergleichbaren Leidensweg zu gehen habe. Hier scheint zusammenzupassen, was sich im Vergleich mit dem biblischen Text als gewaltsam herausstellt. MARIA MONTESSORI sagt nämlich, dass die beiden gesellschaftlichen Instanzen für die Erziehung des Kindes, die Familie und die

41 Der englische (Original-)Titel entspricht der italienischen Fassung von 1950 (*Il Segreto dell'Infanzia*). Eine französische Ausgabe (*L'enfant*) erschien 1936 parallel zur englischen Ausgabe. Die deutsche Übersetzung von 1952 (*Kinder sind anders*) verfehlt die Titelpointe.

42 Jesus, in der Szene vor Pilatus, trägt Gott in sich, denn die Anfechtung liegt hinter ihm; er tritt dann mit dem Wahrheitsanspruch vor das Volk und formuliert ihn absolut. Es gab aber keine Gewalten, die ihn hätten verteidigen können, denn für die politische Macht war er uninteressant, für die religiösen Gegner aber die größte Gefahr. Wer also sollte sich seiner annehmen, da das Volk sich auf das Gesetz berief und lieber den Räuber Barrabas als den zweifelhaften Gottessohn freilassen wollte? (Joh 18, 40)

Schule, ein ähnliches Unverständnis herausbilden wie die Menge gegenüber dem als abgründige Parodie seiner selbst vorgeführten Jesus. Die Schule ist autoritär und repressiv, ohne Sensorium für die Bedürfnisse und Perspektiven des Kindes, während die Familie das Kind in dieser Institution allein lässt, es also verrät, statt ihm, und zwar bedingungslos, zu helfen.

Das Kind erlebt eine danteske Hölle (ebd., S. 302) und das passt genau zur Semantik vieler Reformpädagogen, die von „Seelenmorden" in den Schulen sprechen (KEY 1908, S. 221ff., auch GANSBERG 1906a, S. 160), von schablonenhafter, öder Uniformierung im Unterricht (RICHTER 1909, S. 162) oder von der „Kommando"gewalt des Lehrplans (SCHARRELMANN 1912, S. 38), ganz so, als sei die öffentliche Schule identisch mit einer geschlossenen Anstalt, die von Militaristen betrieben wird. Schulen sind sadistische Labyrinthe (MONTESSORI 1967, S. 302), der Weg durch die Schule ist eine *via dolorosa*, eine Erfahrung von Gewalt und Leiden, die das Kind schädigt für sein Leben. Das und nur das rechtfertigt MONTESSORIS Übertragung des Christus-Mythos auf das Kind (ebd., S. 302/303). Sie stilisiert das absolute Leiden, denn die *via dolorosa* endet im Grab der Seele, aber die Seele entzieht sich ihren Wächtern:

> „Das Kind ersteht immer wieder und kehrt immer wieder, frisch und lächelnd, um unter den Menschen zu leben. Wie EMERSON sagt: das Kind ist der ewige Messias, der immer wieder unter die gefallenen Menschen zurückkehrt, um sie ins Himmelreich zu führen" (ebd., S. 303).[43]

Die Bibel gibt das keineswegs her. Dass die Menschen so werden sollen wie die Kinder (Matth 18, 1-4), ist nicht so zu verstehen, als verkörperten die Kinder den Messias. In einem sehr dezidierten Sinne hängt der christliche Glaube von der Einmaligkeit des Messias ab; sein Leben wiederholt sich nicht, auch nicht in Kindern. Die Idee der Nachfolge setzt die Einzigartigkeit des Vorbildes voraus. So hat MARIA MONTESSORIS Analogie des Kindes mit dem christlichen Messias alle Züge eines Mythos: Sie stilisiert ein Bild des Kindes, in dem ein Geschehen erklärt werden soll, das nur mythisch zugänglich ist. Und dieses Bild hat zwei Züge, das leidende und das messianische Kind; *beide* Züge sind mythisch, nicht etwa nur der Grundzug des messianischen Kindes. Wenn MARIA MONTESSORI die Schule als „Hölle" beschreibt, dann macht das nur in der Schicht des Mythologischen Sinn. Es kommt nicht darauf an, was Schulen tatsächlich sind, für den Mythos Kind *müssen* sie Leiderfahrungen sein. Diese Stilisierung ist die Negativfolie für das neue Bild des Kindes. Sie ist notwendig, um überhaupt einen dramatischen Effekt zu erzielen, doch der hat zur Konsequenz, dass es

---

43 „Infancy is the perpetual Messiah, which comes into the arms of fallen men, and pleads with them to return to paradise" (EMERSON 1883, S. 74). Gemeint ist nicht das einzelne Kind in der Nachfolge Jesus', sondern die Kindheit als Chance zur Erneuerung in Unschuld.

einen Mythos des Kindes nicht ohne einen Mythos seines Leidens geben kann.[44]

Das Leiden des Kindes ist strukturell bedingt, durch das Erziehungsverhältnis selbst: Der Erwachsene verhält sich zum Kind „egozentrisch" (MONTESSORI 1967, S. 27). „Alles, was die Seele des Kindes angeht, beurteilt er nach seinen eigenen Maßstäben, und dies muss zu einem immer größeren Unverständnis führen" (ebd.). Folgt er seinen Maßstäben, und nur das kann er, dann ist der Erwachsene nicht imstande, das Kind, so wie es ist, zu verstehen, sondern legt immer nur seine Projektionen an. Das Kind erscheint ihm als ein „leeres", als ein „träges und unfähiges Wesen" (ebd.), dem er erst, in der Rolle des Erziehers, zur Gestalt verhelfen muss. Der Erwachsene sieht sich so als Schöpfergott, aber das ist eine Karikatur, während das Kind als ewiger Messias dies nicht ist. Und die Differenz ist dramatisch: Als Schöpfer des Kindes „glaubt der Erwachsene um das Wohl des Kindes eifrig, voll Liebe und Opferbereitschaft besorgt zu sein. In Wirklichkeit aber löscht er damit die Persönlichkeit des Kindes aus" (ebd.). Das Kind leidet also schon unter dem Erziehungsanspruch der Erwachsenen, sofern diese das pädagogische Verhältnis rein von sich aus definieren und unfähig sind, die autonome Welt des Kindes zu respektieren.

Die Überlegenheit des Kindes ist ein historischer Topos, der schon in der Literatur des 19. Jahrhunderts häufig benutzt wird.[45] Das Wesen des Kindes wird mit der Natur gleichgesetzt, die Erziehung muss sich von Erwachsenenprojektionen frei halten und sich ganz auf die Natur beziehen, wenn sie kindgemäß verfahren will. Erziehung, die nicht vom Ideal des Kindes ausgeht, müsste den Verlust der besten Kräfte des Menschen in Kauf nehmen. Eingriffe der Erwachsenen erscheinen per se als illegitim, das Kind selbst würde das Gute seiner Erziehung bestimmen. Nur so kann sie mit der Natur übereinstimmen. Dieser irritierende Gedanke[46] steht hinter dem Mythos des leidenden und zugleich messianischen Kindes. Er drückt ein Schuldbe-

---

44 Vielleicht stand MARIA MONTESSORI auch deswegen der empirischen Psychologie des Kindes eher skeptisch gegenüber, zunächst der experimentellen Psychologie (MONTESSORI 1913, S. 117ff.) und später auch der Psychoanalyse (MONTESSORI 1967, S. 16ff.). Beide denken von den Erwachsenen aus und verkennen die Grenze zum Kind. Diese Grenze ist gleichbedeutend mit einem Geheimnis, über das nur ein Mythos Auskunft geben kann. Die Skepsis ist übrigens von Anfang an wechselseitig.

45 EMERSON hat dies in seinem Essay über *Nature* so ausgedrückt: Im „spirit of infancy" stimmen innere und äußere Sinne noch wahrhaft überein. Wer diesen Geist bewahrt, behält den Zugang zur Natur, aber nur wenigen Erwachsenen gelingt das (EMERSON 1883, S. 14ff.). Ihnen fehlt die bildhafte Sprache der Kindheit, also jener Zeit, „when it is all poetry" (ebd., S. 34).

46 Eine seiner Quellen ist das romantische Bild des Kindes und der Kult der kindlichen Natur, wie es etwa der amerikanische Philosoph und Publizist RALPH WALDO EMERSON (1803-1882) vermittelt hat. EUGEN DIEDERICHS druckte von 1902 bis 1905 eine dreibändige Ausgabe von EMERSONS Essays, die die reformpädagogische Diskussion in Deutschland vor 1914 beeinflusst hat.

kenntnis aus, eine Beichte der Erwachsenen angesichts der verkannten Größe von Kindern. BERTHOLD OTTO hat dies 1904 unter dem Stichwort „Kinderkreuzzug“ als Idealisierung der Erziehung verstanden (OTTO 1904, S. 22f.), die nur von den Kindern aus ihre Wahrheit erfahren könne.

Die unschuldige Natur des Kindes leidet unter der Erziehungspraxis, wenn sich die verantwortlichen Erwachsenen nicht auf die Eigenart des Kindlichen einstellen. Die „Achtung vor der Kindheit“ ist die Achtung „vor der Menschheit“ (OTTO 1908, S. 139). Aber das ist nicht so gedacht, als könnte das Allgemeine der Menschheit das Besondere der Kindheit bestimmen. Vielmehr muss man „jedem Menschenleben in all seinen Äußerungen selbständigen Wert“ zuerkennen und den Gedanken „verwerfen“, „jedes solche menschliche Wesen nach Normen, die woanders hergenommen sind, gewaltsam zu modeln auf die Gefahr hin, es zu verstümmeln“ (ebd., S. 129). Die leidvolle Repression soll vermieden werden, doch das verlangt ein neues Bild des Kindes[47]: „Jedes neugeborene Kind (ist) schön“ (ebd.) und jedes Kind ist auch bedeutsam. „Die Kinder sind ja doch die lebendige Nachwelt“ (OTTO 1904, S. 15).

Aber das gilt nur dann, wenn ihre Natur nicht „verstümmelt“ und ihre Potentiale nicht beschnitten werden, wenn, anders gesagt, ihnen kein Leid zugemutet wird. Zugleich muss behauptet werden, dass die realen gesellschaftlichen Tendenzen eben darauf gerichtet sind, auf die „Zerstörung der Kindheit“ (SCHULTZE 1911/12), und dass besonders die herkömmliche Erziehung dazu beiträgt (KAWERAU 1920, S. 105 ff.). Der Mythos des leidenden hat das Bild des ursprünglichen Kindes, der unverdorbenen und darum glücklichen Natur, zur Voraussetzung. Die Natur zu unterstützen, impliziert die Kritik der gesellschaftlichen Praxis von Erziehung. Das Bild der glücklichen Natur schafft nicht den Mythos des leidenden Kindes, sondern der Mythos des Leidens muss mit dem Bild des Glücks zusammengehen, um die Wahrheit der Erziehung zu erreichen.

Der Mythos des leidenden Kindes soll die Erwachsenen erziehen. Sie sollen lernen, ihr Bild vom Kind zu revidieren, nämlich nicht länger davon auszugehen, das Kind sei „leer“ und müsse angefüllt werden (mit Wissen und Können), es sei „träge“ und müsse aktiviert werden (in Richtung auf seine Interessen) oder es sei schwach und müsse erzogen werden (im Blick auf die Werte der Erwachsenen). Demgegenüber votiert MARIA MONTESSORI für eine radikale Wendung auf die Individualität des Kindes, die sich letztlich biologisch begründet. Die Erziehung dient der Natur im Kind, aber die ist hochgradig individuell, es gibt kein Duplikat eines „Individuums“. Das

47 BERTHOLD OTTO (1908, S. 129f.) führt diese Einstellung auf seine Teilnahme an dem von OTTO ZUR LINDE (1873-1938) gegründeten „Charon“-Kreis – einem Literatenzirkel – zurück. Hier wird, in Abgrenzung zur Wissenschaft, die Rückkehr zum Mythos diskutiert (RÖTTGER 1970, S. 295ff.) und das christliche Bild des Kindes vom Marienglauben her stilisiert (ebd., S. 313ff.).

heißt aber zugleich, die Erziehung dient keinen anderen Mächten. Es ist klar, dass sich eine solche Konzeption auch gegen die christliche Erziehungstradition richten kann, die in der Verpflichtung auf die kirchlichen Doktrinen der Individualität des Kindes nicht gerecht zu werden vermag. Auch und gerade hier ist das leidende Kind stilisierbar (vgl. nur BOCKEMÜHL 1925/1926).

MONTESSORI hätte dagegen nichts einwenden können. Sie fordert ja eine radikale Veränderung der pädagogischen Maßstäbe, deren Grundwert die individuelle Natur des Kindes und keine Institution sein soll. Aber ihre These ist noch radikaler und wendet sich letztlich gegen sie selbst: Wie können die Maßstäbe der Erziehung verändert werden, wenn das Kind immer nur, auch in biologischer Betrachtung, mit den Augen des Erwachsenen gesehen werden kann? Ihre Projektionen wären die Grundlage des pädagogischen Urteils, was dann aber auch auf das „leidende Kind" zutreffen müsste. Auch dieses Kind ist nichts als Projektion. Dieser Schluss ist freilich unstatthaft, wenn die Konstruktion gehalten werden soll: Das leidende Kind muss wie eine empirische Größe erscheinen, ebenso wie das „glückliche Kind" eine erreichbare Zieloption sein muss. Aber, gerade im Sinne von MONTESSORIS Regel der „neuen Erziehung", wie können Erwachsene das wissen, wenn sie das Kind von seiner Natur aus betrachten und es so in eine radikale Distanz zu sich selbst setzen? Auch die neuen Grundsätze der Erziehung „vom Kinde aus" wären Projektionen, die den Unterschied der Erfahrungswelt gerade nicht überwinden. Wie kann man pädagogisch „vom Kinde aus" verfahren, wenn nur die Kinder selbst verlässliche Interpreten ihrer Natur sind und sein können?

Das ist die kritische Frage an die psychologische Forschung am Jahrhundertende, nachdem gerade die Reformpädagogik sehr viele Hoffnungen auf die etwa seit 1880 sich international entfaltende Kinderpsychologie setzte. Wer jedoch eine eigene Psychologie des Kindes entwickeln will, sieht sich besonderen Erkenntnisproblemen ausgesetzt, die die Kritik auch immer wieder artikuliert hat (parallel zur Emphase der Reformpädagogen: OELKERS 1989, Kap. 4.2). Der Verdacht war, dass die Forschung über die Kategorien des Kindes nichts wissen und sie lediglich nach Maßgabe der Vorurteile von Erwachsenen konstruieren kann. Weniger destruktiv, aber auch den Gegenstand der Kinderpsychologie bestreitend, war die Meinung von Hauptvertretern der empirischen Psychologie (wie CARL STUMPF oder HUGO MÜNSTERBERG), wonach die Objektivität psychologischer Aussagen von der Gültigkeit der Erwachsenenpsychologie abhänge. Gleichwohl wurden „Kindheit" und „Kind" als Forschungsobjekt reklamiert, und zwar ausdrücklich für eine Tatsachenwissenschaft.

Diese Zielsetzung vertrat etwa STANLEY HALL (1902, S. 37), der die „seichten" pädagogischen Begriffe über Erziehung und Kindheit kritisierte. Sie sollten durch eine psychologische Erziehungstheorie ersetzt werden (ebd.,

S. 223). Diese „neue Wissenschaft von Menschen“ (ebd., S.224) sollte imstande sein, die „ideale Schule“ zu begründen (ebd., S. 227ff.). Eine ähnliche Hoffnung drückte ELLEN KEY aus, wenn sie von der neuen Kinderpsychologie die wissenschaftliche Bestätigung pädagogischer Einsichten erwartete, die nicht mehr nur aus ihrer Tradition heraus Geltung beanspruchen konnten. „Es ist zu hoffen, dass wenn man ... durch empirische Forschung anfängt, etwas über die wirkliche Natur der Kinder zu wissen, die Schule und das Haus von ihren absurden Begriffen über das Wesen und die Bedürfnisse des Kindes befreit werden, den absurden Begriffen, die jetzt jene empörende physische und psychische Misshandlung veranlassen, die noch auch von gewissenhaften und denkenden Menschen in Schule und Haus Erziehung genannt wird“ (KEY 1908, S. 202/203).

Doch wie kann die „wirkliche Natur des Kindes“ erkannt werden, wenn doch die Erwachsenen immer nur, auch als Kinderpsychologen, ihre eigenen Kategorien und Vorurteile abbilden? Es ist interessant, dass die frühe Kinderpsychologie diese Frage höchstens methodologisch, nicht aber in ihrer Forschungspraxis bedenkt. STANLEY HALL (1902, S. 41) sieht das besondere Interesse der Kinderpsychologie darin zu fragen, „was ein Kind eigentlich ist“. Seine Grundprämisse setzt fort, was ROUSSEAU vorgedacht hat, nämlich die Betonung der pädagogischen Differenz: Kinder sind „keine kleinen Erwachsenen mit allen ausgebildeten Fähigkeiten in verkleinertem Maßstab, sondern einzigartige“ und von den Erwachsenen „sehr verschiedene Geschöpfe“ (ebd., S. 41/42). Ihre Welt ist dem Erwachsenen verschlossen, in dem Sinne, dass er „durch Selbstbeobachtung“ nicht „in die Seele des Kindes zurückkehren“ kann. Die Kinderpsychologie verwendet daher „indirekte Methoden“, um ihr Erkenntnisproblem lösen zu können (ebd., S. 42). Das hinderte HALL freilich nicht daran, sehr weitgehende Aussagen über die Entwicklung von Kindern vorzulegen und auch deren praktische Applikation zu behaupten.

Die praktischen Vorschläge folgen freilich einem bekannten pädagogischen Schema und haben wenig mit den Ergebnissen der psychologischen Forschung zu tun. HALL beschreibt die ideale Schule und den idealen Kindergarten, deren Konstruktion auf einem einfachen Schema der kindlichen Entwicklung basiert, das keiner psychologischen Forschung bedurft hätte.[48] Wichtiger aber ist, dass die Leitannahmen sämtlich gerade mit empirischen Mitteln bestritten werden können, etwa wenn es über das „Kindergartenalter“ heißt, in dieser Zeit bedürfe „der Körper die meiste und die Seele die wenigste Aufmerksamkeit“ (ebd., S. 229), oder wenn der „ideale Lehrer“ der Vorpubertät als „ernster Zuchtmeister“ beschrieben wird, „der ebenso

48 Unterschieden werden das „Kindergartenalter“ vom zweiten oder dritten bis zum sechsten oder siebten Lebensjahr, eine „Übergangsperiode“ im siebten oder achten Jahr, die Vorpubertät vom achten bis zwölften Jahre sowie das daran anschließende „Jünglings- oder Jungfrauenalter“ (HALL 1902, S. 227-247).

wohl heiter sein kann als auch streng und unnachgiebig in seinen Forderungen und unduldsam gegen schlechte Arbeiten“ (ebd., S. 239).

Da aber die Position des Erwachsenen irreversibel ist, entsteht das Problem der richtigen Einstellung. Wie nähert man sich einer unbekannten Welt, die einem zugleich fremd und vertraut erscheint? Diese Frage ist radikal, wenn sie nicht einfach unterrichtsmethodisch verstanden wird (KIRSTE 1916). Man muss sich vorstellen können, dass man nicht weiß und nicht wissen kann, was „kindgemäß“ ist, wenn mit dieser Formel behauptet werden soll, eine bestimmte pädagogische Maßnahme könne sich tatsächlich auf die Bewusstseinslage oder den Entwicklungsstand eines Kindes gezielt wirksam einstellen. Demgegenüber verstand die entschiedene Pädagogik „vom Kinde aus“ (GLÄSER 1920, GLÄSS 1961) ihren Leitsatz: „Alle Kräfte des Kindes werden gelöst, gepflegt und entwickelt“ als geheimnisvolle Intuition (LOTTIG 1961, S. 65 f), aus der sich die „freie Kunst des Lehrers“ (ebd., S. 70) ergeben würde. Dieses kunstvolle Ahnen und Handeln bezieht sich auf die inneren „Kräfte“ des Kindes, die eben „gelöst, gepflegt und entwickelt“ werden wollen. Doch das ist nur noch mythisch vorstellbar, mit einer Psychologie, die nicht empirisch, sondern intuitiv, gar divinatorisch, verfährt.

Nicht beschränken soll der Lehrer, erst recht kein „Zuchtmeister“ sein, sondern die Kräfte entwickeln, die Potentiale oder Anlagen des Kindes möglichst ungehindert zur Entfaltung kommen lassen. Dafür, so bemerkte JOHANNES GLÄSER, sei eigentlich nur *eine* Psychologie notwendig, nämlich die der „Menschenkenntnis“ (GLÄSER 1920, S. 19). Und, so muss man hinzufügen, jener Mythos des Kindes, den die rationale Psychologie nicht liefern kann. Die strikte Betonung der „Kräfte“ oder „Vermögen“ des Kindes ließ wenig mehr zu als eine Analogie zu den „Kräften“ oder „Vermögen“ des Erwachsenen (z.B. TRACY/STIMPFL 1912), die nur in kleineren Dimensionen erscheinen, ohne die Welt des Kindes zu erfassen. Dagegen sollte das Kind anders erscheinen, und dabei so überzeugend anders, dass selbst die Institution Schule sich als Raum für das Erleben der Kinder entwickeln lassen würde (HOFER/OELKERS 1998).

Die Mythisierung des Kindes erfolgte nicht zufällig. Weil die experimentelle Kinderpsychologie gerade *nicht* zur „unentbehrlichen Grundlage der Pädagogik“ wurde (TRACY/STIMPFL 1912, S. III), da ihre praktische Anwendung offen blieb oder zu den pädagogisch üblichen Mitteln der Idealisierung greifen musste, musste die Stilisierung des Kindes einem Mythos überlassen werden. Das war unumgänglich, weil es der Pädagogik, die „vom Kinde aus“ dachte, um eine neue Ethik, eine neue öffentliche Moral zu tun war, die das pädagogische Bewusstsein verändern sollte. Es ging nicht so sehr um die wirkliche als vielmehr um die ideale Natur des Kindes, die weder biologisch noch psychologisch beschrieben werden konnte, sondern mythisch imaginiert werden musste. „An unreflecting intuition“ nannte das JAMES SULLY (1903, S. 15) in seinen *Studies of Childhood*, einer Entwicklungspsychologie, die sich um Realismus bemühte und doch nicht umhin kam, das ferne Andere der kindlichen Welt zu betonen, dem man sich nur dann angemessen nähert, wenn man die Position des Erwachsenen überwindet und zum „Kinderfreund" („childlover") wird (ebd.).

Wissenschaft und neue Erziehung sind zunächst nicht als Gegensätze betrachtet worden; eher wurde, wie gesagt, von der wissenschaftlichen Theorie die Begründung der Erziehung erwartet (BUGNION 1910 und viele Andere). Doch diese Erwartung, das psychologische Studium des Kindes sei die Basis für „exact education" (HALL 1893), erfüllte sich im Bewusstsein der handelnden und schreibenden Pädagogen nicht. Nicht Messung und induktive Verallgemeinerung war das, was sie mit dem neuen Bild des Kindes verbanden, sondern *Einfühlung*, ein psychologisches Konzept, das nicht zufällig am Ende des 19. Jahrhunderts vor allem in der Ästhetik diskutiert wurde (STERN 1898). Vorausgesetzt war dabei keine formale, sondern eine symbolische Kunstauffassung[49] (WERNAER 1905). Die Einfühlung gilt einer symbolischen Wirklichkeit oder, psychologisch gesprochen, der inneren Welt eines anderen Menschen, die sich nur durch symbolische Phantasie erschließen lässt.

THEOBALD ZIEGLER[50] hat die Psychologie der Einfühlung als Perspektivenwechsel und damit als zentralen Begriff für die Ablösung der älteren Assoziationspsychologie verstanden. Einfühlung ist „jener seelische Akt, vermöge dessen die Phantasie bei der ästhetischen Betrachtung ... in alles des Menschen hineinschaut, in der Weise, dass wir uns, unsere Seele, unser Eigenstes in die äußeren Erscheinungen hineinlegen oder besser: hineinfühlen und sie dadurch beleben und beseelen. Dadurch unterscheidet sich diese Einfühlung von der Assoziation, der gegenüber sie ein viel Innerlicheres, Tieferes, Intimeres ist: jene bleibt in der Zweiheit und Äußerlichkeit stecken, hier dagegen ist Einheit und Innerlichkeit, Vermittlung durch das Ich, durch das eigene Lebensgefühl, ein persönliches Mitdabeisein, ein von innerstem Herzensgrunde aus Interessiertsein" (ZIEGLER 1894, S. 113/ 114). Damit ist die neue pädagogische Einstellung dem Kind gegenüber genau beschrieben: Nicht von Außen oder „assoziativ" soll die Beziehung gefasst werden, sondern von Innen, durch das Medium der Einfühlung oder wie es später heißen sollte, des pädagogischen Verstehens.

Die Pädagogen vom Kinde aus verstanden sich „kindertümlich", „lebensvoll" und „produktiv" (CHMIEL 1923, S. 481).[51] Das lässt sich nicht mit

49 Die Theorie der ästhetischen Einfühlung ist etwa von dem Leipziger Philosophen JOHANNES VOLKELT (1818-1930) vertreten worden, der über verschiedene seiner Schüler (etwa: RICHTER 1909) Einfluss nahm auf die deutsche Reformpädagogik und ihr Theorieprogramm. Die Lehre der „Einfühlung" ist älter und wurde im 19. Jahrhundert von deutschen Philosophen wie FRIEDRICH THEODOR VISCHER (1807-1887) oder RUDOLF HERRMANN LOTZE (1817-1881) vertreten.

50 THEOBALD ZIEGLER (1846-1918) war von 1886 bis 1911 Professor für Philosophie und Pädagogik an der Universität Strassburg.

51 Gesagt wird das über HEINRICH SCHARRELMANN.

„exakter“ Erziehung oder experimenteller Pädagogik erreichen, sondern verlangt eine besondere Einstellung zum Kind,[52] für die eine Verstehensbehauptung angenommen werden muss. „Vom Kinde aus“ kann man dann erziehen, wenn eine „tiefere“ Einfühlung in die Seele des Kindes gegeben ist. Diese Einfühlung ist die Fiktion des Erwachsenen, aber der kann die Überzeugung gewinnen, der inneren, symbolischen Wirklichkeit des Kindes besonders nahe zu sein. Die fiktive Nähe stabilisiert sich aber nur dann zu einer festen Disposition, wenn sie sich auf starke Motive und eine überzeugende Moral berufen kann. Der Kern an dieser Stelle ist das leidende Kind: Es muss alles getan werden, dem Kind die *via dolorosa* durchs Leben und insbesondere durch die Erziehungsinstitutionen zu ersparen. Erziehung wäre dann gleichbedeutend mit der Einfühlung in die natürliche Entwicklung des Kindes, alles andere würde den Leidensweg verstärken und nicht das Glück befördern.

Der romantische Mythos des unschuldigen, zugleich ahnungsvollen und in seinem Wesen überlegenen Kindes stabilisiert die reformpädagogische Grundüberzeugung, dass der wesentliche Effekt der *bisherigen* Erziehungspraxis Leiden sei. Erziehung wird zu einer negativen Kausalität, aber zugleich stabilisiert sie mit dem romantischen Mythos die positive Alternative, nämlich die einzig richtige Erziehung „vom Kinde aus“ Diese Doppelung von Kritik und Praxis wird zu einem großen öffentlichen Thema, das allmählich die paternalen Erziehungsvorstellungen als veraltet und „nicht kindgemäß“ erscheinen lässt. In dieser Hinsicht der Propagierung von „neuer Erziehung“ obsiegt ELLEN KEY gegenüber allen Varianten der *educatio strenua*. In öffentlichen Diskursen wenigstens wird die Kindzentrierung zu einer vorherrschenden moralischen Begründung, die „strenge“ Auffassungen der Erziehung als „autoritär“ brandmarken kann und sich als Motiv wie als Disposition durchsetzt.

Eine Leitformel MARIA MONTESSORIS beschreibt recht gut, wie dieser Wandel der pädagogischen Mentalität gesteuert wurde:

> „Dem Leben helfen, heißt nie, es gestalten, sondern seine Entwicklung erleichtern, und endlich, die gefährdete Entfaltung der Kleinen zu verteidigen“ (MONTESSORI 1930, S. 2).

Der wahre Pädagoge kann *nur* noch „auf Seiten des Kindes“ sein. Aber das impliziert eine dialektische Idealität: Visionen des glücklichen setzen den Mythos des leidenden Kindes voraus. Dies ist eine Grundüberzeugung nicht nur der pädagogischen Avantgarde, sondern etwa auch der Tiefenpsycholo-

---

52 Das schließt nicht aus, dass experimentelle Pädagogen, wie etwa ERNST MEUMANN, dezidiert „vom Kinde aus“ dachten, wenn es um die eigenen Grundsätze der Erziehung ging. Nur schlug sich diese Disposition nicht auf ihre Methode der Forschung nieder.

gie im frühen zwanzigsten Jahrhundert.[53] „Modern" ist dann nur noch eine Pädagogik, die sich in irgendeiner Weise auf ROUSSEAU und sein Bild der natürlichen Erziehung zurückführen lässt (OELKERS 2002a).

Über Glück und Leid gibt es keine Quantifizierungen und auch keine allgemeinen Kausalitäten, wohl aber wirksame Bilder und eine daran anschließende Sprache der Anklage und der Reform. Ich wähle dafür zwei Beispiele zu Beginn des 20. Jahrhunderts, RAINER MARIA RILKES Beschreibung des „Sklaventums" der Kinder und HEINRICH LHOTZKYS „Naturgeschichte der Erziehung". Die Beispiele sind repräsentativ für eine Erziehungskritik, die medialen Einfluss gewinnt. Das gilt auch für die unterschiedlichen literarischen Ansprüche beider Autoren und so für ihre Leserschaft. RILKE wie LHOTZKY stellen Visionen das, wie Kinderglück – damit Lebensglück – möglich werden kann, aber beide nehmen an, dass dies erst gegen eine Praxis des Leidens durchgesetzt werden muss.

RILKE findet dafür dramatische Sätze:

> „Freie Kinder zu schaffen, wird die vornehmste Aufgabe dieses Jahrhunderts sein. Ihr Sklaventum ist schrecklich und schwer; es beginnt, noch ehe sie geboren sind, und endet damit, dass sie schließlich Erwachsene und Eltern, das heißt wieder Unterdrücker von neuen Kindern werden. Wie die Verhältnisse heute liegen, kann man ruhig sagen, dass sowohl die guten wie die schlechten Eltern, sowohl die guten wie die schlechten Schulen, Unrecht haben dem Kind gegenüber. Sie verkennen das Kind überhaupt, sie gehen von einer falschen Voraussetzung aus, von der Voraussetzung des Erwachsenen, der sich dem Kinde überlegen fühlt, statt zu erkennen, dass es das Streben der größten Menschen war, dem Kinde in gewissen Augenblicken gleich und ebenbürtig zu sein" (S.W. Bd. 5/S. 586/587).

RILKE schrieb dies am 8. Juni 1902 in einer Rezension von ELLEN KEYS *Das Jahrhundert des Kindes*. RILKE, der mit ELLEN KEY eine Brieffreundschaft teilte (RILKE/KEY 1993), besprach ihr Buch nicht zufällig so positiv. Eines seiner poetischen Hauptmotive ist das leidende und zugleich überlegene Kind. Dies merkte ELLEN KEY (1911, S. 158ff.) in ihrem Essay über RILKE ausdrücklich an. RILKE (1987, S. 31) selbst äußerte in einem Brief vom 12.11.1901, es wäre im Blick auf die Schönheit der Welt das Beste, „wenn alle Menschen in dieser Beziehung immer wie aufmerksame und gute Kinder bleiben wollten". 1906 stellte er öffentlich dar, wie dieser Grundsatz schulisch umgesetzt werden soll: „Der ganze Unterricht muss ... sich verändern: anstelle der Überlegenheit, die den Lehrenden von den Kindern entfernt, tritt eine neue Zusammenfassung und Einheit" (S.W. Bd. 5/S.

53 FREUDS ödipaler Konflikt verursacht unvermeidbar Leid, wenngleich unbewusstes, und ADLERS Minderwertigkeitskomplex impliziert, dass die Wahrnehmung des Erwachsenen immer an diese Kindheitserfahrung zurückgebunden bleibt.

685). Dies, erläuterte er in einem Brief an FRITZ GANSBERG, und nur dies, gewährleiste den Fortschritt zum Guten aus (ebd., S. 686).[54]

Das glückliche Kind aber hat seine institutionelle Bedingung. RILKE beschrieb diese Bedingung als kindgerechte Schule, abgelesen am Beispiel einer „Samskola“ im schwedischen Gothenburg, die er im Oktober 1904 besuchte. Den Besuch schilderte er ELLEN KEY brieflich als ein „großes, großes Ereignis“ (RILKE 1930, S. 224), weil er glaubte, die Schule der Zukunft gesehen zu haben. Diese Schule ging auf Gründungen von KARL EDVARD PALMGREN zurück, die dem Gedanken der Koedukation und zugleich einer praktischen Arbeitspädagogik verpflichtet waren.[55] RILKES Bericht eröffnete den Jahrgang 1905 der wichtigen Diskussionszeitschrift „Die Zukunft“, worin durchaus Programmatik zu sehen ist, denn RILKE beschrieb die Schule als Organon der Freiheit (S.W. Bd. 5, S. 674), das keinen Platz mehr habe für eine imperative Pädagogik:

> „Diese Schule ist nicht in ein Programm eingeschlossen, sie ist nach allen Seiten offen. Und es ist gar nicht vom ‚Erziehen' die Rede. Es handelt sich gar nicht darum. Denn wer kann erziehen? Wo ist der unter uns, der erziehen dürfte?“ (ebd., S. 675).

Statt zu erziehen begleitet die Schule die Entwicklung der Natur; sie folgt darin dem romantischen Prinzip der Nichtstörung: „Was diese Schule versucht, ist dieses: nichts zu stören. Aber indem sie dies auf ihre tätige und hingebende Weise versucht, indem sie Hemmungen entfernt, Fragen anregt, horcht, beobachtet, lernt und vorsichtig liebt, – tut sie alles, was Erwachsene an denen tun können, die nach ihnen kommen sollen“ (ebd., S. 675/676). Die ideale Schule „vom Kinde aus“ lässt kaum besser fassen, aber auch und gerade RILKE stilisiert ein mythisches Kind, das einsam ist und an der Erziehung leidet, weil sie nicht dem Weg seiner Natur folgt und folgen

---

54 Die beiden Briefe RILKES an FRITZ GANSBERG wurden im Rahmen einer Umfrage geschrieben, die von der Vereinigung für Schulreform in Bremen durchgeführt wurde. Die Umfrage betraf die Frage des Religionsunterrichts in öffentlichen Schulen. Die Vereinigung lehnte einen konfessionellen Unterricht ab (GANSBERG 1906a) und wollte ihn ersetzt sehen durch einen Unterricht in „Welt- und Lebensanschauung“ (GANSBERG 1906c, S. VII). An der Umfrage beteiligten sich etwa MAX NORDAU, RICHARD DEHMEL, ERNST HAECKEL, ALFRED KERR, ERNST MACH und zahlreiche andere pädagogische Publizisten.

55 KARL EDVARD PALMGREN (1840-1910) gründete 1876 in Stockholm die später nach ihm benannte „Palmgrenska Samskola“. Auf diese koedukative Modellschule, die Kinderorientierung mit strenger sittlicher Erziehung verbinden wollte (PALMGREN 1904), gingen viele Gründungen in Skandinavien zurück; ab 1904 wurden daraus in Schweden auch staatliche Schulen, nachdem die „Palmgrenska Samskolan“ zunächst als höhere Privatschulen unterhalten worden waren. PALMGREN war zum Beispiel von großem Einfluss auf PAUL GEHEEB (1960, S. 122ff.) und auch RILKES Essay hatte gewisse Wirkungen. 1906 sollte in Bremen eine „Schillerschule“ nach dem Vorbild der „Samskola“ gegründet werden („Schillerschule in Bremen“, 1906), doch dieses Projekt wurde dann nicht realisiert.

kann (ebd., S.13 ff.). Die „verlorene Natur“ der Kindheit ist eine Elegie für den Erwachsenen, der dieser Spur aber nur in der Spitze der Kunst wirklich folgen kann (ebd., S. 14). „Kinder müssen wir werden, wenn wir das Beste erreichen wollen“, zitiert RILKE den Maler PHILIPP OTTO RUNGE in dem berühmten Essay über Worpswede von 1902 (ebd., S. 32).

Von literarisch ganz anderer Qualität, im Kern des Arguments aber ähnlicher Natur war das Buch *Die Seele deines Kindes*, ein Bestseller und Publikumserfolg des Schriftstellers HEINRICH LHOTZKY, der stark religiös gefärbte Ratgebertexte veröffentlichte, sich auch literarisch versuchte und in seiner Entwicklung vom Sektentheologen zum „völkischen“ Propheten einen eigentümlichen und doch für die deutsche Reformdiskussion nicht atypischen Weg einschlug.[56] LHOTZKYS Buch über die „Seele des Kindes“ erschien 1908 unter dem Motto: „Die beste Erziehung ist keine Erziehung“ (LHOTZKY 1908, S. 10). Wenn Eltern ihre Kinder erziehen wollen, dann liegt darin der „ganze Jammer der Menschheit“ beschlossen (ebd., S. 38). LHOTZKY spricht von einer „Naturgeschichte der Erziehung“ (ebd., S. 41 ff.), die von gesunder Entwicklung geprägt sein soll. In ihrem Zentrum steht die „naturgemäße, gesunde Selbstsucht“ des Kindes (ebd., S. 42). Sie ist der Sitz der Seele oder der „Urzustand“ des Kindes (ebd., S. 42/43). Der „Eigennutz“ muss im Laufe von „seelischen Entwickelungskreisen“ überwunden werden, doch das verlangt nicht eigentlich Erziehung, sondern „Hingebung“ der Eltern. Sie sind nicht die Erzieher, sondern die „natürlichen Pfleger“ der Kinder. „Je größer die Selbstsucht der Kleinen ist, umso größer muss die Selbstzucht der Grossen werden ... Die Gesittung muss also bei uns sein, der Eigennutz ist bei den Kleinen“ (ebd., S. 43).

Auf diese Weise wäre eine natürliche Entwicklung zu gewährleisten, die stärker ist als jeder denkbare „Erziehungsfehler“ (ebd., S. 46). Die Entwicklung wird geschützt und stabilisiert durch die rechte Einfühlung zwischen Eltern und Kind (ebd., S. 59ff.). Ist sie gegeben, kann das Kind nicht leiden. Dagegen ist jede „pädagogische“ Einstellung eine Quelle des Übels. „Mache... dein Kind nicht zum Versuchsgegenstand irgendwo aufgelesener Erziehungsgrundsätze. Erziehe lieber gar nicht, aber lass dich erziehen. Du

56 HEINRICH LHOTZKY (1859-1930) promovierte 1885 in Assyrologie und war danach als Lehrer und Prediger in deutschen Kolonien tätig. 1901 kehrte er nach Deutschland zurück, wurde Mitarbeiter der „Blätter zur Pflege persönlichen Lebens“ und lebte bei dem Lebensreformer JOHANNES MÜLLER. 1904, nach der Trennung von MÜLLER, arbeitete LHOTZKY als freier Schriftsteller zunächst in München und später am Bodensee. Er gehörte der sektiererischen „Blumhardt-Bewegung“ an und propagierte nach 1910 eine antichristliche „völkische Religion„ mit deutlich antisemitischer Ausrichtung. Seine populären Bücher waren außerordentlich erfolgreich: *Die Seele Deines Kindes* stand 1933 im 292. Tausend der Gesamtauflage. Ähnlich erfolgreich waren *Das Buch der Ehe* (100. Tsd. bis 1913) oder *Vom Erleben Gottes* (45. Tsd. bis 1913). Vor allem *Die Seele Deines Kindes* hat Wirkungen erzielt, von denen in der pädagogischen Geschichtsschreibung so gut wie keine Spuren verzeichnet sind.

wirst immer das Rechte treffen, wenn du in deinem Kinde immer den ebenbürtigen Geist achtest und liebst" (ebd., S. 76). Das Kind gehört sich selbst, nicht der Erziehung, pädagogischer Ehrgeiz führt zu „verfehlten Daseinsformen" (ebd., S. 122/123). „Ein Kind ist ein fertiger Geist" und kein „unbeschriebenes Blatt" (ebd., S. 123/124). Letztlich sind Kinder die „Erfinder" ihrer selbst. „Sie bekunden sich in ihren Spielen als freie, denkende Geister" (ebd., S. 127).

Letztlich sind Kinder Mysterien, die nicht erkannt, sondern erlebt sein wollen (ebd., S. 197). Sie sind nicht Objekt der Erziehung, sondern deren Widerspruch, was auch in dem Sinne gilt, dass Kindheit keine fassbare Größe darstellt. Selbst wer sie, wie RILKE, *sucht*, stößt immer nur auf „entgleitende Vergleiche" (RILKE 1983, S. 34). Das wäre der Gegenpol zur Kinderpsychologie, die ihr Objekt transparent hinstellen muss, während zur gleichen Zeit ein literarischer Mythos neu belebt wird, der Kinder als unfasslich hinstellt. Sie sind „weit" entfernt von den Erwachsenen, erleben auch in der engsten Welt „bunte und phantastische Schicksale", und sie müssen sich „dann und wann" anrufen, „um sich nicht in dem weiten Wald ihrer Träume zu verlieren" (RILKE S.W. Bd. 5/S. 421f.). Ihre Realität sind Szenen, die eine Melodie der Dinge darstellen, nicht Szenarien zur pädagogischen Gewöhnung an das Gute.

Der Mythos des Kindes ist der Mythos der Reinheit. Der Kontrast zur Wirklichkeit ist gewollt groß. Dabei geht der romantische Mythos mit der christlichen Passion eine neue Synthese ein: Das Kind des 20. Jahrhunderts muss als Glücksträger und zugleich als Leidender mythisiert werden, sonst kann kein neues Bild entstehen, das ältere und rohere Vorstellungen ablöst. Ohne einen Mythos des Kindes würden nur empirische Differenzierungen greifen, die nicht (oder nur in abstrakter Theorie) synthetisiert werden könnten und so für die öffentliche Diskussion ohne pädagogischen Effekt blieben. Für die Pädagogik vom Kinde aus spielt daher der Mythos „Kind" die ausschlaggebende Rolle; diese Tendenz der Reformpädagogik veränderte kollektive Dispositionen über ein neues Bild des Kindes, das nicht durch Ergebnisse psychologischer Forschung gewonnen wurde.

3.3 „Entwicklung" als pädagogischer Leitbegriff

Die grundlegende Erfahrung von Kindheit ist Wachstum. Dabei sind auch Innenperspektive und Außensicht zu unterscheiden. Kinder erleben ihr Wachstum nicht, sondern vollziehen es. Das Größerwerden wird immer erst rückblickend erkennbar, während Erwachsene von prospektiven Entwicklungen des Kindes ausgehen. „Entwicklung" setzt ein bestimmtes Modell der Bewegung voraus, nämlich die fortschreitende Veränderung von Instanzen, Organen und Eigenschaften im Verlaufe relativ langer Zeiträume zwischen Kindheit und Jugend. Diese Bewegung wird in der pädagogischen Literatur zumeist mit Hilfe von Phasen- oder Stufenmodellen beschrieben, also genetisch, im Unterschied zum statischen Bild des Kindes, das der literarische Mythos anzeigte. Damit die Abfolge von gestuften Perioden nicht ohne Richtung, und damit ohne Konsequenz, erscheint, wird „Entwicklung" fast immer teleologisch gedacht. Und das ist natürlich am Ende des 19. Jahrhunderts in keiner Weise ein neues Konzept.

Gleichwohl nennt DOLF STERNBERGER (1974, S. 87-121) „Entwicklung" das Zauberwort dieses Jahrhunderts, das fasziniert gewesen sei vom Gedanken der Veränderung oder eben der Entwicklung über das gegebene Sein hinaus, wie sie vor allem CHARLES DARWIN in seiner *Entstehung der Arten* von 1859 beschrieben habe. Der Entwicklungsgedanke ist älter, gerade auch in pädagogischer Verwendung,[57] aber DARWIN gebrauchte den Begriff in grundlegend veränderter Weise, nicht mehr anthropologisch bezogen auf das menschliche Individuum, sondern biologisch im Hinblick auf die Evolution der Gattungen und damit des Lebens. Erst nach DARWIN wird „Entwicklung" über die Biologie hinaus zu einem Schlüsselbegriff der gesamten Theoriediskussion, der aber, wie zu zeigen sein wird, die pädagogische Nutzung des Konzepts nicht wirklich beeinflusste. Wie radikal die Evolutionstheorie angesetzt war, zeigte sich vor allem dort, wo die theologischen Dogmen berührt waren. Mit „Entwicklung" als Grundbegriff der Theorie des Lebens kann alles wandelbar erscheinen, selbst die physikalischen oder psychologischen Strukturvoraussetzungen einer Bewegung. Auch sie – „Materie" oder „Geist" – *entwickeln* sich, und es ist nicht mehr gesagt, in welche Richtung.

Im Kontext reformpädagogischer Aussagen wird „Entwicklung" auf die Natur des Kindes bezogen, die nicht radikal verzeitlicht werden kann oder soll. Wenn sich das Kind entwickelt, dann immer gemäß seinen Anlagen und Potentialen, die weit mehr mit dem kindlichen „Wesen" oder der psychischen Eigentümlichkeit des Kindes als mit Effekten biologischer Selektion verbunden werden. Teleologische Konzepte behalten daher ihre Priorität. Was nach 1918 „Dienst am Werdenden" – des Kindes wie der Gesellschaft – genannt wurde (ROTTEN/WILKER 1930, S. 5), war nicht, wie in DARWINS Prinzip der „natürlichen Zuchtwahl", kontingenztheoretisch gedacht, sondern hatte objektive Zielsetzungen zur Voraussetzung, die sich aus der Natur oder dem Wesen des Kindes und der Gesellschaft ergeben sollten.

Das „genetische Prinzip" der neuen Erziehung war, worüber es ein deutliches Bewusstsein gab (HOLTSCH 1889, S. 32), der pädagogischen Tradition entnommen. Das Wachstum und die natürliche Entwicklung von Kindern

---

57 Eine genetische Pädagogik entwickelten im 19. Jahrhundert etwa FRIEDRICH AUGUST WILHELM DIESTERWEG (1790-1866), KARL MAGER (1810-1858) oder auch HEINRICH GRÄFE. Der Begriff „Entwicklung" ist in der schulpädagogischen Diskussion Mitte des Jahrhunderts weitgehend akzeptiert, wenngleich nicht in einer radikalen evolutionstheoretischen Umschrift.

wurden nicht erst durch die „neue Erziehung“ des 20. Jahrhunderts in den Mittelpunkt gerückt. Im gesamten 19. Jahrhundert waren Theorien präsent, die von Phasen der Entwicklung ausgingen und Stufen unterschieden (vgl. nur SCHMIDT 1865, Bd. II/S. 436ff.), aber die Erziehung immer als „Dienst“ am „Allgemeinen“ konzipierten, so dass Entwicklung nicht nur als Wachstum, sondern als soziale Integration erscheinen konnte. Am Ende sind Kinder „Glieder im Ganzen“ (ebd., S. 594), nach der erfolgreichen Erziehung stimmen persönliche und soziale Teleologie überein. Dieser Grundzug der pädagogischen Reflexion bestimmte auch die Rezeption psychologischer Entwicklungstheorien, die nach 1890 in rascher Folge vorgelegt wurden.[58] Sie schienen das traditionelle Stufenschema zu bestätigen und mit ihnen konnte das alte Konzept der „Kindgemäßheit“ (SCHMIDKUNZ 1900, S. 13ff.) neu und verstärkt ins Spiel gebracht werden, ohne die pädagogischen Ansprüche an Entwicklung verändern zu müssen.

Die Logik dieser Argumente hatte HEINRICH GRÄFE 1845 so dargelegt:

> „Ohne die frühere Entwickelung kann die spätere nicht zur Realität kommen, und diese ist die Realität jener als eines Gewesenen ... Das Gewordene geht in dem Werdenden auf, ohne dass es völlig vernichtet wird; es lebt vielmehr darin fort, aber als ein Anderes, nicht in allen seinen Momenten, die ja zum Theil durch den Entwickelungsprozess sich abscheiden, aber doch seinem Wesen nach. Denn das wahre Wesen einer früheren Entwickelung liegt eben darin, zu einer andern zu werden“ (GRÄFE 1845, Bd. I/S. 109/110).

Doch kann man so die Entwicklung eines Kindes verstehen? GRÄFE versteht das „Wesen der Entwickelung“ als Bewegung, die sich nach Außen kehrt, aber immer zugleich auch nach Innen zurückwenden muss: „Durch Evolution entfaltet sich ein Wesen aus der Einheit zur Mannigfaltigkeit, weil es nur dadurch sich äußerlich darstellen, Dasein gewinnen kann; durch Involution dagegen sucht es in der Mannigfaltigkeit die Einheit festzuhalten, weil ... in dieser sein individuelles Sein begründet ist. Evolution und Involution sind die Momente, deren Totalität die ENTWICKELUNG ausmacht“ (ebd., S. 112).

Ganz anders denkt die Psychologie am Jahrhundertende. Ich zitiere nur ein berühmtes Beispiel, GUSTAVE LE BONS *Psychologie de l'éducation*. Hier heißt es definitorisch: „L'éducation doit avoir pour but de développer certaines qualités du caractère“, nämlich solche der Aufmerksamkeit, der Reflexion, des Urteils, der Initiative, der Disziplin oder des Willens (LE BON 1902, S. 202). Man entwickelt derartige Qualitäten nur, indem man sie ge-

58 Etwa JAMES BALDWINS *Mental Development in the Child and the Race* (1895), deutlich als genetisches Prinzip formuliert, oder GABRIEL COMPAYRÉS *L'évolution intellectuelle et morale de l'enfant* (1893). Derartige Zusammenfassungen biologischer und psychologischer Argumentationen wurden wechselseitig übersetzt und waren so international verbreitet.

braucht, und man muss diejenigen besonders üben, mit denen die Schüler am wenigsten ausgestattet sind (ebd.). Diese empirische Sichtweise hat den Vorteil, analytische Differenzierungen zuzulassen und nicht von einer seelischen Totalität sprechen zu müssen. Was sich entwickelt und psychologisch beschrieben werden kann, sind einzelne Instanzen oder innere Fakultäten, nicht das „ganze Kind". Seit ihren Anfängen[59] hat die Kinderpsychologie daher Entwicklung als „Synthese" gedacht, die sich stets aus einzelnen Erfahrungslinien zusammensetzt, zum Beispiel der abstrakten Ideen (RIBOT 1891, PEREZ 1895), der Wahrnehmung (BINET 1890) oder der Moralität des Kindes (SCHINZ 1898). Ein „ganzheitliches" Wesen ließe sich dann nicht mehr beschreiben, an dem aber gerade die internationale Reformpädagogik immer festgehalten hat.

Das Genfer „Institut Jean-Jacques Rousseau"[60] spiegelt paradigmatisch diesen Konflikt zwischen psychologischer Differenzierung und pädagogischer Ganzheit, der sich weder empirisch auflösen noch normativ entscheiden ließ. Solange „Entwicklung" als Lebensbewegung des Kindes verstanden wurde, sperrte sich das Bild des Kindes und so die Ästhetik der Reform gegen eine analytische Betrachtung einzelner Kompetenzen oder Entwicklungen. EDOUARD CLAPARÈDES (1912) *conception fonctionelle de l'enfance*, die auf ROUSSEAU zurückgeführt wurde und die eine Entwicklungspsychologie voraussetzt, welche PIAGET beeinflusste, zeigt beispielhaft das Dilemma einer Theorie, die empirisch und zugleich reformpädagogisch angelegt ist. Sie soll die „Ganzheit" des Kindes *analytisch* beschreiben (vgl. TROMBETTA 1989, S. 348ff.).

Der Konflikt verweist auf tiefer liegende Sperren, die mit Grundüberzeugungen der Pädagogik zu tun haben. Das wird im Umkreis der Genfer Reformpädagogik auch deutlich erfasst. So schreibt ADOLPHE FERRIÈRE (1930, S. 49) gegen die „psychologie expérimentale", dass sie abstrakte Gesetze formuliere, während es die Erziehung mit dem individuellen Kind zu tun habe, dessen konkrete Einmaligkeit durch kein psychologisches Gesetz erfasst oder abgebildet werden könne. Das gelte zumal für die Gesetze der Entwicklung, soweit sie empirisch differenziert dargestellt werden. Daraus entsteht eine tief greifende Unvereinbarkeit: Der Ausgangspunkt für die neue Erziehung sind die „activitées spontanées" des Kindes, sein *élan vital* (ebd., S. 50), nicht abstrakte Regeln, die sich aus allgemeinen Gesetzen der Psychologie ableiten.

59 Neben WILLIAM PREYER sind aus den achtziger Jahren vor allem die Schriften von BERNARD PEREZ (1836-1903) zu nennen (vgl. NICOLAS 2000).

60 Das Institut wurde im Oktober 1912 eröffnet, im Jahr des 200. Geburtstages von ROUSSEAU. Die Zweckbestimmung des Instituts hat EDOUARD CLAPARÈDE (1912a, S. 36) so beschrieben: „La psychologie peut actuellement fournir à la pédagogie une base réellement scientifique." Das deckte sich zu diesem Zeitpunkt genau mit der Erwartung der pädagogischen Reformer (vgl. KEY 1912).

Einen weiteren Punkt der Differenz zwischen Psychologie und Reformpädagogik hat ALBERT SCHINZ (1898, S. 293f.) markiert: Die Mehrheit der heutigen Pädagogen nehmen an, dass es sich in der Moralerziehung vor allem um eine Erziehung der Gefühle handele und unterstellen, „l'éducation morale est parfaitement indépendante du développement intellectuel". Der im wörtlichen Sinne sentimentale Grundzug vieler reformpädagogischer Konzepte verkennt die „élaboration progressive de la conscience par l'intelligence" (ebd., S. 290). Er entsteht aufgrund der unbeirrten Weiterverwendung vorempirischer Seelenlehren, die nicht nur Ganzheit, sondern zugleich den Vorrang des Gefühls vor dem Verstand behaupten, im Blick auf das Kind und damit aber auf die Erziehung des späteren Erwachsenen. Das setzt eine ganz andere Entwicklungstheorie voraus, die nämlich, die das Kind als eigenes Wesen annimmt, das sich immer ganzheitlich auf seine Zukunft einstellt.

Mitte des 19. Jahrhunderts stand für diese Idee der Ausdruck „Kindergeist" zur Verfügung, der praktisch von der Reformpädagogik so übernommen wurde, wie ihn KARL SCHMIDT (1865, Bd. II/S. 443) beschrieb: Kindgeist verweist auf das „Eigensein" des Kindes, das sich doppelt ausspricht, „theoretisch als Naivität" und „practisch im Spiel".

> „Die Naivität ist das ungehinderte, freie, originelle Sichaussprechen des Kindergeistes ... Sein (des Kindes; J.O.) Denken und Wollen geht unmittelbar in's Sprechen über ... Seine innere Fülle fließt nach Außen ... Auch spielt es nun mit seinen Vorstellungen, – es phantasirt ... Alles wird unter seinen Händen zur Poesie. Das Spiel – die Thätigkeit ohne anderen Zweck, als thätig zu sein – ist die Kinderpoesie, das Epos, die Iliade und Odyssee, die jedes Kind durchlebt und jedes Kind schreibt" (ebd.; Hervorhebungen im Text entfallen).

Im Durchleben dieser Phase der Naivität und des Spiels bereitet sich das Kind auf das Leben vor. Unter Rückgriff auf DANIEL SCHREBER lautet die zentrale Formel dann: „Die Spielzeit ist ... die Elementarklasse der Lebensschule" (ebd.). Das Spiel nämlich erweckt „körperliche und geistige Gewandtheit, Sinn für Ordnung und Reinlichkeit, für Schönheit, Genauigkeit" oder „Ausdauer in Erstrebung eines Zieles" (ebd.; Hervorhebung entfällt).

Was diese anthropologische mit der empirischen Pädagogik der „Entwicklung" gemeinsam hat, ist der Verzicht auf religiöse Vollkommenheitsideale, wie sie aber im Kontext der Reformpädagogik sehr häufig wieder aufgenommen wurden. Sie denkt vielfach „Naivität" und „Spiel" vor dem Hintergrund einer perfekten Teleologie. Lässt man den Kindern ihre entwicklungspsychologische Eigenart, dann besteht Hoffnung auf „Vervollkommnung" (KEY 1913, S. 35), also auf eine „neue Gesellschaft und ein höheres Menschentum" (ebd., S. 28). Die Entwicklung der Natur hat in diesem Sinne zwei maßgebliche Ziele, sie zu erreichen, setzt kindgerechte Erziehung voraus, „kindgerecht" ist die Erziehung aber einzig dann, wenn sie die

Kindheit als eigenständige und ganzheitliche Phase der Entwicklung begreift, die nicht empirisch zerlegt werden kann. Entwicklung ist so nicht folgenreiche Veränderung, sondern zielgerichtete Bewegung; die Erziehung muss sich auf das Ziel der Natur (und nicht einfach auf sich selbst) einstellen, will sie legitim sein.

Der deutsche Volksschullehrer und pädagogische Schriftsteller EWALD HAUFE[61] hat dies paradigmatisch so ausgedrückt:

> „Alles ist nur scheinbar ein Vollkommenes und Gewordenes, objective und subjective Natur müssen sich fort und fort entwickeln. Alles, der Theil wie das Ganze, strebt als ein Werdendes und sich Entwickelndes dem Absoluten zu, dem Vollkommenen und Urheber der unbegreiflichen individuellen, sich ewig fortentwickelnden organischen Einheit, welche Natur genannt wird" (HAUFE 1889, S. 10/11).

HAUFES expliziter Rückgriff auf DARWIN (ebd., S. 43 ff.) ist angesichts dieser Prämisse nicht sehr plausibel, weil für DARWIN „Entwicklung" tiefer liegt als „Natur". Natur ist Leben, aber Leben ist Entwicklung; alle Zustände des Lebens sind prinzipiell durch andere ablösbar, sofern nur der Mechanismus der Verbesserung durch die „natürliche Zuchtwahl" greift. Keine Verbesserung führt zur abschließenden Vollkommenheit. „Natur" ist bei DARWIN nicht mehr selbst Kraft, keine substantielle Realität, sondern biologische Beschreibung, nämlich Variation und Prozess. Die einzige Konstante ist die biologische Bewegung selbst. Auf keinen Fall lässt sich die Bewegung der Evolution auf substantielle oder teleologische Vorannahmen beziehen, die den Prozess zum richtigen Ziel hin steuern. Es geht nicht um Werden, sondern um ständige Neuanpassung der Arten.

Das ist ein weitreichender Befund, der erklärbar macht, warum HAUFE, stellvertretend für viele pädagogische Konzepte, eine im wörtlichen Sinne zwiespältige Theorie entwickelte: Die Grundannahme ist die einer Teleologie, die Entwicklung der Natur steuert auf ein „letztes" oder „höchstes" Ziel zu. Dieses Ziel wird religiös gedacht und mit dem Absoluten bezeichnet, nimmt aber die Plausibilität der biologischen Evolution für sich in Anspruch und gerät eben darum in die Zwitterstellung. Denn wird die Natur

---

61 EWALD HAUFE (1854-1939) war ausgebildeter Volksschullehrer, der in Halle und später in Göttingen studierte, ohne einen Abschuss zu machen. Er arbeitete in der Schweiz und in Italien als Lehrer und war als pädagogischer Autor am Ende des 19. Jahrhundert von einigem Einfluss, insbesondere mit dem Buch über die natürliche Erziehung (HAUFE 1894). Die letzten Jahrzehnte seines Lebens verbrachte HAUFE als erfolgreicher Schriftsteller und Privatgelehrter in Meran, wo er populäre Bücher wie *Am Gardasee* (1901) oder *Tiroler Bilder* (1923) verfasste. Über den Verlauf seines Lebens ist wenig bekannt. Die „Dienststelle Umsiedlung Südtirol" erwähnt HAUFE 1939/1940 als „reichsdeutschen Staatsangehörigen" mit Anschrift in Meran (Auskunft Tiroler Landesarchiv mit Brief vom 29. September 2003). HAUFE starb am 9. Dezember 1939 in Meran, wo er zuletzt in der Via 28. Ottobre Nr. 6 gewohnt hat (Auskunft Stadtarchiv Meran vom 8. Oktober 2003).

als fortgesetzte Evolution des Lebens gedacht, dann müssen die Substanzannahmen der älteren Theorien preisgegeben werden. Die Natur stellt keine Einheit dar, denn die kann nur substantiell gedacht werden. Eine uneinheitliche Natur kann nicht *sich* „entwickeln", weil sie gar kein Wesen mehr hat, keinen „Kern", der sich auf etwas zu bewegen könnte. So ist es konsequent, wenn DARWIN Entwicklung zur Grundkategorie der Biologie erhebt, denn über die Natur kann dann nur noch ausgesagt werden, dass sie eine Funktion der Entwicklung und nicht etwa die Entwicklung eine Funktion der Natur ist.

Wenn, wie HAUFE sagt, alles sich entwickelt, dann ist nichts mehr substantiell verfügbar, da Entwicklung einen unabsehbaren Prozess freisetzt, in dem nichts ein für alle Mal konstant gesetzt werden kann. DARWINS Theorie beschreibt retrospektiv Effekte eines Prozesses, aber keine Entwicklung, die ihr Ziel bereits in sich trägt und auch keine Stufenfolge, die in die Zukunft hinein verlängerbar wäre. Was die Evolution in Zukunft macht, ist unabsehbar, weil sie so langsam ist, dass sie allen Zeitvorstellungen menschlicher Wahrnehmung widersteht. HAUFE macht genau diesen Fehler: Er deutet Entwicklung als Prinzip, aber nicht der Bewegung des Lebens, sondern als Garant für zukünftige Evolutionen. Nur so, lässt sich hinzufügen, kann überhaupt eine pädagogische Kategorie entstehen, die mehr und anderes erfassen muss, als DARWIN im Auge haben konnte. Bis in die heutige Entwicklungspsychologie hinein meint Evolution in pädagogischer Hinsicht gestuften Fortschritt, nicht etwa biologische Kontingenz.

Grundlage der pädagogischen Argumentation ist seit dem 18. Jahrhundert eine ethisch begründete Zwecksetzung, die mit psychologischen Beschreibungen über die „Kräfte" oder „Anlagen" des Kindes zusammengebracht wird. Die Potentiale des Kindes entwickeln sich nicht als psycho-physische Konfigurationen kontingenter Erfahrungen, also nicht wirklich plastisch, sondern gemäß der in den Anlagen vorgezeichneten Entwicklungsrichtung. Der Erzieher muss auf die Kräfte der Natur oder die Anlagen des Kindes achten, weil sie (und nicht er oder das Leben) die Entwicklung vorzeichnen. Entwicklung ist daher noch an Natur gebunden, nämlich an die biologische Mitgift jedes Individuums, die sich in der richtigen Erziehung verwirklicht oder von der schlechten Erziehung verfehlt wird. Der Maßstab ist darum auch von der Erziehung unabhängig. Er wird in der Natur des Kindes gesehen, die sich dann folgerichtig entwickeln kann, wenn sie von Störungen und Verbiegungen frei gehalten wird.

Folgerichtig ist eine Entwicklung dann, wenn sie Stufen oder Phasen durchläuft, also Veränderungen über momentane Grenzen hinweg vollzieht, die nicht reversibel sind und nur eine Richtung kennen. Die Natur fällt nicht hinter eine einmal erreichte Stufe zurück, sondern strebt nach Höherentwicklung, die eine unangemessene oder falsche Erziehung verhindern kann. Selbst dann regrediert das Kind nicht auf eine frühere Stufe, sondern erreicht nur keine höhere. Es durchläuft keine Phase erziehungsfrei, nur bringen eben unterschiedliche Handlungsweisen der Erzieher unterschiedliche Wirkungen hervor, solche, die der Entwicklung nützen und solche, die ihr schaden. „Entwicklung" ist hier immer Entwicklung der Natur, nicht etwa die retrospektive Deutung eines an sich kontingenten Geschehens, bei dem prospektiv nur gesagt werden kann, dass die Bewegung weitergeht. Wie sie weitergeht, wäre unbestimmbar.

Um diese Kontingenz zu vermeiden, operierte die pädagogische Theorie im 19. Jahrhundert sehr oft mit organischen Wachstumsmetaphern: Der Mensch entwickelt sich aus elementaren Anfängen, aber nicht in einem offenen Horizont, sondern zyklisch. Die Entfaltung seiner Vermögen gleicht insofern der Entwicklung des organischen Lebens, freilich angereichert durch die Idee der Vollkommenheit, die die Richtung der Erziehung angibt. Diese Idee bleibt aber zurück gebunden an die Natur des Menschen, so dass sehr oft auch die Teleologie des Geistes mit biologischen Metaphern vorgestellt wird. Darin liegt gegenüber der Assoziationspsychologie der Aufklärung eine entschiedene Sicherung des pädagogischen Handelns, denn gleicht das Kind der sich entwickelnden Pflanze, dann kommt für den Erzieher nur eine Handlungsweise in Frage, nämlich der Entwicklungsrichtung zu folgen, die mit der Anlage des Kindes gegeben ist (so etwa LANGE 1884, S. 114f.).

Psychische Vermögen oder Kräfte können nicht hervorgebracht, sondern müssen in ihrer autonomen Entwicklung respektiert werden. Der Erzieher operiert mit einem Gesamtbild, das eine eindeutige Moral ermöglicht. Auch das erklärt die Mythisierung der Erziehung; nur im Mythos, nicht aber in der Wissenschaft, ist die Moral des Handelnden eindeutig. Das romantische „Entwiklungsgesetz", wie CARL AUGUST ESCHENMAYR (1982, S. 146)[62] es beschrieben hat, steht hier Pate. Seine grundlegende Maxime ist die der Reformpädagogik, die sich nicht darauf berufen muss, um sie wie selbstverständlich und ganz fraglos verwenden zu können:

> „Wir sind nicht berechtigt, das, wozu die Natur den Menschen gestempelt hat, zu unterdrücken oder irgend eine vorherrschende Richtung in dem jungen aufstrebenden Bilde auszulöschen. Wir sollen das Kind nicht nach unserer Weise modeln und unsere individuelle Richtung ihm aufdringen. Das Kind trägt vielleicht die Anlage zu einer weit schönern Zeichnung in sich, als es die unsrige ist" (ebd., S. 145).

Die Natur des Menschen ist gut, sofern sie sich harmonisch und ganzheitlich entwickeln kann; der Erzieher hat diese Entwicklung zur Voraussetzung und kann also dem Guten im Kinde nur dienen, wenn er dieser Richt-

62 CARL AUGUST ESCHENMAYR: *Psychologie in drei Theilen als empirische, reine und angewandte. Zum Gebrauch seiner Zuhörer* (Stuttgart/Tübingen 1817). CARL AUGUST ESCHENMAYR (1770-1852) wurde 1811 als Professor für Medizin und Philosophie an die Universität Tübingen berufen.

schnur folgt. „Er lasse seinen (des Kindes; J.O.) Naturanlagen ein freyes Spiel, und sehe zu, wie sie sich entwickeln" (ebd., S. 148).

HAUFE dachte trotz aller Verweise auf die Evolutionstheorie ähnlich. Man kann nur natürlich erziehen oder die pädagogische Aufgabe verfehlen (HAUFE 1889, S. 138). Die „natürliche Entwicklung" allein bestimmt die „allgemeine Methode" der Erziehungsarbeit (ebd., S. 145), und sie wird nach romantischem Vorbild konzipiert: „Die natürliche Entwicklung ist die Stufenleiter des Werdens, wesshalb nur die werdende Gesammtnatur der allgemeine Wegweiser der wahren Menschenbildung sein kann" (ebd.). Ein Vergleich mit „Grundlagen zur naturgemäßen Umgestaltung" der Schule, die zur gleichen Zeit zwei Herbartianer vorlegten (WIGGE/MARTIN 1888), zeigt, dass an dieser Stelle offenbar ein starker Konsens herrschte, denn auch die Herbartianer nahmen eine „Gesamtentwickelung" in Anspruch, die Individuum und Gattung gleichermaßen beschreiben soll: „Wie das Individuum wird, so ward die Menschheit" (ebd., S. 41).

Doch der Eindruck trügt, in Wahrheit ist die Rückwendung auf einen romantisch begründeten Entwicklungsbegriff mit radikaler Kritik am Herbartianismus verbunden, die die gesamte (deutsche) Reformpädagogik geprägt hat. Es geht nicht mehr nur darum, das Kind als „Glied der Kulturgesellschaft" (ebd., S. 49) vorzubereiten, sondern jede derartige Absicht soll mit dem Maßstab der Natur des Kindes überprüft und notfalls verworfen werden. Natürlicher Unterricht (spielerisches Lernen, genetisch aufgebauter Lehrplan usw.) lässt sich auch herbartianisch begründen (ebd., S. 42ff. u. pass.), aber durch das Konzept der „natürlichen Entwicklung" bekommt die Reformpädagogik eine ganz andere Grundlage. Die sittliche Bildung oder der „erziehende Unterricht" der Herbartianer erhält ein starkes Korrektiv, die Natürlichkeit außerhalb der sittlichen Konvention. Erziehung kann daher nicht mehr einfach Einpassung oder „Eingliederung" sein.

Tiefer als die Notwendigkeit kultureller Assimilation liegen für die reformpädagogische Theorie die Autonomie der Natur des Kindes und ihre Entwicklung, die vor Übergriffen geschützt werden müsse. „Natürliche Erziehung" ist mehr und anderes als Anschauungsunterricht im Sinne PESTALOZZIS (ebd., S. 19); sie ist der Versuch, die Entwicklung des Kindes und *nur* sie zur Bedingung pädagogischen Handelns zu erheben. Vor allem eines solle geleistet werden, schrieb LUDWIG GURLITT in seiner *Erziehungslehre*, nämlich „dass die Entwicklung jedes einzelnen Menschen seiner Natur gemäß und im großen Strome der nationalen und menschlichen Entwicklung sich frei gestalten kann". „Natur" wird dabei ausdrücklich biologisch verstanden; sie gibt vor, wie die Erziehung zu reformieren sei (GURLITT 1909, S. 63/64).

Doch was fordert die „Natur" des Kindes? GURLITTS Bestimmung ist gerade nicht biologisch, weil sie eine Teleologie des Geistes unterstellt, die sich in der Bewegung des Lebens nicht feststellen lässt. An dieser Annahme einer zielgerechten Entwicklung aber hängt der ganze Anspruch der besseren Erziehung, die die Natur zu ihrem guten Ende bringen oder eben sie vollenden will, ganz so als könnte man das. Nicht zufällig enden daher manche reformpädagogischen Konzepte in naturreligiösen Spekulationen über die „Gott-Natur“ des Menschen (JÖDE 1920, S. 52f.) und die mögliche Neuschöpfung durch Erziehung. Eine solche pädagogische Theologie muss einen radikalen Erneuerungsanspruch vertreten, nämlich die Entwicklung des neuen Menschen (SCHREYER 1920). Derartige Zielsetzungen haben die Pädagogen immer fasziniert und sie entsprechen auch zu Beginn des 20. Jahrhunderts, und mehr noch nach dem Ersten Weltkrieg, einer Grundströmung unter den deutschen Intellektuellen und ihren pädagogischen Gefolgsleuten.

Freilich ist hier die biologische Evolutionstheorie verabschiedet, einfach weil jede wissenschaftliche Weltdeutung in Zweifel gezogen wurde. In diesem Diskussionsspektrum rechts und links der Moderne galten Natur und Seele mehr als „Ratio und Logik“ (BUCHHOLD 1920, S. 16). Nur so schien es noch die Sicherheit eines Maßstabes oder Gewissheit geben zu können, nach denen die pädagogische Reflexion offenbar notorisch verlangt (ebd., S. 16/17). „Entwicklung“ allein liefert diesen Maßstab nicht, versteht man darunter die unvorhersehbare Bewegung des natürlichen Lebens, so wie sie DARWIN rekonstruiert hat. Insofern sind viele pädagogische Bezugnahmen auf die Biologie konsequente Missdeutungen, weil sie entweder teleologische oder substantielle Konzepte anlegen, die die biologische Beschreibung weder selbst hervorbringt noch etwa sanktioniert. Überraschend ist nur, dass diese Konzepte „modern“ erscheinen können. 1879 hatte EDUARD KRÜGER die „moderne Erziehungslehre“ kritisiert, weil sie *nicht* auf dem Naturgrund die Kunst der Erziehung aufbaut, „deren Wurzel und Gipfel die Gottebenbildlichkeit“ ist (KRÜGER 1879, S. 5).[63]

Das Problem lässt sich noch an einem weiteren Beispiel zeigen, nämlich HUGO GAUDIGS[64] berühmtem Buch *Die Schule im Dienste der werdenden Persönlichkeit*, das 1917 in erster Auflage erschien. GAUDIG stellt den Gedanken des Werdens und also die Entwicklung in den Mittelpunkt seiner Pädagogik: Die Schule müsse von der Persönlichkeit des Kindes aus organisiert werden, jedoch nicht der statischen, sondern der dynamischen Persönlichkeit. Der „Prozess der Selbstentwicklung“ ist also der Fixpunkt für

---

63 EDUARD KRÜGER (1807-1885) war Professor in Göttingen.

64 HUGO GAUDIG (1860-1923) studierte Philologie und Theologie an der Universität Halle. Er promovierte 1883 in Theologie und absolvierte 1884 ein Probejahr am Realgymnasium der Franckeschen Stiftungen in Halle. Seit 1887 war er als Gymnasiallehrer in Gera tätig und wurde 1896 als Direktor der Höheren Mädchenschule und des Lehrerinnenseminars der Franckeschen Stiftungen berufen. Vier Jahre später wechselte er als Direktor der Höheren Mädchenschule nach Leipzig. Hier entstand ein Lehrerinnenseminar mit angeschlossener Übungsschule unter der Leitung GAUDIG. Von 1907 an und nach einer Teilung der Schule entwickelte GAUDIG die Schule mit einem ausgewählten Kollegium zur „Arbeitsschule“ in seinem Sinne.

die Aufgabenbestimmung der Pädagogik (GAUDIG 1922, Bd. II/S. 246). „Unser fester (!) Ausgangspunkt ist ... die Kinderseele als ein Inbegriff von Kräften, die nach Entwicklung drängen und der eigentätigen Entwicklung fähig sind, wenn ihnen nur die Entwicklungsbedingungen gegeben werden" (ebd.). In schöner Deutlichkeit unterscheidet GAUDIG den „Ausgangs-" und den „Zielpunkt" einer Entwicklung, „bei der die Kräfte sich in einer eigens für Selbstbetätigung organisierten Wirkenssphäre frei auswirken" (ebd.).

Gemeint ist mit der freien „Wirkenssphäre" die neue Schule, in der es möglich werden soll, Lehren und Lernen nach den Entwicklungsbedürfnissen der Schüler zu organisieren. Die Lernform nennt GAUDIG „Selbstbetätigung". Was sich auf diese Weise „entwickelt", sind nach GAUDIG seelische oder natürliche „Kräfte", ein eigentümliches „Ganzes", „das wir Individuum nennen". Das „ideale Ziel" ist kein bloßes Aggregat, keine „Summe von einzelnen Kräften", sondern nichts anderes als das Kraftsystem der Persönlichkeit" oder die „zu ihrem Ideal gelangte Individualität" (ebd.).

Diese Pädagogik nennt GAUDIG „Persönlichkeitspädagogik" (ebd., S. 247), sie ziele ab auf „Erziehung zur Kraft" und fordere beide Persönlichkeiten, die der Schüler und die der Lehrer (ebd., S. 249). Die Schule ist ein „Lebens-" oder „Kraftkreis" (ebd., S. 251), die nach WILHELM OSTWALDS energetischem Imperativ verstanden werden soll. Die „Energie der Persönlichkeit" müsse gefordert werden (ebd., S. 252), Persönlichkeit ist „Kraftkomplex", alle pädagogischen Kräfte müssen dahin wirken, dass dieser Komplex sich entwickelt (ebd., S. 256), und zwar mit „zielstrebigen Bewegungen" (ebd., S. 264) auf das eigene Ideal hin, zugleich aber auch auf die „höhere Gesellschaftsform" der Zukunft (ebd., S. 267). „Entwicklung" hat so auch bei GAUDIG ein doppeltes Telos, das getragen wird vom „*Willen* der Höherentwicklung" (ebd., S. 270). Gemeint ist die Entwicklung der „deutschen Art" (ebd., S. 277), die aus dem „deutschen Wesen" heraus erneuert wird. Persönlichkeit soll so einfach als „die Grundform des deutschen Lebens" verstanden werden (ebd.).

Im Mainstream der reformpädagogischen Literatur ist „Entwicklung" kaum ein sehr neues und kein radikales Konzept. Oft erscheint der Ausdruck in einem semantischen Feld, das moralische Ansprüche vertritt und Theoriekontexte weitgehend ignoriert oder über Innovationspostulate vereinheitlicht. Der „werdende Mensch", die „werdende Persönlichkeit" oder auch die „werdende Gesellschaft" können wie Aufrufe zum Handeln gelesen werden, die aber zugleich theoretische Sicherungen verlangen. Das „Werden" muss irgendein Erziehungsziel voraussetzen, das hinreichend fern ist und doch erreichbar erscheint. Die Leitformeln des „neuen Menschen" oder auch nur der „neuen Erziehung" beschreiben attraktive Handlungsprogramme, die aus einer defizitären Gegenwart heraus die bessere Zukunft erzeugen. Sollen sie das reformpädagogische Bewusstsein stabilisieren, dann können sie nicht kontingenztheoretisch begründet werden. Die pädagogische Theorie muss die Reformabsicht stützen, sie kann nicht wie eine Hypothese formuliert werden, die Gelingen nicht garantieren kann oder gar Scheitern wahrscheinlich macht.

Die Ziele der Entwicklung – „Vollkommenheit", Ganzheit, die Übereinstimmung mit dem „Absoluten" – werden mit einer religiösen Sprache formuliert, die empirische Wahrscheinlichkeiten gar nicht zulässt. Die sittliche Verbesserung kann nicht nach Graden der Erreichbarkeit oder gar nach Schnittmengen zwischen „gut" und „böse" differenziert werden, allein das zwingt zu sehr traditionellen Theoriemitteln. „Entwicklung" wenigstens wird fast immer unscharf und vage verwendet, zumeist mit teleologischen und substantiellen Varianten, die paradoxerweise nicht sehr entwickelt sein müssen, um moralische Effekte zu erzielen. Theoriegeschichtlich bezieht sich die durchschnittliche Verwendung auf ältere Theorien der Naturphilosophie und vorempirischen Psychologie, die ungeschieden sind von religiösen Denkmustern. Sie schließen Kontingenz aus und beschränken sich nicht auf die rückblickende Beschreibung eines im Prinzip unabsehbaren Geschehens, bei dem nur die Bewegung selbst generalisierbar erscheint.

Dieser Befund lässt sich mit der oben dargelegten These in Verbindung bringen, wonach es der Mythisierung des Kindes bedurfte, um überhaupt eine radikale pädagogische Veränderungsabsicht öffentlich sanktionieren zu können. Dass die Reformpädagogen durchweg und ohne große theoretische Skrupel an dem Naturbegriff des 17. und 18. Jahrhunderts festhalten, ja diesen noch durch theologische Deutungen zu überbieten suchen, ist nur die andere Seite dieser Mythisierungsstrategie. Das neue Bild des Kindes hätte ohne eine stabile Vision seiner Natur gar nicht herausgebildet werden können. „Natur" aber ist nicht biologische Beschreibung, sondern Substanz, Wesen oder eben Entwicklung, die sich vorhersehen lässt, weil das Ziel nicht nur bekannt ist, sondern die Entwicklung auch steuert. Das Kind ist nicht einfach empirisches Ich, sondern teleologisches Subjekt, das sich entwickeln muss, weil die Grundrichtung dieses Prozesses ihm substantiell eigen und somit vorgegeben ist.

In diesem Sinne ist in der Reformpädagogik fast immer nur programmatisch stark von „Entwicklung" die Rede, ohne die Tücke des Begriffs zu erfassen. Entwicklung ist so mehr Postulat als Theorie, Teil eines weitreichenden Sentiments und ausgedrückt in einer oft visionären Sprache, die emotionale Dispositionen beeinflusst. Auch hier soll die *Formel* erziehen, wiederum den Erwachsenen, der lernt, die Entwicklung des Kindes zur Grundlage seines Handelns zu machen, ohne dass ein neues Theoriekonzept ins Spiel kommen muss. Begriffe außerhalb der Tradition sind selten, die dezidiert praktische Absicht hat theoretische Modernisierungen weit mehr behindert als befördert. Kennzeichnend für die Situation ist die Einpassung der wenigen alternativen Theorieansätze in den Mainstream der Reformsprache. Letztlich scheint die theoretische Differenz keinen Unterschied zu machen, wenn nur Einigung besteht über den Vorrang der Reform, und wie sollte diese Einigung erreicht werden, wenn nicht über vage, aber suggestive Formeln der richtigen Moral?

Kennzeichnend ist, dass WICHARD LANGE[65] 1869 „Fundamentalsätze" der „modernen Pädagogik" formulieren konnte, die auf *Entwicklung* abzielen, ohne Schule vor Augen zu haben:

1. „Jedes Geschöpf verrät schon im Keime, was aus ihm werden soll".
2. „Der einzelne Mensch ist eine Mischung der besonderen menschheitlichen Elemente".
3. „Die Parole der modernen Pädagogik heißt: naturgemäße, freie Entwicklung".
4. „Das Lernen ist ... geistiges Sichernähren."
5. „*Alles*, was in dem Menschen als wertvolle Anlage ruht, soll ins Dasein treten. Eine halbe, einseitige Entwicklung ist eine schlechte, ihr Gegenteil, die harmonische Ausbildung, die richtige" (LANGE 1884, S. 113ff.).

Im Folgenden werde ich zwei sehr unterschiedliche Konzepte von „Entwicklung" darstellen, die nicht dem Kontinuitätsstrom der Pädagogik entnommen sind und die bewusst an moderne Theorien anschließen. Beide rücken ab von einer pädagogischen Teleologie, sofern darunter die Einwirkung von Erziehungspersonen auf die zielgerechte Entwicklung des Kindes verstanden wird. Das setzt einen gemeinsamen Ausgangspunkt voraus, nämlich die Evolutionstheorie im weiteren Sinne, die von MARIA MONTESSORI und JOHN DEWEY als irreversibler Bruch mit der Erziehungstradition verstanden worden ist. Es gibt daneben Spielarten der Lebensphilosophie oder auch der Tiefenpsychologie, mit denen eine Kritik der Pädagogik versucht wurde,[66] aber nur die Konzepte von MONTESSORI und DEWEY haben einen bleibenden Eindruck in der internationalen Pädagogik hinterlassen. Sie entfernen sich dabei theoretisch vom Zentrum, in das sie doch wie in einen Pantheon aufgenommen worden sind.

---

65 WICHARD LANGE (1826-1884) war Direktor einer Realschule in Hamburg und erster Herausgeber der Schriften FRIEDRICH FRÖBELS. LANGE edierte nach dem Tode von DIESTERWEG (1866) die 1827 gegründeten *Rheinischen Blätter für Erziehung und Unterricht*, also eine der führenden deutschen Lehrerzeitschriften des 19. Jahrhunderts. Der Artikel „Die Autonomie der modernen Pädagogik" geht auf einen Vortrag zurück, den LANGE 1869 auf der Allgemeinen Deutschen Lehrerversammlung in Kassel gehalten hat.

66 Einflüsse von HENRI BERGSON sind vielfältig nachweisbar, aber „moderne" Referenzautoren sind in bestimmten reformpädagogischen Milieus auch FRITZ MAUTHNER oder ERNST MACH. Tiefenpsychologische Revisionen der klassischen Pädagogik sind in der Diskussion der „Grenze" der Erziehung in den zwanziger Jahren nachzuweisen, die bekannteste ist SIEGFRIED BERNFELDS *Sisyphos* von 1925 (HERRMANN 1995).

MARIA MONTESSORI (1913, S. 100) spricht durchgehend von der radikal *biologischen* Individualität des Kindes. Kinder sind nicht von einem allgemeinen „Wesen" her zu verstehen, sondern sind ihrer Natur nach individuell, also nicht die besonderen Exemplare der menschlichen Gattung, wie dies in der deutschen Pädagogik oft angenommen wurde. Bezugsgrößen für MONTESSORIS Konzeptes sind die „modernen Entwicklungstheorien" (ebd.), die früh und ausführlich aufgearbeitet wurden. 1910 erscheint im italienischen Original die *Antropologia pedagogica*,[67] in der MONTESSORI den zeitgenössischen Diskussionsstand der biologischen und medizinischen Evolutionstheorie darstellt und auf pädagogische Probleme bezieht. Eine genauere Analyse ihrer Quellen (HOFER 2001) macht deutlich, dass nicht so sehr, wie oft angenommen wird, der Sensualismus des 18. Jahrhunderts[68] als vielmehr die positivistische Anthropologie des 19. Jahrhunderts die Argumentation bestimmt.

Sie erleichtert und erschwert das Konzept der „biologischen Individualität". Auf der einen Seite kann sich MONTESSORI auf die Mutationstheorie des Pflanzenphysiologen HUGO DE VRIES berufen (MONTESSORI 1913, S. 100; MONTESSORI 1967, S. 60ff.), der Individualität als graduelle Abweichung in der Vererbung beschrieben hatte,[69] auf der anderen Seite sind starke Einflüsse der statistischen Wahrscheinlichkeitstheorie[70] nachweisbar, die „Individualität" als durchschnittliche Größe darstellen konnte. Der *homme moyen* wäre eine messbare und zugleich individuelle Ordnung; seine Entwicklung kann sozialstatistisch erfasst werden, ohne die Einzigartigkeit zu berücksichtigen, die doch reformpädagogisch vorausgesetzt wird. Das macht das Konzept ambivalent: Die positivistische Anthropologie des 19.

---

67 Von dieser Ausgabe erschien 1913 eine englische Übersetzung; bis heute liegt keine deutsche und keine französische Fassung vor. Das italienische Original ist zugänglich. In der deutschen Sekundärliteratur wird die maßgebliche Bedeutung der *Antropologia pedagogica* weitgehend übersehen oder heruntergespielt.

68 Der viel zitierte Einfluss von JEAN MARC-GASPARD ITARD (1774-1838) und später von EDOUARD SEGUIN (1812-1880) betrifft die Methode und muss im Lichte der medizinisch-biologischen Literatur am Ende des 19. Jahrhunderts gelesen werden, wobei besonders auch die italienischen Diskussionen in Rechnung zu stellen wären. Darauf hat zuerst WINFRIED BÖHM (1969) aufmerksam gemacht. Zentrale Hinweise auf die sensualistische Methode erhielt MARIA MONTESSORI von ihrem pädagogischen Lehrer GUISEPPE SERGI (1841-1936), etwa durch das Buch *Educazione ed Istruzione* von 1892. SERGI versuchte, eine Psychologie auf anthropologischer Basis zu entwickeln. Er präsidierte den III. Internationalen Kongress für Psychologe in Rom, an dem vermutlich auch MARIA MONTESSORI teilnahm. Die zahlreichen medizinischen Veröffentlichungen von MONTESSORI aus dieser Zeit wären aufzuarbeiten.

69 Die „Mutationstheorie" von HUGO DE VRIES (1848-1935) erschien 1901 und ist deutlich gegen DARWINS Deszendenztheorie gerichtet.

70 Begründet wurde die Sozialstatistik von LAMBERT ADOLPHE JACQUES QUETELET (1796-1874). Er war der erste, der die Normalverteilung auf gesellschaftliche Verhältnisse anwandte. Das Konzept nannte er „soziale Physik" (*Sur l'homme et le développement de ses facultés, essai d'une physique sociale,* 1835).

Jahrhunderts fungiert als Bestätigung und Widerspruch zur Reformpädagogik, denn die „natürliche Entwicklung" ist einzigartig und zugleich vergleichbar im Durchschnitt. Nur so kann sie allgemein oder als verbindliche Ordnung beschrieben werden.

Das wird von MARIA MONTESSORI in pädagogische Anthropologie übersetzt: Jeder Mensch hat seinen eigenen „natürlichen Bauplan", und nur das Kind selbst vermag einem Beobachter diesen Plan zu enthüllen (MONTESSORI 1967, S. 31f.). Der Beobachter verfügt auf der anderen Seite über eine zureichende biologische Erklärung. Die Entwicklung des Kindes ist „ähnlich" wie die Zellteilung.[71] „Hier wie dort vollzieht sich die Entwicklung nach einem unsichtbaren Plan, der auf keine Weise zu erfassen ist und sich erst enthüllt, wenn die Bildung des Organismus in seinen Einzelheiten vor sich geht" (ebd., S. 32). Eben darum ist für den Beobachter „in der kindlichen Seele ein Geheimnis, in das wir nicht eindringen können, wenn das Kind selbst es uns nicht dadurch offenbart, dass es allmählich *sich selbst* aufbaut" (ebd.; Hervorhebung J.O.). Die Teleologie ist auf die inneren Abläufe zurückgenommen, die von Außen nicht beeinflusst oder gesteuert werden können. Der natürliche Bauplan offenbart sich in der Entwicklung, aber er ist nicht sichtbar und er vollzieht sich individuell, ohne der biologischen Natur zu widersprechen.

Gleichwohl spricht MARIA MONTESSORI von *Erziehung*, die gedacht ist als methodische[72] „Unterstützung der seelischen Entwicklung des Kindes" (ebd., S. 48). Wie aber kann die, so heißt es ausdrücklich, Selbstschöpfung des Individuums wirkungsvoll unterstützt werden (ebd., S. 51)? Diese Frage stellt sich umso gravierender, als MARIA MONTESSORI den Überlegenheitsgestus der Erwachsenen zurückweist:

> Das Kind trägt „den Schlüssel zu seinem rätselhaften individuellen Dasein von allem Anfang in sich. Es verfügt über einen inneren Bauplan der Seele und über vorbestimmte Richtlinien für seine Entwicklung. Das alles aber ist zunächst äußerst zart und empfindlich, und ein unzeitgemäßes Eingreifen des Erwachsenen mit seinem Willen und seinen übertriebenen Vorstellungen von der eigenen Machtvollkommenheit kann jenen Bauplan zerstören oder seine Verwirklichung in falsche Bahnen lenken" (ebd., S. 55/56).

Die Antwort geht nicht auf die Folgen ein, die der Rätselstatus des Kindes für das pädagogische Verstehen schafft, sondern bemüht die besondere Verantwortung des Erziehers angesichts der vielfältigen Möglichkeiten des Scheiterns (ebd., S. 57f.). Zugleich setzt MARIA MONTESSORI auf die rich-

---

71 Die Theorie der Zelle und der Zellentwicklung übernimmt MONTESSORI wesentlich von ERNST HAECKEL, der in der *Antropologia pedagogica* ausführlich dargestellt wird.

72 Die Darstellung der Methode wechselt, behält aber einen bestimmten Kern bei (MONTESSORI 1923).

tige Gestaltung der Umwelt (ebd., S. 56/57) und damit auf das klassische Konzept der Methode. In der Konsequenz ihrer Emphase für *Il Segreto dell'Infanzia* liegt diese Lösung allerdings nicht, denn wenn das Kind – mindestens der „geistige Embryo" (ebd., S. 56) – ein Geheimnis ist, dann gibt es keinen Weg, seinen „Bauplan" in actu zu erleben. Wenn, dann kann er immer nur rückwirkend erschlossen werden, von dem Augenblick an, in dem seine „Offenbarung" psychische Realität geworden ist. Folgerichtig wäre es gewesen, auf jede Behauptung „richtiger" Introspektion zu verzichten, aber das wäre gleichbedeutend gewesen mit dem Ende der Erziehung. Die Methode muss demgegenüber Angleichung an die individuelle Natur behaupten, die sich bei einem radikal einzigartigen und beweglichen Objekt gar nicht erreichen ließe.

Das erklärt den eigenartigen Kompromiss: Der innere Bauplan kann sich nur selbst offenbaren, aber erlaubt doch Einfühlung und so pädagogische Annäherung. Am Ende[73] wird einfach eine biologische Metapher verwendet, um die Paradoxie der erzieherischen „Einwirkung" zu umgehen: „Das Kind formt von sich aus den zukünftigen Menschen, indem es seine Umwelt absorbiert" (MONTESSORI 1989, S. 14). So entsteht ein „Bauwerk", dass von einem „inneren Lehrmeister" geleitet und „unter psychisch geheimnisvollen Bedingungen erreichtet (wird)" (ebd., S. 15). Das Kind assimiliert „nicht mit dem Verstand, sondern mit dem eigenen Leben" (ebd., S. 21), und das wird als die eigentliche Entdeckung der Montessori-Pädagogik ausgegeben.

> „Die Entdeckung, dass der Geist des Kindes fähig ist zu absorbieren, hat eine Revolution im Bereich der Erziehung hervorgerufen. Jetzt ist es verständlich, warum die erste Periode der menschlichen Entwicklung, in der sich der Charakter bildet, die wichtigste ist. In keinem anderen Lebensalter ist eine einsichtige Hilfe notwendiger, und jedes Hindernis, das sich dem Kind in dieser Zeit in den Weg stellt, vermindert die Möglichkeit, sein schöpferisches Werk zu vervollkommnen" (ebd., S. 25)

Spätestens seit KARL BÜHLERS Darstellung der geistigen Entwicklung des Kindes[74] sind die kognitiven Erfahrung im ersten Lebensjahr als zunehmend intelligente „Selbstdressur" (BÜHLER 1922, S. 111) beschrieben worden, abhängig nicht von einem „inneren Bauplan", sondern von dem Wachstum des Gehirns. Der Aufbau des Geistes vollzieht sich durch Nachwirkungen früherer Leistungen in späteren, soweit diese im Gedächtnis und so lernbestimmend bleiben (ebd., S. 112). Irgendeine Metaphysik des Geistes selbst ist nicht erforderlich, um das „Absorbieren" der Umwelt zu erklären. Diese Um-

---

73 In *The Absorbent Mind*, das 1949 im Original erschien.

74 Erste Auflage 1918. KARL BÜHLER (1879-1963) war von 1918 bis 1922 ordentlicher Professor für Philosophie und Pädagogik an der Technischen Universität Dresden, von 1922 an ordentlicher Professor für Psychologie an der Universität Wien. 1938 emigrierte er nach Norwegen, 1940 in die Vereinigten Staaten.

welt ist im Übrigen politisch unbestimmt, so dass sich Optionen für die natürliche und kindgemäße Erziehung auf jedes System, auch auf das faschistische Italien, beziehen ließen (LEENDERS 2001).

Auch JOHN DEWEYS Theorie der Erziehung geht aus vom biologischen Verhältnis zwischen Organismus und Umwelt, in dem der pädagogische Demiurg – „der Erwachsene als Schöpfer des Kindes" (MONTESSORI 1967, S. 27) – keinen Platz mehr hat. Für DEWEY ist Erziehung „Entwicklung", anders aber als MONTESSORI begnügt sich DEWEY nicht mit einer Anleihe bei heterogenen Anthropologien, die „Natur" zugleich allgemein erfassen und individualisieren sollen. DEWEYS Ausgangspunkt ist eine Kritik der Sprache dieser Konzepte, soweit sie mit teleologischen Metaphern verknüpft sind. In den falschen Vorstellungen von Wachstum (growth) oder Entwicklung (development) wird angenommen, „that it is a movement toward a fixed goal" (Dewey M.W. 9/S. 55). In Wirklichkeit ist nichts da, worauf sich der Begriff des Wachstums[75] bezieht, ausgenommen weiteres Wachstum, und das bedeutet, auch der Begriff der Erziehung lässt sich keinem anderen unterordnen – ausgenommen weiterer Erziehung (ebd., S. 56). Erziehung nämlich ist „Wachstum" oder „Entwicklung" (ebd., S. 46ff.), aber dies versteht DEWEY nicht so, dass ein externes Telos den Prozess leitet, sondern dass der Vorgang der Erziehung sein eigenes Ziel ist.

> „Life is development, and ... developing, growing, is life. Translated into its educational equivalents, this means (i) that the educational process has no end beyond itself; it is it's own end; and that (ii) the educational process is one of continual reorganizing, reconstructing, transforming" (ebd., S. 54).

Dieser Schritt hat Konsequenzen für die Theorie, die radikaler und tief gehender sind als die moralische Kritik MARIA MONTESSORIS („Der Erwachsene als Angeklagter": MONTESSORI 1967, S. 23ff.). DEWEY verfügt über die philosophischen Mittel, die reformpädagogische Intuition auf einen adäquaten Ausdruck zu bringen, der zugleich – über die biologischen Annahmen hinaus – einen entschiedenen Bruch mit der pädagogischen Tradition darstellt. DEWEYS Theorie ist antiteleologisch,[76] ihr Bezugspunkt ist nur noch die lernende Erfahrung, kein Streben nach einer pädagogisch definierten Vollkommenheit. Dieser Gedanke verlangte eine Unterscheidung von Optimum und Defizit sowie eine Stilisierung des Erziehungsprozesses nach Maßgabe

---

75 „Growth" im Original. DEWEY unterscheidet „growth" und „development" nicht systematisch, beide Metaphern werden durch die pragmatistische Theorie der Erfahrung expliziert.

76 DEWEYS eigene, versteckte Teleologie – Demokratie als politisches Ziel der Erziehung – ist dagegen kein Einwand, sondern verrät nur ein Dilemma der pädagogischen Kommunikation: Man kann theoretisch die klassische, teleologische Ausrichtung der Pädagogik aufgeben und muss gleichwohl in praktischen Zusammenhängen unaufhörlich von Zielen der Erziehung sprechen. Irgendwie muss das auch in einer a-teleologischen Pädagogik berücksichtigt werden.

seiner Perfektion. Wenn aber Erziehung nichts anderes ist als „beständige Reorganisation“ der Erfahrung, in der Gewohnheiten (habits) aufgebaut werden, weil sie das Ergebnis erfolgreichen Tuns sind (DEWEY M. W. 9/S. 50),[77] dann kann sich die Richtung je nach Gestaltung der Umwelt beständig verändern, so dass nicht *ein* Ziel den ganzen Prozess bestimmt.

Auch Ziele sind nur Resultate von Handlungserfahrungen; ändert sich die Erfahrung, dann ändert sich auch die Zielsetzung für die folgenden Handlungen. So kann DEWEY tatsächlich ohne Widerspruch sagen, das „Ziel“ der Erziehung sei sie selbst, weil sie – organisiert durch Handlung und Lernen von Personen – sich nur auf sich selbst beziehen kann. Entscheidend ist nicht das Erreichen von Zuständen, sondern der Prozesse selbst. „Still more important is the fact that the human being acquires a habit of learning. He learns to learn“ (ebd.). In diesem Sinne ist „Entwicklung“ nicht auf vorgängige Stufen oder Phasen festgelegt, die sich gleichsam selbst entfalten müssten (ebd., S. 61ff.). Es gibt keinen „inneren Bauplan“, sondern nur die fortlaufende Strukturierung durch Gewohnheiten (habits). „A priori“ innere Pläne anzunehmen, die vor der Erfahrung bereits feststünden, „is an invitation to romantic fancy to seize upon any analogies which appeal to it and treat them as laws“ (ebd., S. 63).

Dieser entschiedene Pragmatismus ist in seiner theoretischen Qualität kaum zureichend beachtet worden. Die zeitgenössische Rezeption, wie auch bei MONTESSORI , setzte bei den Begründungen der Kindorientierung ein, ohne eine konzeptionelle Unvereinbarkeit in Rechnung zu stellen. DEWEY selbst hatte immer wieder Mühe, gegenüber dem Legitimationsbedürfnis der reformpädagogischen Praxis seine Theorie angemessen zur Geltung zu bringen. Konzepte wie „Erfahrung“ oder „Entwicklung“ ließen sich mühelos über das Charisma und Autorität DEWEYS, aber ohne seine Theorie kommunizieren, sofern nur für eine normative Aufladung gesorgt war. „Handeln“ und „Lernen“ können als Aufforderungen verstanden und mit Konzepten wie „ganzheitliche Entwicklung“ oder die „Seele des Kindes“ verknüpft werden, ohne DEWEYS Destruktion gerade dieser Konzepte beachten zu müssen. Das lässt sich funktional begründen: Wenn der Entwicklungsgedanke die Reformpädagogik wirklich fundieren – und damit sichern – soll, dann braucht die Zielperspektive eine andere Realitätskonstruktion als allein die Verknüpfung von Handlung und Lernen oder von ständig revidierter und also unzuverlässiger Erfahrung. Hinzukommen muss, immerhin geht es um den „neuen Menschen“ oder die „werdende Gesellschaft“, eine Vorstellung von der *richtigen* Entwicklung, die Anschluss hält an den klassischen Naturbegriff, ohne seine Verlegenheiten bloß fortzusetzen.

An dieser Stelle setzt das pädagogische Interesse für die Entwicklungspsychologie ein, wie sich an einem letzten Beispiel zeigen lässt: EDOUARD CLA-

---

77 Efficiency in doing.

PARÈDE (1911, S. 105ff., 123ff.) unterschied zwischen körperlichem Wachstum und geistiger Entwicklung. Das körperliche Wachstum folgt keiner Präformation im Embryo oder gar in den Anlagen, sondern gleicht einer „Aufeinanderfolge von Schöpfungen, Neubildungen, die bald hier bald dort hinzutreten ohne wahrnehmbare Ordnung“ (ebd., S. 106). Nur so sind die „Wachstumskrisen“ erklärbar (ebd., S. 107), die zum normalen Reifungsprozess eines Kindes gehören und die zeigen, dass nicht einfach ein genetisches Programm abläuft, wenn Organe und Kräfte des Kindes „wachsen“.

Die geistige Entwicklung des Kindes vollzieht sich über psychische Medien, nämlich Spiel und Nachahmung (ebd., S. 123ff., 142ff.). Darin ist das Kind aktiv, ohne dass seine Aktivitäten einfach die Folge eines Mangels wären, nämlich der geringeren Erfahrung des Kindes oder der Unzulänglichkeit seiner Entwicklung. CLAPARÈDE hat für diesen Zusammenhang eine berühmte Formel gefunden:

> „Le propre de l'enfant n'est donc pas d'être un insuffisant, mais d'être un candidat“ (CLAPARÈDE 1909, S. 115).

Das Kind ist ein Kandidat seiner Entwicklung, die nicht auf Mangel oder Defizite reagiert, sondern auf Zuwachs: „Nicht weil es keine Erfahrung hat, ist das Kind ein Kind, sondern weil es ein natürliches Bedürfnis hat, diese Erfahrung zu erwerben. Nicht weil es nicht groß ist, ist das Kind ein Junges, sondern weil ein geheimnisvoller Instinkt es treibt, alles zu tun, dessen es bedarf, um groß zu werden“ (CLAPARÈDE 1911, S. 149/150).

Damit ist zunächst einmal der Standpunkt des Kindes eingenommen, das wächst, um zu lernen und lernt, um zu wachsen. Die geistige Entwicklung wird nicht aus dem Unterlegenheitsstatus des Kindes gegenüber den Erwachsenen erklärt, sondern mit dem natürlichen Streben, den Zustand des Kindes zu überwinden, ohne diesen bereits in den pädagogischen Grundannahmen zu entwerten, also Defizite vorauszusetzen. „Entwicklung“ ist freilich auch bei CLAPARÈDE nicht die bloße Bewegung des Lebens, welche sich immer nur rückblickend erfassen ließe. Seine bisweilen ressentimenthafte Inanspruchnahme der Evolutionstheorie (ebd., S. 151 u.ö.) betreffen die Unterschiede der Geschlechter, nicht aber den Entwicklungsbegriff selbst. Das „natürliche Bedürfnis“ zu wachsen oder der „geheimnisvolle Instinkt“ sich zu entwickeln („un besoin naturel“ und „un instinct naturel“: CLAPARÈDE 1909, S. 114) sind gegenüber der Bewegung oder dem Prozess des psychischen Geschehens nicht frei, denn CLAPARÈDE unterteilt die Entwicklung in Phasen, die die Entwicklung notwendig bestimmen und nicht gegeneinander reversibel sind.

Grundlegend für die geistige Entwicklung sind dabei die Phasen des Interesses, wobei CLAPARÈDE (1911, S. 166ff.) einen „psychobiologischen“ Interessenbegriff zugrunde legt, der in einem Grundsatz zusammengefasst wird. „Leben für ein Geschöpf heißt, in jedem Augenblick nach der Richtung seines größten Interesses zu handeln“ (ebd., S. 168). Die Interessen aber entwickeln sich und sind nicht mit der Geburt komplett vorhanden, nicht einmal in Form embryonaler „Anlagen“. Nur so gibt es überhaupt ein pädagogisches Problem. Das Kind „inkarniert“ nicht einfach „die Dinge, die es hört und sieht“ (MONTESSORI 1989, S. 57), aber seine Natur ist zugleich mehr als „plasticity or the power to learn from experience“ (DEWEY M.W. Bd. 9/S. 57).

CLAPARÈDE unterscheidet drei Stadien der Entwicklung, nämlich „Erwerbung“ der Fähigkeiten, „Abschätzung“ und „Produktion“, die sich in insgesamt sechs Altersperioden unterteilen (CLAPARÈDE 1911, S. 178). Heutige Phasenmodelle der Entwicklungspsychologie sind in diesem Entwurf unschwer zu erkennen, aber wichtiger an dieser Stelle ist der Zwang zu teleologischen Konzepten, der sich auch bei CLAPARÈDE bemerkbar macht, selbst wenn er zunächst keine pädagogischen (externen) Ziele an die Spitze seines Modells setzt. Aber seine Phasen haben eine und *nur* eine Reihenfolge, sie sind nicht umkehrbar und müssen durchlaufen werden, so jedoch, dass die höchste Stufe oder die letzte Phase als Ziel konfiguriert. Alles in der Entwicklung der Interessen, die so grundlegend gefasst werden, dass sie mit der geistigen Entwicklung überhaupt identisch sind, alles in dieser Entwicklung ist darauf abgestellt, die oberste Stufe zu erreichen.

Das Phasenmodell CLAPARÈDES hat genau an dieser Stelle eine pädagogische und keine psycho-biologische Teleologie, weil aus der psychischen oder körperlichen Entwicklung nicht hervorgeht, ob und wie ethische und soziale Interessen sich höheren Werten oder Idealen unterordnen, d.h. ob und wie Erziehung gelingt. Das Modell erweckt freilich den Anschein, und das macht es für reformpädagogische Bemühungen attraktiv, als gäbe es in der Psyche des Kindes eine immanente Teleologie zum Höheren, die letztlich mit der Natur des Menschen erklärt werden kann.

Damit schließt sich der Kreis. Selbst dort, wo die psychologischen Grundannahmen der Reformpädagogik verändert wurden, vor allem im französischen und englischen Sprachraum, blieb das traditionelle Problem der Entwicklung bestehen. Irgendwie muss sich Erziehung auf eine „Entwicklung“ beziehen, die als teleologische oder substantielle behauptet wird, damit sie über einen Maßstab verfügt. Genauso wirken Modelle der Entwicklungspsychologie im pädagogischen Kontext, die nicht, wie die Generation CLAPARÈDES meinte, biologisch angelegt sind, sondern ältere Modelle der Teleologie und Substanzenlehre in veränderter Form fortsetzen und genau darum auf pädagogische Resonanz stoßen. Auch „Entwicklung“ wird zum Mythos, zum festen Bild einer Realität, die sich faktisch immer weniger einheitlich fassen lässt. Aber Reformpädagogik kann es nur geben, wenn die Einheit des Programms gewahrt wird. Der „neue Mensch“ ist ebenso wenig teilbar wie die „neue Erziehung“, während sich in der Praxis immer nur Varianten und Episoden nachweisen lassen.

4. Konzepte der Schulreform

„Reformpädagogik“ in der Bedeutung der Jahrhundertwende war mehr als Schulreform, weil grundlegende Postulate auf eine allgemeine Reform des Lebens hinausliefen. Die sittliche Verbesserung der Welt kann naturgemäß nicht auf die Schule beschränkt werden; doch dieser traditionelle Gedanke der Pädagogik erlebte eine eigentümliche Wendung, indem und soweit Reformabsicht und schulische Organisation nicht mehr automatisch zur Deckung kamen. „Schulreform“ wurde als entschiedene Kritik der Schule denkbar, jenes Systems, das im 19. Jahrhundert mit dem entschiedenen Willen der pädagogischen Profession entstanden war, aber am Ende des Jahrhunderts die pädagogischen Ansprüche nicht mehr befriedigte. „Schulreform“ sollte tiefer ansetzen als nur bei der vorgefundenen Struktur einer staatlichen Organisation.

Die nur „äußerlich imponierende Schulorganisation“ (SCHNEIDER 1916, S. 11) musste daher als negative Leistung des 19. Jahrhunderts hingestellt werden. Darauf läuft die gesamte kritische Diskussion hinaus: Erziehung und Unterricht seien fixiert gewesen auf die Bedingungen dieser Organisation, nämlich Stoff, Methode und Disziplin, ohne daraus eine Schule gemacht zu haben, die den Bedürfnissen und Möglichkeiten kindlichen Lernens entsprechen würde. Die Schulorganisation des 19. Jahrhunderts war im Kern lehrerorientiert und verfehlte daher ihren eigentlichen Zweck, nämlich die Emporbildung der Kräfte des Kindes (ebd.). „Stoff“, „Methode“ und „Disziplin“ mögen die Voraussetzungen gewesen sein für die Funktionsweise der Institution Schule, aber sie sind nicht die entscheidenden Bedingungen für das Lernen und die Entwicklung der Individuen.

Dieses Bild ist ungerecht, aber effektiv für die Publizistik der „neuen Erziehung“. Im 19. Jahrhundert sind, wie oben dargestellt, unablässig Ansätze zur Schulreform diskutiert worden, die in unveränderter Gestalt auch am Ende des Jahrhunderts gehandelt wurden, ohne sie mit der faktischen Schulentwicklung in Verbindung zu bringen. Immer noch oder schon wieder waren Konzepte wie

- „kindorientierter“ Unterricht,
- „entwicklungsgerechte“ Methode,
- „Arbeitsschule“,
- „ganzheitliches Lernen“,
- „Schulleben“

der Wirklichkeit voraus, die sie doch längst hätten beeinflussen müssen.[1] Auch bei Konzepten der Schulreform muss also die Kontinuität der Motive angenommen werden und kann „Reformpädagogik“ als langer historischer Prozess erscheinen. Die Grundmotive waren, nochmals, in der Kommunikation der Lehrerschaft ständig präsent und erhielten nach 1890 nur besondere Realisierungschancen.

Die kontinuierliche Motivlage, die eher starre Geschichte der Konzepte, schließt originelle und eigenständige Entwicklungen nicht aus. Eher gilt umgekehrt, dass das Neue nur dann überraschend sein kann, wenn tradierte Positionen des Wünschenswerten vorhanden sind. Nur so kann es neue Synthesen geben und können divergente Rahmentheorien verarbeitet werden, ohne je wirklich das Rad neu zu erfinden. Reformmilieus müssen das behaupten, aber gleichsam nur als Effekt der Selbstpropagierung, die sich unaufhörlich mit den guten Motiven der Tradition verbinden kann, um so den Bruch in der Kontinuität sehen zu können.[2] Das gilt umso mehr, als die praktischen Versuche sich nicht auf Theoriearbeit konzentrieren konnten und zugleich vorzeigbare – also rasch erzeugte – Erfolge aufweisen mussten. Viele Experimente fanden außerhalb oder am Rande des staatlichen Schulwesens statt; sie hatten keine Zeit für Umwege und durften nicht scheitern.

Das Gesamt der Schulreform – Sprache, Praxis und Tradierung – beeinflusst die heutige Diskussion nachhaltig. Man kann die historischen Erfahrungen und die damit einhergehende Publizistik in dreifacher Hinsicht unterscheiden:

- Neue Modelle der Schule fordern die staatliche Einheitsorganisation heraus und erweitern die Zuständigkeit;
- neue Formen des Unterrichts zeigen Möglichkeiten auf, dass und wie die Beschränkung auf Frontalunterricht und Lehrbuch überwunden werden kann;
- neue Prinzipien der Erziehung revidieren die institutionellen Rollen und stellen Abgrenzungen in Frage.

In allen diesen Bereichen geht es darum, die Schulform des 19. Jahrhunderts praktisch zu überwinden. Klassische Postulate werden mit neuen Re-

---

1 Eine wichtige historische Quelle für diese These sind die Inspektionsreisen, die Beamte der Schulaufsicht vor allem in der ersten Hälfte des 19. Jahrhunderts immer wieder gemacht und beschrieben haben. Ein gutes Beispiel ist etwa die Reise des oldenburgischen Justizrats W.C.C. VON TÜRK (1806), der „Musterschulen“ in ganz Deutschland bereiste, um Reformerfahrungen kennenzulernen.

2 Reformpädagogische Milieus setzen sich oft aus Dissidenten zusammen, die Alternativen zur Normalform der Erziehung, bzw. der Verschulung ausprobieren wollen. Oft sind diese Milieus religiös und politisch motiviert, wie etwa am christlichen Anarchismus nachzuweisen wäre. Hier entstehen kleine pädagogische Kulturen, die sich durch starke Selbsttradierungen abgrenzen vom Mainstream der Erziehung. Ich folge etwa der Beschreibung der niederländischen „beweging voor humanitair onderwijs“ (1902-1939), die ALDERICK VISSER (1995) dargestellt hat.

formchancen verknüpft, daraus entsteht ein Modernitätsbewusstsein und ein ausgeprägter Sinn für den Avantgardestatus. Es ist selten, dass reformpädagogische Autoren des frühen 20. Jahrhunderts Schulversuche des 18. oder 19. Jahrhunderts als beispielgebend für das eigene Experiment betrachten, während die *theoretische* Referenz auf Vorläufer häufig und in dichter Folge gesucht wird. Die Ahnenreihe garantiert die Hypothese des Versuchs, aber sie vollzieht ihn nicht.

Die drei Diskussionslinien bestimmen meine Darstellung im Folgenden: Ich werde zunächst aufzeigen, wie *Schulmodelle* begründet und erprobt wurden, wobei ich meine Auswahl auf fünf typische Varianten beschränke, nämlich JOHN DEWEYS „Laborschule" in Chicago, die Landerziehungsheime oder die *Ecoles Nouvelles*, BERTHOLD OTTOS „Hauslehrerschule", die Arbeitsschule und PETER PETERSENS „Jena-Plan-Schule", die verschiedentlich als eine Synthese aus den Schulversuchen der Reformpädagogik hingestellt worden ist (4.1). Als Zweites werde ich *Unterrichtsmodelle* darstellen, wiederum auf fünf Beispiele beschränkt, nämlich das „aktive Lernen" der Bremer Schulreformer, BERTHOLD OTTOS „Gesamtunterricht", MARIA MONTESSORIS Methode der „natürlichen Entwicklung", JOHN DEWEYS „Learning by Doing" und WILLIAM KILPATRICKS „Projektmethode" (4.2). In einem dritten Schritt diskutiere ich dann noch *Erziehungsmodelle*, die mehr oder weniger schulbezogen waren, auch dies anhand von fünf Beispielen: das pädagogische Prinzip der „Arbeit", bzw. der „Arbeitsgemeinschaft", die „Selbsttätigkeit" des Kindes, die Achtung vor der kindlichen Natur, die Maximen des Dialogs und schließlich die Experimente mit dem pädagogischen Eros (4.3).

4.1 Schulmodelle

In vielen literarischen und semiphilosophischen Entwürfen und Versuchen am Jahrhundertende findet sich ein Bild der Schule, in dem die Institution nicht vorkommt. Der „pädagogische Bezug" oder die unmittelbare Beziehung zwischen Lehrkräften und Schülern regiert das Geschehen, und zwar so, dass die Kultur der Seele den Vorrang erhält gegenüber dem bloß äußerlichen Erziehen und Unterrichten (vgl. nur MESSER 1899). Das Rollenverhältnis wird aufgelöst, Seele trifft auf Seele, Menschen gehen Beziehungen ein, und einzig die bestimmen über Freiheit und Bindung. Die „Persönlichkeit" des Lehrers ist gefragt, nicht seine „Autorität", und auf diese Lehrer, sagen dann auch die Reformpädagogen, warte die Jugend (ebd., S. 84f.), nicht länger auf die Schule des 19. Jahrhunderts mit ihrer bloß formalen Organisation, der die Seele des Kindes gleichgültig war. Man kann geradezu sagen, die Schule sei krank, weil sie selbst keine Seele habe (KEMENY 1910).

„Seele" steht so gegen „Organisation" wie „Kultur" gegen „Zivilisation" oder eben „Individuum" gegen „Institution": Diese harten Gegensätze prägten die gesamte Schulkritik vor und nach dem Ersten Weltkrieg. Als Schule des 19. Jahrhunderts erschien nur die autoritäre Institution der Wissensvermittlung, des Lehrplans sowie der inneren und äußeren Hierarchie. Dann aber wird es zur entscheidenden Frage, ob es hierzu überhaupt eine sinnvolle Alternative geben kann oder ob der Traum der richtigen Schule ausgeträumt ist und durch die Vision freier Sozialbeziehungen ersetzt werden muss. Das Gros der Schulreformer dachte so radikal nicht, aber die Dichotomien der pädagogischen Reflexion ebneten den Weg für eine solche Radikalisierung, vor allem dort, wo ein unversöhnlicher Gegensatz zwischen „alter" und „neuer" Pädagogik behauptet wurde.

Dieser Gegensatz, wie erwähnt, verband sich mit Institutionenkritik, und daraus erwuchs die Forderung, endlich die kindgemäße Schule entstehen zu lassen, die die „Lern- und Buchschule" der Vergangenheit ersetzen müsse, in der fertiges Wissen gelehrt wurde, ohne der lebendigen Erfahrung des Kindes gerecht zu werden (GÖTZE 1904, S. 6f.). Der Verdacht war radikal und grundlegend, er zielte auf den didaktischen Kern der bisherigen Schule. Der konventionelle Schulunterricht treffe nicht die Bedingungen kindlichen Verstehens, das sich selbst aufbauen müsse (ebd., S. 13) und also nicht nach Plan oder methodisch erzeugt werden könne. CARL GÖTZE,[3] der als einer der führenden Vertreter der Hamburger Reformpädagogik vor dem Ersten Weltkrieg diese Thesen vertrat, verwies auf eine gelungene praktische Alternative zur „Lern- und Buchschule", nämlich JOHN DEWEYS[4] „Laboratory School" in Chicago, an der sich ablesen lasse, dass und wie die Reform der Schule möglich sei (ähnlich MÜNCH 1913, S. 121ff. oder KERSCHENSTEINER 1906, S. 108ff.).[5]

---

3 CARL GÖTZE (1865-1947) besuchte das Lehrerseminar in Hamburg und war dort von 1887 an Volksschullehrer. 1896 war GÖTZE Mitbegründer der Hamburger „Lehrervereinigung für die Pflege der künstlerischen Bildung", die 1897 erstmalig in der Hamburger Kunsthalle die Ausstellung freier Kinderzeichnungen organisierte. GÖTZE leitete 1919 für kurze Zeit eine der Hamburger Versuchsschulen und wurde 1921 Oberschulrat und Leiter des Hamburger Volksschulwesens.

4 Die Literatur über JOHN DEWEY (1859-1952) ist in den letzten zehn Jahren dramatisch angewachsen. Allein die zahlreichen Internetseiten und die diversen Foren verlangen eigene Übersichten (etwa: http://carbon.cudenver.edu/^^mryder/itc:data/ dewey.html). Eine verlässliche Biographie hat JAY MARTIN (2002) vorgelegt, die DYKHUIZEN (1973) ablöst. Die Lebensdaten DEWEYS werden im *Center for Dewey Studies* gesammelt und fortlaufend komplettiert (vgl. BARBARA LEVINE: *The Chronology of John Dewey's Life and Work* http://www.siu.edu/^^deweyctr/). Im Netz ist sogar ein fiktives Interview mit DEWEY zugänglich (HERRICK 1996). Das enorme Interesse hat im deutschen Sprachraum keine Entsprechung, wenn auch eine zunehmende Beschäftigung mit DEWEY zu konstatieren ist.

5 GEORG KERSCHENSTEINER gilt dabei als Promotor DEWEYS in Deutschland (NÜCHTER 1915, S. 35/Anm. u.i.F.), aber DEWEYS Philosophie ist suspekt, ein Pragmatismus „zuletzt ohne Ziellehre, ohne letzte, höchste Wertbestimmungen" (ebd., S. 59). Ganz anders dagegen urteilte EDOUARD CLAPARÈDE (1913, S. XIVff.), der DEWEYS Pädagogik als „génétique", „fonctionelle" und „sociale" beschreibt. Sie wird positiv rezipiert, als Basis der neuen Schule „vraiment expérimentale". Nach 1914 verliert DEWEY viele seiner deutschen Anhänger und es setzt sich das Bild fest, auch seine schulpädagogischen Erfahrungen seien nicht originell und würden im Kern nur deutsche

Die Aufmerksamkeit der deutschen Reformer galt der dezidiert sozialen Definition, die DEWEY der öffentlichen Schule gab (GURLITT 1907, S. 50),[6] und damit einhergehend der Verlagerung ihres Schwerpunktes. Die neue Schule müsse vom Lernen und der Erfahrung her organisiert werden, und das, so DEWEY, komme einer kopernikanischen Wende gleich. Der Schwerpunkt der alten Schule habe „outside the child“ gelegen, sie war nicht der Ort, wo das Kind tatsächlich hätte leben und lernen können. Vorrang hatten die Lehrer, die Schulbücher, die Schulorganisation, aber nicht „the life of the child.“ Zum Ausgangspunkt der neuen Schule müssen das Lernen und die Lebenserfahrung des Kindes genommen werden (M.W. 1/S. 23), aber damit eben nicht einfach seine „natürliche Entwicklung“ oder gar seine „Seele“, wie deutsche Autoren vielfach paraphrasierten.

Die Entwicklung des Kindes setzt je einen sozialen Kontext voraus, den Ort der Schule, eine lokale Gemeinschaft und spezifische Lernmilieus, in denen und auf die hin Kinder ihre Erfahrung strukturieren. In diesem Rahmen bestimmt DEWEY die genuine Aktivität des Kindes, aus dem nichts „hervorgeholt“ (drawing out) und dem nichts „eingetrichtert“ (pouring out) werden muss, sondern das immer schon selbst lebhaft tätig (intensely active) ist. „The question of education is the question of taking hold of this activities, of giving them direction“ (ebd., S. 25). „Erziehung“ ist dann nicht mehr innere Formung, sondern soziale Gestaltung. Das Kind lernt selbsttätig, aber stets unter der Voraussetzung gesellschaftlicher Kontexte und in Richtung darauf. Die Schulen werden nur dann ihrer Aufgabe gerecht, wenn sie selbst geeignete Kontexte für das Lernen des Kindes darstellen.

Lernen ist, für DEWEY, gebunden an Handeln und kann nicht einfach als innerpsychische Aktivität begriffen werden. „Lernen“ ist keine Funktion der kindlichen „Entwicklung“, auch nicht seiner Triebdynamik, sondern seiner Erfahrung, und Erfahrung heißt immer *selbsttätige* Erfahrung oder Handlung. Weil das Kind aber unaufhörlich handelt und also lernt, kann seine Erfahrung von der Schule aus nicht exklusiv gehalten werden. Umgekehrt

---

Modelle wiederholen (so etwa PRANTL 1925, S. 623ff.). Eine genauere Analyse „Dewey in Deutschland“ liefert BITTNER 2001. Die französische und italienische Rezeption DEWEYS wird rekonstruiert im Zürcher Dissertationsprojekt von SYLVIA BÜRKLER.

6 Die Referenzen beziehen sich durchweg auf die deutsche Übersetzung von *The School and Society* (DEWEY 1905), die von ELSE GURLITT stammt. Das Original erschien 1899, die ersten drei Abschnitte gingen auf Vorträge zurück, die DEWEY im April dieses Jahres vor Eltern und Studenten der University of Chicago Elementary School gehalten hatte. Ein weiterer Vortrag vom Februar 1899 wurde angefügt. Der gesamte Text ist im November 1899 veröffentlicht worden, 1905 erschien die deutsche Übersetzung unter dem Titel *Schule und öffentliches Leben*, die inzwischen in einer neuen Ausgabe zugänglich ist (DEWEY 2002, S. 23-82). Das amerikanische Original erlebte drei Ausgaben (1915 in einer revidierten Fassung); mit der dritten Ausgabe (1956) wurde insgesamt eine Auflage von über 260.000 Exemplaren erreicht (M.W. 1/Anh.).

muss gerade die Isoliertheit der Schule gegenüber dem Leben des Kindes bekämpft werden. Wenn das Kind „nicht imstande ist, im täglichen Leben das zu verwerten, was es in der Schule lernt“ (DEWEY 2002, S. 58), dann ist dies das Problem der Schule und nicht des Kindes. Die Schule ist gegenüber dem gesellschaftlichen Leben „isoliert“ und in diesem Sinne künstlich (ebd., S. 58/59).

Die künstliche Institution wollte durch lang gestreckte Bildungsprozesse, also indirekt, auf das Leben vorbereiten. Die Schulreformer am Jahrhundertende kritisieren die damit verbundene Organisation (z.B. GURLITT 1907, S. 118), aber zugleich auch die grundlegende Vorstellung einer langwierigen, mittelbaren und darum künstlichen Vorbereitung auf eine Zukunft, die zunehmend unabsehbarer wurde. Das erklärt die Abkehr von Stoff, Methode und Disziplin, die ja nur Sinn machen, wenn die Schule tatsächlich planmäßig und effektiv auf das Leben vorbereiten kann. Wird diese Effektannahme zweifelhaft, dann kommt eine scheinbar übermächtige Alternative ins Spiel, die die wahre Erziehung der freien sozialen Erfahrung, der praktischen Gestaltung des Lebens oder den Begegnungen der Persönlichkeiten anvertrauen will. Doch derartige Wirkungen sind oft flüchtig, zudem distanzlos und jedenfalls kein Garant für ein adäquateres Verhältnis von Schule und Leben, das nicht einfach aus dem guten pädagogischen Verhältnis entstehen kann.

LUDWIG GURLITT,[7] einer der frühen Anhänger DEWEYS, warnte daher vor allzu radikalen Schritten der praktischen Veränderung (ebd., S. 120), schon weil ganz unsicher war, mit welchem der vielen Schulmodelle diese Veränderung geschehen sollte. GURLITTS Warnung war kein Einzelfall, oft wurde, wie dargestellt, „Reform“ der Erziehung gefordert und zugleich vor dem Umsturz der pädagogischen Verhältnisse gewarnt. Freilich, das Neue *war* „umstürzlerisch“ (ebd.), die Reformer mussten negieren, was die traditionelle Schule im Kern ausmachte, nämlich die Priorität des Wissens gegenüber dem Können, die Fixierung auf die Methode und den Lehrplan, die organisatorische Struktur und die Festlegung der Lehrerpersönlichkeit auf ein regelgeleitetes Rollenspiel. Aber sie wollten immer noch Schule halten, also eine neue Form organisierten Lehrens und Lernens begründen, die die Fehler der alten vermeiden, jedoch schulische Form bleiben sollte. Nur an den Rändern sind antischulische Modelle der reinen Sozialbeziehung begründet worden, die alle ihren praktischen Test nicht überstanden.

---

7 LUDWIG GURLITT (1855-1931), geboren in Wien, war Gymnasiallehrer zuletzt in Berlin-Steglitz. Das Gymnasium Steglitz war die Keimzelle für die deutsche Wandervogel-Bewegung. GURLITTS Buch *Der Deutsche und sein Vaterland* (1902) formulierte eine scharfe Schulkritik, die GURLITT in Konflikt brachte mit der Schulaufsicht, Er trat 1907 unter Druck vorzeitig in den Ruhestand, war danach als Schriftsteller tätig und gründete verschiedene Privatschulen (vgl. KONTZE 2001).

Aus der ganzen Argumentation entstand ein Dilemma, das HUGO MÜNSTERBERG[8] wie folgt zusammenfasste: Auf der einen Seite soll die Schule dem Leben dienen, was angesichts der gesellschaftlichen Umstände eine stärkere Anpassung der schulischen Arbeit an das praktische Leben, vor allem an das Berufsleben, bedeuten würde. Auf der anderen Seite aber soll die Schularbeit den Talenten und Wünschen der Kinder nachkommen, was nur heißen kann, dass in der schulischen Erfahrung nicht einfach auf das Berufsleben vorbereitet werden kann, weil damit nur bestimmte Fähigkeiten befördert werden können und eine solche Abrichtung auf den Widerstand der Kinder stoßen würde (MÜNSTERBERG 1900, S. 662). Die Schule soll also dem Leben *und* dem Kind dienen, und das ohne Widerspruch, was nicht möglich ist.

DEWEY glaubte, mit der Laborschule von Chicago eine Lösung dieses Problems gefunden zu haben. Rückblickend[9] schrieb er: Wir fingen das Unternehmen mit vier zentralen Fragen der Reform an:

1. What can be done, and how can it be done, to bring the school into closer relation with the home and neighborhood life – instead of having the school a place where the child comes solely to learn certain lessons?
2. What can be done in the way of introducing subject-matter in history and science and art, that shall have a positive value and real significance in the child's life?
3. How can instruction in these formal, symbolic branches – the mastering of the ability to read, write, and use figures intelligently – be carried on with everyday experience and occupation as their background and in definite relations to other studies of more inherent content, and be carried on in such way that the child shall feel their necessity through their connection with subjects which appeal to him on their own account?"
4. How can individual attention be secured? (M.W. 1/S. 59ff.).

Diese Fragen haben im Verlaufe des Schulversuchs drei Antworten gefunden, die jede für sich auf bestimmte Reformoptionen des 19. Jahrhunderts zurückverweisen. Es ging einerseits um die starke Betonung der Handarbeit, der körperlichen Betätigung und im weiteren der Selbsttätigkeit der Schüler (ebd., S. 61f.), zweitens um die Verknüpfung der „Lehrstoffe" mit Lebensproblemen, experimentellen Lernverfahren sowie außerschulischen Beobachtungs- und Verwendungssituationen (ebd., S. 62ff.) und drittens um die Entwicklung einer kindgemäßen Schulorganisation, die „Familien-

---

8 HUGO MÜNSTERBERG (1863-1916) war von 1897 bis 1916 Leiter des psychologischen Laboratoriums der Harvard University. Seine *Grundzüge der Psychotechnik* (1914) enthält eine Theorie der Erziehung, die auf Wissen, Leistung und Interesse bezogen ist. Sie stellt einen deutlichen Gegenpol zur kindzentrierten Reformpädagogik dar (MÜNSTERBERG 1920, S. 528-601).

9 *Three Years of the University Elementary School* (1900) (M.W. 1/S. 57-67).

charakter“ (family spirit) erhielt und den Eindruck abgesonderter Klassen und Grade vermieden sehen wollte (ebd., S. 65).

Statt einfach unterrichtet zu werden und totes Wissen auswendig zu lernen (*rote learning*[10]), sollten Aktivität und Interesse im Mittelpunkt des Lernens stehen, ohne zwischen Schule und Umwelt einen prinzipiellen Unterschied zu machen (WIRTH 1989, S. 127ff.; TANNER 1997). Die Schule war ebenso ein Ort der Erfahrung wie die Familie oder das öffentliche Leben, nur dass Schulen ein spezifisches Lernangebot bereitstellen, das im übrigen sozialen Leben so nicht vorkommt. Der Lehrplan der Laborschule hatte einen dezidiert wissenschaftlichen Charakter, den KATHERINE MAYHEW und ANNA EDWARDS 1936[11] beschrieben haben. Es komme zentral darauf an „(1) to provide the child with opportunity to develop and use, thereby learning, great scientific truths, and (2) to preserve through use, the child's instructive spirit of inquiry, to build in his mind a concept of scientific method as a practical tool and thereby guide him into the experimental, the scientific habit of mind“ (CAMP MAYHEW/CAMP EDWARDS 1936, S. 283).

DEWEYS Plan der Elementarschule an der Universität Chicago von 1895 (E.W. 5/S. 224-243) unterscheidet „expressive activities“ und „derived modes of expression“, die ersten beziehen sich auf fundamentale soziale Tatbestände wie Wohnen, Ernähren oder Kleiden, die zweiten auf Formen sozialer Kommunikation wie Sprechen, Lesen, Schreiben, Zeichnen, Modellieren usw. (ebd., S. 230). „Both by themselves and in connection with the derived modes of expression they (1) lead back to science, the study of the materials used, and of the processes by which these materials are produced and controlled; (2) and lead on to culture, the recognition of the part these activities, and others bound in them, play in society“ (ebd.). Formen der Aktivität und des Ausdrucks sind dem Lehrplan vorgelagert, der zudem nicht einfach eine Komposition von Fächern sein, sondern auf Grundprobleme von Wissenschaft und Kultur hin angelegt sein soll.

Das Konzept betont eine gewisse experimentelle Freiheit des Lernens (WIRTH 1989, S. 123), die die Praxis wissenschaftlichen Forschens nachvollziehen soll. „The child comes to school to do“ (E.W. 5/S. 245), jede Aktivität verweist auf Gebiete des Wissens und Könnens, mithin auf Symbolsysteme und Prinzipien, ohne die Fortschritte des Lernens nicht möglich wären (ebd.). Fortschritte werden andererseits durch das gängige Schul-

10 J.M. RICE (1893) kritisierte die Praxis des *rote learning*, also das mechanische Wiederholen und Auswendiglernen, unmittelbar vor Beginn des Experimentes der Laboratory School. Die Praxis war in Großstädten wie Chicago oder New York zu diesem Zeitpunkt weit verbreitet.

11 KATHERINE CAMP MAYHEW und ANNA CAMP EDWARDS gehörten von Beginn an zum Lehrkörper der Laborschule. KATHERINE MAYHEW war stellvertretende Prinzipalin der Schule und verantwortlich für das Curriculum. Außerdem war sie Leiterin des Wissenschaftsdepartments. ANNA EDWARDS war Lehrerin für Geschichte und Tutorin für die älteren Schüler.

schema behindert, das endlosen Drill und unausgesetzte Wiederholung verlange (ebd., S. 263), ohne der Eigentätigkeit des Lernens zu vertrauen. Die Alternative ist eine pragmatische Konstitution der Erfahrung, die am Lernen der Naturwissenschaften orientiert wird, das der geschlossenen Form von Verschulung widerspricht. Auch schulisches „Lernen" kann nur als fortlaufende Revision der Erfahrung verstanden werden, nicht als Ausrüstung mit „Stoff", der lebenslang genutzt werden kann.

Einen Gegensatz zwischen dem Kind und dem Curriculum gibt es einzig dann, wenn lediglich die eine Seite – das Kind – als „lernend" angesehen wird (M.W. 2/S. 277f.). Aber *beide* Seiten lernen, und so besteht nur ein gradueller, kein prinzipieller Unterschied zwischen der Erfahrung des Kindes und der der Didaktik:

> „From the side of the child, it is a question of seeing how his experience already contains within itself elements – facts and truths – of just the same sort as those entering into the formulated study; and, what is of more importance, of how it contains within itself the attitudes, the motives, and the interests which have operated in developing and organizing the subject-matter to the plane which it now occupies. From the side of the studies, it is a question of interpreting them as outgrowths of forces operating in the child's life, and of discovering the steps that intervene between the child's present experience and their richer maturity" (ebd., S. 278).

DEWEY folgt keinem sentimentalen Bild des Kindes, aber er reduziert das schulische Problem auch nicht auf eine wissensferne Psychologie des Kindes oder auf situative Theorie der Beschäftigung, deren Anlass beliebig wäre.[12] Der Unterricht soll keine unzusammenhängende Folge von Projekten sein, bei denen lediglich die Aktivierung der Schüler von Bedeutung wäre, sondern er hat zur Aufgabe, die Konstitution von Erfahrung nachzuvollziehen, und zwar sowohl des Curriculums als auch des Kindes. Organische Modelle sind dabei ausgeschlossen. „Entwicklung" ist nicht phasengerechtes Wachstum der Natur, sondern Differenzierung der Erfahrung, die Lernen mit Handeln verbindet.

Die „alte" Schule gerät auf den Index der Kritik, weil sie diese Bedingung systematisch verletzt. Aus ihr folgt aber nicht, dass Kinder umso mehr lernen, je mehr sie handeln, sondern nur, dass die Methode des Lehrens vom Lernen ausgeht, ohne „Lernen" auf innerpsychische Abläufe zu reduzieren. Lernen ist der Basismechanismus für die Konstitution jeglicher Erfahrung, aber am Beispiel der modernen Wissenschaften kann gezeigt werden, dass

12 „The ultimate problem of all education is to co-ordinate the psychological and the social factors" (E.W. 5/S. 224). Mit diesem Satz beginnt der *Plan of Organization of the University Primary School*, den DEWEY seinem gesamten Verständnis von Schulorganisation und Schulentwicklung zugrundelegt.

eine zeitliche Bedingung beachtet werden muss. Keine Erfahrung ist endgültig, weil jede durch neue Methoden und bessere Einsichten überholt werden kann. Aus diesem evolutionären Verständnis heraus (WIRTH 1989, S. 148) erklärt sich der didaktische Vorrang des themengebundenen experimentellen Lernens. Sprachliche, mathematische und ästhetische Lernformen stehen dazu in keinem Gegensatz, sondern schließen hier an. Ähnlich werden auch die Kulturtechniken nicht an sich unterrichtet, sondern mit anderen Erfahrungen zusammen entwickelt; der Elementarunterricht wird zugunsten einer umfassenden Lernerfahrung weniger erweitert als radikal verändert (ebd., S. 163).

Dieses Konzept ist an der *University Elementary School* der neu gegründeten Universität von Chicago ausprobiert worden. Die Schule wurde im Januar 1896 eröffnet, zunächst mit sechzehn Schülern und zwei Lehrern und bis 1902 anwachsend auf 140 Schüler, 23 Lehrer und 10 studentischen Assistenten (CREMIN 1961, S. 135). Die Gründung dieser Modellschule[13] war die erste öffentliche Aktivität des *Departement of Philosophy, Psychology and Pedagogy* der Universität von Chicago, dem DEWEY seit 1894 vorstand. In der Entwicklung der Schule sah DEWEY seine Basisannahmen bestätigt (ebd., S. 140), die Schule entsprach, auch nach Meinung der vielen Beobachter,[14] den hohen Erwartungen, „a first- rate school run by a first-rate staff" (ebd., S. 141). Nach DEWEYS Weggang an die Columbia University (1904)[15] nahm die Schulentwicklung eine andere Richtung (DEPENCIER 1967). Die Schule besteht bis heute, aber die einzigartige Verknüpfung von

---

13 Der offizielle Name der privaten Schule war „University Elementary School", populär aber wurde die Schule unter den Bezeichnungen „Dewey School" oder *Laboratory School.* Der Ausdruck „Laborschule" wird ELLA FLAGG YOUNG (1845-1918) zugeschrieben, die von 1899 an als Professorin für Pädagogik zum Lehrkörper der Universität Chicago gehörte. Sie leitete von 1905 an die Lehrerbildung an der *Chicago Normal School* (später Chicago Teachers College) und war von 1909 bis 1915 der erste weibliche Superintendent des Schulbezirks von Chicago. DEWEY betreute ihre Dissertation *Isolation in School Systems* (1900), die Erfahrungslernen, soziale Freiheit und demokratische Schulentwicklung in den Mittelpunkt stellte (SMITH 1979). ELLA FLAGG YOUNG wurde nach 1900 „supervisor of instruction" der Dewey-School.

14 Die *University of Chicago Weekly* sprach am 16. Januar 1896 von einer „Model School", die sehr schnell ins Zentrum der pädagogischen Fachöffentlichkeit rückte. Die Schule existierte zunächst nur für sechs Monate, sie wurde im Oktober 1896 mit 32 Schülern zwischen sechs und elf Jahren wieder eröffnet. Bis 1900 hatte die Schule drei verschiedene Standorte, bis 1902 entwickelte sie sich bei wachsender Nachfrage und zunehmender Formalisierung stetig. Die Prinzipalin der Schule wurde ALICE DEWEY (1858-1927), DEWEYS erste Frau; DEWEY selbst wurde der Direktor im formalen Sinne.

15 Nach Auseinandersetzungen mit der Universitätsverwaltung, die die Autonomie und die Leitung der Universitätsschule, also die Rolle von ALICE DEWEY, betrafen, kündigte DEWEY und erhielt Ende 1904 einen Ruf an die Columbia University. Im Februar 1905 nahm er hier seine neue Tätigkeit auf (WESTBROOK 1991, S. 111ff., MARTIN 2002, S. 203ff.).

öffentlicher Aufmerksamkeit, reformerischem Charisma, origineller Theorie und neuartiger Praxis war auf die formativen Jahre unter DEWEYS Leitung beschränkt.[16]

Die Bedingungen einer Universitätsschule sind exzeptionell gewesen,[17] über die tatsächliche Praxis ist vergleichsweise wenig bekannt, gleichwohl waren die publizistischen Wirkungen dieses kaum siebenjährigen Versuches beträchtlich. Er sollte demonstrieren, dass und wie eine akademische Modernisierung der Elementarschule möglich ist. Was JOHN und EVELYN DEWEY[18] 1915 als *Schools of To-Morrow* vorstellten,[19] entsprach in vielen Hinsichten dem Muster der Laborschule, die vor allem in dieser Modellfunktion die amerikanische *progressive education* beeinflusste. Darüber hinaus machte das Beispiel einen theoretisch neuen Zusammenhang deutlich, nämlich die Verknüpfung von Erziehungstheorie, pädagogischer Forschung und demokratischer Schulreform (WESTBROOK 1991). Was DEWEY die „experimentelle Theorie des Wissens" nannte (M.W. 3/S. 107-127), legte die Abkehr von autoritären Herrschaftsmodellen auch und gerade in der Erziehung nahe. Ein weiterer Vorteil von DEWEYS Theorie ergibt sich aus der Weigerung, philosophische Dualismen als grundlegend anzunehmen. Andererseits sind es die großen Dualismen der Reformpädagogik gewesen,[20] die die Rezeption dieser Theorie befördert haben.

---

16 Das positive Bild darf nicht übertrieben werden. Es gab von Anfang an Finanzierungsprobleme, die bewältigt wurden „only by virtue of the vigorous fund-raising efforts of DEWEY, the parents of its students, and other friends and patrons" (WESTBROOK 1991, S. 113/Anm. 44). Die Schule war nur zwischen 1900 und 1902 wirklich stabil.

17 Das ist wiederum keine neue Erfahrung. Auch die Übungsschulen der kontinentalen Lehrerseminare in der zweiten Hälfte des 19. Jahrhunderts waren durchweg qualitativ hochstehend und ein Motor der Schulentwicklung in ihrem Umfeld.

18 EVELYN DEWEY (1889-1965) ist selbst in der neueren Sekundärliteratur (WESTBROOK 1991, S. 179f.) lediglich als „Co-Autorin" von *Schools of To-Morrow* geläufig. Erst JAY MARTIN (2002, S. 154-158) widmet ihr ein eigenes (kleines) Kapitel. Alle Rezensionen von *Schools of To-Morrow*, das ein wirklich einflussreiches Buche werden sollte, übersahen, dass nicht JOHN DEWEY, sondern seine Tochter EVELYN die Feldarbeit geleistet hatte, wie überhaupt ihr eigenständiger Beitrag zur *progressive education* bis heute unbeachtet geblieben ist. Von EVELYN DEWEY stammt etwa eine frühe Darstellung des *Dalton Laboratory Plan* (1922), der HELEN PARKHURSTS eigene Darstellung von 1926 übertrifft. EVELYN DEWEYS Buch *New Schools for Old* (1919) ist eine wenig beachtete Fortsetzung von *Schools of To-Morrow* unter eigenem Namen. Ihr letztes Buch, geschrieben zusammen mit KATHERINE GLOVER, erschien 1934 und hieß *Children of the New Day*.

19 *Schools of To-Morrow* (DEWEY M.W. 8/S. 205-404). Auch in der Werkausgabe von 1979 wird EVELYN DEWEY nicht als Autorin des Buches erwähnt. In der Einleitung ist von einer Kollaboration (ebd., S. XXXII) die Rede. Tatsächlich hat sie das gesamte Beobachtungsmaterial vor Ort recherchiert und für das Buch redigiert (MARTIN 2002, S. 155).

20 Ohne rigide Unterscheidungen wäre die Modernisierung nicht begründbar gewesen: „The old type of school may be said to stand for culture, while the modern type of

DEWEYS Erziehungsphilosophie wurde meinungsbildend, freilich eher als Zitatenautorität, die vor Popularisierungen geschützt werden musste. Den kurzlebigen Versuch der Laboratory School überlagerten die zahlreichen nachfolgenden Gründungen, die mit eigenen Profilen rasch Publizität gewannen und sich nur noch eklektisch auf Vorläufer bezogen. In den vielfältigen und oft hektischen Diskussionen lösten sich die Slogans von der Theorie DEWEYS und verloren ihren argumentativen Kontext. Das „Kind" konnte gegen das „Curriculum" ausgespielt werden, ebenso Lernen gegen Wissen oder die eigene gegen die fremde Erfahrung. Beispiele und Slogans der Reform wurden bewusstseinsbildend, unterstützt von neuen Milieus und Trägerschaften. In den zwanziger Jahren war die Metropole New York ein zentrales Experimentierfeld urbaner Erziehungsreform und Bildungspolitik (RAVITCH 1974; zur Rolle der Metropole auch CREMIN 1988), die ihren pädagogischen Kern in der radikalen Kindorientierung hatte. Die Laborschule wurde aus dieser Perspektive wahrgenommen, ihre entscheidende Leitlinie, das wechselseitige Verhältnis von Lernen und Didaktik oder von Kind und Curriculum, ging dabei verloren.

Von New York aus wurden auch internationale Kontakte organisiert, die den Eindruck erweckten, es konstituiere sich eine weltweite Bewegung der „neuen Erziehung" und daran anschließend der radikalen Schulreform. Gegenüber der europäischen Pädagogik waren Theoriedifferenzen nicht zu übersehen, ebenso wenig die starken Unterschiede in den politischen Überzeugungen, während die Programmatik und Praxis der Schulreform große Übereinstimmungen aufwiesen. Das gilt auch dann, wenn sich ein internationaler Austausch nicht nachweisen lässt. Es gibt zwischen den beiden Weltkriegen viele Beispiele für praktische Schulreform, die im Blick auf ihren theoretischen Überbau kaum Berührungspunkte aufwiesen und dennoch quer zu den Kontinenten übereinstimmten. Die zentralen Schlagworte und Dualismen der Reformsprache brauchten keine gemeinsame Theorie, um wirksam zu werden.

Eine Bilanz der „Neuen Schule", wie sie etwa ADOLF RUDE (1927)[21] vorlegte, schließt an DEWEYS vier Fragen – Lebensnähe, reale Bedeutung des Curriculums, erfahrungsbezogener Unterricht, Individualisierung – an, ohne DEWEY auch nur zu erwähnen. Nahezu alle Referenzen sind der deutschen

---

school stands for experience" (PARKHURST 1926, S. 15). Der Daltonplan, eine maßgebliche Referenz für die internationale Reformpädagogik der zwanziger Jahre, konnte nur so überlegen erscheinen. Grundlegend für den Plan sind Fachgruppen (statt Altersklassen), die sich nach den Interessen der Schüler bilden und die im Rahmen ihrer Aufträge frei arbeiten können. Die Gruppen werden mit den nötigen Arbeitsmitteln versehen und verpflichten sich, selbständig ausgearbeitete Leistungsaufträge (assignments) zu erfüllen. Die Rolle des Lehrers verändert sich zum Helfer der selbsttätig arbeitenden Schüler (ebd., S. 36 ff.; vgl. POPP 1995, SEMEL 1995).

21 ADOLF RUDE amtierte als Rektor in Nakel an der Netze nahe Bromberg. Er war Herbartianer und Verfasser einer maßgebenden Darstellung der Herbart-Schule. Zudem war er Mitherausgeber der Buchreihe *Der Bücherschatz des Lehrers*.

Literatur entnommen,[22] wenn von „europäischen Bildungsreformen" (RUDE 1927, S. 142-152) gesprochen wird, dann unter dieser Voraussetzung.[23] Andererseits sind die schulpädagogischen Modellvorstellungen weitgehend identisch: Die „alte" Schule des Wissens oder der Belehrung sollte überwunden werden (ebd., S. 10), mit Konzepten der Gemeinschaft, der Arbeit und des Lebensbezuges (ebd., S. 222ff.), die sich in praktischer Hinsicht von ausländischen Versuchen kaum unterschieden. Das gilt auch von der Logik des Arguments: Wie die „alte" wird auch die „neue" Schule weitgehend nur als *eine* erwartet.

Die Verengung auf wenige Leitideen alternativer Praxis hatte nicht nur publizistisch Erfolg. Nach 1918 prägten Konzepte der Schulreform wie Selbsttätigkeit, Schulpädagogik, Beobachtungsunterricht oder Selbstverwaltung[24] zunehmend die Volksschule der Weimarer Republik.[25] Der *courant normal* der Reform ist breiter und intensiver als die Konzentration auf die großen Beispiele ahnen lässt, und die Tendenz verstärkt sich bis 1933 (SCHMITT 1993, S. 21; vgl. SCHMITT 1998), getragen durch örtliche Gruppierungen und lokale Zentren, die reformpädagogische Prinzipien ausprobierten und in verschiedene Milieus übersetzten. Das gilt auch für zahlreiche private Gründungen, etwa die kleine Stuttgarter „Schule am Kräherwald", die FRIEDRICH SCHIEKER 1925 gründete und die bis 1936 Bestand hatte, ohne von der Reformwelt sonderlich registriert zu werden. Diese Schulen waren lebensreformerisch inspiriert und hatten vorwiegend lokale Bedeutung.[26]

Diese praktische Reformbewegung von unten lässt sich auch im internationalen Vergleich nachweisen (REESE 1986; ZILVERSMIT 1993; GIBBONEY

22 Das gilt auch für den Daltonplan; maßgebend ist die deutsche Lehrerliteratur Mitte der zwanziger Jahre (RUDE 1927, S. 133-141).

23 Die Darstellung folgt PETERSENS *Neueuropäischer Erziehungsbewegung* (1926); als gemeinsame „Reformideen" werden bezeichnet die Arbeitsschule, der Lebensunterricht, die „neue Einstellung zum Kinde", das Verhältnis von Gemeinschaft und Führung, die körperliche Erziehung, die „Kunsterziehungsbewegung" sowie der Erlebnisunterricht (RUDE 1927, S. 151/152).

24 Die Stichworte sind RUDE (1927) entnommen, aber sie sind sinngemäß auch in allen anderen Darstellungen aus dieser Zeit enthalten (wie FICKER 1932).

25 Reformpädagogische Einflüsse gibt es auch im Bereich der „höheren Lehranstalten", wenngleich in erheblich schwächerer Tendenz (SCHMITT 1993, S. 21ff.). Die von HANNO SCHMITT erhobenen Daten zeigen einen erheblichen Einfluss, wobei die Indikatoren für reformpädagogische Einflüsse auf pragmatische Modernisierungen des Bildungssystems verweisen (ebd., S. 21/22).

26 FRIEDRICH SCHIEKER (1984-1977) gründete seine Schule auf der Basis eines Modells der kindgerechten Grundschule (SCHIEKER 1924). Die Schule ist dokumentiert von HATJE-KLEIN (1996). Zu ihren Schülern gehörten die beiden Söhne des Schriftstellers und Arztes FRIEDRICH WOLF (1888-1953), nämlich der Regisseur KONRAD WOLF (1925-1982) und der Leiter der Hauptabteilung IV des Staatssicherheitsdienstes der DDR, MARKUS WOLF (geb. 1923). FRIEDRICH WOLF veröffentlichte 1927 einen Bestseller zur lebensreformerischen Medizin (*Die Natur als Arzt und Helfer*, 4. Auflage 1930). Die Familie emigrierte 1933 nach Moskau.

1994), wenngleich nationalpolitische Besonderheiten in Rechnung zu stellen sind. Schulpädagogisch ist die Unterscheidung aber eher gering, die zentralen Modellannahmen variieren nur schwach, während genau dadurch die Reformchancen gesteigert wurden. Wenige, aber durchschlagende Optionen leiteten eine vielfältige Praxis an, die allerdings die historische Schulkultur voraussetzte. Es geht durchweg, bei allem Engagement, um pragmatische Reformen, nicht um radikale Entschulung (RUDE 1927, S. 224), während die starke Schulkritik anhielt und für den ideologischen Enthusiasmus sorgte.

Die Breite und der Zuschnitt der Reformen unterscheiden sich vor und nach dem Ersten Weltkrieg. Vor 1914 beherrschten elitäre Schulmodelle die öffentliche Diskussion, nicht oder nur randhaft die Reform der Volksschule. Unter dem Stichwort *New Schools, Ecoles Nouvelles* oder „Landerziehungsheime“ gewannen private Institute der Höheren Bildung Resonanz innerhalb der europäischen Pädagogik und erreichten sehr bald auch eine größere Öffentlichkeit, die Schulreform wesentlich so verstand, wie die New Schools oder die Landerziehungsheime sie selbst definiert und praktisch entwickelt hatten. In Deutschland hatte das Konzept kulturkritische Voraussetzungen, die am Ende des 19. Jahrhunderts auch die Erziehungspublizistik beeinflussten. Die „Großstadt“ wurde mit dekadenter „Zivilisation“ gleichgesetzt, Kultur und so Bildung schienen sich nur außerhalb verwirklichen zu lassen. Nicht wenige Reformer plädierten aus diesem Grunde für die Errichtung pädagogischer Anstalten als Lebensformen auf dem Lande, ohne dabei reale Formen agrarischer Sozialisation in Rechnung zu stellen.

Die Landerziehungsheime sollten die ideale Ganzheit von Schule und Lernen, Leben und Arbeiten in einer institutionellen Form verwirklichen. „Erziehung“, schrieb HERMANN LIETZ (1897, S, 85ff.) „besteht in richtiger Entwicklung der Natur des Zöglings nach allen ihren Seiten hin“, das aber könne unter den derzeitigen gesellschaftlichen Gegebenheiten nur noch auf dem Lande verwirklicht werden. Landleben wird gleichgesetzt mit natürlichem Leben; Leben in der Natur ist die Voraussetzung für eine natürliche Erziehung. LIETZ’ Aufruf zur Gründung eines Landerziehungsheimes beginnt daher mit der These, dass die neue Erziehung nur dann gelingen könne, wenn sie nicht länger an den Raum und die Sozietät der Stadt gebunden sei. Sie müsse aufs Land verlagert und dort neu eingerichtet werden (LIETZ 1967, S. 15). Nur so sei es möglich, die Dekadenz der Erziehung durch eine reine Form zu ersetzen.

LIETZ, ein Schüler von WILHELM REIN, dem einflussreichsten Vertreter der Herbart-Pädagogik, hatte vor diesem Gründungsaufruf ein Jahr lang in der privaten Internatsschule von Abbotsholme in England unterrichtet, wo CECIL REDDIE[27] – beeinflusst ebenfalls durch Konzepte des Herbartianismus

27 CECIL REDDIE (1858-1932) studierte in Edinburgh Naturwissenschaften und promovierte in Göttingen in Chemie. Unter dem Einfluss des englischen Schriftstellers und

(REDDIE 1900, S. 114ff.) – seit 1889 ein „Educational Laboratory“ (ebd., S. 135) organisierte und unterhielt. Diese Schule für elf- bis achtzehnjährige Jungen wurde allgemein so begründet: Ihr oberstes Ziel sei „an all-round Education of an entirely modern and rational character based upon the principles of Educational science, and adapted to the needs of the English cultured class“ (ebd., S. 133/145).[28] Beide Kriterien sind im Kontext des heutigen Bildes der Reformpädagogik vielleicht überraschend, aber in allen europäischen Ländern beginnt die reformpädagogische Bewegung mit einem starken Glauben an die Erziehungswissenschaft, ohne darum immer sofort auch demokratische Prinzipien zu vertreten. Entwickelt wurden elitäre und demokratische Konzepte, und die Landerziehungsheime gehörten zunächst ganz eindeutig einer elitären Pädagogik an.

REDDIE beschreibt seine Schule im Einzelnen wie folgt: Das „Abbotsholme Estate“ sei ein ideales Königreich im Kleinen, gelegen in reizvoller Landschaft, die allein schon Gegenstände genug abgäbe für den thematischen Unterricht oder das, was REDDIE „object lessons“ nennt (ebd., S. 134). Die Schüler lernen an den natürlichen Gegenständen ihrer Erfahrungswelt, aber auch an der sozialen Gemeinschaft, in der sie sich befinden. Der Unterricht bezieht sich auf Anlässe des Lernens, die typischen Schulfächer treten in den Hintergrund, Fragen und Interessen der Schüler erhalten Bedeutung. Nicht abstraktes Wissen soll vermittelt werden, sondern nützliches, das praktischen Bedürfnissen entspricht und nicht lediglich dem Schema der Schule folgt.

> „The whole Life at the school is planned as to develop harmoniously all the powers of the boy – physical, intellectual, artistic, moral, and spiritual – to train him, in fact, how to live, and become a wholesome, reasonable, and useful member of Human Society“ (ebd., S. 135).

Notwendig dafür ist eine pädagogische „community“, die nicht mehr als hundert Mitglieder umfasst (ebd.), also klein und anspruchsvoll verstanden werden kann. REDDIE beschreibt sie als Lernraum mit lebenslangen Wirkungen: „Its central purpose is to bring the boy into conscious harmonious relation with this miniature world, as the surest way of making him into a Man and a Citizen“ (ebd.). Das ist aber nur dann möglich, wenn die schulische Organisationsform das Lernen nicht länger bürokratisiert: Weder dürfen die Inhalte schematisch und nivelliert vorgegeben werden, noch darf das Curriculum einem rein äußerlichen Takt folgen, der sich durch das Lernen gar nicht rechtfertigen lässt.

Sozialreformers EDWARD CARPENTER (1844-1929) gründete REDDIE die *New School of Abbotsholme* mit etwa vierzig Schülern. Die Schule besteht noch und beruft sich auf ihren Gründer: http://www.senior.co.uk/ abbotsholme/back ground/history.asp

28 Die „wissenschaftliche Pädagogik“ bezog sich auf WILHELM REINS *Outline of Pedagogics* (1893), ROBERT HEBERTS QUICKS *Educational Reformers* (1868/1890) und WILLIAM H. HERFORDS zweibändiges Buch *Student's Fröbel* (1893/94) (REDDIE 1900, S. 134/Anm. 1).

Als Alternative zu dieser überkommenen Form denkt REDDIE die „object lessons" oder den natürlichen Unterricht. Das Erfahrungsfeld der Schule – räumliches Umfeld, Zeitstruktur und Sozialität – legt ständig Fragen und Probleme nahe, die für produktives Lernen genutzt werden können (ebd.). Das Curriculum der Schule ist entsprechend weit angelegt, bestimmt von dem Grundsatz, dass es vor dem 18. Lebensjahr überhaupt keine Spezialisierung der Schüler geben dürfe. Die schulische Bildung, so REDDIE, könne nicht zur gleichen Zeit „breit" und „spezialisiert" sein, wenn nicht die Fehler der traditionellen Schule in Kauf genommen werden sollen, „an overburdened curriculum, overstrained brains, and ultimate collapse" (ebd., S. 137).

In Abbotsholme regierte wohl ein strikter Zeitplan das Geschehen, aber nicht ein durchorganisierter Lehrplan.[29] Was gelehrt wurde, entsprach den Anlässen und Bedürfnissen, nämlich praktische Tätigkeiten, intellektueller Unterricht, ästhetische Erziehung und moralisch-religiöse Unterweisung (ebd., S. 145ff.). Ein solches Konzept war attraktiv, wenigstens für das, was REDDIE die „cultured class" nannte. Seine Schule versprach eine gesunde, liberale und zugleich geordnete Erziehung, die die Schüler selbsttätig lernen lasse und sie doch auf nationale und religiöse Prinzipien zu verpflichten wisse (ebd., S. 155f.). Diese Schule bereite nicht mehr durch Pauken (cram), sondern durch umfassende Bildung auf das Leben vor und könne darum umso besser den Anschluss an die Universität sichern. „The work of the university is specialisation, the work of the school is general culture" (ebd., S. 159). „Pauken" sei nur da nötig, wo die Schule eine falsche Spezialisierung pflege und damit das Lernen auf eine falsche Bahn lenke.

Die internationale Resonanz auf diesen Versuch war beträchtlich, obwohl wesentlich nur Selbstbeschreibungen zugänglich waren und eine unabhängige Überprüfung der Zielsetzungen nicht erfolgte. REDDIE hat viele der wohlmeinenden Kommentare und Kritiken gesammelt, die ein europäisches Interesse nachweisen (ebd., S. 193-504). Aufgenommen in diese Dokumentation ist ein Buch, das sich auf sehr eigenwillige Weise, nämlich mit einer Umkehrung im Titel, auf Abbotsholme bezog, HERMANN LIETZ' Bericht *Emlohstobba – Roman oder Wirklichkeit* (1897) (ebd., S. 258-380). LIETZ beschreibt hier seine Erfahrungen in Abbotsholme und entwirft den Plan zu einer eigenen „Erziehungsschule",[30] die Orginalität beansprucht. Dieses

---

29 Der Zeitplan regelte den ganzen Tag und die ganze Woche. Wochentags etwa war um 6.10 Uhr Aufstehen, um 6.45 Uhr eine Frühklasse, um 7.40 Uhr Frühstück und 8.30 Uhr eine zweite, um 10.30 Uhr eine dritte Klasse; am Nachmittag gab es „workshops", Gartenarbeiten, Spiele, um 6.30 Uhr noch eine Abendschule und um 8.40 Uhr einen Gottesdienst, an den sich um 8.50 Uhr das Zubettgehen anschloss (REDDIE 1900, S. 144).

30 Ganz ähnlich hat EDMOND DEMOLINS (1901) nach einem Besuch in Abbotsholme und der parallelen Gründung der Schule in Bedales (1893 durch JOHN BADLEY) die „éducation nouvelle" beschrieben und die *Ecole des Roches* gegründet (Oktober 1899). Diese Schule war das erste französische „Landerziehungsheim", sie ist ausführlich dargestellt in GRUNDER (1910, S. 104-152).

Modell wird scharf von der alten „Unterrichtsschule" abgegrenzt, der LIETZ (1897, S. 88f.) offenen Sadismus vorwirft, weil sie das „oberste Gesetz" der Erziehung, die „Berücksichtigung der Natur des Zöglings", systematisch vernachlässige und darin auch noch eine sinnvolle Tätigkeit sähe. Im Jargon des 19. Jahrhunderts spricht LIETZ von einer „negativen Polizei- und intellektuellen Unterrichtsanstalt", der die „intensive, positive, allseitige Erziehung der Jugend", „die Bildung nicht bloß des Intellekts, sondern vor allem auch des Körpers, der Glieder, der ästhetischen, moralischen, religiösen Natur", entgegengestellt wird (ebd., S. 117/118).

Nicht in Kopie, aber deutlich nach dem Vorbild von Abbotsholme hat HERMANN LIETZ[31] 1898 im Harz, in der Nähe von Ilsenburg, das erste deutsche „Landerziehungsheim" gegründet, dem rasch weitere Gründungen in Thüringen, in der Rhön und am Bodensee folgten.[32] Der Titel *Deutsche Landerziehungsheime* sollte den stark nationalpädagogischen Grundzug der Konzeption zum Ausdruck bringen (LIETZ 1935, S. 144ff.) und zugleich die entschiedene Abwendung von der Großstadt signalisieren.[33] Ilsenburg, eine ehemalige Gutsanlage, wurde von LIETZ, der PESTALOZZI bewunderte (ebd., S. 43), nach dem ländlichen Familienprinzip organisiert, das alles „Schablonenhafte" der Normalschule ausschließen sollte. Die formale Institution des Staates wurde zugunsten einer Internatsgemeinschaft aufgelöst, die feudale Züge trug: „Man lebte zusammen wie ein Gutsherr mit seinen Kindern, seinen Geschwistern und Angestellten" (ebd., S. 81f.).

Diese Metapher wird nicht als Widerspruch zum Konzept verstanden. Die Zielsetzung der Landerziehungsheime ist gleichzeitig „national", „sozial" und „sittlich-religiös" (LIETZ 1913, S. 9), wobei das Nationale besondere Gewich-

---

31 HERMANN LIETZ (1868-1919) studierte Theologie in Halle und promovierte 1891. Er legte danach das Lehrerexamen ab und arbeitete an der Universitätsübungsschule in Jena unter WILHLEM REIN. 1896 verbrachte er ein Jahr in Abbotsholme und entwickelte danach das Konzept der Landerziehungsheime. 1914 meldete er sich, obwohl er bereits viel zu alt war, freiwillig zum Kriegsdienst.

32 Diese Gründungen sind schon sehr bald Gegenstand des pädagogischen Interesses, verbunden mit historischen Verortungen, die bis heute nachwirken: Als Vorläufer galten die Philanthropine, PESTALOZZIS Neuhof und FELLENBERGS „Schulstaat" in Hofwyl (FREI 1902, Kap. A). Diese Gründungen reichten aber nicht über 1848 hinaus (ebd., S. 23) und erst „ein halbes Jahrhundert" später (ebd.) konnten die Landerziehungsheime hier anschließen. Kundige Beobachter haben freilich schon im Gründungsjahr von Ilsenburg bemerkt, dass es sich bei den Landerziehungsheimen um Reformgedanken der deutschen Volksschulpädagogen übertragen auf das höhere Schulwesen handele (WIGGE 1898).

33 Die teilweise enthusiastische Rezeption im Ausland hat ADOLPHE FERRIÈRE (1911, S. 626) so zum Ausdruck gebracht: „*Land-Erziehungsheime* est un programme. *Land* c'est la campagne, le plein air, la vie libre des champs et des bois. C'est l'éloignement de la ville et de sa pestilence physique et morale ... *Erziehung*, c'est l'éducation par opposition à l'instruction ... Enfin, le mot *Heim* dit que les écoles doivent ressembler au foyer familal ... L'école caserne ... est une abomination morale, un crime de lèse-humanité".

tung erlangt, betont LIETZ doch immer wieder den „deutschnationalen und germanischen Charakter“ seiner Heime (LIETZ 1935, S. 115).[34] Die „Erziehung zu nationaler Gesinnung und Tat“ wird als die „selbstverständliche Voraussetzung und Grundlage unseres Lebens“ bezeichnet (LIETZ 1913, S. 9), ergänzt durch die ethisch-sittliche Erziehung, die ihrerseits auf das „nationale Ideal“ bezogen bleibt (ebd., S. 10). Die „Erziehung zu religiöser Gesinnung und Tat“ beschließt die Zielsetzungen, die gemeinsam für die höchste Verpflichtung sorgen sollen, nämlich „am Werden des Gottesreiches“ mitzuarbeiten (ebd.).[35]

LIETZ’ theologische Fundierung des Glaubens ist gegenüber der protestantischen Orthodoxie anti-dogmatisch, orientiert am historischen Jesus und übersetzt in eine Religion der „Hingabe des ganzen Menschen.“ Das „unsichtbare Göttliche“ wird als „Ideal“ des „Guten, Edlen, Gottgewollten“ aufgefasst (LIETZ 1897a, S. 130), das sich unabhängig vom Katechismus weiß und aber darum an jegliches Glaubensobjekt gebunden werden kann. Staat, Volk und Rasse sind religiöse Themen für LIETZ, also Fragen des höchsten Glaubens. Der *Pestalozzi der Deutschen* (Denkschrift 1924) hatte keine Mühe, in den Aufnahmebestimmungen seiner Landerziehungsheime die „indogermanische Abstammung des Kindes“ abzuverlangen (LIETZ 1918, S. 33), also jüdische Kinder gar nicht erst zuzulassen. Der reformpädagogische „Dienst in der Nachfolge Christi“ (LIETZ 1913a) hat daher zur Voraussetzung einen „vaterländischen“ und „religiös-sittlichen Idealismus“, der die „Grundlage“ der Landerziehungsheime bilden soll. Ohne ihn würde dem „Werk das Beste fehlen“ (ebd., S. 16).

Die Erziehungsmittel der Landerziehungsheime demonstrieren die Anwendung dieses Prinzips. Das „erste und letzte“ Mittel sei die „Liebe zum Kinde“, ein Grundsatz, zurück geführt auf PESTALOZZI, der das Prinzip der Selbstlosigkeit begründen soll. „Echte Liebe“ veranlasse den Erzieher, „um des Kindes selbst willen“ tätig zu werden. Sie finde „ihren Lohn im Bewusstsein“, dem Kinde „etwas genutzt zu haben“ (ebd., S. 10/11). Daneben wird die Erfahrung des Landlebens als wichtiges Erziehungsmittel genannt,

---

34 LIETZ’ Dissertation, eine Auseinandersetzung mit AUGUSTE COMTE, verzeichnet emphatisch eine Einflussquelle dieses Denkens (LIETZ 1891, S. 94/95), nämlich KARL CHRISTIAN PLANCKS *Testament eines Deutschen* (1881). PLANCK sah sich selbst als „Messias des deutschen Volkes“. LIETZ war einer der wenigen, die das ernst nahmen.

35 LIETZ hat seinem Entwurf einer *Deutschen Nationalschule* (1911) diesen Grundzug auch zur Begründung eines allgemeinen Modells der Schulreform in Deutschland verwendet: Die „höchste Aufgabe“ des Unterrichts und der Erziehung ist „die Entwicklung der sittlichen Persönlichkeit und des echten Idealismus in der Jugend ... Dieser Idealismus muss wurzeln in der Heimat und der Eigenart der Väter ... (Er) wird entstehen, wenn die wertvollsten Bestandteile vaterländischer Kultur zur Erkenntnis und Würdigung gebracht werden“ (LIETZ 1911, S. 34). Das entspricht dem Erziehungsziel der Herbartianer, deren Pädagogik und Religionsverständnis LIETZ zeitlebens nahe stand.

weiter das Beispiel und Vorbild des Erziehers, zudem Spiel, Sport und körperliche Arbeit, schließlich auch, aber nicht zuerst, die „wissenschaftliche Arbeit" (ebd., S. 11ff.). Ausdrücklich lehnt LIETZ den „Lehrplan des alten Gymnasiums" ab (ebd., S. 14), ebenso die zu frühe und zu oberflächliche Spezialisierung in den Schulen, die weder Breite noch Tiefe vermittle: „Das heute übliche System lässt keine gründliche ernste Arbeit in den Sachgebieten zu, begünstigt oberflächliches Wortwissen und Phrasentum und schablonisiert nach äußerlichen Gesichtspunkten" (ebd., S. 16).

Das Curriculum der Landerziehungsheime sieht daher grundlegend anders aus:

> „In den ersten fünf Schuljahren (lassen wir) alle Kinder in Muttersprache, Natur, Sage und Geschichte heimisch werden (Unterstufe). Auf der Mittelstufe bringen wir dann diese Gebiete zu einem gewissen Abschluss (desgl. die Mathematik) und vermitteln zugleich Kenntnis einer und zwar der englischen Fremdsprache. Wer dann die Oberstufe besuchen will, hat seiner nun erkennbaren Befähigung und Neigung entsprechend die Wahl zwischen der naturwissenschaftlich-technischen Gruppe (Landwirtschaft, Industrie, Medizin) oder der wirtschaftlich-neusprachlichen (Handel) oder der geschichtlich-staatswissenschaftlich-altsprachlichen (Beamte, Rechts- und Staatswissenschaftler, Offiziere)" (ebd.; ausf. LIETZ 1911).

Die wissenschaftliche Arbeit ist nur *ein* Lernobjekt, und nicht das höchste. Zwei weitergehende Medien der ganzheitlichen Erziehung sind die „echte Kunst" und das „religiös-sittliche Leben" (LIETZ 1913, S. 16ff.). Experimentelles Lernen wie in DEWEYS Laborschule ist nicht vorgesehen. Landerziehungsheime sind „Erziehungsstaaten", die methodische Prinzipien wie „Selbsttätigkeit" und „Anschauung" für die Vermittlung von national-religiösen Werten einsetzen. Die Beschäftigung mit Kunst soll den „Sinn für das Schöne" erwecken, während die Erfahrung des Gemeinschaftslebens im Heim zu Grundeinsichten über Sittlichkeit und Religion führen soll. Dabei spielt die Übernahme von Verantwortung in der Selbstverwaltung der Heime eine ebenso wichtige Rolle wie die Erfahrung sittlicher Vorbilder. Als Grundsatz gilt: „Alles, was das Kind selbst finden und leisten kann, muss man es selbst finden und leisten lassen und ihm nicht abnehmen; denn nur so kann man zur Entwicklung sittlicher Tatkraft beitragen" (ebd., S. 17). Die „Gewöhnung an Gehorsam und Anerkennung von notwendiger Autorität" (ebd.) ergeben sich aus den Anforderungen des täglichen Lebens dann ganz von allein.

Die Ordnung des Heimes kennt aber nicht nur die soziale Organisation, sondern auch den Rhythmus des Tages, der gekennzeichnet ist vom „Wechsel zwischen theoretischer und praktischer Beschäftigung, zwischen Spiel, freier ungehemmter Betätigung und pflichtmäßiger Arbeit" (ebd., S. 18). Genauer wird der Tagesablauf so beschrieben:

> „Natur lehrt uns früh aufstehen, den Tag zur Arbeit und zwar im Wechsel zwischen geistiger und körperlicher, den Abend für Spiel und Erholung, die Nacht von früher Stunde an zu ergiebigem Schlaf zu benutzen. So ist der Vormittag dem wissenschaftlichen Unterrichte gewidmet, wobei wir uns hüten, ihn unzweckmäßig zu zerreißen, vielerlei Verschiedenes nacheinander bringend. Sondern wir behandeln im Allgemeinen nur 2, höchstens 3 Gegenstände in etwa je zweimal 45 Minuten. Mehr als fünf Stunden werden am Vormittag nicht erteilt. Den Unterricht unterbrechen wir durch ausreichende Pausen, Dauerlauf in einer, Spiel in andern. Nach einer zweistündigen Mittagspause ist der erste Teil des Nachmittags praktischen Arbeiten in Garten, Werkstätten, Laboratorien und dem Unterricht im Zeichnen und der Musik gewidmet. Der zweite Teil dient dem Spiel, Turnen, den Geländeübungen u.a., sowie der Vorbereitung auf den Unterricht (Arbeitsstunde). Der stille Abend dann gemeinsamem Gesang, dem musikalischen Vorspiel und der Erzählung oder Vorlesung von solchen Dingen und Begebenheiten, die zu Herz und Gemüt sprechen (Kapelle)" (LIETZ 1913a, S. 17/18).

Dieses Konzept ist außerhalb des staatlichen Schulwesens international einflussreich gewesen, allerdings immer nur als schmale Alternative, die von der kleinen Zahl und dem elitären Konzept lebte. FRIEDRICH GRUNDER (1910, S. 2ff.) listete 54 Gründungen seit 1889 auf, die alle mehr oder weniger dem Vorbild von Abbotsholme folgten und den Theorien von REDDIE oder LIETZ verpflichtet waren. Erfolgreich war die Idee also nicht nur in England, sondern auch in Kontinentaleuropa, besonders in Deutschland, daneben in Frankreich (BÄCKER 1913) und in der Schweiz (GRUNDER 1987).

Die Zuordnung allerdings ist schwierig, weil zahlreiche neue oder Alternativschulen, die sich *nicht* auf den Kontext der New Schools bezogen, gar nicht erfasst wurden. Die Papiere des zweiten Internationalen Kongresses für Moralerziehung (1912) listen etwa unter dem Stichwort „Les établissements d'enseignement" ganz andere Entwicklungen auf, nämlich den Ausbau der Berufsbildung, den Aufbau von Volkshochschulen nach dänischem Vorbild, Institutionen der Erwachsenenbildung, die Weiterentwicklung von Landwirtschaftsschulen oder die Herausbildung eigener Schulformen für Kinder mit Behinderungen oder Abweichungen (DYSERINCK 1912). Die *New Schools* waren also ein exklusiver Zusammenhang einer bestimmten Trägergruppe, die wohl die bürgerliche Publizistik bestimmte, nicht jedoch für das Ganze der pädagogischen Reform gehalten werden darf.

Im März 1922 zählte die Genfer Zeitschrift *Pour l'Ère Nouvelle* 47 europäische *Ecoles Nouvelles à la Campagne*, darunter 14 deutsche und 9 schweizerische. Hinzukommen noch 10 amerikanische „neue Schulen". Erfasst wurden einzelne Schulen wie die Odenwaldschule oder die Neue Schule in Hellerau, aber auch Schulverbünde wie die Lietzschen Landerziehungsheime. Die erfassten 47 europäischen Schulen hatten insgesamt nicht mehr als

3'518 Schülerinnen und Schüler,[36] also waren vom staatlichen System aus gesehen Randerscheinungen. Die Unterschiede zwischen den Schulen waren konzeptionell und bezogen auf Personal wie Ausstattung beträchtlich, die Preise dagegen waren angenähert. 1921/1922 kostete der jährliche Besuch der Odenwaldschule zwischen 12.000 und 16.000 Mark,[37] der Lietzschen Landerziehungsheime 14.000 Mark, der Besuch der *Freien Schule Wickersdorf* 16.000 (für Ausländer 20.000) Mark und des Süddeutschen Landerziehungsheims Schondorf am Ammersee[38] 17.400 Mark.

In England ist REDDIES Wirkung beträchtlich, sie kann an den Gründungen von „new schools" abgelesen werden, die Abbotsholme nachfolgten (STEWART 1968). Die Schulen lösten sich relativ schnell von den konservativen Zügen des Grundmodells, führten Koedukation ein, orientierten sich an den Theorien der „neuen Erziehung" und entwickelten auch politische Radikalität, ohne das Konzept der ländlichen *New Schools* aufzugeben. Allerdings sind auch die englischen New Schools Randerscheinungen mit hoher Publizistik und geringem Einfluss auf die Staatschule. Das *Modern Schools Handbook* von 1934 beschreibt 21 Schulen, darunter auch Abbotsholme, die sämtlich ihre Philosophie und ihr Konzept der Situation nach dem Ersten Weltkrieg angepasst haben. Abbotsholme ist zu diesem Zeitpunkt immer noch eine Jungenschule, aber hat inzwischen Redefreiheit eingeführt, die Unterrichtsmethoden individualisiert und Kooperationen mit den örtlichen Boys Scouts hergestellt (BLEWITT 1934, S. 129-145).

Die heute bekannteste der englischen Gründungen ist ALEXANDER NEILLS *Summerhill School* (1924), dessen pädagogisches Konzept in eine deutlich andere Richtung verwies als REDDIES Spätherbartianismus, nämlich ganz auf die „child nature" setzte und die Organisation der Schule von daher bestimmen wollte (NEILL 1945, S. 98ff.), die aber gleichwohl in die Reihe der Landerziehungsheime gehört, ebenso wie die Schulen in *Bedales* oder *Dartington Hall* (HOLMES 1994).[39] Die Konzeption der New Schools änderte

---

36 In Frankreich gingen 565 Schülerinnen und Schüler auf sechs *Ecoles Nouvelles*, in England waren es bei 16 *new schools* 1'097 Schülerinnen und Schüler, in der Schweiz gingen 388 in sechs und in Deutschland 1.297 in 14 *Landerziehungsheime*. Hinzukommen zwei Schulen in Holland und Schweden mit 171 Schülerinnen und Schülern. Die Unterschiede in den Größen war beträchtlich, die *Ecole des Roches* hatte zu diesem Zeitpunkt 310 Schüler, die Odenwaldschule 100 und die New School of Abbotsholme 51. Die Daten basieren auf einer Umfrage von Pour l'Ere Nouvelle. Allerdings sind nicht alle Schulen erfasst, die zu den *Ecoles Nouvelles* gerechnet wurden oder sich selbst dazu zählten. Die Umfrage basierte auf dem Beziehungsnetz von ADOLPHE FERRIÈRE.

37 Das waren beträchtliche Summen, deren heutiger Geldwert wegen der Inflation allerdings kaum zu berechnen ist.

38 Das Landerziehungsheim Schondorf am Ammersee wurde seit 1918 geleitet von ERNST REISINGER und JULIE REISINGER (geb. KERSCHENSTEINER). 1929 wurde die Schule in eine gemeinnützige Stiftung verwandelt.

39 *Dartington Hall*, 1925 gegründet, war vergleichbar radikal wie Summerhill. WILLIAM BURNLEE CURRY, der langjährige Leiter (1931-1957), ist in England zeitweise

sich nach 1918 im Hinblick auf die Psychologie des Kindes und so das Problem der personalen Autorität, nicht jedoch bezogen auf die Grundidee des ländlichen Experimentes mit einer überschaubaren pädagogischen Gemeinschaft.[40] Auch und gerade NEILLS liberal-sozialistische Erziehungsrepublik (CROALL 1983) ist dieser Idee verpflichtet gewesen. Wenig bekannt ist, dass die New Schools auch exportiert wurden. 1948 wurde im schleswig-holsteinischen Plön eine *King Alfred School* eröffnet, die bis 1959 Bestand hatte. Sie war eine Gründung der British Families Education Services, ihr erster Headmaster war F. SPENCER CHAPMAN,[41] der die Schule nach den Prinzipien von KURT HAHN[42] führte.

PAUL GEHEEB[43] hat das Exklusive der Landerziehungsheime, das ihre Attraktivität ausmachte, so bestimmt:

> „Das Landerziehungsheim, in seiner Vollendung gedacht, stellt die Reinkultur der Menschenbildung dar: das Laboratorium, in dem bewiesen wird, was Erziehungskunst unter günstigsten Bedingungen und nach möglichster Ausschaltung antipädagogischer Einflüsse mit mannigfachem Kindermaterial zu leisten vermag. In der inselartigen Abgeschlossenheit der „pädagogischen Provinz", in ländlicher Stille und herrlicher Natur, fernab von der Unruhe und dem vielfach demoralisierenden Treiben der Großstadt, wirken von den vielen zur Erziehung Berufenen die wenigen Auserwählten und vermögen eine Atmosphäre zu schaffen, die im Ganzen und bis ins einzelste auf den Zweck dieser Stätte abgestimmt ist: junge Menschenkinder sich zu Menschen entwickeln zu lassen, zu religiös-sittlichen Charakteren zu erziehen, ihre körperlichen, intellektu-

---

bekannter gewesen als ALEXANDER NEILL und mindestens ebenso einflussreich als pädagogisch-politischer Publizist. Von CURRIES Buch *The Case for Federal Union* (1939) verkauften sich mehr als hunderttausend Exemplare (vgl. PUNCH 1973, YOUNG 1982, DE LA IGLESIA 1996). CURRY starb 1962 an einem Autounfall und hat das Comeback der Radical Education in den sechziger Jahren nicht mehr erleben können. *Dartington Hall* wurde 1987 geschlossen.

40 1922 hatte die zu diesem Zeitpunkt größte englische Alternativschule, die in Bedales, 119 Schüler und 125 Schülerinnen.

41 FREDRICK SPENCER CHAPMAN (1907-1971) nahm vor dem Zweiten Weltkrieg an zahlreichen Expeditionen teil, etwa in die Arktis und den Himalaya. Er machte sich einen Namen als Reiseschriftsteller und Fotograf. Sein bekanntester Buchtitel ist *The Jungle is Neutral* (1952). Im Zweiten Weltkrieg verbrachte CHAPMAN als Spezialist für Guerilla-Taktik drei Jahren hinter den japanischen Linien und wurde hoch dekoriert. Er leitete die Schule in Plön von 1948 bis 1953. Über diese Zeit gibt es einen Spielfilm, der 1949 oder 1950 in der *King Alfred School* gedreht wurde (*Looking for Trouble*). Vgl. http://www.kas-ploen.org.uk

42 KURT HAHN (1886-1974) war seit 1920 Leiter des Landerziehungsheims Salem und gründete 1934 in Schottland die *British Salem School*. Seine seit 1941 durchgeführten „Kurzschulen" waren mehrwöchige, erlebnispädagogische Kurse. Die Grundsätze seiner Erziehung hat HAHN 1929 formuliert.

43 PAUL GEHEEB (1870-1961), der bei RUDOLF EUCKEN promoviert hatte, gründete 1910 zusammen mit EDITH CASSIRER (1885-1982) die Odenwaldschule in der Nähe von Oberhambach (zur Vorgeschichte NÄF 1996).

ellen, moralischen und künstlerischen Anlagen möglichst stark und harmonisch zu entfalten; und alle auf diesen Zweck abzielenden Maßregeln äußerer und innerer Art lassen sich, wenn irgendwo, hier planmäßig durchführen" (GEHEEB 1911/1912, S. 371/372).

Noch KLAUS MANNS Eloge auf die Odenwaldschule (Vossische Zeitung vom 19.8.1924) steht unter dem Eindruck dieser Ambition, die als herausgehobene private Alternative zu den staatlichen Gymnasien erfolgreich war. Ihre Überlegenheit sollte sich im Kontrast erweisen; was GEHEEB – REDDIE, nicht DEWEY vor Augen – „Laboratorium" nannte, war ein „Inselstaat", der von der Unterscheidung lebte (GUDENBERG 1928/29, S. 145). Er behauptete zu sein, was alle anderen *nicht* sein konnten. Überlegen seien die Landerziehungsheime vor allem durch ihr Erziehungspathos, urteilte THEODOR LESSING 1908.

Die bekannten Sezessionen der deutschen Landerziehungsbewegung, WYNEKENS und GEHEEBS Abspaltung von LIETZ und die Gründung der *Freien Schulgemeinde Wickersdorf* (1906) sowie der *Odenwaldschule* (1910), waren Entwicklungen innerhalb der Privatschulbewegung, die die Normalschule weder materiell noch konzeptionell erreichte. Die Differenzierung der Landerziehungsheime nach dem Ersten Weltkrieg – KURT HAHNS *Schlossschule Salem* am Bodensee (1920), MARTIN LUSERKES *Schule am Meer* auf Juist (1925) oder BERNHARD UFFRECHTS *Freie Schul- und Werkgemeinschaft* Letzlingen in der Mark (1919) verfolgten zum Teil eigenständige Konzepte und unterschieden sich in der Gewichtung der Praxis voneinander – ist zu diesem Tatbestand kein Widerspruch. Gemeinsam sind diesen Versuchen bestimmte Ideen, auch die Ablehnung der „alten Schule", ohne dass sich daraus ein Konzept ergeben hätte, das als Reformmodell für die staatliche Schule gedacht worden wäre. Der Inselstatus sollte erhalten bleiben.

Unabhängig von den vielen Variationen, die Grundüberzeugungen der Reformer insgesamt, nicht nur innerhalb der Landerziehungsheimbewegung, sind relativ konform. Zwar sind starke philosophische Unterschiede nicht zu übersehen, aber diese Unterschiede sind durch Zugehörigkeit zu verschiedenen Nationalkulturen zu erklären, nicht durch pädagogische Differenzen. Die Übereinstimmung in den Schulmodellen ist eher frappierend: In allen Entwürfen ist das Hauptanliegen, die Struktur der pädagogischen Institution des 19. Jahrhunderts zu verändern, also den Zeittakt der Schulstunde, die Hierarchie der sozialen Beziehungen, den Formalismus der Methode, die Vorschrift des Lernens durch den Lehrplan und nicht zuletzt die Distanz der Schule zum Leben. In dieser konzeptionellen Hinsicht besteht zwischen amerikanischen *progressive schools* vor 1914, englischen *radical schools* nach 1918 und deutschen Landerziehungsheimen nach 1918 kaum ein Unterschied.

Auch die vorgeschlagenen Mittel sind sehr ähnlich: Der Unterricht soll der Zeit des Lernens, nicht das Lernen der Zeit des Unterrichts folgen; daraus ergibt sich eine veränderte Zeitstruktur, die an Lernaufgaben und nicht an der schematischen Abfolge von Unterrichtsfächern orientiert wird. Die sozialen Beziehungen werden von zwei Faktoren her grundlegend verändert, einem pädagogischen Verhältnis zwischen Lehrern und Schülern sowie einer bedürfnisorientierten Gestaltung des Schullebens, das ausreichend Platz hat für Gemeinschaftserfahrungen, Freizeitgestaltung und Eigentätigkeit. Diese Stichworte prägten die Diskussion der Schulreform auch über die „Landerziehungsheime" hinaus, aber der Transfer ist einer der nahe liegenden Konzepte, nicht der institutionellen Form. Landerziehungsheime sind viel zitierte Beispiele in der öffentlichen Kommunikation, an denen die generelle Möglichkeit der Reform abgelesen wird, ohne die Beispiele selbst übertragen zu können.

Das schließt Vergleichbarkeit nicht aus. Generell gilt für die Versuchsschulen der Reformpädagogik, dass der Anstaltscharakter, die typische Schul- und Unterrichtserfahrung, überwunden werden soll. Daher betrifft die zentrale Modernisierung die Schulhierarchie und die Unterrichtsorganisation. Vorherrschend in allen progressiven Schulen ist das Lernen aus Anlass und nach Interesse, also die Methode des Projekts und nicht mehr die Präparation des lehrerorientierten Unterrichts. In dieser Hinsicht verschiebt sich der Mittelpunkt tatsächlich, und zwar vom strikten Lehrerhandeln zur offeneren Lernarbeit, die mehr Möglichkeiten bietet (und abverlangt) als die Standardmethode des 19. Jahrhunderts. In der Konsequenz dieser Öffnung des Lernens wächst auch die Kritik an den strikten Lehrplänen, die durch allgemein gehaltene Richtlinien ersetzt werden. Dabei ist das Entwicklungsalter der Schüler wichtiger als die überkommene Struktur der Schulfächer, wie am Curriculum der Landerziehungsheime zu beobachten war. Das Schulleben schließlich soll die Schule psychologisch und ästhetisch attraktiv machen, etwa über die Organisation des Schuljahres, das Rhythmen und Höhepunkte kennt, in welchen die Gemeinschaft inszeniert und erfahren wird.

Das dritte Schulmodell, BERTHOLD OTTOS *Hauslehrerschule* in Berlin-Lichterfelde, scheint diesen Kriterien nicht zu entsprechen, denn OTTO gründete 1906 keine Universitätsschule, kein Eliteinternat und auch kein Landerziehungsheim, sondern einen freien Unterrichtszirkel, der zunächst wie eine Familiengruppe aufgebaut war und somit zu Recht den Namen „Hauslehrerschule" erhielt. OTTO wählte diesen Titel freilich aus Gründen der Schulkritik: Das 19. Jahrhundert habe eine Großorganisation „Schule" hervorgebracht, die bei allem Bemühen um die richtige Methode und die angemessene Ausbildung der Lehrer doch nicht mehr imstande war, für die Intimität des Lernens zu sorgen. Dies könne nur eine kleine Gruppe, die ohne Zwang und äußere Regulierung zusammenkommt und vom Bedürfnis zu lernen ausgeht. Ihr Vorbild ist die vorstaatliche Organisation von Schule, nämlich der Hauslehrerunterricht in den bürgerlichen und feudalen Familien des ausgehenden 17., des 18. und des frühen 19. Jahrhunderts. Hier gab es keine staatliche Schulpflicht, keine bürokratische Struktur und vor allem keinen nivellierten Lehrplan, der das Lernen aller Kinder verbindlich vorschreibt.

Das Konzept der „Hauslehrerschule“ unterscheidet Zwang und Freiheit. Zwang ist berechtigt auf den Gebieten des Willens, aber nicht im Bereich des Geistes; soweit Erziehung die Entwicklung des Geistes zur Voraussetzung hat, muss sie frei von Zwang sein. „Der Geist wird unter dem Zwange unter allen Umständen schlechter, als er ohne den Zwang wäre“ (OTTO 1912, S. 17). Zwang in der Erziehung wäre „Kraftvergeudung“, weil er nur Abwehr hervorruft, ohne wirkliches Interesse zu erzeugen. Aus dieser Dichotomie[44] lässt sich ein effektvolles Argument gegen die staatliche Schule gewinnen, eine Art Schibboleth zur gesamten Schulkritik: Die „Schule im traditionellen Sinne“ lasse sich definieren als „eine Zwangsanstalt, in der geistige Leistungen als sittliche Pflicht gefordert werden“ (OTTO 1898, S. 10). Eine Schule „in diesem Sinne“ werde „wirklich das Ende des zwanzigsten Jahrhunderts nicht erleben“ (ebd.), die Schule der Zukunft müsse daher grundlegend anders bestimmt werden, durch die Freiheit der geistigen Entwicklung und die der Verpflichtung des Unterrichts auf die Zukunftsaufgaben der Kinder (OTTO 1912, S. 6f.). Sie entstehen nicht durch Lehrplan und „Schulweisheit“ (ebd., S. 7/8), sondern durch Bestärkung und Elaboration der natürlichen Intelligenz.

Konzeptionell setzt die „Hauslehrerschule“ auf die Neigung und Neugier des Kindes, die sich aber nicht einfach auf das Leben beziehen, sondern dem psychologisch aufbereiteten Angebot[45] der Schule gelten sollen (OTTO 1910, S. 282ff.). Der Lehrer verfügt nicht mehr über die Autorität eines Amtes, sondern soll sich als Freund und Vertrauter des Kindes verstehen, aber immer noch Lehrer sein, der in der Hauptsache für die geistige Bildung der Schüler sorgen soll und dies nicht einfach als Animateur erledigen kann. Er beobachtet den „geistigen Entwicklungsgang“ der Kinder und Jugendlichen, so wie er sich im Lernmilieu der Schule vollzieht (ebd., S. 283f.). Hier liegt ein entscheidender Unterschied etwa zu DEWEY: In der Schule, so OTTO, gibt es „erheblich mehr Gelegenheit zu schönen Spielen als zu Hause“ und „reichlichere Befriedigung für alle Wissbegierde“ (ebd.,

---

44 Sie erklärt auch OTTOS politische Überzeugungen, die krass antiliberal angelegt sind (OTTO 1925, S. 15f.) und dem Individualitätsprinzip das Gemeinschaftsdenken entgegenstellen (ebd., S. 1-5); zugleich wird Geistesfreiheit behauptet und in Anspruch genommen (ebd., S. 16ff.). Die berühmte Konzeption eines sozialistischen Monarchismus wird organisch und „seelenkundlich“ begründet (ebd., S. 44ff.). Das erbliche Königtum entspreche „der allgemeinen Gefühls- und Willensrichtung“ des Menschen (ebd., S. 46).

45 Grundlage von OTTOS Psychologie ist HEYMANN STEINTHALS (1823-1899) *Einleitung in die Psychologie und Sprachwissenschaft*. OTTO hat STEINTHALS Vorlesungen in Berlin gehört und verschiedene seiner Konzepte übernommen. STEINTHAL spricht vom autonomen „geistigen Wachstum“ der Kinder (STEINTHAL 1881, S. 83) und von der durch „Anschauung“ und „Wahrnehmung“ bedingten begrifflichen Erkenntnis (ebd., S. 106). Beide Konzepte liegen OTTOS „Gesamtunterricht“ zugrunde.

S. 284), vorausgesetzt aber, die Schule ist so eingerichtet, dass sie tatsächlich das Lernen der Kinder befördert. In diesem Sinne ist sie der Alltagserfahrung voraus.

Gegründet hat OTTO die „Hauslehrerschule" 1906 in seiner Privatwohnung. Sie wurde ein Jahr später vom Preußischen Kultusministerium anerkannt. Ein eigenes Schulhaus wurde erst erforderlich, als die Schülerzahl auf über 30 gestiegen war (zum Folgenden: FERBER 1925, S. 54ff.).[46] Die Anlage der Schule war pädagogisch durchdacht: OTTO erwarb ein größeres Gelände, „auf dem das Schulhaus, die Gartenanlagen und Spielplätze eingerichtet wurden". Im Schulhaus lagen „die hellen, luftigen Schulräume alle zu ebener Erde", in jedem einzelnen Raum gab es „an der Wand entlanglaufende Holzbänke und einfache leichte Schreibetische" (ebd., S. 54). Die innere Struktur der Schule war durch „Stufen- oder Kurseinteilung gekennzeichnet". Die gleichaltrigen Kinder bildeten eine Stufe und gruppierten sich in lockerer Art um eine Lehrperson, „die sie meist während der ganzen Schulzeit über die verschiedenen ‚Stufen' hin begleitete" (ebd., S. 55).[47] Die ganze Schule nahm am „großen Gesamtunterricht" teil, aber jede Stufe erhielt auch ihren „besonderen Gesamtunterricht" (ebd.). Daneben wurden für individuelle Interessen Kurse eingerichtet und bearbeiteten Arbeitsgemeinschaften die Hauptfächer des Lehrplans der Regelschule, soweit dies erforderlich erschien.

Unterricht wurde nicht nur im Klassenzimmer, sondern auch im Freien erteilt. Die Zeit des Unterrichts war sakrosankt und durfte von Außen nicht gestört werden. Die Dauer vor allem des Gesamtunterrichts war nicht genau festgelegt, oft reichte der Unterricht in die Pausen hinein, wenn thematische Spannung erzeugt war und die Beteiligung nicht nachließ. Jeder Mittwoch war freigegeben für Besichtigungen und Ausflüge. Am Ende eines Jahresquartals wurden von den Kindern Aufführungen und Ausstellungen veranstaltet, die dem Schulleben und der Elternarbeit dienten. Als „unerlässliche Aufgabe" galt OTTO, „dass die Eltern mit den Grundsätzen der Schule bekannt und einverstanden sind und niemals im Sinne des Zwangsunterrichts auf ihre Kinder einwirken" (ebd., S. 56). Das ist umso bemerkenswerter, als

---

46 Neuere Arbeiten über OTTO liegen nicht vor. Die meisten Darstellungen richten sich nach der Biographie von PAUL BAUMANN (1959-1962), der als Schüler OTTOS in hohem Masse befangen war. OTTOS politische Anschauungen werden ausgeblendet und die pädagogische Konzeption wird über die Massen geschönt. Das gilt auch für Internet-Auftritte, die keine eigenen Daten erheben, etwa:
http://www.member.uni-oldenburg.de/wilhelm.topsch/reformerprojekt/ oder
http://www.nibis.ni.schule.de/bottosl/berthold.htm

47 „Auf der ersten ‚Stufe' – dem Anfängerkurs – stehen die Schüler bis zum 7./8. Lebensjahr ungefähr. Für die nächsten zwei Jahre sind sie als ‚Unterkurs' in der nächst folgenden Stufe vereinigt. Auf Wunsch der Schüler wird auch ein regelmäßiger Stundenplan ausgearbeitet. Die ungefähr 10- bis 13-Jährigen sind abermals in einer Stufe, ‚Mittelkurs' genannt, vereinigt, während der ‚Oberkurs' alle älteren Schüler aufnimmt" (FERBER 1925, S. 55).

OTTO die innere Schulverwaltung ganz in die Hände der Schüler legte. Die berühmten Schülergesetze der Berthold-Otto-Schule[48] gehen auf diese Entscheidung zurück, und sie sind Regeln, die sich eine Schule strenger kaum geben kann.[49] Sie basierten auf OTTOs Grundregel der Freiheit des Geistes und der Bindung des Willens; die Autorität der Ordnung widersprach dann nicht der Liberalität des Lernens.

Die reformatorische Methode dieser Schule nannte OTTO den *freien geistigen Verkehr* mit Schülern im Gesamtunterricht. Der Ausdruck „geistiger Verkehr" bezieht sich auf häuslichen Umgang zwischen Erwachsenen und Kindern. Er wird geleitet durch die Fragen der Kinder, aus denen sich Themen und Probleme des Unterrichts ergeben. Eine irgendwie nach Lehrplan dosierte Instruktion wird ausgeschlossen, ernst zu nehmen sei nicht das Pensum, sondern die fragende Neugier der Kinder:

> „Wenn man alle Kinderfragen ernst nimmt, dann kann man auf alle Kinderfragen so antworten, dass man in geistigen Verkehr mit den Kindern kommt. Freilich muss man oft antworten ‚das weiß ich selber nicht'; und für manche Erwachsene ist das am schwersten zu lernen. Aber ein ‚das verstehst du nicht' darf es niemals geben. Denn das Kind versteht alles, was man ihm in verständlicher Sprache sagt. Dazu muss man die Sache freilich selber genau verstanden haben, und außerdem muss man die Sprache des Kindes genau kennen" (OTTO 1910a, S. 254).

Das Vorwissen des Kindes soll respektiert werden (OTTO 1912a, S. 21), ebenso seine Lernkapazität. Der Unterricht ist dann erfolgreich, wenn er, nach dem Vorbild häuslicher Gespräche, „müheloses Verständnis" erwirkt (ebd., S. 22). Die Einsicht ergibt sich nebenbei, der Lehrer hat „eigentlich weiter nichts zu tun, als sich ein paar Stunden lang täglich den Kindern zur Verfügung zu stellen und dabei – darin liegt die einzige Schwierigkeit – auf jede Frage der Kinder ... die entsprechende Antwort zu geben, allenfalls

48 Die Schule wurde so genannt im Anschluss an die ministerielle Genehmigung im Dezember 1907. OTTO leitete die Schule bis zu seinem Tode (1933) und gab bis zu seinem 73. Lebensjahr selbst Unterricht. Die Berthold-Otto-Schule berichtete ständig über sich in der Zeitschrift *Der Hauslehrer*. Es gab einige Schulreformen, die sich explizit auf OTTO bezogen und versuchten, seine Prinzipien auch im Bereich der staatlichen Schule seine Prinzipien zu verwirklichen. Am bekanntesten war die Berthold-Otto-Schule in Magdeburg, die „Gesamtunterricht" mit „volksorganischem Denken" vermitteln wollte (HANEWALD/HEDIKE 1930; SCHULZE 1950). Daneben gab es auch Versuche in Landschulen (KRETSCHMANN 1925). Das Konzept des „Gesamtunterrichts" übte zudem großen Einfluss auf die Methodendiskussion der Reformpädagogik aus.

49 Unter der Überschrift „Verboten ist: ..." finden sich etwa folgende Sanktionsobjekte: „Jede Stundenstörung", „das störende Pfeifen im und am Schulhause", „das Lärmen in den Garderoben", „das Schlittern im Schulhause", „das Klettern auf die Fenster und das Sitzen auf den Fensterbrettern", insgesamt 33 solcher Verbote und daneben viele Gesetze und Regelungen in der Schulverfassung (FERBER 1925, S. 59ff.). Eine ständige Einrichtung war auch das Schülergericht (ALBERTS 1925, S. 127ff.).

auch auf zufällig aufstoßende Probleme selbst durch Fragen hinzuweisen" (ebd., S. 25). Das wird durch Lehrgänge, vor allem zum Sprachunterricht, vorbereitet, aber nicht situativ festgelegt. Insofern stellt die offene Form von Fragen und Antworten hohe Anforderungen an die Selbsttätigkeit auf beiden Seiten (OTTO 1903, S. 257f.).

Jede Form von Erziehungsbürokratie wird ausgeschlossen, die Schule der Zukunft soll einem organischen Lebenszusammenhang gleichen (OTTO 1914, S. 43ff.), der nicht länger auf „formale Bildung" hin angelegt ist, sondern „die natürliche Entwicklung des menschlichen Geistes" zur Aufgabe hat (ebd., S. 54). Das Vorbild ist so nicht zufällig die einklassige Dorfschule (ebd., S. 87ff.); „Unterricht und Erziehung" sollen an das „natürliche Verfahren der Familie" anknüpfen (ebd., S. 102) und dörfliche Überschaubarkeit voraussetzen. In Großstädten, so schließt auch OTTO, kann nicht erzogen werden. Hier geschieht „der beständige Kindermord", in dem Sinne, dass die Großstadt den Kindern die „Kindlichkeit" nimmt und „aus Kindern frühreife Halberwachsene macht" (ebd., S. 179). Auch hier die Alternative die *pädagogische Provinz*, die die Autorität GOETHES für sich in Anspruch nehmen kann (ebd., S. 181ff.), ohne zwischen *Wilhelm Meisters Wanderjahren* und der Großstadt Berlin eine unumkehrbare Entwicklungsdifferenz annehmen zu müssen.[50]

Viele Reformer vor 1914 erwarteten, dass ausgehend von den Landerziehungsheimen und Versuchen wie den von BERTHOLD OTTO die neue Schule entstehen würde. Die „Berthold-Otto-Pädagogik" wurde von einem eigenen Zirkel der Anhänger unterstützt und unbeschadet von OTTOS politischen Ambitionen auch noch nach dem Zweiten Weltkrieg propagiert.[51] Die mit dieser Pädagogik verbundene Erwartung hat LUDWIG GURLITT so ausgedrückt: „Das Landerziehungsheim mit Familiencharakter ist die Schulart, der man die beste Entwicklung voraussagen kann. Dort findet die Jugend vor allem wieder engen Verkehr mit der Natur und die Möglichkeit, durch tägliches Spielen im Freien, durch Wanderungen, durch Gartenarbeit, durch Baden und Schwimmen, Rudern und Spielen auf der Wiese die Sinne und körperlichen Kräfte zu wecken und zu stärken" (GURLITT 1907, S. 95). Das aber decke sich nicht mit den Vorstellungen der Administration, so dass aufregende Reformen wie die „des Dr. Lietz ... nur außerhalb der staatlichen Schule" stattfinden könnten (ebd., S. 95/96). Die „neuen Schulen" wollten „keine Anstalten" mehr sein (FERRIÈRE 1914, S. 624), aber aus dem Autonomiegebot erwuchs das Problem. Schulen, die kein „vorgefasstes

50 *Wilhelm Meisters Wanderjahre*, zweites Buch, altes Kapitel. Die zweite definitive Fassung des Romans erschien 1829.

51 1913 wurde der „Berthold-Otto-Verein" gegründet, der später „Verein für Berthold Ottos Pädagogik" genannt wurde. Der Verein gab für seine Mitglieder, Lehrkräfte aller Schularten, regelmäßige Rundbriefe heraus, in denen die Anliegen von OTTOS Pädagogik vertreten wurden. Die Neugründung des Vereins erfolgte 1947 unter dem Namen „Berthold-Otto-Kreis". Die Rundbriefe erschienen bis nach 1962, zuletzt herausgegeben von KARL KREITMAIR.

System“ haben und „keine andere Methode“ als die, die „sich ganz natürlich ergibt“ (ebd.), sind individuelle Systeme, die sich der Verwaltung entziehen. Sie leben idealiter ganz aus sich heraus, aber das würde vermutlich kein staatliches System zulassen, schon weil die Administration den Bürgern Rechenschaft über den Einsatz der Steuermittel schuldet.

Die staatliche Schulorganisation muss die Individualisierung begrenzen, sie soll große Zahlen vergleichbar behandeln und verwendet allgemeine Standards, die nicht beliebig unterlaufen werden können.[52] Reformen des Systems werden an der Effektivität des Unterrichts bemessen und nicht daran, ob und wie die Individualisierung zunimmt. Wenigstens ist das zentrale Reformkonzept des 19. Jahrhunderts, die Arbeitsschule, so verstanden worden, als Didaktisierung der Handarbeit (SEIDEL 1885, S. 110f.), mit der die Wirksamkeit des Volksschulunterrichts erhöht werden sollte. Eine Hauptforderung an die „moderne Schule“ war daher die Erziehung zur *Arbeitstüchtigkeit* (HAUFE 1896). „Arbeit“ war Medium der Unterrichtsreform, die praktisches Können ausbilden sollte, um der Dominanz des theoretischen Lehrbuchwissens entgegenzutreten. Der Verdacht war immer, dass der lehrbuchzentrierte Unterricht geringere Effekte erzielt als das selbsttätige Lernen am praktischen Objekt, und dieser Verdacht gehört zum Kernbestand der Schulreformdiskussion im 19. Jahrhundert.

GEORG KERSCHENSTEINER,[53] zu diesem Zeitpunkt Stadtschulrat in München, knüpfte hier an, als er am 12. Januar 1908 in Zürich seinen berühmten Vortrag „Die Schule der Zukunft eine Arbeitsschule“ hielt.[54] Er fragte darin nach den Möglichkeiten der Umgestaltung der Schule, so dass „sie ihre guten

---

52 Das gilt zum Beispiel für Sprachnormen, die BERTHOLD OTTO mit seiner berühmt gewordenen Mundart-Didaktik didaktisch relativieren wollte. Der Angriff galt dem Vorrang der „hochdeutschen Schriftsprache“ im Schulunterricht; in der Pflege der Mundart sah OTTO (1908, S. 22ff. u. pass.) demgegenüber eine Bedingung kindgerechter Entwicklung.

53 GEORG KERSCHENSTEINER (1854-1932) besuchte das Lehrerseminar in Freising und war mehrere Jahre als Volksschullehrer tätig. Nach einem Studium der Mathematik und Physik in München wurde er Mathematiklehrer an der Städtischen Handelsschule in Nürnberg. Nach weiteren Stellen als Gymnasiallehrer in Schweinfurt und München wurde KERSCHENSTEINER am 1. August 1895 Stadtschulrat und Königlicher Schulkommissar in München.

54 Der Titel des Vortrages, „die Schule der Zukunft, die Arbeitsschule“ erscheint in HAUFES (1896, S. 15) Schrift über die „Erziehung zur Arbeitstüchtigkeit“. Hier wird auch die hauptsächliche These KERSCHENSTEINERS entwickelt, wonach „manuelles Arbeiten“ als das „absolute Mittel der Hebung von Gewerbe, Handel und Industrie“ zu verstehen sei, das auf die Schule übertragen werden müsse (ebd., S. 17). KERSCHENSTEINER publizierte über pädagogische Themen, abgesehen von einen anonymen Artikel 1891, seit seiner Antrittsrede als Stadtschulrat in München 1895. Den Ausdruck „produktive Arbeit“ verwendete er zuerst wohl in einem Vortrag am 6. März 1906 in München (KERSCHENSTEINER 1906). Dass er 1908 für den programmatischen Vortrag in Zürich HAUFES Text benutzte, ist nicht unwahrscheinlich.

Eigenschaften nicht verliert, gleichwohl aber dem Wesen des Kindes mehr gerecht wird", also in ihm „auch jene aktive Seelenverfassung entwickelt, die sie heute vernachlässigt, ja verkümmern lässt" (KERSCHENSTEINER 1968, S. 39). Aus dieser Kritik ergibt sich die einflussreiche und stilprägende Forderung, derzufolge die „Lernschule" in eine „Arbeitsschule" verwandelt werden müsse. Diese Forderung gibt den Konsens jener Reformer wieder, die an der Entwicklung der staatlichen Volksschule interessiert waren.

Begründet wird die Forderung nach Ablösung der „Lernschule" mit der Kluft zwischen Schule und Leben. Sie zu überwinden sei die Aufgabe der künftigen Arbeitsschule. Sie würde sich „an die schaffenden Kräfte des Kindes wenden, und zwar tunlichst in dem gleichen Wirkungskreis, an den es vor und während der Schule durch seine persönlichen Anliegen und wirtschaftliche Umgebung gebunden ist" (ebd.). Die Lernschule vernachlässige nicht nur praktische Begabungen, sondern sei auch außerstande, die Arbeit als pädagogisches Prinzip zu nutzen. Verfährt die Schule der Zukunft nach diesem Prinzip, dann kann sie praktische, handwerkliche Tätigkeiten in den Mittelpunkt stellen. „Was die neue Arbeitsschule braucht, ist ein reiches Feld für manuelle Arbeit, das nach Maßgabe der Befähigung des Schülers auch zum geistigen Arbeitsfeld werden kann" (ebd., S. 31). Nur eben verkehrt sich die Priorität und damit die Reihenfolge: Vorrangige Aufgabe der Volksschule ist nicht mehr das intellektuelle Training oder die begriffliche Schulung, sondern die Einübung manueller Fertigkeiten. Sie sind der Grund für weitergehende, charakterlich-sittliche Lernprozesse, während ausdrücklich ausgeschlossen wird, dass die Arbeitsschule für die Zwecke ökonomischer Produktion Verwendung finden soll. Die Distanz von Schule und Leben in dieser Hinsicht bleibt also gewahrt.

Aus diesen sehr traditionellen Forderungen zur Reform des Volksschulunterrichts ergibt sich kein eigenes Schulmodell, eher ein methodisches Prinzip oder ein eigenes Fach (das hat die Kritik deutlich gesehen: WIGGE 1913, S. 7). Eine generelle Formel „Schulreform durch Handarbeit" sei gleichbedeutend mit einer „Selbstüberschätzung", schrieb HUGO GAUDIG (1912, S. 5) gegen den Mainstream der Arbeitsschulbewegung, um eine eigene Variante ins Spiel zu bringen, in der „die selbsttätige Arbeit des Schülers die den Charakter der Schule bestimmende Tätigkeitsform ist" (GAUDIG 1911, S. 549). Der Konflikt zwischen KERSCHENSTEINER und GAUDIG war das große Thema des „Ersten Deutschen Kongresses für Jugendbildung und Jugendkunde". Die gegensätzlichen Auffassungen wurden am 6. Oktober 1911[55] ausgetra-

55 Der „Bund für Schulreform" ist 1908 im Umkreis der reformpädagogischen Zeitschrift „Der Säemann" gegründet worden und repräsentierte vor allem die Hamburger und Bremer Schulreformer. Ab 1915 gilt der Name „Deutscher Bund für Erziehung und Unterricht" (dokumentiert ist die Entwicklung des Bundes in: Der deutsche Bund für Erziehung und Unterricht 1917). Über den Disput zwischen KERSCHENSTEINER und GAUDIG berichtet SCHEIBNER (1911). Die Diskussion nach den beiden Vorträgen ist dokumentiert (Erster Deutscher Kongress 1912, S. 17-30); Dis-

gen, und die Kernfrage war, was als „Arbeitsschule“ gelten solle, die Präferenz für „manuelle Tätigkeiten“ oder für „selbsttätige Bildung“ (Erster Deutscher Kongress 1912, S. 8-17).

GAUDIG setzte „Arbeit“ mit Selbsttätigkeit gleich, verfügte also über das weitergehende Konzept, das sich in der Folgezeit durchsetzte, auch weil es wesentlich schulverträglicher war. Die Verbindung von Persönlichkeits- und Erlebnispädagogik beschrieb den Erfahrungskreis innerer Schulreform[56] passend zur Idee des aktiven Kindes, das KERSCHENSTEINER den sittlichen Zielsetzungen der Arbeitsschule nachgeordnet wissen wollte.[57] GAUDIG hatte für die tatsächlich sich vollziehende Schulreform die bessere Formel:

> „Durch Selbständigkeit wird die Schule zur ‚Arbeitsschule', d.h. zu der Schule, in der die selbständige Tätigkeit des Schülers die wesentliche, den Charakter der Schule beherrschende Tätigkeitsform ist“ (GAUDIG 1922, Bd. I/S. 93).

Danach kann jede Schule „Arbeitsschule“ sein, in diesem Sinne wäre darunter ein didaktisches Programm und keine eigentliche Organisationsform zu verstehen. Wohin sich die Schule entwickelt, ließ sich so gar nicht absehen, während die Landerziehungsheime von LIETZ bis NEILL davon ausgingen, die einzig richtige Schulform gefunden zu haben. Bei GAUDIG – und das vor allem macht den Einfluss aus – geht es um das Prinzip der Aktivierung, das in der kontrollierten Freisetzung des tätigen Schülers gesehen wird:

> „Das Prinzip der Selbsttätigkeit beherrscht den gesamten Schulkursus vom ersten bis zum letzten Tage. Es durchdringt alle Disziplinen, die geistes- und naturwissenschaftlichen sowie die technischen. Ebenso beherrscht es alle Arbeitsformen, die Arbeit am anschaulichen Objekt, die Arbeit am Text, das entwickelnde Verfahren und alles darstellende Tun. Und endlich: Es beherrscht die Arbeit sowohl dann, wenn sie – innerhalb der Klasse – Einzelarbeit ist, d.h. Arbeit, bei der sich die Arbeit des einzelnen Schülers zur Einzelarbeit absondert, wie auch dann, wenn die Klasse das eigentlich arbeitende Subjekt ist“ (ebd., S. 93/94).

---

kussionsbeiträge stammen etwa von JOHANNES GLÄSER, LILLY JANNASCH und JOHANNES TRÜPER.

56 Die Pädagogik der „Gaudigschule“ dokumentieren SUCHLAND/JOST (1978). HUGO GAUDIG, seit 1900 Leiter der Höheren Mädchenschule in Leipzig, versammelte dort einen Kreis von Mitarbeitern wie OTTO SCHEIBNER, ANNY SCHULZE, THEODOR FRIEDRICH oder LOTTE MÜLLER, die zu einflussreichen Autoren der Schulreform wurden. Der publizistische und praktische Zusammenhang der Schule ist wenig erschlossen, insbesondere in fachdidaktischer Hinsicht, also im Kernbereich der Schule der Selbsttätigkeit.

57 Ein Hauptdifferenzpunkt zwischen GAUDIG und KERSCHENSTEINER ist daher nicht zufällig das Konzept der staatsbürgerlichen Erziehung (Erster Deutscher Kongress 1912, S. 13f.).

GAUDIG hatte schon in den *Didaktischen Ketzereien* (1904) auf den Zusammenhang von Fragehaltung und Persönlichkeitserziehung hingewiesen. Das Prinzip der Selbsttätigkeit schließt hier an; ähnlich wie bei BERTHOLD OTTO wird die Aufgabe der Schule darin gesehen, den „Fragetrieb" der Kinder zu entwickeln (ebd., S. 115), nur nicht verengt auf eine bestimmte Methode oder ein bestimmtes Fach, sondern verstanden als Maxime kontinuierlicher Schulreform. Für diese Reform lieferte GAUDIG folgenreiche Stichworte wie die „werdende Persönlichkeit" (ebd., S. 148f.), die Aktivierung der „Schulgemeinde" durch Spiele und Feste (ebd., S. 177f.), den Erlebnisunterricht, das Schulleben (ebd., S. 185ff.) und nicht zuletzt die „freie geistige Schularbeit" (GAUDIG 1924), die das didaktische Konzept auf eine Leitformel brachte.

Gegen KERSCHENSTEINER[58] heißt es, das Programm der *handwerklichen* „Arbeitsschule" sei „verhängnisvoll ..., wenn die Schule der Zukunft nicht auch eine Schule des Erlebens wäre. Nur der kann sich" mit dem Programm manueller Tätigkeit „begnügen, der da meint, leben sei nichts als arbeiten" (GAUDIG 1922, Bd. I/S. 193). Tatsächlich ist die Askese von „Arbeit" eng mit dem Projekt der Arbeitsschule verbunden gewesen, wie sich nicht zuletzt in der polytechnischen Erziehung zeigte, die in den zwanziger Jahren als sozialistische Weiterentwicklung der alten Arbeitsschulidee diskutiert wurde. Schulmodelle dieser Art gingen nicht von der Natur des Kindes, vom Zusammenhang zwischen Lernen, Erleben und Entwicklung, aus, sondern vom gesellschaftlichen Verwendungszweck und dabei von der totalen Revision der Gesellschaft, also von einem politischen Programm, dem sich alle Varianten von „Arbeitsschule" zu unterwerfen hätten. Das unterscheidet zum Beispiel BLONSKIJS Entwurf einer Arbeitsschule, die der Qualifikation für die Industriearbeit dienen sollte, von DEWEYS Laborschule, die vom Lernen der Kinder ausging und die demokratische Gesellschaft von der Gestaltung dieses Lernens abhängig machte.

Die deutsche Reformpädagogik, das bleibt an dieser Stelle festzuhalten, hat unter „Arbeitsschule" kein dezidiertes Schulmodell, sondern ein historisch vorgeformtes Erziehungsprinzip verstanden, das sich in sehr unterschiedlicher Weise schulpraktisch realisieren ließ. Die ausgedehnte Diskussion um die „Arbeitsschule" (REBLE 1979) zeigt höchst verschiedene Anwendungsbereiche, vom Werkunterricht über die Organisation verschiedener Fächer

58 KERSCHENSTEINERS große Wirkung erklärt sich aus dem Zusammenspiel von schulpraktischer Organisationsarbeit, erfolgreicher Lehrplanrevision und eine dazu passende, pragmatische Erklärung der pädagogischen Zwecke. Die großangelegte *Theorie der Bildung* (1928), inspiriert von EDUARD SPRANGERS Kulturpädagogik, war demgegenüber ein sekundärer Versuch, der kaum noch Einfluss nehmen konnte. KERSCHENSTEINERS Erfolge als Stadtschulrat in München waren auf konkrete Projekte bezogen, die Lehrpläne der Volksschulen, die Einrichtungen von Werkstattklassen oder die Organisation des Volksschulwesens. Aus der Publikation dieser Erfahrungen ist eine bedeutende Reformdiskussion entstanden, die GAUDIG weiterführte und beendete.

nach dem Arbeitsprinzip bis hin zu außerschulischen Einrichtungen, die den Schulunterricht ergänzen sollten. Das sehr allgemeine Prinzip „Arbeitsschule“ legitimierte ein breites Reformspektrum vor allem der Alltagsarbeit im Volksschulbereich, ein alternatives und ganzheitliches Schulmodell entstand so aber nicht. Eher war sie die Chiffre für den *courant normal* der Reform, die sich in der Weimarer Republik am „schaffenden Kind“ orientierte (Der suchende Lehrer das schaffenden Kind 1925).[59]

Diese Tendenz wurde auf der Reichschulkonferenz von 1920[60] eingeleitet und sanktioniert. Der Ausschuss 5 der Konferenz behandelte Fragen des „Arbeitsunterrichts“.[61] Die Beratungen des Ausschusses wurden mit Leitsätzen beschlossen, in denen postuliert wurde, dass „Arbeit, und zwar die am sinnlichen Stoff geübte Arbeit ... Grundlage der Erziehung“ sei und in diesem Sinne „die neue Schule *Arbeitsschule* sein“ müsse. Die Volksschule müsse das „*schaffende Lernen*“ der Kinder zum „Lehrgrundsatze“ erheben, wenn sie ihrer pädagogischen Aufgabe gerecht werden wolle (Die Reichsschulkonferenz 1921/1972, S. 740f.). Lernen wird verstanden als „bewusster Arbeitsvorgang“, der auch „motorische Vorgänge“ einbezieht. Das Kind muss seine Erlebnisse und Erkenntnisse nicht nur in „Wort und Schrift“, sondern auch in „Werk und Handlung ausdrücken lernen“ (ebd., S. 741), also etwa so, wie DEWEY das Konzept seiner Laborschule begründet hatte.

> „Indem das Kind selbständig geistig arbeitet und sich körperlich betätigt – spielt, gestaltet, schafft und handelt –, soll es dem beobachtenden Erzieher seine Anlagen und Neigungen deutlicher machen, als es durch das bloße Lernen möglich ist. Darin liegt die große Bedeutung des Arbeitsgedankens für den Aufbau des öffentlichen Bildungswesens und für

---

59 Der Band dokumentiert den Stand der inneren Reform der Volksschule anlässlich einer Ausstellung im Rahmen der 19. Hauptversammlung des Sächsischen Lehrer-Vereins. Die Versammlung fand Ostern 1925 statt, alle Teilnehmer erhielten den Band als Handbuch für die Tagung.

60 Der Reichminister des Innern lud die Konferenz ursprünglich für die Zeit vom 7. bis 17. April 1920 ein. Tatsächlich fand die lange vorbereitete Reichsschulkonferenz erst vom 11. bis 19. Juni 1920 in Berlin statt. Sie hatte etwa 700 Teilnehmer, darunter alle deutschen Reformpädagogen mit Rang und Namen von FRITZ GANSBERG über BERTHOLD OTTO, GERTRUD BÄUMER, PAUL GEHEEB, LUDWIG GURLITT, HELENE LANGE, PETER PETERSEN bis auf GEORG KERSCHENSTEINER und HUGO GAUDIG. Rund 15 Prozent der Teilnehmer waren weiblichen Geschlechts, zumeist abgeordnet von Verbänden oder Interessengruppen.

61 Zum Thema „Arbeitsunterricht“ lagen vor Konferenzbeginn drei Expertisen vor, die in Leitsätze zusammen gefasst waren. Autoren dieser Expertisen waren JOHANNES KÜHNEL, PAUL NATORP und ROBERT SEIDEL (Die Reichsschulkonferenz 1921/1972, S. 159-211). Alle drei Berichterstatter waren Mitglied des Ausschusses 5, der geleitet wurde vom sächsischen Kultusminister RICHARD SEYFERT (1862-1940), der 1895 ein einflussreiches Lehrbuch zur *Arbeitskunde* veröffentlichte hatte, das dem Konzept des „schaffenden Lernens“ verpflichtet war. In den zweitägigen Beratungen des Ausschusses setzen sich im Wesentlichen die Auffassungen von SEYFERT und GAUDIG durch (ebd., S.733-742).

die richtige Wahl des geeigneten Bildungsganges und des künftigen Berufs für jedes Kind" (ebd., S. 741).

Darauf ließ sich induktiv, durch einzelne Versuche, oder deduktiv, mit Modellen reagieren. Ein weitgehender Wandel der Organisationsformen konnte nicht bloß im einzelnen Schulhaus ausprobiert werden, sondern verlangte nach einem übergeordneten Zusammenhang oder, wie es zeitgenössisch hieß, nach einem „Plan". Schulreform wäre so Reform des Bauplans, also Innovation mit deduktivem Vorzeichen. Pläne der „neuen Schule" sind an verschiedenen Stellen der internationalen Reformdiskussionen vorgelegt worden, fast immer verbunden mit je eigenen Anwendungserfahrungen. Die *école renovée* (DECROLY/BOON 1921) rechnet ebenso dazu wie der Daltonplan, der Winnetka-Plan,[62] ADOLPHE FERRIÈRES *Ecole Active* oder auch die *scuola serena* von GUISEPPE LOMBARDO-RADICE.[63] Alle diese Pläne wollen die Architektur der Normalschule verändern, sie wollten keine „Landerziehungsheime" oder „Laborschulen" begründen, sondern boten Verallgemeinerungen an, wie Schule *überhaupt* reformiert werden sollen. Ausgangspunkt war so nicht die reale Entwicklung im Feld, sondern theoretische Modelle.

Die Pläne sind unterschiedlich gezeichnet und doch wiederum ähnlich, wenn man sie aufeinander legt. Grosse Abweichungen gibt es nicht, so dass alles darauf ankommt, wie gut die Synthese gelingt. In Deutschland standen zu Beginn der zwanziger Jahre verschiedene Ansätze zur Verfügung, die von den „Freien Waldorfschulen"[64] bis zu den „Lebensgemeinschaftsschu-

---

62 Das *Winnetka-Curriculum* ist von CARLETON WASHBURNE (1927) beschrieben worden. Ausgangspunkt sind Schulreformen in Winnetka/Ill., einem Ort in der Nähe von Chicago. Der Plan beschreibt eine Ganztagsschule, deren Unterrichtssequenzen unterschieden sind nach *common essentials*, *group activities* und *creative activities*. Grosses Gewicht wird auf Selbstinstruktion gelegt, die Lernarbeit soll nach individuellem Tempo ermöglicht werden. Soziale Anerkennung wird in der *attitude chart*, Leistungsunterschiede in der *goal chart* öffentlich gemacht. Die starre Gradierung wird durch qualititave Gruppenarbeit ersetzt. CARLETON WASHBURNE (1889-1968) war Superintendent der Elementarschulen von Winnetka, der „Winnetka-Plan" entstand 1919.

63 Die *scuola serena* definierte das allgemeine Prinzip der Arbeitsschule in Italien und beschrieb zugleich Modelle der Realisierung. GUISEPPE LOMBARDO-RADICE (1879-1938) hat dies in *Vita nuova delle scuola del popolo* (1925) dargestellt. LOMBARDO-RADICE wurde am Lehrerseminar von Pisa ausgebildet, übernahm verschiedene Stellen als Volksschullehrer und war von 1905 an selbst an verschiedenen Lehrerseminarien tätig. Von 1911 bis 1922 war er Dozent für Pädagogik an der Universität von Catania. 1923 war er für ein Jahr Direktor des Primarschulunterrichts im ersten nationalen Erziehungsministerium. Im August 1924 beendete er die Zusammenarbeit mit der faschistischen Regierung. Von 1924 an war er Lehrer für Pädagogik am Lehrerseminar in Rom. GIUSEPPE LOMBARDO-RADICE gehört zu den Mitbegründern der New Education Fellowship und gab von 1919 bis 1933 die reformpädagogische Zeitschrift *Educazionale Nazionale* heraus.

64 Gegründet 1919 in Stuttgart. Die Gründung wurde möglich durch EMIL MOLT (1876-1936), dem Vorstand der Waldorf-Astoria Zigarettenfabrik, der die Schule

len“ reichten (Übersichten bei KARSEN 1923/1924 und HILKER 1924), ohne in einem Modell allgemeiner Schulreform zu kulminieren. Eine solche Synthese legte PETER PETERSEN 1927 vor,[65] sein Entwurf der „Jena-Plan-Schule“ ist als allgemeiner Bauplan der „neuen Schule“ gedacht, nicht der privilegierten Schule unter exklusiven Bedingungen, sondern der normalen Staatsschule, die sich zur „Freien Volksschule“[66] weiterentwickeln soll. Die Universitätsschule in Jena[67] sollte als praktischer Versuch unter Beweis stellen, dass und wie die allgemeine Schulreform möglich ist.

PETERSENS *Kleiner Jena-Plan* ist das wohl erfolgreichste Dokument der deutschen Reformpädagogik.[68] Der Plan beschreibt den Grundriss einer Erziehungsschule, der hervorgeht aus den Versuchen der „neuen Erziehung“. OTTOS Idee der Kurse oder des Gesamtunterrichts wird ebenso berücksichtigt

---

nach Plänen RUDOLF STEINERS (1861-1925) zunächst für die Kinder der Werkangehörigen einrichten ließ. Das erste Gebäude der schnell bekannt werdenden Schule stand am Kanonenweg in Stuttgart. MOLT selbst hat die „wirtschaftliche und geistige Grundlage der Waldorfschule“ in den Waldorf-Nachrichten vom 1. Oktober 1919 beschrieben. (Vgl. auch MOLT 1972, S. 202ff.)

65 PETERSEN verfasste im Juli 1927 eine längere Skizze über den pädagogischen Aufbau und die Organisationsform der Universitätsschule von Jena. Dieser Bericht wurde der vierten Konferenz der *New Education Fellowship* vorgelegt, die vom 1. bis 15. August 1927 in Locarno stattfand. Am 10. August trug PETERSEN „The Jena Plan“ im Arbeitskreis „Experimental Schools“ vor. Der Titel „Jena-Plan“ stammt vom Londoner Organisationskommittee, das CLARE SOPER und DOROTHY MATTHEWS leiteten (Angaben nach: PETERSEN 1991, S. 57ff.).

66 Gemeint ist nicht, wie bei RUDOLF STEINER, eine privatwirtschaftliche Organisationsform, sondern eine „vom Volk gewollte und getragene“ Schule (PETERSEN 1968, S. 8). Die Begründung dafür lieferte PETERSEN (1962, S. 270-276) am Ende seiner *Allgemeinen Erziehungswissenschaft*.

67 PETER PETERSEN (1884-1952), der am 20. Juli 1923 nach Jena berufen wurde, erhielt am 7. Februar 1924 die ministerielle Erlaubnis, „das bisherige pädagogische Universitätsseminar mit Übungsschule“ als „Erziehungswissenschaftliche Anstalt der thüringischen Landesuniversität“ zu bezeichnen. Mit dem gleichen Schreiben wurde er aufgefordert, seine Vorstellungen über „die künftige Gestaltung der Übungsschule“ vorzulegen (KLUGE 1992, S. 140). Die Jenenser Übungsschule geht in ihren Anfängen auf die Berufung CARL VOLKMAR STOYS (1815-1885) nach Jena (1844) zurück. Die Schule ist bis zum Rücktritt WILHELM REINS (1923) herbartianisch geführt worden. PETERSENS „Erziehungswissenschaftliche Anstalt“ wurde am 14. Mai 1924 eröffnet (ebd., S. 143), begleitet von heftigen Auseinandersetzungen mit den verbliebenen Herbartianern.

68 1927 druckte der Verlag Julius Beltz die erste Auflage, 1936/1937 erschien die 7./8. Auflage mit deutlich nationalsozialistischen Zügen. Die eigentliche Rezeption setzte nach 1946 (9.-12. Auflage) ein, der *Kleine Jena-Plan* stand 1994 in der noch mehrfach aufgestockten 56./60. Auflage (1980). Von 1968 bis 1994 sind mehr als 20.000 Exemplare abgesetzt worden, bei etwa gleichbleibender Nachfrage. Ingesamt wurden von dieser Auflage rund 61.000 Exemplare abgesetzt. 1996 erschien eine neue Auflage, von der nochmals 2.000 Exemplare verkauft wurden. Der „Kleine Jena-Plan“ ist seit 1927 ununterbrochen im Handel, die derzeit gültige Taschenbuchausgabe hat eine Auflage von 3.000 Exemplaren (Brief der Verlagsleitung Fachbuch des Beltz Verlages vom 24. August 1995 und Mail vom 29. September 2003).

wie die didaktischen Prinzipien im Anschluss an den „natürlichen Unterricht" oder REDDIES „object lessons." Der Plan berücksichtigt den von LIETZ her geläufigen Wechsel zwischen theoretischen und praktischen Beschäftigungen, greift Gruppenverfahren der Arbeitsschule auf sowie Konzepte der Schule HUGO GAUDIGS,[69] übernimmt die etwa durch den *Howard-Plan* bekannte Auflösung der Jahrgangsklassen,[70] entwickelt die Idee der Aufgabenbestimmung nach Wochenplänen aus dem Daltonplan weiter und adaptiert schließlich das Gemeinschaftsprinzip und den „erziehenden Unterricht", ohne die Schule noch länger herbartianisch, also vom Unterricht her, zu definieren. Die Synthese aus diesen und weiteren Elementen macht den Jena-Plan aus, der wie andere Pläne auch praktische Erprobung voraussetzte und nach sich zog.

Der Jena-Plan ist allerdings kein Bauplan für eine demokratische Schule, wie dies zur gleichen Zeit etwa von dem Hamburger Ökonomen CARL BRINKMANN und vor allem von ERICH HYLLA[71] in Auswertung amerikanischer Erfahrungen dargelegt wurde. PETERSENS Zielbegriff ist die Gemeinschaft, die Jena-Plan-Schule soll die „Charakterbildung" des „volkgebundenen freien Menschen" besorgen (PETERSEN 1968, S. 12). Demokratische Gesellschaft und kritische Öffentlichkeit sind keine Parameter dieser Erziehungsreform.[72] HYLLA ging demgegenüber davon aus, dass

69 Das gilt für die Konzeption des Schullebens ebenso wie für die Gemeinschaftserziehung, die „Schulstimmung" (GAUDIG 1923a, S. 144ff.) und nicht zuletzt für die Schulorganisation (ebd., S. 179ff.). GAUDIG bekämpfte den „Anstalts"-Charakter der Schule und legte eine organisch-ganzheitliche Sichtweise nahe, die die „Lebensgebiete der Arbeit, des Spiels, der Feier" sowie der Schulgemeinschaft und der Ordnung integral behandelt und die „Gesamtorganisation" der Schule „einheitlich" auf den Erziehungszweck hin ausrichtet (ebd., S. 184/185).

70 Der Name geht auf JOHN HOWARD (1726-1790) zurück, einem englischen Philanthropen und frühen Sozialpädagogen. Der „Howard-Plan" sah für die älteren Schüler die Auflösung der Jahrgangsklassen vor und strebte stattdessen eine soziale Einteilung in altersgemischten Gruppen an. Daneben führte der Plan individuelle Lernzeiten ein. Durchgeführt wurde der Plan an der *Clapton County Secondary School*, einer Gründung der Fabian Society, im Schulbezirk von London nach 1913 (beschrieben in O'BRIAN HARRIS 1923).

71 ERICH HYLLA (1887-1976) war Mittelschulrektor in Schlesien und wurde 1922 in den Schulaufsichtsdienst berufen und sogleich abgeordnet in das Preußische Kultusministerium. Hier wurde er 1931 Ministerialrat. Sein Buch über die Schule der Demokratie geht zurück auf einen Forschungsaufenthalt an der Columbia University. HYLLA wurde 1933 aus dem Staatsdienst entlassen und emigrierte in die Vereinigten Staaten, wo er verschiedene Gastprofessuren wahrnehmen konnte. 1945 wurde er Schulrat in Landsberg am Lech und war maßgebend am amerikanischen Programm der Re-Education beteiligt. Er war 1951Gründer und erster Direktor des Deutschen Instituts für Internationale Pädagogische Forschung in Frankfurt. HYLLA ist in jeder Hinsicht ein Antipode zu PETERSEN.

72 PETERSEN rezipiert DEWEY, aber in einer funktionalistischen Deutung, die an KRIECK erinnert und jedenfalls das demokratische Hauptanliegen DEWEYS vernachlässigt (PETERSEN 1937, S. 137f., 158ff.). Das hinderte PETERSEN nicht daran, DEWEY gegenüber Respekt zu zeigen („einer der größten Denker und Weisen, die

für den Ausbau des Bildungswesens in Deutschland die amerikanische Schule Vorbildcharakter habe, weil „es nur einen einzigen, für alle gleichen Weg der Bildung" gibt (HYLLA 1928, S. 8). Die Schule der Demokratie ist zu verstehen als einheitliches Bildungssystem, das unter dem Gesichtspunkt der Chancengleichheit entwickelt wird (siehe auch BRINKMANN 1927). PETERSEN hat eine geistige „Gemeinschaft" vor Augen, die auf die „Ganzheit des lebendigen Volkstums" vorbereiten soll (PETERSEN 1968, S.10ff.).

Unter Schulreform verstand PETERSEN ein Gestaltungsproblem und also die Notwendigkeit, eine Art Architektur zu entwickeln, einen Konstruktionsplan, mit dessen Hilfe die neue Schule gebaut werden kann. Diese Aufgabe ist aber nur dann lösbar, wenn sie auf die institutionellen Bedingungen des modernen Bildungssystems eingestellt ist, also nicht einfach die Gemeinschaftsformen der Jugend auf die Schule überträgt (PETERSEN 1937a, S. 53). Die Gestaltung der reformpädagogischen Schule muss daher unweigerlich mit Beschränkungen[73] rechnen, die nicht durch eine Erziehungsutopie verdrängt werden können. Damit ist eine „realistische" Position eingenommen, die die Fehler der radikalen Schulreformer vermeiden soll. Der zulässige Ansatzpunkt der Reform betrifft zunächst und ganz grundlegend die Schule, so wie sie existiert. Sie muss freilich neu begriffen werden, als „Lebeganzes" im Sinne FRÖBELS oder als „Gemeinschaftsleben" (ebd., S. 24).

Hier liegt die zentrale Stelle des Plans: Die Schule als Ganzes, nicht der einzelnen Lehrer oder der Unterricht, muss wirken, die Schule als *pädagogisch* gestalteter Zusammenhang. Unterricht ist eine Funktion des gelingenden Schullebens, nicht etwa umgekehrt; die grundlegende Frage der Reform ist daher keine der Didaktik, sondern sie bezieht sich auf die Sozialität der Schule, die nach „pädagogischen Gesichtspunkten" aufgebaut werden soll. Die Regeln der Kunst hat PETERSEN im „Kleinen Jena-Plan" dargestellt, vor dem Hintergrund der eigentümlichen Idee der geistigen Gemeinschaft, die sinnstiftend wirken soll. Für PETERSEN, analog zu OTTO, ist der „freie" immer der „geistig gereifte Mensch", Freiheit ist an den „Vorgang der Vergeistigung in Menschen geknüpft" (PETERSEN 1937, S. 55), aber das setzt „menschliche Gemeinschaft" voraus (ebd., S. 51).

Erziehung ist gleichbedeutend mit „Vergeistigung" (ebd., S. 50), sie ist „gleich ursprünglich wie die Entwicklung als Funktion des Lebens" (ebd)., aber hat doch besondere Bedingungen, wenn sie auf dem Niveau von Schule stattfinden soll. Schule ist daher nicht die Fortsetzung des häuslichen

---

auf dem Boden der Neuen Welt geboren wurden": ebd., S. 159) und während der NS-Herrschaft die Projektmethode zu edieren.

73 Die Beschränkungen sind strukturbedingt: Der Lehrer ist „amtlich bestellter Erzieher", die Schule ist keine reine Gefühlsgemeinschaft, die Auswahl der Schüler geschieht weitgehend zufällig und jedes Schulleben ist an die besonderen Bedingungen der „Lokalität" gebunden (PETERSEN 1937a, S. 57).

Umgangs oder der familiären Interaktion. Ihre Voraussetzung ist ein „Bildungsgefälle" (PETERSEN 1937a, S. 26), also eine asymmetrische Grundsituation. Sie besteht im Regelfall (aber nicht notwendig nur) zwischen Lehrern und Schülern. Die „pädagogische Situation" schlechthin setzt Autorität und so Führung voraus (ebd., S. 26f.), was PETERSEN 1937 als Überwindung reformpädagogischer Irrtümer hinstellt: „Es hat nichts Falscheres, Unpädagogischeres geben können als die Ansicht GAUDIGS und seiner Anhänger, der Lehrer müsse sich überflüssig machen" (ebd., S. 27). Die Position der Reichsschulkonferenz wird damit verlassen.

Nicht Selbsttätigkeit oder Erleben steht im Mittelpunkt des Jena-Plans, auch nicht demokratische Mitbestimmung oder auch nur eine Form von Gesamtunterricht, sondern die Gemeinschaft, um deretwillen Erziehung stattfinden soll. Deutlich sagt PETERSEN:

> „Es gibt keine Erziehung, auch nicht die unbewusste, ohne ein den anderen irgendwie Zwingendes. Nur der und das macht mich frei und wirkt mit zu meiner Vergeistigung, meiner Menschwerdung, der und das mir autoritativ wird" (ebd., S. 27/28).

ALEXANDER NEILL ist daher nicht zufällig einer der großen Gegner,[74] denn PETERSEN, Mitglied der *New Education Fellowship* wie NEILL, geht es nicht um die Beförderung von Freiheit, sondern um Volksbildung, mit der die Bedeutung der Schule aufgewertet wird. „Schulen werden so wichtigste Lebensstätten der Jugend, betreut von Erziehern und Jugendverwaltern, und ergreifen ihre große volkserzieherische Aufgabe mit voller Hingabe inmitten des lebendigen Kräftestroms erzieherischer Mächte ihrer Zeit und ihres Raumes" (ebd., S. 48). Der Jena-Plan, anders gesagt, kann überall verwirklicht werden, weil die Zeiten und Räume „erzieherischer Mächte" unbegrenzt sind.

Der Plan ist im Rahmen dieser Vorgaben zu betrachten. Er bringt zum Ausdruck, was PETERSEN in früheren Arbeiten die „Lebensgemeinschaftsschule" nach Hamburger Vorbild genannt hatte.[75] Im Einzelnen enthält der Plan

---

74 „Erziehung ohne Autorität ist wie Wandern ohne Ziel und Plan. Die Jena-Plan-Schule fordert aber gerade aus ihrem Geiste heraus den Lehrer als Führer im Vollsinne des Wortes" (PETERSEN 1936, S. 7). ALEXANDER NEILL wird zunächst als „enfant terrible" der neuen Erziehung bezeichnet (PETERSEN 1926, S. 105f.) und so zitiert, als sei die radikale Kritik der Autorität (ebd., S. 106) vereinbar mit der Idee der „Führung" (ebd., S. 111). Später wird NEILL zum klaren Gegner stilisiert. NEILL selbst hat sich nie mit PETERSEN, wohl aber mit deutscher Erziehung, auseinander gesetzt.

75 PETERSEN war bis zu seiner Berufung nach Jena der erste Leiter der Hamburger „Lichtwarkschule", der bekanntesten und elaboriertesten Gründung im Kontext der „Lebensgemeinschaftsschulen" (Die Lichtwarkschule 1979; LEHBERGER 1996). Der Jena-Plan ist in verschiedener Hinsicht dem Modell dieser Schule nachempfunden, nicht jedoch dem der radikalen Hamburger Gemeinschaftsschulen im Volksschulbe-

nichts, was nicht auch an vielen anderen Stellen nachgelesen werden kann, der Plan wirkt als Ensemble und mit den Details der Praxis.[76] Seine architektonische Ordnung lässt sich wie folgt beschreiben:

Die grundlegende Einheit sind nicht „Klassen“ von Jahrgängen, sondern Stammgruppen, die nach Altersstufen zusammengefasst werden. Das erlaubt vielfältigere pädagogische Wirkungsmöglichkeiten, zum Beispiel im Blick auf das Helfersystem unter den Schülern, aber auch bezogen auf den Lehrplan und die Differenzierung der Unterrichtsarbeit. Die Einteilung in mehrjährige „Stammgruppen“ entlastet die Schularbeit vom Jahreswechsel und damit auch von den jährlichen „Versetzungen“. Die Schüler werden beurteilt, aber nicht mehr gegeneinander aussortiert.

Dieser „organischen“ Lösung entspricht die Gestaltung der Tage und Wochen im Schulleben: Statt eines in einzelne Fachstunden zerstückelten Tages-Stundenplans kennt die Jena-Plan-Schule nur einen flexiblen Wochenarbeitsplan, der Zeiteinheiten vorsieht, aber keine starren Stundentakte. Er kann weit mehr inhaltlich auf die jeweilige pädagogische Situation reagieren, als dies in der Stoffverteilung der Normalschule möglich ist. Die hauptsächliche Unterrichtsform ist die selbsttätige Gruppenarbeit, die durch Kurse ergänzt werden kann, in denen dasjenige Wissen vermittelt wird, das die Gruppenarbeit selbst nicht hervorbringt. Außerdem kann hier die Verschiedenheit der Begabungen anders berücksichtigt werden als in der Stammgruppe, die nicht intern differenziert ist.

Das Schulleben komplettiert die Konstruktion. Gemeint ist die Beteiligung der Eltern an der schulischen Arbeit in der „Schulgemeinde“, die besondere Bedeutung von Festen und Feiern, die der Gemeinschaftsbildung dienen, und nicht zuletzt die ästhetische Gestaltung des Schulraumes, durch die die Schule zum Wohnraum werden soll. Sie ist damit weder nur Arbeits-, noch bloß Lernschule, sondern eben ein „Lebeganzes“ und damit eine beständige Gestaltungsaufgabe, die ihre Logik der Form hat und nach effektiven Regeln arbeiten kann. Unter „Formen“ versteht PETERSEN (1930, S. 41ff.) soziale Unterteilungen wie Reihen, Gruppen oder Kreise; Regeln sind Maximen des Lehrerhandelns, die wie folgt formuliert werden:

> „1. Pünktlich sein! Immer selber alle Regeln des Zusammenlebens und der Arbeitsordnung einhalten
> 2. Immer ruhig, fest, bestimmt und klar sein; wissen, was man will; dazu froh und heiter (nicht gekünstelt).
> 3. Sich natürlich geben! Mut zu sich selber haben!

---

reich, die sozialistische Ziele verfolgten (LAMSZUS 1924, S. 56f.; vgl. auch PAULSEN 1926).

76 Beschrieben in dem, was der „Grosse Jena-Plan“ genannt wurde, also einer Serie von Versuchsbeschreibungen innerhalb und außerhalb der Universitätsschule. Hierzu rechnet auch die „Tatsachenforschung“, ein frühes Projekt der Schulevaluation.

4. Überall sein mit Auge und Ohr; darum immer Übersicht und überschauenden Platz haben, vor allem solange, bis die Gruppe in ihren Arbeitsgruppen oder im Kreis geordnet ist.
5. Niemals Schüler „ausweichen“ lassen! ...
6. Bedenke, dass der innere wie der äußere Verfall einer Gruppe stets mit ‚Kleinigkeiten‘ beginnt! Lege darum Kleinigkeiten eine größere Bedeutung bei ...
7. Das Wort hat eine ganz geringe disziplinierende Macht in der Neuen Schule, die ja keine Strafen dahinter setzt ... Also, wo nur möglich selber sofort mittun, und zwar von der Peripherie aus, um stets Übersicht zu behalten ...
8. Unbedingt nötig (ist) jenes ‚Weiter der Aufmerksamkeit‘ ..., also tätig sein, hingegeben dem Moment und der Aufgabe, die man an diesen Kindern zu erfüllen hat, und zugleich doch sich ‚in Perspektive‘ halten, frei zum Eingreifen, wo es und sobald es nötig erscheint ...
9. Möglichst nie etwas auf sich beziehen, ... stets danach suchen, die Beziehung zum ‚Wir‘ der Gruppe herstellen, damit nichts getan werde auf den Lehrer hin, um seinetwillen“ (ebd., S. 50-52).

Die Kinder werden allmählich und dann fortlaufend an die neue Ordnung gewöhnt, jede Initiation ist eine „pädagogische Situation“ (ebd., S. 53ff.). Die Schule wird ständig attraktiv gehalten, durch Feiern, Patenschaften (ebd., S. 74ff.), Vorführungen in der Schulgemeinde (ebd., S. 85ff.) und vor allem durch ein „Unterrichtsleben“ (ebd., S. 95ff.), das vom natürlichen Lernen der Kinder seinen Ausgang nimmt (ebd., S. 130). Entsprechend werden die Unterrichtsstoffe nach vier allgemeinen Prinzipien arrangiert:

„1. Der Stoff muss in der Lebensnähe des Kindes stehen, besonders in den Grundschuljahren, wo dieses Merkmal sehr stark leitet, ...
2. er muss den Bedürfnissen der Bildung eines Menschenkindes, den individuellen Belangen entsprechen ...,
3. er muss Beziehung haben zu den Bedürfnissen der Gegenwart und deren Anforderungen, der Zeit des Kindes, auch das Geschichtliche hat sich hier einzugliedern ...,
4. er muss im Schulleben, innerhalb der Schulgemeinschaft geistig gehaltvoll, das Ganze der Schule belebenden und erhebenden Charakter tragen“ (PETERSEN/WOLFF 1925, S. 16f.; PETERSEN 1934, S. 77f.).

PETERSEN äußert sich eher selten über die Objekte seines Planes – Kinder und Jugendliche –, wo dies geschieht, wie im zweiten Teil der *Allgemeinen Erziehungswissenschaft* (PETERSEN 1931, S. 157ff.), wird die „Eigenart“ des Kindes (ebd., S. 161) mit der pädagogischen Führung zusammengebracht.[77] Kinder und Jugendliche sind „unfertig aus sich selbst, noch nicht

77 Was PETERSEN in verschiedenen Beiträgen „Pädagogische Charakterologie“ nennt, legitimiert die Gleichsetzung von Erziehung und Führung: Um „ein Menschenkind recht führen zu können, muss ich imstande sein, die Richtung gebende Idee in ihm,

reife Menschen, ... auf dem Wege zum Menschen“ und darum Objekt der Erziehung (ebd., S. 167).

PETERSEN geht nicht aus von den *child studies* der Kinderpsychologie, auch nicht von der Entwicklungspsychologie oder der Tiefenpsychologie der zwanziger Jahre.[78] Sein Bild des „Menschenkindes“ ist FRÖBEL und der deutschen Romantik verpflichtet, die Schule nach dem „Familienprinzip“ wird mit PESTALOZZI legitimiert und das Ziel der „Gemeinschaft“ hat religiös-genossenschaftliche Voraussetzungen, die sich kaum mit dem vereinbaren lassen, was in den zwanziger Jahren als „neue Erziehung“ verstanden wurde. Im Blick auf seine theoretischen Voraussetzungen ist PETERSEN ein Außenseiter der internationalen Reformpädagogik, der bestimmte Stichworte teilt, aber den Kern des Neuen, die kopernikanische Wende zum Kind, nicht nachvollzieht (ebd., S. 183ff.). Aporien wie Disziplin und Autonomie (ebd., S. 197-211) werden mit Hinweis auf die Praxis der „Neuen Erziehung“ aufgelöst, der zugetraut wird, „rechte“ Formen der Disziplin *und* wahre Autonomie zu befördern (ebd., S. 209).

Die Praxis des Jena-Plans (PETERSEN 1934) demonstriert Schulentwicklung,[79] nicht Übereinstimmung mit der Theorie. Die Organisationsform der „neuen Schule“ weicht nicht sehr von der anderer Versuche ab, vergleicht man die Universitätsschule in Jena mit berühmten Vorgängern, etwa der *Francis-Parker-Schule* in Chicago (1901), OVIDE DECROLYS *Ecole de l'Ermitage* in Brüssel (1907) oder die *King Alfred School* in Hampstead (1889/1898).[80]

---

den Plan, den Sinn alles Geschehens, aller Vorgänge in dieser individuellen Erscheinung erschauen zu können“ (PETERSEN 1931, S. 164).

78 In der Darstellung der *Pädagogik* von 1932 werden tiefenpsychologische Ansätze erwähnt, namentlich die Psychoanalyse FREUDS und die Individualpsychologie ADLERS (PETERSEN 1932, S. 140f.). Die Fassung von 1937 tilgt diese Bezüge durch erbbiologische Ansätze (PETERSEN 1937, S. 149f.). Wie PETERSEN dabei verfährt, zeigt ein Vergleich: 1932 heißt es, „Systeme einer biologischen Pädagogik“ sind „auf deutschem Boden nicht geschrieben worden“, aber „gerade die deutsche Wissenschaft (hat) die psychoanalytische und die charakterologische Pädagogik ... begründet“ (PETERSEN 1932, S. 140). 1937 wird die entsprechende Passage so gefasst: „Biologisches Denken findet sich auf deutschem Boden stark entwickelt bei allen Vorläufern der deutschen ‚Neuen Erziehung' ...; es dringt seit 1933 im Gefolge der national-sozialistischen Weltanschauung befruchtend immer stärker in die Pädagogik ein“ (PETERSEN 1937, S. 149).

79 Das gilt, was oft übersehen wird, auch für Versuche mit dem Jena-Plan-Modell außerhalb der Universitätsschule. Sie sind dokumentiert in PETERSEN (1934), S. 152-368.

80 Die drei Beispiele sind Reformschulen mit unterschiedlicher Begründung, aber sehr vergleichbaren Richtungen der Schulentwicklung. Die *Francis-Parker-Schule* wurde im Juli 1901 eröffnet, mit FLORA COOKE als erster Leiterin; DECROLY gründete 1907 die *Ecole de l'Ermitage*, deren methodische Grundsätze seit 1901 in einer privaten Anstalt für zurückgebliebene Kinder erprobt worden waren; die *King Alfred School* geht auf eine Initiative von Eltern zurück, die 1898 zur Gründung der Schule unter der Leitung von CHARLES E. RICE führte, der zuvor Lehrer in Bedales war. Gemeinsam ist diesen Schulen die Abkehr vom traditionellen Curriculum, die Grün-

Sieht man den Jena-Plan in diesem Zusammenhang, dann ist er weniger originell als es den Anschein hat, wenn man ihn für sich betrachtet. Der Plan selbst kompiliert geläufige Elemente der Schulreform und bietet sie als Modell der zur Nachahmung an, wobei die Konzepte angeeignet werden, die Formeln und Manuals der Reformdiskussion, nicht die Jenenser Erfahrungen. Eine eigene und ambitionierte Pädagogik wäre dafür eigentlich nicht erforderlich gewesen, zumal der historische Abstand die politische und pädagogische Beschränktheit PETERSENS deutlich werden lässt.

4.2 Unterrichtsmodelle

Die Reformpädagogik befasste sich nicht nur mit Schul-, sondern auch und wesentlich mit Unterrichtsreformen. Der „neue Unterricht" lässt sich verstehen als die induktive Variante der Reform, attraktiv durch unmittelbare Reichweite und unabhängig von langfristigen Modelldiskussionen. Die Frage war nicht, ob der „Daltonplan" besser sei als der „Jena-Plan" oder ob überhaupt ein Plan zur Reform ausreiche, sondern wie natürlicher Unterricht praktisch in Szene gesetzt werden kann. „Natürlich" setzte nicht die freie Natur der elitären Landerziehungsheime voraus, zentrale Versuche bezogen sich auf Volksschulen in Großstadtmilieus, die sich entgegen den Prognosen der Kulturkritik sehr wohl als innovationsfähig herausstellten. Vor allem hier kann von einem *courant normal* der Reform gesprochen werden, von einem unspektakulären Wandel, der allmählich den Schulalltag veränderte und dabei zunehmend auch den Rückhalt der Behörden fand.

Ein publizistisch wie praktisch herausragendes Projekt ist mit Bremer Schulreformern verbunden, die unmittelbar nach der Jahrhundertwende begannen, ihre praktischen Erfahrungen aufzuzeichnen und sie zu veröffentlichen.[81] So entstand eine besondere Form pädagogischer Schriftstellerei, die ihren gemeinsamen Nenner in der Reform des Unterrichts hatte. Volksschullehrer wie EMIL SONNEMANN,[82] FRITZ GANSBERG[83] oder HEINRICH

dung neuer thematischer Einheiten, das Prinzip der Koedukation, die Betonung des sozialen Zusammenhanges der Schule, der Wechsel von Einzeltätigkeit und Gruppenarbeit, die Ersetzung des herkömmlichen Benotungssystems, psychologische Grundsätze des Unterrichtes und vieles mehr (Daten nach: KIRCHNER STONE 1976; STEWART 1968; Société Alfred Binet 1990; BROOKS 1998).

81 FRITZ GANSBERGS *Schaffensfreude* erschien 1902, im gleichen Jahr wie HEINRICH SCHARRELMANNS *Herzhafter Unterricht* (im Untertitel „Gedanken und Proben aus einer unmodernen Pädagogik"). Die pädagogisch-politische Publizistik wurde konzentriert in der Zeitschrift *Roland* („Organ freiheitlicher Pädagogik"), die von 1905 an herauskam. Die Redaktion führte zunächst EMIL SONNEMANN, mit dem dritten Jahrgang dann SCHARRELMANN. Die Schriften zur Methode und zum erlebenden Unterricht sollten demonstrieren, dass und wie Großstadtkinder auf neue und innovative Weise unterrichtet werden konnten (GANSBERG 1905; SCHARRELMANN 1921) (Daten in: WILL 1950).

82 EMIL SONNEMANN (1869-1950) war Sozialdemokrat, Volksschullehrer und Schriftsteller in Bremen. Er schrieb unter dem Autorennamen JÜRGEN BRAND (etwa: *Das*

SCHARRELMANN[84] beschrieben methodische Revisionen des Unterrichts, die sich mit dem Schlagwort „selbsttätiges Lernen" bezeichnen lassen, vergleichbar dem, was zur gleichen Zeit DEWEY realisierte, allerdings ohne die Organisationsform einer „Laborschule" und unter der Bedingung der staatlichen Regelverschulung. Auch in dieser Literatur ist die zentrale Idee, die Lernsituation weit mehr zu berücksichtigen, als dies in den „Lehrstunden" der alten Schule möglich war. Was die Situation nahe legt, ist gleichermaßen Anlass und Interesse, in Abhängigkeit von Alter und Individualität sowie der natürlichen Weise, die Welt anschauen und so eben zu lernen.

Der normale Unterricht, schrieb FRITZ GANSBERG 1902, ist reproduktiv und mechanisch, zugleich aber auch so weit elementarisiert, dass die durchschnittliche „Darbietung" „winzig" wird, also zu klein, um wirklich interessant zu sein, und zugleich so uneffektiv, dass der hohe Zeitaufwand nur als überflüssig bezeichnet werden kann. Die „winzige" Darbietung pro Schulstunde könnte „in einigen Minuten gesprochen werden", „wenn nicht ein umständlicher und sich äußerst wichtig gebärdender Entwickelungs- und Herausfrageprozess sich darüber ausbreitete" (GANSBERG 1921, S. 31). Das entwickelnde Lehren ist die Standardmethode des Unterrichts bis heute. Der Lehrer fragt, die Schüler antworten, aber der Lehrer fragt nicht aufgrund von situativen Gegebenheiten, sondern in entwickelnder Absicht. Er will die Antworten der Schüler auf die nächstfolgende Frage beziehen und am Ende dann ein Ergebnis präsentieren, welches den Anschein hat, als sei es durch die Fragetechnik entwickelt worden. In Wahrheit stand es längst fest und die Fragen waren nur rhetorisch auf dieses Ziel gerichtet. Entsprechend künstlich sind die Antworten und müssen es sein.

Das Unnatürliche dieser Methode macht die Erfahrung diskrepant, der durchschnittliche Unterricht realisiert die Schablonen der Methodikbücher,

---

Heilige Feuer. Gesammelte Erzählungen, Aufsätze, Gedichte für die arbeitende Jugend. Stuttgart: Dietz 1913).

83 FRITZ GANSBERG (1871-1950) war Volksschullehrer in Bremen. Auf ihn geht der Ausdruck „produktive Arbeit" zurück, der auf die Methode selbsttätigen und ergebnisorientierten Lernens verweisen sollte. GANSBERG war nicht nur ein erfolgreicher pädagogischer Schriftsteller im Blick auf die Veränderung der Unterrichtsmethoden, sondern zugleich ein Wissenschaftsautor, der 1920 zum Beispiel die Orinoko-Reise ALEXANDER VON HUMBOLDTS für den Hamburger Verlag Georg Westermann neu herausgab (vgl. BIENZEISLER 1986).

84 HEINRICH SCHARRELMANN (1871-1940) war Volksschulehrer in Bremen und ähnlich wie GANSBERG ein erfolgreicher Schriftsteller, den der Hamburger Verleger ALFRED JANSSEN bekannt machte. In seinem Verlag, vor 1914 einer der wichtigsten der deutschen Reformpädagogik und Lebensreformbewegung, war SCHARRELMANN der meist verkaufte Autor (PIELER 1994). SCHARRELMANN wurde 1909 im Zuge des „Bremer Schulstreits" um den Religionsunterricht aus dem Schuldienst entlassen, machte aber nach 1918 eine zweite Karriere in der sozialdemokratischen Schulreform in Bremen. Er wurde 1920 Leiter einer der Versuchsschulen, die auf seinen Prinzipien entwickelt werden sollte. 1926 verließ SCHARRELMANN erneut den Schuldienst und engagierte sich früh in der nationalsozialistischen Bewegung.

es sind Folien, die reproduziert werden, darum eben aber ihr Ziel – „anregende, lehr- und lernfreudige Unterrichtsstunden“ (GANSBERG 1912, S. 147) – nicht erreichen. Sie sollen „Impulse garantieren“ (ebd.), während damit tatsächlich nur der ordnungsgemäße Ablauf der Schulstunden festlegt wird. Den Adressaten des Unterrichts, also das „Eigenleben der kindlichen Seelen“ (GANSBERG 1921, S. 31), erreichen sie so nicht:

> „Was wir heute Unterricht nennen, das ist durchgehend ‚Konzentration mit unzulänglichen Mitteln'. Aus diesem Widerspruch zwischen dem, was eigentlich aus dem Unterricht gemacht werden könnte – ein Arbeiten mit dem Erkenntnistrieb der Jugend –, und dem, was leider im Fabrikbetrieb der Schule daraus gemacht werden muss – ein Arbeiten gegen den Erkenntnistrieb der Jugend –, aus diesem Widerspruch ist die Reformbewegung unserer Tage[85] entstanden und wird sie weiterhin genährt werden“ (GANSBERG 1912, S. 147).

Welche Alternativen hat diese Bewegung der Unterrichtsreform? GANSBERG (1921, S. 31) empfiehlt, den Kindern „keinen großen Zusammenhang, kein organisches Ganzes, keine strenge ... Darstellung“ mehr vorzugeben oder didaktisch anzubieten, sondern sie unter Verwendung natürlicher Lernsituationen möglichst „alles ... selbst finden“ zu lassen Die entscheidende Vorgabe des Unterrichts ist nicht der Stoff und sind auch nicht die didaktischen Medien der Anschauung, sondern die Erfahrung, die jedes Kind immer schon mitbringt. An sie muss der natürliche und der lebendige Unterricht anknüpfen, wenn sich wirklich etwas ändern soll. „Veranschaulichungsapparate“,[86] so GANSBERG, fordern höchstens – „wenn alles gut geht!“ – die „Sinnentätigkeit“ heraus, aber solange nur sie den Unterricht bestimmen, „ist ein Denk- und Vorstellungsprozess nahezu unmöglich“ (ebd., S. 32). Die unnatürliche und nivellierte Anregung der Sinne führt, unter den Bedingungen der Schule, kaum wirklich zur Selbsttätigkeit, geschweige denn zum eigenen Denken, weil die Alltagserfahrung der Kinder nicht angesprochen, vielmehr nur versucht wird, ihnen fremdes und abstraktes „Bildungsgut“ nahe zu bringen, mit dem sie, trotz aller didaktischen Bemühungen, wenig oder nichts anfangen können.

Anschauung besteht nicht einfach nur in der Präsentation von bildlichen Darstellungen, die irgendwelche begrifflichen Zusammenhänge übersetzen sollen. Die vorgängige Erfahrung muss am Unterricht beteiligt werden, wenn die Sinne angeregt und das Denken herausgefordert sein sollen. Die

---

85 GANSBERG sprach auf der „Konferenz für sittliche Willensbildung in der Schule“, die vom 29. September bis 1. Oktober 1912 in Berlin stattfand, veranstaltet vom freidenkerischen „Deutschen Bund für weltliche Schule und Moralunterricht“. Beisitzer des Bundes war LUDWIG GURLITT, Schriftführerinnen waren LILLY JANNASCH und ELSBETH LEVY, Vorsitzende waren ARTHUR PFUNGST, RUDOLF PENZIG und BRUNO MEYER.

86 Karten, Wandbilder, Rechentabellen, Tafeln für den Leseunterricht, etc.

Bilder, sagt GANSBERG, „müssen gewonnen werden, wir dürfen sie nicht einfach auf den Nagel hängen – da gibt es zwei Minuten blödes Staunen und lustiges Daraufherumvagieren – dann ist der bildende Einfluss schon erschöpft. Wir müssen auf einem langen Wege und durch eigene Versuche die Schulbildung gewinnen“ (ebd., S. 33) Am Anschauungsobjekt sieht man nichts, wenn man es nur ansehen soll und die Lehre, die es repräsentiert, abstrakt vermittelt bekommt. Anschauung ist überhaupt nicht im Verhältnis von „Objekt“ und „didaktischer Repräsentation“ zu gewinnen, vielmehr ist sie Ergebnis eigener Versuche, die ein Objekt nicht spiegeln, gar verkleinert wiedergeben, sondern es herstellen. „Herstellen“ kann vielerlei bedeuten, Produzieren in einem manuellen Sinne, aber auch Entdecken, Auffinden oder durch eigenes Suchen die richtigen Wege erkennen.

Ein Grund für diese Umkehrung der bisherigen Verhältnisse besteht für GANSBERG darin, dass die alte Methode, also das fragend-entwickelnde Verfahren des Lehrers, zum *Richtigen*, zur einzig möglichen Lösung, führen wollte. Für diesen Zweck muss von Anfang an zwischen „richtig“ und „falsch“ unterschieden werden. Es gibt nur *einen* Weg der Lösung und der ist vom ersten Lösungsschritt an konsequent. Er beschneidet dann aber jede abweichende Vorstellung oder definiert sie gleich als falsch. „Falsche Vorstellungen“, so GANSBERG, töten jedoch nicht, „sondern erzeugen, ja, sie allein gebären die richtigen Vorstellungen“ (ebd., S. 43). Nur Irrtümer korrigieren die Erfahrung, und wer sich im Lernen nicht irren kann, vermag keine Vorstellungen des Richtigen zu entwickeln, es sei denn, er übernimmt dieses „Richtige“ als dogmatische Lösung.

Dann aber findet er sie nicht selbst heraus, sondern wird methodisch darauf verpflichtet. Der Lehrer oder vielmehr die Lehrmethode führt ihn auf ein Ziel, das er übernehmen muss, und zwar um den Preis dessen, was „Unterrichtserfolg“ genannt wird. Dieser bringt nicht etwa ein an sich unabsehbares Lernen zu einem vorläufigen Abschluss, sondern vergleicht Lernziel mit Lernprozess und bemisst den Erfolg des Lernens daran, dass und inwieweit das Ziel als Endzustand vom Lernenden erreicht wurde. Von einem „Endzustand“ kann aber nur dann die Rede sein, wenn man eine bestimmte Lösung gegenüber allen anderen absolut setzt. Nur sie kann richtig sein, aber das glaubt man nur, wenn das Lernen nicht weitergeht und der Lehrer die Lösung sanktioniert.

Erfolgreiches Lernen verlangt demgegenüber eine Werkstatt und keine Schulstube (SCHARRELMANN 1909). Themen des Unterrichts beziehen sich auf reale „Anknüpfungspunkte“ und mischen sich „in bunter Reihe“ (ebd., S. 34). Lehrbücher sind künstliche Ordnungen, im wirklichen Unterricht muss es „ohne System gehen, zumal es sich nur um eine Systematik handeln würde, die allein wir Erwachsenen übersehen und zu begreifen vermögen, für die aber das Kind keinerlei Verständnis besitzt“ (ebd., S. 35). Perfekt wäre der Unterricht nur unter der Voraussetzung eines solchen Systems, attraktiv für Kinder ist er unter umgekehrten Vorzeichen.[87] Der Lehrer muss Glück haben bei den Übergängen (ebd., S. 58), alles kommt auf die gelungene Situation an (ebd., S. 59f.) und verlangt unmittelbare Beteiligung.

Das wäre dann das Credo des aktiven Lernens:

> „Wieviel hat ein lebendiger Junge, der draußen auf der Straße seine Augen und Ohren zu gebrauchen vermag, nicht alles schon gesehen und gehört. Beobachtungen und Tatsachen kennt er, Worte und Redensarten hat er vernommen, von denen der Lehrer selbst keine Ahnung hat.
> Je mehr aber von diesem unbekannten Schatze durch den Unterricht gehoben wird, desto aufnahmefreudiger wird das Kind wieder aus der Schule ins Leben zurückkehren; je mehr von seinen Erfahrungen und seinem gesamten, außerhalb der Schule gewonnenen Besitz im Unterricht zur Geltung kommt, umso mehr wird er auch lebendig und frisch bleiben. Es ist also ein Stück geistiger Gesundheit, das durch solchen alles verwendenden Unterricht in dem Kinde lebendig wird ...
> Alles inoffizielle, zufällig erworbene Wissen und Können muss offiziell anerkannt werden, dadurch entsteht die engste Verbindung zwischen Schule und Leben“ (ebd., S. 63).

Es geht dabei nicht einfach um die „Seele“ des Kindes oder die „Entwicklung seiner Natur“, sondern um das grundlegende Verhältnis von Schule und Erfahrung. Das herkömmliche Schulwissen bildet gleichsam einen geschlossenen Kreislauf, wenn die formale Unterrichtsmethode einzig darauf abstellt, ist sie gefährlich. Sie geht nicht vom Horizont der Lernenden aus, von ihrer Gegenwart und der Gesamtheit ihrer Erfahrungen, sondern dekliniert „Stoff“, also schulförmiges, begrifflich-abstraktes Wissen, das für die Schüler aus einer fremden Welt stammt. Zudem bearbeitet die herkömmliche Methode *Ergebnisse* oder fertiges Wissen, in diesem Sinne den Stoff der Vergangenheit, der vom Lernen ausgenommen ist. Was nicht mehr selbst durch Lernen verändert werden kann, das ist Gegenstand des Unterrichts.

Die Methode impliziert die Verpflichtung des Schülers auf ein Wissen, das er nicht durchschaut und nicht selber erzeugen kann, sondern reproduzieren muss. Eine solche Verpflichtung ist nur autoritativ möglich: „Für Selbstthätigkeit des Schülers ist bei diesem Verfahren kein Raum ... Die Lehrerarbeit überwiegt völlig“ (GAUDIG 1902, S. 5). Die „Fragelust“ der Kinder wird nicht in den Dienst des Lernens gestellt, sondern mit der Methode unterdrückt (ebd., S. 7). Und die Autorität der staatlichen Institution Schule

87 Das Beispiel ist der Zeichenunterricht: „Je öfter der Lehrer selbst in Verlegenheit kommt während des Zeichnens, je ‚mangelhafter' seine eigene Befähigung im Darstellen ist, desto mehr nähert er sich kindlicher Zeichenfertigkeit, und desto eher wird er von der Klasse verstanden. Desto eher regt er aber auch seine Klasse zur Selbsttätigkeit an, und – das ist das Wichtigste“ (SCHARRELMANN 1909, S. 55).

ist der Garant dafür, dogmatisches Wissen unabhängig von seinem eigenen Lernkontext und so weitgehend uneffektiv vermitteln zu können. Nicht das Interesse der Lernenden steht im Mittelpunkt, sondern die Erfüllung des Lehrplans.

Der Gegensatz von Kind und Curriculum ist am Ende des 19. Jahrhunderts ein Gemeinplatz unter den von der Kinderpsychologie beeinflussten Reformpädagogen. Kinder in natürlichen Kontexten sind Thema empirischer Studien,[88] die nahe legen, dass und wie die Schule an den Erfahrungswelten der Kinder vorbei operiert und daher wenig bleibende Effekte außerhalb des *rote learning* erzielt. Das fragende Kind (und so die Kinderfragen) waren früh Forschungsobjekte,[89] an die sich schulpädagogische Reformstrategien anschlossen. Die Verbindung von Kinderpsychologie und Unterrichtskritik ist grundlegend für die Veränderung der herbartianischen Methode, die wesentlich von begrifflichen Konstruktionen getragen war und eine gegenüber der kindlichen Entwicklung wenig sensible Erwachsenenpsychologie voraussetzte. Die Kritik schlägt auf die Methode zurück, die nunmehr aussieht, als behindere sie die Hauptsache, nämlich Selbsttätigkeit und Neugier aus der natürlichen Fragehaltung heraus.

Unter dem Stichwort „Erlebte Pädagogik" hat HEINRICH SCHARRELMANN 1912 Prinzipien des „aktiven Lernens" formuliert, die den gesamten Schulunterricht auf eine neue Grundlage stellen sollten. „Das lebendige Interesse der Kinder" bildet dabei den „Ausgangspunkt aller erziehlichen und unterrichtlichen Maßnahmen". In erster Linie müssen den „produktiven Kräften im Kinde Aufgaben zugewiesen" werden, wodurch alle anderen Kräfte indirekt mitentwickelt werden. Die „wichtigste Lehrform (ist) das freie, zwanglose Gespräch" auf der Basis „innigster Gemeinschaft" zwischen Lehrern und Schülern. Strafen und Verbote des Lehrers werden ersetzt „durch selbstgegebene Gesetze innerhalb der Machtbefugnis der Klasse", die „herkömmliche Schuldisziplin" wird mehr und mehr in „Gesamtunterricht" aufgelöst. „In gemeinschaftlicher Arbeit (Kindermajoritäten unter

88 Es ist nicht zutreffend, dass einzig die Laborpsychologie die Forschung bestimmt habe, vielmehr sind früh anthropologische Verfahren (BOAS 1891) gewählt worden, um die natürlichen Kontexte kindlicher Erfahrung beschreiben zu können. Ein maßgebliches Beispiel ist STANLEYS HALLS Studie „The Story of a Sand-Pile" von 1888 (HALL 1902, S. 135-149), an die sich in den neu gegründeten Journalen der Lehrerbildung wie *The American Journal of Education* (ab 1887) oder *Pedagogical Seminary* (ab 1891) viele ähnliche Studien anschlossen.

89 Das Verhältnis von Fragen und Objektkonstitution bei Kindern stellte STANLEY HALL in seinem Aufsatz „Some Aspects of the Early Sense of Self" (1898) dar (HALL 1902, S. 313ff.). Eine weitere Hypothese geht auf ALFRED BINET zurück, demzufolge die „Warum"-Fragen von Kindern mit Nutzerwartungen zusammenhängen, die abstrakte Begrifflichkeiten ausschließen. Die dritte einflussreiche Hypothese ist von GABRIEL COMPAYRÉ formuliert worden, nämlich dass Kinderfragen wesentlich auch von metaphysischen Implikationen geprägt sind. Eine zeitgenössische Übersicht gibt SULLY (1903), S. 75-90).

Mithilfe des Lehrers) (wird) die Lösung selbstgewählter Ziele auf selbstgewählten Wegen erstrebt“ (SCHARRELMANN 1912, S. 149/150).

Entscheidend ist aber nicht die Diskussion, sondern die Tätigkeit. Themen sind Herausforderungen für eigene Entdeckungen, sie werden nicht enzyklopädisch behandelt. „Der Lehrer (ist) bestrebt, alle allgemeinen Erkenntnisse, Begriffe und Abstraktionen – der induktiven Denk- und Empfindungsweise des Kindes zufolge – zurückzuhalten, um die Kinder vor zu frühen Verallgemeinerungen zu schützen, die anschauliche Basis ihrer Welterkenntnis aber zu erweitern und zu vertiefen“ (ebd.). Das hat zur Folge, dem „Gelegenheitsunterricht“ Vorrang zu geben (ebd., S. 179ff.) und die Ordnung der „Schablone“ zu bekämpfen (ebd., S. 30f.). „Das Leben ist der beste Lehrplan“, sofern die Erfahrungen der Kinder aufgegriffen werden und der Unterricht sich auf sie konzentriert (ebd., S. 183).

Die Systematik des Lehrbuches wird durch zufällige Ereignisse und Anschlüsse aufgelöst. Die Maxime lautet: „Es hätte auch anders kommen können“ (ebd., S. 184), ohne dadurch die Unterrichtsqualität gefährdet zu sehen. Die begrifflichen Verallgemeinerungen entstehen durch eigene Schlüsse, analog dem wissenschaftlichen Experiment. Auch das Kind „versucht in winzigen Bruchstücken die Welt zu begreifen und offenbart von sich aus keinerlei Bedürfnis nach voreiligen Deduktionen und Abstraktionen.“ Der „instruktive Gelegenheitsunterricht“ (ebd., S. 185) muss „Kinder in dieser ihnen eigentümlichen Arbeitsweise festhalten und bestärken“ (ebd., S. 205).

Das verbietet gleichermaßen eine „allgemeine Teleologie“ und „ein für alle verbindliches Erziehungsziel“ (ebd., S. 256). Angesagt ist Individualisierung und so die größtmögliche Freiheit des Lernens (ebd., S. 257), die einhergeht mit der Ablehnung von „Leitfadenweisheit“ (ebd., S. 125) und überzeugt ist von der produktiven Kraft des Irrtums. Beide, Lehrer und Schüler, müssen „in die Irre gehen“ können, nur so kann die Illusion vermieden werden, es gäbe „einen allein selig machenden Weg“, der, schlüge man ihn ein, die falschen Fehler produzieren würde (ebd., S. 126), das Vermeiden von „Dummheiten“, die man machen muss (ebd.). Daher ist „Freiheit für Versuche“ (ebd., S. 78ff.) verlangt und das Bestreiten des *einen* „ordnungsmäßigen Weges“ (ebd., S. 85). Der echte Erfolg im Unterricht stellt sich nur dann ein, wenn Bedürfnisse und Interessen des Kindes im Mittelpunkt stehen (ebd., S. 117) und das schließt „Schematismus“ aus (ebd., S. 118).

Unterricht wäre so wesentlich Produktion, nicht Übernahme von Wissen, sondern Herstellung und „innere Verarbeitung“ (SCHARRELMANN 1920, S. 45). Angesprochen werden muss die „Schaffenskraft“ des Kindes (ebd., S. 278), während die „große staatliche Volksschule“ im Wesentlichen nur die befördert, „deren Spezialität das Wortwissen ... ist“ (ebd., S. 276). Der Gelegenheitsunterricht und das aktive Lernen setzen, anders gesagt, die Lektionenschule außer Kraft, die nicht an das Erleben der Kinder heranreicht und zugleich die unmittelbare Lebenserfahrung verkümmern lässt. Eine weitreichende Begründung für diesen Schritt hatte STANLEY HALL 1882[90] geliefert: Wenn das Kind durch Abstraktionen überfordert wird, aber gleichwohl antworten muss, dann erscheint „als Originalität", was „in Wirklichkeit ein Gedankenlesen ist, welches nur unser eigenes Denken wiedergiebt, und zuweilen bloß eine direkte, nur wenig entstellte Reproduktion dessen bildet, was die Eltern oder Lehrer ihnen (den Kindern; J.O.) kürzlich gesagt haben" (HALL 1902, S. 93).

Die nicht-mechanische, die originelle Methode verlangt die Auflösung des Kanons und mit ihm der herkömmlichen Schulfächer, die durch freie Tätigkeit und Gesamtunterricht ersetzt werden sollen. Im Sinne BERTHOLD OTTOS wäre das gleichbedeutend mit der Gruppierung möglichst allen „Unterrichts" um den Fragehorizont der Kinder herum.[91] Gesamtunterricht, für OTTO (1912, S. 84), ist aufgrund dieser Schwerpunktverlagerung „das gerade Gegenteil von allem, was man bisher Unterricht genannt hat". Er ist gleichsam ganz Methode, ohne Beschränkung durch die Institution Schule. In diesem Sinne wäre das Kind das Curriculum:

> „Die Initiative (geht) grundsätzlich vom Schüler aus. Der Schüler bestimmt, was behandelt werden soll, wie lange es behandelt werden soll und in welcher Reihenfolge die Sachen behandelt werden sollen. Es gibt grundsätzlich keine Beschränkung auf bestimmte Fächer. Die Welt steht als Gesamtheit vor uns, und wir suchen uns als Gesamtheit ihrer zu bemächtigen. Aber auch für die Art und Weise der Bemächtigung gibt es keine Vorschriften. Es ist durchaus unangebracht zu verlangen, dass etwa nach jeder Diskussion geprüft werde, ob etwas daraus ‚bleibender Besitz der Schüler' geworden sei. Das alles würde einen Eingriff in das natürliche Wachstum der Einzelgeister und des Gesamtgeistes sein" (ebd.).

OTTO setzt, wie HALL,[92] einen natürlichen „Forschertrieb" des Kindes voraus (OTTO 1907, S. 25), also den denkbar besten Fall für die Realisierung alternativen Unterrichts, nämlich eine konstitutionelle Neugier, die sich aus der Natur des Kindes ergibt und die konventionelle Schule nur stören kann. Natürlicher Entdeckungsdrang steht hinter dem Wachstum des Geistes, und lässt man das Wachstum frei, dann ist „keine Spur von Zwangsunterricht

90 „Content of Children's Mind on Entering School" (veröffentlicht im Mai 1882 im *Princeton Review*; ein Neudruck erschien im Juni 1891 im *Pedagogical Seminary*).

91 In fast allen Darstellungen gehört BERTHOLD OTTO die Priorität in der Entwicklung dieses didaktischen Konzepts. Er selbst hat die Priorität geteilt (OTTO 1921, S. 200f.), und zwar mit ARTHUR SCHULZ (geb. 1864), dem Leiter der „Gesellschaft für deutsche Erziehung" und ab 1901 Herausgeber der *Blätter für deutsche Erziehung*. SCHULZ hat 1893 ein Konzept des „natürlichen Unterrichts", speziell auch des Unterrichts im Freien, dargestellt, das in vieler Hinsicht OTTOS Gesamtunterricht nahe kommt. Später wurden damit radikale Forderungen zur Entphilologisierung der Lehrerbildung und zur Einheitsschule verknüpft, die, wie bei OTTO, an starke nationalpolitische Zielsetzungen gebunden waren.

92 Wesentlich für das „erste Ichgefühl" des Kindes sind Fragen (HALL 1902, S. 313ff.).

mehr nötig“ (ebd., S. 26). Einsicht entsteht nicht von selbst, verlangt wohl „Unterricht“, aber wirksam sind nur zwanglose Verknüpfungen, die mit Lebensproblemen zu tun haben. Aus ihnen entstehen die Fragen, und sie entstehen von selbst, mit dem Ereignis, auf das sie sich beziehen, ohne dass sie jemand vorschreiben könnte. Wirkliche Fragen der Kinder sind immer zwanglos, aber dann müssen auch die Antworten zwanglos sein, ohne dass sich Lernzieleffizienz mit ihnen verbinden ließe. Antworten wären in der Idealform der Methode die Anlässe zum Weiterlernen.

BERTHOLD OTTOS „Gesamtunterricht“ war einer der Kristallisationspunkte der deutschen Reformpädagogik. Der Methode wurde hohe Dignität und Wirksamkeit unterstellt, obwohl oder weil unabhängige Beobachtungen kaum vorlagen.[93] Die frühe und andauernde Publizistik setzte das Charisma der Methode voraus und kontrollierte die Effektbehauptungen allenfalls am Rande. Was OTTO selbst zur Methode sagte, war weitgehend akzeptierte Wirklichkeit und damit reformerischer Ansporn. Andererseits geben die zahlreichen Unterrichtsprotokolle[94] in etwa Aufschluss darüber, was die Praxis der Methode bestimmt hat. Wirkungsannahmen sind damit nicht verifizierbar, wohl aber kann die große Stilisierung des Gesamtunterrichts auf diese Weise durchsichtig gemacht werden. Wie also hat „ein bei größter Redefreiheit doch vollkommen geordneter Diskutierklub von Kindern und jungen Leuten von sieben bis achtzehn Jahren“ (Der Hauslehrer Nr. 44 v. 30. Okt. 1910, S. 475/Anm.) gearbeitet?

> „3.5.06. Es wurde gefragt, wer die Elektrizität erfunden habe. Aus den Schülerkreisen selbst wurde das Wort ‚erfunden’ dafür abgelehnt. Ich frage dazu, wer den Wind erfunden habe. Als ‚Entdecker’ der Elektrizität wurde dann Siemens genannt. Von Franklin wusste niemand etwas. Ich erzählte dann aus Franklins Jugend ..., besonders aber erzählte ich nach meiner Erinnerung von Franklins Lebensgeschichte ... und wie er ... Mut bekommen hat, tüchtig weiter zu arbeiten und wirklich ein sehr tüchtiger Mann geworden ist, von dem man auch sagte, dass er den Blitz aus den Wolken heruntergeholt habe. Ich erzählte, dass er das durch ein Spielzeug getan habe. Erst nach längerem Hin- und Herraten, wobei besonders vom Luftballon gesprochen war, kam Helmut auf den Drachen. Es kam dann die Rede auf Erfahrungen, die man mit Blitzen gemacht habe, und ich warnte vor solchen Erzählungen, da es unmöglich sei, einen Blitz richtig aufzufassen. Dadurch kamen wir auf die Sinnesorgane überhaupt

93 Nahezu alle Beschreibungen sind wohlwollend; selbst da, wo Kritik angedeutet wird (WACHSNER 1910), endet die Darstellung mit Verbeugungen. Es gibt, wie in vielen Fällen von charismatischen Gründern, keine neutralen Daten, dafür Gefolgschaft und Verehrung.

94 Zuerst veröffentlicht in OTTOS *Wochenschrift für den geistigen Verkehr mit Kindern* (Der Hauslehrer), als Buch erstmalig 1907; später erscheinen auch Fremdprotokolle (solche, die nicht OTTO selbst verfasst hat) im *Hauslehrer* (z.B. am 30. Oktober 1910).

zu sprechen. Sydney erklärte entschieden, dass er Blitze schon ganz deutlich beobachtet habe und ich sagte darauf, dass es auch wohl möglich sei bei Blitzen, die weiter weg seien, während sich Blitze in nächster Nähe schlechterdings nicht gut beobachten lassen. Dadurch wurden wir auf ein Gespräch über Wahrnehmung in der Nähe und der Ferne geführt. Wir machten das Experiment, dass Werner sein Heft senkrecht so vor die Augen hielt, dass er die Arme so weit wie möglich ausstreckte. Er musste dann genau beschreiben, wie viel von der gegenüberliegenden Wand bedeckt war. Daraus ergab sich dann, dass das Heft in dieser Nähe ebenso groß war, wie das große Stück Wand in dieser Entfernung. Hildegard bestand besonders noch auf die Umkehrung des Satzes: dass das Stück Wand ebenso klein wäre wie das Heft. Aber auch von der Struktur des Auges und von seinem Verhältnis zur Photographie wurde gesprochen; von Linse und Fernglas, wovon Hans ein Exemplar bei sich hatte; und dann brachte Hildegard das Gespräch noch auf Helen Keller, die sich ohne Augen und ohne Gehör durch die Welt finden musste, wobei Verschiedene noch ihre Erfahrungen mit Taubstummen mitteilten" (OTTO 1907a, S. 15/16).

Protokolliert wird ein halbes Schuljahr auf diese Weise, wobei ständig neue Themen auftreten, ohne die Lernerfahrungen irgendwie besonders zu verknüpfen. Es gibt kaum Rückgriffe, selten und nur okkasionell Wiederholungen, dafür unausgesetzt Anlässe, die sich enzyklopädisch ausbreiten lassen. Die Fragen der Schüler sind Stichworte für kognitive Ketten, die allerdings nur deswegen zustande kommen, weil OTTO selbst das enzyklopädische Medium abgibt. Jede Stunde ist ein kleines Lexikon, das durch Nachschlagen an verschiedenen Stellen die je nächste Verknüpfung erreicht. Jedes nachfolgende Thema hängt mit dem vorhergehenden zusammen, aber schon das übernächste Thema hat mit dem vorvorletzten nur noch eine lockere Verbindung. Einzig das Protokoll beschreibt einen geordneten Verlauf, wobei der Zwang sich von der Lehrerrolle zum Wissen verlagert. An keiner Stelle protokolliert OTTO die Überlegenheit des Wissens der Kinder, und fast immer gibt seine Erläuterung den Ausschlag für die Plausibilität einer Problemlösung. Hinzu kommt, dass keine Frage für sich stehen bleibt, vielmehr jede beantwortet wird, überwiegend durch OTTO selbst, der wohl von Frageanlässen ausgeht und aber auf möglichst jede Frage eine Antwort weiß. Die Methode setzt das Panorama des richtigen Wissens voraus, liberal ist lediglich der Zugang.

Eine weitere Eigenart ist der Objektivismus der Didaktik: Über den Unterschied zwischen „Granaten und Schrapnells" (ebd., S. 53) wird genauso lakonisch-lexikalisch diskutiert wie über den „Weltfeiertag der Arbeiter" (ebd., S. 13f.), die Verhältnisse in „Deutsch-Südwestafrika" (ebd., S. 57), die Rechte und Pflichten von „Grundstücksbesitzern" (ebd., S. 17f.), die kalendarische Besonderheit von Schaltjahren (ebd., S. 61) oder die Art und Weise, wie „Schlachtentabellen" anzulegen seien (ebd., S. 65f.). Der Unterricht ist ein Panorama der Welt und unwichtig ist nur, wo der Zugang erfolgt. Es ist dann auch nicht ausgeschlossen, den Gesamtunterricht im Kieler Kriegshafen der kaiserlichen Marine stattfinden zu lassen (OTTO 1905),[95] wo bei diesem Anlass der Unterschied von „Linienschiffen“ und „großen Kreuzern“ zum Thema wurde (ebd., S. 26f.) und OTTO darauf hinwies, welche Anstrengungen nötig sind, die Schiffe „für den Krieg“ zu üben (ebd., S. 27).

Die Idee ist, „auf ganz natürlichem Wege“, nämlich durch „Alltagsgespräche“ und im „Kinderspiel“, zum positiven Wissen zu führen (OTTO 1912, S. 146f., S. 196ff.), und dabei den „Erkenntnistrieb der Schulkinder“ zu befördern, ohne ihn durch institutionelle Arrangements zu beschränken (ebd., S. 147). „Es (gibt) für uns nur einen einzigen Richter über die Frage, ob eine Unterrichtsmethode oder ein einzelner Terminus etwas taugt: das sind die Kinder selbst“ (ebd., S. 148). Der Garant dafür ist keine demokratische Abstimmung, sondern die Beobachtung des Lehrers (ebd.). Sie bezieht sich auf situative Erfahrungen und motivationale Reaktionen, während die eigentliche Effektbehauptung sich auf längerfristige Prozesse ausrichten muss. Die Welt soll als „geistiger Zusammenhang“ erscheinen (ebd., S. 212), aber was OTTO darunter vorstellt, einen „Organismus“ der Gemeinschaft (ebd., S. 214f.), ist nicht das Prinzip seiner Methode, die assoziative Belehrung ermöglicht, aber schon die Lehrgebiete nicht begrenzen kann und als Thema alles zulassen muss, was in der Fragehaltung von Kindern zum Problem wird, beschränkt nur durch die Reihe der Fragen und Antworten selbst. Für Anspannung sorgt der Fragestau, und es verlangt Autorität, allein nur die Abfolge zu regeln. Wie daraus eine „geistige Ordnung“ entstehen kann, bleibt offen.

Wenn die Methode gleichwohl attraktiv erscheinen konnte, so durch das Objekt ihrer Kritik. Desinteresse für den Unterricht der Schule wäre kein moralischer Defekt des Kindes, sondern der Schule. Sie ist außerstande, für Interesse zu sorgen, weil sie von künstlichen Voraussetzungen ausgeht. Der Grundfehler der Schule ist der Lehrplan, also die didaktische Organisation des Stoffes unabhängig von der Lernbereitschaft und Fragestellung des Kindes. OTTO greift das Apriori des Lehrplans an, seine sachlogisch begründete Existenz, die den Vorgaben wissenschaftlicher Disziplinen folgt, ohne an die Lernweisen der Kinder gebunden zu sein. Alle Berücksichtigung der Altersstufe der Schüler erfolgt hier immer nur ungefähr, weil in der Lehrplankonstruktion kindliche Individualität grundsätzlich keine Berücksichtigung finden kann.

Der lehrplanmäßige Gang der Physik oder der Geschichte folgt immer seiner eigenen Logik, nie der Fragehaltung der Kinder. Die Fragen selbst müssen erzeugt werden, es sind dann Schülerfragen, die zur Lehrerantwort pas-

---

95 Der Sonderdruck der Protokolle aus dem *Hauslehrer* (OTTO 1905) wurde veranstaltet auf Veranlassung des Deutschen Flottenvereins.

sen. Freie Fragen werden aus Gründen der Spezialisierung ausgeschlossen, die Welt – alle Ereignisse und Probleme im Horizont des Erlebens – kann nicht „als Schule“ erscheinen (SCHARRELMANN 1920, S. 267ff.). Umgekehrt konstruiert die Schule die Welt, unterschieden nach Sachgebieten, die freies Erzeugen ausschließen. Dieser Relation gilt der Angriff. Aktives Lernen und Gesamtunterricht relativieren die Sachzwänge und werten Eigentätigkeit höher als Lehrplanwissen. Insofern sind Motivationsprobleme vorrangig und didaktische Arrangements nachgeordnet, sofern sie nicht dem Kriterium der Kindorientierung genügen.

Die Kritik betont eine Diskrepanz und macht daraus eine unüberwindliche Behinderung: Der Schule wird angelastet, sie sorge bereits „in den ersten Schuljahren“ für einen „rapiden Verfall“ der Lernmotivation (OTTO 1912, S. 147), weil die aktiven Interessen nicht berücksichtigt werden. Ähnlich wie GANSBERG und SCHARRELMANN vertraut auch OTTO darauf, dass Kinder sich unaufhörlich mit ihrer Welt auseinander setzen und in der Alltagserfahrung lohnendes Wissen erwerben, an das der natürliche Unterricht anknüpfen kann. Im Gesamtunterricht zeigen sich die besonderen Interessen der Kinder, die durch Fachkurse vertieft werden können, ohne dem didaktischen Zwang der Normalverschulung aufzusitzen, bei allen Kindern die gleichen Interessen voraussetzen zu müssen. Basis des Unterrichts wären individuelle Interessen, nicht Lehrpläne, aber die Praxis des Gesamtunterrichts zeigt die indirekte Macht gerade der Lehrpläne und Lehrmittel, wenn man darunter Wissensverteilungen und so den Vorrang der richtigen Antwort versteht. Wie Kinder weiterfragen müssen, um *seine* Antworten zu überwinden, hat OTTO nie dargelegt.

Die Autorität ist verdeckt, aber nicht aufgelöst, weil die anarchistische Kraft von Kinderfragen nicht wirklich respektiert wird. Das Problem reduziert sich auf Utilität: Antworten oder „Ausdrücke, die die Kinder ihrem Denken und Spielen einverleiben sind brauchbar, andere, bei denen das nicht der Fall ist, taugen nichts“ (ebd., S. 148). Aber oft gehen Kinder mit fremden Begriffen spielerisch um, verwenden sie richtig nur im didaktischen Kontext oder unterlaufen die angestrebte Verallgemeinerung, indem sie sie lediglich auf ihre Alltagswelt beziehen. Sie wären Teil der Altersmundart, aber auch nicht mehr, zumal OTTO die Entwicklung der Sprache nur sehr grob mit Phasen der psychischen Entwicklung zusammenbringt. Der Gesamtunterricht ist orientiert am situativen Kind, genauer: an Interessen und Fragen, die Kinder in einer bestimmten Schulsituation zeigen. Über die genetische Kontinuität sagt die Methode nichts aus, sie beschränkt sich auf Reflexionsprobleme, soweit sie in ein Frage- und Antwortschema passen. Letztlich ist es eine Art liberalisierter Katechese.

Was MARIA MONTESSORI die Selbsterziehung des Kindes nannte und was zu den bekanntesten Modellen der Reformpädagogik zählt, ist davon zu unterscheiden. Grundlegend ist nicht eine Theorie der menschlichen „Erkenntnis“ (ebd., S. 213), die unterschiedslos auf Kinder und Erwachsene angewendet wird, sondern eine Theorie der Entwicklung, die Erwachsene und Kinder in eine radikale Differenz setzt. Kinder fragen nicht wie Erwachsene, die ihnen eine eigene psychologische Konstruktion unterstellen, wenn sie von Neugier und Wissensbedürfnis ausgehen. Nicht die Frage ist zentral, sondern die Tatsache des Wachstums und so die somatische Voraussetzung für jeden mentalen Zusammenhang. Er entsteht nicht durch Unterricht, sondern aus der Kontinuität der Entwicklung.

SCHARRELMANN, GANSBERG oder OTTO sind insofern immer noch „Lehrer“, als sie „Geist“ und „Reflexion“, mentale Welten und so letztlich Wissen als Objekt des Unterrichts annehmen und nur von anderen Aktivierungsformen ausgehen. Ihre Schwäche ergibt sich aus der psychologischen Voraussetzung, die immer neu Motivation verlangt und dann aber die gesamte Methode anfällig macht. Sie hängt von Zustimmung ab und kann die Launen nicht kalkulieren. Anders MARIA MONTESSORI: Für sie ist das Kind zunächst und grundlegend biologische Individualität und nicht einfach eine situative Erscheinung, die sich assoziativ fortschreibt. Das würde nicht erklären, wie Konstanz möglich ist, die nicht lediglich wechselnde Okkasion sein kann. MONTESSORIS Methode bezieht sich auf die natürliche Ordnung, und sie beschreibt in dieser Hinsicht das Gegenteil von OTTOS Gesamt- oder SCHARRELMANNS Gelegenheitsunterricht. Sie ist keine Methode, die die Schule voraussetzt.

Das psychische Leben des Kindes differenziert sich mit der biologischen Reifung, jedoch nicht nach vorgegebenen Modellen der Entwicklung, sondern aufgrund der inneren Tätigkeit, die beständig versucht, Ordnung zu schaffen. Die Leitannahme der Methode geht also dahin, dass Kinder permanent bestrebt sind und bestrebt sein müssen, Ordnung in das Chaos ihrer Wahrnehmungen zu bringen. Sie bilden „Kristallisationspunkte“, und zwar indem sie lernen, Aufgaben zu lösen. Sie üben sich in die Lösung von Aufgaben ein und gewinnen dadurch Verhaltenssicherheit; das zentrale Mittel dafür ist die Wiederholung (MONTESSORI 1926, S. 72ff.). Kinder lernen also gleichsam über mentale Knotenbildungen, die ihnen jene Sicherheit bereitstellen, welche für das Weiterlernen unerlässlich ist. Sie bewältigen dabei spezifische Aufgaben, bei denen die Lösungswahrscheinlichkeit nicht zu niedrig sein darf; zugleich muss die Aufgabe Anreize genug enthalten, um überhaupt vom Kind in Angriff genommen zu werden. Macht sich das Kind daran, die Aufgabe zu lösen, so müssen die Randbedingungen des Lernens genügend stabil sein. Es muss, heißt das, immer schon eine innere Ordnung aufgebaut sein, wenn Lernen Veränderung hervorbringen soll. Die Veränderung ist niemals total.

Das Konzept des „natürlichen Bauplans“ (ebd., S. 95f.) darf nicht missverstanden werden. Gemeint ist keine gattungsgeschichtliche Determination, sondern eine innere und individuelle – einmalige – Teleologie, die von der

Erziehung unterstützt wird. Die Entwicklung des Lebens, heißt es 1949 in der Spätschrift *The Absorbent Mind*, ist keine lineare Evolution, die lediglich Vererbung und Anpassung voraussetzt, sondern die schöpferische Kraft verlangt (MONTESSORI 1989, S. 51f.). „Erbliche Merkmale" können sich nur durch „freies Handeln in der Umwelt" verwirklichen, gleichermaßen gesteuert und geöffnet durch sensitive Perioden (ebd., S. 89). Frei handeln heißt aber nicht beliebig handeln; „das Heranwachsen des Individuums darf nicht dem Zufall überlassen werden" (ebd., S. 13).

„Frei" heißt einfach nur nicht-determiniert, die Methode muss gleichsam ersetzen, was die Natur offen lässt. Wenigstens ist die geistige Entwicklung abhängig von den Übungen der Sinne (ebd., S. 162), von wiederholbaren Handlungen und von Schemata der Ordnung (ebd., S. 160, 161), die erzeugt und verinnerlicht werden müssen. Der „geistige Embryo" (MONTESSORI 1967, S. 48ff.) wächst nur dann, wenn immer wieder eine verlässliche Ordnung hergestellt wird. Sie ist die Bedingung für den weiteren Prozess, wobei alles darauf ankommt, die frühe Kindheit zu beeinflussen. „Keine spätere Erziehung kann auslöschen, was in der konstruktiven Epoche der Kindheit inkarniert wurde" (MONTESSORI 1989, S. 161).

Vorrang für die Methode ist daher nicht natürliches Erleben oder ganzheitliche Erfahrung, sondern geistige Ordnung.[96] Leben ist nicht, wie etwa bei HENRI BERGSON, ständige Selbstschöpfung, das Kind ist kein *élan vital*, sondern „embryonaler Entwurf" (ebd., S. 166ff.). Die Entwicklung wird immer vom eigenen Anfang bestimmt, und das gilt auch für die Personalität des Kindes: „Es bildet sich aufgrund festliegender Entwürfe ein psychischer Organismus", dem Verstand und Wille nachfolgen (ebd., S. 169). Die Methode beeinflusst den anfänglichen Aufbau des Geistes und so die Stabilität der ersten Ordnung. Schon früh ist dieser Methode ein „starrer Intellektualismus" (STERN 1928, S. 10) und immer wieder ein „mechanisches" Verfahren (HESSEN 1936, S. 14f.) vorgeworfen worden. „Übung der Sinne – und durch die Sinne Übung des Intellekts: das ist der Hauptweg, auf den Frau Montessori die Gesamterziehung des Kleinkindes zu bewerkstelligen sucht" (STERN 1928, S. 10).[97]

---

96 „Wichtig ist ... nicht, dass der Embryo wächst, sondern dass er sich ordnet. Durch die Ordnung und mit der Ordnung kommt das ‚Wachstum' und zugleich die Lebensfähigkeit ganz von selbst ... Die Grundbedingung dafür, dass ein Leben, dem der Impuls zum Dasein gegeben ist, seinen Lebenszweck auch wirklich erfüllt, besteht einzig und allein darin, dass die innere Ordnung erlangt wird" (MONTESSORI 1926, S. 127).

97 Diese Reduktion machte die große Wirkung aus, denn sie erlaubt eine starke Methodisierung der frühkindlichen Erziehung und zugleich jene Zurücknahme der Erzieherautorität, die in der Reformpädagogik insgesamt angelegt war. Es ging immer noch um gezielte Wirkungen, nur solche, die der Methode und nicht mehr nur der Subjektivität des Lehrers zugerechnet wurden.

Dieser Eindruck drängt sich auf, wenn man die zentrale Prämisse MARIA MONTESSORIS (1926, S. 74) untersucht: „Die psychische Entwicklung organisiert sich mit Hilfe von äußeren Anreizen, die auf experimentellem Wege bestimmt werden müssen". Das Experiment dient der Mittelbestimmung der Erziehung; der Erzieher soll herausfinden, wie, mit welchen Mitteln, die „Umgebung des Kindes" arrangiert werden muss, damit optimale geistige Entwicklung möglich wird (ebd., S. 77). Mittel sind Lerngegenstände, das berühmte Montessori-Material, an dem die Sinne geübt werden, um das Denken zu schulen. Und dafür ist ein Merkmal besonders wichtig: „Der Gegenstand muss so gearbeitet sein, dass eine Kontrolle der Fehler möglich ist" (ebd., S. 80).

Bei GANSBERG war zu lernen, dass Irrtümer produktiv sind, weil wir richtige Vorstellungen nur im Durchgang durch falsche erwerben und dies nie auf Dauer. MARIA MONTESSORI dagegen empfiehlt, die Fehler beim Lernen zu minimieren und Irrtümer möglichst auszuschließen. Nicht zuletzt aus diesem Grunde ist ihre Methode, trotz aller Betonung der Selbsttätigkeit, älteren Unterrichtsverfahren durchaus ähnlich. Das zeigt sich auch in der Begründung:

> „Um einen Prozess selbsttätiger Erziehung auszulösen, genügt es nicht, dass das Stimulans eine Tätigkeit anregt, es muss sie auch richtig leiten. Das Kind soll nicht nur lange bei einer Übung verweilen, sondern es soll dabei verweilen, ohne Fehler zu machen. Die äußeren und inneren Eigenschaften der Stimulantien werden außer durch die unmittelbare Reaktion der bei dem Kinde hervorgerufenen Aufmerksamkeit, auch durch die Stärke des wesentlichen Merkmals, der Kontrolle der Fehler, bestimmt, d.h. also der Kraft, die aktive Mitarbeit höherer Verstandestätigkeiten (Vergleich, Urteil) hervorzurufen" (ebd.).

Das Unterrichtsmaterial ist so angelegt, dass es „jeden Irrtum von selbst (nachweist)" (MONTESSORI 1913, S. 160). Das Kind wird nicht durch Erwachsene belehrt, sondern lernt über seine anfänglichen Irrtümer selbsttätig mit Material umzugehen. Das Material ist der Lehrer, etwa so wie heute Computerprogramme angelegt sind. Die Erwartung MARIA MONTESSORIS geht dann dahin, dass sich über die Steigerung des Schwierigkeitsgrades derartiger Materialien eine Beeinflussung der geistigen Entwicklung des Kindes erreichen lässt. Hat das Kind Kontrolle über einen Lerngegenstand gewonnen, irrt es sich also nicht mehr, dann ist es „über diese Übung hinausgewachsen, und dieses Material hat weiter keinen Wert mehr" (ebd., S. 160/161).

Dann muss die Schwierigkeit gesteigert werden, durch den Vergleich verschiedener ähnlicher Materialien einerseits, höhere Anforderungen an den Gegenstand andererseits. Das Kind erzieht sich so mit dem Material weitgehend selbst, der Lehrkraft bleibt nur die Aufgabe der Protokollierung und Beobachtung, nicht aber des direkten Eingriffs, so dass auch jegliche formale Unterrichtsmethode, die vom Lehrer im Blick auf den Lehrstoff anzuwenden wäre, überflüssig erscheint – das Material ist die Methode. Die, wie MARIA MONTESSORI (1922, S. 29) sie nennt, „methodische Erziehung der Sinne“ beruht nicht „auf der Geschicklichkeit“ des Lehrers, „sondern auf dem didaktischen System, durch welches Gegenstände dargeboten werden, die die spontane Aufmerksamkeit des Kindes erregen und eine zweckmäßige Abstufung der Sinnesreize enthalten“ (ebd., S. 164). Das psychologische Hauptmittel, jedenfalls in der frühkindlichen Erziehung, ist die Wiederholung.

Neu ist an der Methode die Unabhängigkeit von Lehrpersonen und so von persönlicher Autorität und Willkür. An sich ist die Methode eine Variante des Sensualismus, der seit LOCKE innere Gewohnheiten durch fortgesetzte Übungen aufbauen wollte. Den Effekt macht MARIA MONTESSORI vom didaktischen Material abhängig, also einer indirekten Steuerung, die Selbsttätigkeit verlangt. Gleichzeitig sind damit umfassende Reformpostulate verbunden worden, die die Lernmilieus der Kinder betreffen. Auch und gerade von ihrer Architektur her muss die Schule kindgemäß eingerichtet sein und der „freien Bewegung“ des Kindes die richtige Ordnung geben (MONTESSORI 1926, S. 144ff.). Selbsterziehung setzt die geeignete Räumlichkeit voraus, eine äußere Ordnung, die das Streben nach innerer Ordnung unterstützt.

Im Blick auf die Innenarchitektur heißt es etwa: „Die Möbel der Kinder ... müssen leicht sein, nicht nur damit die Kinderarme sie leicht hin- und hertragen können, sondern auch, damit sie durch ihre Zerbrechlichkeit selbst erziehlich wirken“ (ebd., S. 149). Ähnlich die Bewegungsfreiheit: Der schulische Raum darf nicht beliebig groß sein, sondern muss beschränkt, aber sinnvoll gestaltet werden (ebd., S. 151). „Wenn das Kind keinen vernünftigen Zweck für seine Bewegungen hat, dann fehlt ihm die Leitung, und die Bewegung ermüdet es“ (ebd., S. 152). Die Reform folgt also immer demselben Prinzip, der pädagogisch perfekten Arrangierung der Lernumwelt, in der das Kind dann „frei“ und „selbsttätig“ lernen kann. Die Einwirkung ist indirekt, darum aber nicht weniger wirksam und zugleich auch nicht weniger manipulativ (so schon KILPATRICK 1914, S. 33f.). Der Schein der Freiheit setzt eine ganz präzise gestaltete Lernumwelt voraus (MONTESSORI 1926, S. 153); nur so, wird behauptet, sei der Aufbau der geistigen Ordnung möglich.

Die Übungen der Sinne dienen nicht einfach dazu, ein bestimmtes Können zu erreichen, sondern die ganze Persönlichkeit auszubilden, soweit sie sich in der geistigen Ordnung zeigt oder darstellen kann. WILLIAM STERNS Formel ist daher im Wesentlichen zutreffend: Durch die Übung der Sinne soll die Übung des Intellekts erfolgen, ein äußeres Verhaltensschema lässt auf ein inneres schließen, aus erfolgreichen Gewohnheiten werden stabile Ordnungen und so Voraussetzungen für weitere Entwicklungen. Verluste werden nicht kalkuliert, weil der Erfolg einer Handlung den Lernprozess bestimmt; Irrtümer können daher nicht produktiv sein. Die richtige (naturgemäße) Erziehung wäre so gleichbedeutend mit dem Aufbau der richtigen Ordnung, die immer nur *eine* ist.

Auch DEWEY hatte, wie gezeigt, „Gewohnheiten“ als Folgen erfolgreichen Handelns beschrieben. Was sich bewährt, wird nicht aufgegeben, sondern als Routine beibehalten, jedes Lernen hat daher einen stabilen Hintergrund von Annahmen oder Randbedingungen zur Voraussetzung. Kein Lernprozess, auch nicht der eruptivste, verändert je die ganze Umwelt, in der er stattfindet. Man muss sich daher auf Gewohnheiten verlassen, um neue Gewohnheiten zu erzeugen oder anders: Der Aufbau einer geistigen Ordnung verlangt Struktur und Veränderung gleichermaßen, nur kann das Lernen nicht jede Gewohnheit betreffen, weil von Gewohnheiten gerade die Stabilität der Struktur abhängt. Im Unterschied zu MARIA MONTESSORI negiert DEWEY aber die Behauptung, dass Gewohnheiten durch einen natürlichen Bauplan entstehen und verändert werden. Der Referenzpunkt ist nur noch Lernen und Handeln, so dass dann auch nicht behauptet wird, Erziehung führe zu dauerhaften inneren wie äußeren Ordnungen.

Aus einem Lernprinzip folgt jedoch nicht schon ein Prinzip der Methode: Heben Methoden auf die planmäßige und konsekutive Bildung von Gewohnheiten ab, so liegt in ihnen stets die Gefahr, dass sie zu mechanisierten und starren Mächten werden, die den Einzelnen beherrschen, statt zu Kräften, die ihm für seine eigenen Zwecke zur Verfügung stehen (DEWEY M.W. 9/S. 177). Und DEWEY sagt auch, was als der entscheidende Fehler in der Konzeption MARIA MONTESSORIS verstanden werden muss. Nicht nur ist es für die weitere Entwicklung gefährlich, Methoden zu verwenden, die auf die möglichst unkorrigierbare Befestigung von Gewohnheiten abzielen, auch ist es riskant, mit Verallgemeinerungen über den Intellekt oder den Geist des Kindes „an sich“ zu arbeiten und darauf die Methode abzustellen. DEWEY spricht von einem philosophischen „Aberglauben“, wenn wir von dem Begriff des „Geistes im Allgemeinen“ ausgehen und dann eine für alle gleiche intellektuelle Methode entwickeln (ebd., S. 179), während es doch auf die Individualisierung ankommt, die sich nicht dadurch ergibt, dass man die Fähigkeiten einzelner Schüler von einem allgemeinen Begriff aus beurteilt. Das führe nur zur Mittelmäßigkeit (ebd., S. 180)

Erforderlich ist demgegenüber, dass jeder Einzelne Gelegenheiten erhalten muss, seine Kräfte in Betätigungen anzuwenden, die für ihn Bedeutung haben (ebd., S. 179). Das Schlagwort dafür ist *learning by doing* oder das Lernverfahren des Problemlösens. Das erinnert auf den ersten Blick an MARIA MONTESSORI, die ja auch von Aufgaben ausging und über Irrtümer zur Lösung kommen wollte. Aber DEWEY gibt die Lösung nicht material vor, das heißt er verwechselt nicht die Methode des *Lernens* mit der des *Lehrens*. Das Problemlösen entspricht einfach einer bewährten Methode des Erkennens und damit des methodischen Lernens. Ihre Merkmale sind einfach genug: Eine nach Lösung verlangende Aufgabe, Sammlung und Zergliederung von gegebenen Tatsachen, Entwurf und Entwicklung von Plänen und Gedanken für mögliche Lösungen, versuchsweise Anwendung und Erprobung, sowie abschließendes Urteil (ebd.).

Learning by doing heißt also nicht, dass der Schüler bloß „aktiv“ sein soll, etwa indem er fragt oder beobachtet; vielmehr sind Probleme oder Aufgaben die Grundlagen des Handelns, das sich danach bemisst, ob es zielgerecht und effektiv zu Ende geführt werden kann und ob der Handelnde in der Lage ist, aus seinen Fehlern zu lernen. Auch DEWEY rechnet also mit einem Verbesserungseffekt durch Irrtum, jedoch nicht im Blick auf didaktische Übungen, sondern auf problemorientierte Handlungen. Ihr Ergebnis, die Lösung der Aufgabe, ist nicht das abschließend richtige Resultat, sondern der nächste Lernanlass, weil nur so die Dynamik des Prozesses berücksichtigt werden kann. Denken wäre Entwicklung der Intelligenz an der Erfahrung, nicht eine irgendwie feste „geistige Ordnung“, die sich methodisch formen ließe. Die kritische Instanz ist intelligentes Problemlösen und in diesem Sinne unausgesetzte Erfahrungsverarbeitung, die außerhalb ihrer selbst keine Richtschnur hat oder haben kann.

Methoden und Verfahren sind „distinctive modes of response to the uncertain“ (L.W. 4/S. 179f.). Wenn feste Urteile und so geistige Ordnungen behauptet werden, dann nur, weil ein unzulässiger Schluss vollzogen wird, „confusing the feeling of certitude with a certified situation“ (ebd., S. 181). Aus der sicheren Situation erwächst Dogmatismus, während gerade die Unsicherheit für die intellektuelle Herausforderung sorgt (ebd., S. 182). Die Definition für forschendes Lernen gilt ungeteilt, also auch für Kinder, die nicht eine Sondergestalt der Erfahrung erhalten dürfen, nur weil sie „klein“ sind oder „wachsen“. Sie vollziehen keinen inneren Bauplan, sondern gestalten Situationen. Lernen und Handeln von Kindern haben besondere Bedingungen, weil erstmalige Erfahrungen berührt sind, aber sie sind darum keine anderen Größen. Das gilt zumal für das Problemlösen: „Inquiry is a set of operations in which problematic situations are disposed of or settled“ (ebd., S. 183).

Das geschieht unablässig, unabschließbar und gerade nicht aus einem Entwurf heraus. Die Natur ist nicht determiniert, Leben ist nicht folgerichtige Entwicklung, sondern Experiment (ebd., S. 185). Kontinuität ist immer nur durch vorläufige Anpassung gesichert, die Problemstruktur der inneren wie der äußeren Welt, die Vagheit, die auch in der geordnetsten Situation immer noch besteht (ebd., S. 187f.), zwingen zum Weiterlernen und so zum nächsten Experiment. Von einer „Methode an sich“, einem technischen Verfahren, mit welchem innere Zustände zielgerecht und dauerhaft verändert werden können, lässt sich nur dann sprechen, wenn man einem philosophischen Aberglauben aufsitzt: „The assumption that method is something separate is connected with the notion of the isolation of mind and self from the world of things. It makes instructon and learning formal, mechanical, constrained“ (DEWEY M.W. 9/S. 186).

DEWEY ist damit weit radikaler als MONTESSORI, denn der methodische Aufbau des Geistes setzt jene Scheidewand voraus, die nach DEWEY das Problem überhaupt erst verursacht. Für ihn sind Intelligenz, Denken und auch mentale Gewohnheiten keine Instanzen in einem imaginären inneren Raum („Geist"), sondern sie zeigen sich in der Handlung. Sie können dann aber nicht, wie MONTESSORI annahm, Objekt einer Erziehungsmethode sein, die davon unabhängig operiert. Nur mit der Annahme der Scheidewand kann es plausibel erscheinen, dass vom Verfahren oder vom Material Wirkungen auf die Persönlichkeit oder die Intelligenz des Kindes ausgehen. Die Methode verlangt einen magischen Kanal, um von Außen her und situativ verdichtet innere Instanzen effektiv zu beeinflussen, während sich zugleich die Natur des Kindes entwickeln soll.

DEWEY löst diesen Widerspruch durch Vermeidung jeder Instanzenlehre: Kinder wie Erwachsene lernen an der Erfahrung, aber sie sind nicht außerhalb der Erfahrung noch irgendetwas anderes, nicht „Natur" und auch nicht „Geist", in denen sich dann immer noch weitere Instanzen vermuten ließen. Daher ist das Konzept der Problemlösung grundlegender, als es die Passagen über Gewohnheiten und Handlungsroutinen vermuten lassen: Erfahrung *ist* „Problemlösung", und man kann nur noch zwischen historischen und künftigen Problemlösungen unterscheiden, nicht jedoch stehen sich, wie es die klassische Erkenntnistheorie nach KANT vorsah, „Denken" und „Realität" im Allgemeinen gegenüber (M.W. 2/S. 308).[98]

Das unterscheidet DEWEY von den meisten anderen Reformpädagogen, die fast immer biologische Entwicklungsphasen und psychische Instanzen verwendeten, wenn sie die „Natur des Kindes" begründeten. Daraus ergeben sich jene Gegensätze, die DEWEY vermeiden wollte, „Innen" und „Außen", „Individuum" und „Institution" oder „Natur" und „Gesellschaft". Aber, wie gesagt, das Kind und das Curriculum bilden keinen Gegensatz, sondern sind lediglich verschiedene Modi der Erfahrung: „It is continuous reconstruction, moving from the child's present experience out into that represented by the organized bodies of truth that we call studies" (ebd., S. 278).[99] Dann aber muss auch der naturalistische Standpunkt der Kinderpsychologie preisgegeben werden:

98 Das Zitat ist entnommen den *Studies in Logical Theory*, einer Aufsatzsammlung des Department of Philosophy der Universität von Chicago, die 1903 zuerst publiziert wurde. DEWEY war Herausgeber und mit vier Essays wesentlicher Beiträger. In dem Essay *The Relationship of Thought and its Subject-Matter* (M.W. 2/S. 298-315) beschreibt er vier Stadien des Problemlösens als Grundoperation wissenschaftlicher Forschung: Das Dämmern des Problems, die erste und krude Sammlung von Daten, die Bildung von Hypothesen und endlich „a period of fruitful interaction between the mere ideas and the mere facts" (ebd., S. 307). Ausgeführt wird diese Theorie in *How We Think* (1910) (DEWEY 2003).

99 *The Child and the Curriculum* wurde 1902 veröffentlicht, zunächst als fünftes Heft in JOHN DEWEYS und ELLA FLAGG YOUNGS *Contributions to Education*. Der Text reagiert auf die Rezeption der Child-Studies zu Beginn des 20. Jahrhunderts.

„It will do harm if child-study leave in the popular mind the impression that a child of a given age has a positive equipment of purposes and interests to be cultivated just as they stand. Interests in reality are but attitudes toward possible experiences; they are not achievements; their worth is the leverage they afford, not in the accomplishment they represent“ (ebd., S. 280).

Was WILLIAM KILPATRICK[100] 1917 und 1918 als „Projektmethode“ propagierte,[101] hatte nicht nur den Dualismus von Kind oder Curriculum zur Voraussetzung, sondern folgte exakt jener naturalistischen Psychologie des Kindes, vor der DEWEY fünfzehn Jahre zuvor gewarnt hatte.[102] In der kindzentrierten Reformpädagogik, für die KILPATRICK sprach, ging die didaktische Objektivierung verloren, ohne die Übel des Schulcurriculums[103] zu beseitigen. Die radikale Kindorientierung glaubte sich einfach auf der richtigen Seite und negierte die andere, während KILPATRICK zugleich den Eindruck erweckte, er folge ganz und gar den Vorgaben DEWEYS. Die starke Differenz zwischen beiden (KNOLL 1992, 1993) ist oft übersehen worden, in der Rezeption[104] wurde zur einheitlichen „Projektmethode“, was theoretisch gar nicht zusammenpasste und allenfalls in bestimmten Slogans Analogien aufwies.

---

100 WILLIAM HEARD KILPATRICK (1871-1965) promovierte 1912 an der Columbia University bei DEWEY, den er 1898 anlässlich einer Summer School erlebt hatte, mit einer Arbeit über *Dutch Schools of New Netherland and Colonial New York*, die bis heute nicht überholt ist. Von 1907 an studierte KILPATRICK am Teachers College der Columbia University, wo er 1918 als Professor für Erziehungsphilosophie berufen wurde (vgl. BEINEKE 1998).

101 Der vielzitierte Programmaufsatz *The Project Method* (KILPATRICK 1918) erschien in der Septemberausgabe 1918 des *Teachers College Record*. Zuvor hatte KILPATRICK im *General Science Quarterly* einen Aufsatz *Project Teaching* (Januar 1917) veröffentlicht, dem zwei weitere, analoge Artikel folgten, *The Problem-Project Attack in Organization, Subject-Matter, and Teaching* (Proceedings of the National Education, 1918) sowie *Purposeful Education* (School, Juni 1918) (Angaben nach KNOLL 1993).

102 Orientiert wesentlich an der Motivationspsychologie EDWARD LEE THORNDIKES (1874-1949). Die erste Ausgabe von THORNDIKES *Principles of Teaching Based on Psychology* erschien 1906.

103 Allgemein hatte DEWEY kritisiert, dass der Lehrplan nichts mit dem Leben des Kindes zu tun habe, sondern einzig der (begrifflichen) Logik der Disziplinen folge, soweit diese fachdidaktisch kodifiziert worden sei (M.W. 2/S. 286). Daraus resultierten drei Übel, die fehlende organische Verbindung mit der sinnlichen Erfahrung des Kindes, die mangelnde Berücksichtigung der gegebenen Lernmotivation sowie die geringe Qualität des Wissens. „Even the most scientific matter, arranged in most logical fashion, loses this quality, when presented in external, ready-made fashion, by the time it gets to the child“ (ebd., S. 286/287). Eine bloße Kindorientierung würde daran nichts ändern.

104 Im deutschen Sprachraum ist das ein Problem der Editionslage: Originaltexte zur Projektmethode sind immer noch wesentlich nur durch PETERSENS Edition von 1936 zugänglich, und diese Edition bindet DEWEY und KILPATRICK als weitgehend analoge Autoren zusammen (DEWEY/KILPATRICK 1936).

KILPATRICKS zentrale Schrift *Foundations of Method* (1925) zeigte mindestens fünf starke Unterschiede zu DEWEY, die über das hinausgingen, was den schulpädagogischen Streit um die Projektmethode ausmachte[105]: KILPATRICK thematisierte einen allgemeinen Widerspruch von institutionellem Zwang und kindlichem Lernen, der DEWEY fremd war. Der Geltungsbereich der Methode wird auf den Lebenszusammenhang an sich ausgeweitet, so dass Lernfragen immer Lebensfragen werden (ebd., S. 108ff.). Grundlegend für die Methode sind die „laws of learning" (ebd., S. 121), nicht mehr Probleme der Erfahrung oder des Wissens. Entsprechend wird das Curriculum vom Wissen abgekoppelt und rein an das individuelle Lerninteresse gebunden: „The main business of curriculum making is two-fold, first, to know what interests, native or acquired, lie available in the child nature; second, to know how these may be stimulated, guided and directed so as to bring growing" (ebd., S. 148). Schließlich wird die besondere Funktion der Schule negiert und zugleich der allgemeine Anspruch an die (progressive) Erziehung gesteigert: „Education is the remaking of life" (ebd., S. 192), nicht etwa nur eine ständige Rekonstruktion von Erfahrung, was eine positive Beziehung von „Kind" und „Curriculum" verlangt hätte.

Bei KILPATRICK ist jedes Kind der eigene Lehrplan, ebenso wie jedes Interesse mit einem eigenen Projekt verbunden werden kann; die öffentliche Schule würde zu einem individualisierten Lernmarkt mutieren, dem jeder Sinn für allgemeine Standards abhanden kommen müsste. Projekt ist, was ein Interesse stimuliert, unabhängig davon, welche Themen welche Unterschiede im Niveau und im Rang des Problems setzen.1921[106] definierte KILPATRICK entsprechend: „We understand the term project to refer to any unit of purposeful experience, any instance of purposeful activity where the dominating purpose, as an inner urge, (1) fixes the aim of the action, (2) guides its process, and (3) furnishes its drive, its inner motivation" (KILPATRICK 1921, S. 283).

---

105 Der amerikanische Ursprung der Projektmethode liegt im Ingenieursstudium. Den ersten praktischen Versuch realisierte CALVIN WOODWARD (1817-1914) 1880 als *Manual Training School* an der Washington University in St. Louis (KNOLL 1988). Der Zusammenhang von Arbeitsschule und „projektorientiertem Lernverfahren/Lernen/Lernpsychologie" ist älter und stammt aus der europäischen Pädagogik (KNOLL 1991). Erst zu Beginn des 20. Jahrhunderts wurde die Projektidee auch jenseits des *manual training* verwendet, einhergehend mit Hypothesen der Kinderpsychologie und in schulkritischer Absicht. KILPATRICK propagierte also ein Lernverfahren der produktorientierten Berufsbildung für die radikale Veränderung des fachbezogenen Unterrichts in allgemeinbildenden Schulen. Zur öffentlichen Diskussion der radikalen Pädagogik vgl. WALLACE (1991)

106 Die Zeitschrift *Teachers College Record* veranstaltete im September 1921 ein Symposion „Dangers and Difficulties of the Project Method and How to Overcome Them". KILPATRICKS Beitrag eröffnete dieses Symposion. Die Diskussion und insbesondere die Kritik an KILPATRICKS Theorie der Projektmethode stellt KLIEBARD (1995, S. 148ff.) dar.

Man könne, heißt es erläuternd, vier Projekttypen unterscheiden, vorausgesetzt, *jede* Lebenserfahrung lasse sich mit einem Projekt verbinden (ebd.). Der erste Typ bezieht sich auf den Zweck des Herstellens oder Bewirkens, „to embody an idea or aspiration in material form" (ebd.). Das Material selbst kann gänzlich verschieden sein, der Prozess der Herstellung und der Schwierigkeitsgrad können sich dramatisch unterscheiden, „the criterion for judging is the character of the purpose" (ebd., S. 284). Wer ein Stück Holz bearbeitet, einen Brief schreibt, einen Sandhaufen errichtet oder etwas Vergleichbares wie NEWTONS' *Principia mathematica* versucht, lernt immer in einem Projekt, nämlich zweckgebunden und produktorientiert.

Der zweite Typ bezieht sich auf das Genießen oder das Aneignen einer bestimmten Erfahrung: „A boy will see and enjoy fireworks, or a circus, or a parade of soldiers. He will watch and enjoy watching a bee-martin drive off a hawk, or a spider spin a web and catch a fly in it. His mother will with a similar true purpose see and enjoy a sunset, or the beauties of the Mona Lisa. At succeeding periods in her life a girl will hear and enjoy a story, read and enjoy a novel, hear and see and enjoy a play of SHAKESPEARE" (ebd.). Das Kriterium ist wiederum nur das Vorhandensein eines motivierenden Anlasses, einer Zweckbestimmung und des dazu passenden Materials.

Der dritte Typ ist das Problemlösen, also die intelligente Bearbeitung von Schwierigkeiten. Von einem Projekt kann aber wiederum erst dann die Rede sein, wenn eine Zweckbestimmung vorhanden ist. Das Problem allein definiert kein Projekt: „A project of the third type implies first a felt difficulty, a problem; and second, a purpose to solve the problem" (ebd., S. 285). Das verkürzt DEWEYS fünfstufige Analyse des Denkaktes dramatisch, die Problemlösen an hypothetischen Umgang mit Wissen gebunden sehen wollte, während bei KILPATRICK einfach das Vorhaben der Problembearbeitung genügte. Beide gehen aus von der emotionalen Akzeptanz, das Problem ist eine *gefühlte* Schwierigkeit, aber KILPATRICK definiert keine Qualitätsbedingung für die Problembearbeitung, sondern akzeptiert jede Lösung, sofern sie nur mit zweckvollem Handeln verbunden ist.

Der vierte Typ bezieht sich auf den Zweck, Wissen oder Fähigkeiten zu erwerben, genauer: „experiences on which a person purposes his own education at a specific point" (ebd., S. 285/286). Es gibt also nicht nur einzelne Projekte, sondern auch selbstgestaltete Bildungsgänge, die wie ein Baukasten zusammengesetzt werden. Der Unterschied zwischen einer solchen Serie von Projekten und dem schulischen Lehrplan ist wiederum einer der Motivation. Im seriellen Projekt hat das Kind die Absicht zu lernen und wird nicht fremdbestimmt. Dabei ist entscheidend, dass der Lehrer den Nutzen der Projektmethode erkennt und ihren Gebrauch den Schülern überlässt (ebd., S. 286).

DEWEYS Theorie des Denkaktes oder der Logik des Problemlösens geht aus von einer gefühlten Diskrepanz zwischen zwei nicht zu vereinbarenden

Wahrnehmungen. Die „felt difficulty" (M.W. 6/S. 236) veranlasst eine Lernbewegung, die sich zunächst darauf richten muss, die Schwierigkeit zu lokalisieren und zu definieren. Vorher gibt es kein „Problem", das also nicht einfach nur gefühlt werden kann. Das Problem muss beobachtet und klassifiziert werden, auch dann, wenn die Schwierigkeit auf etwas völlig Neues oder ungewöhnlich Komplexes oder scheinbar Unsinniges verweist, das sich der Einordnung zunächst entzieht (ebd., S. 238). Der dritte Schritt ist das Mutmassen (suggestion) über die mögliche Lösung. Hier liegt der Kern des kreativen Prozesses, das Überschreiten des Bekannten zum Unbekannten. „It involves going from what is present to something absent. Hence, it is more or less speculative, adventurous" (ebd., S. 239).

Vermutungen sind Ideen im Sinne von gewagten Hypothesen (ebd.), die mit verschiedenen Varianten durchgespielt werden, bevor der vierte Schritt des Denkaktes einsetzt, nämlich das vernünftige Abwägen der Implikationen der aussichtsreichsten Hypothese. „Suggestions at first seemingly remote and wild are frequently so transformed by being elaborated into what follows from them as to become apt and fruitful" (ebd., S. 240). Danach müssen Beobachtungsdaten erzeugt oder Experimente durchgeführt werden. Genauer: „Observation exists at the beginning and again at the end of the process: at the beginning, to determine more definitely and precisely the nature of the difficulty to be dealt with; at the end, to test the value of some hypothetically entertained conclusion" (ebd., S. 241). Vernunft (reasoning) verlangt zur Bestätigung der Annahmen experimentelle Beobachtungen, aber es kann kein Experiment mit Aussicht auf Erfolg durchgeführt werden ohne vernünftige Idee, was dabei herauskommen soll. Wie immer das Ergebnis dann überraschen mag, Problemlösen ist gerade kein Hantieren mit Material zum didaktischen Zweck.

Daher vertritt DEWEY ein ganz anderes Erziehungsziel als KILPATRICK, nämlich das der fallweise operierenden Praxis, die sich auf Probleme einzulassen versteht, ohne dabei lediglich abstrakte Theorien anzuwenden. Es ist nicht das Ideal des Theoretikers, sondern das der praktischen Intelligenz:

> „The disciplined, or logically trained, mind – the aim of the educative process – is the mind able to judge how far each of these steps needs to be carried in any particular situation. No cast-iron rules can be laid down. Each case has to be dealt with as it arises, on the basis of its importance and of the context in which it occurs" (ebd.).

Im Sinne dieser Theorie ist zwischen Problemlösen und Projektmethode zu unterscheiden. Für KILPATRICK kann ein „Projekt" alles Mögliche sein, sofern nur drei Bedingungen erfüllt sind: ein Plan, starkes individuelles Interesse und geeignete Handlungsmöglichkeiten. Es muss keine Schwierigkeit am Anfang stehen, sondern nur Motivation, also eine positive Artikulation von Interesse. Der Wunsch ist entscheidend, nicht die Schwierigkeit, die leicht motivationshemmend wirken kann, während DEWEY davon ausgeht, dass jede Lernaktivität von nennenswerter Tiefe und Breite in ihrem Verlauf unweigerlich auf Hindernisse stoßen wird, die auch und gerade dann überwunden werden müssen, wenn sie unüberwindlich erscheinen (ebd., S. 230).

Die Qualität entsteht im Prozess, was aber nur der Fall ist, wenn der Prozess genügend Schwierigkeiten hervorbringt. Diese Bedingung fehlt der Projektmethode, wie sie KILPATRICK gefasst hat. Sie wird demonstriert mit einem Beispielkatalog, der von häuslichen Arbeiten wie Kleidernähen, schulischem Engagement wie das Herausbringen einer Schülerzeitung bis hin zu Unterrichtsgegenständen und traditionellen Bildungsgütern reicht. Im Mittelpunkt steht die Absicht oder Plan, in diesem Sinne ist jede Tätigkeit „Projekt", ohne die Aktivitäten nach Tiefe oder Breite zu unterscheiden. Projekte können individuell geplant sein, aber auch von einem Kollektiv unternommen werden: „Eine Klasse führt ein Spiel auf, eine Gruppe von Jungen stellt eine Baseballmannschaft auf, drei Schüler bereiten sich vor, ihren Kameraden eine Geschichte vorzulesen". Projekte können aber auch entstehen, wenn ein Kind einem physikalischen Problem oder einer moralischen Frage begegnet, die sein Interesse wecken, oder wenn ein Schüler „mit erlebtem Plan eine Lehrsatzaufgabe in Geometrie" lösen will (DEWEY/KILPATRICK 1935, S. 163). Immer wird in hoher Motivation planvoll gehandelt, und es ist „klar, dass Projekte jede Abart darstellen können, die Pläne im Leben darstellen" (ebd., S. 163/164).

In allen diesen Formen – Selbsttätigkeit, innere Erfahrung, Problemlösung, Bearbeitung von frei gewählten Aufgaben – kommt zweierlei nicht vor, Zusammenhang und Dauer. Projekte sind offenbar immer vereinzelt und kurzzeitig, es sind Okkasionen, nicht zeitlich gestreckte Lernbewegungen. Wenn ein Zusammenhang entsteht, dann nur durch individuelle Synthesen, nicht als didaktische Lernhilfe und schon gar nicht als Lernziel, das von Dritten gesetzt wird. Kein Projekt kann eine bestimmte Zeit überschreiten, also länger andauern, als die je spezifische Motivation es erlaubt. Ob und wie sporadische Motivationen in dauerhafte Interessen übergehen, hängt allein vom Ausgang des Projekts ab, das ebenso flüchtig sein kann wie der Anlass, aus dem heraus es entsteht. Anlässe kann es unbegrenzt viele geben, so dass ein weiteres Problem entsteht, das der Auswahl, gepaart mit der Priorität der Bearbeitung. Für KILPATRICK gibt es immer nur *einen* Zweck zur Zeit, aber Kinder oder überhaupt Lernende haben verschiedene Motivationen und müssen also Reihenfolgen herstellen, welches „Projekt" den Vorrang haben soll und welche anderen nachgeordnet werden müssen. Das verlangt Einsichten, die nicht erst mit dem Projekt gegeben sind, andernfalls entscheiden Motivationen über Motivationen.

Die vier Varianten des Projekts sollen sich überschneiden können, aber das gilt einzig für das Modell, was wiederum nur mit dem besten Fall rechnet. KILPATRICK sagt nicht, was geschehen soll, wenn die Zeit begrenzt ist und die Mittel knapp sind, also unter den Voraussetzungen jeder denkbaren Ökonomie des Lernens. Jede einzelne Aktivität kann derart gesteigert werden, dass für andere weder Arbeitszeit noch Interesse übrig bleibt. In seinem Begründungsaufsatz von 1918 gibt KILPATRICK Beispiele für die vier Varianten des Projekts, die nebeneinander gestellt werden, obgleich sie nacheinander bearbeitet werden müssen. Man kann nicht zugleich ein Boot bauen, eine Symphonie anhören, ein physikalisches Problem lösen und die unregelmäßigen Verben lernen. Allein mit der Kunst des Bootbauens, hinreichende Standards vorausgesetzt, ist man so solange und so intensiv beschäftigt (schon, um die Kunst zu lernen), dass die Zeit für anderes knapp wird, will man in der Kunst wirklich vorankommen. Und eine Frage des vierten Projekttyps, wie New York Philadelphia, immerhin die Stadt der amerikanischen Unabhängigkeitserklärung, überflügelte, kann so viel Zeit in Anspruch nehmen, dass für andere Studien kaum noch Engagement übrig bleibt, selbst wenn sehr starkes Interesse vorhanden ist.

Dieser Einwand trifft die ganze Methodendiskussion der Reformpädagogik: Sie ist nicht fähig, sich auf Auswahlprobleme konstruktiv einzulassen, wenn diese *nicht* vom Bedürfnis oder vom Interesse des Kindes aus diskutiert werden können. Die Ökonomie des Lehrens und Lernens zeigt aber, dass es Fragestellungen gibt, die sich dezidiert *nicht* „vom Kinde aus" entscheiden lassen, versteht man darunter eine Verlagerung der Entscheidung auf das Kind oder das, was der erwachsene Lehrer von ihm wahrnimmt. Andererseits ist die falsche Ökonomie fatal für jeden Lernprozess, der sich verzettelt und vereinzelt oder einfach vor der Komplexität kapituliert, die dann sichtbar wird, wenn das anfängliche Interesse sich durch Lernen über die Tragweite, Tiefe und Dichte der eigenen Fragestellung im Klaren geworden ist.

Hier erhärtet sich ein zweiter Einwand: Reformpädagogische Methoden lassen sich nur noch auf Situationen, nicht aber auf Prozesse ein; sie hoffen einfach, dass Lernerfahrungen Folgen haben, aber machen sie lediglich am „Wachstum" des Kindes fest, ohne wie die alte Schule, Anstrengungen zu unternehmen, Prozesse des Lernens institutionell zu ermöglichen. Der verketzerte Lehrplan hat genau diese Aufgabe, die Strukturierung von Zeit angesichts der allseitigen Flüchtigkeit jeder Lernsituation. Dieses Problem der Kontinuität berühren reformpädagogische Methoden so gut wie nie und wenn doch, wie etwa im Spielmaterial MARIA MONTESSORIS, dann mit ungelösten normativen und psychologischen Problemen. Denn dass die Übung der Sinne den Geist schult, ist eine unbewiesene und wohl auch unbeweisbare Annahme, die mehr einer Projektion als einer tatsächlich langfristig wirksamen Methode gleicht.

Und noch ein Drittes: Nicht nur die Ökonomie der Zeit und die Kontinuität des Lernens sprechen gegen die reformpädagogische Methodik, auch ihr Verzicht auf Didaktik und also System. Die Methode lässt sich nur rhapsodisch auf Inhalte ein, weil der Bezug, was ebenso sympathisch wie unzureichend ist, allein vom Schüler und seinen Interessen aus gedacht wird. Eine ästhetische Erfahrung machen zu lernen, beginnt sicherlich mit dem Interesse, aber nicht der ganze Lernvorgang lässt sich auf das anfängliche Interesse begründen, sondern bedarf didaktischer Regeln und, in vielen Fällen jedenfalls, des didaktischen Zusammenhangs. KILPATRICK setzt diesen Zusammenhang voraus und benutzt ihn, aber thematisiert ihn nicht mehr. Wer jedoch die unregelmäßigen Verben im Französischen lernen will, muss ihren didaktischen Ort wissen, weil ihm dieses Lernen allein nichts nützt und, wichtiger noch, weil dieser Gegenstand allein für sich gar nicht gelernt werden kann. Ein didaktischer Ort aber kann nur systematisch bestimmt werden.

Was die reformpädagogische Methodik sympathisch macht, ist ihr Versuch, tatsächlich vom Lernen des Kindes auszugehen; was sie beschränkt, ist eben diese Einseitigkeit. Im Grunde favorisieren alle Richtungen bestimmte Konzepte, indem sie sie vereinzeln, in dieser Stellung generalisieren und dann gegen konkurrierende Prinzipien abgrenzen. Das hat den Nachteil, dass man die ausgegrenzten Methoden nicht mehr verwenden kann, auch dann nicht, wenn sie nützlich sind. Aber das begriffliche Lernen der Herbartianer ist an seinem Ort nützlich und kann durch keine Projektmethode ersetzt werden; und die fortgesetzte, intelligent eingebrachte Übung tut in bestimmten Kontexten ihren guten Dienst und wird durch alles Problemlösen nicht aufgewogen. Es gibt, kann man daraus folgern, keine Methode für alle Fälle, also keine ausschließlich und immer richtige Methode.

Viele Autoren der Reformpädagogik übersehen, dass sie immer kontextspezifisch argumentieren oder können angesichts des Verzichts auf Systematik den Kontext nicht reflektieren, in dem sie sich aber bewegen: KILPATRICK und auf seine Weise auch DEWEY gehen von typischen College-Erfahrungen aus, GANSBERG und SCHARRELMANN von großstädtischen Volksschulen zu Beginn des 20. Jahrhunderts, OTTO von einer Versuchsschule mit besonderen Bedingungen, MARIA MONTESSORI von sonderpädagogischen Erfahrungen in Kinderheimen. Aus diesen Kontexten ergeben sich unterschiedliche Einsichten und Schlüsse, die sich nur dann generalisieren lassen, wenn andere Kontexte (und Erfahrungen) vernachlässigt oder missachtet werden. Die kindzentrierte Schule (RUGG/SHUMAKER 1928) ist ebenso wenig ein universelles Modell wie der Gesamtunterricht, die Arbeitsschule oder die Erlebniserziehung.

Gravierender ist die Einsicht, dass derartige Methoden entweder keine schulspezifische Form annehmen oder ihre Eigenart verlieren. Sie beschreiben Lernen unter der Voraussetzung optimaler Motivation, die sich weder schwankend noch launisch verhält, und sie nehmen ideale Verteilungen an, sowohl der Mittel als auch der Personen. Der Frage des *Lehrens* wird keine Priorität eingeräumt, sie reduziert sich auf Lernanlasse und Material, allenfalls verlängert sie sich mit verdeckten Autoritäten. Die entscheidende Frage an jede Methode aber wäre, ob sie auch Lernen ohne Anlass (und ohne Interesse) bewirken und regulieren kann. Und diese Frage lässt sich nur im Blick auf die Inhalte lösen, weil sich je nach inhaltlichem Kontext die Methode des Lehrens und die Manier des Lernens anders darstellen. Nochmals gilt die Suche der Autoren der *einen* Methode und so dem besten Fall, und diese Illusion entsteht durch die Prämisse, den Ausgang jeglichen Unterrichts „vom Kinde aus" suchen zu müssen. Das übersieht all die Lehrprobleme, für die *kein* akutes Interesse vorhanden ist und gleichwohl bearbeitet werden müssen. Die typische Schulerfahrung lässt sich nicht in eine „school of life" überführen, die einzig aus Schüleraktivitäten besteht (KILPATRICK 1926, S. 112) und sich aus motivational hoch stehenden Anlässen aufbaut.

Die *child-centered school* – das große Reformthema der zwanziger Jahre – hat sich denn auch nicht durchsetzen können, einfach weil der Gegensatz von „Kind" und „Curriculum" sich erfolgreich, aber nicht systemsprengend bearbeiten ließ. Die „alte Schule" erwies sich als lernfähig und überlebte die Kritik, ohne die alternativen Methoden zu ignorieren. Sie wurden adaptiert und der Schulentwicklung angepasst, aber erlangten keinen autonomen Status. Die Schule wurde nicht zur Projektmethode, alle Aktivierungsregeln mussten vereinbar sein mit dem institutionellen Status, auch wenn oder gerade weil sich dieser veränderte. Dagegen verselbständigte sich die Sprache der Kritik. Zu Beginn des 21. Jahrhunderts ist immer noch plausibel, was die moralische Basis der Reformpädagogik zu Beginn des 20. Jahrhunderts gewesen ist, nämlich die Befreiung des Kindes vom Schulelend.[107] Die Selbstentwicklung der Schule müsste dann allerdings ignoriert werden, und die Botschaft wäre nur, Kind und Curriculum bilden einen ewigen Gegensatz. Aus der Moral der Kritik leiten sich pädagogische Ansprüche her, aber die Ansprüche geben keinen Aufschluss über die tatsächlichen Lernerfahrungen der Schule und den Wandel des Unterrichts.

4.3 Erziehungsmodelle

Schulreform ist im 19. Jahrhundert, wie gezeigt, mit der klassischen Formel des *erziehenden Unterrichts* begründet worden. Die grundlegend erneuerte Schule sollte zugleich besser unterrichten und besser erziehen. Dieser doppelte Anspruch blieb in der Reformpädagogik am Ende des Jahrhunderts erhalten. Auch hier sind Erziehungsmodelle auf die Institution Schule projiziert und Erwartungen erneuert worden, neben oder im Unterricht Tugend und Sittlichkeit zu befördern. Die dabei maßgebenden Ideale sind oft christlichen Ursprungs, sie spielen bei fast allen Reformpädagogen eine zentrale Rolle und sind auch dann wirksam, wenn Abstand genommen wird von

107 „Unwilling children go daily through the grind of acquiring for ‚recitation' purposes adult-formulated statements of race-achieved solutions to past social problems" (KILPATRICK 1926, S. 106).

einer irgendwie konfessionell gebundenen Pädagogik. Das pädagogische Bewusstsein, die Sprache und der Habitus der Erziehung verloren ihre religiöse Prägung nicht, die frühere Kirchenbindung wurde durch alternative Systeme ersetzt.

Was „neue Erziehung" hieß, stammte nicht selten aus Erweckungsbewegungen, war oft verknüpft mit neuen Formen der Spiritualität und hatte nicht nur an den Rändern zu tun mit Mystizismus und Esoterik. Vielfach waren die Annahmen über Erziehung gemischte Konzepte, die für die Innovation des Christentums ebenso Verwendung fanden wie für Lebensreform oder Zivilisationskritik. Im internationalen Vergleich waren etwa theosophische Gruppierungen[108] maßgeblich beteiligt bei der Entwicklung alternativer Ansätze der Erziehung, die sich von spiritueller Erneuerung kaum unterscheiden ließen und damit oft explizit verknüpft waren.[109] Rein säkulare Theorien der Erziehungsreform sind demgegenüber die Ausnahme, kosmologische Visionen beherrschen das Feld von ADOLPHE FERRIÈRE bis PETER PETERSEN.[110]

Im 19. Jahrhundert sind religiöse Erwartungen vielfach mit nationalpolitischen Optionen verbunden worden, einhergehend mit politischen Weltanschauungen und freie Religionsgemeinschaften, die die Erziehung zu ihrem Zweck instrumentieren wollten. Der „Kulturkampf um die Schule" (PENZIG

---

108 Die Theosophische Gesellschaft wurde von HELENA P. BLAVASTKY (1831-1891), HENRY S. OLCOTT (1832-1907) und Anderen 1875 in New York gegründet, als Bruderschaftsreligion und universelle Vereinigung für spirituelle Erneuerung. Unmittelbarer Anlass war der Darwinismus und so die materialistische Erklärung des Lebens. ANNIE BESANT (1847-1933), eine der führenden Figuren der Fabian Society und der Londoner Schulreform, hat als Präsidentin der Theosophischen Gesellschaft die Ziele in ihrem Buch über das „esoterische Christentum" (1911) beschrieben. Der pädagogische Einfluss ist weitreichend: RUDOLF STEINER war von 1902 bis 1912 Leiter der deutschen Sektion der Theosophischen Gesellschaft, deren wesentliche Lehren er auch publik machte (*Theosophie. Einführung in die übersinnliche Welterkenntnis und Menschenbestimmung*, 1904). MARIA MONTESSORI hielt sich während des Zweiten Weltkrieges in Adyar bei Madras auf, wo sich seit 1907 Hauptsitz der Gesellschaft befand. Ihre Spätschriften haben mit diesen Erfahrungen zu tun. 1915 entstand in London die „Theosophische Erziehungsbrüdergemeinschaft", die von BEATRICE ENSOR (1885-1974) organisiert und geleitet wurde. Sie war nach dem ersten Weltkrieg die treibende Kraft hinter der *New Education Fellowship*, der ersten internationalen Organisation der neuen Erziehung.

109 *Das Liebeswerk der Quäker* (JANNASCH 1920) kann dann ebenso selbstverständlich Teil der „neuen Erziehung" sein wie die Landerziehungsheime oder die Projektmethode.

110 FERRIÈRES Spätwerk (*Le mystère cosmique*, 1949; *L'essentiel,* 1952) ist eine einzige religiöse Spekulation, angereichert durch tiefenpsychologische Modelle des Unbewussten (*Education religieuse et psychologie de l'inconscient*, 1950). PETERSENS letztes Buch *Der Mensch in der Erziehungswirklichkeit* (1954 als dritter Band der „Allgemeinen Erziehungswissenschaft" posthum veröffentlicht) ist angelegt als Auseinandersetzung zwischen dem *homo religiosus* und dem *homo satanicus* oder einfacher zwischen dem Guten (das erzieht) und dem Bösen (das nicht erzieht).

1905)[111] begann in Deutschland mit der Reichsgründung und erlebte eine ständige Intensivierung einhergehend mit der Differenzierung und dem wachsenden Einfluss publizistischer Medien. Die staatliche Organisation der Schule konnte die pädagogischen Erwartungen nicht durch Formen der Rationalisierung auskühlen, sondern bestärkte gerade die Kritik und so die Erweiterung der Ansprüche. In dem Masse, in dem die Schule zu einem staatlichen System wurde, entgrenzten sich die Erziehungserwartungen, bestärkt durch politische Programme, die in vielen Fällen Ersatzreligionen gleichkamen. Erziehung wurde zum Mythos, dem gleichermaßen nationale und transnationale Erlösungen zugetraut werden.

Die moderne Schule sollte eine Erziehungsschule neuer Art werden, sie erhielt „volkspädagogische“ Aufgaben, die die Möglichkeiten von Lehrplan und Unterricht bei weitem überstiegen. Diese Begrenzung erschien gerade der ethisch-religiös und „volkspolitisch“ motivierten Schulkritik vor 1914 als illegitim (GROSCHOPP 1997, S. 128ff.). Die Schule sollte das Ganze erziehen, eine Formel, die nicht zufällig an geistig-moralische Erneuerung gebunden wird. Die Befreiung vom Schulzwang gilt in dieser Literatur als Vorausbedingung für sittliche Innovation oder die Erziehung des Volkes (BONUS 1906). Die „Unterrichtsmaschine“ (LANGERMANN 1910, S. 256) müsse beseitigt sein, bevor das „Jahrhundertwerk“ (ebd., S. 291) der pädagogischen Gesamtreform des Volkes in Angriff genommen werden könne. Die Aufgabe selbst ist unbegrenzt, ebenso das Objekt und die Reichweite; die neue Erziehung der Jugend ist lediglich „der erste Schritt“ (ebd., S. 327).

Die Alternativen freilich waren die alten, etwa wenn der politisierende Lehrer JOHANNES LANGERMANN[112] den „Kern“ der neuen Erziehung als Kritik

---

111 RUDOLF PENZIG (1855-1931) war Berliner Stadtrat und Dozent an der Freien Hochschule. Als erfolgreicher Publizist war er zugleich Sprecher der humanistischen Gemeinde in Berlin, eine Vereinigung von antikirchlichen Freidenkern. PENZIGS (1897) Schrift *Ernste Antworten auf Kinderfragen* (sechs Auflagen bis 1928) antizipierte BERTHOLD OTTOS Gesamtunterricht. PENZIG war auch Herausgeber der von dem Nationalökonomen GEORG VON GYZICKI (1851-1895) begründeten Zeitschrift *Ethische Kultur*; sie enthielt die Monatsbeilage *Kinderland* und die Vierteljahresbeilage *Weltliche Schule* (Mitteilungen des Deutschen Bundes für weltliche Schule und Moralunterricht). Die *Ethische Kultur* erschien von 1893 bis 1936.

112 JOHANNES LANGERMANN (1848-1932) wurde am Lehrerseminar in Neukloster (Mecklenburg) ausgebildet und war zunächst als Volksschullehrer tätig. Von 1902 an widmete er sich der Erziehung schwachbegabter Kidner, zunächst an der Hilfsschule in Barmen und später an einer eigene Reformschule in Darmstadt. Diese Erfahrung ist in LANGERMANN (1910, S. 410-480) beschrieben worden. LANGERMANN stand dem „Deutschen Bund für weltliche Schule und Moralunterricht“ nahe, der den konfessionellen Schulunterricht bekämpfte und für einen „rein menschlich-natürlichen Moralunterricht“ eintrat. Einflussreich war dabei GEORG VON GYZICKIS utilitaristische *Moralphilosophie* von 1888. LANGERMANN selbst vertrat Positionen eines „volksorganischen“ Wirtschafts- und Erziehungsstaates, die an BERTHOLD OTTO erinnern.

an der „Konkurrenzgesellschaft“, der „Bildungskaste“ und der „Fabrikpädagogik“ (ebd., S. 426f.) mit folgenden Gegensatzpaaren formulierte:

- Nicht Stoffanhäufung – sondern Kraftentwicklung;
- nicht Wissen – sondern Können;
- nicht Zwang – sondern freies, freudiges Wollen;
- nicht Konkurrenz – sondern Ergänzung;
- nicht Isolierung – sondern organische Eingliederung;
- nicht Lernen zu Prüfungszwecken – sondern Erleben zum Zweck des Lebens (ebd., S. 417).

Die Gegensatzpaare erhalten ihre Dignität durch Selbsttradierung, sie entstammen, so heißt es, dem „Stein-Fichte-Pestalozzischen Erziehungsprinzip“ (ebd., S. 417), das gleichsam für sich spricht und außerhalb jeder Kritik steht. Tatsächlich vertritt LANGERMANN die Idee, aus einer Erziehungsgemeinde den „Geist“ der Reform und so der Zukunft zu gewinnen, als sei das Dorfideal in PESTALOZZIS *Lienhard und Gertrud* je mehr gewesen als eine literarische Beschreibung. Der „kleine Erziehungsstaat“ wird realiter zur „ersten Zelle“ einer „lebendigen Gesellschaft“ (ebd., S. 423; im Text gesperrt), wobei auch hier weder der Garten fehlt noch der Appell an die freie, zweckgebundene Arbeit der Schüler (ebd., S. 424ff., 432).

Die Erwartung, aus dem pädagogischen Mikrokosmos das politisch Grosse beeinflussen zu können, bestimmte viele Prognosen, die weltanschaulich stark unterschiedlich waren. Die Idee war immer, mit der neuen Erziehung die neue Schule und so die neue Gesellschaft gestalten zu können. In diesem Sinne wären pädagogische Erwartungen immer zugleich politische; die „neue Erziehung“ dient nicht etwa nur „dem Kind“, sondern zugleich und oft prioritär höheren und allgemeineren Zielen, die nicht selten evangelikal gehalten waren. Ein Beispiel sind die Aktivitäten der 1907 in Berlin gegründeten Mathilde-Zimmer-Stiftung, deren pädagogisches Konzept der Theologe FRIEDRICH ZIMMER[113] entwickelt hat. Das zentrale Stichwort dafür hieß „Lebenserziehung“, die Erziehung zur Persönlichkeit nicht durch die Schule, sondern durch offene Arbeit in diakonischen Heimen, die zunächst für die Mädchenerziehung konzipiert wurden (ZIMMER 1909). Andere Beispiele beziehen sich auf sozialpädagogische Heime, die sich von Rettungsanstalten zu Erziehungshorten entwickelten (KOSSATZ 1910).[114]

---

113 FRIEDRICH ZIMMER (1855-1919) gründete 1894 in Elberfeld den „Verein zur Sicherstellung von Dienstleistungen der evangelischen Diakonie“, der später „Evangelischer Diakonieverein“ genannt wurde. ZIMMER war von 1907 an Kurator der Mathilde-Zimmer-Stiftung.

114 Beschrieben wird das Fürsorge-Erziehungsheim „Am Urban“ in Zehlendorf. Das Heim geht zurück auf eine Gründung des „Vereins zur Erziehung sittlich verwahrloster Kinder in Berlin“, der 1824 ein großes Grundstück erwarb und die Fürsorgeanstalt aufbaute. Von 1901 an war LOUIS ADOLF FRIEDRICH PLASS (1864-1921) Direktor des Heimes. Das Heim wurde 1920 aufgelöst. PLASS hatte zuvor in Porent

Von hier ist es semantisch nur ein Schritt bis zum Entwurf der „neuen Erziehung“ als Welterlösung, die keine Grenzbestimmung zulässt. Die Zukunft selbst scheint in reformpädagogischer Hand, was die eminenten Autoren geradezu gepredigt haben.

„L'école active“, schreibt ADOLPHE FERRIÈRE (1929, S. 21),[115] „est l'école de demain. Elle l'est, bien entendu, à l'état embryonnaire.[116] Immense est le travail qui consiste à la dégager des erreurs du passé ... Mais enfin, l'école nouvelle est en route“ (ebd.). Die pädagogische Vergangenheit war überwiegend ein einziger Irrtum, Erneuerung ist nur von der neuen Erziehung der Zukunft zu erwarten, die aber wiederum eine Selbsttradierung benötigt:

> „L'Ecole d'hier était l'école du poter – de l'homo faber comme l'appelle Henri Bergson dans ‚L'Evolution créatrice'; – l'école de demain sera celle du bon jardinier, selon le précepte de Pestalozzi et le mot de Fröbel“ (ebd., S. 22).

Vorausgesetzt wird die *spontane* Aktivität des Kindes (FERRIÈRE 1922), die ungehemmt zur Enthaltung kommt, wie eine Pflanze, die aus sich selbst heraus wächst, wenn gute Pflege gegeben ist. Die Metapher des Gärtners oder des Gartens spielt tatsächlich eine zentrale Rolle in der Ikonographie und damit zusammenhängend der Sprache der Reformpädagogik. Sie demonstriert nicht nur Engagement und persönliche Zuständigkeit,[117] sondern sie garantiert zugleich überschaubare Verhältnisse. Nicht zufällig sind daher Reformversuche als „Gemeinden“ oder „Gemeinschaften“ charakterisiert worden, die eine quasi-religiöse Raumstruktur auszeichnet und die wie sakrale Gärten gehandhabt werden. Die Heiligkeit des Kindes (oder der Kinderseele), eine zentrale Annahme der Reformpädagogik (RÖTTGER 1908 und viele andere), wird gestützt durch die symbolische Struktur der neuen Erziehung, deren Idealität

---

(Meckenburg) eine der zahlreichen Waisenkolonien gegründet, auch dies eine übersehene Geschichte der Reformpädagogik.

115 ADOLPHE FERRIÈRE (1879-1960), der 1898 seine Gymnasialausbildung in Genf abgeschlossen hatte, verbrachte von 1900 bis 1902 zwei Jahre als Freiwilligenlehrer bei HERMANN LIETZ in Haubinda und hospitierte in weiteren *Ecoles Nouvelles*. 1902 kehrte er nach Genf zurück und promovierte in Soziologie. FERRIÈRE, der seit seinem zwanzigsten Lebensjahr taub war, hielt von 1909 an Vorlesungen an der Universität Genf und wurde 1912 Dozent am privaten Institut Jean-Jacques Rousseau. 1921war FERRIÈRE einer der drei Gründer der *New Education Fellowship*, zugleich fungierte er als Redakteur der französischen Ausgabe der Zeitschrift der Fellowship (*Pour l'ère nouvelle*). Außerdem war er von 1918 bis 1923 Herausgeber der christlich-sozialistischen Zeitschrift *L'Essor*, der er bis 1953 verbunden blieb. Von 1934 an lebte FERRIÈRE als Schriftsteller und Vortragsreisender in der Nähe von Lausanne (Daten nach HAMELINE 1993).

116 Das spielt auf DEWEY an: „(The renewed school) gets a chance to be a miniature community, an embryonic society“ (M.W. 1/S. 12). Die Metapher der „embryonic society“ aus *School and Society* gehört zu den wichtigsten kommunikativen Bezugspunkten der internationalen Reformpädagogik.

117 Ausdrücklich betont FERRIÈRE (1929, S. 22), dass die geistige Persönlichkeit des Lehrers nicht durch psychologische Tests zu ersetzen sei.

unausgesetzt Bedarf erzeugt. Praktische Innovation geht einher mit religiöser Erweckung, so dass nicht zufällig die „Welterziehungsbewegung" als Mission betrachtet wurde (EBERHARD 1930).

Das gilt für viele Kommentare, aus amerikanischer Sicht erscheint die „neue Erziehung in Europa" (ROMAN 1923) ebenso als eine sittlich-religiöse Innovation wie umgekehrt die amerikanische Erziehung aus europäischer Sicht (ENSOR 1926). Das erklärt, warum sich in der Kinderpsychologie der Reformpädagogik materialistische Ansätze nicht durchsetzen konnten, das Bild des Kindes seine christliche Ikonographie nie verlor und die Erziehungserwartungen immer transzendental gestimmt blieben. Zugleich konzentrierte sich der Reformdiskurs auf das individuelle Kind, es schien geradezu eine Überlebensfrage für die institutionelle Erziehung zu sein, dass und wie sie sich auf Individualität einstellen kann (HOLMES 1912 und viele andere). Auf der anderen Seite sind die überwiegend präferierten pädagogischen Modelle wie die Arbeitserziehung, die Kunsterziehung, das Wachstum der Natur oder das Prinzip des Dialogs immer allgemein definiert wurden. Alle diese Modelle verhalten sich gegenüber ihrem Objekt nicht „individuell", sondern paternal, auch dort, wo es um Selbsttätigkeit oder die jedes Kind einzeln berührende *Ecole Active* gehen sollte.

Die Freiheit des Kindes an der *Ecole Internationale de Genève*[118] beschrieb FERRIÈRE (1929, S. 30) als

- „travail individuel standardisé" im Sinne von Arbeitstechniken,
- „travail collectif organisé" nach dem Vorbild der Méthode Decroly,
- „travail individuel libre", bei der das Schulkind im Blick auf Aufgaben eigene Untersuchungen anstellt und diese koordiniert, sowie
- „travail collectif libre" nach dem Vorbild der Projektmethode.

Genauer wird das Konzept so beschrieben: „Orde de l'école, self-government, travaux manuels, visites au dehors, préparations de pièces de théâtre, représentées tour à tour, chaque semaine, par chaque classes pour toutes les autres, ou des soirées pour parents, expositions, ventes, telles sont les activités libres qui sont nées du milieu même des élèves". *Ecole Active* hieße dann ständige Aktivierung, die in der pädagogischen Erwartung erfolgt, die spontane Tätigkeit des Kindes zu fördern und in diesem Sinne Individualität zu respektieren (ebd., S. 136), gleichzeitig aber auch eine ideale soziale Ordnung zu erzeugen:

118 Die *Ecole Internationale* wurde 1924 in Florissant bei Genf, auf einem Anwesen von FERRIÈRE, gegründet. Von FERRIÈRE selbst ausgesuchte Lehrer unterrichteten nach der Methode MONTESSORI im Vorschulbereich, nach der Methode DECROLY auf der Mittelstufe und nach dem Winnetka-Plan die größeren Schüler. Die Praxis der Schule beschreibt FERRIÈRE (1929). Ende 1926 zog sich FERRIÈRE von der Schule zurück, die sich nicht seinen Erwartungen gemäss entwickelte, fungierte aber bis 1929 als Berater. Ab 1929 betreute er Waisenkinder in seinem Haus, die Schule nannte er „Un Home ‚Chez nous'". Diese Organisation hatte bis 1989 Bestand.

„La nouvelle unité sociale respecte l'individu; elle n'abolit pas, elle accomplit. Elle libère l'enfant du régime coercitif: elle réduit au minimum la phase étroitement individualiste et anarchique; elle tend à la plénitude d'epanouissement de l'individu. A celui-ci à apprendre, par l'action et la pratique de la vie sociale, la nécessité du sacrifice partiel à la collectivité, sacrifice nécessaire à la libération spirituelle de tous les individus au sein même d'une société solidement organisée" (ebd., S. 137).

Derartige Konzepte einer universellen Erziehung spielen nicht erst seit der (deutschen) Diskussion über den Vorrang der Individual- oder Sozialpädagogik[119] eine zentrale Rolle bei der Konstitution pädagogischer Erwartungen. FERRIÈRE zog in diesem Geiste am 1. Januar 1905 eine Bilanz der „neuen Erziehung", die bei seinem Tode (1960) nicht annähernd abgeschlossen war, einfach weil das Ziel nur in der letztendlichen Harmonie von Mensch und Welt gesehen werden konnte. In diesem Sinne war auch die Reformpädagogik immer nur „auf dem Weg", den FERRIÈRE nicht zufällig als *progrès spirituel* bezeichnete.[120]

Religiöse Erwartungen und so unbeschränkte pädagogische Aspirationen stehen hinter fast allen reformpädagogischen Erziehungsmodellen. Sie behalten in ihren Aussagen und Postulaten einen transzendenten Kern, der die „neue Erziehung" nicht nur begründet, sondern zugleich schützt. Er machte sie sakrosankt und perpetuierte einen Anspruch, der sich enttäuschen, aber nicht korrigieren lässt. Das kann am Konzept der Arbeitsschule gezeigt werden, das seine christlich-missionarischen Wurzeln nie verlor und noch Mitte des 19. Jahrhunderts vornehmlich im Zusammenhang von „Rettungsinseln" zur Behebung sittlicher Verwahrlosung, also sozialpädagogischen Programmen der Armenerziehung, diskutiert wurde.[121]

Eine Art Missionserwartung, sozialistisch gewendet, ist noch bei CELESTIN FREINET spürbar: Die normale Schule unterrichtet nur, aber sie erzieht nicht, solange sie nicht zur Arbeitsschule entwickelt wird (FREINET 1978, S. 109f.). Von der pädagogischen Arbeit wird Heil erwartet. Der Verdacht gilt der Schule der Gebildeten, die lediglich lernen, mit Wörtern umzuge-

119 PAUL NATORPS *Sozialpädagogik* von 1899 hatte dieser Diskussion eine wirksame Theorie gegeben, die die politischen Aspirationen zu begründen half. Der Konflikt mit der kindzentrierten Reformpädagogik wurde nie entschieden.

120 FERRIÈRES Genfer *Thèse* (*La loi du progrès en biologie et en sociologie,* veröffentlicht 1915) bereitete die kosmologisch angelegte Theorie des geistigen Fortschritts vor (*Le progrès spirituel*, 1926), die eine Art spiritueller Interpretation von HENRI BERGSONS *élan vital* darstellt. Das letzte Kapitel heißt „L'élan vital et Dieu". Die Spätschriften schließen hier an.

121 „Rettungshäuser" sind im 19. Jahrhundert „Missionsgeschäfte" für die Seelen bedürftiger Kinder. Die erste nichtkirchliche Gründung in Deutschland ist JOHANNES FALKS „Gesellschaft der Freunde in der Noth" (1813). Die bekannteste Gründung ist J.H. WICHERNS „Rauhes Haus" in Hamburg (1833). Hausarbeit und „Handwerksarbeiten in den Werkstätten" sind dabei zentrale Erziehungskonzepte (SCHMIDT 1867, S. 142ff., 150).

hen, während es darauf ankomme, durch praktische Tätigkeit erzogen zu werden (ebd., S. 112). Der pädagogische Effekt ist aber nur dann zu erwarten, wenn nicht die standardisierte Arbeit der Industrie den Maßstab des Lernens abgibt (ebd.). Die Alternative liegt auch für FREINET in der historischen Elementarisierung des selbsttätigen Lernens:

> „Nous pratiquerions d'abord les métiers dans leur simplicité originelle, ceux qui sont pour ainsi dire à la base du véritable progrès humain, et nous les pratiquerions dans la forme qui permettrait le mieux leur intégration dans le processus normal de la vie. Nous ne négligerions pas l'apport notable de la technique actuelle, mais nous aurions à nous méfier de cette sorte d'ivresse avec laquelle les enfants subjugués se livrent à la magie de la machine " (ebd., S. 113).

Arbeitserziehung ist zunächst und elementar manuelle Tätigkeit, aber sie verlangt eine spirituelle Sicht und so eine weitere Perspektive: Arbeit ist eine Ganzheit (un tout), übertragen auf die „neue Erziehung" ist sie integral, „et son influence ne saurait être limitée à quelque arbitraire forme matérielle" (ebd., S. 209/210). Der Lernende erfährt mit den eigenen Händen (sous les doigts), was es heißt, Hersteller zu sein, das eigene Produkt zu erzeugen und den Prozess selbst zu kontrollieren. Er erfährt sich, anders gesagt, als Teil des Fortschritts oder als Beherrscher der Natur. „A ce moment-là, votre éducation aura vraiment une prise puissante sur les individus et sur le patient progrès des générations. Et vous aurez rempli votre tâche historique, qui dépasse la modeste destinée de l'individu pour atteindre et influencer cette incessante montée de l'homme vers la lumière et la perfection" (ebd., S. 216).

Ohne geschichtliche Aufgabe scheint es nicht zu gehen, es ist in der gesamten Diskussion über „Arbeitserziehung" nie bezweifelt worden, dass mit pädagogisch organisierter „Arbeit" ein herausgehobener Erziehungseffekt verbunden sei, das über das hinausgeht, was Individuen in bestimmten Kontexten lernen können. Die Verallgemeinerungen übersteigen die Grenzen handwerklicher Tätigkeiten und befördern universelle Zielsetzungen, die oft von Heilserwartungen kaum zu unterscheiden sind. Das schließt Modernisierungen durch Methoden der Arbeitsschule nicht aus,[122] aber verlangt auf der anderen Seite immer Begründungen, die darüber hinausgehen. Arbeit muss mehr sein als profane Tätigkeit, wenn pädagogische Erwartungen aufgebaut werden sollen.

---

122 Das Berliner Zentralinstitut für Erziehung und Bildung gab etwa 1922 eine Übersicht heraus, welche Fortschritte das Arbeitsprinzip im Unterricht der Volksschule besorgte hätte. Die Übersicht betrifft alle Fächer, den Anfangsunterricht, die Lehrplanentwicklung und nicht zuletzt das Verhältnis von Lehrfilm und Arbeitsschule (Theorie und Praxis der Arbeitsschule 1922). CARL PRETZEL und ERICH HYLLA haben die Konzepte der Arbeitsschule 1925 als Grundlage „neuzeitlicher Volksschularbeit" dargestellt. Sie beruhte auf den preußischen Richtlinien vom 16. März 1921 und 15. Oktober 1922.

Das bekannte Beispiel der deutschen Pädagogik ist GEORG KERSCHENSTEINERS Theorie der Arbeitserziehung, die mit dem Staatszweck beginnt und die „pädagogische Arbeit“ als Teil der staatsbürgerlichen Erziehung verstanden sehen will. Sie dient der „Verwirklichung der ethischen Idee des höchsten äußeren Gutes im wohlverstandenen Dienste des gegebenen Staates“ (KERSCHENSTEINER 1928, S. 11/12). Das ist nicht der historische Fortschritt der sozialistischen Gesellschaft, wie bei FREINET, aber immer noch ein historischer Prozess, der von pädagogischer Arbeit soziale Effekte erwartet, die für die moralische Verbesserung der Gesellschaft sorgen können.

Schon aus diesem Grunde muss der Begriff „Arbeitsunterricht“ mehr bezeichnen als nur die Anregung zu „rein manueller Beschäftigung“ (ebd., S. 118), was – wie gezeigt – direkt auf die Diskussion Mitte des 19. Jahrhunderts zurückführt. „Kindergartenbeschäftigung, Handfertigkeitsbewegungen, die alten (manuellen; J.O.) Forderungen von Selbsttätigkeit usw. führten von vornherein zu einer Veräußerlichung des Arbeitsunterrichts als Prinzip“ (ebd., S. 119). Demgegenüber muss der wahre Arbeitsunterricht als geistige Initiation und als moralische Aufgabe verstanden werden, mithin als Medium der Erziehung. KERSCHENSTEINER spricht von Charakterbildung, die als Grundmerkmal der Erziehung auch und gerade vom Arbeitsunterricht zu erwarten sei (ebd., S. 113ff.). Dieser Unterricht aber verliert sein Spezifikum, er wird so allgemein gedacht, dass sein Prinzip zum Prinzip jeglicher Bildung wird: „Das Arbeitsprinzip ist nur dann gewahrt, wenn die Arbeit beim Eindringen in die Vorstellungskreise und in die Denkungsweise (eines Arbeitsgebietes) den Arbeitsmethoden angepasst ist, die sich innerhalb jener Geistesgebiete mit logischer Notwendigkeit entwickelt haben“ (ebd., S. 120).

„Arbeit“ lässt sich nur dann so pauschal auf „geistige Bildung“ beziehen, wenn ein allgemeines Erziehungsprogramm damit verbunden wird, eben die „Schule der Charakterbildung“ (ebd., S. 132). Sie erwartet die entscheidenden Effekte nicht mehr von der „Anhäufung des Wissens“ (ebd., S. 149), sondern von der Entwicklung „geistiger, moralischer und manueller Fähigkeiten“ (ebd.), die zusammen den Mythos der Erziehung durch Arbeit ausmachen. Er führt zu der Überzeugung, es komme auf die Herausbildung „mechanischer, aber von Einsicht in ihre Zweckmäßigkeiten getragene Fertigkeiten“ an, anders gesagt auf staatsbürgerliche Sekundärtugenden – „allzeit bereite, getreue und gewissenhafte Diener“ –, die verknüpft werden mit „lebensspendender produktiver Arbeit“. Er sei der Überzeugung, so beschließt KERSCHENSTEINER den „Sinn der Arbeitsschule“, „dass dieser Weg der Ausbildung für einen großen Teil unserer Bevölkerung der einzige ist, der ... Männer und Frauen von starkem, ehrlich gerichtetem Willen zu erzeugen vermag“ (ebd., S. 149/150).

Auch bei HUGO GAUDIG geht es im Kern um *Erziehung*, auch wenn die Persönlichkeit des Lernenden und das Erlebnis der Arbeit im Mittelpunkt stehen sollen. Aber Selbsttätigkeit hat nationalpolitische Aufgaben, wie besonders die bereits erwähnten Kriegsschriften GAUDIGS zeigen.[123] „Persönlichkeit" ist „deutscher Stil" (GAUDIG 1920, S. 19f.) und „Schule" ist „deutsche Arbeit" (ebd., S. 16)[124]; der „verantwortliche Träger der Kulturentwicklung" ist das deutsche Volk, nicht mehr und nicht weniger (ebd., S. 22); die Schule der Zukunft steht „im Ganzen des nationalen Kulturlebens" (ebd., S. 40), und zwar als Arbeits- und Erlebnisschule (ebd., S. 79f.). Dieser Kontext relativiert die Unterschiede: Wenn „Arbeit" nicht ausschließlich manuell verstanden wird, bleiben nur allgemeine Prinzipien übrig, die sich beliebig dehnen und erweitern lassen, zur „Persönlichkeit" auf der einen, zu „Volk" und „Staat" auf der anderen Seite. Wahlweise sind Ersatzkonzepte möglich, Individualität und Gesellschaft, Kind und Sozialismus usw. Arbeitserziehung verliert nie ihren magischen Glanz, und das hat mit dem religiösen Anspruch zu tun. Auch für GAUDIG (1923, S. 88) definiert sich „Persönlichkeit" letztlich in einer Beziehung zu Gott.

Die Kontroverse um die richtige Methode der „Arbeitsschule" basierte so auf weitgehender Übereinstimmung im Blick auf die übergeordneten Erziehungsziele. Weder KERSCHENSTEINER noch GAUDIG verließen den nationalen pädagogischen Konsens und beide teilten sehr weitgehende Defizitbestimmungen, die die Erwartungen anschwellen ließen. Die Arbeitserziehung, was immer sie im Einzelnen sein mochte, sollte der Charakterformung, der geistigen Bildung und zugleich der Hebung der Volksmoral dienen, möglichst ungeteilt und mit einheitlichen Wirkungen. Mit diesen Programmen wird „Arbeit" zu einem schulförmigen Konzept. 1929 unterschied OTTO SCHEIBNER (1962, S. 68)[125] auf der Linie von GAUDIG vier typische

---

123 Die verschiedenen Stellungnahmen zum Weltkrieg sind zusammengefasst in GAUDIGS Schrift *Deutsches Volk und deutsche Schule* (1917). Die Argumentation steht theoretisch unter dem Einfluss von WILHELM WUNDTS *Völkerpsychologie*. 1920 erschienen GAUDIGS „Gedanken zur Reform des Reformierens"; sie sind geprägt von einem „volkspolitischen" Konzept der Schule und so der deutschen Reformpädagogik.

124 „Deutsch" ist die wahre Schulreform; die Befreiung der Persönlichkeit vom Schulzwang hat sittliche Effekte, die nationalpolitisch hochstilisiert werden. Das unterscheidet GAUDIG in nichts von LANGERMANN, GURLITT, KERSCHENSTEINER und vielen anderen. „Vor allem" gelte: Die deutsche Schule „wird ihre eigene Arbeit adeln; sie wird ihre Arbeitsstätten frei machen vom Arbeitszwang, vom Arbeitsmuss, von allen niedrigen Bewegungskräften; sie wird ihre Zöglinge zu freier, eigentätiger Arbeit heranziehen; sie wird alle Unredlichkeit tilgen; sie wird die Arbeit aus dem Innersten der Persönlichkeit hervorlocken. So bei ihren Zöglingen. Und bei den Lehrern" (GAUDIG 1920, S. 16/17).

125 OTTO SCHEIBNER (1877-1961) besuchte das Lehrerseminar in Borna und war anschließend als Volksschullehrer in Schwarzenberg (Erzgebirge) tätig. Er studierte nebenberuflich an der Universität Leipzig und war von 1901 an Lehrer an der dortigen Höheren Mädchenschule unter dem Direktor HUGO GAUDIG. SCHEIBNER wurde 1924 an Honorarprofessor an die Universität Jena und erhielt 1929 eine Professur an der neu gegründeten Pädagogischen Akademie in Erfurt, die er bis 1932 innehatte. SCHEIBNER, der bei WILHELM WUNDT studiert hatte, war von 1911

Ausprägungen des Arbeitsschulgedankens, die wie eine historische Annäherung an die Schule verstanden wurden. Die Entwicklung beginnt mit „wirtschaftlicher Bedarfsarbeit“, geht über in „handwerklich gerichtete Arbeit“, die zu „schultümlicher Werktätigkeit“ ausgeformt wird und schließlich in der „freien geistigen Arbeit“ endet. Die höchste Erziehungsform ist die „geistige Schularbeit“ (ebd., S. 83). „Ihre pädagogische Rechtfertigung empfängt sie aus dem Bildungsideal der Persönlichkeit“ (ebd.).

Die handwerkliche Arbeitsschulbewegung aus dem 19. Jahrhundert, der der frühe KERSCHENSTEINER nahe stand und die sich aus dem Widerspruch zur „Buchschule“ entwickelte,[126] wird von der Schule vereinnahmt und gerät damit zugleich in die Krise (FISCHER 1926). Im Sinne GAUDIGS sind „Arbeit“ und „Schule“ keine strikten Gegensätze mehr, so dass dann auch die Alternative einer besonderen „Arbeitsschule“ entfällt. Die neue Schule selbst *ist* Arbeitsschule, anders gesagt: Nunmehr definiert die reformpädagogische Schule, was „Arbeit“ und „Innovation durch Arbeit“ in ihrem Rahmen heißen soll. Beide, KERSCHENSTEINER und GAUDIG, sprechen von geistiger Bildung und politischer Erziehung, die nur die Schule erreichen kann. Faktisch gingen die Vorschläge freilich weit auseinander, betrachtet man nicht die Auseinandersetzung zwischen GAUDIG und KERSCHENSTEINER, sondern die Reflexionen und Erfahrungen der Lehrerschaft und der Schulkritik.

In diesen fachöffentlichen Diskursen standen auch in der Weimarer Republik handwerkliche Ausbildung, schulischer Werkunterricht, der Arbeitsschulgarten,[127] Selbsttätigkeit der Schüler und fachdidaktische Postulate über Anschauung und Schularbeit nebeneinander, ohne dass der Ausdruck „Arbeitsschule“ sie irgendwie vereinheitlichen konnte. In vielen Schriften wurde Arbeit als zentrales Erziehungsmittel empfohlen, aber nur die Formel selbst markierte den Konsens. Die Schule der Zukunft soll „das Tätigkeitsprinzip, die manuelle Fertigkeit, das produktive Schaffen, die Ausbildung einer allseitigen technischen Gewandtheit“ beachten (SCHMIDT 1912, S. 40), aber damit war überwiegend nur bezeichnet, was die neue Schule ablehnte und nicht, was sie selbst auszeichnen sollte. Die Identität der Arbeitsschule entsteht aus der Erziehungserwartung, nicht aus dem praktischen Konzept. Das gilt zumal, wenn man in Rechnung stellt, wie schnell und nachhaltig die Ausbildungsliteratur die „Arbeitsschule“ als methodi-

bis 1933 Mitherausgeber der *Zeitschrift für pädagogische Psychologe und experimentelle Didaktik*.

126 Das zeigt eine Analyse der zentralen Zeitschrift, „Die Arbeitsschule“, die ab 1886 erschien. An der Entwicklung dieser Zeitschrift lässt sich ablesen, dass und wie aus Schulkritik allmählich Schulförmigkeit wurde.

127 Das Thema „Arbeitsschulgarten“ war derart zentral, dass ihm eine eigene Tagung gewidmet wurde, die vom 18. bis 22. Juni 1926 in Dresden stattfand.

sches Leitbild empfahl.[128] Die damit verbundene Erziehungserwartung erwuchs aus der schulpädagogischen Tradition, gewann reformerische Kraft und ließ sich verstärkt fortsetzen. „Stimmen aus vier Jahrhunderten“ sollten das Werden der Arbeitsschule unter Beweis stellen (STUHLFAHRTH 1922), während noch nicht einmal Konsens darüber bestand, was als „Arbeitsschule“ gelten konnte und was nicht.[129]

Diese These lässt sich an drei unterschiedlichen Beispielen diskutieren, GEORG KERSCHENSTEINERS bekanntes und einflussreiches Konzept der „Arbeitsgemeinschaft“, einer unbekannten Lehrplanrevision aus der Schulpraxis sowie PAVEL BLONSKIJS Arbeitsschule, dem wohl berühmtesten Entwurf einer sozialistischen Pädagogik. Die drei Beispiele haben eine Gemeinsamkeit, die theoretische Überzeugung, dass „Arbeit“ besser erzieht als Unterricht. Die praktischen Vorstellungen gehen demgegenüber weit auseinander, ohne dass dadurch die Prämisse der Erziehung relativiert worden wäre. Letztlich würde so der „erziehende Unterricht“ zur Arbeitsschule, die andererseits aber nichts anderes ist als die Summe der didaktischen und methodischen Errungenschaften der Volksschule (FICKER 1932). Die Arbeit der Schüler ist die Arbeitsschule, und von ihr werden besondere erzieherische Effekte erwartet.

Der Ausdruck „Arbeitsgemeinschaft“ steht bei KERSCHENSTEINER (1928, S. 95) für die Aufgabe, dass und wie man „eine Arbeit, und wäre es auch die kleinste und niedrigste, zum Wohl einer Gemeinschaft ausführt.“ Das Bewusstsein dieser Aufgabe leite die „Versittlichung (einer) Tätigkeit ein“ (ebd.). Der „Schulbetrieb“ wäre „im Geiste der Arbeitsgemeinschaft“ zu begründen, wer sich in sie „eingliedert“, erfährt eine „sittliche Idee“, etwa die „Pflege edler Kameradschaftlichkeit“, die „Hingabe an Wissenschaft, Kunst, Religion“, die „Erforschung der Wahrheit“, die „Unterstützung Hilfsbedürftiger“ oder den „Schutz der Gerechtigkeit“ (ebd.). Ein zweites Kriterium ist Freiwilligkeit: Arbeitsgemeinschaften sind keine Zwangsgruppierungen, sie widersprechen bürokratischer Verteilung und allein das lässt einen großen erzieherischen Effekt erwarten (ebd., S. 96f.).

---

128 Ein Beispiel sind OTTO KARSTÄDTS *Methodische Strömungen der Gegenwart* (1919; neunzehn Auflagen bis 1931). Diese Methodik beeinflusste nachhaltig auch die akademische Lehrerbildung in Preußen. OTTO KARSTÄDT (1876-1947) absolvierte das Lehrerseminars Osterburg und war anschließend als Volksschullehrer tätig. Nach einem Studium in Leipzig und Jena nahm er Rektorenstellen in Bad Schmiebeberg und Nordhausen wahr. Von 1918 bis 1929 war KARSTÄDT Ministerialrat im Preußischen Kultusministerium, und von 1929 bis 1932 Professor an der Pädagogischen Akademie in Hannover.

129 Am Ende war einfach die gesamte Schularbeit *Arbeitsschule.* Alle Tätigkeiten ließen sich als „arbeitsunterrichtliche Techniken“ (FICKER 1932) darstellen, von der Eingangsbeobachtung der Schüler über die Gartenarbeit, die Arbeit am Lehrbericht, die Entwicklung von Begriffen bis zum neuen Aufsatzunterricht und zur Arbeit im Dienste des Behaltens.

Das Prinzip kontrastiert sozusagen heilsam mit der Schulpflicht. „Arbeitsgemeinschaften“ sind „opferwillig“ (ebd., S. 100), sie erziehen zu „Feinfühligkeit“ auf der einen, „Verantwortlichkeit“ auf der anderen Seite (ebd., S. 102). Erfahren sie in ihnen den „sittlichen Geist der Hingabe“, dann sind die Schüler ausgerüstet, auch „an der Versittlichung des großen Gemeinwesens, in dem sie leben und ihre berufliche Tätigkeit ausüben, mitzuarbeiten“. Die „frühzeitige Gewöhnung, im Dienste einer Idee zu arbeiten“, ist dafür das „weitaus Wichtigste“ (ebd., S. 104). Vorbereitet wird dies im Kleinen, aber der Sinn von Arbeitsgemeinschaft erfüllt sich erst im Großen. Vom „Schulstaat“[130] (ebd., S. 105) gehen Wirkungen auf den Gesamtstaat aus, der umgekehrt der ideelle Garant der Erziehung ist. Das Kleine und das Grosse sind magische Kreise, „Gemeinschaften“ mit innerer Beziehung, die wechselseitigen Transfer erlauben, ohne definiert werden zu müssen. Der Mikrokosmos bereitet die sittliche Genesung des Makrokosmos vor, unabhängig von den Größenverhältnissen und frei von intermittierenden Ereignissen.

KERSCHENSTEINER beruft sich nicht nur an dieser Stelle auf DEWEY (ebd., S. 96), er erwartet ähnlich die Erneuerung der Gesellschaft von der erneuerten Schule, nur dass er 1912 eine imperiale Monarchie und keine Demokratie vor Augen hatte. Überdies sind „Arbeitsgemeinschaften“ Instrumente idealstaatlicher Werte, nicht Medien experimentellen Lernens, die tentatives Problemlösen und soziale Erfahrung vermitteln. KERSCHENSTEINER wollte aus „unmittelbarer Teilnahme“ Tugend hervorgehen sehen (ebd., S. 99), qualifiziert durch Arbeitsideale nicht des Bürgers, sondern des Staatsbürgers. Das Erwartungsschema selbst war quer zu den politischen Kontexten übertragbar, auch DEWEY projizierte die Erfahrungen des pädagogischen Labors auf die ganze Gesellschaft und traute der „neuen Erziehung“ einen Transfer vom Kleinen ins Grosse zu, der umso besser gelingt, je erfolgreicher sich das pädagogische Experiment gestaltet.

Diese Erwartung bestimmt das Konzept. KERSCHENSTEINER wiederholt sein Programm an vielen Stellen, unberührt durch politische Umbrüche und stereotyp in der Argumentation. Die Arbeitsschule, schrieb er 1914 im *Handwörterbuch der Kommunalwissenschaften*, wird zu einer „Schule der Charakterbildung“, wenn sie „beständig Schüler zum praktischen Handeln zwingt und zwar nicht bloß im Unterricht des einzelnen, sondern auch, was noch viel wichtiger ist, in kleineren und größeren Arbeitsgemeinschaften der Schüler innerhalb und außerhalb der unterrichtlichen Schularbeit“ (KERSCHENSTEINER 1914, S. 147).

130 KERSCHENSTEINER (1928, S. 105ff.) bezieht sich auf amerikanische „Schulstaaten“, die er 1910 auf einer Studienreise kennengelernt hatte Das Konzept wird mit Selbstregierung (ebd., S. 107) begründet, also gerade nicht mit einer idealistischen Staatstheorie.

1920, in der Zeitschrift „Neues Reich,“[131] nennt KERSCHENSTEINER drei Bedingungen, wie die Schule der Charakterbildung zu einer Schule der staatsbürgerlichen Erziehung entwickelt werden kann: Staatsbürgerliche Erziehung ist zunächst „Erziehung zur Staatsgesinnung“, Staatsgesinnung bedeutet „nichts weniger als die Überzeugung, dass es eine Entwicklung des konkreten Staates gibt, die ihn in der Richtung des freilich ewig unerreichbaren Ideals eines Kultur- und Rechtsstaates führt, und sie bedeutet außerdem die feste Willensbereitschaft, an dieser Entwicklung des historisch gegebenen Staates mitzuarbeiten“. Soll zweitens die Schule dieser Aufgabe dienen, so ist es „unerlässlich, sie als Arbeitsgemeinschaft zu organisieren“. Das impliziert „eine Umwälzung (des) ganzen Schulwesens, das völlig individualistisch eingestellt ist“. Soziale Erziehung allein genügt dabei nicht, die Arbeitsgemeinschaften, „zu denen sich die Schüler vereinigen“, müssen drittens „im Dienste eines sittlichen Ideals stehen“. Wird die „sittliche Idee“ lebendig, „so führt sie unweigerlich die Tätigkeit des Schülers über den kleinen Kreis, in den sie zunächst eingeschaltet war, hinaus und zwingt den Schüler, ihr auch in immer größeren Kreisen, wie sie die Volksgemeinschaft im Staate darstellt, zu dienen“ (KERSCHENSTEINER 1920, S. 7).

Ähnlich großflächig argumentierte auch der heute unbekannte Schulmann OTTO SCHMIDT,[132] dessen Vorschlag zur „erzieherischen“ Lehrplanrevision hier als zweites Beispiel angeführt werden soll. Er begreift ebenfalls die Arbeitsschule vom Prinzip der Charakterbildung her (SCHMIDT 1912, S. 29f.) und spricht dann von der Harmonie und Vollendung aller Kräfte, die als „allgemeines Entwicklungsziel der Menschheit“ anzustreben seien (ebd., S. 33ff.). Das gelinge nur mit einem erziehenden Unterricht. Ansatzpunkt der Veränderung der Schule ist der Lehrplan und ihr Grundzug ist die Revision des Wissenschaftsmonopols. Statt Kompendium der Wissenschaften zu sein (ebd., S. 62), solle der Lehrplan von der Anschauung des Lebens ausgehen. Die „Arbeitsschule“ steht dabei für ein einfaches Konzept: Das Kind soll in individueller Anschauung die „Arbeitsziele und Arbeitsgebiete“ der Gesellschaft kennen lernen und aus dieser Anschauung die Probleme und Pläne der eigenen Arbeit erkennen (ebd., S. 62/63).

---

131 KERSCHENSTEINERS Kriegspublizistik und die Variationen der „staatsbürgerlichen Erziehung“ sind bislang nicht aufgearbeitet. Einige Hinweise im Kontext mit anderen deutschen Reformpädagogen finden sich in OELKERS (1994).

132 OTTO SCHMIDT war Rektor in Bernburg an der Saale, vermutlich an der 1901 gegründeten Volksschule III. Die Schrift *Theoretische und praktische Grundlagen zur Ausgestaltung des Arbeitsunterrichts* ist in einem Preisausschreiben des Verlages B.G. Teubner mit dem höchsten Preis ausgezeichnet worden. Der Verlag hat darüber laut telefonischer Auskunft keinerlei Unterlagen mehr. Im Stadtarchiv Bernburg liegen ebenfalls keine Unterlagen über SCHMIDT, auch anderweitig waren keine Daten auszumachen. Das Adressbuch der Stadt Bernburg erwähnt 1911 einen Rektor OTTO SCHMIDT (Auskunft der Stadt Bernburg (Saale) mit Brief vom 5. März 2004).

Schüler und Lehrer – die Gemeinschaft der Klasse – lernen wichtige Arbeitsfelder der Gesellschaft kennen und imitieren dabei die Wirklichkeit der Arbeitswelt, nicht rein intellektuell, sondern nach Maßgabe der Tätigkeitsstruktur einzelner Berufe. Der Arbeitsunterricht wird also nicht, wie bei KERSCHENSTEINER, vom Bildungsprinzip her verstanden und als Initiation in Gebiete des Wissens gedeutet. Vielmehr sollen sich die Schüler „in den Gedanken- und Tätigkeitskreis der einzelnen Arbeitsgenossenschaften" einleben und sich auf diese Weise auf die spätere Berufswirklichkeit vorbereiten (ebd., S. 64). Diese Idee hat Folgerungen für den Lehrplan, denn eine derartige „Arbeitsschule", die sich aus der Anschauung und dem eigenen Erleben aufbaut, kennt „keine Stoffächer im Sinne der heutigen Schule" (ebd., S. 65), weil sie nicht nach der Logik von Sachgebieten, sondern projektförmig verfährt.

SCHMIDT geht aus von allgemeinen Unterrichtsstoffen und Darstellungsformen, die, „unbekümmert um ihren sonstigen wissenschaftlich-systematischen Zusammenhang", dem „Entwicklungsstandpunkte des Kindes" entsprechen (ebd.). Der Lehrplan im alten Sinne wird als Steuerungsmechanismus aufgegeben und durch die je „methodische Behandlung" des Stoffes ersetzt (ebd.), eine andere Bezeichnung für die schulisch akzeptable Projektmethode, ohne dass der Ausdruck vorkäme. Verstärkt werden soll damit die erzieherische Kraft der Schule, idealtypisch so gedacht, dass der Unterricht der Unterstufe einer neunklassigen Volksschule auf „Heimatkunde" und „konkrete Anschauung" der Umwelt basiert, während der Unterricht auf der Mittel- und Oberstufe im Kern „realistischen" und „ethischen" Themen gewidmet ist. „Aus diesem gemeinsamen Kern wachsen der deutsche Sprachunterricht, Rechnen und Raumlehre und die technischen Gebiete wie Zweige aus dem Stamm hervor" (ebd., S. 97).

Dieser radikale Gedanke – ein „Lehrplan der Erziehungsschule" (ebd., S. 96) – fand keine Verwirklichung, obwohl er die Lösung von mindestens drei klassischen Problemen versprach, nämlich die Konzentration des Stoffes, seine genetische Anordnung und die Rücksichtnahme auf Anschauung und Selbsttätigkeit, also die Grundforderungen der reformpädagogischen Methode. SCHMIDT wollte diese notorischen Probleme durch Auflösung des Lehrplans zum Verschwinden bringen, aber das war zu radikal, weil die Vorteile der Lehrplanorganisation nur negiert wurden, ohne an Ersatz zu denken. Freilich ist eine Pointe dieses Vorschlages, dass als Bedingung für die „erzieherische" Schule die Beseitigung des Lehrplans erscheint, also gerade die Minimierung von Organisation pädagogische Effekte verspricht. Je individueller der Zugang zum Lernen wird, desto „erzieherischer" erscheint er. Der Kern dieser Forderungen, so fasste ALOYS FISCHER 1912 die Reformdiskussion der Arbeitsschule zusammen, wäre die „Umgestaltung des Lehr- und Lernbetriebes im Sinne einer Schule der freien Selbsttätigkeit des einzelnen Kindes in der Arbeitsgemeinschaft einer unter Führung des Lehrers sich selbst regierenden Klasse" (FISCHER 1912, S. 29).

Vor dem ersten Weltkrieg bezog sich die deutsche Literatur zur Schulreform an vielen Stellen auf diese These. Verschiedene Schulen dokumentierten sich als „Arbeitschule“ im Sinne FISCHERS (Dortmunder Arbeitsschule 1911), das Prinzip der freien Selbsttätigkeit ist etwa mit Versuchen zum anschaulichen Formen ausprobiert worden (HERTEL 1911),[133] die Praxis des Anschauungsunterrichts ist durch Selbstbeschreibungen von Lehrkräften (wie CONRAD 1906) vielfach dokumentiert, die Veränderung der Unterrichtspraxis auf der Basis „naturgemäßer Reformbestrebungen“ (GÖBELBECKER 1904) stieß auf breite Zustimmung in der Volksschullehrerschaft und nicht zuletzt die großen Lehrervereine nahmen sich des Themas an (Die Arbeitsschule 1909). Die beiden zentralen Stichworte waren „Selbstbetätigung“ und „Schaffensfreude“ (WETEKAMP/ BORCHERT 1910). Beide zielten auf Individualisierung durch innere Schulreform, mit der bessere Erziehungseffekte verbunden sein sollten.

Das Gegenteil, nämlich die Verstärkung organisierter Erziehung, kennzeichnete PAVEL BLONSKIJS[134] Entwurf einer „Arbeitsschule“, der – 1919 erstmalig veröffentlicht – den Grundriss des revolutionären Bildungswesens in der neuen bolschewistischen Gesellschaft abgeben sollte. Dieses Konzept war in der Frühphase der sowjetischen Pädagogik ein Orientierungspunkt der sozialistischen Reformdiskussion (HILKER 1922),[135] weil BLONSKIJ (1973, S. 17) auf der einen Seite die „traditionelle Lernschule“ negierte, auf der anderen Seite aber auch die Gleichsetzung von pädagogischer Arbeit mit Handwerk ablehnte (ebd., S. 13), ohne auf die methodische Diskussion in der sich entwickelnden Volksschule näher einzugehen. Die Orientierung war nicht die Schule, sondern die Industrie, BLONSKIJS Arbeitsschule sollte die Schule der neuen Industriekultur sein. Ihr zentrales Problem bestehe darin, „wie man das Kind, ausgehend von seinen angeborenen Eigenschaften, in die Beherrschung der gegenwärtigen industriellen Kultur einführen kann“ (ebd., S. 21/22).

---

133 Beschrieben wird ein Versuch an der 3. Bürgerschule in Zwickau während der Schuljahre 1907 bis 1910. Der Schulleiter, FRANZ HERTEL, hatte seit 1890 den Formunterricht in einer privaten Handfertigkeitsvereinsschule entwickelt. Die erste allgemeine Bürgerschule wurde in Zwickau am 2. Januar 1833 gegründet.

134 PAVEL PETROVIÇ BLONSKIJ (1884-1941) studierte in Kiew und unterrichtete von 1908 in Moskau, unter anderem in Lehrerseminarien. Nach der Oktoberrevolution engagierte er sich für die bolschewistische Schulreform. 1919 erschien sein Buch *Die Arbeitsschule*, das 1921 deutsch übersetzt wurde. BLONSKIJ war Mitinitiand und erster Direktor der Akademie für kommunistische Erziehung. Hier lehrte er bis 1931, nachdem er seit 1927 heftiger Kritik der Partei ausgesetzt war. Zuletzt arbeitete BLONSKIJ am „Staatlichen Institut für experimentelle Psychologie“ in Moskau. In den dreißiger Jahren wurden seine Bücher verboten.

135 Das Interesse der internationalen, besonders aber der deutschen Reformpädagogik an dem sowjetischen Erziehungsexperiment war überragend (vgl. ZYMEK 1975, S. 149ff.).

Die Antwort ist ein dezidiertes Erziehungsmodell: Indem und soweit die sozialistische Arbeitsschule für eine Ausbildung zur Industrie sorgt, leistet sie eine optimale, moralische wie intellektuelle Anpassung an die neue Gesellschaft, die zugleich in Abhängigkeit von diesem Erziehungsprozess gerät. Die Gesellschaft der, wie MARX sie nannte, „Grossen Industrie“ (nicht diese selbst) kann entstehen, weil die Arbeitsschule ein zentrales Defizit der bürgerlichen Gesellschaft überwindet, das zwischen der Qualifikation der Arbeitskraft und den Bedingungen der Produktion. Nur wenn dieses Verhältnis pädagogisch vorbereitend zusammengefügt wird, kann die neue Gesellschaft aufgebaut werden. Die Schule dient damit nicht einfach der individuellen Entwicklung, sondern soll primär und total erziehen, auf eine Gesellschaft hin, die es noch nicht gibt, deren Werden aber vom Gelingen der neuen Erziehung abhängig gemacht wird.

Die Schule dieses neuen „erziehenden Unterrichts“ hat drei Stufen, nämlich den Kindergarten und die erste sowie zweite Stufe der eigentlichen Arbeitsschule. Das Modell enthält einige Elemente der Schulreformdiskussion, lässt sich selbst aber kaum als reformpädagogische Schule bezeichnen. Es ist weder von einem Landerziehungsheim, noch von einer Hauslehrerschule oder einer „Laborschule“ die Rede, sondern von einer Organisation, die dem Erziehungsprinzip Industriearbeit folgt. Der Kindergarten dient der spielerischen Einführung in die Welt der Arbeitswerkzeuge und Mechanismen (ebd., S. 33ff.); er umfasst Kinder von drei bis sieben Jahren. In der ersten Stufe der Arbeitsschule werden elementare Kenntnisse der Produktion vermittelt, jedoch nicht durch wissenschaftlichen Unterricht, sondern durch Anschauung und praktische Erfahrung.

Diese Tendenz setzt sich auch auf der zweiten Stufe der Arbeitsschule fort, die sich als Fabrikschule versteht. Die Jugendlichen (14 bis 18 Jahre) lernen dort, wo die Produktion stattfindet. Die Arbeitsschule der zweiten Stufe ist „in ihrer idealen Form eine organische Vereinigung von Werkstattarbeit und Beschäftigungen und Freizeit im Haus der Jugend“, wo die Jugendlichen für die Dauer der Ausbildung untergebracht sind. Damit ist aber die Pädagogisierung total, sie betrifft Arbeit und Freizeit gleichermaßen, durchsetzt beide mit organisierten Bildungsangeboten und erlaubt keine unkontrollierte Tätigkeit. Alles muss seinen pädagogischen Zweck erfüllen. Auch die „Freizeitgestaltung der Jugendlichen“ wird auf Erziehung eingestellt. Sie „zerfällt ... in zwei Teile: wissenschaftliche Arbeiten in Verbindung mit der Erläuterung der Produktionsarbeit und sportlich-ästhetische Beschäftigungen“ (ebd., S. 145f.).

Der gesamte Lebenszusammenhang wird organisiert, von den eigenen Interessen der Jugendlichen ist keine Rede. BLONSKIJ thematisiert an keiner Stelle die Erfahrungen der zeitgenössischen Jugendbewegung, also unbeeinflusstes Denken, Verhaltensautonomie, freie Sexualität oder Protestformen, die sich spontan ergeben. Die Prämisse des Konzepts sieht den bildungswilligen, ja den bildungshungrigen Jugendlichen vor, der nichts lieber tut, als sich der polytechnischen Erziehung zu unterwerfen. Mit der Widerständigkeit der Jugendlichen gegen jede, auch die beste Form schulischer Organisation rechnet BLONSKIJ ebenso wenig wie die anderen Entwürfe sozialistischer oder bürgerlicher „Arbeitsschulen". Sie sind in diesem Sinne der traditionellen Askese der Arbeit verpflichtet, die gegenüber Staat und Gesellschaft selbstlos sein soll. Das eint stark gegensätzliche Konzepte wie KERSCHENSTEINERS Charakterbildung und BLONSKIJS Erziehung zur Industrie. „Arbeit" an sich ist kein pädagogisches Konzept, die alten Askeseerwartungen[136] sind unvereinbar mit der Emanzipation von Kindern und Jugendlichen und eine schulförmige Arbeitspädagogik unterliegt jenen Systemzwängen, die gerade überwunden werden sollten. Gleichwohl war die „Arbeitsschule" diskussionsbeherrschend,[137] nicht zuletzt weil sie an religiöse Traditionen anschließen und diese in Modernisierungskontexte einbringen konnte.

Es gibt daneben andere Erziehungsmodelle, die nicht diese Beachtung gefunden haben, aber das reformpädagogische Anliegen womöglich besser treffen als die Arbeitsschule. ALOYS FISCHER[138] hat 1926 den zentralen Punkt der „neuen Erziehung" in der Individualisierung gesehen, von der aus zwischen „Arbeits- und Erlebnispädagogik" kein Unterschied mehr zu machen sei (FISCHER 1926). FISCHER kritisiert diese Zentrierung als „individualistische Verengung" und „grenzenlose Selbsttäuschung," aber nur an den Rändern lässt sich eine solche Radikalität wirklich ausmachen. Auf allgemeine und verpflichtende Werte und Ziele verzichtet keine Reformpädagogik, der Unterschied liegt woanders. Was Erziehungsmodelle neben und unabhängig von den Konzepten der Arbeitsschule kennzeichnet, ist der Verzicht auf beschränkende Defizitannahmen im Ideal des Kindes. Die „neue Erziehung" dient der Entwicklung von Anlagen oder Potentialen, die im Kern der Persönlichkeit immer schon gegeben sind, ohne durch „Arbeit" oder irgendeine Form von „erziehendem Unterricht" erzeugt werden müssen.

Die Ideale und Werte der „Arbeitserziehung" müssen in andere Personen – Kinder und Jugendliche – transferiert werden, und dies auf verpflichtende

---

136 Immerhin hat noch ALOYS FISCHER (1925, S. 75ff.) den „pädagogischen Arbeitsbegriff" mit Askese begründet, „Askese" verstanden als Streben nach „Ichumwandlung, Bekehrung des Selbst, ... Wesensänderung (und) Wesenssteigerung".

137 Die Weimarer Diskussion der Schulreform war konzeptionell wie methodisch zentriert um die „Arbeitsschule". Die Vorkriegspädagogik wird so wahrgenommen (REINLEIN 1919), ebenso der Ertrag der Nachkriegserfahrung (GRIMME 1930).

138 ALOYS FISCHER (1880-1937) war von 1918 bis 1937 Ordinarius für Philosophie und Pädagogik an der Universität München. Er hatte sich 1908 in München mit der Schrift *Zur Bestimmung des ästhetischen Gegenstandes* habilitiert, nachdem als Hauslehrer in München und Florenz sowie als Assistent von WILHELM WUNDT in Leipzig tätig war. FISCHER gründete 1910 das Psychologische Institut des Münchner Lehrervereins und war seit 1925 Mitherausgeber der Zeitschrift „Die Erziehung". Er wurde im Juli 1937 seines Amtes enthoben.

Weise. Wenn dagegen die Erziehung auf die natürliche Entwicklung vertraut, dann hat sie ihren Referenzpunkt in der inneren Welt oder der Seele des Kindes, die beeinflusst, aber nicht neu geschaffen werden kann. Auf dieser Linie unterscheide ich vier weitere Erziehungsmodelle,

- die Pädagogik der Selbsttätigkeit,
- die natürliche Erziehung,
- das Prinzip des Dialogs
- sowie Erziehung von Sinnlichkeit und Geschlecht.

Diese Modelle sind nicht zwingend Konzepte des erziehenden Unterrichts, wenngleich sie oft mit Schulkritik verbunden waren. Aber der Adressat sind nicht Bildungssysteme, sondern Personen, die unabhängig vom Schulunterricht betrachtet werden, nämlich in Kontexten ästhetischer Bildung, als Objekte der eigenen Entwicklung, in vorinstitutionellen Formen des Umgangs oder nach Maßgabe künstlerisch-sinnlicher Erfahrungen, die mit Tabuüberschreitungen zu tun haben. Alles das verletzt Erziehungskonventionen und definiert zugleich Erziehung neu.

Die Selbsttätigkeit des Kindes lässt sich nicht herstellen, sie muss als spontane Aktivität vorausgesetzt werden. Das Ziel der Erziehung liegt dann nicht außerhalb, sondern muss wie ein *progrès spirituel* – eine innere Teleologie – vorgestellt werden. Dabei sind methodische und theoretische Postulate zu unterscheiden. Das methodische Prinzip der Selbsttätigkeit verlässt zunächst den Rahmen von Schule und Unterricht nicht, doch etwa ALFRED LICHTWARK verstand darunter folgenden Zusammenhang:

> „Überall ist die unmittelbare Berührung mit den Dingen anzustreben. Das Gedächtnis darf nicht nur als ein mechanisches Werkzeug zur Bewältigung toten Stoffes ausgebildet werden, sondern ist vielmehr als eine lebendige Kraft im Dienst des prüfenden und vergleichenden Verstandes zu erziehen ... Aller Unterricht sollte eine Anleitung sein, der Welt selbständig und unabhängig gegenüberzutreten und in befestigter Gewohnheit das erarbeitete Wissen zum Erwerb neuer Kenntnisse zu benutzen ... Können ist die höhere Macht. Verstehen und selbständig untersuchen können, mitzuempfinden und nachzuempfinden vermögen geht über alles mechanische Wissen weit hinaus“ (LICHTWARK 1902, S. 4/5).

Der Kontext dieser Sätze ist die „Kunsterziehungsbewegung“,[139] also Bestrebungen, ästhetische Bezüge und Dimensionen des schulischen Unter-

---

139 Die „Bewegung“ konstituierte sich auf drei „Kunsterziehungstagen“, 1901 in Dresden, 1903 in Weimar und 1905 in Hamburg. Vor allem die Programmatik wirkte anregend, die praktischen Beispiele in den Tagungsdokumentationen sind dagegen erheblich weniger „reformpädagogisch“ als die Legende der Bewegung ahnen lässt. Der schulpraktische Wandel vollzog sich in Großstädten wie Hamburg oder Bremen, wo Reformgruppen publizistisch und konzeptionell Einfluss nehmen konnten. In Hamburg war die schon 1805 gegründete „Gesellschaft der Freunde des vaterländischen Schul- und Erziehungswesens“ Träger der Bewegung. Ab

richts stärker als bisher oder überhaupt erst richtig herauszuarbeiten und für die neue Erziehung stark zu machen. Auch hier kann man nicht von einer einheitlichen Bewegung sprechen, und auch hier unterscheiden sich die Anfänge von den späteren Entwicklungen. Die ästhetische Erziehung als Thema der Volksschulpädagogik wurde am Ende des 19. Jahrhunderts verstärkt und revidiert durch die Entwicklung des Kunstgewerbes, durch Programme der Laienkunst und nicht zuletzt durch Stilwandel in der Publizistik sowie im weiteren der ästhetischen Öffentlichkeit.[140] Im engeren Feld der Pädagogik waren es, wie erwähnt, Untersuchungen zur Kinderzeichnung, die auf ästhetisches Potential verwiesen und eine Umorientierung des Unterrichts nahe legten. Nicht zufällig beginnt die Revision mit der Kritik des geometrischen Zeichnens;[141] der Verpflichtung auf die objektive Form wird die kreative Entwicklung des Kindes entgegengestellt.

Das Konzept der *creative expression* oder der Entfaltung der schöpferischen Kräfte des Kindes (ROTTEN 1926) wurde in vieler Hinsicht maßgebend für die kindorientierte Reformpädagogik in den zwanziger Jahren. Die leitenden Vorstellungen des Selbstausdrucks oder der „freien Expression" hatten kaum noch etwas gemein mit den Begründungsschriften der Kunsterziehungsbewegung in Deutschland (HIRTH 1887/1894; LANGE 1893), auch wenn der durch JOHN RUSKIN (1901, S. 82ff.) überlieferte Zusammenhang, die Bildung des Geschmacks müsse zugleich Bildung des Charakters sein, formal erhalten blieb. Die künstlerische Erziehung konnte immer noch als Entwicklung der Sittlichkeit angesehen werden, nur dass sie aus dem Kinde selbst stammen sollte und nicht mehr mit der Übernahme

---

1880 gab es Zirkel von Volksschullehrern, die neue Formen ästhetischer Bildung ausprobierten, bestärkt und unterstützt durch ALFRED LICHTWARKS (1852-1914) Konzept der Laienerziehung in der Hamburger Kunsthalle, das nach 1886 entwickelt wurde. Die Diskussion dieser Versuche konzentrierte sich auf die 1877 gegründete Zeitschrift „Pädagogische Reform", die bis 1921 erschien und deren Jahrgänge dokumentieren, dass die „Kunsterziehungsbewegung" nicht 1901 in Dresden begründet wurde. Die „Kunsterziehungstage" sorgten für eine größere Öffentlichkeit, nicht für das Programm und auch nicht für die maßgebenden Beispiele (Daten für Hamburg nach: GEBHARD 1947, S. 64ff., 73ff.).

140 Der *Deutsche Werkbund*, dem etwa GEORG KERSCHENSTEINER nahe stand, wurde 1907 nach dem Vorbild der englischen *Arts-and-Crafts*-Bewegung gegründet. Er beförderte eine Art Konsumentenerziehung für Ausstattung und Design, eng verknüpft mit Jugendstil und decorative arts. Dabei handelte es sich um eine internationale Bewegung, die aus den Metropolen (London, Paris, New York) erwuchs. Kinderkunst und Laienkunst entwickelten sich zur gleichen Zeit, beeinflusst ihrerseits durch ästhetischen Wandel und neue, schulübergreifende Auffassungen von Erziehung.

141 Theoretisch maßgeblich war JOHN RUSKINS Studie über *The Elements of Drawing* von 1857. CORRADO RICCIS oben erwähnte Studie *L'arte dei bambini* (1887) lieferte den empirischen Beweis für die natürliche Kreativität von Kindern. Schulpraktisch resultierte daraus die allmähliche Abkehr vom geometrischen Zeichnen zugunsten freier Expressionen der Kinder. CARL GÖTZE hat das etwa für den Hamburger Lehrplan begründet.

externer Modelle und Normen verbunden wurde. Die Kreativität wurde *im* Kind vermutet, und aus ihr würde sich auch moralische *élan vital* ergeben, als Inspiration des Guten, wie nicht nur PIERRE BOVET (1941, S. 171) vermutete (vgl. FERRIÈRE 1922 und viele andere).

Das Konzept des kreativen Ausdrucks fand seinen praktischen Beweis in Versuchen mit freien oder angeleiteten Kinderzeichnungen, die etwa FRANZ CIZEK[142] von 1906 an in der Jugendklasse der Wiener Kunstgewerbeschule durchführte. CIZEKS Versuche, die methodisch gut begründet und dargestellt waren (CIZEK 1914), galten vor allem in der angelsächsischen Diskussion als maßgebliche Bestätigung der reformpädagogischen Optik, das Kind als Künstler zu betrachten (etwa: WILSON 1921). Die Ausgabe April-Mai-Juni der amerikanischen Zeitschrift *Progressive Education* war ganz dem Thema „Creative Expression through Art“ gewidmet, nachdem schon 1921 der erste Kongress der New Education Fellowship sich mit „The Creative Self-Expression of the Child“ befasst und die Befreiung der schöpferischen Kräfte des Kindes in den Mittelpunkt gestellt hatte (The Creative Expression of the Child 1921). Das Stichwort war „Freeing the Child through Art“ (STEELE 1926), wobei nicht nur an Selbstausdruck, sondern auch an die Kunst des 20. Jahrhunderts gedacht war.

1929 veröffentlichte die amerikanische Barnes Foundation Press einen Sammelband *Art and Education*,[143] der verschiedene neue Methoden der kreativen Erziehung, darunter auch CIZEKS „free expression method“, vorstellte. Autor des Textes über CIZEK war THOMAS MUNRO, ein Schüler DEWEYS, der als Kunstphilosoph Karriere machte und in den zwanziger Jahren als Direktor des Kunsterziehungsprogramms der Barnes-Foundation tätig war. Der Sammler und Mäzen ALBERT C. BARNES[144] hatte 1922 eine Stiftung ins Leben gerufen, deren Zweck es war, „to promote the advancement

142 FRANZ CIZEK (1865-1946) gründete eine Zeichen- und Malschule, die 1897 staatlich anerkannt und 1906 als Versuchsschule in die Wiener Kunstgewerbeschule eingegliedert wurde. Im gleichen Jahr wurde CIZEK zum Professor ernannt. 1910 wurde aus der Versuchsschule der Sonderkurs für Jugendkunst. 1914 gründete CIZEK die Vereinigung „Kunst und Schule“, die eine gleichnamige Zeitschrift herausgab. Der besondere Einfluss des Konzepts der kreativen Kinderkunst nach der „Methode Cizek“ in der angelsächsischen Pädagogik nach dem ersten Weltkrieg ist nicht gut untersucht.

143 Der Band enthält Beiträge, die zuvor im *Journal of the Barnes Foundation* veröffentlicht worden sind.

144 ALBERT C. BARNES (1872-1951) studierte Medizin, unter anderem in Berlin, und gründete 1902 zusammen mit dem deutschen Chemiker HERMANN HILLE die Firma Barnes & Hille, die mit dem Antiseptum „Argyrol“ ein Vermögen machte. BARNES verkaufte die Firma 1929 und widmete sich seinen Sammlungen und der Stiftung. 1912 hatte BARNES begonnen, in Paris die Bilder der Moderne zu kaufen, 1920 besaß er mehr als 100 Bilder von RENOIR, dazu viele PICASSOS und CÉZANNES. Er las DEWEYS *How We Think* und schrieb sich im akademischen Jahr 1917/1918 an der Columbia University ein, um an DEWEYS Seminar teilzunehmen. Diese Beziehung führte dazu, die Barnes Foundation dezidiert kunstpädagogisch auszurichten.

of education and the appreciation of the fine arts".[145] Das Thema kreative Erziehung und Kunst des Kindes wurde also prominent eingeführt und promoviert, neben BARNES selbst schrieben JOHN DEWEY, die Philosophin LAURENCE LADD BUERMEYER, der Pariser Maler und Sammler PAUL GUILLAUME, die Kunstpädagogin MARY MULLEN und VIOLETTE DE MAZIA, die spätere Leiterin der Barnes-Foundation. Der Bezugspunkt für das pädagogische Programm war die Ästhetik der Moderne, die keinen Zweck hat außer sich selbst. Ähnlich war der kreative Ausdruck des Kindes Selbstzweck, also nicht gebunden an Ziele, die von Außen gesetzt wurden.

In der deutschen pädagogischen Diskussion war „Kunst" zunächst keineswegs „Selbstzweck", sondern wurde vom allgemeinen Zweck der „Menschenbildung" her begriffen, wie etwa ERNST WEBER (1914, S. 24f.) darlegte. „Kunsterziehung" ist *Erziehungskunst* (ebd., S. 32), Kunst wird zum Prinzip des gesamten Unterrichts und aller Fächer, wobei das Kind selbst und seine Persönlichkeit den Leitfaden für die Empathie der Lehrkraft abgibt (ebd., S. 33). Das deckte sich noch in etwa mit den Auffassungen zur Kunsterziehung, die WILHELM REIN entwickelt hatte[146] und die die deutsche Volksschulpädagogik vermutlich mehr beeinflussten als LICHTWARK und die „Kunsterziehungstage". Der Schwerpunkt verlagerte sich allmählich unter dem Eindruck der Kinderpsychologie von der Schulreform zu einer allgemeinen Hypothese, die GUSTAV FRIEDRICH HARTLAUB (1930) als „Genius im Kinde" stil- und begriffsprägend formulierte.[147] Im künstlerischen Ausdruck des Kindes lagen nunmehr das Zentrum der Aktivität und das Signum des Selbst, das sich nicht länger wie ein fiktives Defizit betrachten ließ. Kreative Selbstentwicklung und die Vermittlung fremden Wissens wurden Gegensätze, die sich nur nach einer Seite hin ausgleichen ließen. Hier liegt die theoretische Innovation, die die Schulmethodik auf den Kopf stellt. Selbsttätigkeit wird nach Maßgabe der kindlichen Aneignung von Welt gedacht, als im Kern genialer Prozess, der die Erziehungsrelation auf radikale Weise umdreht.

---

145 The Barnes Foundation: http://www.barnesfoundation,org/H_main.html

146 REINS Einfluss auf die Kunsterziehungsbewegung ist etwa von RICHTER (1909) noch deutlich gesehen worden, um dann mit dem pauschalen Verdikt gegenüber dem Herbartianismus vergessen zu werden. Tatsächlich hat REIN nicht nur ständig zu dem Thema publiziert (deutlich wird dabei Kunsterziehung als Beitrag zur inneren Schulreform verstanden: REIN 1905), sondern er hat auch Einfluss auf die Rekrutierung des Personals der „Kunsterziehungsbewegung" genommen. Viele ihrer Vertreter waren Absolventen des Jenenser Seminars oder besuchten REINS Sommerschulen.

147 Das Buch *Der Genius im Kinde* erschien 1922 anlässlich einer Ausstellung von Kinderzeichnungen, die die Mannheimer Städtische Kunsthalle durchführte. Maßgeblich ist die revidierte zweite Auflage (HARTLAUB 1930). Die Theorie ist nicht „child-centered", sondern bindet das Genie nachdrücklich an Bedingungen der Entwicklung. Insofern müssten das Schlagwort und der Begründungszusammenhang unterschieden werden. GUSTAV FRIEDRICH HARTLAUB (1884-1963) arbeitete seit 1913 in Mannheim und wurde 1923 Direktor der Kunsthalle.

Für diese neue Aufgabe wird in verschiedenen Konzepten der Lehrer-Künstler stilisiert, dessen Grundeigenschaft darin zu sehen ist, dass er selbst wieder zum Kind werden kann (WEBER 1914, S. 27). Das Kind in ihm wäre eine Art Gesamtkunstwerk, das die pädagogische Beziehung bestimmt; Kind interagiert so mit Kind, die Beziehung soll nicht durch Stoff oder Methode, sondern durch ästhetische Regression des Erziehers gestiftet werden: „Wir werden ... erfahren, dass *das Kind selbst*, sobald es uns als Persönlichkeit zum inneren Erlebnis werden soll, in unserm eignen Innern eine Art künstlerischer Gestaltung, eine Art Vereinfachung seiner menschlichen Kompliziertheit, eine Art Stilisierung erfährt, die unser Verhalten ihm gegenüber grundsätzlich bestimmen wird. Genau so, wie eine Dichterpersönlichkeit uns am Ende zum Kunstwerk werden kann, sobald wir versuchen, uns in eines Dichters Eigenart einzuleben“ (ebd., S. 33/34).

Das Kind als Künstler (Lehrervereinigung 1898) war für viele Autoren und Praktiker der internationalen Szene eine faszinierende Vorstellung, vorausgesetzt nicht ein Defizit, sondern eine Differenz: „Das Kind (hat) seine eigene Weise zu fühlen, zu denken und zu wollen ... und ... daher (dürfen) die Gesetze des Geisteslebens Erwachsener nicht ohne Vorbehalt auf die Kinderseele übertragen werden“ (ebd., S. 4). Zentraler Beleg für diese These waren die freien Kinderzeichnungen (HESPE 1985), also Produkte, die von Kindern spontan und ohne pädagogische Aufsicht angefertigt wurden (ebd., S. 63ff., 143ff.). Der Genius wurde vor und unabhängig von der pädagogischen Absicht vermutet, die sich auf ein neues Verhältnis einstellen musste. Ästhetische Selbsttätigkeit ist mehr als nur Spontaneität, sie setzt die besondere Kreativität des Kindes voraus, die durch die Erwachsenenkonventionen hindurch entdeckt werden will. So heißt es in einem Kommentar zu einer Ausstellung von freien Kinderzeichnungen in der Hamburger Kunsthalle 1898: Was die Erwachsenen „als leblos und seelenlos betrachten, erscheint dem Kinde belebt und bewusst ... Das Kind begreift alles von sich aus, teilt von seinem Leben und Körpergefühl den Dingen mit, belebt und beseelt sie, indem es von seinem eigenen Innern etwas hineinlegt“ (Lehrervereinigung 1898, S. 7).[148]

Die Idee der Selbsttätigkeit wird von der psychologischen Ästhetik her verstanden, „selbsttätig“ ist gleichbedeutend mit dem, was THEODULE RIBOT (1902, S. 72ff.)[149] die schöpferische Phantasie des Kindes genannt hatte. RIBOT spricht deutlich von der „Form des Animismus“, als die sich die kindliche Phantasie zeige (mit Bezug auf SULLY 1903, ch. II); Animismus ist für RIBOT eine Entwicklungsphase, die von der „Neigung, alles zu beleben und

148 Literarisch wird diese These mit kulturanthropologischen Theorien sowie Befunden der amerikanischen Child-Studies belegt (Lehrervereinigung 1898, S. 34ff.).

149 THEODULE ARMAND RIBOT (1839-1916) wurde 1856 an die Ecole Normale Supérieure berufen und erhielt 1888 eine Professur für experimentelle Psychologie am Collège de France. RIBOT, der HERBERT SPENCERS *Principles of Psychology* übersetzte, war einer der Begründer der Theorie kreativer Vorstellungskraft.

zu personifizieren“ bestimmt wird, „und die sich, je nach dem Grade der Phantasie, schnell oder langsam, erfindungsarm oder -reich erweist“ (RIBOT 1902, S. 75). Beim kleinen Kind ist also „die Phantasie Herrscherin und höchste Form der geistigen Entwicklung“ (ebd., S. 81), vorausgesetzt wird so etwas wie die „ursprüngliche Genialität des unbeirrten Kindes“ (GOLDBECK 1925, S. 739), die respektiert werden muss, aber die nicht „erzogen“ werden kann. Nimmt man die Grundannahme der *éducation esthétique* ernst – „l'enfance est ... par excellence l'âge du rêve et de la fiction“ (BRAUNSCHVIG 1920, S. 72) –, dann ersetzen kreative Phantasie und Selbsttätigkeit den pädagogischen Eingriff. Gerade die ästhetische Wahrnehmung des Kindes ist autonom, für den Erwachsenen kommt höchstens noch in Frage, den „günstigen Moment“ der Wahrnehmung des Schönen zu bestimmen.

Kindliche Phantasie ist ein selbständiger Akt des Verstehens (SULLY 1903, S. 28), also eine eigene Leistung des Kindes, die unvollkommen sein mag und also weitere Anstrengungen verlangt, aber die nicht in irgendeinem methodischen Sinne „beigebracht“ werden kann. Sie verlangt freie und offene Formen der Förderung, aber sie verweigert sich „zielgerechter Einwirkung“. Welche Probleme der Erziehungstheorie dadurch erwachsen, zeigt ein Versuch von JOHANNES VOLKELT, der die Psychologie der „Einfühlung“ ins Spiel bringt, um der neuen Einstellung dem Kind gegenüber Ausdruck verleihen zu können. Aber VOLKELT (1917, S. 39) unterschied ästhetische und pädagogische „Einfühlung“ und bestimmte die pädagogische Einfühlung als „Mittel zu einem außerhalb der Einfühlung gelegenen Zweck“. Kein instrumentelles Verstehen aber erreicht die innere Kreativität des Kindes, es gibt keinen Weg von der einen „Einfühlung“ zur anderen, schon gar nicht in pädagogischer Absicht. Kreativität und schöpferische Phantasie können dem Kind nicht abgesprochen und anschließend hergestellt werden, sie bilden kein Defizit, sondern eine unhintergehbare Bedingung der Entwicklung. Sie kann bessere oder schlechtere Umwelten vorfinden, ohne dass die Bereitstellung hochgradig einfühlsamer Erziehungsmilieus eine Erfolgsgarantie implizieren würde. Zeichnen ist so, wie CARL GÖTZE (1902, S. 27) formulierte, „sinnliche Bearbeitung der Außenwelt“, über die nur die innere Kreativität des Kindes zu entscheiden vermag.

Eine ähnliche Paradoxie – Erziehung des Unverfügbaren – liegt auch der „natürlichen Erziehung“ zugrunde, eine Formel, die am Ende des 19. Jahrhunderts weitgehend unabhängig von einer Anthropologie des Kindes als „ganzheitliches Prinzip“ einer neuen Pädagogik verwendet wurde und, wie gezeigt, bald den Rang einer Leitformel der öffentlichen Diskussion einnahm. 1904 fungierte in EWALD HAUFES *Evangelium der natürlichen Erziehung* „Natur“ als ein allumfassendes Prinzip der Erneuerung der Arbeit, der Gesundheit, der Wahrheit, der Schönheit und des Guten (HAUFE 1904, S. 9ff.), also als Prinzip der Reform des Lebens. Und was HAUFE als polemische Spitze dieses Konzepts formulierte – Wahrheit steht nicht in Büchern (ebd., S. 20/21) – entsprach einem verbreiteten Denken, das unmittelbar in die Ansätze der Lebensreform einmündete (etwa: STERN 1904).

Die Natur ist pädagogisch nicht instrumentierbar, etwa indem über sie geschrieben oder reflektiert wird; vielmehr erzieht allein die originale Begegnung mit ihr, weil nur darin Wahrheit liegt, da ja Wahrheit als Funktion der Natur (nicht der Erkenntnis) definiert wurde (HAUFE 1904, S. 22ff.). Diese Beziehung ist irreführend, weil „Natur" an sich weder der sinnlichen noch der intellektuellen Erkenntnis direkt zugänglich ist. HAUFE setzt einen Zugang zur „reinen" Natur voraus, der nicht gegeben sein kann; aber das interessiert hier nur am Rande, denn wesentlich ist wiederum, dass kein pädagogisches Defizit vorausgesetzt wird: „Natur" ist an keine Voraussetzungen gebunden, sondern kann von jedermann gleich erfahren werden. Nach HAUFE ist dann auch Wahrheitserfahrung möglich, ohne eine intellektuelle (Buch-) Schulung vorauszusetzen. Das Kind hat ein Defizit gegenüber der Wahrheit, aber nicht gegenüber der Erziehung; und das Defizit zur Wahrheit wird nicht durch Erziehung ausgeglichen, sondern durch Erleben der Natur, die die eigentliche Erziehungsmacht darstellt (ebd., S. 29).

Die Erlebnispädagogik hat in diesem Sinne eine nicht nur psychologische, sondern zugleich naturalistische Voraussetzung. Das Einssein mit der Natur (ebd.) avanciert zur grundlegenden Erziehungserwartung, die wie selbstverständlich mit dem Göttlichen harmoniert (ebd.). „Erziehen" wird so zur „natürlichen Arbeit ... von Leib und Seele als Ganzem" (ebd., S. 30), sie ist identisch mit dem „natürlichen Leben" oder der „vollen Harmonie von Leib und Seele, Mensch und Natur" (ebd., S. 32). Diese Idee lässt sich auf die „natürliche Schule" projizieren (FISCHER 1907) und kann natürlich auch pädagogischen Traditionen entnommen werden (SNELL 1911). Dass „Natur" und „Mensch" in keinem unmittelbaren Verhältnis stehen, hat die Reformpädagogen nicht gehindert, an die „natürliche Erziehung" zu glauben, wobei auch hier religiöse Begründungen die theoretische Verlegenheit überwinden halfen.

Die Formel „natürliche Erziehung" rechtfertigte sich wahlweise mit der guten Natur (OTTO 1906, S. 40), der harmonischen Ordnung, dem Verhältnis von Naturgefühl und Inspiration (HENNING 1912) oder der freien Entwicklung, die schon auf den „ersten" und „einfachsten" Stufen jene „Wahrheiten" offenbart, welche zum „Verständnis der höheren und komplizierteren Lebensäußerungen führen werden" (MONTESSORI 1926, S. 158). Die Formel ist empirisch gemeint, aber sie ist eher als symbolische Erziehung der Einstellung von Erwachsenen wirksam geworden. Die Rede von der „natürlichen Erziehung" soll Regeln des Respekts, die Achtung vor dem Kinde, begründen, was allein auf empirischem Wege kaum möglich sein dürfte. Ohne die Vorstellung, die falsche Erziehung könnte die Natur des Kindes verletzen, ohne Mythos des leidenden Kindes, wäre es nicht möglich gewesen, gesellschaftliches Bewusstsein über Erziehung, einem heiklen Tatbestand kollektiver Identität, zu verändern. Auch hier liegt eine Paradoxie zugrunde: Ohne Vorstellung des sakrosankten Kindes, also der Heiligkeit seiner Natur, lässt sich die neue Erziehung nicht begründen; aber „Erziehung" ist nur denkbar als Eingriff in die Natur, die sich, pädagogisch gesehen, nie nur von selbst in die richtige Richtung entwickelt.

Mit heiligen Kindern kann man Dialoge führen, aber muss „Erziehung" ausschließen, solange man damit Defizite verbindet. Aus der „natürlichen Erziehung" hätte also gleichsam von selbst eine Pädagogik des Dialoges erwachsen können, was wesentlich durch politische Optionen verhindert wurde. Die frühe Reformpädagogik in Deutschland und mit ihr die Jugendbewegung vor dem Erste Weltkrieg ist durch andere Sozialmodelle geprägt worden, die organische Gemeinschaft und auch das Verhältnis von Führer und Gefolgschaft. ELLEN KEY (1913, S. 24f.) sprach von der „organischen", statt der „mechanischen" Auffassung von Gesellschaft, die die Arbeiterjugend an die „neue Moral der Klassensolidarität" binden werde Auf der anderen Seite des politischen Spektrums attackierte HANS BLÜHER die demokratische Idee der Führung und propagierte das entschiedene Gegenteil im Blick auf die Jugendbewegung: „Das Volk wird dadurch Volk, dass ein Führer es erwählt" (BLÜHER 1917, S. 4).

Entsprechend sei der Wandervogel auch die „Schöpfung ... eines geborenen Führers"[150] gewesen (ebd., S. 11). Er bildete die Gemeinschaft, indem er die Mitglieder auswählte und führte (ebd., S. 11/12). Das Konzept ist in diesem Sinne autoritär. Wo in der Schulpädagogik „freie Diskussion" gefordert wurde, da eher als didaktisches Prinzip, etwa im Arbeitsunterricht (RISSMANN 1911, S. 78), und nicht als grundlegendes Erziehungsmodell. Auch nach dem Kriege war der Gemeinschaftsgedanke weit stärker akzentuiert als die demokratische Theorie des Dialogs (vgl. nur DEITERS 1925). Der Unterschied von Dialog und Gemeinschaft ist grundlegend: Dialog setzt Distanz voraus, Gemeinschaft verlangt Bindung; die soziale Distanz soll im Dialog gleichermaßen konstituiert und überwunden werden, während Gemeinschaft *vor* jedem Dialog Geltung finden muss. Ein Dialog könnte objektivieren und in Frage stellen, was „Gemeinschaft" ausmachen soll, nämlich eine emotive und traditionelle Verbundenheit jenseits von Sprache und Argument.

Dialoge setzen nur ihr eigenes Prinzip voraus und sind damit ein alternatives Medium von Erziehung. Sie kann sich darin selbst zum Thema machen und muss nicht mehr distanzlos vollzogen werden; „Gemeinschaften" können demgegenüber Wirkungen der Erziehung nur auf sich beziehen, was die Unterscheidung von Innen und Außen voraussetzt. Nach Innen müssen Gemeinschaften Konsens wahren, der nicht beliebig mit „Dialogen" belastet werden darf. Die Identität des Sozialen ist immer schon gegeben, während sie im Dialog auf die Probe gestellt werden kann. Aber das ist selten so gesehen

150 Gemeint ist KARL FISCHER (1881-1941), der zusammen mit HANS BREUER und Anderen im Ratskeller Steglitz am 4. November 1901 den Wandervogel begründete.

worden, fast immer sind Konzepte der „dialogischen Erziehung" auf Gemeinschaften bezogen worden und nicht auf eine kritische Öffentlichkeit, in der Dialog notwendig mit Streit und Distanz verbunden sein muss.

Ein pädagogisches Konzept der Erziehung „im Dialog" hat MARTIN BUBER 1922 im zweiten Heft der Zeitschrift *Das werdende Zeitalter* vorgestellt. Hier wird in eigentümlicher Weise versucht, „Dialog" und „Gemeinschaft" zusammenzubinden: „Dialog" erscheint als die eigentliche, interpersonale Bindung, die mit einem utopischen Begriff von „Gemeinschaft" verknüpft wird. Erziehung ist so das „erschließende" Ereignis in der dialogischen Beziehung zwischen zwei Menschen (BUBER 1922, S. 34), zugleich aber auch ein Vorgriff auf die wahre Sozietät.[151] Dieser Vorgriff widerstreitet einer politischen Instrumentierung der Erziehung (ebd., S. 33); Erziehung erscheint in einer religiös definierten Autonomie: „Erziehen kann nur, wer in der ewigen Präsenz steht; er erzieht, indem er in sie einführt" (ebd., S. 34).

BUBERS berühmte *Rede über das Erzieherische* (1925)[152] beschreibt das „erzieherische Verhältnis" als ein *rein* dialogisches (BUBER 1986, S. 40), abgegrenzt vom Machtwillen, aber auch vom Eros (ebd., S. 25ff.) und damit gleichermaßen von der autoritären und der libertären Pädagogik. Deren Verhältnisse sollen gerade dialogisiert und also umgekehrt werden (ebd., S. 39). Die Grundkategorie für BUBERS Dialogtheorie der Erziehung ist aber nicht Gespräch oder Diskussion, sondern Umfassung, die Verbindung zwischen Ich und Du *vor* der Autonomie der Persönlichkeiten. „Umfassung" wird von „Einfühlung" abgegrenzt (ebd., S. 37/38), von der „puren Ästhetik" eines Erlebens, das sich auf das Innere eines Anderen bezieht, ohne es „konkret" erreichen zu können (ebd., S. 38). „Umfassung" ist das Gegenteil, nämlich Erweiterung der eigenen „Konkretheit" in der dialogischen Erfahrung des Anderen. Entscheidend ist „das Faktum, das diese eine Person den gemeinsamen Vorgang, ohne etwas von der gefühlten Realität ihres eigenen Tätigseins einzubüssen, zugleich von der andern aus erlebt" (ebd.).[153]

---

151 Das zeigen Bubers *Pfade in Utopia* (deutsch 1950), in denen Gemeinschaft vor allem als sozialistisches Siedlungsexperiment gedacht und als „neues Dorf" vorgestellt wird (BUBER 1985, S. 230ff.). „Gemeinschaft" ist bei BUBER nicht identisch mit einer totalitären Kategorie, wie sie etwa die Rede von der „Volksgemeinschaft" verwandte.

152 Es handelt sich um einen Vortrag, der auf der dritten internationalen Konferenz der *New Education Fellowship* in Heidelberg gehalten wurde. Die Konferenz fand vom 2. bis 15. August 1925 statt, BUBERS Vortrag erschien nicht in der Dokumentation des Kongresses (ROTTEN 1926), sondern separat in der von ihm mitherausgegebenen Zeitschrift „Die Kreatur". Den Eröffnungsvortrag hielt PAUL OESTREICH, neben BUBER hielten Hauptvorträge C.G. JUNG, ALFRED ADLER, ADOLPHE FERRIÈRE und Andere. MARTIN BUBER (1878-1965) war zum Zeitpunkt des Heidelberger Kongresses Lehrbeauftragter der Universität Frankfurt und Leiter freier Gruppen in der Erwachsenenbildung.

153 Dass BUBER Erziehung vor allem als Begegnung oder Zusammentreffen von Personen dachte, hat seinen Ursprung in der jüdischen Religion. Erziehung ist ab-

Die deutsche Reformpädagogik berührt an verschiedenen anderen Stellen Diskussions- und Dialogmodelle der Erziehung, ohne sie so herausgehoben zu theoretisieren wie MARTIN BUBER. Auch diese Modelle beziehen sich auf Gemeinschaft, ohne freilich „Gemeinschaft" *als* Dialog zu erwarten. BERTHOLD OTTOS „Gesamtunterricht" ist, wie dargestellt, ein Diskussionsverfahren mit „volksorganischen" Optionen, die psychologisch begründet wurden. Das Denken selbst, schreibt OTTO am 7. Januar 1917 im „Hauslehrer", „entspringt ... in der Gemeinschaft". „Die Denkgemeinschaft beruht auf Abstammung und auf Kinderstube, nicht auf Tinte und Druckerschwärze" (OTTO 1925, S. 3). Sie ist, anders gesagt, kein Problem öffentlicher Auseinandersetzung und so kein Modell liberaler Erziehung (ebd., S. 15f.). Das „Volk" ist die vorausgesetzte „geistige Einheit" (ebd., S. 22ff.).

Eher scheint ein anderes, ebenfalls viel beachtetes Erziehungsmodell den Anforderungen des Dialogs zu entsprechen, GUSTAV WYNEKENS „Freie Schulgemeinde", die als geistige und so diskursive Gemeinschaft zwischen Lehrern und Schülern beschrieben wird. Diese Gemeinschaft ist kein Selbstzweck, sondern hat das Prinzip des „geistigen Arbeitens" zur Bedingung (WYNEKEN 1914, S. 66). Die Mitglieder der Schulgemeinde[154] stellen sich „ohne Rückhalt in den Dienst des Geistes", was mit einer prophetischen und paradoxerweise einer öffentlichen Funktion der Wahrheit verknüpft wird. „Wahrheit" hat einerseits einen starken Bezug auf den „Führer" der Gemeinschaft (ebd., S. 90), andererseits hängt sie von der Qualität dieser Gemeinschaft ab. Die „Gemeinschaftserziehung" (ebd., S. 85ff.) ist nicht von einem Ich:Du-Verhältnis her gedacht, unterscheidet also nicht zwischen „Erzieher" und „Zögling", sondern hat eine lernende und arbeitende, zugleich exklusive, Gruppe zur Voraussetzung (KLEIN 1921, S. 7ff.). WYNEKEN skizziert das Zusammenleben der Gemeinschaft als „geistige Atmosphäre", in der eine „öffentliche Meinung" entstehen kann, welche ihrerseits das Medium des „sittlichen Urteils" abgibt (WYNEKEN 1914, S. 90f.). In diesem dialogischen Sinne kann dann „die sich selbst erziehende

---

hängig vom Wort (ROSENZWEIG 1988, S. 342ff.). Praktisch hat BUBER dies in der Odenwaldschule erfahren (FRIEDMAN 1983, S. 22f.) und in FRANZ ROSENZWEIGS „Frankfurter Lehrhaus" (FRIEDMAN 1981, ch. 14).

154 Wie sehr der Begriff „Schulgemeinde" vom romantischen Konzept der „Gemeinschaft" ausgeht, zeigt ein Vergleich mit FRIEDRICH WILHELM DÖRPFELDS (1824-1893) bedeutendem Reformbuch *Die Schulgemeinde* (1863): Schulgemeinde ist hier der Ausdruck für eine lokale (konfessionelle) Schulöffentlichkeit, nicht das Prinzip einer Sekte wie bei WYNEKEN (vgl. COHN 1915, S. 275). Die Sektenmentalität machte *Wickersdorf* anfällig für Konflikte, deren Dramaturgie zum Markenzeichen avancierte, die am Schluss aber von der Kritik nur noch als „grober Unfug" gewertet wurden (Florian 1928, S. 444). Die Anerkennung der *Freien Schulgemeinde Wickersdorf* als freie Privatschule wurde im März 1932 vom Thüringischen Volksbildungsministerium aufgehoben. Die Schule wurde 1933 als staatliche Oberrealschule neu zugelassen, 1941 wurde die Trägerschaft in eine öffentlich-rechtliche Stiftung umgewandelt.

Gemeinschaft" als das „einzige Objekt und Subjekt der Erziehung" bezeichnet werden (ebd., S. 92).

Die „Individualpädagogik" scheint überwunden, die WYNEKEN als „Technik der Seelenaufzucht" bezeichnet hat, weil sie „die nackte Seele des Zöglings ganz in die Hand des sie beobachtenden, ausspürenden, zweckmäßig beeinflussenden Erziehers" lege (ebd.). Stattdessen soll die Gemeinschaft als Medium erziehen, ohne lediglich Gruppensolidarität herzustellen. Die Entwicklung der Urteilskraft (ebd., S. 92ff.) ist abhängig von Prozessen argumentativen Austausches; was „freie Schulgemeinde" genannt wurde, ist identisch mit dieser, wie es heißt, „Institution für offene Aussprache" (ebd., S. 99), die für Normendiskussion sorgt und zugleich auch das Medium der Normengeltung ist, mithin eine Erziehungsinstitution, die auf dem Dialog begründet ist und darin weder den Staat noch die Familie nachahmt (ebd., S. 103). Aber auch dieser Dialog ist nicht beliebig offen; vielmehr setzt er – wie WYNEKEN (1922, S. 17) an der *Freien Schulgemeinde Wickersdorf* deutlich machte – „eine durch gleiche geistige Einstellung verbundene Gemeinschaft" voraus. „Eine solche Gemeinschaft könnte man wohl einen Orden nennen" (ebd).

Die allgemeine Begründung dafür hatte WYNEKEN schon 1901 geliefert: Organisierte Staatskirchen müssten durch „Künstlerschulen" abgelöst werden, in denen religiöse Meister ihren Jüngern Offenbarungen zugänglich machen. Solch eine „Schule" ist keine „soziale Institution", sondern „eine persönliche Freundschaft" (WYNEKEN 1901, S. 30f.) oder eben ein *Orden.* „Geist" und „Öffentlichkeit" sind beschränkt auf die interne Welt der Gruppe. Sie muss Eigenes und Fremdes unterscheiden, der Dialog ist wesentliches Erziehungsmedium, weil nur so der Geist des Ordens zum Ausdruck gebracht werden kann. Er lässt sich nicht autoritär verordnen, die Mitglieder müssen sich immer erneut vergewissern, dass sie noch im Geiste leben. In diesem Sinne und nur so würde gelten: „Religion ist geniales Leben" (ebd., S. 34).

Allerdings ist die Stiftung der Religion dann das entscheidende Problem; sie schließt Egalität aus: Die „Gemeinschaft" bleibt abhängig von ihrem „Meister" (ebd., S. 31) und dies auf eine adialogische Weise. „Die Liebe zu den Führern bewirkt, dass getan wird, was sie wünschen. Sie ist eines der wichtigsten pädagogischen Mittel; weil sie ein wirkliches und konkretes Gefühl ist, wirkt sie viel stärker als die abstrakte Einsicht" (KLEIN 1921, S. 16). Diese Instrumentierung des pädagogischen Eros hatte BUBER aus guten Gründen abgelehnt. Sein Prinzip der Umfassung ist nicht erotisch gedacht, weil Eros „eines notwendig einschließt: Menschen genießen wollen. Das Erzieherische schließt eben dies aus" (BUBER 1986, S. 32). WYNEKEN hat diese Grenze nicht ziehen wollen. Er beruft sich auf die griechische *paiderastia* und bezeichnet sie als die „erotische Bindung" zwischen einem Mann und einem Knaben oder einem Jüngling (WYNEKEN 1924, S. 3). „Liebe" als

„geistiges Urphänomen" (ebd., S. 4) sei nicht auf den „Geschlechtstrieb" zurückzuführen, aber das sei der Wertmaßstab, mit dem die „bürgerliche Öffentlichkeit" die *paiderastia* verurteile (ebd., S. 3, 5).

WYNEKEN will sich auf ein geistig-seelisches Verhältnis beziehen, das die Formen des Umgangs aus sich heraus entwickeln müsse: Nur darauf komme es an, „dass das Verhältnis ein wirkliches Liebes-Verhältnis sei, und dass es nur Formen wähle und sich nur in Handlungen darstelle, die von Liebe geboten und von Liebe erfüllt sind und darum von den Beteiligten als schön, heilig und innerlich notwendig empfunden werden. Wenn diese Formen bei den Griechen den Geschlechtstrieb stark in Mitleidenschaft zogen, so kann mit dem Geschlechtstrieb ja nichts Schöneres geschehen, als dass er von Liebe beseelt und geheiligt ist" (ebd., S. 18). Nun war das bürgerliche Publikum vor 1914 gewiss überwiegend nicht geneigt, ausgerechnet in einer „Freien Schulgemeinde" die „antike Bejahung des Körpers" experimentell neu ausprobieren zu lassen und etwa „Nacktheit" als selbstverständliches Erziehungsmittel zu akzeptieren (ebd., S. 22). Und es gab einen *fait accompli*, der WYNEKEN die Stellung kostete und für einen öffentlichen „Skandal" sorgte (ebd., S. 28ff.): WYNEKEN gab zu, dass er zwei Knaben, die zu seinem engeren Kreis gehörten, „einmal nackt ... umarmt" hatte (ebd., S. 28). Der eigentliche Skandal aber lag darin, dass er diese Handlung verteidigte: „Für mich liegt nichts vor, als der natürliche Ausdruck eines sehr innigen Liebesbundes eines Führers mit seiner Jugend" (ebd., S. 35).

WYNEKEN stand damit nicht allein, mit ihm sahen auch HANS BLÜHER (1914) oder KURT ZEIDLER (1919) im *Eros* die stärkste erzieherische Kraft, die sich unabhängig von der offiziellen Pädagogik durchsetzte. BLÜHER (1914, S. 42ff.) sprach von homosexueller „Inversion" und sah darin die „Centren und Wirbelpunkte" der Wandervogelbewegung. Der Wandervogel sei durch „offenbare Erotik" attraktiv geworden (BLÜHER 1922, Bd. II/S. 146), und mehr noch, die Erotik sei der Schlüssel für Erfolg und Zerfall des Wandervogel gewesen (ebd., S. 209ff., 214ff.). ZEIDLER (1919, S.19ff.) generalisierte BLÜHERS Thesen zu einer allgemeinen Aussage über die erzieherische Kraft der Liebe. Unmittelbar nach dem Ende des Ersten Weltkrieges erwächst aus dieser These folgende allgemeine Forderung: „Die Frage der Menschwerdung ist die Frage an das Schicksal, ob es den Menschen für uns bereit hat, durch dessen Liebe wir eingehen in das Reich des Geistes. Die Erziehung ist der gewollte Versuch, diesen Weg durch Erleichterung der Wahl abzukürzen. Erste und einzige Aufgabe aller Schulorganisation ist, Gelegenheit zu schaffen, dass Erziehungsgemeinschaften aus diesem Geiste entstehen und bestehen können" (ebd., S. 26). Die Schule wäre so *Jugendbewegung*, ein „Gebäude der Erziehung ..., in deren Mitte die menschliche Liebeskraft steht" (ebd., S. 38).

Selbsttätigkeit, natürliche Erziehung, Dialog, Umfassung und Eros sind Themen einer unterschiedlich radikalen Reformpädagogik, die oft am Rande der Gesellschaft ausprobiert wurden und aber publizistisch ins Zentrum zurückwirkten. Auffällig ist dabei, dass die Öffentlichkeit und ihre Probleme (DEWEY 1927) nicht als ein reformpädagogisches Thema wahrgenommen wurden. Die hauptsächlichen Erziehungsmodelle waren kind- und gruppenorientiert, ohne das essentielle Bildungsproblem der liberalen Öffentlichkeit ernst zu nehmen. DEWEYS Bestimmung[155] war auch im internationalen Vergleich die Ausnahme: „The essential need ... is the improvement of the methods and conditions of debate, discussion and persuasion. That is the problem of the public" (ebd., S. 208). Öffentliche Bildung verlangt öffentliches Wissen, und diese Aufgabe übersteigt jede Form naturalistischer Erziehung, deren „Ganzheit" gerade die Illusion darstellt: „No innate faculty of mind can make up for the absence of facts ... Effective intelligence is not an original, innate endowment. No matter what are the differences in native intelligence (allowing for the moment that intelligence can be native), the actuality of mind is dependent upon the education which social conditions effect" (ebd., S. 209).

Die überwiegende Mehrheit der reformpädagogischen Autoren wollte Kinder zur Ganzheit oder *als* Ganzheit erziehen, wobei „wholeness" bewusste und unbewusste Prozesse, Kinder und Erwachsene, große und kleine Beziehungen umfassen sollte (ENSOR 1929, S. 200). Die Basis dieses Gedankens ist nicht der empirische Zusammenhang von Öffentlichkeit und Bildung, sondern eine hochspekulative Philosophie des Lebens, die unmittelbar auf den religiösen Ausgangspunkt zurückverweist: „The psychology of wholeness leads to the revelation that far too much attention has been focussed on mental force, on this one aspect of the great fundamental life urge which manifests itself in religion as the spiritual force, in mind as the intellectual force, in art and sex as the emotional and creative forces" (ebd.).

Der „neuen Erziehung" steht die Welt offen (VAN DER LEEUW 1932, S. 315/316), durch sie sind die Kinder „partie de l'organisme mondial" (ebd., S. 316), nicht die Schulen, die Menschheit ist ihr Objekt, so dass Erziehung und Lebensreform nicht zu trennen sind: „We were concerned with placing life on a new and healthier basis, and with reorganizing education from the beginning" (GEHEEB 1930, S. 187). Die weltumspannende Emphase der Sprache kann aber nicht über die eklatanten Schwächen der maßgebenden Modelle neuer Erziehung hinwegtäuschen.

- Die Emphase gilt dem Kind, aber Kinder sind nach Geschlechtern unterschieden,

155 Anlass für *The Public and Its Problems* war WALTER LIPPMANNS Buch *Public Opinion* von 1922, die erste große Analyse der kommunikativen Mechanismen zur Erzeugung und Steuerung öffentlicher Meinung. DEWEY folgt dieser Analyse und setzt dann aber das Prinzip öffentlicher Bildung gegen LIPPMANNS Hypothese der manipulativen Steuerung durch organisierte Medienmacht. ANDREAS KOLLER weist diese Zusammenhänge in seiner Zürcher Dissertation (2004) nach.

- sie gilt natürlicher Ganzheit, aber Kinder lernen unter der Voraussetzung sozialer Differenz,
- sie gilt schließlich den großen Zielen der Menschheit, aber Kinder sind nicht einfach Teil der Welt, die sich nach Maßgabe ihrer Erziehung verändern würde.

Koedukation ist ein herausgehobenes Thema der internationalen Reformpädagogik, aber die Geschlechtsdifferenz sollte egalitär bearbeitet werden. Die Fixierung auf naturalistische Rollenmuster – nicht nur in Deutschland war die Frau als „Walterin und Hüterin des Haushaltes und der Familie wie als sorgsame Mutter der Kinder im ewigen heiligen Dienst des Vaterlandes" (KERSCHENSTEINER 1916, S. 43) – gab konservativen Erziehungstheorien Auftrieb,[156] gegen die etwa DEWEY[157] das Prinzip der Gleichheit der Bildung verteidigen musste (M.W. 6/S. 162f.). Anders als im 19. Jahrhundert sollte es keine Ungleichheit der Chancen und Zugänge zur Bildung mehr geben, die nur unter Voraussetzung einer naturalistischen Definition von Geschlecht plausibel war. Mädchen und Jungen wurden primär als *Kinder* angesehen, die Fortschritte der gemeinsamen Erziehung wurden von dieser Prämisse her erwartet (ZIERTMANN 1909, WOODS 1918 und viele Andere).

Dafür sprach nicht zuletzt die Kinderpsychologie, die bis PIAGET die Entwicklung von Moral und Intelligenz weitgehend unabhängig vom natürlichen Geschlecht beschrieben hat. Koedukation war die „Lebensanschauung" (GEHEEB 1913/1914) zur Überwindung der Geschlechtertrennung. Die *coéducation des sexes* (DEMAN 1922; maßgebend auch schon BADLEY 1914) schien möglich, weil – anders als im 18. Jahrhundert – keine natürliche Anthropologie, sondern eine normative Psychologie des Kindes vorausgesetzt wurde, die wiederum den religiösen Erwartungen von Unschuld oder Reinheit nahe kam. Kinder in natürlicher Ganzheit lassen sich mit Erlösungsvorstellungen verbinden, aber kaum mit riskanten Theorien der Geschlechtsdifferenz.[158] Die Glorifizierung wenigstens galt ausschließlich „dem Kind".

---

156 GEORG KERSCHENSTEINER äußerte sich 1916 zum Problem der „weiblichen Dienstpflicht." Sein bildungspolitisches Argument geht dahin, „in der Organisation des öffentlichen Mädchenerziehungswesens alles zu tun, was dazu dient, das Weib für seinen Pflichtenkreis vorzubereiten und damit dem weiblichen Dienstjahre die Wege zu bahnen" (KERSCHENSTEINER 1916, S. 55).

157 „Is Co-Education Injurious to Girls?" (M.W. 6/S. 155-164) erschien 1911 in der Publikumszeitschrift *Ladies' Home Journal*. DEWEY antwortete auf einen Artikel von HUGO MÜNSTERBERG („Is Co-Education Wise for Girls?"), der im Mai 1911 an gleicher Stelle erschienen war.

158 Eine vorausgesetzte Differenz legt natürliche Unterschiede nahe, die sich durch Erziehung nicht aufheben lassen. Entsprechend schwierig wäre dann die pädagogische Teleologie: Erziehungsziele müssten geteilt werden, aber dann wäre auch die Erlösung geteilt. Zudem gäbe es doppelte Formen von Reinheit und Unschuld sowie deren jeweilige Negation. FERRIÈRE (1927/1928) diskutiert dieses Problem unter anderem in Auseinandersetzung mit MATHILDE VAERTINGS *Neubegründung der Psychologie von Mann und Weib* (1921/1923), einer Theorie der Gleichheit der

Die Unterschiede wurden nicht geleugnet, aber STANLEY HALLS These – „we should respect the law of sexual differences“[159] (HALL 1904, S. 617) – wurde zugunsten emanzipatorischer Prinzipien abgeschwächt, die Mädchenerziehung nicht als Festschreibung tradierter Rollen[160] verstanden wissen wollten (ENGELMANN 1929, S. 6ff. als Beispiel für viele andere). Ko-Edukation, wie GERTRUD BÄUMER[161] sie 1906 an zentraler Stelle[162] definierte, war lange die dazu passende Idealisierung. Sie sollte „den Grund zu einem menschlich schönen Verhältnis der Geschlechter legen, zu einer gegenseitigen Bewertung, die nicht auf Traditionen und Vorurteilen beruht, sondern lediglich auf Leistungen, auf der Art, wie der Einzelne den gleichen Aufgaben und Verantwortungen genügt“ (BÄUMER 1906). Das setzt voraus, beide Geschlechter sind zunächst und grundlegend *Kinder*; nur sie

---

Geschlechter, die sich aus der Kritik naturalistischer Geschlechtsmythologien ergibt. MATHILDE VAERTING (1884-1977) war seit 1913 Oberlehrerin an der Agnes-Miegel-Oberschule in Berlin-Neukölln und wurde 1923 als ordentliche Professorin für Pädagogik an die Universität Jena berufen.

159 „And not forget that motherhood is a very different thing from fatherhood. Neither sex should copy no set patterns to the other, but all parts should be played harmoniously and clearly in the great sex symphony“ (HALL 1905, S. 617).

160 Wie dies etwa noch ELLEN KEY in ihren Schriften zur Frauenbewegung nahe legte, die am Ideal der Mütterlichkeit orientiert waren.

161 GERTRUD BÄUMER (1873-1954) absolvierte das Lehrerinnenseminar in Madgeburg und arbeitete als Volkschullehrerin an verschiedenen Schulen. Von 1898 studierte sie in Berlin, 1904 promovierte sie in Germanistik mit einer Arbeit über GOETHE. Sie war danach als Journalistin tätig und übernahm 1910 den Vorsitz des Bundes Deutscher Frauenvereine. Von 1916 bis 1920 leitete sie das Sozialpädagogische Institut in Hamburg und von 1920 an war sie Reichstagsabgeordnete. 1922 wurde sie Leiterin des Schulreferats und der Jugendwohlfahrt im Reichsinnenministerium. GERTRUD BÄUMER gab bis 1936 die Zeitschrift „Die Frau“ heraus. Obwohl sie sich der NS-Frauenpolitik annäherte, wurde sie abgesetzt und privatisierte als Schriftstellerin. 1946 war GERTRUD BÄUMER Gründungsmitglied der CDU. Sie und HELENE LANGE (1849-1930) waren die maßgeblichen Figuren der deutsche bürgerlichen Frauenbewegung und ihrer Bildungspolitik (vgl. MATTHES/HOPF 2002).

162 Im zweiten Band von ADELE SCHREIBERS *Buch vom Kinde* (1907), einer der maßgebenden, interdisziplinären Darstellungen der „modernen Erziehung“ in Deutschland vor dem Ersten Weltkrieg. ADELE SCHREIBER-KRIEGER (1872-1957) stammte aus Wien und studierte seit 1898 Nationalökonomie an der Universität Berlin. Von 1904 bis 1933 war sie Vizepräsendentin des mir ihr mitbegründeten „Weltbundes für Frauenstimmrecht und staatsbürgerliche Frauenarbeit“. 1911 übernahm sie die Redaktion der Zeitschrift „Die Staatsbürgerin“. ADELE SCHREIBER war in en zwanziger Jahren Mitglied des Deutschen Reichstages. Am 5. März 1933 emigrierte sie in die Schweiz und ging 1939 nach England. Ihr wurde im gleichen Jahr die deutsche Staatsbürgerschaft aberkannt, und sie verlor nach 1945 auch die Mitgliedschaft in der SPD, weil sie in England mit kommunistischen Gruppen zusammengearbeitet hatte. 1945 wurde sie Lecturer im Ministry of Information des Foreign Office, 1947 kehrte sie in die Schweiz zurück.

können gleich erzogen werden (WOODS 1918, S. 39ff.). Erst dann kann man sagen, „boys and girls like to work and play together“ (ebd., S. XXII).[163]

Auf diesem Wege verschiedener Modelle und ihrer wechselseitigen Verstärkungen wurde Erziehung wichtiger als schulischer Unterricht. Die Entwicklung der Persönlichkeit (nicht des Geschlechts) überdeckte die Vermittlung von Wissen, öffentliche Raum reduzierte sich auf die intime Gemeinschaft, von der große Effekte in unabsehbarer Zeit erwartet wurden. Von richtigen und wahren Erziehung ist die gesamte Modernisierung abhängig gemacht worden, was nur wenigen Autoren als Hybris erschien. Auf eine Formel gebracht: Aus dem erziehenden Unterricht wurde die Erziehung der Welt, und diesen Trend artikuliert die Reformpädagogik als Diskursmacht mit Nachdruck und sehr erfolgreich.

163 Das Zitat ist einem Vorwort von HOMER LANE für ALICE WOODS' *Advance in Co-Education* entnommen. HOMER LANE (1875-1925) hatte maßgeblichen Einfluss auf ALEXANDER NEILL. *Summerhill* ist nicht nur ein Landerziehungsheim, sondern zugleich eine sympathische Kopie von HOMER LANES sozialpädagogischer Kolonie *Little Commonwealth*.

5. Konzepte der Gesellschaftsreform

Mit „neuer Erziehung“ ist immer mehr und anderes, eine größere Ambition, verbunden gewesen als nur die Verbesserung der Schulen und des Unterrichts. Erziehung wurde gedacht als globale reformerischer Kraft, die den Menschen, aber damit zugleich das soziale Leben – Staat und Gesellschaft – verändern sollte. Sie erschienen als *Projekte* der „neuen Erziehung“, denen zugetraut wurde, grundlegende Übel der Sozietät zu beseitigen. Die Modernisierung der Gesellschaft steigerte auf paradoxe Weise ihre pädagogische Bedürftigkeit, je mehr technische und kulturelle Fortschritte im 19. Jahrhundert erzielt wurden, desto stärker wurde die Artikulation einer umfassenden Erziehungsreform. Sie *verlor* mit der sozialen Differenzierung ihr allgemeines Objekt, aber das intensivierte die Suche nach pädagogischen Auswegen aus einem Zustand, der wie eine einzige große Krise erlebt wurde, obwohl er auf allen Gebieten der Gesellschaft gleichbedeutend war mit signifikanten Verbesserungen. In dieser Hinsicht ist „Reformpädagogik“ eine starke und nachhaltig paradoxe Reaktion auf die Kultur der Moderne.

Das Ziel der neuen Welt, der besseren Gesellschaft oder der vollendeten Gemeinschaft zwang die Theorie der „neuen Erziehung“ zu einem politisch-instrumentellen Verständnis ihrer Konzepte. Was auf der einen Seite als individuelle Emanzipation dargestellt wurde, musste auf der anderen wie eine Unterordnung unter soziale Ziele erscheinen, Befreiung ging einher mit moralischer Herrschaft, die keinen Widerspruch duldete. Allerdings konnten „Freethinker“ – „a rare and admirable thing“ – wie BERNARD SHAW[1] Kinder als Experimente *ihrer selbst* verstehen, die einzig dann die Humanität befördern, wenn sie *unbehelligt* von Erwachsenen, zumal von Erziehern, ihren Versuch mit der eigenen Erfahrung machen können.

> „If you treat it (the child, J.O.) as a little beast to be tamed, or as a pet to be played with, or even as a means to save you trouble and to make money for you (and these are our commonest ways), it may fight its way through in spite of you and save its soul alive; for all its instincts will resist you, and possibly be strengthened in the resistance; but if you

1 GEORGE BERNARD SHAWS (1856-1950) radikale Erziehungskritik ist von der reformpädagogischen Geschichtsschreibung kaum beachtet worden. Der *Treatise on Parents and Children* (1914) wäre zu ergänzen um *Man and Superman* (besonders The Revolutionist's Handbook and Pocket Companion) (1903)) und das lange Vorwort zu *Back to Methuselah* (1921). SHAW hat vor 1914 in Oxford Vorlesungen über Erziehung gehalten und war ein einflussreicher Publizist der *radical education* (vgl. SIMON 1958).

begin with its own holiest aspirations, and suborn them for your own purposes, then there is hardly any limit to the mischief you may do" (SHAW 1914, S. X).

Auch der heiligste Schwur der Kindorientierung wäre ein Meineid, und gerade die „neue Erziehung" würde das größte Unheil anrichten, weil sie den besserwisserischen Anspruch der Stellvertretung nicht etwa aufgibt, sondern im Namen des Kindes noch verstärkt. „They are really child fanciers ..., never happy unless they are surrounded by their victims, and always certain to make their living by accepting the custody of children, no matter how many alternative occupations may be available" (ebd., S. XXI). Daraus ergibt sich ein klarer Schluss: „In a word, we have no right to insist on educating a child; for its education can end only with its life and will not even then be complete. Compulsory completion of education is the last folly of a rotten and desperate civilization. It is the rattle in its throat before dissolution" (ebd., S. XLV).

Ein Antipode SHAWS ist FRIEDRICH WILHELM FÖRSTER,[2] ein christlicher Reformpädagoge von Rang, der den umgekehrten Standpunkt vertrat: Politische und soziale Probleme, etwa die der Arbeitsklasse, sind in Wirklichkeit *pädagogische* (FÖRSTER 1908, S. 110f.), nur die Erziehung kann die Gesellschaft erneuern. „Pädagogik" hat dann aber nicht nur etwas „mit Kindern zu tun" (ebd., S. 166), sondern mit der gesamten sozialen Organisation, die vom persönlichen Seelenheil her reformiert werden soll (ebd., S. 196). Die christliche *„allgegenwärtige Herrschaft des Geistes"* wäre dafür der Garant; Erziehung hätte ihren letztendlichen Effekt in der „lebendigen Durchdringung all' unseres täglichen Tuns und Redens mit den Kräften der Seele" (ebd., S. 273).

Reformpädagogische Konzepte der Gesellschaftsreform negieren diese beiden je für sich radikalen Positionen und wollen sie auf eigenartige Weise doch erfüllen. Erziehung ist für sie nicht einfach ein Experiment des Kindes

---

2 Der Zusammenhang mit der Reformpädagogik ergibt sich zunächst publizistisch: FRIEDRICH WILHELM FÖRSTER war – von der *Jugendlehre* (1904) bis zur *Alten und neuen Erziehung* (1936) – an allen wesentlichen Diskussionen herausgehoben beteiigt. Seine Charakterbildung auf christlicher Grundlage (FÖRSTER 1908a) hatte Affinitäten zu vielen Konzepten der internationalen Reformpädagogik, ohne dass FÖRSTER eine „kindzentrierte" Pädagogik vertreten hätte (vgl. EHM 1938a). FRIEDRICH WILHELM FÖRSTER (1869-1966), geboren in Berlin, habilitierte sich 1898 an der Universität Zürich und war hier sowie an der ETH Zürich bis 1912 als Privatdozent für Philosophie tätig. 1913 ging FÖRSTER auf eine außerordentliche Professur für „Sozial- und Moralpädagogik" nach Wien, 1914 wurde er als ordentlicher Professor für Pädagogik und Philosophie nach München berufen. Nach scharfen Angriffen nationalistischer Kreis legte FÖRSTER 1920 das Professorenamt nieder und ging als Publizist zurück nach Zürich. Von 1926 lebte er in Frankreich, 1933 wurden in Deutschland seine Bücher verbrannt. 1940 floh FÖRSTER über Portugal in die Vereinigten Staaten. Er lebte bis 1963 in New York und kehrte dann in die Schweiz zurück (Daten nach PASCAL 1999).

mit sich selbst, sondern ein politischer Großversuch, der durch neue pädagogische Methoden abgesichert werden soll. Das implizierte größere Risiken als jede Form antipädagogischer Distanz. Die Risiken wurden nicht mehr durch Lehren des christlichen Geistes gesichert, wohl aber mit teleologischen Ersatzkonzepten wie denen der Geschichtsphilosophie, die immer noch im Kern religiös angelegt waren. Keine Gesellschaftsreform würde sich selbst als kontingent definieren, alle benötigen daher starke Sicherungen, zu denen nicht zuletzt das Vertrauen in die Wirkkraft der „neuen Erziehung" rechnet. Sie wird wie bei SHAW auf das lernende Kind bezogen, aber zugleich, wie bei FÖRSTER, auf die lernende Welt, deren Probleme *pädagogisch* lösbar erscheinen. Was vage als „Welt" außerhalb und oberhalb der Kindheit erscheint, wird übersetzt in Zukünfte der Gesellschaft; sie sind der eigentliche Adressat der „neuen Erziehung".

Dieser Zusammenhang muss über Erlösungserwartungen und missionarische Sentenzen hinaus begründet werden, und das in praktischer Absicht. Wie aber lässt sich eine Ambition wie die Zukunft der neuen Gesellschaft pädagogisch begründen, wenn soziale und kulturelle Differenzierungen einen einheitlichen Adressaten gar nicht mehr zulassen? Eine geläufige und einflussreiche Politisierungsform kann mit den Stichworten „Gemeinschaft, Volk und Erziehung" beschrieben werden. Sie hat ihren Ursprung in der politischen Romantik und ist eine *europäische* Möglichkeit,[3] wenngleich die intensivste Bezugnahme sich bei deutschen Reformpädagogen nachweisen lässt. Sie denken sehr unbefangen in Gemeinschaftskategorien, die vordemokratisch und antiliberal verstanden werden. Das erklärt die frühen und nachhaltigen Einflüsse „völkischer" Ideologien, die die Nationalerziehung des frühen 19. Jahrhunderts ablösen oder radikalisieren. Wie stark die Kategorie der „Gemeinschaft" das pädagogische Denken geprägt hat, erweist sich aber den Stellen, wo politisch *keine* Affinität zu „völkischen" Positionen gegeben war. Auch sozialistische Theorien favorisierten das Ziel der Gemeinschaft, übersetzt in Vorstellungen einer neuen Welt ohne Widersprüche, die den „neuen Menschen" verwirklichen würde. „Gemeinschaft" ist daher nicht nur ein „rechtes" Konzept (5.1.)

Das zeigt sich in der Darstellung einiger politischer Schulversuche, die nach 1918 von linksorientierten Pädagogen unternommen wurden. Die neuen Machtverhältnisse nach dem Ersten Weltkrieg begünstigten erstmals eine Kombination von Reformpädagogik und Sozialismus, die in großstädtischen Zentren wie Hamburg, Berlin oder Wien staatliche Reformpolitik anleitete. „Gemeinschaft" war auch hier eine Zielformel, aber sie hatte einen anderen Rahmen, nämlich die demokratische Verfassung und so die Frage, wie unter

---

3 Vergleichende Studien über die pädagogische Rezeption der politischen Romantik in Europa liegen nicht vor. Der gemeinsame Nenner war die Reaktion auf die Französische Revolution, wie sich etwa an CHATEAUBRIANDS *Génie du christianisme* (1802) zeigen ließe. Die politische Gemeinschaft wird über den „*instinct de la patrie*" gedeutet und mit der *Schönheit* des Christentums begründet.

republikanischen Voraussetzungen neue Organisationsformen der Erziehung für weitgehende Reformen der Gesellschaft sorgen können. Oft überlagerte aber die Ideologie der Gemeinschaft diesen rationalen Kern, und oft war die pädagogische Sprache zwischen den politischen Lagern ununterscheidbar, die sich ja alle auf die „neue Erziehung" beriefen (5.2.).

Am Rande dieser Entwicklungen entstand schließlich ein Erfahrungsraum aus kulturellem Wandel und Lebensreform, der Ansätze alternativer Erziehung nahe legte. Beziehungsexperimente gehörten ebenso in dieses Spektrum wie Protestverhalten, Sektenmentalitäten oder ästhetische Devianzen. Vielfach waren die Strukturen flüchtig, die Szenen wechselten wie die Theorien, Stabilität war kein oberster Wert. Dabei wurden Konturen einer Pädagogik erkennbar, die sich nicht mehr dem westlichen Rationalismus verpflichtet fühlt, ohne einfach auf die politische Romantik zurückkommen. Leben ist hier Ambition und Eklektik gleichermaßen, oft einhergehend mit spirituellen Motiven, die die Dogmatik der christlichen Religionen ablösten und Religion auf den Gefühlskern reduzierten. Diese Modernisierung ist von der akademischen Pädagogik wenig beachtet und ausgeschlossen worden, aber sie hat Sprengkraft. (5.3.).

5.1 Gemeinschaft, Volk und Erziehung

„Politische Romantik" nannte CARL SCHMITT (1968, S. 172f.) die Ästhetisierung des Sozialen und die poetische Auffassung des Staates. Sein zentraler Gewährsmann für diese These ist der romantische Staatstheoretiker ADAM MÜLLER,[4] dessen Werk tatsächlich auf eine entschiedene Ästhetisierung des Sozialen hinausläuft.[5] Möglich wird dies durch die Gleichsetzung von „Gemeinschaft" mit *Organismus*, also einem lebendigen System, das wie ein Naturkörper angeschaut werden kann. Beides zusammen, der natürliche Organismus und seine ästhetische Anschauung, macht die Brisanz der politischen Romantik aus. Ihr ist *Gemeinschaft* nicht einfach pragmatische

4 ADAM HEINRICH MÜLLER (1779-1829) studierte Recht, Philosophie und Naturwissenschaften in Göttingen. Nach seinem Studium arbeitete er als Referendar an der Kurmärkischen Kammer, bevor er von 1806 bis 1809 als Lehrer und Prinzenerzieher im Hause Sachsen-Weimar in Dresden tätig war. MÜLLER konvertierte 1805 zum katholischen Glauben und ging 1811 nach Wien, 1808 hatte er mit HEINRICH VON KLEIST die Literaturzeitschrift „Phoebus" herausgegeben. 1813 trat er als Offizier in österreichische Dienste und beteiligte sich an den Freiheitskriegen. Danach wurde er österreichischer Generalkonsul in Sachsen und nahm an den Konferenzen in Karlsbad (1819) und Wien (1820) teil.

5 Grundlegend ist die Idee des „Organismus", doch die kann nur ästhetisch verstanden werden: „Das Organische, was die Menschen in der Natur sehen, ist nichts anderes als ihre in die Natur hineingetragene Kunst" (Schriften Bd. II/S. 271, im Orig. gesp.). Das gilt auch für die Sozietät, die als ästhetischer Organismus oder als *Gemeinschaft* vorgestellt werden kann. Zugleich spricht MÜLLER von einer Evolution der Organismen, die biologisch und nicht wiederum ästhetisch gedacht ist (ebd., S. 273).

Vereinigung, auch nicht vertragliche Vereinbarung oder das soziale Medium der Idee der Menschheit; sie denkt weder ökonomisch noch idealistisch, sondern benutzt die biologische Theorie des Organismus, um ästhetische Vorstellungen der schönen und harmonischen Sozialordnung zu entwickeln, die sich aus sich selbst heraus vollenden kann.

In der sozialpolitischen Publizistik des 19. Jahrhunderts[6] spielte diese Denkfigur eine zentrale Rolle, wenngleich gegenüber MÜLLER mit einer charakteristischen Verschiebung. MÜLLER hatte in evolutionstheoretischer Absicht zwischen „Organismus" und „Antorganismus" unterschieden. Jeder Organismus und so auch jeder politische Körper (Familie, Staat, internationaler Verbund) kann sich entwickeln, aber nur, wenn sein Antorganismus, also sein Gegensatz, mit vorausgesetzt wird. Die Entwicklung erfolgt *in* Gegensätzen, aber nicht *als* Gegensatz, genau das aber, eine Opposition statt einer Dialektik, wird in der nachfolgenden Publizistik, grundlegend. Sie grenzt die organische *Gemeinschaft* von ihrem Gegenteil, der unorganischen und entfremdeten *Gesellschaft,* ab und verzeitlicht diese Opposition so, dass „Gemeinschaft" als Zielerwartung verwendet werden kann. Sie soll „Gesellschaft" überwinden, die als endliches System erscheint und durch ihr Gegenteil herausgefordert ist. Die politische Zukunft wäre so zu entscheiden durch den Kampf zweier unversöhnlicher Prinzipien.

Die romantische Theorie der Gemeinschaft wird früh mit Volksbegriffen verknüpft, die für unmittelbare Akzeptanz sorgten. „Volk" ist die soziale Größe der organischen „Gemeinschaft"; diese entscheidende Verknüpfung stellte etwa FRIEDRICH LUDWIG JAHN in den Mittelpunkt seiner romantischen Pädagogik. Der Ausdruck „Volk" sei vom „*Volksthum,*" vom organischen Leben, her zu begreifen, dessen „*Wesen*" sich im kollektiven Gefühl mitteile (JAHN 1810, S. 7ff.). Wie Gemeinschaft ist auch Volk ein intimes Binnenverhältnis: „Nicht der äußere umgelegte Staatsband macht das Volk ... Zusammenseinmüssen giebt keinen wahren Verein. Das Ineinanderhineinleben, das stille vertrauliche Sichaneinandergewöhnen, das mit Wechselliebe Sichlebendeinverleiben bildet das Volk, und bewahrt und erhält es durch Volksthum" (ebd., S. 16). Jede rationale Organisation ist demgegenüber ein äußerliches Verhältnis (ebd., S. 24f.), während sich das Innere als Gefühlsübereinstimmung gestaltet, das exklusiven Zugang verlangt. „Je reiner ein Volk, je besser; je vermischter, je bandenmäßiger" (ebd., S. 26).

Was JAHN dann als *Volkserziehung* ausführlich beschreibt (ebd., S. 167-272), ist eine Reformpädagogik der politischen Romantik, bei der weder die Ikonographie des Kindlichen (ebd., S. 174ff.) noch die Schulkritik der „bürgerlichen Gesellschaft" (S. 66ff.) oder die anti-intellektualistischen Optionen für

6 Zentrale Autoren wie WILHELM HEINRICH RIEHL (1823-1897) oder auch HEINRICH VON TREITSCHKE (1834-1896) beherrschen mit nationalromantischen Konzepten einen Grossteil der deutschen Publizistik nach 1848 (Hinweise zu Tradierungen der politischen Romantik in diesen Kreisen finden sich in OELKERS 1991).

„*Muttersprache*" (S. 184ff.) und „*volksthümlichen*" Unterricht (S. 201ff.) fehlen. Vorausgesetzt wird der romantische Organismus, also die ideale Einheit, die Ursprung und Ziel gleichermaßen darstellt. „*Volkserziehung* ist Anerziehung zum Volksthum" (ebd., S. 181). Mit diesem Konzept sind im 19. Jahrhundert vor allem liberale Theorien der Gesellschaft bekämpft worden. Die politische und pädagogische Priorität der „engsten *Gemeinschaft*" nach Innen (GÖRRES 1921, S. 243) sollte gegen westliche Freiheiten (ebd., S. 241f.) durchgesetzt werden.

„Freiheit" *ohne Volk* schien nach der Französischen Revolution[7] die ultimativ *destruktive* Größe zu sein (ebd., S. 199f.); Entwicklung wurde von der Permanenz des inneren Wesens (ebd., S. 200) erwartet, das sich mit dem „deutschen Grundcharakter" identifizieren ließ (ebd., S. 229). Alle diese Formeln sind Bestandteil einer expandierenden nationalpolitischen Publizistik, die nicht immer expliziten Anschluss suchte an die politische Romantik, aber die deren Begriffe und Relationen verwendete, ohne sie durch reale Modernisierungen korrigieren zu müssen. Sie ließen sich im Gegenteil als Beweis anführen, dass die Entfremdung zunimmt und die Pädagogisierung gesteigert werden müsse.

Unterschieden wird Innen und Außen, das Eigene und das Fremde, mit moralischen Oppositionen; die Unterscheidungen lassen sich auf die Staatstheorie übertragen und mit der Psychologie des „Volkes" verbinden; „Volk" und „Gemeinschaft" fungieren gleichermaßen als Zielgrößen und als Handlungsparameter für die Erziehung. Diese Struktur hat jene Bewusstseinsform, die aus der nationalpolitischen Publizistik entstand und sich allmählich als „Reformpädagogik" artikulierte.[8] Dabei ging es immer auch um die *Ästhetisierung* sozialer Modelle: Das Volk soll harmonisch leben, die Nation schön sein; die Konflikte werden vom Organismus des *Ganzen* her betrachtet, das einzig durch ästhetische Anschauung gestiftet werden kann. Keine Realität ist „ganz", aber jede Phantasie kann sie so vorstellen.

Nach ADAM MÜLLER kann die reale Betrachtung der Welt nur Gegensätze zu Tage fördern; sollen die Gegensätze den Betrachter nicht „zerreißen" (Schriften Bd. II/S. 276), dann muss er eine künstliche Synthese schaffen; diese Anschauung der Harmonie im Ganzen ist nur ästhetisch möglich. Die Idee der „Gemeinschaft" ist somit ästhetische Phantasie, die Stilisierung eines schönen Bildes und einer Harmonie, die jeder Wirklichkeit widerspricht und genau darum für die politische Romantik so attraktiv ist. Wer die Vision politisch

7 Dieser Gegensatz ist zentral für alle Autoren der politischen Romantik in Deutschland (vgl. PETER 1985).

8 Das unterscheide ich von Konzepten der *Schulreform*, die mit dem staatlichen Bildungssystem verbunden waren. Sie erhielten publizistische Konkurrenz, die allmählich meinungsbildend wurden. Das lässt sich an den Themen der Zeitschriften nachweisen, etwa der französischen „Revue internationale de l'Enseignement", die vor der Jahrhundertwende die europäische Diskussion über Erziehungsreform dokumentierte.

gebraucht, muss sie aber als nicht nur denkbare, sondern auch mögliche Realität behaupten. Das erklärt die Berührung mit der Volksidee; das werdende Volk, die künftige Einheit, ist dann die *konkrete* Utopie.

Die Romantisierung ist folgenreich: Die sozialen Institutionen werden dem ästhetischen Blick unterworfen; nur so gelingt es, sich eine Vorstellung vom möglichen Ganzen zu machen. Dieses Ganze ist dann die schöne Einheit der Gemeinschaft, der höhere Zusammenhang des Erhabenen als soziale Projektion, die hinter oder über der erfahrbaren Wirklichkeit angenommen wird, um diese zu transzendieren, nicht einfach als Idee, sondern als biologisch-ästhetische Realität. Diese mögliche Realität soll politisch wie pädagogisch hergestellt werden, um die gesellschaftliche Differenzierung und so die Vereinzelung zu überwinden. Die Zukunft wird als soziale Harmonie und gleichermaßen als ästhetische Einheit erwartet, publizistisch verstärkt durch die Idee des „Reiches“ und so der realen Ein- und Abgrenzung des „Volkes“.

An diese zentralen Markierungen nationalpolitischer Kommunikation in Deutschland knüpfte die Reformpädagogik an, als sie die „Gemeinschaft“ in den Mittelpunkt ihrer Zielsetzungen rückte. Dass sie sich dieses Bezugs nicht besonders vergewissert hat, spricht nicht gegen die These; der Bezug lag einfach nahe, als sich Modernitätskritik mit alternativer Pädagogik mischte und die Mischung auf Dauer gestellt wurde. Bei den deutschen Reformpädagogen ist die politische Romantik überall greifbar, weil sie nahezu einhellig in „organischen“ und so zugleich in ästhetischen Kategorien dachten. Auch wenn in verschiedenen Theorien von PAUL GEHEEB bis RUDOLF STEINER *andere* Bezüge gewählt wurden, so behielt die öffentliche Sprache der „neuen Erziehung“ ihren romantischen Grundzug bei. Die moralischen Formeln blieben an Oppositionen der Publizistik gebunden, „Gemeinschaft“ stand gegen „Gesellschaft“, das organische gegen das entfremdete Leben, der Ursprung gegen den Zerfall, Kultur gegen Zivilisation, usw.

Ein Beispiel ist die Publizistik GUSTAV WYNEKENS,[9] der seine Reformpädagogik auf die Formel bringen konnte: „Gemeinschaft ist uns für unsere Erziehung konstitutiv, Individualität nur regulativ“ (WYNEKEN 1922, S. 12). Gemeinschaft ist *innere Ganzheit,* sie ist „Gemeinde“ und so auch Schulgemeinde, die der normalen Institution Schule widerspricht. Die genügt nicht den ästhetischen Anforderungen, sie ist profan, während „Gemeinden“ erhaben sein müssen. Eine pädagogische Gemeinde, so WYNEKEN,

---

9 WYNEKEN hat sich nach seiner Greifswalder Dissertation (*Hegels Kritik Kants*, 1898) oft auf HEGEL bezogen, aber zumindest seine Theorie der *Jugend* ist weit mehr von Elite- und Dekadenztheorien im Anschluss an NIETZSCHE beeinflusst worden. Für WYNEKEN bedeutsam war die Lektüre CARL SPITTELERS besonders im Blick auf das Verhältnis von Individuum und Masse. Die religionsphilosophischen Voraussetzungen WYNEKENS (*Amor dei intellectualis*, 1898; *Die Kirche*, 1901) für das Konzept der Schulgemeinde sind in der Diskussion kaum beachtet worden, stellen aber noch mehr den Abstand zu HEGEL unter Beweis.

lässt sich nicht dadurch herstellen, dass „auf ungefähre Gleichaltrigkeit und gleichen Besitz an Schulwissen" geachtet wird (ebd., S. 12/13). Vorrangig gegenüber Wissen ist der gemeinsame *Geist*, die Schulgemeinde wird so, wie gesagt, zum „Orden" (ebd., S. 17), dem eine „geheiligte Tradition" eigen ist und der einen „Organismus" darstellt. Er dient nicht dem Leben, wie die „mechanische" Schule, „sondern ist selbst Leben" (ebd., S. 14, 15).

Die religiöse Terminologie ist kein Zufall, die Schulgemeinde als Orden ist, der Theorie nach, keine rationale Organisation, sondern eine romantische Gemeinschaft. Wie in der Romantik selbst fehlen die Zucht und die Dogmatik der Kirche, die ersetzt wird durch eine pädagogische Inszenierung des „Geistes". Der „Weg" geht „von innen nach außen" (WYNEKEN 1918, S. 368), er verlangt einen „Organismus" und keine „Organisation", und er realisiert sich in „jeder lebendigen und zeugungskräftigen Verbrüderung im Geist" (ebd.). Gemeinschaft ist auch hier ästhetischer Organismus, die Anschauung oder das Erleben einer schönen und harmonischen Ganzheit, die tatsächlich nur „Geist" sein kann. Jede psychische oder soziale Realität wäre anders.

Die Ästhetisierung gilt für die Schulgemeinde ebenso wie für die größeren sozialen Gebilde. Ganz konsequent ist dann auch vom „Staat" als dem „großen praktischen Bekenntnis der Menschheit zum objektiven Geist" die Rede, der den Egoismus der Menschen beschränkt und darum verehrungswürdig erscheint. Er soll, wie bei den Romantikern das Volk, *geliebt* werden, und die „wirkliche Liebe zum Staate ... zu erzeugen," ist unter dem Stichwort „politische Erziehung" „eine der höchsten Pflichten des Erziehers" (WYNEKEN 1914, S. 111f.). Wie weit dieses Konzept gehen sollte, zeigt zunächst eine Anwendung auf die pädagogische Theorie der Jugend, für die WYNEKEN ja vor allem steht. Auch hier kommt der Gedanke der *höheren Gemeinschaft* zum Tragen, nur dass er sich nicht auf die Schulgemeinde, sondern auf die Jugend insgesamt bezieht. Der Mythos „Jugend" wird als *politisches* Erziehungsprogramm gefasst:

> „Für (die) Jugend muss es gelten, dass es sich jetzt um eine höher gerichtete Arbeit handelt; es gilt, eine neugeartete Generation zu schaffen, es gilt, eine neue Gesinnung in die Menschheit hineinzuleiten, und da darf man sich nicht mit allerlei einzelnen Ausbesserungen begnügen. Wir müssten unsere Hoffnung auf eine solche *neue Gesamtorientierung* der Gesellschaft zu Grabe tragen, wenn wir nicht der Erziehung und der Selbsterziehung der Jugend diese große Aufgabe stellten und jede geringere unerbittlich ablehnten" (WYNEKEN 1919, S. 13).

Bemerkenswert daran ist daran nicht die Politisierungsstrategie selbst, die „neue Erziehung" galt immer der Renovation von Mensch und Welt; interessanter ist die Semantik, die deutlich auf politische Romantik verweist und nicht auf einen Idealismus des Geistes, den WYNEKEN in HEGELS System erkennen wollte. Aber es ist keine Phänomenologie des Geistes, erst recht keine

Philosophie der Institutionen, auf die sich die Emphase für die Jugend bezieht. WYNEKEN thematisiert nichts Geringeres als den „Kampf ums Ganze," der aus dem „Wesen der Jugend" folge, ein Gedanke, der HEGEL mehr als fremd gewesen wäre. Aus dem reinen Tatbestand der „Jugend" soll folgen, „dass sie aufs Letzte und Unbedingte" gehe (ebd.). „An Unbedingtes zu glauben und Unbedingtes zu wollen, das ist geradezu die Eigenart des jugendlichen Geistes" (ebd.). Das sagte WYNEKEN im Oktober 1913 in der Pädagogischen Abteilung der Münchner Freien Studentenschaft; ein Jahr später hielt er an gleicher Stelle seine bereits erwähnte Kriegsrede[10] und konkretisierte darin, was mit den zitierten Sätzen gemeint war.

Jugend wird zum Instrument der werdenden Gemeinschaft, das zunächst vage und visionär bestimmte „Ganze" (ebd.), das sich im August 1914 zu konstituieren schien.[11] Aber WYNEKEN tat mehr, als nur einem zeitbedingten Chauvinismus Ausdruck zu verleihen; er redete einer *höchsten* Ganzheit das Wort, einer ästhetischen Phantasmagorie, die als Wesensphilosophie im Gestus des *Führers* verkündet wurde. Dem Zug der Jugend in den Krieg sollte die Weihe verliehen werden, und was dabei kryptoreligiös klang, war ästhetisch vorgestellt: Die „unfassbare, übermenschliche, fast übernatürliche Wesenheit" Volk (WYNEKEN 1915, S. 12) war der schöne Organismus der politischen Romantik, das erhabene Heilige, für das es sich lohne, in den Krieg zu ziehen.[12] Es ist dann auch konsequent, den Krieg als den eigentlichen Erzieher des Volkes anzusehen.[13]

Als „Organismus" gedacht, legt die Gemeinschaft ästhetische Figurationen nahe, die mit erwartbaren Wirklichkeiten gleichgesetzt werden. Das lässt

---

10 Deretwegen WALTER BENJAMIN mit seinem Lehrer WYNEKEN brach. BENJAMIN war von 1904 an zwei Jahre lang Schüler im Landerziehungsheim Haubinda, wo WYNEKEN unter anderem Deutsch und Philosophie unterrichtete. In seiner Freiburger Studienzeit hatte BENJAMIN noch verschiedentlich Kontakt mit WYNEKEN, bevor er sich mit dem berühmten Brief vom März 1915 von ihm lossagte (Details in BRODERSEN 1990, S. 33ff., 49ff., 83ff.).

11 Die „Ideen von 1914" sind vielfältig und mit hohem Aufwand an Großmachtphantasien der „Volksgemeinschaft" publiziert worden.

12 Ähnlich argumentierte auch EDUARD SPRANGER (1916, S. 31): Das „letzte Ziel" der Jugenderziehung sei die nationale Einheit. Bereits vorher hatte SPRANGER (1914) in der Zeitschrift „Der Säemann", dem Publikationsorgan der Schulreformer, einen Aufruf „An die Jugend" veröffentlicht, der die Tugend des Krieges rechtfertigte. „*Es gibt etwas, wofür man sterben kann!*", nämlich „*das deutsche Vaterland*". Dafür lohne jedes Opfer und alles Leid. „Ohne Leid ist kein Leben; der Krieg bringt es nur verbreiteter und gehäufter" (ebd., S. 386, 387).

13 Im Februar 1915 veröffentlichte die Redaktion des „Säemann" Stellungnahmen von PAUL NATORP, FRIEDRICH VON DER LEYEN, JULIUS ZIEHEN, GEORG KERSCHENSTEINER und EDUARD SPRANGER, die diese Konsequenz unterstrichen. KERSCHENSTEINER schreibt etwa: „Was guter Stahl ist, wird immer besser, je mehr er gehämmert wird. Was in unserem Volke an moralischer Tüchtigkeit lebt, hat die Not der Zeit wie mit einem Schlag zur Entfaltung gebracht. Was die Bemühungen um staatsbürgerliche Erziehung während der Friedensarbeit und in ihr scheinbar nicht vermochten, hat die Überzahl unserer Feinde mit einem Schlage über Nacht zustande gebracht."

sich an WYNEKENS zentralem Begriff der „Jugendkultur" zeigen: „Kultur ist ... eine *Einheit*, ein einheitliches *Empfinden*, ein *Stil*, ein gemeinsamer Instinkt, der sich *schöpferisch* äußert, und das verstehen wir auch unter der Jugendkultur" (WYNEKEN 1919, S. 15; Hervorhebungen J.O.). Die Jugendkultur ist nicht einfach Programm, sondern „leistet den Dienst einer Idee" (ebd., S. 16), die sich konkretisiert in der „Empörung" des jugendlichen Geistes (ebd.) gegen die Zustände der Welt, soweit sie dem „Wesen" der Jugend, an ein Unbedingtes zu glauben, widersprechen. Daher kann WYNEKEN von der *„leidenschaftlichen Sehnsucht"* nach dem ganz Anderen sprechen, die aber nicht als *„revolutionärer Anarchismus"* Wirklichkeit werden soll, sondern als ästhetische Bildung, ganz so, wie es die politische Romantik gesehen hatte. In der Leidenschaft der Jugend, schrieb WYNEKEN 1913, drückt sich *„der Wille zu neuem Gesetz, neuen Formen, neuen Führern"* aus (ebd., S. 17).

Noch der greise WYNEKEN[14] spricht von der „Rückkehr zur naturgegebenen Einheit," projiziert auf die Menschheit insgesamt, aber nach wie vor gedacht in Formen der „Gemeinschaft und Solidarität" (WYNEKEN 1965, S. 59, 61). Erziehung ist *„Formung* des Menschen im Sinne einer Weltanschauung" (WYNEKEN 1948, S. 37; Hervorhebung J.O.), und die gibt vor, dass es darum zu tun sei, die „Differenzierung" der Gesellschaft, damit ihre Entfremdung (WYNEKEN 1965, S. 61) und so sie selbst, aufzuheben. Das hat seinen Preis, die Negation einer autonomen Vernunft, die Mythisierung der Religion und nicht zuletzt die Aufhebung der Differenz zwischen der ästhetischen und der biologischen Gemeinschaft. 1947 beschreibt WYNEKEN die Zukunft der Menschheit als „Entscheidungsschlacht" der Rassen, und er ist in seiner Option unmissverständlich: „Wir wünschen die Weltherrschaft der weißen Rasse" (WYNEKEN 1947, S. 141).[15]

Die *Ungleichheit* der Rassen war das zentrale Thema der biologischen Pädagogik seit GOBINEAU. Vorausgesetzt wurde die intellektuelle Ungleichheit zwischen der „weißen" und anderen „Rassen", eine These, die etwa in der Literatur des Kolonialismus immer wieder und sehr stereotyp vertreten wurde. Gefolgert wurde daraus, dass die Menschheit sich nicht perfektio-

---

14 GUSTAV WYNEKEN (1875-1964) versuchte, nach dem Zweiten Weltkrieg politisch wie kulturell neu Fuss zu fassen, etwa indem er sich vergeblich der englischen Besatzungsmacht 1945 oder der neuen niedersächsischen Landesregierung 1946 anbot, beim Wiederaufbau des Schulsystems mitzuwirken. 1945 war er ganz kurzfristig zum Schulleiter der *Freien Schulgemeinde Wickersdorf* berufen worden, übte dieses Amt aber nur wenige Wochen aus. WYNEKEN lebte bis 1964 von seiner Publizistik und seiner Vortragstätigkeit (KUPFFER 1970).

15 Das Zitat ist entnommen der Schrift *Weltanschauung*, von der 1940 eine erste Auflage erschienen war. Im Vorwort der zweiten Auflage merkt WYNEKEN (1947, S. 7) an, das Buch sei zwischen 1934 und 1936 entstanden; die Herausgabe einer zweiten Auflage sei durch den Nationalsozialismus untersagt worden (ebd.) und habe bis 1947 warten müssen. Die „Weltanschauung" selbst sei durch „jene fürchterlichen zwölf Jahre, auf die wir schaudernd zurückblicken" (ebd.), nicht berührt gewesen.

nieren lasse,[16] was den Schluss nahe legte, bestimmte Rassen seien aus Gründen ihrer biologischen Konstitution anderen überlegen. Zusammen mit dem „völkischen" Denken liegt hier eine zweite Konkretion der Vorstellung von „Gemeinschaft," die sich an vielen Stellen der reformpädagogischen Diskussion nachweisen lässt.[17] Die „natürlichen Grundlagen" der sozialen Ordnung waren nicht nur „Volk," sondern zugleich Volk und Rasse (AMMON 1895), oft ungeschieden und vermischt in mehr oder weniger diffusen Erwartungen an die sich neu konstituierende Einheit der Gemeinschaft.

Nun ist es ein besonderer Test auf das politische Verhältnis von „Gemeinschaft" und „Erziehung," wenn reformpädagogische Konzepte untersucht werden, die dezidiert *nicht* von „völkischen" oder „rassebiologischen", sondern von sozialistischen Prämissen ausgingen. Es sei „selbstredend", befand etwa OTTO FELIX KANITZ (1922, S. VI/2),[18] dass die neue sozialistische nur eine „*Gemeinschaftserziehung*" sein könne. Einzig durch die „konsequente Gemeinschaftserziehung" sei es möglich, den Egoismus zu überwinden und das Kind dem neuen „Ganzen" zuzuführen (ebd., S. VI/4). Auch der Hinweis auf die „letzten kosmischen Ziele der Menschheit" fehlt nicht, wenn Erziehung im Blick auf die „neue, wohlorganisierte, sozialistische Gesellschaft" begründet wird (ebd., S. VI/24). Auch hier wartet ein Kollektiv, auf das die Erziehung vorbereiten soll, nur dass eine geschichtliche und nicht eine biologische Superiorität (die der Klasse) vorausgesetzt ist und am Ende eine universelle Harmonie und nicht eine Hegenomie (der Rasse) erwartet wird.

Die „Zukunftsschule," schrieb SIEGFRIED KAWERAU (1921, S. 268)[19] am Ende seiner *Soziologischen Pädagogik*, einem Manifest religiösen Sozialismus, „soll zur Gemeinschaft führen", *nicht* zur Gesellschaft, die mit „Wirtschaftsorganisation" gleichgesetzt wird. Sie bildet das feindliche Gegenüber

---

16 GOBINEAUS *Essai sur l'inégalité des races humaines* erschien 1853 in den ersten drei Büchern und war 1855 abgeschlossen. Im Kapitel XIII des ersten Buches wird die *intellektuelle Ungleichheit* der menschlichen Rassen begründet und ein weitreichender Schluss nahegelegt: „L'humanité n'est pas perfectible à l'infini".

17 Das gilt dann, wenn man die öffentliche Publizistik und so die allgemeine Diskussion über Erziehungsreform in Rechnung stellt. Ansichten über „deutsche Rassenpolitik und die Erziehung zu nationalem Ehrgefühl" (MEINHOLD 1908) sind dann keineswegs Außenseitermeinungen.

18 OTTO FELIX KANITZ (1894-1940) stammte aus einer jüdischen Familie in Wien und wuchs in einem katholischen Waisenhaus auf. Während seiner Lehrzeit als Installateur bekam er Kontakt mit der sozialistischen Lehrlingsbewegung und war von 1910 an bei den österreichischen Kinderfreunden tätig. 1919 gründete KANITZ die erste sozialistische Kinderrepublik (ein Sommerlager) in Gmünd. In den zwanziger Jahren war er als Funktionär der „Sozialistischen Arbeiterjugend" sowie als Redakteur der Zeitschrift „Der jugendliche Arbeiter" tätig. 1932 wurde KANITZ für die Sozialdemokratie in den österreichischen Bundesrat gewählt. Er starb 1940 im Konzentrationslager Buchenwald.

19 SIEGFRIED KAWERAU (1886-1936) war Gymnasiallehrer in Berlin und Mitbegründer des „Bundes Entschiedener Schulreformer". Er starb am 17. Dezember 1936 als Opfer des Nationalsozialismus in einem Gefängnis in Stettin.

der neuen Erziehung. Gemeinschaft ist allseitige Verbundenheit („Menschenorganisation“), die Erziehung anstreben soll oder muss. Der Weg zu dieser sozialen Harmonie wird so beschrieben:

> „Indem sich eine größere Zahl von Gemeinschaften um führende Menschen – Erzieher und Jugendliche – bilden, indem diese Gemeinschaften an dem Gesamtwerk der ganzen Schule, in der Schulgemeinde arbeiten – erwächst die Zukunftsschule zur großen Erziehungsgemeinschaft ... Und langsam werden sich die Kräfte breiten: zur Volksgemeinschaft, zur Menschheitsgemeinschaft ... Im Rahmen solcher Gemeinschaften werden sich Persönlichkeiten entwickeln, genährt von kosmischen Kräften“ (ebd., S. 268/269).

Die „Erziehungsfrage“ ist wesentlich eines des sozialen Zusammenhangs (SIEMSEN 1926, S. 199) oder der Gemeinschaft, in die „junge Menschen“ eingegliedert werden müssen (ebd., S. 213). Sozialistische Pädagogik ist „praktische Gemeinschaftserziehung“ (ebd., S. 214), „die Gemeinschaft muss der Anfang sein“ (OESTREICH 1923, S. 148), aus ihr geht alles andere hervor. „Das Ziel der Schulreform für alle Teile des Volkes, für alle Schulen, ist die in die Menschheit sich einfügende lebendige Volksgemeinschaft“ (ebd., S. 149). Über die Arbeitsschule entsteht die „neue Kultur“ *als* und *im* „Zeit- und Volksorganismus“ (HILKER 1922a, S. 6). Die künftigen „Lebensstätten“ der Jugend sind „*Gemeinschaftsschulen*“ (PAULSEN 1922, S. 511), und dies ungeteilt: „*Ein* Reich, *eine* Schule, *ein* Volk!“ (RIEDEL 1927, S. 446).

Die politische Erziehung *zur Gemeinschaft* muss mit einer bestimmten Suggestion versehen sein, wenn sie in entgegengesetzten weltanschaulichen Lagern auftreten und in bestimmter Hinsicht identisch verwendet werden kann. Die theoretischen Unterschiede werden durch eine gemeinsame Sprache überdeckt, deren Formelbestand eine *unité de doctrine* enthält, den Glaubenssatz, dass Erziehung auf echte Sozietät verpflichtet werden muss. Die Überzeugungskraft der „Gemeinschaft“ ergibt sich aus den romantischen Voraussetzungen des Konzepts: Es vereint Pädagogik und Politik, die wie zwei Seiten der *einen* sozialen Entwicklung erscheinen können. „Gemeinschaft“ ist Ziel und Prozess gleichermaßen, das Kleine antizipiert das Grosse, das Nahe das Ferne und jedermann ist beteiligt.

„Gemeinschaft“ motiviert und mobilisiert gleichermaßen, sie ist das große Innen, an dessen Grenzen sich Zugehörigkeit und Fremdheit entscheiden. Die Aufhebung der Fremdheit nach Innen machte das Faszinosum der Gemeinschaftspädagogik aus. Sie konnte Erziehung ohne Verlust denken: Alle Energie richtete sich auf die Sozietät, aber nicht die reale, sondern die pädagogisch vorgestellte, die als „echt“ propagiert wurde und somit in Gegensatz zur uneinheitlichen Realität geriet. An dieser Realität konnte man nur leiden, aber während der Mythos des leidenden Kindes die Erziehung individualisierte, konnte die Idee der werdenden Gemeinschaft politische Kräfte freisetzen.

„Volk“ und „Nation“ waren nun ständige Aufgaben der Erziehung, die in der Entwicklung zur „wahren“ oder „echten“ Gemeinschaft ihren politischen Rahmen fanden. Sie sind nicht mehr an der kosmopolitischen Idee des menschlich Allgemeinen orientiert, sondern verengen sich auf den konkreten Lebensraum hin. Beides wird zum folgenreichen politischen Schlagwort: „Konkret“ steht für unmittelbar, echt und lebendig, „Lebensraum“ für kollektive Identität, die sich sozialgeographisch definieren lässt.

Gemeinschaft gerät so nicht zufällig an die Spitze der pädagogischen Reflexion: Der Begriff „konkretisiert“ Volk und Nation, nicht empirisch, wohl aber konzeptionell. Mit der Idee der Gemeinschaft kann an eine „unmittelbare“ soziale Verbindlichkeit gedacht werden, die es erlaubt, die Erziehung der „Persönlichkeit“ von den Anforderungen der Gemeinschaft aus zu bestimmen, ohne der gesellschaftlichen Entfremdung das Wort reden zu müssen. Das verlangt nationalpolitische Zielsetzungen (GURLITT 1909, S. 135), weil ansonsten die Grenzen des „Konkreten“ verschwimmen. Gemeinschaft kann nicht alle betreffen, was sie aber umschließt, muss identische Merkmale haben, solche des „Volkes,“ der „Rasse“ oder der richtigen „Partei“. Genau darum aber ist „Gemeinschaft“ ein totalitäres Konzept, es erlaubt keine Differenzen; die Persönlichkeit des Kindes kann dagegen nur *als* Differenz gedacht werden.

Nicht nur in Deutschland oszillierte die Reformpädagogik um die beiden Pole „Kind“ und „Gemeinschaft“: Einerseits war die Unterscheidung der „neuen“ von der „alten“ Erziehung definiert durch ein liberales Verständnis der kindlichen Entwicklung, andererseits verknüpfte sich die neue Erziehung politisch mit Konzeptionen der Gemeinschaft, die nicht auf gleiche Weise liberal gedacht waren. Das Verhältnis von Demokratie und Erziehung – DEWEYS Manifest von 1916 – spielte in der europäischen Reformpädagogik nach dem Ersten Weltkrieg eine geringe Rolle, betrachtet man die politischen Konzeptionen und die damit verbundenen Aspirationen gesellschaftlichen Wandels. Von *offenen* Gesellschaften ist kaum die Rede, dafür umso mehr von Kulturkritik und Zerfallserfahrungen, die nach pädagogischen Wenden verlangen.

Daher beriefen sich auch liberale Schulreformer wie ADOLF GRIMME (1930, S. 299ff.) auf LAGARDE und NIETZSCHE, obwohl ihr politischer Kontext ein ganz anderer war und Schulentwicklung am Ende der Weimarer Republik kaum mehr als Überwindung kultureller Dekadenz betrachtet werden konnte.[20] Auch auf dieser Linie der Dogmengeschichte übertrugen

20 ADOLF GRIMMES (1889-1963) Forum war der religiöse Sozialismus, der für eine frühe Affinität zu PAUL OESTREICHS Gruppe der „Entschiedenen Schulreformer“ sorgte. Die christlich-soziale Philosophie GRIMMES (etwa beschrieben in *Der religiöse Mensch* von 1922) hatte deutlich romantische Wurzeln. Nicht zufällig beschrieb GRIMME 1947 das „Wesen der Romantik“. Der zentrale Begriff des „freien Volkes“ auf „freiem Grund“ hat diesen Ursprung.

sich Diskussionsformeln, die ihren Ursprung verloren und kontextfrei verwendet wurden. „Gemeinschaft" war der Kern dieses Gesinnungsstoffes, der kaum auf Kritik stieß und wie selbstverständlich gebraucht wurde. Gedacht wurde eine große, harmonische Bruderschaft, auf die durch die neue Erziehung vorbereitet werden sollte, ohne dass zwischen eigensinniger Persönlichkeit und sozialer Ordnung ein Widerspruch angenommen wurde. Die Gegensätze wurden pädagogisch aufgelöst, durch Verlagerung in eine Zukunft, die die Erziehung bestimmen würde.

Die ideologische Auseinandersetzung, zumal nach dem Ersten Weltkrieg, war geprägt durch die starke Vision einer allgemeinen *Krise* der modernen Gesellschaft, die durch den Hauptgaranten der Rationalität, die Wissenschaft, ausgelöst worden sei (SPANN 1929, S. 37).[21] Damit verbunden war oft die Vorstellung einer zunehmenden Trennung zwischen „Kultur" und „Zivilisation" und die Prophetie des kommenden Untergangs, einhergehend mit Visionen innerweltlicher Erlösung. Wo von der Wiedergeburt der „Seele" gesprochen wurde, da kam leicht OSWALD SPENGLERS Version des „Faustischen" ins Spiel, eine Relativierung vor allem der christlichen Wertüberzeugungen, die Atavismus und Ressentiment nahe legte[22] und auf diesem Wege einer strikt antiliberalen Erziehung das Wort redete, die nach 1933 die Weimarer Reformpädagogik liquidierte.

Grundlegend dafür ist eine politische Instrumentierung, die die Dialektik von Individuum und Gemeinschaft aufgibt und Erziehung rein funktional versteht. Erziehung ist die Funktion einer *total* gedachten Politik, wie etwa HANS FREYER[23] dargelegt hat: Die Idee der Volksgemeinschaft hebt jeden

---

21 Von „Kulturkrise" ist auch in der linken Pädagogik die Rede, etwa in Leitsätzen, die PAUL HONIGSHEIM einer Tagung „Der neue Lehrer (Lehrerbildung)" vorlegte, welche vom 30. September bis 4. Oktober 1925 in Berlin-Schöneberg stattfand und vom „Bund Entschiedener Schulreformer" organisiert wurde (HONIGSHEIM 1925).

22 OSWALD SPENGLER (1880-1936) hat *Kultur* und *Zivilisation* getrennt und zwar als Gegensatz von Organismus und Mechanismus. „Der Kulturmensch lebt nach innen, der zivilisierte Mensch nach außen, im Raume, unter Körpern und ‚Tatsachen'. Was der eine als Schicksal fühlt, versteht der andere als Zusammenhang von Ursache und Wirkung" (SPENGLER 1973, Bd. I/S. 450f.). *Schicksalsidee* steht gegen *Kausalitätsprinzip* (ebd., S. 152ff.). Die faustische Seele (ebd., S. 238ff.) kämpft mit dem Schicksal, aber in heroischer Einsamkeit. In der *„faustischen Religion"* erscheint „das *eine, unendliche* Opfer, das sich überall und täglich wiederholt" (ebd., S. 239). „Seele" ist nicht persönlich, sondern eingebunden in den Kreislauf des Schicksals.

23 HANS FREYER (1887-1969) promovierte 1911 im Fach Philosophie und war danach drei Jahre lang Lehrer an der *Freien Schulgemeinde Wickersdorf*. Nach der Teilnahme am Ersten Weltkrieg habilitierte sich FREYER 1920 in Leipzig und wurde 1922 auf einen Philosophielehrstuhl nach Kiel berufen. Er war von 1925 bis 1948 ordentlicher Professor für Soziologie an der Universität Leipzig, unterbrochen durch eine langjährige Gastprofessur an der Universität Budapest. FREYER wurde 1948 wegen seiner starken Affinität zum Nationalsozialismus entlassen, erhielt aber 1955, vermittelt durch seinen Schüler HELMUT SCHELSKY (1912-1984), eine Gastprofessur in Münster.

Gedanken an eine persönliche Emanzipation auf und macht Freiheit abhängig von dem „konkreten Gemeinwillen" des Volkes (FREYER 1931, S. 65ff.). Das Volk oder die „konkrete" historische Gemeinschaft wird zum „kategorischen Imperativ" (ebd., S. 64) der Erziehung, die auf diese Weise nicht nur total, sondern diktatorisch wird (ebd., S. 70f.). Der „konkrete" Mensch wird eingereiht in die „geschichtliche Front des Volks" (ebd., S. 71), das nunmehr als die eigentliche Erziehungsmacht erscheinen kann. Nur dieser Macht kommt dann pädagogische Realität zu.

Dieses Konzept hat historische Wurzeln, die selten beachtet worden sind. Wer die Freiheit des Subjekts negiert zugunsten eines „höheren Ganzen," muss zugleich die Psychologie der Individualseele leugnen, die die Grundlage der christlichen und der humanistischen Ethik gewesen ist. An ihre Stelle tritt eine „monistische" Theorie, die vor allem ERNST HAECKEL[24] befördert hat. HAECKEL bestritt die logische und empirische Autonomie der Psyche und eröffnete den Weg für eine *physikalische* Seelenlehre (HAECKEL 1908, S. 44ff.). Sie beschreibt inneres „Leben" als Verhältnis von Zellen und Organismus (HAECKEL 1877, S. 13) und versteht „Beseelung" als mechanische Bewegung von Zellen (ebd., S. 12). Die Konsequenz dieser Lehre ist ein humanitätsfreies Universum, in dem alle Erscheinungen physikalisch oder biologisch erklärten werden können (HAECKEL 1908, S. 45). Ein autonomes Problem der Moral und so der Erziehung besteht dann nicht mehr.

Trotz verschiedener Berührungen mit Sozialbiologie und Eugenik[25] schloss die Reformpädagogik mehrheitlich hier *nicht* an; sie musste das Verhältnis von Individuum und Gemeinschaft in irgendeiner Balance halten, die mit dem neuen Bild des Kindes kompatibel war. Als „neue Erziehung" ließ sich nicht einfach eine formative Diktatur bezeichnen, die einzig *sich* als „konkrete" Erziehungswirklichkeit betrachtet. Der Gemeinschaftsbezug hat einen individuellen Vorbehalt, die in der pädagogischen „Revolution von rechts" preisgegeben wird. Sie akzeptierte nur noch monistische Sichtweisen, „Volk" und „Gemeinschaft" sind totale politische Körper, deren „Zellen" nicht mehr als Individuen betrachtet werden. In diesem Sinne sind alle totalitären Er-

24 HAECKEL hatte sich am 19. September 1863 auf der 38. Versammlung der Vereinigung Deutscher Naturforscher und Ärzte für den Darwinismus eingesetzt, entwickelte selbst aber keine Theorie der natürlichen Evolution, sondern eine allgemeine Morphologie, für die die Einheit von anorganischen und organischen Formen grundlegend war. Die traditionelle philosophische Entgegensetzung von „Geist" und Materie" wollte HAECKEL im „Monismus" aufgehoben wissen. Grundlegend für den „Monismus" war die *Natürliche Schöpfungsgeschichte* von 1868.

25 Spuren dieser Auseinandersetzung gibt es von ELLEN KEY bis ADOLPHE FERRIÈRE (vgl. REYER 2004).

ziehungstheorien der zwanziger und dreißiger Jahre *monistisch*, auch da, wo sie zu HAECKELS Begründungen nur noch indirekte Beziehungen hatten.[26]

Die Zukunft wird als *eine* grosse Bewegung erwartet, als *totale Mobilmachung*, die ERNST JÜNGER[27] 1930 als Konsequenz der Kriegserfahrung postulierte. Begründet wird dies mit dem monistischen Satz der „wachsenden Umsetzung des Lebens in Energie", welche den „Gehalt aller Bindungen" zugunsten der „Beweglichkeit flüchtiger und flüchtiger" werden lässt (JÜNGER 1930, S. 13). Technischer, kultureller und mentaler Wandel, so JÜNGER, spielen zusammen, Politik und Erziehung können sich nicht mehr an Traditionen orientieren, sondern lösen sich in *Bewegungen* auf.

> „Die Abstraktheit, also auch die Grausamkeit aller menschlichen Verhältnisse nimmt ununterbrochen zu. Der Patriotismus wird durch einen modernen, stark mit Bewusstseinselementen durchsetzten Nationalismus abgelöst. Im *Faschismus*, im *Bolschewismus*, im *Amerikanismus*, im *Zionismus*, in den *Bewegungen der farbigen Völker* setzt der Fortschritt zu Vorstößen an, die man bisher für undenkbar gehalten hätte, er überschlägt sich gleichsam, um nach einem Zirkel der künstlichen Dialektik seine Bewegung auf einer sehr einfachen Ebene fortzusetzen. Er beginnt sich die Völker zu unterstellen in Formen, die von denen eines *absoluten Regimes* bereits wenig unterschieden sind. An vielen Stellen ist die humanitäre Maske fast abgetragen... Gleichzeitig nimmt die Schätzung der Massen zu ... Der Fluss sehr beziehungsloser Massen von Individuen und der Fluss von Massen ebenso beziehungslosen Geldes setzen die gleiche Abstraktheit der Haltung voraus" (ebd., S. 27; Hervorhebungen J.O.).

In allen totalitären Regimen der dreißiger Jahre wird „Gemeinschaft" zur ästhetischen Inszenierung romantischer Mythen,[28] die formative Kraft entfalten.

---

26 DANIEL GASMAN (1971) hat den politischen Einfluss des Monismus auf so unterschiedliche Strömungen wie den Marxismus, die eugenische Bewegung und den Nationalsozialismus beschrieben. HAECKELS Monistenbund (gegründet am 11. Januar 1906 von seinen Schülern) vereinte tatsächlich ein großes Spektrum der rechten Intelligenz und hatte Einfluss weit darüber hinaus, auf GERHART HAUPTMANN ebenso wie auf EUGEN DIEDERICHS oder den Berliner Wandervogel (GASMAN 1971, S. 154ff.). Einer der Mitbegründer des Monistenbundes war GEORG HIRTH; er widmete in seiner Zeitschrift „Jugend" das Heft 8 (1904) dem 70. Geburtstag von HAECKEL, ein Indiz für die Verklärung des Monismus im pädagogischen Umfeld. HAECKELS antisemitische Tendenzen fanden ihren Ausdruck in einem Interview mit HERMANN BAHR (1894, S. 62-69) und gehen auch in HAECKELS berühmte *Welträtsel* ein, die populärwissenschaftliche Darstellung seiner Lehre. Das Buch, 1889 veröffentlicht, löste große Diskussionen aus und erreichte eine Auflage von über 240'000 Exemplaren.

27 ERNST JÜNGER (1895-1998) war zu diesem Zeitpunkt als freier Schriftsteller in Berlin tätig. Er war von 1911 an Mitglied des Wandervogels, nahm als Freiwilliger am Ersten Weltkrieg teil und studierte mach seinem Ausscheiden aus der Reichswehr (1923) Zoologie und Philosophie in Berlin und Neapel.

28 Kollektive Mythen sind im 19. Jahrhundert in allen Nationalstaatlichen pädagogisch gewendet worden (für Frankreich etwa: CHRISTADLER 1991). „Völker" ließen sich

Gemeinschaft und der Glaube an sie sind keine trennscharfen Größen mehr, ebenso wenig wie sich noch zwischen Erziehung und Politik unterscheiden lässt, wenn Entwicklung als totale *Bewegung* verstanden wird.

Es geht dann nicht mehr um die „*natürlichen Entwicklungsgesetze des Kindes*" und die moralische Vorbereitung auf das Leben (FERRIÈRE 1912, S. 12ff., 22), sondern um technisch-mentale Mobilisierungen, die noch die biologische Metapher der „Volksseele" oder des „Nationalgeistes" (HAECKEL 1878, S. 55f.) fraglich werden ließ. Faschismus und Bolschewismus sind keine beseelten „Ameisenstaaten" (ebd., S. 55), sondern bewegliche Organisationen, die die Ortsbindung verlieren und eine destruktive Mobilität entfalten. „Volk" und „Klasse" gewinnen ästhetische Gewalt, Gemeinschaft wird, entgegen der Theorien, zur künstlichen Identität. JÜNGERS Pädagogik beschreibt *diesen* Zusammenhang:

> „Kein anderes Zeichen dieser Zeit ist mehr zu begrüßen, als dass die deutsche Jugend sich der symbolischen Erscheinung des Frontsoldaten als ihrem Vorbilde zuzuwenden beginnt. Hier wird ihr, unter den flüchtigen Gebilden, die uns umringen und hinter den lackierten Fassaden der Zivilisation eine Größe begegnen, die *mythische* Masse besitzt" (JÜNGER 1930, S. 29).[29]

So entsteht, was HAECKEL (1877, S. 14) die „*Einheit* der *Weltanschauung*" nannte, nur dass dafür wissenschaftliche Begründungen nicht mehr notwendig erscheinen.[30] Der Monismus wird auf seinen Kern reduziert, die Mythisierung von „Einheit", die sich empirischer Beschreibung entzieht. Politische Wirklichkeiten in den dreißiger Jahren sind *Gulags* und *Lager*, sie beruhen auf einem Vernichtungswillen, der sich nur in ästhetischen Bewegungen moralfrei artikulieren kann. Die Welt*anschauung* ist hier die eigentliche Einheit

---

von den Mythen ihres Ursprungs und ihrer Besonderheit unterscheiden, während die „Bewegungen" der zwanziger und dreißiger Jahre ihre *Ziele* und *Aggressionen* mythisieren müssen. Dazu eignen sich die romantischen Unterscheidungen von „Innen" und „Außen" oder des „Eigenen" und des „Fremden".

29 JÜNGER (1930, S. 29) leitet diese pädagogische Schlussfolgerung seiner „totalen Mobilmachung" mit einem Zitat von BACHOFEN ein. BACHOFENS spätromantische Mythologie ist von größtem Einfluss auf die rechtskonservative Konstruktionen der Geschichte von SPENGLER bis JÜNGER. ALFRED BÄUMLERS Kommentar zur BACHOFEN-Auswahl von MANFRED SCHRÖTER („Der Mythos von Orient und Okzident", 1926) ist dafür eine maßgebende Quelle.

30 Das hat schon RUDOLF VIRCHOW in seinem berühmten Disput mit HAECKEL gesehen. HAECKELS Eröffnungsrede der 50. Versammlung Deutscher Naturforscher und Ärzte (18. September 1877), die das Programm des Monismus enthielt (HAECKEL 1877), hatte VIRCHOWS entschiedenen Widerspruch hervorgerufen (VIRCHOW 1877). Im Kern ging es um die Konsequenzen eines monistischen Darwinismus für die Definition von Ethik und Erziehung. VIRCHOW warnte vor dem Monopolanspruch des Monismus und kritisierte den Vorschlag HAECKELS, die Deszendenztheorie (DARWINS) zur Grundlage des Schulunterrichts zu machen (KELLY 1981, S. 57ff.).

der Welt, eine radikal beschränkte Perspektive, die für die eigene Stimmigkeit die Tabus der Gewalt überwindet. Die Energie ist die Rechtfertigung, vorausgesetzt das „Ganze“ der Bewegung ist überzeugend inszeniert und die Inszenierung dauert lange genug. Das Fremde ist dann nicht mehr seinerseits Teil einer Gemeinschaft, sondern es gehört der falschen Bewegung an. Es wird nicht mehr nur ausgeschlossen, sondern definiert das Objekt der Vernichtung. Moral und Erziehung sind funktional gegenüber der Weltanschauung, die außerhalb ihrer Inszenierung von Gemeinschaft keine universellen Prinzipien mehr kennt. Recht *ist* „Gemeinschaft“.

HITLERS *Mein Kampf* bildet dieses Denken ab und formuliert seine verheerendste Fassung: Das richtige Ganze der Zukunft ist die „Volksgemeinschaft“; sie wird ästhetisch gedacht, nämlich in Begriffen des „menschlich Schönen und Erhabenen,“ und zugleich biologisch konzipiert. Die Organisation dieses Ganzen soll lebendig und nicht mechanisch sein, doch der biologische Organismus erscheint als Kunstform, die um ihrer selbst willen geliebt werden muss (HITLER 1942, S. 420ff., 492ff.). Alle totalitären Systeme des 20. Jahrhunderts basieren auf Ersatzreligionen und gehen mit einer Ästhetisierung des Politischen einher. Sie soll die Gefühle des Schönen und des Erhabenen an eine Symbolwelt binden und somit die Synthesen des Ganzen in der Phantasie herstellen, nachdem die soziale Wirklichkeit längst keine Einheit mehr darstellen kann. Ein Grund für die Faszinationskraft der politischen Erziehung zur Volksgemeinschaft liegt hier, in der ästhetischen Inszenierung von „Ganzheit“ und der Bindung sozialer Gefühle an eine okkasionell überzeugende Symbolwelt.

Politische Erziehung ist nicht nur, wie ERNST KRIECK (1933) glauben machen wollte, eine „soziale Funktion“. Sie muss die Faszinierung der Bewegung spiegeln und für sich Enthusiasmus erzeugen. Das gelingt nur, wenn sie als treibende Kraft erscheint, die vollendet, was sich nicht selbst vollenden kann, nämlich die politische Revolution. Faschistische und bolschewistische Erziehung sind Garanten der Revolution und sorgen zugleich für deren Dynamik, weil die neue Gesellschaft mythisch zusammengehalten werden muss. Sie ist Organisation und Glaube gleichermaßen, die für öffentliche Vernunft keinen Platz mehr hat. Das zentrale Problem der Erziehung besteht dann darin, die Weltanschauung immun zu halten. Die Toleranz nach Innen wird ebenso beschränkt wie nach Außen, zugleich müssen die inneren Verhältnisse gegenüber allen Außenverhältnissen als überlegen hingestellt werden. Die beste aller Welt ist auf dem Weg, und das erklärt, warum Erziehung nicht mehr von Propaganda unterschieden werden kann und darf.

Aber keine Erziehung vollendet wirklich eine politische Bewegung, sie kann immer nur so erscheinen. Als Teil einer „Bewegung“ ist die Erziehung an die Endlichkeit des Charismas gebunden, ihr könnte selbst nichts heilig sein – was auf den Mythos des Kindes ein neues Licht wirft. Er muss der „werdenden Gemeinschaft“ auch widerstehen können, die als Phantasie beliebig politisierbar gewesen ist. Jede politische Inszenierung nutzt sich ab, gerade *als* Erziehungsmittel, aber eine innere Abnutzung würde der politischen Pädagogik widersprechen. Sie muss Verbesserung auf Dauer versprechen und das verlangt einen Zugriff nicht auf Realitäten, sondern auf Visionen von Erziehung. In der deutschen Reformpädagogik ist „Gemeinschaft" dafür das Schibboleth.

Gemeinschaft kann aber nur dann in diesen Rang eintreten, wenn sie kategorial eindeutig gefasst wird und zugleich pädagogische Besetzungen erlaubt. Die „totale Mobilmachung" der dreißiger Jahre und daran anschließend des Zweiten Weltkriegs beschreibt neue Realitäten gesellschaftlicher Erziehung, aber sie schließt nicht an reformpädagogische Theorielagen an, auch wenn diese – in Deutschland – Kontakt hielt mit politischen Bewegungen.[31] Die Kategorie der Gemeinschaft war für die Reformpädagogik attraktiv, weil sie mit einer strikten Negation, dem Ausschluss des Gegensatzes, verbunden war. Die kategoriale Unterscheidung von „Gemeinschaft" und „Gesellschaft" geht auf den Kieler Soziologen FERDINAND TÖNNIES zurück,[32] der für eine moralisch nutzbare Dichotomie sorgte, an die Reformpädagogen anschließen konnten, ohne ihr Thema – Erziehung – aus den Augen zu verlieren. *Gemeinschaft* bestimmte den Ort und das Ziel der wahren Erziehung, *Gesellschaft* das Gegenteil.

Dieser Verwendung kam die suggestive Sprache von TÖNNIES entgegen. „Gemeinschaft" ist *Verbindung* zwischen den Menschen, während „Gesellschaft" ihre *Trennung* bedeutet. Getrennte oder geteilte Verhältnisse entziehen sich der pädagogischen Besetzung, die möglichst elementare und ganzheitliche Bindungen favorisiert. Nicht zufällig sind harmonische Familienbilder die Wertbasis für die Glückserwartungen der Erziehung, die Diffusion durch Größe und Unübersichtlichkeit vermeiden müssen. Die Zustimmung ist ungeteilt, und sie gilt der intimen Beziehung im sozialen Nahraum, der nicht durch Fremdheit unterbrochen ist. Gemeinschaft ist grundsätzlich Vertrautheit und Übereinstimmung: „Wo immer Menschen in organischer Weise durch ihre Willen miteinander verbunden sind und einander bejahen, da ist Gemeinschaft ... vorhanden" (TÖNNIES 1972, S. 14).

---

31 Zumeist hatten die politischen Bewegungen *eigene* Pädagogiken, faschistische Erziehungstheorien entstanden zuerst in Italien, bolschewistische Theorien sind aus der sozialistischen Internationale entwickelt worden.

32 Das Buch *Gemeinschaft und Gesellschaft. Abhandlung des Communismus und Socialismus als empirische Culturformen* erschien zuerst 1887 und blieb zunächst weitgehend unbeachtet. Die große Wirkung ist nicht zuletzt durch die Reformpädagogik vermittelt worden. FERDINAND TÖNNIES (1855-1936) war daran als Mitglied der „Deutschen Gesellschaft für ethische Kultur" beteiligt, zudem als Publizist der „Ethischen Kultur", also der Zeitschrift dieser Gesellschaft. TÖNNIES habilitierte sich 1881 in Kiel und war von 1878 bis 1899 Mitglied des Statistischen Büros. Er war von 1909 bis 1933 Präsident der Deutschen Gesellschaft für Soziologie, die er mitbegründet hatte. 1933 wurde von seinen Lehrverpflichtungen an der Universität Kiel entlassen. TÖNNIES war ein entschiedener Gegner des Nationalsozialismus.

Das kann eine, wie es heißt, Gemeinschaft des „Blutes“, des „Ortes“ oder des „Geistes“ sein (ebd., S. 14f.), zumeist handelt es sich um Mischformen, die alle drei Kriterien erfüllen. Entscheidend ist das Vorhandensein von *unmittelbarem* „Verständnis“ und „Eintracht“ in den Beziehungen untereinander und zur Natur (ebd., S. 21). Der soziale Ort ist das Dorf und das Haus, also der überschaubare Nahraum, der in direkter Weise und ohne großen Aufwand an Verfahren und Verwaltung zugänglich ist (ebd., S. 25ff.). Kunst und Religion harmonieren in „engem Zusammenhang“ (ebd., S. 37), und das Alte und Neue stehen in keinem unüberwindlichen Konflikt (ebd.). Hemmt das Alte und Gewohnte „das Streben nach Schönheit“, so nur, „weil es *für* die Gewohnheit und das ehrfürchtig-fromme Gemüt eine eigentümliche Schönheit und Heiligkeit an sich trägt“ (ebd.).

Die Ehrfurcht vor der Tradition verschwindet in der Gesellschaft, die nicht länger die Menschen eint, sondern sie spaltet. Die Menschen sind in der Gesellschaft „nicht wesentlich verbunden, sondern wesentlich getrennt“ (ebd., S. 40). TÖNNIES erklärt diesen Zustand politisch, ökonomisch und rechtlich: Die Menschen leben in Spannungen, weil in der Gesellschaft „jeder für sich allein“ und „gegen alle übrigen“ agiert (ebd., S. 40f.). Die Vereinzelung erwächst aus dem Vorrang des Tausches, welcher der ökonomische Realtatbestand des „Sozialwillens“ geworden ist (ebd., S. 42). Damit nun überhaupt soziale Beziehungen möglich werden, müssen Verträge geschlossen werden (ebd., S. 47ff.), die das Individuum als Rechtssubjekt definieren, ohne eine andere als vertragliche Beziehung zu anderen Rechtssubjekten vorzusehen. Neben dem Recht äußert sich der „gesellschaftliche Wille“ dann noch als Konvention (ebd., S. 52), über die der „allgemeine Nutzen“ vorgestellt und agiert wird. „Gesellschaft also“, heißt es zusammenfassend, „durch Konvention und Naturrecht einiges Aggregat, wird begriffen als eine Menge von natürlichen und künstlichen Individuen, deren Willen und Gebiete in zahlreichen Verbindungen zueinander, und in zahlreichen Verbindungen miteinander stehen, und doch voneinander unabhängig und ohne gegenseitige *innere* Einwirkungen bleiben“ (ebd., S. 52).

TÖNNIES fasste als kategoriale Dichotomie auf, was in der politischen Literatur des 19. Jahrhunderts als „realer“ Gegensatz von lebendigem Organismus und mechanischem Apparat beschrieben worden war. Die kategoriale Wendung verschärfte das Problem, denn über einen Gegensatz kann man hinausgelangen, eine Dichotomie muss man bekämpfen. So jedenfalls ist TÖNNIES rezipiert worden: Gemeinschaft stand *gegen* Gesellschaft, weil nur das eine, nicht aber das andere oder beide gut sein können. TÖNNIES stellte die beiden Kategorien so dar, dass „Gemeinschaft“ als unentfremdete, wahre oder „echte“ Erfahrung des natürlichen Lebens verstanden, während „Gesellschaft“ als sozialer Ort der Entfremdung, der strategischen Zwietracht und Vereinzelung sowie des Kampfes jeder gegen jeden (ebd., S. 53) aufgefasst werden musste.

Damit wird, wie FRIEDRICH PAULSEN (1888, S. 116ff.) notierte, die kategoriale Unterscheidung in eine Geschichtsphilosophie überführt, die im Blick auf die „Gesellschaft“ nur pessimistisch sein kann. Die moderne Gesellschaft rationalisiert die Gemeinschaft und hebt sie damit auf. Sie obsiegt im Kampf der geschichtsphilosophischen Instanzen, doch nur, um ein lebensfeindliches Prinzip zu installieren, das von „echter“ Existenz entfremdet ist. Sie kann *nur* im Nahraum einer harmonischen (und schönen) Sozietät gefunden werden, die es doch, realgeschichtlich, nie gegeben war. Als *l'âge d'or* der Geschichte ist „Gemeinschaft“ eine Phantasie des Betrachters, aber sie ist gerade dadurch utopiefähig und prägt die Reflexion. Indem sie kategorial scharf gefasst wird, spaltet sie den Blick und legt die kritische Option fest, die sich auf „unauthentische“ Verhältnisse nicht einlassen darf. Das gilt zumal für die Reformpädagogik; sie kann nicht auf Seiten „der Gesellschaft“ stehen, wenn sie mit dem Makel des Unechten besetzt ist. Der Makel aber entsteht erst *durch* die Dichotomie.

„Gesellschaft“, wie TÖNNIES sie versteht, kann nicht als Voraussetzung oder Objekt der „neuen Erziehung“ verstanden werden, weil Entfremdung, Zwietracht und Vereinzelung keine pädagogischen Ziele sein können. Die Dichotomie wirkt also wie die Begründung einer klaren Option: Die Erziehung kann sich nur auf die Gemeinschaft richten und muss sich dann aber gegen die Gesellschaft stellen. Das liegt in der Logik des Arguments und entspricht zugleich dem vielfältigen Ressentiment gegen die Moderne. „Gesellschaft“ ist bei TÖNNIES nur *moderne* Gesellschaft, also das System rationaler Sozialbeziehungen; wird „Gemeinschaft“ als ihr Gegensatz betrachtet, dann setzt sich automatisch ein Ressentiment frei, das beliebige Erfahrungen der Großstadtkultur als Beweis für wachsende Entfremdung nimmt, die einzig durch eine Wiederherstellung von Gemeinschaft aufgehoben werden kann.

Die klassische Entfremdungstheorie wird damit auf eine eigentümliche Weise soziologisiert: Nicht mehr Natur und Gesellschaft stehen sich entfremdet gegenüber, sondern die jetzige Lebensform wird als Verfall eines früheren Idealzustandes begriffen, der in einer absehbaren Zukunft wiederhergestellt werden soll. Das pädagogische Konzept der „werdenden Gemeinschaft“ setzt diese Relation voraus. Mit ihr war es für viele Reformpädagogen möglich, Zukunft aus der eigenen Tradition heraus zu erwarten. Muster der Erziehungsgemeinschaft finden sich in allen maßgebenden Entwürfen klassischer Pädagogik, von der *Politeia* über den Schulstaat und das pädagogische Dorf bis zur Hochwertung der Dorfschule als dem Soziotop für die „neue Erziehung“. TÖNNIES Unterscheidung wird als Bestätigung dieser Entwürfe verstanden, die damit auch am Ende des 19. Jahrhunderts noch eine Alternative zur realen gesellschaftlichen Modernisierung sein konnte. Sie ist aber keine Mobilmachung, weil das die Gleichsetzung von „Gemeinschaft“ und „Nahraum“ sprengen würde.

Auf der anderen Seite blieben die Politisierungsformeln bestehen, wurden Effekte der pädagogischen auf die politische Gemeinschaft projiziert, ohne sie nach der Verfassung der Gesellschaft ordnen zu müssen. Das lässt sich an einem Konzept zeigen, das PETER PETERSEN „pädagogischen Realismus" nannte und als definitiven Theorieertrag der „neuen Erziehung" verstand (PETERSEN 1937). *Realismus* erscheint in einer Typologie „pädagogischer Grundhaltungen" (ebd., S. 64-128) als letzte und höchste Form der Erziehungstheorie, die „Rationalismus", „Idealismus" und „Humanismus" sowie „Individualismus" aufhebt und überwindet. Der pädagogische Realismus wird historisiert und auf LUTHER sowie PESTALOZZI zurückgeführt (ebd., S. 10ff., 109ff.).[33] Gleichzeitig steht das Konzept für die entscheidende Erziehungsdiskussionen der Weimarer Republik. An die Stelle der „überwiegend idealistisch geprägten Systeme" sei die „neue Richtung" getreten, die endlich bereit ist, sich auf die Wirklichkeit der Erziehung einzulassen.

Der „neuen Richtung" werden drei Varianten zugerechnet werden, der „pädagogische Realismus," also PETERSEN eigener Ansatz, EBERHARD GRISEBACHS „kritischer Realismus" sowie schließlich der „völkische Realismus", der mit den Namen von ERNST KRIECK, PHILIPP HÖRDT, WILHELM LACROIX[34] sowie ALFRED BÄUMLER in Verbindung gebracht wird (ebd., S. 120). Der gemeinsame Ausgangspunkt aller drei Richtungen sei die „Desillusionierung der pädagogischen Welt", also der Zerfall des Idealismus, aus dem heraus „unbedingte Lebenswahrhaftigkeit" zur „ersten Forderung" der Erziehung geworden sei (ebd.). In dieser Hinsicht besteht Übereinstimmung, die pädagogische Haltung soll vom konkreten Leben und nicht von Erziehungsidealen bestimmt sein. Aber „Leben" ist wie Natur nicht direkt zugänglich, und Erfahrungen sind nie frei von Idealen möglich, wie sich nicht zuletzt am „pädagogischen Realismus" zeigen lässt.

„Realistisch" ist hier *eine* Wirklichkeit nicht, nämlich „soziale Gebilde und Ordnungen, die klugen Maßnahmen und schlauen Berechnungen zugänglich sind" (ebd., S. 121), mithin das, was TÖNNIES unter Gesellschaft verstanden hatte. Sie wird normativ ausgeschlossen. „Masse," „Gesellschaft" und „Gemeinschaft" werden in den Hamburger Vorlesungen PETERSENS[35]

---

33 Über LUTHER heißt es, in ihm „brach ... *germanisches* Denken durch: Das Individuum als egozentrische Personeinheit, unaufhörlich darauf bedacht, sich zu erhalten, zu sichern und in seinem Werte zu steigern, aber unentrinnbar naturhaft an Sippe und Stammesgemeinschaft gebunden und damit an alle Glieder dieser Gemeinschaften" (PETERSEN 1937, S. 106/107).

34 WILHELM LACROIX gehörte mit PHILIPP HÖRDT zum Kreis von ERNST KRIECK. Er wurde nach Heidelberg berufen und war mit HÖRDT an der hagiographischen Stilisierung KRIECKS beteiligt (*Ernst Krieck. Volk als Schicksal und Aufgabe*, 2. Aufl. 1936).

35 Die *Allgemeine Erziehungswissenschaft* von 1924 ist aus Vorlesungen entstanden, die PETERSEN als Privatdozent für Philosophie im Sommersemester 1921 und 1923 an der Universität Hamburg gehalten hat. PETERSEN hatte sich 1920 habilitiert und wurde zum Wintersemester 1923/1924 an die Universität Jena berufen.

scharf unterschieden, wobei die zentrale Dichotomie pädagogisch genutzt wird:

> „Wir müssen es voll und ganz begreifen, dass fremdes Seelenleben vom Ursprung her unsere Seele nährt, dass wir auf Gemeinsamkeiten und aus Gemeinsamkeiten leben, und dass wir erst schöpferisch werden in dem Augenblick,[36] wo das fremde Seelenleben auf uns einwirkt. Und da dies vom ersten Atemzuge an geschieht, so steht demnach jeder Mensch vom Ursprung her auf Gemeinschaft" (PETERSEN 1962, S. 27; Sperrung im Text entfällt).

Alle Gemeinschaft ist „im Grunde eine *geistige*" (ebd.), und das definiert die Dichotomie: „*Gesellschaft* ist in all ihren Formen auf ein Handeln eingestellt unter der Herrschaft des abwägenden Verstandes und besitzt den Trieb zum Mechanischen. *Gemeinschaft* ist allseitiges geistiges Verbundensein mit einwohnendem Naturtrieb zum stetigen Wachstum an Fähigkeiten und Kräften, ein unaufhörliches Zeugen und Erzeugen, ... das ewig fruchtbare Erdreich des Geistes" (ebd., S. 28). „Gemeinschaft" wird assoziiert mit Volk, „*Volk* ist die oberste Besonderung der geistigen Gemeinschaften" (ebd., S. 246). Sie besteht unter der Voraussetzung von „Liebe", die sich im „Blut" des Volkes – verstanden als „geistiger Wert" – vermittelt (ebd., S. 244). „Zum Volke gehört wahrhaft und allein, wer dieses Volk liebt" (ebd., S. 245).

Zugleich ist die Rede von der besonderen „*Struktur einer Volksgemeinschaft*" (ebd., S. 259), die hierarchisch nach Typen und Schichten unterschieden wird. Unten sind „Elemente", die nur an Geschäft und Einkommen denken, „Geldmann"- oder „Eingeweidetypen", zu denen „alle Grade der Intelligenz" rechnen (ebd., S. 260f.). Diese Schicht ist die „wohl zahlreichste" (ebd., S. 262), ein „Bodensatz", der sich „in Sonderheit ... dicht und dick in den Großstädten (absetzt)" (ebd.). Darüber stehen die „Relativ-Passiven", die „im Gegensatz zu jener Unterschicht doch auf die Geistigkeit ihres Volkes" eingestellt sind, und darüber wiederum stehen die „Tätigen" und die „Schöpferischen" (ebd., S. 263). Ihre Zahl ist notwendig und immer klein, aber – nur – unter ihnen ist „der ganz kleine Kreis der ‚Führer' im engeren Sinne des Wortes" zu finden (ebd., S. 263).

Führer haben als „erste Eigenschaft ... die Fähigkeit zur Überschau". „Führernaturen" sind zudem „befähigt, eigenartig, neuartig zu kombinieren. Sie leben mehr und anders als andere Menschen in einem Ganzen und schöpfen nun aus diesem Ganzen mit vollen Händen, suchen und finden neue Verbindungen, andere Wege, als bislang beschritten wurden" (ebd., S. 263/ 264). Sie kennzeichnet Selbstvertrauen und Optimismus, alles kommt auf „Eigenschaften des Willens" an. Gemeinschaft und Führer verhalten sich symbiotisch und vorrational: „(Die) Begeisterung ..., die ein wahrer Führer einer Gemeinschaft stets

36 Dieser Gedanke geht auf OTHMAR SPANNS *Gesellschaftslehre* von 1914 zurück (PETERSEN 1962, S. 27).

erweckt, stammt nur zum geringen Teile daher, dass die Gemeinschaft, die ihn anerkennt, *einsieht, erkennt*, als richtig versteht, was der Führer will, es ist statt Einsicht und Erkennen vielmehr das Erste und das Wesentliche das Empfinden für das Richtige, ein Glauben daran" (ebd., S. 264).

Eros und Verehrung wirken hier, Anhänglichkeit und Treue, eine unbewusste und triebhafte Gestimmtheit, die *ganzheitlich* verstanden werden muss. Es ist die „Einstellung des ganzen Menschen auf Seiten des Führers wie auf Seiten der Gemeinschaft, welche das geistige Verhältnis zwischen Menschen letzten Endes bestimmt und erst wertvoll macht, und damit auf beiden Seiten Hingabe an dies gemeinsame Ganze und Opferkraft für das Gemeinsame" (ebd., S. 265).

> „Die Führer aber bestimmen die *Oberwerte*, und so ändern sie auf der Tafel der Werte die Rangordnung und vermögen es aufgrund ihrer innerlichen Schau und ihrer Gestimmtheit, diesen Werten eine jeweils unbedingte Autorität zu verschaffen. Wie sie begeistern und mit fortreißen, so erziehen sie eben dadurch die Gemeinschaft, die ihnen folgt; denn sie haben die Kraft zu bewirken, dass sich diese Gemeinschaften ihren Ideen und Gedankengängen assimilieren" (ebd., S. 266/267).

Wenn die junge Generation „organisch in ihr Volkstum" hineinwachsen soll, dann hat sie *pädagogische* Führer nötig. Ihre Lehrer vollziehen einen „Volksdienst", sie wissen, „dass sie sich niemals zum Range von *Erziehern* erheben können, wenn sie nicht in der Bescheidung dieses Dienstes ihren ‚Stand' und ihren Rang innerhalb einer Volksgemeinschaft aus solchem Dienste an den Kindern täglich neu gewinnen" (PETERSEN 1936, S. 7).[37] PETERSEN hat nie zwischen pädagogischen und politischen „Führern" scharf unterschieden, ebenso wenig wie Erziehungs- und Volksgemeinschaft als *getrennte* Konzepte angesehen wurden.

Das „reine und freie Gemeinschaftsleben" von Kindern wie von Erwachsenen ist jeder bewussten Erziehung vorgeordnet (PETERSEN 1937, S. 53), die ihrerseits nur dann richtig verfährt, wenn sie sich dem Gemeinschaftsleben anpasst. PETERSEN wird nicht müde, auf die Gemeinschaft der Familie zu verweisen und ihr den Urgrund der Erziehung zu sehen. Das wird vor allem mit Sentenzen FRIEDRICH FRÖBELS, also mit romantischer Pädagogik, begründet,[38] die unmittelbar mit „pädagogischem Realismus" zusammenstimmen soll. Die Rückwendung auf FRÖBEL erlaubt eine Abgrenzung: „Pädagogische Systeme", die den „Primat der *Gesellschaft*" betonen, gehö-

---

37 Das Zitat entstammt der Einleitung der 7./8. neu durchgesehenen und erweiterten Auflage des *Kleinen Jena-Plans* von 1936. Die Einleitung (PETERSEN 1936, S. 5-9) entfiel mit der 9. bis 12. Auflage 1946. *Diese* Ausgabe bestimmte den publizistischen Erfolg.

38 FRÖBELS Pädagogik wird als „*mystischer Realismus*" bezeichnet (PETERSEN 1937, S. 11); Kindergarten und Schulen sind Instanzen der Gemeinschaftserziehung, echt als „wahre ‚*Lebenseinigung*'" und dann wirksam wie „jedes wahre Volksfest" (ebd.).

ren dem westlichen Rationalismus an, der sich nicht zu einem Gemeinschaftsdenken emporbilden konnte und daher den Kern der neuen Erziehung verfehlt (ebd., S. 156ff.).

Dagegen beschreibt PETERSEN die nationalsozialistische Erziehungsrevolution als den erfolgreichen Abschluss der „deutschen Bewegung der Neuen Erziehung“[39] (ebd., S. 38-46).

> „Innerhalb der HJ. entwickelt sich aus der sie tragenden nationalsozialistischen Weltanschauung heraus eine neue Pädagogik, d.i. ja Lehre von der Jugendführung. Zugleich aber erweitert sich diese auf das ganze Volk durch die großen volkerzieherischen Veranstaltungen und Organisationen der NSDAP, so neben der Bewegung selber und ihrem Bildungs- und Schulungswesen in den Formationen der SA. und SS., ferner vor allen Dingen im Deutschen Arbeitsdienst. Und wie neben diesen das volkverbindende Werk ‚Kraft durch Freude' steht, so neben der HJ., und zum Teil unter ihrer unmittelbaren Leitung, das vorbildliche deutsche Jugendherbergswerk, die deutsche Landschulheimbewegung und das Landjahr. Um den Ring dieser großen Einheit zu schließen, so durchdringt derselbe pädagogische Geist die Erziehung des deutschen Soldaten in den Gliederungen des Heeres. Es ist e i n e große politische Erziehung, ausgerichtet nach demselben Ziele: *der Volksgemeinschaft*. Denn alles soll, nach den richtungweisenden Worten des Führers, der Erneuerung, der Erhaltung und der Leistungssteigerung des Volkes dienstbar gemacht werden. Damit ist wieder ein oberstes Bildungs- und Erziehungsziel gesetzt, das aus der völkischen Zerrissenheit zur Volkseinheit, aus einer auslösenden, volkzersetzenden Zeit in eine gemeinschaftsbildende Epoche hineinweist. Aus diesem Erleben und dem Mitschaffen an diesem Werke werden der deutschen Pädagogik die nächsten, heute schon erkennbaren Antriebskräfte kommen. In ihrer Mitte stehen die Fragen der Zucht und Ordnung, der Verantwortung und Führung“ (ebd., S. 45/46; Kursivstellung J.O).[40]

---

39 Die *Neuropäische Erziehungsbewegung* von 1926 wird verengt auf die „Deutsche Bewegung der Neuen Erziehung“, die nach der Reichsgründung beginnt und „mit dem Siege des Nationalsozialismus 1933“ (PETERSEN 1937, S. 45) ihre Erfüllung findet. Eine ähnliche Theorie – Erfüllung der Jugendbewegung in der „Hitlerjugend“ – vertritt zum Beispiel HEINRICH ROTH (1938). Auch HEINRICH SCHARRELMANN (1937) sieht die nationalsozialistische Pädagogik als Vollendung der Reformpädagogik. WOLFGANG SCHEIBE (1944) baut wie der nationalsozialistisch gewendete KARL FRIEDRICH STURM (1942) die Geschichte der Pädagogik auf dieser Annahme auf. PETERSEN steht also nicht allein. Einzigartig ist allerdings seine Anpassung nach 1946 (SOMMERFELD 1995).

40 Die Passage ist in der Ausgabe 1937 hinzugefügt worden. Die erste Ausgabe der *Pädagogik* von 1932 beschließt den „geschichtlichen Teil“ mit der Jugendbewegung. 1937 wird selbst der Bezug auf NOHL getilgt und die Jugendbewegung über die bündische Jugend an die „Hitlerjugend“ (PETERSEN 1937, S. 45) angeschlossen. Der Nachdruck von 1973 (*Pädagogik der Gegenwart*) ist ein Reprint der Ausgabe

HEINRICH DÖPP-VORWALD, dessen Studie *Pädagogischer Realismus als Gegenwartsaufgabe* (1935) PETERSEN eine „ausgezeichnete Analyse" nannte (PETERSEN 1937, S. 58/Anm. 1),[41] hat die *„nationalsozialistische Erziehung"* als „Erfüllung" des *„pädagogischen Realismus"* bezeichnet, die der „Führermacht ADOLF HITLERS" zu verdanken sei (DÖPP-VORWALD 1935, S. 91). Der „Jena-Plan PETER PETERSENS" wird von den „Reformversuchen der letzten Pädagogengeneration" abgegrenzt und wegen seiner „völkischen" Begründung der „nationalsozialistischen deutschen Schule" zugerechnet (ebd., S. 99). PHILIPP HÖRDT,[42] der PETERSENS Jena-Plan-Schule als Musterbild einer „völkischen Schule" hinstellte (HÖRDT 1933, S. 121ff.), hat den Hauptpunkt so bezeichnet: Die pädagogische Theorie hat allzu lange am „ungeschichtlichen Rationalismus" des 18.Jahrhunderts festgehalten und konnte so bloß „dem abstrakten Ideal einer Erziehung an sich für das Kind an sich zum Menschen an sich" nachstreben (ebd., S. 20).

Demgegenüber müsse eine realistische Pädagogik formuliert werden, die sich den *konkreten* Aufgaben der „Gegenwart" zuwende. Das aber lasse sich nur in Rückwendung auf das *sozial* Konkrete erreichen, also im Blick auf die Wirklichkeit, die Geschichte und Zukunft eines *Volkes*. „Volk ist jedem Schicksal und Aufgabe zugleich" (ebd., S. 21). Alle Erziehungsfragen sind „niemals psychologisch oder sonst wie rational, allgemein gültig aus dem Wesen des Kindes oder des Menschen überhaupt zu erschließen, sondern immer nur aus der konkreten Wirklichkeit des jetzt und hier so beschaffenen Gemeinschaftslebens dieses Volkes in dieser Zeit hinzunehmen: auch die Grund*formen* der konkreten Menschenbildung, die eben stets volkhafte Bildung ist, sind wie die Ziele und Inhalte volkhaft bestimmt, sind organisch aus dem Wesen dieser Ganzheit bedingt" (ebd., S. 30).

---

von 1937 mit allen Retuschen, aber ohne jede Anmerkung des Herausgebers KOSSE, der nicht einmal auf die Version von 1932 hinweist. 1937 sind auch die entscheidenden Passagen über das Verhältnis des christlichen und des völkischen Realismus hinzugefügt worden (ebd., S. 123-128), die zwischen KURT FRÖRS *Gehorsam des Gesetzes* und ERNST KRIECKS *Volk im Werden* zu vermitteln suchen.

41 HEINRICH DÖPP-VORWALD (1902-1977) promovierte bei PETERSEN und war von 1930 bis 1940 Assistent an der Erziehungswissenschaftlichen Universitätsanstalt in Jena. 1938 wurde er mit der Arbeit *Erziehungswissenschaft und Philosophie der Erziehung* habilitiert. Die Arbeit ist 1941 veröffentlicht worden; DÖPP-VORWALD war seit 1940 an der Universität Münster tätig, wo er 1949 außerplanmäßiger Professor wurde. In der 1967 nachgedruckten Habilitationsschrift ist „Gemeinschaft" die „begründende Erziehungsmacht", wenngleich am Ende idealistische Argumentationen verwendet werden (vgl. DÖPP 2003, S. 211ff.).

42 PHLIPP HÖRDT war Schüler von ERNST KRIECK. Die *Grundformen volkhafter Bildung* erschienen 1932, unmittelbar vor dem Tode HÖRDTS. KRIECK schrieb das Vorwort zur zweiten Auflage und stellte fest, dass und wie HÖRDT mit dem Buch „in die von FRÖBEL herkommende Linie eingerückt war" (HÖRDT 1933, S. VI). HÖRDT selbst berief sich auf PETERSEN und KRIECK, bunt gemischt mit methodischen Verweisen auf die Reformpädagogik. Sie sollte den „Durchbruch der Volkheit" in der Schule erleben (HÖRDT 1933a).

Was mit dem „realen Sein“ oder der „konkreten Gegenwart“ argumentiert, ist in Wahrheit einem Ursprungsdenken verpflichtet, das die Gegenwart aus dem „Wesen“ des Volkes erklärt und Erziehung so versteht, dass alle Maßnahmen und Absichten an dieses „Wesen“ zurückgebunden werden. Die politische Romantik gibt das organologische Denken vor, welchem sich PETERSEN wie HÖRDT verpflichtet fühlten. In diesem Denken ist kein Platz für *Autonomie*, und es ist charakteristisch für die Theorielage der deutschen Reformpädagogik, auf die sich HÖRDT (ebd., S. 121ff.) wie PETERSEN (1937, S. 38ff.) gleichermaßen berufen, dass dieses Prinzip als „abstrakter Liberalismus“ gekennzeichnet und von allem organischen Denken abgegrenzt wird. Diese Art Pädagogik kann sich *nur* auf die „Gemeinschaft“ beziehen, weil sie die individuelle Autonomie mit den Entfremdungstendenzen der „Gesellschaft“ zusammenbringt und als gleichsam physikalische Vereinzelung liest. Sie ist nicht in der Lage, Individualität als eigene Größe zu akzeptieren und sie *nicht* als erzwungenes Rollenspiel der ökonomisch, politisch und juristisch definierten Gesellschaft zu verstehen.

Der Streit um den politischen PETERSEN[43] hätte *hier* sein Thema. Die zentrale Frage müsste sein, wie eine hochfliegende Theorie der Gemeinschaft, die sich dezidiert antiliberal verhält und eine *Führungslehre des Unterrichts* begründet, als Vorbild der Reformpädagogik angeeignet und erneut propagiert werden kann. Der gesamte Theorierahmen *entzieht* sich demokratischen Bestimmungen, die vor 1945 negiert wurden, um nach dem Krieg der formalen Lehre von der Gemeinschaftserziehung angepasst zu werden. PETERSENS Theorie ist neutral gegenüber allen staatsrechtlichen Bestimmungen, Gemeinschaftserziehung kann in jedem politischen System stattfinden, weil immer eine „pädagogische Situation“ besteht und immer behauptet werden kann, die Erziehungsnot der Gegenwart verlange nach einer Führungslehre des Unterrichts. „Pädagogischer Realismus“ wäre dann eine opportunistische Anpassung im Namen höchster moralischer Ansprüche, die sich von jeder Wirklichkeit bestätigen lassen, wenn diese nur „in willigem Gehorsam“ betrachtet wird (ebd., S. 122).

---

43 Nachdem die unmittelbaren Schüler PETERSENS sich an Apologien versucht hatten, kreist die heutige Diskussion um zwei historische Fragen, die ideenpolitische Stellung PETERSENS zur modernen Gesellschaft und zum Liberalismus (RÜLCKER/ KASSNER 1992) und die Bedeutung der völkischen Terminologie für die Reformpraxis (RETTER 1995). Dabei sind auch historische Relativierungen unternommen worden, etwa wenn VREUGDENHIL (1992) die Rezeption der *Führungslehre* in der nationalsozialistischen Erziehungsliteratur untersucht und sie mit der (positiveren) Aufnahme von REICHWEINS *Schaffendem Schulvolk* vergleicht. Die Kernfrage ist eine andere, und sie entlastet den Schulreformer PETERSEN *nicht* von seiner politischen Publizistik. Der Opportunismus ist *theoretisch* verursacht, die Theorie selbst zwingt PETERSEN zur Affinität mit dem Nationalsozialismus, die man auch nicht durch Briefpassagen relativeren kann. Die „Loyalität“ des Petersen-Kreises zum Nationalsozialismus ist nicht zuletzt durch die starke Beteiligung an der Fröbel-Bewegung verursacht worden (DÖPP 2003, S. 201f.).

PETERSENS Theorie ist dafür das Lehrstück, das nicht dadurch akzeptabler wird, dass der Jena-Plan bis heute Schulreformdiskussionen beeinflusst. Der historische Kontext zeigt die Unvereinbarkeit der politischen „Erziehung zur Gemeinschaft“ mit Positionen demokratischer Pädagogik. Gemeinschaft ist eine ästhetische Fiktion, die ständige Inszenierung verlangt und eine Plausibilität anstrebt, die *vor* jedem rationalen Zugriff liegt. Man soll den Wert fühlen, also weder prüfen noch kritisieren. Nicht zufällig sind alle vier Grundformen „volkhafter Bildung,“ von denen HÖRDT spricht und die dann im Jena-Plan wieder auftauchen,[44] nämlich *Spiel, Arbeit, Lehrgang*[45] und *Feier*, ästhetisierbare Größen. Es sind *Stil*prinzipien (HÖRDT 1933, S. 71), nicht so sehr der Schule als ihres Gemeinschaftslebens. Und wo die Gemeinschaft, und *vornehmlich* sie, erziehen soll, da sind Inszenierungen das nahe liegende Mittel. Sie stehen unter dem Diktat der *Echtheit* und verletzten auf diesem Wege die Bedingungen *öffentlicher* Kommunikation.

Die beste Kritik der Gemeinschaftspädagogik, HELMUTH PLESSNERS Studie *Grenzen der Gemeinschaft* (1924), hat genau dies herausgearbeitet. Die soziale Objektivierung des Individuums geschieht durch Rollen und Masken, hinter denen der Mensch „bis zu einem gewissen Grade unsichtbar wird, ohne doch völlig als Person zu verschwinden“ (ebd., S. 75). Das soziale Spiel der Interaktion ist auf Zeremoniell und Prestige angewiesen (ebd., S. 78ff.) und diese Bedingung stellt radikal in Frage, wer in der Gemeinschaft die Echtheit des Seelenlebens erwartet. Er stellt damit zugleich die bürgerliche Öffentlichkeit als „das offene System des Verkehrs zwischen unverbundenen Menschen“ in Frage (ebd., S. 87), weil der Sinn für Diplomatie und Takt abhanden kommt. Insofern wirkt die Gemeinschaftsideologie wie eine Entsublimierung der Pädagogik: Sie fordert das Individuum *ganz* für die Gemeinschaft und kann es genau darum nicht mehr schonen. „Sozialer Radikalismus“, der das verlangt, ist nichts weiter als die „Ethik der Taktlosigkeit“ (ebd., S. 100). Und dann wird die Pädagogik tatsächlich *monistisch*, sie gilt nur der Gemeinschaft und ihr ganz. PETERSENS Theorie der politischen Erziehung behindert diesen Schluss nicht, sondern sie befördert an vielen Stellen.

Dass die Erziehung „ganz für die Gemeinschaft“ nicht Theorie blieb, dafür sorgten die Formen *totalitärer* Erziehung im 20. Jahrhundert. Sie prägten

44 Die erweiterte Auflage von 1936 bezieht sich in der Einleitung auf HÖRDTS *Grundformen volkhafter Bildung* (PETERSEN 1936, S. 5). Im Abschnitt V/B des *Kleinen Jena-Plans* wird die „Schule ‚volkhafter Bildung‘ (HÖRDT)“ beschrieben, mit den vier *Urformen* „Gespräch (Unterhaltung), Spiel, Arbeit und Feier“ (ebd., S. 86).

45 Der Ausdruck „Lehrgang“ fehlt bei PETERSEN; HÖRDT verstand „Lehrgang“ als „Rationalisierung, Ausweitung und Verlängerung der einen Urform des Lernens überhaupt: des Ge-Sprächs, der Zwie-Sprache zwischen einem Wissenden und einem Lernenden“ (HÖRDT 1933, S. 78).

die Kriegspädagogik[46] nach 1914 (AUDOIN-ROUZEAU 1993), bestimmten die faschistischen und die bolschewistischen Systeme und wurden nur dort in Grenzen gehalten, wo demokratische Verfassungen Politik und Gesellschaft definierten. War die „große Gemeinschaft" das Ziel, dann blieb die Erhabenheit auf der Strecke und wurde das Pathos blutig. In diesem Sinne ist die politische Reformpädagogik eine Niederlage, sie büßt, wie der Fall PETERSEN zeigt, für die eigene Aspiration. Von der Theorielage zu unterscheiden wären praktische Schulversuche, die den Erfolg der Reformpädagogik anzeigen. Sie setzen nach 1918 die demokratische Gesellschaft voraus, für die nicht Einheit, sondern Differenzierung die grundlegende Kategorie der Beschreibung ist. Aber auch hier gibt es totalitäre Zielsetzungen und einen ständigen Unterton des Einheitsdenkens.

5.2 Sozialistische Schulversuche

Als paradigmatisch gelten in der Literatur der Reformpädagogik oft insuläre Projekte, *einzelne* und auch *exklusive* Schulversuche, denen herausgehobene Aufmerksamkeit zukam. Das Interesse konzentrierte sich auf charismatische Ansätze, deren Praxis als Beweis angesehen wurde, dass und wie „neue Erziehung" möglich sei. Das gilt von Summerhill bis Tiefensee[47] und von der *Ecole de l'Ermitage* über die *Ecole Active* in St. Cloud, die *Werkplaats*-Schule in Bilthoven bis zur Universitätsschule in Jena.[48] Das Muster singulärer Beweisführungen ist in der frühen Landerziehungsheimbewegung erfolgreich ausprobiert worden; die Bewegung bestand aus einzelnen, auseinander liegenden Gründungen, die nur bestimmte Prinzipien gemein hatten. Die Verbindungen waren locker und die Praxis individuell, während zugleich ein Gesamteindruck, das Bild *einer* „Bewegung" entstehen konnte.

---

46 Die Gründung der „Deutschen Friedensgesellschaft" von 1892 und deren Politik für den Pazifismus (CHICKERING 1975) zeigt an, dass anderes Denken und Widerstand möglich gewesen sind. Die Geschichte des (reform-)pädagogischen Pazifismus in Deutschland und in Europa vor und nach dem Ersten Weltkrieg wäre noch zu schreiben. Entwürfe und Manifeste (wie: *Schule und Friedensbestrebungen*: ZOLLINGER 1894) sind früh und zahlreich nachweisbar, orientiert an BERTHA VON SUTTNER und anderen Vorbildern. Die großen Friedenskongresse (London 1890 oder Rom 1891) sind immer auch von reformpädagogischen Forderungen einer Schulerziehung für den Frieden geprägt worden. Diese Tendenz hat sich nach dem Ersten Weltkrieg fortgesetzt und ist zu einer breiten Strömung in der internationalen Reformpädagogik entwickelt worden.

47 An der einklassigen Dorfschule im brandenburgischen Tiefensee war ADOLF REICHWEIN (1898-1944) vom 1. Oktober 1933 bis zum 15. Mai 1939 Lehrer. REICHWEIN berichtet über seine Tätigkeit in dem Buch *Schaffendes Schulvolk* (1937). Die Neuausgabe (REICHWEIN 1993) informiert auch über die Textgeschichte nach 1945.

48 Die *Ecole Active* in St. Cloud leitete, wie bereits gesagt, ANGELA MEDICI, die Schule in Bilthoven war eine Gründung von KEES BOEKE (1884-1976), die – eine Seltenheit – auch die Mittelschule umfasste. BOEKE war von 1911 an im Ausbildungszentrum der Quäker in Birmingham tätig und übernahm 1926 die Werkplaats-Schule in Bilthoven (vgl. RAWSON 1956).

Die amerikanischen *Schools of To-Morrow*, deren Entwicklungsstand EVELYN DEWEY recherchiert hatte, waren ähnlich Einzelprojekte, die die „textbook method of teaching“ ablehnten (DEWEY M.W. 8/S. 262) und Aktivierungsprogramme wie den Gelegenheitsunterricht, die Naturbegegnung oder Formen der Handarbeit und des Spiels an deren Stelle rückten (ebd., S. 266ff.), ohne eine irgendwie einheitliche „Bewegung“ zu bilden. Die Einheit ergab sich aus der Negation des bestehenden Systems (ebd., S. 329f.), während die Entwicklung der Reformen selbst hochdifferent verlief und offenbar auch verlaufen musste. „While these schools[49] are all alike in that they reflect the new spirit in education, they differ greatly in the methods that they have been developed to bring about the desired results“ (ebd., S. 389). 1915 gab es in der amerikanischen Reformpädagogik keinen organisatorischen Zusammenhang, keine unabhängige Publizistik und nur schwachen Austausch zwischen einzelnen Ansätzen. Erst *Schools of To-Morrow*[50] schuf einen Begründungszusammenhang, der praktische Innovation mit neuen allgemeinen Theorien und überzeugenden politischen Zielsetzungen verbinden konnte.

Von diesen Entwicklungen müssen *politische* Schulversuche in den zwanziger Jahren unterschieden werden, die Systemcharakter trugen und staatlichen Reformwillen voraussetzen konnten. Sie waren auf Strukturveränderungen ausgerichtet und wollten sozialen Wandel befördern. Ihr Experimentierfeld entstand durch die Machtverschiebungen nach dem Ende des Ersten Weltkrieges, vor allem dort, wo sozialistische Regierungen eigene Bildungsprogramme zu verwirklichen suchten. Das Ziel war die „Einheitsschule“, ein Projekt, das schon vor 1914 intensive Diskussion fand[51] und nunmehr bestimmte Realisierungschancen erhielt, wenngleich beschränkt auf regionale Konstellationen.[52] In Deutschland begannen nach 1918 be-

---

49 Beispielschulen sind unter anderem die Universitätsschule des Teachers College in New York, die Francis Parker School in Chicago, die Howland School ebenfalls in Chicago, die Gary-School in Indiana, eine Landschule in Fairhope (Alabama), die „Play School“ von CAROLINE PRATT wiederum in New York, eine Elementarschule in Columbia (Missouri) usw.

50 Das Buch ist breit rezipiert worden, zwischen 1915 und 1929 wurden mehr als 25’000 Exemplare verkauft, allein zwischen 1915 und 1917 erschienen acht Auflagen (M.W. 8/S. 487ff.).

51 Ausgehend von der Frage der allgemeinen Volksschule, die 1902 ein Hauptthema der 6. Deutschen Lehrerversammlung in Königsberg gewesen ist. Der am 5. Oktober 1885 in Hannover gegründete deutsche „Einheitsschulverein“ strebte dagegen lediglich die Vereinheitlichung des Gymnasiums an. Eine „nationale Einheitsschule“ skizzierte WILHELM REIN (1913). Der Kampf gegen die *„Standesschulen“* (TEWS 1906, S. 131) war Programm der „Gesellschaft für Volksbildung“. Die Schulreform der Sozialdemokratie begründete vor allem HEINRICH SCHULZ (1911).

52 Das Schrifttum aus der Weimarer Republik bezieht sich immer auf bestimmte Ansätze, die kaum variieren und sicher nicht die Breite des Spektrums erfassen. Immerhin ist auch die stereotype Referenz aufschlussreich: Der bereits erwähnte REINLEIN (1919) beschreibt einige Arbeitsschulversuche vor dem Kriege, in Dortmund, Augsburg, Leipzig, Hamburg, Dresden und München. KARSEN (1924) stellt

stimmte Länder mit Bildungsreformen,[53] signifikanter Wandel wurde auch in Großstädten wie Hamburg oder Berlin eingeleitet, wo schon vor dem Kriege starke Reformgruppen tätig waren. Die Reichsschulkonferenz von 1920 begrenzte die Einheitsschule, aber schloss politische Versuche nicht aus, die allerdings demokratische Mehrheiten verlangten.

Nach 1918 erhielten Reformgruppen vor allem der Volksschulpädagogik politische Macht und Unterstützung der Schulverwaltung. Ein solches Bündnis zwischen sozialistischen Parteien und Positionen der Reformpädagogik gab es zuvor nicht. Was vor 1914 eher vereinzelt *Demokratische Pädagogik* (GANSBERG 1911) genannt wurde und oft mit den Ideen des *Schulstaates* verbunden war (JANNASCH 1912),[54] konnte nunmehr als gesellschaftliches Reformprogramm gefasst werden. Die Kriegserfahrung hatte neue Trägergruppen konstituiert, oft aus Lehrerkreisen hervorgehend, die sich schon während des Krieges von den Machtstrukturen des Wilhelminismus gelöst hatten und die „neue Erziehung" radikal politisch definierten, als Mittel zur Veränderung der Verhältnisse. Was zuvor auf methodische und schulreformerische Ansätze beschränkt war, erhielt eine politische Vision, „Republik", „Demokratie" und „Sozialismus" „als reine, radikal erfasste *Ideen*" (OESTREICH 1920, S. 8).[55]

---

die Hamburger Versuche nach 1918 dar und berichtet über die Magdeburger Versuchsschule nach BERTHOLD OTTO, einen Dresdner Versuch mit der „Produktionsschule" sowie einige Ansätze in Berlin. HILKERS *Deutsche Schulversuche* (1924) unterscheidet Reformen der „Freien Schulen", Versuche in den Staatsschulen und „neue Formen der Berufs- und Volkshochschulbildung". Im Bereich der Staatsschule wird über sieben Ansätze im Bereich der Volksschule und drei im Bereich der höheren Schule berichtet. OTTO KARSTÄDT schließlich hat 1928 unter dem Stichwort „Arbeitsschule" etwa 15 und unter dem Stichwort „Gemeinschaftsschule" ungefähr 20 Schulversuche aufgelistet, soweit diese ihren literarischen Niederschlag gefunden hatten (KARSTÄDT 1928, S. 348ff.).

53 Ein Beispiel sind administrative Reformen in Sachsen: Volksschulen wurden nach 1918 Gemeinschaftsschulen, die Lehrmittelfreiheit wurde eingeführt, die Lehrerkollegien erhielten Autonomie und Selbstverwaltung; schulorganisatorisch sollten Unter- und Mittelstufe vereinheitlicht werden und eine gegliederte höhere Einheitsschule entstehen. Wichtig zur Unterscheidung von Preußen ist auch die universitäre Lehrerausbildung, die mit Gesetz vom 4. April 1923 eingeführt wurde.

54 *Youth' republics* (BEECHER STOWE 1908) dienen der Erziehung zum demokratischen Bürger und in dieser Hinsicht der „Selbstregierung". Das Thema hält sich bis in die dreißiger Jahre (Le self-government 1934), wenngleich beschränkt auf schulpädagogische Maßnahmen. Schweizer Erfahrungen mit Ansätzen zur Selbstregierung der Schüler (wie HEPP 1911, BURKHARDT 1911) wurden in Deutschland nicht zur Kenntnis genommen.

55 Das Zitat entstammt dem Eröffnungsvortrag von PAUL OESTREICH am 31. März 1920 auf der „Freien Reichsschulkonferenz" des Bundes entschiedener Schulreformer im Herrenhaus zu Berlin. Der Bund ist im Januar 1920 von HEINRICH SCHULZ (1872-1932), seit 1919 sozialdemokratischer Unterstaatssekretär im Reichsministerium des Inneren, aufgefordert worden, Leitsätze für die Reichsschulkonferenz vorzulegen. Die Thesen sind als „Erlebnisschule" entwickelt und heftig kritisiert worden. Die „Freie Reichsschulkonferenz" fand im Vorfeld der amtlichen Reichs-

Ein in vieler Hinsicht herausragender Versuch dieser neuen politischen Erziehung ist nicht in Deutschland, sondern zwischen 1919 und 1935 in Österreich realisiert worden. Beide Republiken standen vor ähnlichen Problemen, und in beiden wurde die Sozialdemokratie plötzlich zur tragenden politischen Kraft. Im Unterschied zu Deutschland gab es in Österreich aber keine „Reichsschulkonferenz", die den pädagogischen Kompromiss gleich zu Beginn der Reform signalisierte, sondern tatsächlich eine politische Auseinandersetzung. Deutsche Modellversuche setzten das Schulsystem in seiner Struktur voraus, in der österreichischen Bildungsreform sollte die Volksschule *insgesamt* verändert werden. Eine solche Losung gab es in Deutschland publizistisch, aber nicht praktisch, wenn das Kriterium für Wandel strukturell gefasst und nicht an einzelnen Reformkooperativen abgelesen wird.

ERNST ENGEL hat 1922 den Stand der Hamburger und Berliner Gemeinschaftsschulen dokumentiert. Hier sind „Richtlinien für die Organisation der Gemeinschaftsschule in Neukölln"[56] enthalten (ENGEL 1922, S. 35/36), die deutlich machen, was an der Basis der Reformbewegung Schulwandel gewesen ist: Die Richtlinien fordern unter anderem einen einheitlichen „Lehrkörper", bei dessen Wahl die Elternschaft zu beteiligen sei, sie fordern eine kollegiale Leitung mit Schulleitern, die auf Widerruf gewählt werden, Autonomie der Lehrtätigkeit, zugleich Berichtspflicht und Transparenz gegenüber der Schulgemeinde, die öffentliche Kontrolle ausübt. Die Schulorganisation unterscheidet „Lebensgemeinschaften" (statt Jahrgangsklassen), „Arbeitsgemeinschaften" (statt Schulfächer) und Kurse für den Elementarunterricht. Alle Wahlen sind frei, die Kinder dürfen „in ihrer Freizügigkeit über das ganze Schulsystem hin nicht gehindert werden", ausgenommen dann, wenn die Arbeitsfähigkeit einer Gruppe beeinträchtigt wird. Dabei sollen „zum mindesten die Erfolge der Volksschule erreicht werden" (ebd., S. 36).

Von diesen Postulaten praktischer Reform, die mit engen Systemgrenzen rechnen mussten, sind theoretische Verallgemeinerungen zu unterscheiden, die die Erwartungen begründen und aus denen die ideologische Brisanz er-

---

schulkonferenz statt und sollte Druck ausüben (KAWERAU 1922, S. 22). Im Aufruf zur „Freien Reichsschulkonferenz", den PAUL OESTREICH unterzeichnete, hieß es entsprechend: „*Siegen* auf der Reichsschulkonferenz *geistige Trägheit und Schulbürokratie* über die wahrhaft aufbauende Schulreform, so ist für die alte autoritative Schule nichts dauernd gerettet. Der Kampf geht weiter" (OESTREICH 1920, S. 111). Die Einladung zur „Freien Reichsschulkonferenz„ wurde unterstützt unter anderem von EDUARD BERNSTEIN, BRUNO CASSIRER, MINNA CAUER, WILHELM FOERSTER, KARL KAUTKSY, HUGO PREUSS, ADELE SCHREIBER und THEODOR WOLFF.

56 Verfasserin der Richtlinien ist eine von den Vertretern der Elternschaft sowie den Lehrerkollegien der 31 und 32. Gemeindeschule in Neukölln eingesetzte gemeinsame Kommission. Auftrag der Kommission war es, Sofortmassnahmen zur Einrichtung einer „Gemeinschaftsschule" zu entwickeln, also für einen Strukturwandel vor Ort zu sorgen (vgl. zum Kontext: RADDE 1993, Bd. I).

erwächst. Eine zentrale Frage dabei ist, was als politischer Versuch der „neuen Erziehung“ gelten kann und wo Abgrenzungen gesucht werden müssen. FRITZ KARSEN[57] teilte 1923 die Ansätze zur Schulreform in vier Klassen ein,

- organisatorische Veränderungen (etwa die Einrichtung von Begabtenschulen oder die Wahlfreiheit im Ensemble der Schulfächer),[58]
- methodische Schulversuche (Arbeitsschule, Gesamtunterricht),
- dann die „Schulen neuer Gesinnung“ (Landerziehungsheime, freie Schulgemeinden, Waldorfschulen) und schließlich
- die „Lebensgemeinschaftsschulen“ als die Ansätze einer „revolutionären Schule“.

Vor allem die Hamburger Erfahrungen[59] dienten als Anschauung für das Grundprinzip der neuen Schule, die nicht einfach organisatorische oder methodische Reform, auch nicht Einzelversuch sein will (KARSEN 1923, S. 130), sondern sich als „*Organ im Organismus der neuen Gesellschaft*“ versteht (ebd., S. 116), als „*Lebensstätte der Jugend*“, die „*in die Zukunft hineinwandert*“ (ebd.). Einen Versuch in dieser Richtung hat KARSEN selbst in Berlin unternommen; er hat seinen politischen Zusammenhang, lässt sich aber, im Unterschied zur österreichischen Schulreform, nicht als großangelegte Strukturrevision begreifen.

KARSEN ging aus von der Programmatik des „Bundes entschiedener Schulreformer“, jener von PAUL OESTREICH,[60] ihm und Anderen gegründeten,

---

57 FRITZ KARSEN (1885-1951) war nach Studium und Promotion als Oberlehrer an Gymnasien in Liegnitz und Berlin-Tempelhof tätig. 1921 wurde er Schulleiter des Kaiser-Friedrich-Realgymnasiums in Berlin, das zu einer Variante der Gesamtschule entwickelt wurde. 1923 richtete KARSEN „Arbeiterabiturientenkurse“ ein, die als Begründung des zweiten Bildungsweges verstanden werden können. 1933 emigrierte KARSEN und unterrichtete an amerikanischen Hochschulen. 1944 wurde er amerikanischer Staatsbürger und war von 1946 bis 1948 an der Re-Education in Deutschland beteiligt.

58 1917 wurden in Berlin eine sechsstufige und eine dreistufige „Begabtenschule“ eingerichtet. „Kinder, die die siebenjährige Volksschule durchgemacht haben, finden hier direkten Anschluss an die höhere Schule“ (KARSEN 1923, S. 9).

59 Gemeint sind die erwähnten Gemeinschaftsschulen, die in der Publizistik des „Bundes entschiedener Schulreformer“ eine herausragende Rolle spielen. Autoren wie AUGUST KROHN, WILHELM PAULSEN oder WILHELM LAMSZUS (1881-1965) haben ständig in der Zeitschrift des Bundes („Die neue Erziehung“ – mit der Vierteljahresbeilage „Das werdende Zeitalter“) sowie in den verschiedenen Reihen und Sammelbänden publiziert. Die Allianz entstand auch durch Berufungen: WILHELM PAULSEN wurde 1921 Stadtschulrat in Berlin; ADOLF JENSEN (1878-1965) ging Ende 1920 nach Neukölln und wurde dort 1924 Rektor der 24. Neuköllner Volksschule.

60 PAUL OESTREICH (1878-1959) war nach einem Staatsexamen in Mathematik und Naturwissenschaften seit 1905 in Berlin-Schöneberg tätig, wo er für kurze Zeit auch Stadtverordneter war. Gegen den Ersten Weltkrieg engagierte er sich pazifistisch, 1918 trat in der SPD ein und wurde 1919 Stadtrat in Groß-Berlin. 1933 wurde er verhaftet und aus dem Schuldienst entlassen, nach 1945 wurde er Mitglied der KPD und 1949 für kurze Zeit Dezernent für Oberschulen im Hauptschulamt des Magistrats von Gross-Berlin.

linkssozialistischen Lehrervereinigung,[61] deren Hauptziel die „elastische Einheitsschule“ (OESTREICH 1921) – verstanden als *Produktionsschule* der „werdenden Gesellschaft“ – war. Das gegliederte Schulwesen sollte zugunsten einer einheitlichen „Schule der Menschenbildung“ abgelöst werden, die OESTREICH 1920 als „Erlebnis- und Gemeinschaftsschule“ näher beschrieb. Sie setzt die Überwindung der herkömmlichen Schulorganisation zugunsten einer Schule der Selbsttätigkeit voraus.

Der ganze Mensch sollte sich produktiv und schöpferisch entwickeln, in der *einen* Schule für *alle*, deren Grundriss wie folgt beschrieben wird:

> „Die ‚Schule' als Betätigungsschauplatz (der neuen) ‚Erziehung' ... muss ... aus einer Unterrichtsanstalt eine *Erlebnis*anstalt werden, in der Körper und Geist tätig und allseitig ausgebildet werden, in der die Kunst als Eindruck, Schau und Schaffen das Gefühl reinigt und zu reicher seelischer Aufnahmebereitschaft eröffnet, in der der junge Mensch in das wirkliche Leben in seinen typischen Grundelementen (Landwirtschaft: Gartenbau, Feldbestellung, Viehzucht; Handwerk, Kunstgewerbe, Industrie; Geldwesen, Handel, Genossenschaftswesen; Haushaltung, Hygiene, Pflege; Recht, Gericht, Verwaltung; Nachrichtenwesen, Zeitung; ‚Erholung': Sport, Feier, Musik, Theater; Volksbildung: Bücherei, Lesehalle, Vortragswesen usw.) zu Erfahrungen gestellt wird und durch Arbeit in bestimmten, für ihn sich als geeignet herausstellenden Gebiete so heimisch wird, dass er von da aus in selbständigem Urteilen und Handeln zur näheren Umgebung, zu Volk, Staat, Menschheit, Welt wertend und aufbauend Stellung zu nehmen fähig und bereit ist. Die Schule zeigt so die Grundformen menschlicher Gemeinschaftsbetätigung überhaupt in organischer Entwicklung von der kindlichen Spielgemeinschaft bis zur bewussten Arbeit in der Volksgemeinschaft und in der Menschheit“ (OESTREICH 1920, S. 23).

Wenig später wird aus diesem Projekt das Stichwort *Produktionsschule*, mit dem die Kampagnen des Bundes geführt wurden (KAWERAU 1922,

---

61 Der „Bund entschiedener Schulreformer unter den akademisch gebildeten Lehrern“ entstand im Sommer 1919. Den Aufruf zur ersten Herbsttagung 1919 unterzeichneten 18 Männer und 2 Frauen. Die Trägergruppe setzte sich aus reformwilligen Lehrern der Höheren Schule wie OESTREICH und KARSEN sowie aus Vertretern der „jungsozialen Lehrergemeinschaft“ wie SIEGFRIED KAWERAU zusammen, die aus der Jugendbewegung hervorging. Der „Akademikerbund“ konstituierte sich am 18. September 1919 mit 24 Mitgliedern. Die Zeitschrift „Die neue Erziehung“ (eröffnet am 1. Januar 1919) entwickelte sich mit der Ausgabe April/Mai 1919 allmählich zum publizistischen Zentrum des Bundes. Im April 1920 trat KAWERAU in die Redaktion ein, 1921 wechselte der Verlag, die Zeitschrift nunmehr wurde vom gleichen Verlag geführt (C.A. Schwetschke & Sohn in Berlin) wie die Reihen des Bundes. Nach dem 1. Januar 1922 führten OESTREICH und KAWERAU die Schriftleitung der „neuen Erziehung“ autonom (Daten nach KAWERAU 1922; siehe auch BERNHARD/EIERDANZ 1991 über die Organisationsstruktur, den Einfluss und die weitere Entwicklung des „Bundes entschiedener Schulreformer“).

S. 28ff.). „Republik, Demokratie und soziale Gemeinschaft" (OESTREICH 1920, S. 141; ähnlich OESTREICH 1924, S. 40 und an anderen Stellen) gehen eine eigenwillige Allianz ein mit idealistischer Totalität, die den pädagogischen Anspruch bestimmt. Die großen Ideen des Idealismus – bis PAUL NATORPS Sozialpädagogik – müssten zu Ende gedacht und endlich realisiert werden (OESTREICH 1922, S. 207), als soziale Einheit, Harmonie und Erlösung vom Konflikt. Wenn die „*Zukunft der Ganzheit*" gebaut werden soll, schrieb OESTREICH zum zehnjährigen Bestehen des „Bundes entschiedener Schulreformer", dann muss „*über* die Parteien *hinaus* ein Bundesglaube existieren, der sich nicht in der ratio, sondern in der Lebensreligiosität *beweist*" (OESTREICH 1929, S. 768).

Ähnlich hatte SIEGFRIED KAWERAU (1922, S. 34f.) „Religion" und „Sozialismus" als die „konzentrischen Kreise" im Selbstverständnis der „Entschiedenen Schulreformer" gefasst. KARSEN entfernte sich von dieser schwärmerischen Programmatik[62] und konzentrierte sich auf die realen Möglichkeiten der Schulreform, nachdem er bei seinem ersten Schulversuch in Berlin-Lichterfelde[63] unmittelbaren Anschauungsunterricht erhalten hatte, wie schwierig selbst eine begrenzte Reform sein würde und dass die „ganzheitliche" Semantik nicht mit der Praxis der Reform gleichgesetzt werden dürfe. Die eigene Theorie skizzierte KARSEN 1921 mit dem Stichwort „Schule in der werdenden Gesellschaft". Hier wird bereits, trotz mancher sprachlicher Anklänge, der Unterschied zu OESTREICH und KAWERAU deutlich. Auch KARSENS neue Schule soll die bürgerliche Gesellschaft überwinden, aber das wird wie ein Prozess, nicht wie ein feststehendes Ziel verstanden. Der Gedanke des *Werdens* wäre nicht radikal genug gedacht, würde man ihn vorab an ein Ziel binden, das nur das „Werden" selbst, die Zukunft also, hervorbringen kann.

---

62 KARSEN war seit 1911, OESTREICH seit 1905 Studienrat in Berlin. Mitbegründer des „Bundes entschiedener Schulreformer" sind andere Studienräte wie FRANZ HILKER oder OTTO KOCH gewesen. KARSEN bereitete die Thesen des Bundes für die Reichsschulkonferenz im Juni 1920 vor und war Hauptberichterstatter. OESTREICH, der zur Zeit der Thesenerstellung erkrankt war, kritisierte die Thesen und KARSENS Bericht auf der Konferenz. Das Zerwürfnis zwischen beiden begann hier (KAWERAU 1922, S. 22; NEUNER 1980, S. 47f.). KARSEN trat am 17.5.1920 aus dem Vorstand des Bundes zurück und löste 1921 die Mitgliedschaft ganz auf (Details in RADDE 1973 und für OESTREICHS weiteren Weg in ELLERBROCK 1992). Die theoretische Differenz hat vor allem mit OESTREICHS schwärmerischem Idealismus zu tun, der auf FICHTES Konzept des geschlossenen Erziehungsstaates zurückgeführt werden kann (BÖHM 1973). Maßgebend ist auch ein quasi-religiöses Verständnis von „Totalität", das sich in den Kampagnen zur Einheitsschule immer wieder zeigte (OESTREICH 1926, S. 156ff. und an vielen anderen Stellen).

63 Der Versuch hatte Symbolcharakter: KARSEN wurde beauftragt, die ehemalige Kadettenanstalt Lichterfelde in eine öffentliche allgemeinbildende Schule (Realgymnasium mit Internatscharakter) umzuwandeln (RADDE 1973, S. 36ff.). KARSEN trat von dem Versuch zurück, als er sich gegen die retardierenden Kräfte der Verwaltung und besonders der Schülerschaft nicht durchsetzen konnte. Aber er lernte hier die Umrisse des späteren Versuchs kennen (ebd., S. 44).

Dabei ist KARSEN in der *Ablehnung* der bestehenden Gesellschaft und ihrer Schule ähnlich radikal wie OESTREICH (KARSEN 1921, S. 9). Die bürgerliche Schule sei nur das „Abbild dieser Gesellschaft" (ebd., S. 10), also unterscheide nach sozialen Klassen und verfahre durchweg autoritär, orientiert an *„äußerer Ordnung*" und innerer Konkurrenz (ebd., S. 10ff.). Disziplin und Wettbewerb stabilisieren die Verhältnisse, wirkliche Bildung werde nicht erreicht. Die „berüchtigte Lernschule" (ebd., S. 12) sei einzig an messbaren Leistungen interessiert und wirke aber genau darum gesellschaftsstabilisierend. Ihr Medium sei das Buch, dem höchste Autorität beigemessen werde. „Sie kennt keine Arbeit der Hand an der lebendigen Wirklichkeit, kennt keine Kunst. Kein Wunder, dass besonders die Sprachen zum Zeichen höherer Bildung werden" (ebd.).

Die bürgerliche Gesellschaftsform aber, so KARSEN weiter, zerbreche und die *„Gesellschaft des arbeitenden Volkes*" entstehe, ohne dass bereits ein politisches Ordnungsmodell absehbar wäre, wie es OESTREICH (1923, S. 83ff.) im Programm des Sozialismus zu sehen glaubte. Dieser Sozialismus war in Wahrheit eine linke Version der Reformpädagogik mit einem starken Ziel in der *„sozialen Solidarität*" (ebd., S. 89), auf das hin nichts weniger als die Welt selbst erzogen werden sollte. PAUL NATORPS *sozialer Idealismus* wird hier politisiert:

> „Die Gemeinschaft muss der Anfang sein, und sie bedeutet den Höhepunkt, die Brutstätte und die Grenze des Individuums. Sozialisieren ohne sozialen Geist, ohne soziale Ethik, ohne sozialen Glutwillen, ist ein Schlagwort für eine dürre Mechanisierung, für ein Sichselbstüberschlagen kapitalistischer Methoden. Der soziale Mensch ist das Thema der Erziehung, auf das sich alle Schulreformen, die immer nur ein Teil allgemeiner Gesellschafts- und Kulturreformen sein können, einzurichten haben. Wir sprechen nur von Reformen, die in einem freien Volksstaat möglich sind, in dem der Geist sozialer Gemeinschaft lebt ... Das Ziel der Schulreform für alle Teile des Volkes, für alle Schulen ist die in die Menschheit sich einfügende lebendige Volksgemeinsamkeit"(OESTREICH 1923, S. 148/149).

KARSENS Theorie hat sehr viel mehr mit Analyse der gesellschaftlichen Entwicklung und sehr viel weniger mit platonischem Idealismus zu tun. Ausgangspunkt der Analyse sind neue Wirklichkeiten, die der kapitalistischen Wirtschaftsordnung widersprechen, die solidarische Gemeinschaftserfahrung der Arbeiterbewegung, darin auch die proletarische Jugendbewegung (KARSEN 1921, S. 17ff.), das Zusammenwachsen einer „Völkergemeinschaft" auf der Basis des proletarischen Internationalismus (ebd., S. 22f.) und nicht zuletzt neue kulturelle Formen, die den Schlüsselbegriffen *„Leben, Freiheit* und *Gemeinschaft*" Ausdruck verschaffen. „Leben" steht für die Grunderfahrung sinnhafter Existenz, die sich gegen die Künstlichkeit des Rationalismus wendet und der Intuition mehr vertraut als den mechanischen Aggregaten des Verstandes. „Auch Denken ist Leben, aber nur Denken aus der Kraft der Einheit, der Liebe, des Lebensbedürfnisses. Dieses sieht immer in den Teilen noch die Einheit, die sie bindet, der bloße Verstand nur die Teile ohne Sinn" (ebd., S. 24f.).

„Intuition" wird von BERGSONS Lebensphilosophie her gedacht, die KARSENS Theorie des „Werdens" oder der sozialen Dynamik begründet. „Leben" ist „Einheitsgefühl" in kosmischen Dimensionen (ebd., S. 25), eine vorrationale Bewegung innerer und äußerer Freiheit. Die drei Grundbegriffe der Theorie der „werdenden Gesellschaft" – Leben, Freiheit, Gemeinschaft – bilden keine objektive Totalität, sondern beschreiben die Entwicklungen und Assoziationen von Personen. „Sozialismus" ist für KARSEN freie Bindung an wahre Gemeinschaften, die nicht einfach als Idee maßgebend ist, sondern als Lebensform reale und überzeugende Existenz gewinnen muss. In diesem Sinne erwächst die Teleologie aus der Entwicklung selbst: Die Person „ist nur dann ganz sie selbst, wo sie eine volle, ja die höchste Offenbarung des verbindenden Lebens der Gemeinschaft, enger: der Menschheitsgemeinschaft ist. Sie ist nur dann ganz Gemeinschaft, wo sie ganz frei ist. *Sozialismus und wahre Persönlichkeit bedingen einander*" (ebd., S. 25/26).

Die Schule, die diesem Postulat entsprechen soll, ist vor allem Lebensschule oder besser: Lebensgemeinschaftsschule. Sie hat *„kein vorher feststehendes, inhaltlich genau zu bestimmendes Ziel*", sondern entsteht aus der *„lebendigen Gemeinschaft*" und ist daran in allen ihren Aktivitäten immer zurückgebunden (ebd., S. 36ff.). Hinter der „Arbeitsschule" muss das „Lebensbedürfnis" stehen (ebd., S. 42), nur dann lässt sich die *„alte Schule*" überwinden (ebd., S. 41). Nach diesem Grundsatz hat KARSEN die „Karl-Marx-Schule" in Berlin aufgebaut. So hieß ab 1930 das Kaiser-Friedrich-Realgymnasium, dessen Leitung KARSEN im Winter 1921/22 übernahm und das er zielstrebig im Sinne der genannten Prinzipien veränderte. Schulorganisatorisch zielte der Versuch auf eine Einheitsschule, auf die soziale Öffnung des Gymnasiums und damit zusammenhängend auf eine starke innere Veränderung von Lehrplan und Methode. Didaktisch entstand so etwas wie eine „soziale Arbeitsschule", die aber immer zugleich auch als „Gemeinschaftsschule" verstanden wurde (ebd., S. 63; vgl. KARSEN 1924, KARSEN 1930).[64]

---

64 Gestützt hat den Versuch vor allem der aus Hamburg stammende Stadtschulrat WILHELM PAULSEN (1875-1943), der im Januar 1921 vom Magistrat Groß-Berlins berufen wurde. PAULSENS *Leitsätze zum inneren und äußeren Ausbau unseres Schulwesens* – veröffentlicht am 16. Februar 1921 – lösten eine heftige öffentliche Diskussion aus und wurden als „Paulsens Programm" Grundlage für die Gemeinschaftsschulen in Berlin. Am 14. April 1921 hielt PAULSEN in der Stadtverordnetenversammlung eine programmatische Rede, an die sich Erlasse zur Schulreform anschlossen. Am 27. Juni 1922 wurde die Errichtung von Gemeinschaftsschulen durch den preußischen Minister für Wissenschaft, Kunst und Volksbildung OTTO BOELITZ grundsätzlich genehmigt (Daten nach KARSEN 1924, S. 160-181). PAULSENS Nach-

Begründet wird dieser Schritt auch mit einer dynamischen Theorie der Begabung (KARSEN 1924, S. 163f.), die die Legitimationsbasis vor allem des Gymnasiums angreifen und die schulische Selektion verändern sollte. KARSENS (1930, S. 112) „soziale Arbeitsschule“ basierte nicht auf einem Verhältnis von natürlicher Begabung, Schichtzugehörigkeit und Schulkarriere, und sie definierte die pädagogische Funktion der Schule neu. Sie solle primär der Einführung in „*Lebensgebiete*“ dienen (ebd.), und dieser „neue Bildungsgedanke“ müsse in der „Gemeinschaftsschule“ verwirklicht werden, die schon vom Begriff her keine Schule sozialer Selektion sein könne. Sie sei „keine Klassen- und Standesschule..., sondern die *Stätte wahrer Volksgemeinschaft*“ (KARSEN 1924, S. 172). Die „*Gemeinschaftsschule*“ sei „*lebendige Gemeinschaft*“, und das erlaubte keine „Naturgrenzen geistiger Bildung“, die WILHELM HARTNACKE (1930)[65] am Ende der Weimarer Republik propagieren sollte.

Die Idee der Gemeinschaftsschule hat KARSEN in den Grenzen des Machbaren zu verwirklichen versucht. Unmittelbar nach Amtsantritt 1921 stellte er zunächst die Unterrichtsorganisation um, vor allem im Blick auf die „freie Organisation“ der gymnasialen Oberstufe. Dies bedeutete die Einrichtung von Wahlmöglichkeiten für die Schüler, aber auch die Zusammenkunft von Arbeitsgemeinschaften unabhängig von der Klassenzugehörigkeit der Schüler und die Durchführung von Studientagen. Ein weiteres Reformelement war der Gesamtunterricht im Sinne BERTHOLD OTTOS, der probeweise in einigen Klassenverbänden durchgeführt wurde (RADDE 1973, S. 66ff.). ALFRED EHRENTREICH,[66] einer der Lehrer an KARSENS Schule, beschrieb das methodische Prinzip dieser inneren Reform wie folgt:

> „Besuchte man eine Klasse im Unterricht, so hatte man zuerst Mühe, den Lehrer zu sehen oder zu hören: er saß mitten unter den Schülern. Die Front nach vorn, die drückenden Bänke, das Katheder – alles das gab es nicht mehr. Tugend des Lehrers in der neuen Schule war, erst die Jugend reden zu lassen, sein eigenes Urteil zurückzustellen ... er war der Berater und Arbeitsorganisator seiner Klasse“ (EHRENTREICH 1967, S. 135).

---

folger als Stadtschulrat in Groß-Berlin wurde von 1926 JENS PETER NYDAHL (1883-1967). Auch NYDAHL unterstützte KARSENS Versuch, der als Muster für Schulreformen dargestellt wurden (NYDAHL 1928).

65 Der Dresdner Stadtschulrat und spätere Sächsische Volksbildungsminister WILHELM HARTNACKE (1898-1952) vertrat eine erbgenetische Begabungstheorie, die auch nach dem Ende des Nationalsozialismus noch zur Abwehr einer sozialen Öffnung des Gymnasiums eingesetzt wurde (*Geistige Begabung, Aufstieg und Sozialgefüge. Gegen die Verstümmelung der Höheren Schule*, Soest 1950).

66 ALFRED EHRENTREICH (1896-1998) war von 1922 an Lehrer in der *Freien Schulgemeinde Wickersdorf* und wurde 1924 Mitglied des Kollegiums im Kaiser Friedrich Realgymnasium in Neukölln. Nach dem Krieg war er bis 1962 Leiter des Gymnasiums „Alte Landesschule“ in Korbach (Hessen).

Die genaue Skizzierung der Methode macht deutlich, dass mit „Gesamtunterricht" nicht wirklich das Verfahren BERTHOLD OTTOS gemeint war, sondern eine Individualisierung der Schülerarbeit. KARSEN (1923, S. 39) hatte an HUGO GAUDIGS Version der „Arbeitsschule" hervorgehoben, dass sie einen „großen Schritt zur Mobilisierung der Klasse" darstelle. Individuelle Arbeit und thematische Interessen der Lernenden sollten sich schulisch organisieren lassen, ohne in die fragend-entwickelnde Methode des Frontalunterrichts zurückzufallen.[67]

> „Am Anfang des Jahres stand eine umfassende Planbesprechung, ebenso wurden die Zeitabschnitte, etwa jeder Monat, mit solchen organisatorischen Fragen eingeleitet: aus dem Angebot wählte sich jeder Schüler seine Themen, meldete sie dem ‚Wortführer,' der die Termine festlegte. Der Lehrer hatte in der Mitwirkung an all diesen individuellen Aufgaben ein hohes Zeitmaß aufzuwenden. Die Ergebnisse der Stunden, die in Referat und Aussprache abgewickelt wurden, fanden sich in Schülerprotokollen wieder, die am Anfang der Stunde die ‚Wiederholung' ersetzen. Der ‚Klassenunterricht' der Lernschule war zugunsten eines individuellen Arbeitsprozesses aufgegeben worden, an dem aber alle Schüler teilnahmen. Die Bearbeitung stärkte die Kräfte des Einzelnen und machte ihn mit den Hilfsmitteln bekannt; die Verarbeitung ergänzte den Bildungsumfang der Klassengemeinschaft. Jeder Schüler war in jedem Fach ‚Spezialist' für ein Thema, mit der Zeit seine Einseitigkeit durch zusätzliche Aufgaben ausgleichend" (EHRENTREICH 1967, S. 135).

Neben der Reform der Unterrichtsmethode und des Schullebens hatte KARSENS Versuch den Zweck, mit Hilfe einer eigenen, dem Gymnasium angegliederten *Aufbauschule* begabte Volksschüler zum Abitur zu führen, also die soziale Auslese des Gymnasiums zu unterlaufen oder jedenfalls wirksam zu korrigieren (RADDE 1973, S. 72ff.). Aus der Zusammenarbeit mit den abgebenden Berliner Volksschulen entstanden Kooperationsmodelle, deren institutionelle Form in Richtung Einheitsschule verwies (ebd., S. 82ff.).

Intern war KARSENS Schulmodell dem Gedanken der Gemeinschaft und der Selbsttätigkeit sowie Selbstverantwortung der Schüler verpflichtet. 1921 spricht KARSEN vom „*Gemeinwesen*" der Schule (KARSEN 1921, S. 51), das sich möglichst selbst verwalten und beaufsichtigen soll. Die Schule dient damit der „jugendlichen Freiheit" (ebd., S. 52) und nicht dem institutionellen Zwang. Die Formel für diesen Prozess hieß zunächst „produktive Solidarität" (RADDE 1973, S. 95ff.) und sie verband den Freiraum der Schüler,

---

67 KARSEN kritisiert GAUDIGS „*Methode der freien geistigen Arbeit*" als zu schematisch und zu sehr sachbezogen. Die Fragehaltung würde dadurch gerade nicht befördert, weil den Schülern die eigene „Verantwortung des Fragens" fehle (KARSEN 1923, S. 36). OTTOS Gesamtunterricht auf der anderen Seite ist *zu wenig s*chematisch, das Wesen der Methode liege, „um es paradox zu sagen, in ihrer ständigen Selbstaufhebung" (ebd., S. 54).

vor allem auch den zur Kritik, mit „spezifischen Formen (der) Lehrerhilfe," also etwa dem Angebot von Informationsstunden, Klärung von Gesamtthemen oder die Betreuung von freiwilligen Arbeitsgemeinschaften (ebd., S. 95). Den *strikten* Gemeinschaftsbezug, verstanden – nach Hamburger Vorbild – als weitgehende Selbstorganisation der Schüler, hat KARSEN später abgeschwächt und revidiert. Die Emphase der „Lebensgemeinschaft" wurde ersetzt durch „nüchterne Gemeinschafts*arbeit*" (ebd., S. 103ff.), ausgehend von der Erfahrung, dass sich WILHELM PAULSENS „natürliche Schulordnung in der Großstadt" (PAULSEN 1920) *nicht* wie die abschließende Projektbeschreibung der Schulreform handhaben ließ.

Was KARSEN anstrebte, hieß nunmehr „soziale Arbeitsschule" (RADDE 1973, S. 107ff.). Die Individualisierung wurde in eine schulisch ertragreiche Form gebracht und die Lernarbeit an den erwähnten „*Lebensgebieten*" orientiert, die das „Fundament des neuen Lehrplans" darstellten. Komplexe Lebensbereiche, die die ökonomische und soziale Lage der Schüler wesentlich bestimmten, sollten erfahrbar und durchschaubar werden, etwa so wie DEWEY das Verhältnis von Lernen und Leben bestimmt hatte. Die Varianten der Projektmethode wurden ergänzt durch „*Sachdiskussionen*," die nach parlamentarischen Regeln geführt wurden, durch Gruppenarbeiten, Stundenprotokolle und andere Mittel mehr (ebd., S. 100ff., 117ff.). Auf diesem Wege entstand eine methodische Alternative zum Gymnasialunterricht.

Die Veränderungen des Unterrichts wurden begleitet von der Reform des Schullebens: KARSEN ließ regelmäßig Studienfahrten durchführen, vertiefte den Unterricht durch darstellendes Spiel und förderte konsequent die Formen der Schülerselbstverwaltung: Studienfahrten dienten der Erweiterung der Anschauung (EHRENTREICH 1967, S. 142ff.); das darstellende Spiel mündete in regelmäßigen Schüleraufführungen, die für die Schulöffentlichkeit bestimmt waren (RADDE 1973, S. 134) und dabei gesellschaftskritische Themen in den Vordergrund stellten (ebd., S. 137ff.); die Schülerselbstverwaltung schließlich hatte als zentrales Forum die „Klassengemeinde", also die unterste Ebene der Schule (ebd., S. 144ff.), in der Schüler und Lehrer zu gemeinsamer Aussprache und Kritik zusammenfanden, was auch im Lehrplan verankert werden konnte. Auf der Ebene der Schulgemeinde gab es besondere Formen der Partizipation, die dazu führten, dass in KARSENS Schule die „organisierte Schülerschaft ... an der Gestaltung sämtlicher Bereiche des schulischen Lebens wesentlich beteiligt und sowohl in Gesamtkonferenzen wie in Versetzungskonferenzen mit beachtlichem Erfolg vertreten" gewesen ist (ebd., S. 149).

Eine derartige Strukturrevision der „alten Schule" ist an verschiedenen Stellen im Bildungssystem der Weimarer Republik versucht worden. Die pädagogischen Konzepte waren überall nahezu identisch: „Die Arbeitsschulbewegung, die Kunsterziehung und der Wille zur Gemeinschaft" (GEBHARD 1927, S. 33). „Arbeitsunterricht" war vielfach nur ein anderer Name für die Projektmethode und den Gesamtunterricht, verbunden mit manueller Tätigkeit. Ihn komplementierte die besondere Betonung der ästhetischen Erziehung, sofern sie den Prinzipien von Anschauung und Selbsttätigkeit folgte (ebd., S. 33ff., 38ff.). Die pädagogische „Gemeinschaft" wurde vom Zusammenleben und Umgang zwischen Lehrern und Schülern her gedacht, durch Einrichtungen der Schulgemeinde erweitert und mit attraktiven Formen des Schullebens ergänzt (ebd., S. 48ff., 80ff.).

Je nach den politischen Optionen der Schulen sind damit stärkere oder schwächere Tendenzen der Demokratisierung verbunden gewesen. Methodenideale und Aktivierungstechniken lassen sich unabhängig von politischen Bindungen verwenden, ebenso Forderungen nach neuen Umgangsformen oder die Postulate der schulischen Gemeinschaft. Die Unterrichtsmethoden *aller* Reformschulen sind darauf angelegt, wie es in einem Prospekt der Odenwaldschule hieß, das „Arbeitsschulprinzip" zu verwirklichen, also darauf hinzuwirken, „dass die Kinder selbständig, aus eigener Initiative, mit persönlichem Verhältnisse zum Stoffe, sich für den Gegenstand ihrer Wahl einsetzen und planmäßig, zielbewusst arbeiten lernen" (Odenwaldschule 1930, S. 16f.).

In dieser Hinsicht unternahm KARSEN einen typischen Schulversuch, der allerdings eingebettet war in einen politischen Zusammenhang, dessen sozialistische Zielsetzungen[68] die Reformchance stabilisierten, solange die Machtverhältnisse dafür günstig waren, die aber zugleich die harten Kontroversen eröffneten, mit denen die Reform von Anfang an beschränkt wurde. Das gilt zumal für die ideologische Auseinandersetzung, in der humanistische Ideale der Schule ausdrücklich *gegen* Theorien der sozialistischen Erziehung ins Spiel gebracht wurden (GEBHARD 1923, S. 35ff.). Nur so – als *humanistische* – könne „die Schule als Ganzes" empor gehoben werden „aus der Sphäre des gemein Nützlichen in die höhere des Geistes" (ebd., S. 37). Hinzu kam der Verdacht, dass die Reformen sich *negativ* auf die Leistungen der Schüler auswirken würden (BERGER 1927),[69] und am Ende

---

68 Wie wenig klar die Idee einer „sozialistischen Pädagogik" nach dem Kriege gewesen ist, lässt sich anhand einer Analyse des ersten Jahrgangs der „Neuen Erziehung" (1919), also des Organs des „Bundes entschiedener Schulreformer" demonstrieren: Im Aufruf der Schriftleitung zur ersten Nummer (Januar 1919) ist vom Aufbau einer „sozialistischen Republik" die Rede. Sie soll pädagogisch umgesetzt werden mit der „Durchführung der Einheitsschule", als Erlebnisunterricht und Arbeitsschule, mit der „Einführung der Schülerselbstverwaltung" und der „Schaffung von Schulgemeinden". Die Diskussion des Jahrgangs zeigt so unterschiedliche Konkretionen dieses Konzepts wie OTTO RÜHLES „sozialistische Erziehung" der Persönlichkeit (Heft 11), LUDWIG GURLITTS berühmter Aufruf, „*Schulfarmen*" (sozialistische Landerziehungsheime) zu gründen (Heft 12/13), oder ELISABETH ROTTENS „Erziehung zum Völkerbund" (Heft 24).

69 WILLY BERGERS „Befundbericht" *Wie steht's um die Volksschule* löste heftige Diskussionen nicht nur in Sachsen aus. BERGER war Direktor der Fachgewerbeschule der Innung der Baumeister in Dresden und hatte im Januar 1927 den Kenntnisstand

der Weimarer Republik stand die Frage, welche gesellschaftlichen Kräfte sozialistische Revisionen der Erziehung überhaupt noch tragen würden. „Wo blieb die ‚werdende Gesellschaft,' der (die Schule) dienen sollte?" (EHRENTREICH 1967, S. 134)

Dieses Problem hatten die österreichischen Schulreformer nach 1919 zunächst nicht. Die werdende Gesellschaft schien unmittelbar im Entstehen begriffen. Der Zerfall der Donaumonarchie ließ aus einem Vielvölkerstaat mit mehr als 50 Millionen Einwohnern eine kleine Republik entstehen, die gerade noch sechseinhalb Millionen Einwohner zählte und sich um ein Zentrum – Wien – konzentrierte. Die ersten Wahlen nach dem Kriege sahen die Sozialdemokratie als stärkste Partei, der es sogleich gelang, in einer Art Grossen Koalition ihre Vorstellungen von Schulreform durchzusetzen. Das erste Ziel dieser Bemühung war die grundlegende Neugestaltung der Volksschule im Sinne sozialistischer Zielsetzungen. Die Stadt Wien wurde 1922 von Niederösterreich abgetrennt und eigenes Bundesland. Auf sie konzentrierte sich die Reform.

Im Sommer 1919 richtete der Leiter des österreichischen Unterrichtsamtes, OTTO GLÖCKEL,[70] eine eigene Reformabteilung ein, die das pädagogische Großexperiment plante und durchführte. Der erste konkrete Schritt war die Einrichtung von Versuchsklassen in ganz Österreich. Als Ergebnis dieser Versuchsarbeit legte das Unterrichtsministerium einen Lehrplanentwurf für das erste bis fünfte Schuljahr der Volksschule vor. Dieser Lehrplan wurde zur Diskussion gestellt und aufgrund von Stellungnahmen und Gutachten, die das Ergebnis von über 100 amtlichen Bezirkslehrerkonferenzen waren, umgearbeitet und abgeändert. Der revidierte Lehrplan wurde im Schuljahr 1920/21 probeweise eingeführt und bis zum endgültigen Entscheid immer wieder verlängert (Angaben nach: FADRUS 1926, S. 119). Umstritten war dieser Lehrplan aufgrund seiner strikt reformpädagogischen Prinzipien, die die „Umgestaltung der früheren Lern- und Buchschule zur *Lebens- und Arbeitsschule*" (ebd., S. 122) zum Ziel hatten.

Dieses Ziel wurde *politisch* definiert, wiederum mit Unterstützung der Begabungstheorie und der Idee der Durchlässigkeit im Schulsystem (TUMLIRZ 1920).[71] OTTO GLÖCKEL hat die neue Situation in seiner posthum zusam-

---

von hundert neuaufgenommenen Schülern prüfen lassen. Die Prüfung betraf Wissensstand und Leistungsvermögen der Absolventen der Volksschule. Der Lückenbefund löste die Kontroversen aus.

70 Der sozialdemokratische Politiker OTTO GLÖCKEL (1874-1935) war von 1907 Abgeordneter des österreichischen Reichsrates. 1920 wurde er in den Nationalrat gewählt, 1919 war er Unterstaatssekretär für Unterricht, von 1922 bis 1934 hatte der das Amt des geschäftsführenden zweiten Präsidenten des Wiener Stadtschulrates inne. 1934 wurde er verhaftet und starb ein Jahr später an den Folgen der Haft.

71 OTTO TUMLIRZ' (1890-1957) Aufsatz in der „Deutschen Schule", eine Preisarbeit der Robert-Rissmann-Stiftung, war auch als Separatum zugänglich und lieferte für die Reform ein vielzitiertes Argument. TUMLIRZ war zu diesem Zeitpunkt (1920)

mengestellten Autobiographie (die 1939 nur noch in Zürich erscheinen konnte) so dargestellt: Es ging um den Aufbau einer neuen Schule nach reformpädagogischen Prinzipien unter den Bedingungen der Republik. Die Schule musste „republikanisch, demokratisch und sozial werden, so wahr sie bis dahin das antisoziale Instrument der in der Monarchie regierenden Klassen gewesen war“ (GLÖCKEL 1939, S. 85). Das implizierte vor allem eine strukturelle Korrektur der *„ungeheuren Benachteiligung*“ (FISCHL 1922, S. 25) der Arbeiter- und Bauernkinder und so einen Angriff auf die Schulprivilegien des „Bürgertums“ (ebd., S. 27). In diesem Sinne handelte es sich um eine *sozialistische* Schulreform großen Stils.

Die Reformabteilung des Unterrichtsministeriums (später „Schulwissenschaftliche Abteilung“ genannt) agierte auf dieser Linie. Ihre *Leitsätze für den allgemeinen Aufbau der Schule* (Mai 1920) machten deutlich, dass und wie über die Reform der Volksschule der gesellschaftliche Strukturwandel weitergetrieben werden sollte. Das Ziel war die *Einheitsschule* als integriertes System, die Abschaffung der *„Standesschule*“ und Ausdehnung der gemeinsamen Verschulung bis zum vierzehnten Jahr (FISCHL 1922a, S. 563, 571). Als entschiedener Schritt in diese Richtung wurde die Etablierung einer einheitlichen Mittelschule angesehen, in der, differenziert nach Leistungen, alle Schüler vom 11. bis zum 14. Lebensjahr unterrichtet werden sollten.[72]

An diesem Plan schieden sich die Geister, und er war auch für die Sozialdemokratie ein radikaler Schnitt. Vor dem Weltkrieg ist, ähnlich wie in Deutschland, das Parteiprogramm der österreichischen Sozialdemokratie wenig konkret gewesen im Blick auf das, was als „Schulreform“ postuliert wurde. Gefordert wurden Veränderungen des „organisatorischen Rahmens,“ ohne dass von Inhalten und Methoden der neuen Schule die Rede war. Die Forderungen betrafen vor allem die Unentgeltlichkeit des Schulbesuchs sowie die Verstaatlichung der Schulaufsicht (SALFENAUER 1984, S. 228). Erst GLÖCKELS Reform fusionierte Reformpädagogik und Sozialismus und machte den Weg frei zu einer politischen Schulreform, die admi-

---

Lehrer am Realgymnasium in Graz. Er wurde 1930 zum Leiter des Pädagogischen Seminars der Universität Graz berufen und war später bekennender Nationalsozialist, der von 1952 bis 1956 nochmals Lehrveranstaltungen abhalten durfte.

72 Der Plan sah für die allgemeine Mittelschule vier Hauptklassen mit je zwei Zügen vor. Die Einteilung erfolgt nach Begabung, mittlere und höhere „allgemeine Begabungen“ kommen in den ersten, Schüler, deren Leistungsfähigkeit „unter dem Mittelmass zurückbleibt“, kommen in den zweiten „Klassenzug“. Entscheidend ist dabei die Beurteilung der Grundschule, eine eigene Aufnahmeprüfung für die Mittelschule erfolgt nicht. Die in den zweiten Zug „Eingereihten“ haben das Recht, eine Aufnahmeprüfung für den ersten Kurs zu verlangen. Die Lehrer haben das Recht, Schüler nach einer Erprobungszeit in den zweiten Kurs zu versetzen. Gemeinsam ist beiden Kursen das Schulleben und der Unterricht in bestimmten Fächern, vor allem im Bereich von Arbeit, Musik und Sport. Differenzierungen im ersten Kurs betreffen „erweiterte Lehrgänge“ in bestimmten Fächern, „zunächst der Mathematik“. Dieser „bewegliche Lehrplan“ kann auch auf die Schüler des zweiten Kurses ausgedehnt werden (vgl. Leitsätze 1920).

nistrativ unterstützt wurde. Es war eine Reform *von oben*, die die Schulverwaltung in Konkordanz mit der Sozialdemokratie durchsetzen wollte.[73]

Dafür gab es einige gute Voraussetzungen, die wiederum mit großstädtischen Reformtraditionen zu tun haben: Ab 1890 hatten sich die sozialdemokratisch gesinnten Lehrer im „Zentralverein Wiener Lehrerschaft" organisiert, in dessen Programm bereits „klare Demokratisierungsbestrebungen" erkennbar waren, wie „die Wahl der Inspektoren und Schulleiter durch die Lehrpersonen der Anstalt bzw. des Inspektionsbezirks, oder aber auch die Öffentlichkeit der Qualifikation und, was für die Arbeitsschulbewegung sehr wichtig erscheint, die vollkommene Freiheit der Methode" (ebd., S. 228). Sozialdemokraten und Liberale bauten vor dem Weltkrieg auch den „Volksverein für die Freie Schule" auf, in dem der Einheitsschulgedanke propagiert wurde. Dieser Verein gründete in freier Trägerschaft einige Musterschulen, die nach den Prinzipien der Arbeitsschule organisiert wurden und als kritisches Experiment einigen Einfluss auf die öffentliche Diskussion gewannen (ebd., S. 229/230). Zu den Vorkriegsgründungen gehört schließlich noch die sozialdemokratische Organisation der „Kinderfreunde", die 1908 in Graz ins Leben gerufen und zunächst ganz unpolitisch als pädagogische Betreuung von Arbeiterkindern begriffen wurde (ebd., S. 230f.). Später entstand daraus eine sozialistische Massenorganisation, die vor allem durch ihre Sommerkolonien für Kinder[74] berühmt wurde (ebd., S. 232ff.).

Der österreichische Wortführer und Organisator dieser Bewegung war OTTO KANITZ, der die reformpädagogische Maxime „vom Kinde aus" proletarisch übersetzte und der „im Geiste des aufbauenden Sozialismus" erziehen wollte (KANITZ 1974, S. 104). „Sozialistische Erziehung" heißt hier wohl Erziehung „für die gesamte Arbeiterklasse" (KANITZ 1931, S. 135), aber verstanden unter den Gesichtspunkten der „sozialistischen Jugendbewegung" (KANITZ 1928) und mit der Parole, die Kinder auch und gerade in sozialistischen Gemeinschaften „Kinder sein zu lassen" (KANITZ 1922).[75] KANITZ' theoretische

73 Vor 1914 war „Schulreform„ vor allem in der Stadt Wien ein starkes publizistisches Thema, praktisch aber gab es lediglich einzelne Versuche. Nach dem Krieg wurde das Thema, wie in Hamburg oder Berlin, entschieden politisiert und Sache der Parteien, die die Schulverwaltung mit Reformern besetzten. Eine Gesamtreform entstand konzeptionell nur in Wien.

74 Auch das ist kein neuer Gedanke (vgl. TEWS 1887), der aber nach 1918 einer politischen Großorganisation zugrundegelegt wurde. 1928 hatten die österreichischen „Kinderfreunde" 95.661 Mitglieder, die in 363 Ortsgruppen organisiert waren (Angaben über die Mitgliederbewegung finden sich regelmäßig in der Zeitschrift „Die Sozialistische Erziehung"). In Deutschland gab es 1929 553 Ortsgruppen, deren Mitgliederzahl mit über 120.000 angegeben wird. Die sozialistische Kinderzeitung „Der Kinderfreund" hatte eine monatliche Auflage von 300.000 Exemplaren. Die Sommerkolonien waren jährliche Großveranstaltungen, die pädagogisch attraktiv organisiert wurden.

75 Das steht immer unter dem Vorbehalt der „Klassenbindung": „*Ganze* Sozialisten" werden nicht „abtrünnig" (KANITZ 1925, S. 262). Was KANITZ an dieser Stelle über den Zusammenhang von „Gefühlsbildung durch Symbole" zu sagen hat, unter-

Bezugspersonen waren der sozialistische Philosoph MAX ADLER und der Psychologe ALFRED ADLER, beides bestimmende Figuren der spezifisch österreichischen Diskussion über die neue Erziehung und deren politische Implikationen.[76] In den Grundsätzen der „sozialistischen Erziehung," die KANITZ 1929 mit „Kämpfer der Zukunft" überschrieb, ist deutlich von der Autonomie des Kindes die Rede, die durch die „erwachsenen Proletarier" nicht unterdrückt werden dürfe (KANITZ 1974, S. 131).

Nur Machtverzicht (ebd., S. 132) gegenüber dem Kind beförderte die „Erziehung zur Solidarität" (ebd., S. 143) und so die Entstehung eines „sozialistischen Lebensplanes" (ebd., S. 144), wie es im Anschluss an ALFRED ADLER heißt. „Kinderrepubliken" werden verstanden als reformpädagogische „Lebensgemeinschaften", die sich ihre eigenen Gesetze geben und weder von den „Bedürfnissen einer herrschenden Schicht" noch vom „alles leitenden Willen eines Führers" diktiert werden (ebd., S. 145). Auf diese Weise erfahren die Arbeiterkinder Freiheit und Bindung gleichermaßen, dies allerdings exklusiv: „In Betracht für die Erfüllung sozialistischer Erziehungsforderungen kommen nur sozialistische Erziehungsgemeinschaften" (ebd., S. 157).

In diesem Geiste wurde die Kinderfreunde-Bewegung organisiert, abgegrenzt von der kommunistischen Konkurrenzorganisation und von ihr unterschieden durch die liberalere Form von Erziehung, die sich einer Parteiindoktrination widersetzte. „Erziehung ist zuerst Entwicklungshilfe", schrieb ANTON TESAREK (1936, S. 97),[77] der Mitorganisator der „Kinderfreunde" und spätere Gründer der österreichischen „Roten Falken", also der sozialdemokratischen Jugendbewegung. Auch TESAREK ist stark beeinflusst von ALFRED ADLER, zudem von ANNA FREUD und der Wiener Psychoanalyse. Die wissenschaftliche „Seelenkunde" sollte das Handeln des neuen Erziehers vornehmlich bestimmen, und sie legte eine „beobachtende, abwartende Haltung" nahe, die Strafen möglichst vermeidet und dem Kind sein eigenes Wachstum und damit seine Entwicklungszeit zugesteht (ebd., S. 111).

---

scheidet sich nur politisch von dem, was PETERSEN (1934a) knapp zehn Jahre später zum gleichen Thema ausführte.

76 MAX ADLER (1873-1937) begründete den „Austromarxismus", eine neokantianischen Revision nicht der marxistischen Gesellschaftstheorie wohl aber des damit oft verknüpften (monistischen) Materialismus. Die Veränderung der Gesellschaft erhielt ein ethisches Ziel, das sich individuell übersetzen lassen muss. Hier liegt die Verbindung zu ALFRED ADLER (1870-1937), dessen „Individualpsychologie" die österreichische Reformpädagogik an entscheidenden Stellen beeinflusst hat.

77 OTTO TESAREK (1896-1977) war Volksschullehrer in Wien. Er gründete 1925 die „Roten Falken" und befasste sich vor allem mit Kindergarten- und Horterziehung. 1934 kam er in „Schutzhaft" und wurde 1938 in ein Konzentrationslager eingewiesen. Nach 1945 war er Leiter des Jugendamtes der Stadt Wien.

In diesem Sinne hat SOPHIE LAZARSFELD (1929)[78] die „Grundbegriffe“ der modernen Erziehung aus ADLERS Individualpsychologie her bestimmt und den unbedingten Anspruch des Kindes auf Geltung als das grundlegende pädagogische Problem formuliert (ebd., S. 5f., 8). Psychologische Geltung muss freilich sozial nützlich sein (ebd., S. 8f.), darf also nicht das egoistische Geltungsstreben der Erwachsenengesellschaft kopieren (TESAR 1925, S. 17ff.).

Auf dieser Grundlage lässt sich von einer psychologischen „Erziehungstechnik“ sprechen (BIRNBAUM 1929), und sie bringt den Geist der Reform sehr treffend zum Ausdruck: Notwendig und grundlegend ist eine seelische Verbindung des Erziehers mit dem Kind. Der Erzieher muss sein Handeln vom „Lebensplan“ des Kindes aus leiten, so jedoch, dass das Kind von seinen inneren Konflikten entlastet wird. Der Erzieher muss systematisch ermutigen, Strafen nicht selbst herbeiführen, sondern sie als natürliche Folge einer fehlerhaften Handlung des Kindes ansehen. Das Ziel ist die Ablösung des Kindes, doch dafür muss der Erzieher sein Rollenverständnis grundlegend ändern: „Alle Kunstgriffe nutzen nichts, wenn der Erzieher nicht willens ist, sein Prestigebedürfnis vollkommen auszuschalten! Das ist das A und O der modernen Erziehungstechnik“ (ebd., S. 39).

Die Pädagogik vom Kinde aus wird zu Recht als der „Leitgedanke der österreichischen Schulreform“ beschrieben (WEINHÄUPL 1981, S. 53ff.). Originell ist an den Erziehungskonzepten dieser Reform vor allem die tiefenpsychologische Optik, die sich wesentlich ALFRED ADLERS Theorie[79] zu Eigen machte. Die Entwicklung des Kindes konnte aus sich heraus und unter Respektierung des inneren Lebensplanes betrachtet werden. ADLERS Psychologie erlaubte außerdem, Neurosen als *Fehler* anzusehen und ihre Korrektur von gezielten Lernprozessen abhängig zu machen. Erziehung ließ sich grundsätzlich *optimistisch* verstehen (LAZARSFELD 1929, S. 6), in der Perspektive des Erziehers, der die Entwicklung des Kindes befördern will, ohne durch dämonische Bilder des Unbewussten irritiert zu werden.

Das erklärt, warum ADLERS Individualpsychologie auf die österreichischen Schulreformer weit mehr Einfluss ausübte als FREUDS Psychoanalyse, die nicht zufällig eher in der Sozialpädagogik der zwanziger Jahre Beachtung fand.[80] Für die Schulreformer sollte die neue Tiefenpsychologie nicht die

---

78 SOPHIE LAZARSFELD (geborene MUNK) (1881-1976) war als Individualpsychologin und Publizistin in Wien tätig (vgl. LEVY/MACKENTHUN 2001, S. 157ff.)

79 ADLERS *finale* Psychologie geht davon aus, dass ein „Plan“ die Entwicklung des individuellen Lebens bestimmt. Das ist deutlich gegen FREUDS *kausale* Erklärung der Neurosen gerichtet, denn ADLERS „nervöser Charakter“ entsteht durch Abweichung vom Lebensplan, während FREUDS Lehre Neurosen auf Triebfixierungen zurückführt und damit zu Ursachen des Fehlverhaltens stilisiert. Sie hängen nicht mit einer Teleologie zusammen.

80 Das gilt für SIEGFRIED BERNFELD ebenso wie AUGUST AICHHORN und andere FREUD nahestehende Pädagogen und Pädagoginnen. Von diesem spezifischen Wiener

Schäden der Erziehung beschreiben, sondern den pädagogischen Optimismus bestätigen, und dafür war ADLERS finale Theorie des Lebensentwurfes weit besser geeignet als FREUDS Theorie der Verdrängung.[81] Die empirische Kinderpsychologie wurde ganz ähnlich rezipiert, wie KARL BÜHLER (1936) deutlich machte. Auch sie musste den Erziehungsoptimismus bestätigen, der dem gesamten Reformprogramm zugrunde lag. Generell wurde versucht, zwischen Sozialpolitik und Sozialwissenschaft ein eigenes, nichtinstrumentelles Verständnis von Kindheit zu bewahren (ANDRESEN 2003a).

Neben dem pädagogischen Konzept der Kindorientierung wurde in der Schulreform das politische Ziel der Demokratisierung verfolgt. Diesem Ziel sollte das Schulsystem insgesamt angepasst werden. Über den Reformplan heißt es in GLÖCKELS Selbstbiographie:

> „Wollte man das öffentliche Schulwesen wirklich in den Dienst des ganzen Volkes stellen, so musste zweierlei erstrebt werden: erstens die möglichste Intensivierung der Bildung für *alle* Kinder des Volkes, zweitens aber die gerechtere Gestaltung der *Auslese* jener Minderheit, die über das Maß der allgemeinen Schulpflicht hinaus einer höheren Bildung teilhaftig werden soll“ (GLÖCKEL 1939, S. 85).

Zum einen geht es dabei um die innere Schulreform nach den Prinzipien der Diskussion vor 1914, zum anderen aber um eine „tief greifende organisatorische Umgestaltung des gesamten Schulaufbaus“, zusammengenommen um das Verhältnis von *Arbeitsschule* und *Einheitsschule* (ebd.). Diese Kombination machte einen Test auf die Reformpädagogik aus, denn nur wenn es gelingen würde, beide Reformmodelle politisch durchzusetzen, könnte das etablierte Schulsystem radikal verändert werden. Nur dann aber wäre es berechtigt, von einer „neuen Schule“ zu sprechen, die nicht mehr den Status einer pädagogischen Insel außerhalb des staatlichen Systems hat.

Das erste Ziel, die innere Reform in Richtung auf die „Arbeitsschule“, schlug sich in den Lehrplänen nieder, die ab 1927 verbindlich für die Volksschulen eingeführt wurden. Ihre Leitideen entsprachen im Wesentlichen dem reformpädagogischen Schulprogramm; der Ausdruck „Arbeitsschule“ ist dafür nur

---

Kontext muss allerdings die große internationale Rezeption FREUDS in der *Kinderpsychologie* unterschieden werden, die die Reformpädagogik nachhaltig beeinflusst hat, allerdings nie anders als zur Bestätigung von *Optimismus*. Oft sind die Zugriffe tiefenpsychologischer Positionen kaum zu unterscheiden von „ganzheitlichen“, kreativ-lebensphilosophischen oder sonstwie mit dem „Unbewussten“ des Kindes operierenden Ansätzen.

81 Das Konzept der *neuen Erziehung* entstammte dem „Verein für Individualpsychologie“. Zentrale Arbeiten aus dem Umkreis dieses Vereins wurden 1914 in dem Sammelband *Heilen und Bilden* veröffentlicht. Herausgeber waren ALFRED ADLER und CARL FURTMÜLLER (1880-1951). Der Gymnasiallehrer FURTMÜLLER wurde 1920 in die Reformabteilung berufen und zwar in die Sektion, die für die Mittelschule zuständig war. Den Kreis um ALFRED ADLER stellt der Band von LEVY/ MACKENTHUN (2001) dar.

das Signalwort. Es ging um Anschauungsunterricht, Gegenwartsschule (Verbindung von Schule und Leben), die besondere Bedeutung der Handarbeit und der körperlichen Erziehung, Mitwirkung der Eltern sowie innere Demokratie. Von zentraler Wichtigkeit ist dabei die Reform des Unterrichts, die nicht zufällig in etwa dem entsprach, was auch KARSEN realisieren wollte:

> „Der unterrichtliche Stoff ist *heimatkundlich und lebenskundlich* basiert, der Schüler hat ihn *selbständig* und *selbsttätig zu erarbeiten*, die Zersplitterung in einzelne Fächer wird durch *Gesamtunterricht* überwunden. Die Lehrpläne sind *Rahmenlehrpläne*; sie sind durch *schulindividuelle Arbeitspläne* zu ergänzen, die – für die Woche, den Monat, das Jahr – je nach der örtlichen Lage der Schule von der Arbeitsgemeinschaft der Lehrer, von Hauskonferenzen, vom einzelnen Lehrer selbst ausgearbeitet werden. Die lebendige Mitte des Gesamtunterrichtes ist die ‚Heimatkunde und Lebenskunde,' um sie schließt sich – also vom Gesamtunterricht umfasst – der mündliche und schriftliche und zeichnerische und sonstige Ausdruck des Kindes. Erst im Laufe der Jahre, etwa vom 4. Schuljahr an, kommen die Besonderheiten dieser ‚Lehrstoffe' schon so weit zur Geltung, dass sie zu kleinerem oder größerem Teil –, jedoch ständig in der natürlich sich ergebenden *Wechselbeziehung*' – zu getrennten ‚Fächern' werden. Zugunsten solchen Gesamtunterrichts tritt der Stundenplan in den Hintergrund, verschwindet zum Teil ganz. Der Lehrer hat in ‚*Lehrausgängen*' die Kinder aus der Schulstube vor und in die Wirklichkeit zu führen – Zahl und Zweck dieser Lehrausgänge werden durch die Arbeitsgemeinschaften oder nach sonst festgelegtem Plan geregelt" (TESAR 1928, S. 314).

Für diese Ideen wurden im großen Stil geworben und praktische Wege der Durchführung aufgezeigt: Neben den Versuchsklassen, die nach 1920 bestimmte Projekte durchführten, wurden Hospitierklassen eingerichtet, in denen Lehrer die neuen Prinzipien lernen konnten. Zu diesem Zweck bildeten sich Lehrerarbeitsgemeinschaften, in denen auch die Reformabteilung zu Worte kam.[82] Zwischen 1920 und 1925 fanden regelmäßig Bezirkslehrerkonferenzen statt, auf denen GLÖCKEL und seine Mitarbeiter die neuen Konzepte vorstellten und verteidigten. Für die ideologische Auseinandersetzung und die pragmatische Ausgestaltung der Reform entstanden neue

---

82 GLÖCKEL übernahm im April 1919 die Leitung des Unterrichtsamtes. Die Schulreformabteilung hatte zwei Sektionen, Leiter der Reformabteilung für die Volksschulen war VIKTOR FADRUS, Leiter der Abteilung für Mittelschulen war bis 1921 der Grazer Universitätsprofessor EDUARD MARTINAK, danach HERMANN RASCHKE. Als Mitarbeiter konnten so profilierte Reformpädagogen wie EDUARD BURGER (Arbeitsschule), KARL LINKE (Fachdidaktik) oder HANS FISCHL (Gymnasialreform) gewonnen werden. Die Besetzung dieses Amtes blieb grundsätzlich erhalten, als GLÖCKEL im Oktober 1920 ausschied und 1922 Leiter des Wiener Schulwesens wurde (Angaben nach FISCHL 1929, S. 42ff.).

Zeitschriften und Buchreihen.[83] Hier wurde über den Fortgang des Experiments berichtet, aber auch grundsätzliche Theoriearbeit geleistet, an der sich eine Reihe von vielversprechenden jungen Autoren beteiligten.[84]

GLÖCKEL selbst lieferte entscheidende publizistische Stichworte, etwa die polemische Unterscheidung von „Drillschule", „Lernschule" und „Arbeitsschule", die die historische Überlegenheit der Reform wirkungsvoll suggerierte (GLÖCKEL 1928). Die Propagierung der Reform war aber nur dann glaubwürdig, wenn sich in der *praktischen Schularbeit* attraktive Neuerungen ergeben würden. Der Einführung neuer, reformkonformer Methoden galt daher in Hauptinteresse der Administration. Im Herbst 1922 wurde in Wien der „Schülerbeschreibungsbogen" eingeführt, mit dem die kritische Frage der Schülerbeurteilung auf eine neue Grundlage gestellt werden sollte (WEINHÄUPL 1981, S. 76ff.). Der Bogen schreibt eine umfassende Beobachtung und Beurteilung der einzelnen Schüler vor, der die Klischeeurteile ersetzen soll. Das Kind wird *pädagogisch* beobachtet und beschrieben, als Persönlichkeit, Glied der Gemeinschaft, im Hinblick auf sein Sozialverhalten, aber auch in der Freizeit und nicht zuletzt bezogen auf die Chancen, es erziehlich und unterrichtlich zu beeinflussen. Als institutionelle Errungenschaft sind schließlich die „Bundeserziehungsanstalten" zu werten, die als Heimschulen eingerichtet wurden und dazu dienten, sozial benachteiligten, aber begabten Schülern den Weg zur höheren Bildung zu eröffnen (BELOHOUBEK 1931). Hier wurde das Konzept der Landerziehungsheime verwirklicht, nicht in privater Trägerschaft, sondern als staatliche Organisation.

---

83 Die Zeitschrift „Volkerserziehung" ersetzte ab 1919 das alte Verordnungsblatt des Unterrichtsamtes. Daneben wurde im Oktober 1919 für das Volksbildungsamt (eine Sektion des Unterrichtsministeriums, die die Erwachsenenbildung reorganisieren sollte) die Zeitschrift „Volksbildung" eingerichtet. Drei weitere Gründungen waren unabhängig vom Ministerium: Die „Schulreform" (1921-1934, herausgegeben von VIKTOR FADRUS und KARL LINKE), die „Quelle" (Fortsetzung des „Österreichischen Schulbotens", 1922-1934 herausgegeben von EDUARD BURGER und RICHARD ROTHE; von 1935 bis 1938 als „Pädagogischer Führer" fortgesetzt) sowie „Der neue Weg" (1924-1939, herausgegeben, von LEOPOLD LANG). Hinzukommen zwei profilierte Buchreihen, die „Lehrerbücherei" (78 Bände bis 1929, herausgegeben von VIKTOR FADRUS und EDUARD BURGER) sowie die „Schulreformbücherei." Diese gezielte Propagierung der Reform wurde ergänzt durch neue Lehrmittel und, vor allem, durch neue Schulbücher (FISCHL 1929, S. 50ff.). Auch bestimmte akademische Reihen stehen in diesem Zusammenhang (etwa die „Wiener Arbeiten zur pädagogischen Psychologie" und die „Österreichischen Beiträge zur Pädagogik").

84 Ein Beispiel ist SOPHIE LAZARSFELDS Sammelband *Technik der Erziehung* (1929), der wichtige Theoriediskussionen in praktischer Absicht zusammenfasste. Er vereint Autoren und Autorinnen wie PAUL LAZARSFELD, MANÈS SPERBER, OTTO und ALICE RÜHLE, IDA LÖWY u.a.m. Daneben sind weitere Psychologen aus dem Kreis um CHARLOTTE und KARL BÜHLER zu nennen (ELSE BRUNSWIK, HILDEGARD HETZER) sowie einige Mitglieder des „Wiener Kreises" (KARL POPPER, OTTO NEURATH, EDGAR ZILSEL). Autoren im Umkreis des psychoanalytischen Marxismus (wie SIEGFRIED BERNFELD) stehen zu dieser Arbeit in kritischer Distanz, beteiligen sich aber ebenfalls an den weitgespannten Diskussionen.

Die Zustimmung der Volksschullehrer zum neuen Lehrplan und damit zu den Prinzipien der Reformpädagogik war groß. In einer Umfrage des Unterrichtsministeriums gab es 1925 ein eindeutiges Votum: „90 Prozent von den 8000 Wiener Lehrern und 89 Prozent der Volksschullehrkörper sowie 92 Prozent der Arbeitsgemeinschaften stehen hinter dem Lehrplan“ (FADRUS 1926, S. 123). Das hat die Kritik freilich nicht beruhigt, die die politische Schulreform als Versuch einer weitgehenden Gesellschaftsveränderung verstand und entsprechend scharf angelegt war. Klerikale Pädagogik und sozialistische Auffassung standen einander unversöhnlich gegenüber (Der Schulkampf in Österreich, 1925), weil das Monopol der religiösen Zielsetzungen und so die Macht der katholischen Kirche gebrochen waren. Der führende Kopf der Kritiker war der Wiener Universitätspädagoge RICHARD MEISTER,[85] der 1920 eine dezidierte Kritik des Einheitsschulgedankens vorlegte und ein Jahr später die vier Grundpfeiler der Reformerwartung – soziale Koedukation, Erfassung von Begabungen, Hinausschiebung der Berufswahl bei späterer Selektion und die Erhöhung der Allgemeinbildung – einer ebenso harten wie luziden Analyse unterzog.[86]

Der Kern dieser Auseinandersetzung war die Frage der Vereinheitlichung der Mittelschule. MEISTER gehörte einer Arbeitsgruppe an, die die Erfahrungen der bestehenden Mittelschulen mit der Volksschulreform bearbeitete und den zweiten Schritt der Reform einleiten sollte. MEISTER fasste als Schlussredner die Diskussion zusammen und gewichtete sie aus seiner Sicht: Er attestierte der Volksschulreform einige Vorzüge, insbesondere im Bereich des schöpferischen Ausdrucks und der Schulmotivation, betonte jedoch weit stärker die Mängel. Diese Mängelliste trifft den Kern der pädagogischen und damit zusammenhängend auch der politischen Auseinandersetzung: „Rückgang der Kenntnisse im Rechtschreiben, in der Sprachlehre und im formalen Rechnen, besonders im Dividieren. Von einigen Rednern wurde das mehrfache Vorkommen auffälliger grober Sprachfehler

---

85 RICHARD MEISTER (1881-1964) promovierte 1904 in Wien in klassischer Philologie und legte ein Jahr später die Lehramtsprüfungen für das Gymnasium in den Fächern Latein und Griechisch ab. Er war danach als Gymnasiallehrer in Wien tätig. 1918 berief ihn die Universität Graz als ausserordentlichen Professor für klassische Philologie. Seit 1923 war MEISTER dann Professor für Pädagogik an der Universität Wien und einflussreicher Fürsprecher der akademischen Bildung. Er war im Jahre 1949/1950 Rektor der Universität Wien und wirkte von 1951 bis 1963 als Präsident der Österreichischen Akademie der Wissenschaften.

86 MEISTER verstand genau, wo der Angriff der Reformer theoretisch lag, nämlich in der Wendung zum Kind, die die Bildungstheorie des Gymnasiums funktionslos werden lässt. Es käme dann nämlich nicht mehr auf das „Prinzip der spezifischen höheren Allgemeinbildung“ an (MEISTER 1920, S. 51), sondern auf die entwicklungsgerechte Schule mit ihren sozialpädagogischen Maximen. Man könne aber aus der „bloßen Tatsache der gemeinsamen Erziehung“ nicht schließen, dass sich bei allen Kindern bestimmte Dispositionen entwickeln (MEISTER 1921/22, S. 538) und dass auf diesem Weg die Einheitsschule wirklich zur Erneuerung der „Volksgemeinschaft“ beitrage (ebd., S. 540).

vermerkt. Ferner wurden Klagen geführt über mangelnde Gedächtnisübung, über geringe Fähigkeit, die Aufmerksamkeit bei einem bestimmten Gegenstande festzuhalten, und im Zusammenhang damit über leichtere Ablenkbarkeit der Aufmerksamkeit sowie geringere Geneigtheit zu längerer angespannter Arbeit, weiterhin über Mängel in der Arbeitsdisziplin und damit verbunden gelegentliche Vordringlichkeit lebhafter und Zurückdrängung langsamerer Schüler" (MEISTER 1925, S. 198f.).

In einer persönlichen Stellungnahme kritisierte MEISTER die „missverständliche Überspannung des Spontaneitätsprinzips" (ebd., S. 203) und die „Unterschätzung des gedächtnismäßigen Lernens" (ebd.) im Arbeitsunterricht. Der methodische Kern der Reform, der Gesamtunterricht, lasse sich nicht in jedem Stoffgebiet anwenden und sei daher keineswegs ein Königsweg der schulischen Lehre. Namentlich kämen „*Formalien* und *Fertigkeiten*" zu kurz (ebd., S. 210) und gelänge die „*Sichtung und das Festhalten des Arbeitsertrages*" nicht in der gewünschten Weise (ebd., S. 214). Damit war der gymnasialen Mittelstufe die Richtung vorgegeben, wie sie sich gegen die Reform wirkungsvoll verteidigen konnte: Die neuen Methoden seien für den „Anfangsunterricht" geeignet, auch für den „Sachunterricht" der Volksschule (ebd., S. 224, 207), nicht aber für die Kernfächer des Gymnasiums, weil es hier auf jene Lehrprinzipien ankomme, die die Reformpädagogik vernachlässige.

Dieses Urteil wurde in der internationalen Rezeption des österreichischen Experiments nicht geteilt,[87] aber die zunehmend schärfere Politisierung der Diskussion machte es den Reformern schwer, sich gegen die Mängelliste zur Wehr zu setzen, zumal sie dies nur konnten, indem und soweit sie auf die Unterschiede des klassischen Gymnasiums und der neuen, reformpädagogischen Volksschule verwiesen. VIKTOR FADRUS (1926, S. 126)[88] hat RICHARD MEISTER auf dieser Linie geantwortet und die Mängelzuschreibung mit der anderen Optik der Gymnasiallehrer erklärt. Der „neue Geist in der Volksschulerziehung zeigt sich vor allem darin, dass nicht mehr die äußere, rein autoritäre Disziplin, sondern die *innere Selbstdisziplin* angestrebt wird". Sie bewirke ein anderes Verhalten und neue Umgangsformen, so dass es unfair sei, aus dem Blickwinkel der alten Schule über sie zu urteilen.

---

87 1927 sprach etwa der Genfer Seminardirektor ROBERT DOTTRENS von einer „admirable réalisation" der Ideen von 1789 (DOTTRENS 1927, S. 193) und MAY HOLLINS SIEGL erkannte 1933 in ihrer Dissertation an der Columbia University, dass die Schulreform in Österreich als „severe test" der Ideen der progressiven Pädagogik aufgefasst werden müsse, weil sie die Reform eines nationalen Schulsystems versucht habe (SIEGL 1933, S. 127). ADOLPH E. MEYER (1934/1971, S. 211f.) erwähnte besonders die „Bundeserziehungsanstalten", die eine ganzheitliche Erziehung verfolgten und darin „true to the ideals of progressive education" (ebd., S. 212) anzusehen seien.

88 VIKTOR FADRUS (1884-1968) war Volksschullehrer und wurde 1933/1934 Landesschulinspektor von Wien, 1934 wurde er zwangsweise in den Ruhestand versetzt. FADRUS vertrat eine dezidierte „Pädagogik vom Kinde aus" (WEINHÄUPL 1981).

FADRUS gehörte zu den hauptsächlichen Propagandisten der Reform, der auch international für Verständnis und Sympathie warb (FADRUS 1924, 1926a). Seine Rechtfertigung der neuen Volksschule beeindruckte die österreichischen Philologen und die mit ihnen verbundenen politischen Krise jedoch nicht, weil sie vor dem Hintergrund der viel weitergehenden Umgestaltung des Schulsystems rezipiert wurde. GLÖCKELS zweites großes Ziel, die Herstellung von Chancengleichheit und damit die Entwicklung der Einheitsschule, bedrohte den Status Quo des Gymnasiums und so die überkommenen Bildungsprivilegien. Die politischen Auseinandersetzungen um die neuen (revidierten) Lehrpläne der Volksschulen, die 1925/26 mit hohem publizistischem Aufwand betrieben wurden, müssen vor dem Hintergrund dieser Frage gesehen werden.

GLÖCKELS Plan sah vor, die künftige Einheitsschule in verschiedenen Phasen zu entwickeln. Als ihr erster Pfeiler wurde das Konzept der „Allgemeinen Mittelschule“ angesehen, die nach den Thesen von 1920 verwirklicht werden sollte (FISCHL 1929, S. 105ff.). Der Lehrplan der Unterstufe der Bundesmittelschulen war als „Einheitslehrplan“ ausprobiert worden, zunächst beschränkt auf die Stadt Wien; diese Erfahrungen sollten zum Aufbau der Allgemeinen Mittelschule genutzt werden. GLÖCKELS Intention war es, für das Schuljahr 1926/27 die Zahl dieser Mittelschulen in Wien zu verdreifachen. Statt wie bisher sechs hätte es dann achtzehn Schulen gegeben, um auf diese Weise einen „geschlossenen Block von Reformanstalten“ (GLÖCKEL 1939, S. 116) entstehen zu lassen.

Die politischen Kräfte suchten nach einem Kompromiss, der in etwa in den Einflusszonen der sozialistischen und der bürgerlichen Parteien entsprach: Die Schulreform wurde im Kern auf das „rote Wien“ eingeschränkt, insbesondere im Blick auf die Lehrpläne der Volksschule. Auch in Wien aber wurde keine Einheitsschule eingeführt, sondern der bisherige Lehrplan der Gymnasien garantiert und zugleich den neuen Schulen Entwicklungsspielraum gegeben (WEINHÄUPL 1981, S. 103ff.). Die politische Auseinandersetzung vollzog sich im Wesentlichen um einen konservativen Lehrplanentwurf des christlich-sozialen Unterrichtsministers EMIL SCHNEIDER,[89] der klerikale und sozialistische Kräfte auf die Straße trieb und in heftige politische Kämpfe verwickelte (ebd., S. 105ff.). Erreicht wurde tatsächlich ein Kompromiss, der im Haupt- und Mittelschulgesetz vom 2. August 1927 seinen Ausdruck fand. Die Gesetze sahen im Kern eine vierklassige, obligatorische und unentgeltliche *Hauptschule* vor, die an die Grundschule anschloss und im Lehrplan einheitlich organisiert war. Die „Allgemeine Mit-

---

89 EMIL SCHNEIDER (1883-1961), Realschulprofessor aus Dornbirn, wurde am 31. Mai 1922 Unterrichtsminister und demissionierte am 16. Juni 1926 auf dem Höhepunkt der schulpolitischen Auseinandersetzungen. Sein Lehrplanentwurf, veröffentlicht am 5. Juni 1926, sah für die allgemeinen Volksschulen des Bundes eine Zurücknahme der beiden Reformprinzipien des Arbeits- und des Gesamtunterrichts vor und war inhaltlich entschieden konfessionell ausgerichtet (FISCHL 1929, S. 185ff.).

telschule“ verschwand als Ausdruck und wurde curricular der Hauptschule angeglichen.

In GLÖCKELS „Selbstbiographie“ wird dieser entscheidende „Kompromiss“ wie folgt beschrieben:

> „Auf dem Gebiete der Pflichtschule war die ‚Allgemeine Mittelschule’ verschwunden...; die vierklassige Oberstufe der allgemeinen Volksschule hieß fortan *‚Hauptschule’* ... die alten achtjährigen Typen Gymnasium, Realgymnasium, Realschule lebten wieder auf. Aber – und dies war der *sachliche* Erfolg der Reformbewegung – die Unterstufe aller dieser Typen wird (mit einer geringfügigen Ausnahme in der 4. Klasse des Humanistischen Gymnasiums) völlig einheitlich organisiert, und ihr Lehrplan geht vollkommen parallel mit dem Lehrplan der neuen Hauptschule!“ (GLÖCKEL 1939, S. 125).

RICHARD MEISTER (1927, S. 395) kommentierte das Haupt- und das Mittelschulgesetz als Erhalt der „Hauptgliederung“ der Schultypen „nach den geschichtlich gewordenen Bildungsidealen“. Tatsächlich blieben die höheren Schulen als „achtklassige Vollanstalten“ (ebd., S. 391) erhalten, so dass der organisatorische Schritt zur Einheitsschule *nicht* vollzogen wurde. Die Volksschularbeit aber konnte weiterhin reformpädagogisch betrieben werden, konzentriert in den Städten, vor allem in Wien, so jedoch, dass eine kontinuierliche Entwicklung möglich schien. Die Arbeitsschule stand im Mittelpunkt und damit die Abgrenzung von der „Lernschule“ und ihrem unfruchtbaren „*Stoffprinzip*“ (POPPER 1931, S. 609). In der Arbeitsschule gehe es darum, das „*Lernen zu lernen*“ und das verlangte ganz andere psychologische Methoden des Unterrichts, als die, die das Gymnasium oder die Lernschule charakterisieren (ebd., S. 612). Der damalige Hauptschullehrer in Wien, KARL POPPER,[90] unterschied zwischen dem „assoziationsmechanischen Gedächtnis“, das die alte Schule an sinnlosem Material erzeugen wolle, und dem „judiziösen Gedächtnis“, das in der neuen Schule durch sinnvolles Denken erzeugt werde, um die entscheidende Differenz zu markieren.

Die Beispiele einer erfolgreichen Arbeit, gerade auch in der theoretischen Reflexion, ließen sich fortsetzen. Das Verbot der sozialdemokratischen Partei 1934 unter der Regierung DOLLFUSS machte allen diesen Ansätzen ein Ende. DOLLFUSS ließ im Februar 1934 einen drei Tage währenden Aufstand des proletarisch-sozialistischen „Republikanischen Schutzbundes“ niederschlagen und die führenden Sozialdemokraten, darunter auch GLÖCKEL, verhaften. Diesem „Staatsstreich“ (GLÖCKEL 1939, S. 137) fiel auch die Schulreform zum Opfer: Die Verwaltungsstäbe wurden „gesäubert“, die

---

90 KARL POPPER (1902-1994) unterrichtete seit 1930 als Hauptschullehrer. Er hatte 1924 das Diplom der Wiener Lehrerbildungsanstalt erhalten und arbeitete zunächst als Erzieher in einem Hort für gefährdete Kinder. 1925 studierte POPPER am Pädagogischen Institut der Stadt Wien und publizierte gelegentlich für die Wiener Schulreform (etwa POPPER 1925) (vgl. HACOHEN 2001).

Schulgesetze aufgehoben und die reformpädagogischen Unterrichtsprinzipien zurückgenommen. Die sozialistische Pädagogik vom Kinde aus war danach kein Thema mehr (ebd., S. 138ff.).

Der Kompromiss zwischen der österreichischen Sozialdemokratie und der katholischen Kirche war aufgekündigt (TUMLIRZ 1935, S. 203). GLÖCKELS eminent politischer Schulversuch wurde zerstört und hat, trotz aller Bemühungen nach 1945, seine Ideen wachzuhalten, kaum nachhaltige Wirkungen gezeigt. Er ist gleichwohl ein historisches Lehrstück, gerade auch für das Schicksal der Reformpädagogik. Nur hier sind, unter demokratischen Voraussetzungen, die beiden Grundelemente der Reform, die *Arbeitsschule* und die *Einheitsschule*, politisch verbunden und in ein Experiment mit der gesellschaftlichen Institution umgesetzt worden. Nur hier haben sich starke Kräfte hinter dieses Experiment gestellt und darin eine entscheidende Modernisierung der Gesellschaft gesehen. Die hohen Ziele waren politisch notwendig, um überhaupt eine solche Reform einleiten zu können, aber sie waren auf der anderen Seite auch die entscheidende Provokation der Gegner. Gerade weil die Ziele mit den „Leitsätzen“ von 1920 offen zu Tage lagen, konnte eine entschiedene Gegenwehr einsetzen, die die pädagogischen Instrumente ebenso in Frage stellte wie die politische Legitimität der Reform. Es macht das Lehrstück aus, dass die Reform eine Zielebene erreichen *musste*, die die neue Schule als Mittel der Veränderung der Gesellschaft behauptete.

Angesichts der damit ausgelösten Politisierung war eine Kontinuität der Reform von vornherein unwahrscheinlich. Der Ansatz verlangte eine politische Stabilität, die faktisch nur im Bundesland und in der Stadt Wien über mehr als ein Jahrzehnt gegeben war. Für weitergehende Reformen gab es landesweit keine Mehrheiten. Durch die hohe Politisierung wurde eine Diskussion ausgelöst, die sich nicht beruhigen konnte und das Gesamtkonzept letztlich unakzeptabel erscheinen ließ. Andererseits gelang es, die pädagogische Arbeit in der Volksschule methodisch und organisatorisch folgenreich zu verändern. Dass die Prinzipien des Arbeitsunterrichts, des Gesamtunterrichts und der „Bodenständigkeit“ (anschaulicher Unterricht im Nahraum des Kindes) Mittelpunkt der Unterrichtsarbeit waren und dies von Lehrplan und Schulaufsicht gefordert wurde (GLÖCKEL 1939, S. 86), konnte so an kaum einer anderen Stelle der Reformpraxis im deutschen Sprachbereich zwischen 1918 und 1934 erreicht und auf breite Basis durchgesetzt werden.

Die Besonderheit des österreichischen Experiments erklärt sich darüber hinaus auch mit einer besonderen Theorielage: Die spezifische Wiener sozialistische Pädagogik hatte eine bestimmte Nähe zur Wiener Moderne, nicht zur Dekadenz, wohl aber zu den Theoriediskussionen in der Psychologie und Philosophie. Derartige Kombinationen zwischen einem neukantianischen Sozialismus, der Individualpsychologie ADLERS und den pädagogischen Konzepten der Schulreform gab es in Deutschland nicht. Umgekehrt bedeutete dies auch einen relativ schwachen Einfluss der Kulturpädagogik auf die Reformdiskussion, die sich somit keineswegs auskühlte oder akademisch vereinnahmt wurde. Die akademischen Positionen *entsprachen* der Reformpädagogik, die also auch theoretisch einen anderen Verlauf nahm als in der Weimarer Republik.

Der politische Verlauf der sozialistischen Reformpädagogik hat am Ende mit dem Verlassen beider Kulturräume – Deutschland und Österreich – zu tun. Die Emigration war für viele Vertreter dieser anderen Pädagogik gleichbedeutend mit der Fortsetzung des Kampfes für eine gerechtere Gesellschaft mit den Mitteln der „neuen Erziehung“ (FEIDEL-MERTZ 1983). Dabei ergaben sich gänzlich unterschiedliche Konstellationen zwischen – um nur einige zu nennen – der Odenwaldschule,[91] KURT HAHNS „Outward Bound“[92], der Walkemühle[93], der *Ecole Nouvelle de Boulogne*[94] oder dem Pestalozzi-Kinderdorf.[95] HANS MAEDERS *Stockbridge School*, 1947 gegründet, setzte die *progressive education* ebenso voraus wie die deutsche Jugendbewegung, zudem ein Emigrantenschicksal und den Willen zum Widerstand gegen den Faschismus (NABEL 1985).[96] Auf der anderen Seite ist

91 Die Odenwaldschule wurde 1933 geschlossen. PAUL und EDITH GEHEEB emigrierten, vermittelt durch ADOLPHE FERRIÈRE, in die Schweiz, wo die *Ecole d'Humanité* – die Odenwaldschule des Exils – gegründet wurde. Nach verschiedenen Stationen, zuletzt am Schwarzsee im Kanton Freiburg, erreichte die Schule ihren endgültigen Standort am 25. Mai 1946 in Hasliberg/Goldern (Kanton Bern) (vgl. SHIRLEY 1992; NÄF 2004).

92 KURT HAHN emigrierte 1934 nach Großbritannien. „Outward Bound“ ist die Bezeichnung für seine „Kurzschulen“, deren erste 1941 in Aberdovey/Wales durchgeführt wurde (SCHWARZ 1968).

93 Das Landerziehungsheim Walkenmühle wurde durch LEONHARD NELSON (1882-1927) gegründet. Der Aufbau begann 1923, ausgehend von NELSONS „Internationalem Sozialistischem Kampf-Bund“. 1925 wurde MINNA SPECHT (1879-1961) Leiterin der Walkenmühle. Mit Lehrkräften wie CHARLOTTE SONNTAG (geb. 1905) und GUSTAV HECKMANN (1898-1996) emigrierte die Schule 1934 nach Dänemark und 1938 nach Wales. In Somerset erlebte die Schule 1940 ihr Ende, weil die Lehrkräfte interniert wurden (FEIDEL-MERTZ 1983, S. 98ff.; HECKMANN 1995).

94 Die *Ecole Nouvelle de Boulogne* war eine Gründung FRITZ KARSENS. KARSEN emigrierte zunächst in die Schweiz, dann nach Frankreich; in Paris gelang es ihm 1934, eine Schule für Emigrantenkinder aufzubauen. Die *Ecole Nouvelle* wurde 1936 geschlossen (RADDE 1973).

95 Das Kinderdorf Pestalozzi in Trogen (Graubünden) ist wesentlich durch ELISABETH ROTTEN (1882-1964) inspiriert worden. Sie war Mitglied des Gründerkreises und des Stiftungsrates, und von ihr stammten die pazifistischen Richtlinien für den Aufbau des Dorfes. Der Zweck war, Kindern als Opfern des Krieges eine humane Erziehung zukommen zu lassen (vgl. ROTTEN 1949).

96 HANS MAEDER (1909-1988) war Sozialpädagoge, besuchte nach der Emigration das Lehrerseminar in Kopenhagen, engagierte sich politisch und musste Dänemark im Herbst 1937 verlassen. Nach Umwegen über Kenia gelangte er in die USA, wurde 1941 auf Hawaii interniert und kam im Februar 1943 nach New York. Die *Stock-*

das Kinderdorf Pestalozzi in Trogen (1944 gegründet) ein Versuch gewesen, den humanistischen und pazifistischen Idealen der New Education Fellowship praktischen Ausdruck zu verleihen. *Children's Communities* (ROTTEN 1949) schienen ein Weg zu sein, die Verwüstungen durch Faschismus und Weltkrieg zu überwinden. Maßgebend für diese Erwartungen waren die reformpädagogischen Grundüberzeugungen, was auf den Mythos der „neuen Erziehung" noch einmal ein anderes Licht wirft. Das Scheitern des sozialistischen Experiments hebt offenbar die Utopie nicht auf, und sie wird stark durch die Überzeugungen, anders und besser erziehen zu können.

Am 7. Juli 1946 bedankte sich PAUL GEHEEB in der Neuen Zürcher Zeitung für den Schutz und die Aufnahme in der Schweiz. Er kündigt an, MINNA SPECHT sei mit dem Neuaufbau der Odenwaldschule beauftragt worden. Zuvor habe THOMAS MANN und „zwei der größten pädagogischen Autoritäten Nordamerikas" die Odenwaldschule „als Vorbild wahrhaft demokratischer Erziehung" hingestellt und für die Rückgabe des Eigentums Sorge getragen. Er selbst, schreibt GEHEEB weiter, wolle seine Kraft dem Aufbau der *Ecole d'Humanité* widmen, in einem Umfeld, das fähig sei, „über den nationalen Zaun hinaus den Blick auf die Menschheit zu richten und an eine wirtschaftliche und kulturelle Kooperation der in Brüderlichkeit miteinander verbundenen Nationen zu glauben" (GEHEEB 1946).

5.3 Gegenkulturen und alternative Erziehung

MAX TEPP[97] nannte 1919 eine Broschüre über die erotische Erfahrung des Tanzes „ein Bekenntnis zum Menschen". „Tanz" ist die Chiffre für die Suche nach Form, die erlebt werden will und nach dem Erleben erneut gesucht werden muss (TEPP 1919, S. 5). Die Suche ist zugleich Auflösung, wer eine neue Form findet, befreit sich von allen alten:

---

bridge School begann am 22. September 1949 und entwickelte sich als *progressive* Schule im Auf und Ab bis 1974.

97 MAX TEPP (geb. 1891) war mit FRITZ JÖDE (1887-1970) und FRIEDRICH SCHLÜNZ der „Mittelpunkt" des „Wendekreises", eine Vereinigung von Hamburger Lehrerliteraten, die Ende 1918 im Hause von GEORG JÄGER gegründet wurde. JÄGER war Lehrer in *Wickersdorf* gewesen, TEPP, JÖDE und SCHLÜNZ agitierten mit Ideen von WYNEKEN. Alle drei waren Volksschullehrer, TEPP war der Literat unter ihnen (Daten nach GLÄSS 1932, S. 36f. u.pass.). 1923 wurde TEPP aus dem Schuldienst entlassen und emigrierte 1924 nach Argentinien. Hier gründete er in Comondoro Rivadavia eine deutsche Schule, arbeitete als Schriftsteller und veröffentlichte zahlreiche spanische Bücher. 1927/1928 war TEPP Leiter der 1907 gegründeten „Deutschen Schule" von Nahuel Huapi, aus dieser Erfahrung entstanden viel gelesene Kinder- und Jugendbücher. Titel wie *Tanahuén. La indiecita del Nahuel Huapi* sind in den dreißiger Jahren übersetzt worden. 1938 ging TEPP an die Pestalozzischule nach Buenos Aires, zunächst als Lehrer und später als deren Direktor. Nach 1945 kehrte er nach Deutschland zurück. Auflagen seiner Jugendbücher sind noch in den fünfziger Jahren nachweisbar (FEIDEL-MERTZ 1983, S. 184ff., 249f.).

„NOT tut die Befreiung des Menschen von irgendwelcher Form, von aller Form. Die Kräfte müssen einmal rein vom Stoff sein. Diese Revolution muss jeder Mensch erleben: Befreiung der Kräfte zu ihrem reinen Wesen ... Diese Kraft in der absoluten Reinheit zu spüren ist die Umwälzung, die jeder Mensch einmal erlebt. Hier ist Urgewalt. Von hieraus wirst du weit schauen, so weit und so fern, so klar und greifbar wie keine Vernunft, wie keine Geschichte, wie keine Philosophie. Das Leben ist dir klar wie Kristall: Hingebung an dies Leben wird dir Wesensaufgabe, Hingebung an das Leben aus dem Erleben der Liebe" (ebd., S. 18).

Die neuen Formen entstehen aus den „Kräften der Erotik". Sind diese frei, so „schaffen sie die Stufen der Gemeinschaft: Kameradschaft, Freundschaft, Liebe, denn der letzte Sinn ist Vertiefung, nicht Verbreitung" (ebd.). Die Übertragung dieser schwärmerischen Philosophie der Jugendbewegung auf die Schule ist an verschiedenen Stellen nach 1918 versucht worden,[98] durch eine neue Generation junger Lehrer, die gleichermaßen Jugendbewegung und Weltkrieg erfahren hatten. Sie wollten, wie HEINRICH SCHARRELMANN (1922) schrieb,[99] die „Schul*revolution*", also die Abschaffung der überkommenen Formen der Unterrichtsanstalt zugunsten der „Verwirklichung der ‚Pädagogik vom Kinde aus'. Statt zu *organisieren*, wollte man *wachsen* lassen" (ebd., S. 6). Dieser Gegensatz, ein Affront gegenüber allen traditionellen Mustern der Verschulung, prägte die reformpädagogischen Diskussionen in der frühen Weimarer Republik auf nachhaltige Weise. Wie sollte eine neue Schulform gefunden werden, wenn jede „Form" vom *Erleben* abhängig sein sollte und zwischen Schule und Jugendbewegung kein grundsätzlicher Unterschied mehr gemacht wurde?

Die Schulen, schrieb WILHELM LAMSZUS 1919,[100] müssten zum *Kinder Land* werden und das verlange eine entschiedene Abkehr von allen ihren bisherigen Formen: „Erst wenn das, was heute in unseren Schulen an letzter Stelle steht, die jedem Menschen ureigentümliche Linie, in den Mittelpunkt aller Schularbeit rückt, erst wenn unsere Dressuranstalten zu wirklichen Begabungs-

98 In den *Gemeinschaftsschulen* nach 1919, in verschiedenen *Landerziehungsheimen*, diversen kleineren Gründungen der Erwachsenenbildung u.ä. Die Geschichte dieser expressionistischen Pädagogik ist nicht aufgearbeitet.

99 HEINRICH SCHARRELMANN berichtet über eine Versuchsschule in Bremen, die – ähnlich wie zuvor die Wendeschule in Hamburg – 1921 eine Sezession der radikalen Reformer erlebte (SCHARRELMANN 1922, S. 17f.).

100 WILHELM LAMSZUS (1881-1965) besuchte das Lehrerseminar in Altona und arbeitete von 1902 bis 1933 als Volksschullehrer und Schriftsteller in Hamburg. Er unterrichtete nach 1918 an der Versuchsschule Tieloh-Süd. Pädagogisch bekannt wurde LAMSZUS vor allem durch seine Aufsatzdidaktik. LAMSZUS war seit 1902 Mitglied der SPD und trat 1918 der KPD bei, die er 1927 wieder verliess. Von 1933 bis 1945 wurde er mit einem Berufs- und Schreibverbot belegt. Sein radikales Manifest *Das Menschenschlachthaus* (1912) antizipierte die Greuelerfahrungen des Ersten Weltkrieges.

schulen geworden sind, wird es den jungen Menschen möglich sein, ihren Interessen folgend, sich selber und ihre Talente und damit den richtigen Weg ins Leben zu finden" (LAMSZUS 1919, S. 35). Das setzte die Schulkritik vor dem Weltkrieg fort und radikalisierte sie: Es ging nicht mehr darum, im Rahmen des Schulorganismus „das Kind ernst zu nehmen" (LOTTIG 1909) und alle seine „Kräfte" zu „lösen", zu „pflegen" und zu „entwickeln" (ebd.), die Schule *als* Form schien obsolet zu sein, wenn die Alternative hieß, sie zu „Lebensstätten der Jugend" zu entwickeln (KUCKEI 1923).

Unter diesem Titel hat MAX KUCKEI die radikalen Entschulungserfahrungen zusammengestellt, nicht zufällig ausgehend von sozialpädagogischen Experimenten[101] und über das Verhältnis von *Widerstand* und *Freiheit*[102] neue Schulen darstellend[103], die vor allem eines sein wollen, *keine* Wiederholung der alten Formen. THEODOR MOHR[104] beschreibt den „Gesamtunterricht" mit den „Schuljüngsten" als produktives Chaos, das die Anarchie der Kinder aushält und jede Form von der lebendigen Situation abhängig macht, in der sie entsteht. Das trifft auch die Tabus der Schule: „Furcht vor chronischer Faulheit teile ich nicht. Das Kind soll auch ganz offen vor unseren Augen *nichts* tun dürfen" (ebd., S. 59). Die Gemeinschaft regelt letztlich das Problem: Eine „Kinderschar", die in ihrer „Mehrheit irgendwie arbeiten will, wird sich Derartiges auf die Dauer nicht gefallen lassen" (ebd., S. 59/60).

> „Rücksicht ist eben Notwendigkeit. Doch man muss warten können. – Du musst dich schließlich als Erzieher daran gewöhnen, dass das Zusammensein von Kindern nicht gerade so aussieht, wie das von artigen Erwachsenen. – Du musst vor allem deine Methodik in die Rumpelkammer werfen. Wertvolles Handwerkszeug findest du nach und nach genug auf der Straße. Gemeinschaft hat mit gemeinsamer, gleichartiger Arbeit gar nichts zu tun. – Sei ganz Mensch unter deinen Kindern, so unvollkommen, wie du bist. – Du bist dann fortab nicht mehr der weise Unterrichter, auch nicht der ‚Kunstmacher,' wie das heute so modern ist.

---

101 ALFRED EHRENTREICH berichtet über „Erzieherarbeit" in einem Krüppelheim, KARL WILKER über den *Lindenhof* und ELISABETH KRÖNER über „Heimstätten" für deviante Mädchen (KUCKEI 1923, S. 12-23). Weitere Beispiele sind THEODOR ZOLLMANNS *Land-Waisenheim Veckenstedt* sowie SIEGFRIED BERNFELDS *Kinderheim Baumgarten* (ebd., S. 35-50). Das Landwaisenheim ist eine Gründung von HERMANN LIETZ (1914); THEODOR ZOLLMANN leitete das Heim bis 1934 (FEIDEL-MERTZ/KRAUSE 1989).

102 Autor des Artikels „Vom Widerstand und von der Freiheit" ist MAX TEPP (KUCKEI 1923, S. 51-56). Der Beitrag endet mit einer Kritik an den Schulreformern: „Sie gaben dem Kinde Freiheit innerhalb der Ruhe eines Systems, also keine Freiheit. In der Freiheit gibt es nur die Einheitsfront gegen den Hauptwiderstand des Lebens, gegen Organisatijon und System, also Zersetzung der Schule" (ebd., S. 55).

103 „Landheime" statt die „Riesenorganisation (der) Großstadtschulen" (KUCKEI 1923, S. 67), „Wickersdorf als Gemeinschaft" (ebd., S. 70ff.) usw. Das Vorbild ist TOLSTOIS *Jasnaja Poljana* (ebd., S. 61ff.).

104 Offenbar war er Volksschullehrer in Hamburg; Näheres war nicht zu ermitteln.

Sondern: Helfer und Freund junger Menschen. Ja, noch mehr: Schützer werdenden Lebens, Schützer wahrer Kultur, Gärtner in fröhlichem Jugendland“ (ebd., S. 60).

„Schule“, das ist das Neue, wird zur *Lebensgemeinschaft* und übersteigt gleichermaßen den Rahmen des Unterrichts wie der staatlichen Institution. Im Zentrum stehen nicht länger Formen der Aktivierung oder Maximen der „Arbeitsschule“. Herausgefordert wird das *konstitutive* Prinzip der alten Schule, die Trennung vom Leben, die sich immer nur künstlich überwinden ließ, nämlich mit anderen Formen von Schule. In der neuen Schule verzichtet der Erzieher auf alle „Maßnahmen zur rationaleren Bewirtschaftung der Kinderseele“ (KUCKEI 1924, S. 29); er *lebt* und *erlebt* mit dem Kind. „Als Wissender kann er Maler sein oder Dichter oder Landstreicher; das Wesentliche ist in ihm nicht mehr das Amt, die äußere Würde, sondern ... der Mensch“. Er versucht, „der Jugend das Beste, ihr Eigenes zu behüten vor Fremdem, Unwesentlichem, das zur Verkrampfung führt. Ist das Erziehung? Ja, aber nicht Schule als Idee, nicht Lehrerspielen“ (ebd., S. 30).

Für diese Konzeption von Erlebnisgemeinschaft gab es plausible und attraktive Beispiele. Sie bilden ein Spektrum alternativer Pädagogik: „Ferienheime“ sind hier ebenso Schulen wie neue Lernorte der Freizeit, Lerngemeinschaften von Erwachsenen oder Heimschulen für Dropouts.[105] „Rhythmische Gestaltung“ *ist* Erziehung, die neue Gymnastik *ist* Unterricht;[106] beide stehen dem traditionellen Schulangebot nicht nur in nichts nach, ihnen kommt vielmehr der höhere Wert zu. Sie sind nicht beschränkt auf „geistige Bildung“, können unmittelbar erlebt werden und dienen doch der Form. Auf dieser Linie gewinnen „Festwille und Festkultur“ (LABAN 1922) Erziehungsdimensionen, ebenso „Handschrift und Körperkultur“ (KUHLMANN 1922) und schon gar der Tanz, im Verständnis von RUDOLF BODE

105 Das „Ferienheim“ von Misdroy ist eine Gründung von GOTTHARD EBERLEIN (1922); die „neue Gestaltung der Freizeit“ beschreibt FRITZ KLATT aus der Erfahrung des Volkshochschulheims in Prerow (1921); das Vorbild ist EDUARD WEITSCH und dessen Volkshochschulheim Dreissigacker bei Meiningen (KUCKEI 1923, S. 76-94). Die „Freie Proletarische Volkshochschule Remscheid“ (gegründet 1921) stellt JOHANNES RESCH dar, die „Heimschule“ in Bergedorf (gegründet 1920) wird von AUGUST KROHN beschrieben (ebd., S. 95-105).

106 JULIUS BLASCHE stellt „rhythmische Gestaltung“ dar, MARIE MANNSHARDT die *Gymnastikschule Loheland* (KUCKEI 1923, S. 112-122). BLASCHE gründete in Hamburg die „Geestländer Tanzkreise“, eine Laienvereinigung für „Volkstänze“ (PALLAT/HILKER 1925, S. 164f.). Die Schule Loheland entstand aus dem „Seminar für classische Gymnastik“, das im Oktober 1912 in Kassel gegründet wurde. Nach verschiedenen Zwischenstationen siedelte die Schule im Mai 1919 bei Dirlos in der Rhön. Im September 1919 wurde der Schulbetrieb wieder aufgenommen. Das Ziel war die Ausbildung von „Erwachsenen und Pädagogen“ in der Lehrweise RÖHDEN-LANGGAARD (ebd., S. 53f.), einer der vielen Varianten „rhythmischer“ Bewegungsschulung (ebd., S. 51).

(1922, S. 812)[107] die *„Entmächtigung der begrifflichen Seinswelt und die Herbeiführung des traumhaft flutenden Bildwandels und der dazu passenden polaren*[108] *Wallung des Schauenden*".

RUDOLF BODE unterschied 1923[109] die *alte* und die *neue* Pädagogik: Die alte sei die „immer noch herrschende Schulpädagogik", eingestellt auf die „Herausarbeitung von Denk- und Willensmenschen"; die neue gehe aus von der „ursprünglichen Lebensbewegung". Leben ist vitaler, körperlicher Rhythmus, *„leibliche Bewegungsenergien*", die „auf dem Wechsel von Spannung und Entspannung" beruhen. Der „Irrweg" noch der Reformpädagogik sei es, nicht direkt von diesen Energien auszugehen. „Immer noch bleibt der Körper Objekt des geistigen Willensaktes, immer noch ist er nicht ‚Becher' der den ‚Kreis der Notwendigkeit' umfahrenden Seele. Immer noch will man Kunst ohne – Leben!" (PALLAT/HILKER 1925, S. 138-143). Um dieses Problem – die Übereinstimmung von Erziehung und Leben – kreisen alle Ansätze der alternativen Pädagogik, auch wenn sie nicht, wie BODE (1923, S. 35), *Regelung* mit *Unterdrückung* (vitaler Bewegungen) gleichsetzt[110] oder den Rhythmus als „Lebensanschauung" schlechthin begreift (ebd., S. 65ff.).[111]

Das Stichwort „Leben" erlaubt viele Varianten, sofern Unmittelbarkeit garantiert erscheint und zentrale Entgegensetzungen eröffnet werden. „Leben" muss als Opposition erscheinen und zugleich als absolute Größe: *Nur* Leben ist vital, jede dauerhafte Form ist tot; Organisation hemmt den Fluss des Lebens; Begriffe behindern das freie Erleben; die schöpferischen Kräfte

107 Gemeint ist der *indische* Tanz; an ihm könne das „Urwesen des Tanzes" abgelesen werden. „Aller echte Tanz entquillt der religiösen Verbundenheit" (BODE 1922, S. 816). RUDOLF BODE (1881-1970) war Begründer der „Ausdrucksgymnastik", die beeinflusst war von der Studie *Arbeit und Rhythmus*, die der Ökonom und Historiker KARL BÜCHER (1847-1930) 1896 veröffentlichte. BODE stand seit 1922 der Nationalsozialistischen Bewegung nahe. Der „Bode-Bund für für Gymnastik und Bewegung" hatte Dependencen in zahlreichen deutschen Städten, zudem in Basel, Amsterdam und Danzig (GUILBERT 2000, S. 28f.).

108 Die Idee der *Polarität* geht auf LUDWIG KLAGES zurück, der die Theorie der alternativen Erziehung in Deutschland wesentlich beeinflusst hat. „Geist" steht gegen „Seele" und „Sein" gegen „Leben". Für BODE ist Bewegung *Leben*, „alle Begriffe fälschen und entstellen das wirkliche Erleben" (BODE 1922, S. 811).

109 Als Beitrag für den von LUDWIG PALLAT und FRANZ HILKER herausgegebenen maßgeblichen Sammelband *Künstlerische Körperschulung*, der 1923 in erster Auflage erschien.

110 Die Kritik gilt „metrischen" Tanzpädagogen wie JAQUES-DALCROZE, die die natürliche Bewegung mit „mechanischer Technik" regulieren wollen (BODE 1923, S. 36). BODE gründete seine „Schule für Körpererziehung" in München-Nymphenburg (1919) als Gegenpol zu Dresden-Hellerau.

111 Die naturalistische Erziehung definiert ein anti-emanzipatorisches Projekt: „Von Jugend auf eingekerkert in übermittelte Lügendogmen finden nur wenig Frauen später den Weg zu jener Sicherheit weiblichen Lebensinstinktes zurück, der noch vor hundert Jahren ein Erbgut deutscher Frauen war" (BODE 1923, S. 67). BODES „völkisch-rassistische" Annahmen ergeben sich direkt aus der Präferenz für „Leben" und Rhythmus, die mit Natur und Vererbung gleichgesetzt wurden.

können nur lebendig sein, wenn sie natürliche Freiheit erhalten. Daher ist die „primäre Forderung" der neuen Erziehung die „*Steigerung der Erlebniskraft*" (DIEDERICHS 1920, S. 772). Romantische Anklänge sind auch hier unüberhörbar,[112] gestützt durch neue Formen der Lebenspsychologie,[113] die den Ursprung der Vitalität jenseits von Sprache und Begriff vermuten. „Leben" ist *Bewegung*, und das erlaubt eine radikale Kritik der „alten" Pädagogik in der toten Schule:

> „Eingebannt in eine Pädagogik von rein geistiger Richtung können unsere Lehrer sich nicht herausreißen aus der einseitigen Wertschätzung des Geistigen. Das Produktive wird im Geiste gesucht, statt im geistigen Akt nur die Funktion zu sehen, durch welche aus dem Strom flutender Bewegung die Welle herausgehoben wird, um sich als geformtes, dem Werden aber nicht mehr angehöriges, im Sein verharrendes Werk zu geben" (BODE 1920, S. 802).

Es geht nicht mehr um die werdende *Gesellschaft*, „Sein" und authentisches Werden sind getrennt, das Schöpferische entsteht nicht aus der Form, sondern aus der Bewegung des Lebendigen. Nicht mehr die sozialistische Gesellschaft, sondern „die Lösung der seelischen Formkräfte ist die königliche Aufgabe der Erziehung" (ebd., S. 804). Die *neue Seele* wäre das Ziel der Lebensreform, erst daran anschließend die neue Gesellschaft. Sie bleibt vage, weil jede nähere Bestimmung der Psychologie des fließenden Lebens widersprechen würde. Was sie veranlasst, sind Bewegungen der *Gegenkultur*, die sich aus der Gesellschaft zurückziehen, um neue und radikal andere Lebensformen auszuprobieren. Das Spektrum reicht von Großstadtkommunen[114] über Agrarsiedlungen, die an die amerikanischen Ikaristen des 19. Jahrhundertes erinnern, esoterischen Zirkeln, vagilantischen Jugendgruppen bis hin zu Experimenten mit freien Formen der Erotik und anarchistischen Projekten freier Gemeinschaft.

Die Gegenbewegungen am Rande der bürgerlichen Gesellschaft waren gedacht als Selbsthilfe bei der Überwindung der „kulturellen Krise" (GROSS

---

112 BODE erwähnt Arbeiten von CARL GUSTAV CARUS (1879-1869), der die Überleitung von der romantischen Psychologie zur „Seelenlehre" am Ende des 19. Jahrhunderts darstellt und Autoren wie LUDWIG KLAGES oder auch RUDOLF STEINER massiv beeinflusst hat. Eine andere Referenz ist CARL FRIEDRICH BURDACHS (1776-1846) *Physiologie als Erfahrungswissenschaft* (1835), der letzte große Versuch einer romantischen Psychologie in Deutschland vor der empirischen Wende.

113 Neben KLAGES wird WILHELM FLIESS erwähnt *(Der Ablauf des Lebens*, 1906 und andere Schriften) oder auch MELCHIOR PALAGYI (*Naturphilosophische Vorlesungen über die Grundprobleme des Bewusstseins und des Lebens*, 1908). Vergleichbare Konzepte finden sich an vielen Stellen der Lebensphilosophie.

114 Wie die HART-Kommune in Berlin, der neben den Brüdern JULIUS und HEINRICH HART auch GUSTAV LANDAUER und ERICH MÜHSAM angehörten. MÜHSAM hat die Basisidee der „neuen Gemeinschaft" später auf dem Monte Verità zu realisieren versucht; sie geht wesentlich zurück auf PETER HILLES pantheistischen Sozialismus.

1913). Die Selbsthilfe sollte *unmittelbar* – hier und jetzt – verwirklicht werden. „Sozialistisches Beginnen“ nannte das GUSTAV LANDAUER (1909), um so die direkte Veränderung zu bezeichnen, die sich von kleinen Gemeinschaften aus realisieren lassen würde. Es waren oft „Siedlungs-Aktionen“ (ROBIEN 1921) Gleichgesinnter, die besonders nach dem Ersten Weltkrieg genossenschaftliche oder anarchistische Ideen des 19. Jahrhunderts neu belebten und sie mit Formen der sexuellen Emanzipation und der alternativen Erziehung zusammenbrachten. Die Provokation für die Reformpädagogik lag in der *Freiheit* von Erwachsenen und Kindern gleichermaßen, die auch nicht mit gleich gesinnten politischen Organisationen geteilt werden sollte (LANDAUER 1901).

Diese Impulse kamen von Außen. Schulreformer wie GAUDIG oder PAULSEN diskutierten wohl Aktivierungsprogramme, Formen des Erlebnisunterrichts oder auch neue Prinzipien der Gemeinschaft, aber immer unter der Voraussetzung von Schule. Selbst radikale Ideen wie die „völlige Eigenwirtschaft“ der einzelnen Schule (HENNINGSEN 1921) favorisierten Schulorganisationen, auch wenn diese als „Organismus“ erscheinen sollen und wie eine Jugendgemeinschaft gedacht waren. Das wirklich *neue* „Weltbild in der Erziehung“ ist nicht die Übertragung der Jugendbewegung auf die Schule, sondern die aus Gegenkulturen gewonnenen Alternativen, die sich Schulen selbst als „Jugendburgen“ (so MAX BONDY 1925, S. 89ff.) *nicht* mehr vorstellen konnten.[115] Wesentliche Vertreter der alternativen Erziehung nach 1918 stammten aus der Jugendbewegung und bewegten sich in ihren kulturellen Formen, die sich übertragen und ausweiten ließen. Die Gemeinschaften der Jugendbewegung waren „milieulos“ (LÜTKENS 1925, S. 54f.; vgl. BLÜHER 1922, S. 162), konzentriert auf das unmittelbare Erleben neuer Gruppierungen und nicht mehr definiert durch soziale Herkunft oder symbolische Konvention.

Die Attraktion erwuchs aus der Möglichkeit zur Distanz gegenüber den Herkunftsmilieus. Damit war Beweglichkeit gegeben, nicht zuletzt in erotischer Hinsicht (BLÜHER 1914). „Jugend“ wurde zu einer mobilen Erfahrung, *unterwegs*, beim Wandern oder auf den Fahrten, sollte die organische „Einheit“ des Sozialen zusammenwachsen (LÜTKENS 1925, S. 30). Die Parole „Mit uns zieht die neue Zeit“ (CLAUDIUS 1923, S. 16f.) ist wörtlich zu nehmen, sie ist – bei HERMANN CLAUDIUS – *denen* gewidmet, „die noch suchen“.[116] „Jugend ist Bewegung, ist Leben“ (BAUERMEISTER 1915, S. 11). Sie

115 MAX und GERTRUD BONDY gründeten 1928 die Reformschule Marienau bei Lüneburg. Seit 1939 leiteten sie die Windsor-Mountain-School in Lenox, Massachusetts.

116 „Denen, die noch suchen“ ist die Widmung in HERMANN CLAUDIUS' *Lieder der Unruh*, die 1923 in neuer Auflage erschien. Das Gedicht „Wir“ ist bekannt geworden durch die erste Zeile („Wann wir schreiten Seit' an Seit'“); unter diesem Titel wurde es die Liedhymne der deutschen Jugendbewegung. „Mit uns zieht die neue Zeit“ ist die jeweils letzte Zeile der ersten und der letzten Strophe dieses

vor allem widerstreite der „alten Kultur", und so der alten Schule und ihrer Pädagogik (ebd., S. 12f.).[117] Die „andere Gemeinschaft" sollte von Innen heraus wachsen, durch „seelische" und „geistige Erlebnisse" (SCHLÜNZ 1919, S. 9f.),[118] die die bisherige Kultur herausfordern und transzendieren. Eine Jugend ist keine, „die nicht nach den Sternen greift" (ebd., S. 11).

Das schrieb FRIEDRICH SCHLÜNZ gegen die „Tribune" der Jugendbewegung, die die Theorien bildeten und aber die eigenen Wege der Jugend beschränkten. Die „Wandervogelphilister" – GUSTAV WYNEKEN, PAUL NATORP, EUGEN DIEDERICHS und andere[119] – wollten die geregelten Bahnen angeben, während es darauf ankomme, die Bewegung selbst zu suchen. „Wir wollen dies Chaos in die Richtungen drängen, durch die es ein Kosmos wird" (ebd., S. 12). Das ist etwas grundlegend Anderes als die neue Schulorganisation der Schulreformer (GANSBERG 1920) und auch das „neue Kinderland" der Sozialisten (RÜHLE 1920). „Umgestaltung der Schule" ist „ein Ausdruck der Schwäche", wo es darauf ankäme, wäre „vollkommene Umkehr in uns selbst" zu erreichen (SCHLÜNZ 1920, S. 16). Schulreform ist lediglich Organisation, System, Rationalität, nicht Leben und erst recht nicht Mitmenschlichkeit (ebd., S. 18ff.). Ihr fehlt die „Wesensnotwendigkeit", die echte Beziehung, der „innere Ernst" und so das Hervorbringen des Lebens. Nur „Schöpfertum ist Licht" (ebd., S. 23/24).

Das „Wandervogel-Erlebnis" (ZILIUS 1982) erscheint in diesem Sinne auch als moralische Ambition, durchsetzt mit radikaler Lebensphilosophie und dazu passenden Autonomieerfahrungen. Das *Loslösen* war die Grunderfahrung, die *eigene* Bewegung unabhängig von den Autoritäten, die durch „selbstgegebene Gesetze" ersetzt werden sollten (HALLMEYER 1913). Prägend war die „gelernte Rebellion" (AUFMUTH 1979, S. 144), die eine junge Generation nach 1918 als erweitertes Erwartungsmuster anlegte, zumal der Schule gegenüber, der die Rebellion ursprünglich primär gegolten hatte. Noch MAX SCHELER traute (1923) dieser Bewegung nichts weniger als die „Wiederge-

---

Liedes. HERMANN CLAUDIUS (1878-1980) war bis 1934 Volksschullehrer in Hamburg.

117 FRIEDRICH BAUERMEISTER war neben ALFRED KURELLA und HANS KOCH eine der zentralen Figuren der linken Strömungen in der deutschen Jugendbewegung (PREUSS 1991, S. 110ff.).

118 „Wandervogel Wach auf!" ist im September 1917 geschrieben und 1919 veröffentlicht worden. FRIEDRICH SCHLÜNZ gehörte wie FRITZ JÖDE (und vermutlich auch Max TEPP) der Freideutschen Jugend an. Der Anlass für die Polemik von SCHLÜNZ gegen die „Führer" der Jugendbewegung war ein Treffen mit GUSTAV WYNEKEN im August 1917. WYNEKEN stellte sich hier der wachsenden Kritik an seiner Autorität und obsiegte in der Auseinandersetzung mit KNUD AHLBORN und anderen (FIEDLER 1989, S. 114ff.).

119 Alle drei trugen zur Festschrift der „Freideutschen Jugend" (1913) bei, WYNEKEN hielt eine der Reden auf dem „Hohen Meissner" (12. Oktober 1913). Prominente Beiträger zur Festschrift und so geistige Mentoren der Jugendbewegung waren etwa noch CORNELIUS und LUDWIG GURLITT, GEORG KERSCHENSTEINER, LUDWIG KLAGES, EUGEN KÜHNEMANN und andere (MOGGE/REULECKE 1988).

burt“ des (deutschen) Volkes zu. Die Begründung war, sie sei als „Minorität“ von „Führern“ auf dem Weg ins Zentrum der Gesellschaft (ebd.).[120]

Aber Jugendkulturen sind temporäre Abweichungen, die biographisch prägend erfahren werden, aber *als* Kulturen mit jeder nachfolgenden Generation erneuert werden müssen. *Jugend* im Sinne WYNEKENS ist eine autonome Zwischenpassage, keine wirkliche Gegenkultur. In diesem Sinne ist die Fluchtbewegung begrenzt, sie hat das Schicksal einer verzögerten Integration. *Gegen*kulturen müssen mit der Gesellschaft brechen, sich symbolisch wie materiell von ihr unabhängig machen. Pädagogische Experimente wären solche *jenseits* ihrer Grenzen, unter der Voraussetzung neuer Lebensformen, die nicht lediglich Jugendkohorten repräsentieren. Auch das ist früh zu beobachten. Die sozialistischen Siedlungsformen hatten im 19. Jahrhundert unbesiedeltes Land vorausgesetzt, nunmehr sollten kommunardische Formen des Zusammenleben am Rande oder in der Großstadt erprobt werden, die stabile Gegenkulturen voraussetzten.

Wir predigen *„keine Weltflucht* und Weltverneinung“, schrieb die HART-Kommune[121] 1901, die „Neue Gemeinschaft“ sei ein *„Orden vom wahren Leben*“ (HART/HART/LANDAUER/HOLLÄNDER 1901, S. 14/15). Aber seine Bedingung sei die Überwindung der „Welt da draußen“ (ebd., S. 13)[122] und das Streben nach wahrer Kultur im *„hier*“, „wo eine harmonisch gestimmte Gemeinschaft zielgewisser Menschen ihre Kräfte entfaltet“ (ebd., S. 14). Genauer wird der Bauplan für die Gegenkultur so gefasst:

> „Eine Gemeinschaft von Menschen, deren jeder Einzelne körperlich durch Reinheit, freudige Thätigkeit, durch Luft, Licht und weisen Genuss, geistig aber durch ständige Selbstzucht, die jedes Kleinliche in Begierden und Aufwallungen unterdrückt, durch allseitige Entfaltung der

---

120 Man muss bei den emphatischen Selbstbeschreibungen die Größendimensionen in Rechnung stellen: Der „Wandervogel“ etwa hatte in seinen besten Zeiten etwa 30.000 Mitglieder, die bürgerliche Jugendbewegung etwa 60.000, während der staatliche „Jungdeutschlandbund“, 1911 als Konkurrenz ins Leben gerufen, sehr rasch eine halbe Million Mitglieder zählte (AUFMUTH 1979, S. 211). Mehr als eine Million Jugendliche waren zudem kirchlich organisiert und bis 1914 gab es 80.000 Mitglieder in den Verbänden der Pfadfinderbewegung. Aber der Wandervogel stellte die Elite dar: 80 Prozent der Mitglieder waren Gymasiasten.

121 Die Literaturkritiker HEINRICH HART (1855-1906) und JULIUS HART (1859-1830) gründeten am 17. Februar 1900 (dem 300. Todestag von GIORDANO BRUNO) die „Neue Gemeinschaft“, eine Wohnkommune für alternative Lebensreform. 1902 bezog die Kommune ein ehemaliges „Vegetarisches Familienheim“ am Schlachtensee bei Berlin. Die Brüder HART sind auch Mitbegründer der „Deutschen Gartenstadt-Gesellschaft“.

122 Für die „Welt da draußen“ gilt als das „Erstrebenswerteste“: „Ehre und Ansehn, Gunst und Reichtum, Prassen und Macht. Nur wer den Drang und die wachsende Kraft in sich fühlt, all die nichtigen *Eitelkeiten* der Thorenwelt: die individuelle Besitzgier, die Herrschsucht, den Hochmut, den ständigen Wechsel zwischen Rausch und Jammer, Sorge und Übermut zu überwinden, der kann einer der unseren sein“ (HART/HART/LANDAUER/HOLLÄNDER 1901, S. 13).

seelischen Kräfte, und weiterhin durch ein immer tiefer dringendes *Verständnis* des eigenen Selbst wie des anderen Selbst, – zur höchsten Menschlichkeit emporstrebt.
Um dieses Ideal zu erreichen, sucht die Neue Gemeinschaft überall *Lebensgemeinschaften* zu bilden, deren *Ansiedelungen* alle Bedingungen erfüllen, unter denen Leib und Seele am leichtesten und sichersten gedeihen, Lebensgemeinschaften, die eine alle beglückende Kultur in sozialer, ethischer und ästhetischer Beziehung ermöglichen, Lebensgemeinschaften, in denen dem Einzelnen gegeben wird, was des Einzelnen ist, der Gemeinschaft aber, was nur durch sie erzielt werden kann" (ebd.).

Das impliziert *Flucht* im Sinne einer riskanten und produktiven Suche. Die Realitäten der neuen Gesellschaft des 19. Jahrhunderts wurden als bedrohlich erlebt, die Rationalisierung schien total zu sein und nur soziale Gegenwelten konnten noch die wahre Humanität bewahren. Gemeinschaften in diesem Sinne sind alternative Kulturen, die „Leben" und „Lebendigkeit" reaktivieren sollen (ebd., S. 19). Das „*Ganze*" des Lebens sollte von der intimen Gemeinschaft aus neu erschaffen werden, als „Kunstwerk" (ebd., S. 31/32) der Harmonie, die die Gegensätze überwindet. „Indem wir ... *leben* und sind, indem wir wachsen und werden, schaffen und gestalten, formen und bilden, unablässig lösen wir wie im leichten Spiele alle Widersprüche auf, und was uns unüberwindliche Gegensätze waren, ... über Nacht sind sie bezogen und verflüchtigt, wie ein Nebel" (ebd., S. 35).

Fluchtmotive aus Idealerwartungen heraus bestimmen die Jugendbewegung wie die gesamte Widerstandskultur gegen die gesellschaftliche Modernisierung. Die „Rückkehr zur Natur" (JUST 1896)[123] bilanzierte ausschließlich den *Preis* der neuen Gesellschaft, nicht auch ihren möglichen Gewinn. Gesucht wurde der *Ausweg* nach dem „Schiffbruch der Ideale überall" (BLÜHER 1922, S. 87). Diese Mentalität *verstärkte* sich nach dem Ersten Weltkrieg, der wie ein Beweis für die Richtigkeit der Modernitätskritik verstanden wurde. Nunmehr schien die „große Umkehr" auf allen Ebenen sinnfällig zu sein, nicht zufällig immer verknüpft mit religiösen Erwartungen (SCHARRELMANN 1924, S. 44f.) und so mit Erziehungsambitionen.

Außerhalb der Bildungssysteme, die ihren geschlossenen Charakter weitgehend wahren konnten, zerfielen die Ansätze zur Lebensreform und Gegenkultur in heterogene Strömungen,[124] die oft Sektencharakter annahmen,

---

123 ADOLF JUST (1859-1936) eröffnete 1896 die Jungborn Anstalt in Eckertal (Harz). Sein Buch *Kehrt zur Natur zurück!* (JUST 1896) war eine Anleitung zum natürlichen Heilverfahren für jedermann. Die Begründungen waren christlich-spirituell, der Untertitel des Buches spricht vom wiedergefundenen Paradies.

124 Im Zentrum der „Lebensreformbewegungen" standen der Vegetarismus, die Naturheilkunde, die Nacktkultur und die Kleidungsreform. Es gab vielfältige Beziehungen zu größeren Reformbewegungen wie die Gartenstadtbewegung oder die Antialkoholbewegung (KRABBE 1974). Aber auch Eugenik und Rassenhygiene, die

vielfach nur lokale Bedeutung hatten und minimale Bindungen entfalteten. Ein Großteil der Gründungen überlebte die ersten Jahre nicht, die Mitglieder wechselten rasch, Teilungen waren an der Tagesordnung. Gemeinsam war das diffuse Gefühl des Widerstandes oder des Kampfes für eine bessere Welt, aber die Leitformeln des „neuen Lebens" verbanden sich oft mit obskuren Orientierungen, theosophische Lehren, Spielarten des Vitalismus, asketisch-vegetarischen Theorien der Gesundheit, spirituell-ganzheitlichen Definitionen von „Natürlichkeit" (KRABBE 1974, S. 48ff., 77f. u.pass.) und nicht zuletzt die populären Mythen von „Volk" und „Rasse" (zusammenfassend vgl. BUCHHOLZ/LATOCHA/PECKMANN/WOLBERT 2001).

Oft sind die Motive ungeschieden, so dass – wie bei BODE – lebensbiologische, „völkische" und esoterische Themen wie Allianzen erscheinen können, die alle gleich zur „neuen Reinheit" beitragen würden. Vorausgesetzt wird lediglich unmittelbare Betroffenheit, die sofort mit einer Alternative versehen werden kann. Nicht zufällig ist überall die Rückwendung zur Natur das zentrale Schlagwort. Das wurde oft agrarromantisch verstanden, mit konservativen und libertären Übersetzungen, deren Parolen sich kaum unterschieden, während die angestrebten Lebensformen hochgradig verschieden waren (BERGMANN 1970).

„Flucht" ist nicht immer gleichbedeutend mit Suchen und endlosen Teilungen. Das Ausweichen vor der Moderne hatte in Deutschland viele Varianten mit größeren und kleineren Organisationsformen. Direkten Verbänden wie zum Beispiel dem „Deutschen Vegetarier-Verein" und großen sozialen Bewegungen wie der organisierten Freikörperkultur[125] standen zahllose sektiererische Gruppen gegenüber, etwa Landkommunen oder sozialistische Siedlungen (LINSE 1983), die organisatorisch und ideologisch wenig zu tun hatten etwa mit der 1902 gegründeten „Deutschen Gartenstadt-Gesellschaft", die eine „Dezentralisierung der Industrie" anstrebte und durch siedlungsmäßige „Innenkolonisation" Stadt und Land versöhnen wollte (KAMPFFMEIER 1913, S. 27). Andererseits sind die hauptsächlichen Motive nicht weit auseinander.

---

diversen Projekte zur Sexualreform gehören zum Spektrum, wenngleich mit anderen Gewichtungen (WEINGART/KROLL/BAYERTZ 1988). Schließlich müssen auch die anarchistischen Experimente dazugezählt werden. Die einzelnen Bewegungen waren unterschiedlich aggressiv, rabiate Bevölkerungspolitik durch Formen der Rassenzüchtung wurde ebenso propagiert wie eine sanfte Revision der Ernährung oder Experimente mit Sozialbeziehungen.

125 Die Vereinstätigkeit der Vegetarier begann im April 1867; 1878 gab es reichsweit etwa 2.500 organisierte Anhänger. Die Bewegung geriet Ende des 19. Jahrhunderts in eine andauernde Krise, vermochte sich aber als Organisation bis 1933 zu halten (KRABBE 1974, S. 133ff.). Die Nacktkultur-Bewegung zerfiel in eine Unzahl kleiner Gruppen und konnte sich bis 1933 nicht in einem Dachverband organisieren. Vereinsgründungen gab es seit Beginn des 20. Jahrhunderts, wobei die Gesamtzahl der organisierten Nudisten am Ende der Weimarer Republik auf 20.000 geschätzt wird (ebd., S. 146ff., 150)

Was LUDWIG KLAGES 1913[126] unter dem Stichwort „Mensch und Erde“ als radikale ökologische Kritik der gesamten westlichen Zivilisation formulierte, ist in RIEHLS *Naturgeschichte des deutschen Volkes* angelegt (DOMINICK III 1992) und hat – wie RIEHL – eine romantische Unversehrtheit zur Voraussetzung, die in vielen Vorstellungen von „Lebensreform“ zum Ausdruck gebracht und intensiv erwartet wurde (ebd., S. 25ff.).

Alle diese Ansätze entwickeln pädagogische Formen. Bisweilen sind sie der Schulreform zuzurechnen,[127] weit häufiger aber brechen sie mit den Prinzipien von Verschulung überhaupt. Das gilt für alle anarchistischen Kommunen, für religiös-sozialistische Lebensgemeinschaften und nicht zuletzt für die Beziehungsexperimente der kulturellen Avantgarde. Ein Zentrum dieser Avantgarde ist der *Monte Verità* in Ascona gewesen (FRECOT 1978; GREEN 1986), wo so unterschiedliche Geister wie OTTO GROSS,[128] GUSTO GRÄSER[129] oder RUDOLF LABAN[130] neue Lebens- und Erziehungsformen erprob-

---

126 *Mensch und Erde* heißt KLAGES’ Beitrag zur Festschrift der „Freideutschen Jugend“ (MOGGE/REULECKE 1988, S. 89-197). Der gleichnamige Aufsatzband (1920) begründete KLAGES’ Einfluss auf die Alternativbewegungen. LUDWIG KLAGES (1872-1956) promovierte in Experimentalchemie und war 1896 einer der Mitbegründer der Deutschen Graphologischen Gesellschaft. Ausgehend von der Graphologie entwickelte KLAGES eine Metaphysik und Mystik des Lebens, die in seinem dreibändigen Hauptwerk *Der Geist als Widersacher der Seele* (1929-1932) beschrieben wird. 1940 veröffentlichte KLAGES *Fragmente und Vorträge* aus dem Nachlass seines Freundes ALFRED SCHULER (1865-1923), die eine antisemitsche Einleitung enthalten (SCHULER 1940, S. 1-119).

127 Aus der Naturschutzbewegung entstanden regelrechte Lehrbücher und Vorschläge für alternative Curricula (wie WALTER SCHÖNICHENS *Methodik und Technik naturwissenschaftlichen Unterrichts*, 1914).

128 OTTO GROSS (1877-1920) studierte in Graz Neuropsychiatrie, anschließend Medizin in München und promovierte dort 1899. In München wurde GROSS Assistenzarzt in der Psychiatrischen Klinik von OTTO KRAEPELIN; KRAEPELINS Gegner war SIGMUND FREUD, GROSS interessierte sich seit dem Studium für die Psychoanalyse und wurde 1908 von C.G. JUNG analysiert. In München bekam er rasch Kontakt mit Schwabinger Zirkeln, aus denen heraus die Ascona-Gruppe entstand. GROSS wurde 1905 Mitglied der Kommune. (Daten nach: HURWITZ 1979, GREEN 1986, S. 17-50).

129 ARTHUR „GUSTO“ GRÄSER (1879-1958) stammte aus Kronstadt und studierte in Wien, wo er in der Kommune des Malers KARL DIEFFENBACH die Regeln des alternativen Lebens kennenlernte. DIEFFENBACHS hauptsächlicher Schüler war HUGO HOEPPENER (1868-1948), der unter dem Pseudonym „Fidus“ der einflussreichste Illustrator der Jugendbewegung wurde. Die Beziehung zur Ascona-Gruppe stellte GRÄSERS älterer Bruder KARL her. Die Gruppe traf im Herbst 1900 in München zusammen, die zentralen Figuren waren zunächst HENRI OEDENKOVEN, Sohn eines wohlhabenden Industriellen aus Antwerpen, und IDA HOFMANN, eine Musikpädagogin und Feministin aus Montenegro. GUSTO GRÄSER entwickelte in Ascona eine Philosophie und Form des einfachen Lebens, durchsetzt mit spirituellen Elementen, die ihn als „Naturmenschen“ berühmt machte. HERMANN HESSE traf GRÄSER im Frühjahr 1907, GRÄSER beeinflusste nachhaltig HESSES Vorstellungen von Natur und Leben (Daten nach GREEN 1986, S. 51-82, MÜLLER 1979).

ten. Das hektische Experiment begann im Herbst 1900 und dauerte bis 1920.[131] Die Grundsätze beschrieb IDA HOFMANN-OEDENKOVEN 1906 als Befreiung vom Broterwerb, Rückkehr zum natürlichen Leben und die Praxis „neuer Erziehung." Für sie sollte unbedingte Freiheit, vor allem der sexuellen Entwicklung, Abkehr von materiellen Ansprüchen und Spiritualität gelten. GROSS' Theorie und Praxis der erotischen Emanzipation, GRÄSERS Integration des „Naturmenschen" und LABANS expressionistische Freiheit des Tanzes[132] waren Erfahrungen mit alternativer Erziehung, die auf Zwang verzichten wollte und die Artikulation von *Leben* – spirituell und rituell – in den Mittelpunkt stellte. Die Kinder der Kommune erhielten Erfahrungen, keinen Unterricht.[133]

---

130 RUDOLF VON LABAN (1879-1958) stammte aus Pressburg, brach eine Offiziersausbildung ab und ging nach Paris, wo er Schauspiel, Tanz und Theaterarchitektur studierte. 1907 zog er nach Schwabing und experimentierte mit Tanzaufführungen. „Tanz" wurde zum spirituellen Kult, zur Bewegungsseite der Lebensreform. In diesem Geiste eröffnete 1913 auf dem Monte Verità eine „Schule für Lebenskunst" mit Lehrern wie SUZANNE PERROTTET, MARY WIGMAN und HENRI OEDENKOVEN (Daten nach GREEN 1986, S. 83-115).

131 HENRI OEDENKOVEN (1875-1935) kaufte das Anwesen Monescia oberhalb von Ascona und nannte den Besitz „Monte Verità" (GREEN 1986, S. 121). Ende 1919 ging GUSTO GRÄSER nach München und RUDOLF VON LABAN trennte sich von SUZANNE PERROTTET. OEDENKOVEN verkaufte Monte Verità im darauffolgenden Jahr und ging mit IDA HOFMANN nach Spanien. Am 13. März 1920 starb OTTO GROSS in Berlin. ERICH MÜHSAM, der 1904 zusammen mit JOHANNES NOHL (HERMAN NOHLS Bruder) nach Ascona gekommen war und der 1907 die Kolonie porträtiert hatte, verbrachte nach der Münchner Revolution Monate im Gefängnis. Die Kommune war aufgelöst.

132 So stellte ihn der Schriftsteller und Tanzkritiker HANS BRANDENBURG (1917) in seiner 1913 zum ersten Male veröffentlichten Studie *Der moderne Tanz* dar. BRANDENBURG war ein enger Freund LABANS und ein Promotor seiner Karriere. Als Tanzdirektor der Berliner Staatsoper und Organisator der „Deutschen Tanzfestspiele" (erstmalig 1934) schien sich diese Karriere im Nationalsozialismus zu erfüllen. LABAN veröffentlichte Ergebenheitsadressen und lieferte auch rassenbiologische Begründungen der neuen Tanzkunst. Er und MARY WIGMAN wurden mit dem choreographischen Rahmenprogramm der Olympischen Spiele 1936 in Berlin beauftragt. Nach der Aufführung der Tanzinszenierung „Vom Tauwind und der neuen Freude" am 20. Juni 1936 fiel LABAN in Ungnade, wurde als „Jude" und „Homosexueller" denunziert und unter Hausarrest gestellt. Er floh 1937 nach Paris und ging im Januar 1938 nach *Dartington Hall.* Hier war der ehemalige Tanzlehrer der Folkwangschule KURT JOOSS tätig, LABAN gründete zusammen mit LISA ULLMANN eine Tanzschule, die während des Krieges Tanzunterricht für Lehrer veranstaltete. Hieraus entstand das berühmte *Art of Mouvement Studio* in Manchester (1946), das später nach Addlestone (Surrey) wechselte (Daten nach KOEGLER 1980, GREEN 1986, S. 109ff.; über das Verhältnis der gesamten Tanzreformbewegung zum Nationalsozialismus GUILBERT 2000).

133 Über die Kinder ist wenig bekannt. GUSTO GRÄSER lebte mit sechs Töchtern aus der Beziehung mit ELISABETH DÖRR, auch LABAN hatte verschiedene Kinder aus verschiedenen Beziehungen, darunter mit MAJA LEDERER und SUZANNE PERROTTET (GREEN 1986, S. 91f.).

Was LABAN über den Tanz schrieb, kann in gewisser Weise für das Leben der Kommune insgesamt gelten: Das Ziel sei „wirkliche" Bewegtheit, das *Durchbrechen* von Symmetrie und Proportionalität, die LABAN als die starren Formen der Zivilisation verstanden wissen wollte. Bewegung, die sich die eigene Form geben will, muss auf den Ursprung zurückkommen:

> „Aus dem Erinnerungsschatz der Urzeit steigt uns eine neue Welle von Menschenkräften auf; der Tanz, in dem die Gedankenkraft körperlich realisiert im Gefühlsmäßigen der Schwingung und im Verstandesmäßigen der Handlung veredelt ist. Wir brauchen kein Wort, wir brauchen keine Klänge, um Wollen, Fühlen und Wissen vereint und stark zu erleben und im Zusehenden als Mitbewegtheit aufflammen zu lassen" (LABAN 1919/20, S. 43).

Das ist später explizit als Emanzipationserfahrung *für Kinder* gefasst worden (LABAN 1926), ähnlich wie auch GRÄSERS Taoismus und GROSS' Theorie der sexuellen Befreiung deutlich mit pädagogischen Programmen verbunden sind. Ihnen ist gemeinsam, dass „Leben" mit Bewegung assoziiert ist, ein vorbegrifflicher, unmittelbarer Zugang zur Erfahrung gesucht wird und eine je eigene „Form" gefunden werden soll.

Obwohl anders gelagert, gehört auch das „Erlebnis der Jugendbewegung" (JÖDE 1924, S. 18) in diesen Zusammenhang, weil es wesentlich mit dem Durchbrechen konventioneller Formen zu tun hatte. Erst nach dieser Erfahrung, schreibt FRITZ JÖDE,[134] sei er in der Lage gewesen, „das Grundwesen der Musik" zu erkennen. Sie sei *„eine klingende Form,* – also eine Form in ihrem Werden" (ebd., S. 25). So lässt sich auch das Leben und Erleben von Kindern und Jugendlichen deuten, als besondere, lebendige Form (LUSERKE 1919, S. 17), der Autonomie zu Unrecht verweigert werde (ebd., S. 21f.). Auch hier setzt „Autonomie" Gemeinschaft voraus (ebd., S. 24f.), nur dass die „neuen Formen" der *Schulgemeinden* oder *Gemeinschaftsschulen* im Experimentierverhalten weniger radikal und anstößig waren als die der Kommune auf dem Monte Verità.

Es gab allerdings auch im Schulbereich radikale Beispiele, die aus Gegenkulturen erwuchsen und dem nahe kamen, was Kommunarden am Rande der bürgerlichen Gesellschaft erprobt hatten. Die Übergänge sind fließend, oft bestehen Kontakte zwischen Kommunen und Schulreformern, vielfach wird auch eine vergleichbare Publizistik benutzt, um auf alternative Formen von Erziehung hinzuweisen. Das Spannungsfeld und die Entwicklung dieser Versuche lässt sich an der pädagogischen Kolonie HEINRICH VOGELERS in Worpswede und ihren Beziehungen zum Hamburger Wendekreis ablesen, die

---

134 FRITZ JÖDE (1887-1970) wurde 1923 Professor an der Akademie für Kirchen- und Schulmusik in Berlin. Er beeinflusste die musikalische Jugendbewegung zusammen mit dem Musiklehrer der *Freien Schulgemeinde Wickersdorf*, AUGUST HALM (1869-1929). Die Rückwendung zum „echten" Volkslied hat auch bei JÖDE „völkische" Begründungen. Sie behinderten seine Karriere weder 1933 noch 1945.

unmittelbar nach dem Ersten Weltkrieg tatsächlich so etwas wie eine „Schulrevolution“ aus religiös-sozialistischen Motiven heraus (ebd., S. 9ff.) bewirken wollten. Nur sollte das Experiment weitergehen als noch die Schulreformer von *Wickersdorf* gedacht hatten; die Schule sollte nicht „zur *Welt der Jugend*“ (ebd., S. 37) mutieren, sie sollte *als* „Schule“ aufgelöst werden.

HEINRICH VOGELER trat 1923 der KPD bei, nachdem die Weltkriegserfahrung ihn und seine Kunst grundlegend verändert hatte. Im November 1918 wurde er in Osterholz bei Bremen zum Arbeiter- und Soldatenrat gewählt und verbrachte einige Jahre in linken Sekten. Nach diesen Jahren wurde er Parteikommunist und richtete auch sein Werk auf diese Überzeugung hin aus. Pädagogisch lag seine fruchtbare Zeit aber gerade in den Jahren, in denen er der anarchistischen Lebensreformszene nahe stand. Die Kommune Barkenhoff wurde im Winter 1918/19 gegründet und bestand aus etwa zwanzig ständigen Mitgliedern, darunter zehn Kindern. Inspiriert wurde dieses Experiment von anarchistischen Ideen, vor allem KROPOTKINS Ethik der „gegenseitigen Hilfe“[135] und LANDAUERS Anarchie des unmittelbaren, aber unbekannten Lebens (LANDAUER 1901), die praktisch als „Suche nach neuen Lebensformen“ verwirklicht wurden (WIEGAND PETZET 1972, S. 128, 134). Grundlegend war dabei die „besitzlose Gemeinwirtschaft“ (ebd., S. 133), die Anlass gab für Kolonisierung von Ödland und die Entwicklung einer Art Tauschwirtschaft ohne Geld (ebd.).

Innerhalb der Gemeinschaft wurde Erziehung als *Arbeitsschule* organisiert, über die WALTER HUNDT, ein Mitglied der Kommune, rückblickend berichtet:

> „Am Alten August (d.i. der Zimmermann August Freitäger, J.O.) sehen wir, wie die Kinder durch das Erlebnis lernen. Er sagt ihnen auch, wie ein Werkzeug benutzt werden muss, dass zu große Kraftanstrengung dem Gerät schadet ... Er lehrt die Kinder Höhen schätzen und zeigt, mit welch einfachen Mitteln sich das genau machen lässt. Er weist auf die verschiedenen Holzarten hin und erklärt, wie sie zu verwenden sind ... Arbeiten die Kinder im Garten, dann wird jeder Arbeitsvorgang erklärt: warum man Pflanzen verzieht, wie bei schlechter Arbeitsweise beim Säen Saatgut vergeudet wird, wie die Wurzeln in die Erde gebracht werden müssen ... usw. Das alles lassen wir sie erleben, damit die Kinder lernen, einen Arbeitsvorgang zu durchschauen. Auch das eigene Beet ist da. In den Werkstätten haben sie eine Bastelecke“ (HUNDT 1981, S. 76/77).

VOGELER äußerte sich 1921 in der Monatsschrift des „Deutschen Vereins für Knabenarbeit und Werkunterricht“ über das Konzept dieses pädagogischen Experiments: „Der Leitgedanke der Arbeitsschule Barkenhof ist der,

135 Die Grundgedanken dieser Ethik sind zwischen 1891 und 1894 in der Zeitschrift „Nineteenth Century“ veröffentlicht worden; daraus entstand das Buch *Mutual Aid – A Factor of Evolution* (London 1902), das 1904 auf Deutsch vorlag.

das Kind durch aktive Arbeit an dem ganzen Wirtschafts- und Handwerkbetrieb der Schule so teilnehmen zu lassen, dass das Kind immer von dem Gefühl getragen ist, ein Mitglied der Gemeinschaft zu sein, auf dessen gestaltende Kraft es ankommt, das durch sein ganzes Lernen und Gestalten dazu beiträgt, die Lebensverhältnisse aller zu entlasten und zu verbessern" (VOGELER 1921, S. 175).

„Gemeinschaft" wird zweifach verstanden, nach Außen in Beziehung zur kapitalistischen Umwelt, nach innen „ruhend auf der Kollektivarbeit eines gemeinsamen Hausbetriebes von Kindern und Erwachsenen" (ebd., S. 176). Hierauf sind Erziehung und Unterricht bezogen: „Überall schließt sich die Lehrtätigkeit an (die) Funktionen der Arbeitsgemeinschaft an und überall zeigen die Lehrenden die inneren Verbindungen zu den Gemeinschaftsbedürfnissen der Menschen und die Bindungen mit den kosmischen Gesetzen, die zu einer Glückserfüllung des Menschen durch das schöpferische Gestalten am Ganzen treibt" (ebd., S. 177).

Was VOGELER in seinen Lebenserinnerungen die „alte Mystik" nannte (VOGELER 1952, S. 281), die mit der materialistischen Philosophie überwunden worden sei,[136] war zu diesem Zeitpunkt sehr lebendig. *Kosmisches Werden und menschliche Erfüllung* (VOGELER 1921a) sind noch keine Gegensätze und es ist noch nicht die politische Klasse, deren Kampf die neue Gesellschaft hervorbringt, sondern es sind „die Erkennenden, die Friedensgewillten, die Freien, vor allem die Jugend", die den „Willen" haben, „die verwesende Welt, die mit ihrer ganzen Versklavung den Götzen Mammon anbetet, zu verlassen". Sie müssen mit sich selber „ringen", „um die Urnatur des Menschen als soziales Wesen ganz zu erfassen". Dies gelinge nur, wenn die „Autoritäten der alten Welt" überwunden und der Glaube „an die eigene gestaltende Kraft" gewonnen werde, „das lebendige Beispiel, das alle schöpferischen Menschen aufrichten können" (ebd., S. 9/10).

In diesem Geiste der Utopie ist die Arbeitsschule die „Aufbauzelle der klassenlosen menschlichen Gesellschaft" (VOGELER 1921b). Das Konzept dieser „neuen Schule", die unabhängig von jeglicher Autorität, vor allem der des Staates, sein soll (ebd., S. 6), liest sich wie eine einzige Pädagogik der Lebensreformbewegung: Die „kapitalistische Wirtschaftsordnung" führte auf zerstörerische „Irrwege", weil sie den Kontakt mit den „zeugenden aufbauenden Naturkräften" verloren hatte. Die Alternative wird spirituell-pädagogisch begründet: „Die Menschen haben nun erkannt, dass alle Gleichgewichtsstörungen seelischer und körperlicher, staatsordnender und wirtschaftlicher Art im ursächlichsten Zusammenhang mit dem Kosmos und seinen naturhaften, aufbauenden Gesetzen stehen; auf dieser Erkenntnis baut sich die neue Schule auf. In allen Dingen des Lebens das Gleichgewicht mit den ewigen Gesetzen zu finden, das Bedingte durch die schöpfe-

136 Gemeint ist VOGELERS Auseinandersetzung mit MARX und ENGELS und die Abwendung von der Bourgeoisie (VOGELER 1952, S. 286ff.).

rische Tat dem Unbedingten entgegenzuführen, wird die Bewegung der Schule sein müssen“ (ebd., S. 9).

„Grundlage des menschlichen Werdens“ muss die „Entspannung des körperlichen Krampfes“ sein. Für die pädagogische Arbeit heißt das: „Alles Turnen wird unbekleidet ausgeführt und beschränkt sich möglichst auf eine forschende Entdeckung der körperlichen Hemmungen und ihre Befreiung durch entsprechende Muskelspannung und Entlastung; wobei die größte Aufmerksamkeit auf den organischen Zusammenhang zwischen Atem- und Bewegungsrhythmus gerichtet werden muss. Dazwischen mögen Zeiten liegen tiefster Ruhe und innerer körperlicher Konzentration, bis der unbewusste tiefste Lebensimpuls sich selber löst, und der ursprüngliche Atem den Körper von den Hemmungen befreit“ (ebd., S. 10). Die Spiele der Kinder haben dann einen natürlichen Charakter und können den Erfahrungsvorbildern angeglichen werden: „Die Bewegungen der Schmetterlinge, der Katzen, der Blumen im Winde geben den Kindern aus dem täglichen Leben immer neue Gleichnisse wesensverwandter naturhafter Rhythmen“ (ebd.).

Parallel dazu verläuft die Erfahrung des Arbeitslebens und der Gemeinschaft. Auch hier muss der Rhythmus erfahren werden und das Lernen „aus den Bedürfnissen für die Gemeinschaft“ erwachsen (ebd., S. 10/11). Lernanlass ist das Leben, und jede Frage wird zum Projekt:

> „Der mangelhafte Orientierungssinn einer Kleinen bringt einen geographischen Tag. Er beginnt vielleicht bei der Orientierung des Hockers, auf dem das Kind sitzt; bald zeichnen alle den Grundriss des Schulzimmers, des Hauses, die Wege des Gartens und weiter das Dorf; der Fußboden des Zimmers wird mit Kreide in Anspruch genommen, die Straßen und Häuser entstehen unter der Schöpferkraft des Kindes und den ganzen Tag spielt die Phantasie mit den praktischen Aufgaben zwischen Küche und Acker und die Lehrerin muss erzählen über den Verbleib des Flusses, den man vom Berge aus glänzen sieht; eine Fülle von praktischen Lehraufgaben über Verkehr und Versorgung, über Hausbau, Acker und Wirtschaft wachsen dem neuen Tage entgegen“ (ebd., S. 11).

Dies ist „der naturgeborene Zustand“, „in dem das Geistige und das Körperliche sich ineinander ausleben durch die schöpferische Tat – das Kind ist glücklich“ (ebd., S. 15). Und diese „Schulsiedlungen“ sollen „Zellen“ sein, „die in ihrer kleinen autonomen Form die völlige Umgestaltung der Wirtschafts- und Gesellschaftsordnung verkörpern, die größte Glückserfüllung in der freien Arbeit Aller für Alle“ (ebd., S. 16).

Auch als Parteikommunist hatte VOGELER diese Utopie vor Augen, nur dass er seine „mystischen“ Theorien aufgab und sich an der Doktrin der revolutionären Gesellschaft orientierte. Diesen Wandel bewirkte vor allem ein einjähriger Aufenthalt im nachrevolutionären Russland (VOGELER 1924). In seinem berühmten Bericht über die „Reise durch Russland“ sieht

VOGELER (1925) den bolschewistischen Kommunismus als die wahrhafte pädagogische Neuordnung des Verhältnisses von Individuum und Gemeinschaft. Der Weg zum „neuen Menschen" sei „nur in einer Volksgemeinschaft gangbar," „in der die Klassenunterschiede zerschlagen sind" (ebd., S. 27). Die schwärmerische Emphase – „Hier wird der neue klassenlose Mensch geboren, der sich selbst erlöst durch eine Tat, die zeugend und gestaltend zurückfließt an die Menschheit" (ebd., S. 29) – ging nach 1923 auf die kommunistische Partei über. Die Kommune Barkenhoff wurde aufgelöst, die Liegenschaft an die „Rote Hilfe" geschenkt, die daraus ein Kinderheim machte. VOGELER hatte erkannt, dass „eine utopische kommunistische Phantasterei als Zelle für das Werden einer neuen Gesellschaftsform in der kapitalistischen Umwelt" nur zerbrechen kann (VOGELER 1952, S. 313).[137]

Aber andere Siedlungen mit alternativen Lebensformen überlebten (vgl. LINSE 1983) und erprobten die Prinzipien der neuen Erziehung weiter, zum Beispiel in der Kibbutz-Bewegung (ebd., S. 293ff.) oder in anarchistischen Siedlungen am Rande der Gesellschaft. Das Beispiel VOGELERS zeigt, dass enge Kontakte zu neuen pädagogischen Gruppierungen bestanden haben, die nach dem Ersten Weltkrieg gegründet wurden. VOGELERS Kolonie unterhielt Beziehungen zu dem Hamburger „Wendekreis" (HUNDT 1981, S. 74; WIEGAND PETZET 1972, S. 134). MAX TEPP, FRITZ JÖDE und FRIEDRICH SCHLÜNZ, die drei revolutionären „Jungen" der Hamburger Reformbewegung,[138] entwickelten Vorstellungen der Gemeinschaftsschule, die in der Grundüberzeugung mit VOGELERS Barkenhoff übereinstimmte. FRITZ JÖDE fasste das Konzept so zusammen:

> „Nicht mehr die Kinder unterrichten, auch nicht nur mit ihnen arbeiten, sondern leben mit ihnen, leben in unbedingter Kameradschaft – das ist unser Wille" (JÖDE 1919).

---

137 Der Barkenhoff konnte sich wirtschaftlich nicht selbst unterhalten, sondern blieb abhängig vom Verkauf der Bilder VOGELERS (LINSE 1983, S. 104f.). Im September 1921 wurde die „Arbeitsschule Barkenhoff" als Verein eingetragen und drückte damit eine Distanz zu VOGELER aus, der nominell Eigentümer des Hofes blieb. Die kommunistische „Rote Hilfe" wurde 1924 Besitzerin des Barkenhoffs, nachdem die Kommunarden den Hof verlassen hatten. Zwischen ihren pädagogischen Ideen und dem nunmehr entstehenden kommunistischen Kinderheim gab es keinen Kompromiss (ebd., S. 105/106).

138 Die „älteren" Reformpädagogen waren so bekannte Namen wie HEINRICH WOLGAST, CARL GÖTZE, WILLIAM LOTTIG und auch FRIEDRICH PAULSEN. Der Ausdruck die „drei Jungen" stammt von LOTTIG. Er spielte darauf an, dass sie es waren und nicht die Alten, denen die vom Hamburger Arbeiter- und Soldatenrat für den 8. November 1918 einberufene Lehrerversammlung zu verdanken war. Sie eröffnete völlig neue Reformchancen. JÖDE, SCHLÜNZ und TEPP hatten in Hamburg Lehrerseminare besucht und sind durch den Weltkrieg politisiert worden (GLÄSS 1932, S. 5/6).

JÖDE, SCHLÜNZ und TREPP sind im November 1918 in den Hamburger Lehrerrat gewählt worden,[139] JÖDE hat hier am 7. Februar 1919 die Gemeinschaftsschulen begründet (GLÄSS 1932, S. 10, 37) und im März 1919 erhielt die Volksschule Breitenfelder Straße den Status einer Versuchsschule[140] unter der Leitung von JÖDE, SCHLÜNZ und TEPP. Die Schule hieß fortan „Wendeschule"; der Name hatte Symbolcharakter, im Nukleus der neuen Gemeinschaft sollte die „ganz andere" Schule entstehen. Tatsächlich war die Arbeit der ersten Monate gegen die überkommene Institution gerichtet, das Ziel war die *Überwindung der Schule* (RÖDLER 1987, S.225). Es gab keinen Lehrplan, keinen Stundenplan, keine Pausenregelung, keine Schulgemeinde mit den Eltern, keinen regulären Unterricht, sondern wesentlich nur die Gemeinschaft zwischen Lehrern und Schülern (ebd., S. 225ff.). Wenn irgend, dann war dies – für einen günstigen Moment – die Schule der Jugendbewegung (GLÄSS 1932, S. 51).

Allerdings war die „neue Gemeinschaft" auch hier schnell strapaziert und die Emphase hielt nicht lange an. Schon 1920 verließ der Wendekreis – SCHLÜNZ, JÖDE und TEPP – die Schule, um in der Lüneburger Heide den „Wendehof" zu gründen, der wiederum nicht lange den eigenen Idealen widerstand.[141] Nach weiteren Sessionen verschiedener Lehrergruppen arbeitete die „Wendeschule" 1924 wieder überwiegend nach dem Lehrplan, wenngleich in Wahrung bestimmter Elemente der Schulgemeinschaft. Das Bild des radikalen Schulversuchs verlor sich aber (RÖDLER 1987, S. 234); KURT ZEIDLERS (1926) Formel von der *Wiederentdeckung* der Grenze hat genau dieser Erfahrung Ausdruck verliehen.[142]

ZEIDLER, der 1921 zum Leiter der Wendeschule gewählt worden war (RÖDLER 1986, S. 233), hatte schon im März 1922 auf die „grandiose Verwechslung" hingewiesen, mit der grundsätzlichen Kritik der Schule *alle* „schulmäßigen Gewohnheiten und Überlieferungen" aufzugeben und sich am *reinen* Neuanfang zu versuchen. „Man meinte in dem Bekenntnis der

139 Der Lehrerrat umfasste Lehrerinnen und Lehrer aller Kategorien, darunter auch Hochschullehrer, zu denen etwa WILLIAM STERN (1871-1938) zählte, der seit 1916 am Hamburger Psychologischen Institut lehrte. Neben Volksschullehrern wie WOLGAST, GÖTZE und PAULSEN war für die Oberlehrerinnen auch GERTRUD BÄUMER in diesem Rat vertreten (GLÄSS 1932, S. 10).

140 Die Gründung einer „Versuchsschule" hatte HEINRICH WOLGAST schon 1905 gefordert. Danach gab es über diesen Gedanken und seine Ausgestaltung – *nur* Arbeitsschule oder *primär* Erlebnisschule – eine heftige Diskussion. Im Mai 1914 wurde ein Ausschuss eingesetzt, der – kriegsbedingt – im Februar 1919 seinen Abschlussbericht vorlegte. Er war die Grundlage für die tatsächliche Gründung von drei Versuchsschulen (GLÄSS 1932, S. 28ff., 36f.).

141 Eine Beschreibung dieses Versuches erscheint im Oktober 1920 in TEPPS Zeitschrift „Der Leib". Der „Wendehof" bestand nur wenige Monate.

142 *Aufgaben und Grenzen der öffentlichen Erziehung* (RIEKEL 1926) sind ein durchgehendes Thema der Weimarer Pädagogik. Eine vergleichbare Debatte über „Grenzen" in Europa oder den Vereinigten Staaten gibt es nicht.

ideellen Umkehr ein Allerweltsrezept für die tägliche Praxis in der Hand zu haben" (ZEIDLER 1922). Eben das, die reine Lehre, sollte auch den „Wendehof" Holtorf begründen. „Auf dem Wendehof wollen die Menschen leben und zusammenkommen, die von Parteien abgestoßen, vor der untergehenden Großstadt fliehend, irgendwie nach dem Aufbau neuen Lebens suchen, für sich und die Kraftvollen ihres Volkes" (TEPP 1920b, S. 71). „Sie sagen jeder Institution der Welt- und Menschenverbesserung Kampf an" und wollen nur „in sinnvoller Arbeit, die füreinander geschieht, leben". „Unter solchen Menschen, unter solchem Geschehenswillen leben, bedeutet Kindern Erziehung. Hier werden Kinder ihr Werktum, ihre Stelle, ihr Gesetz finden" (ebd., S. 72).

Was hier fortgesetzt werden sollte, war in der Wendeschule gerade gescheitert, die expressionistische „Absage an die vorrevolutionäre Gesellschaft und ihr Bildungswesen" (SCHLÜNZ 1919), übersetzt in ein reines Verhältnis von *Erlebnis* und *Gemeinschaft*. Die Schule sollte „frei von jeder Stoffsklaverei ... eine Stätte reinen Menschentums" werden, unabhängig von Auflagen jeder Art. „*Sie macht ... nicht den Stoff, sondern den Menschen zum Mittelpunkt*. Also: nicht lehren, sondern *leben* und erziehen ist ihr Wille" (Denkschrift 1920, S. 114). Die Autonomie der Jugend nach dem Vorbild WYNEKENS (ebd.) realisiert sich in „Lebensgemeinschaften", die die bisherige Schulorganisation auflösen. Leben ist *Erleben*: Wir werden „uns leiten lassen von Zeit und Stunde, von dem Kinde und uns selbst". „Und weil wir die Methode nicht wollen, sind wir gar nicht Lehrer, sondern die Freunde, Kameraden, älteren Führer, die dem Drängen des Schülers von sich aus die Wege weisen, und die Kinder sind nicht unsere Schüler, sie sind eben unsere Kinder" (ebd., S. 116). Bildung ist nicht länger „Formung" und Erziehung nicht „Einwirkung" – Grundlage aller legitimen pädagogischen Arbeit ist die „frei aus seelischem Erlebnis heraus gewachsene, geistig geformte Tat des jugendlichen Menschen" (SCHLÜNZ 1919, S. 36).

Die „neue Schule" hebt das Leiden der Kinder auf (TEPP 1920, S. 22) und lebt mit ihnen „*die Freiheit*" (ebd., S. 50). Die Schulrevolution erfolgt „von Grund auf" und mit neuem „Stil" (SCHLÜNZ 1920, S. 6f.), und die Form entsteht nicht durch Erziehung, sondern durch die Bewegung des je eigenen Lebens:

> „Solange man in der Erziehung und Bildung der jungen Menschen in dem Verhalten stehen bleibt, jede jugendmäßige Haltung nicht als eigenwertig, nicht als selbständig historisch bedingt, nicht als eine durch die eigenen inneren Gesetzlichkeiten der Jugend bedingte Erscheinung zu sehen, sondern als Objekt für das Auswirken von Forderungen betrachtet, die durch das eigengesetzliche Leben der Erwachsenen bedingt sind, Forderungen nach Vollendung der systematischen Wissenschaftsgebiete der Menschheit, Forderungen nach Vollendung eines wirklichen politischen Gemein-

schaftslebens, so lange wird eine wirkliche Änderung des Schullebens in sich nicht eintreten" (ebd., S. 14/15).

In diesem Sinne schreibt VOGELER (1920, S. 122): „Das Lehrmittel der Arbeitsschule ist das lebendige Leben". Schulerneuerung muss heißen „*Lebens*erneuerung" (JÖDE 1920a, S. 93). Wer die „neue Schule" sucht, so TEPP (1924, S. 4) rückblickend, darf nicht „zu den Lehrern und Schulmeistern" gehen. „Schule ist ein gefährlich Ding. Sie stellt den Lehrer auf sich selbst" (ebd., S. 7), wo es auf den Menschen ankäme. Wahre Schule ist „also nicht Institution, sondern Werkarbeit des Einzelnen in seiner Totalität" (ebd., S. 8).

Was der „Wendekreis" versuchen wollte und woran er scheiterte, lässt sich aus dem ersten Heft (November 1918) der Zeitschrift *Die Wende*[143] gut rekonstruieren. Als Motto dient ein längeres Zitat von WALT WHITMAN, in dem es heißt: „Lasst die Schulen, wo sie sind, kümmert euch nicht darum, was euch der Lehrer nachruft".[144] Danach folgt unmittelbar der Aufruf zur „Wende", den FRIEDRICH SCHLÜNZ begründete. Ganz auf der Linie der Philosophie des Lebens wird zwischen dem „ordnenden" und dem „schöpferischen Geist" unterschieden und die neue Pädagogik vor die „Entscheidung" gestellt, ob sie zur *ordnenden* oder zur *schöpferischen* Welt, also der Wissenschaft oder der Kunst, gehören wolle. Als Ordnungswelt würde sie nur die alte Schule fortsetzen, als schöpferische Welt könnte sie dem Leben dienen, sie stünde „bewusstseinsvertiefend" im „Strom der Entwicklung des lebendigen Geistes" (SCHLÜNZ 1918, S. 1f., 4).

MARIE BUCHHOLD[145] erklärt anschließend, was einzig die Grundlage dieser neuen Erziehung sein dürfe, „die Seele, die sich durch das Herz", und der

---

143 „Die Wende" erschien in vier Jahrgängen von 1918 bis 1922, in den letzten beiden Jahrgängen nur noch als „Wende". Ein Hauptautor war HEINRICH VOGELER. Parallel dazu erschien, von MAX TEPP herausgegeben, „Der Leib" (1919-1921), im Untertitel klassifiziert als „Blätter zur Erkenntnis wesentlichen Lebens aus der Vernunft des Leibes". Auch hier schrieb VOGELER.

144 15. Abschnitt im „Gesang von der freien Strasse" in WHITMANS „Grashalmen". *Leaves of Grass*, 1855 zuerst veröffentlicht, lag ab 1868 in deutschen Übersetzungen vor. Es war *das* Manifest der internationalen Jugendbewegung.

145 MARIE BUCHHOLD (1890-1983) schloss 1910 das Lehrerinnenseminar in Darmstadt ab und war danach an verschiedenen Schulen von der privaten Töchterschule bis zur Höheren Mädchenschule tätig. 1915 veröffentlichte zusammen mit dem Maler HERMANN PFEIFFER (1883-1964) einen Aufruf zur Gründung einer *Freien Handwerksgemeinde*, die als Siedlungsexperiment gedacht war. Das Vorbild war die Künstlerschule Kammerhof, die HERMANN PFEIFFER 1910 gegründet hatte und die im Krieg aufgelöst worden war. Die *Jugendsiedlung Frankenfeld* wurde Ende 1919 realisiert und scheiterte aber nach zwei Jahren. MARIE BUCHHOLD und ELISABETH VOGLER (1892-1975) bauten von 1922 an die Frauensiedlung *Schwarzerden* in der Rhön auf, die mit Landwirtschaft und handwerklichen Arbeiten finanziert wurde. 1927 wurde die *Ausbildungsstätte für sozial angewandte Gymnastik und Körperpflege* gegründet, die als Schule den Namen „Schwarzerden" erhielt. Die Schule existiert als staatliche anerkannte Ergänzungsschule des Landes Hessen bis

„Geist, der sich im vernünftigen Verstande offenbart". Deren Grundlage ist die religiöse Liebe, nicht die Wissenschaft. Und das impliziert einen radikalen Bruch: Es gehe nicht länger um „jene auf Bildungsstätten bis zu einem gewissen Grade erlernbaren Anweisungslehren auf psychologisch gerechte Behandlung von Schülern, denen dazu ein Lehrstoff möglichst frei und leicht fasslich durch geeignete Methodik beigebracht werden soll" (BUCHHOLD 1918, S. 5, 6). Mit der alten Schule wird auch die Psychologie des *Beibringens* in Frage gestellt, die Idee, mit empirischer Forschung Lehren und Lernen verbessern zu können, um die Schule vom Unterricht her zu reformieren.

Auch der beste Unterricht reicht nicht an das Leben heran: „Unser Leben (ist) eine große Einheit... Keine nach Fächern geordnete Vielheit, wie es der Stundenplan in der Schule uns weismachen will, sondern eine große Einheit, die in sich alles Seiende umfasst". Es muss daher in der neuen Erziehung um die „*Lebenskraft* im Menschen" gehen (JÖDE 1918, S. 10), und die schließt Schule aus. MAX TEPP spricht dann von der Lüge des „männlichen Geistes", der Kultur, Wirtschaft und Wissenschaft regiert und der eine zweifache Entfremdung erzwingt, des Mannes vom Prinzip des Weiblichen und des Geistes von der Kraft des Körpers. Wahre Kultur ist auch und wesentlich Körperkultur, die Jugend kann nur in „*körperlichem Gemeinschaftsleben*" Sein und Arbeit finden (TEPP 1918, S. 11). Schulreform wäre so Reform des ganzen Lebens, die Aufhebung aller Widersprüche: „Zum Ganzen, zum Menschen streben wir im Kinde" (JÖDE 1918a). Die Metaphysik des *Wesens* (JÖDE 1920) hat auch hier eine Kosmologie der „Seele" und der Erlösung zur Voraussetzung, so dass nicht zufällig die letzte Ausgabe der „Wende" (Heft 4, 1921) mit „deutscher Mystik" schließt.[146]

„Bildung im alten Sinne führt vom Menschen fort, zerstört das große Einssein von Mensch und Welt, das ist das Einssein des Menschen mit Gott" (JÖDE 1920, S. 139). Die *neue* Bildung geschieht, „wo der Einzelne an seiner Welt wächst" (ebd., S. 141), aber diese Formeln der Idealität sind offenbar unvereinbar mit Realitäten selbst einer sehr weitgehenden Schulreform. Mit der Formgebung, das ist die Lehre des Versuchs, kommt die Schule auf sich selbst zurück, sie ist *nicht*, an keiner Stelle, gleichbedeutend mit der Reform des Lebens, und sie kann auch nicht als ständige Lebendigkeit verstanden werden. Was WILHELM LAMSZUS im Januar 1924 als „Tra-

---

heute. Neben den beiden Gründerinnen ist noch MARTA NEUMEYER (1900-1976) als Handarbeitslehrerin und Organisatorin der Schule zu nennen. MARIE BUCHHOLDS religiöser Sozialismus ist vor allem durch die hinduistischen Lehren von THEODOR SPRINGMANN (1880-1917) beeinflusst worden (vgl. WÖRNER-HEIL 1996).

146 JÖDE und TEPP verließen die Wendeschule im Februar 1920, weil sie sich weigerten, den Eid auf die neue Staatsverfassung zu leisten (RÖDLER 1987, S. 232). Das Argument war: „Jugend grenzt nicht an Verfassung, sondern an Gott" (TEPP 1920a).

gödie" hinstellte, die Rückkehr zum Lehrplan und so zum Wissen,[147] ist offenbar eine *Bedingung* der Schule, die Aktivierungsprogramme oder Erlebnisgemeinschaften nicht aufheben können. Hier besteht eine *Grenze* der Reformpädagogik, die sich wohl als „Zerrbild" (LOTTIG 1927) bezeichnen, aber nicht wirklich aufheben lässt, es sei denn, man gibt tatsächlich die Schule in ihrer bisherigen Form auf. Die „Wendeschule" war dafür ein Testlauf.

Ihr Gegenpol war in bestimmter Hinsicht die Eröffnung der Waldorfschule am 7. September 1919. Der Mäzen der Schule, der Unternehmer und Lebensreformer EMIL MOLT, verwies in seiner Ansprache auf den sozialen Sinn der Gründung:

> „Es war mir einfach Bedürfnis, in Wahrheit die erste so genannte Einheitsschule ins Leben zu rufen und dadurch einem sozialen Bedürfnis wirklich abzuhelfen, so dass künftig nicht nur der Sohn und die Tochter des Begüterten, sondern auch die Kinder der einfachen Arbeiter in die Lage versetzt werden, diejenige Bildung sich anzueignen, die heute notwendig ist zum Aufstieg zu einer höheren Kultur" (Waldorf-Nachrichten 1919, S. 360).

RUDOLF STEINER sagte an gleicher Stelle, die „soziale Neugestaltung" sei vor allem eine „*Erziehungsfrage*," und die „Waldorfschule" solle dafür ein „*Musterbeispiel*" sein (ebd., S. 361, 364). Auch hier soll der „*lebendige Mensch*" im Mittelpunkt stehen, aber als Objekt einer ganzheitlichen Entwicklung, die sich nicht einfach Erleben und Teilhabe ergibt. Die „Erneuerung" ist eine Frage des „*neuen Geistes*" in Wissenschaft, Kunst und Religion (ebd., S. 363/364), nicht eine Okkasion des Lebens. Die Waldorfschule als „*erziehungs-künstlerische Schule*" (ebd., S. 368) bestätigt zentrale Aspirationen der Reformpädagogik – den Anspruch, das Leben der „*nachfolgenden Generationen*" zu beeinflussen (ebd., S. 365), das künstlerische Verstehen des „werdenden Menschen" (ebd., S. 366), die Einheit von „*Kindesseele* und *Lehrerseele*" (ebd.) – und gibt ihnen zugleich eine alternative organisatorische Fassung. Die Schule wird radikal in Frage gestellt und besteht doch weiter. Und STEINER begründet eine *pädagogische* Erneuerung:[148]

---

147 Die Begründung ist typischerweise kind-, und nicht schulorientiert: „Nicht mehr im Wort, im Wissen, auch nicht an Apparaten, die von experimentellen Psychologen feinsinnig konstruiert wurden, sondern in der unmittelbaren schöpferischen und praktischen Arbeit selber findet sich das Kind". Daher gelte: „Auslese ist Selbstauslese" (LAMSZUS 1924, S. 54).

148 Mit Berufung auf Herbartianer wie THEODOR VOGT und WILHELM REIN, denen er die richtige Ahnung des zentralen Erziehungsproblems zutraute, nämlich die Entwicklung des Kindes in Übereinstimmung mit Natur und Kosmos (Waldorf-Nachrichten 1919, S. 364).

„Wir brauchen nicht eine Pädagogik, die auf Experimental-Psychologie gebaut ist, wir brauchen als Erzieher eine *Erweckung der lebendigen Menschennatur*, die in sich das ganze Kind wieder erlebt, indem sie mit ihm in geistige Beziehung tritt" (ebd., S. 367).

Die Waldorfschulen haben überlebt, weil sie eigene, geschlossene Gegenkulturen entwickeln konnten. Sie sind durch Unterscheidung attraktiv, ohne Dekadenz zu bemühen. Sie haben, was der Wendeschule fehlte, nämlich Dogmatik, die auf einen charismatischen Stifter zurückgeführt wird. Sie löst das Problem der ständigen Verunsicherung durch beruhigende Verweisungen, also durch Glauben, aber sie ist als starre Form und Weltanschauung zugleich der extreme Widerspruch zu dem, was die Lebensreformschulen sein wollten. STEINERS Lehre soll unbegrenzt und prophetisch wahr sein, während die Lebensreform die Utopie aus sich heraus vielfältig entwickeln wollte.

Im September 1920 schrieb die Arbeitsschule Barkenhoff in TEPPS Zeitschrift „Der Leib":

„Unter außerordentlichen wirtschaftlichen und geistigen Kämpfen nach Erfassung des ganzen produktiven Besitzes und nach Abstoßung aller bürgerlichen äußeren Formen, im steten Kampfe mit allem was starres Dogma werden sollte, wurde von der Arbeitsgruppe das Minimum durchschritten und begann die hingebende Arbeit an dem Aufbau des klassenlosen parteilosen Lebensverhältnisses der Genossen" (Septemberbrief 1920, S. 96).

Im Scheitern dieses Versuches verrät sich nicht nur Schwäche, ebenso wie das Überleben der Waldorfschulen nicht nur als Stärke betrachtet werden kann. Das radikale Experiment misslingt, das gemäßigte nicht, aber das Scheitern verstärkt die Kritik, die sich durch erfolgreiche Varianten der Schulreform nicht beruhigen kann, wenn tatsächlich die Fragen gestellt werden, die die Gegenkultur vor und nach dem Ersten Weltkrieg zur Verfügung hatte. Sie besetzen eine wichtige Stelle, die Postulate des „richtigen Lebens" und die Erfahrung ihrer Realität. Auch und gerade die Waldorfschule ist gegenüber diesen Postulaten künstlich, sie widerspricht jeder Form von Erlebniskultur, die zugleich in gewisser Hinsicht unwiderstehlich ist. Die Veränderungen im Umfeld der Schulen bestätigen die Animationsformen und Anreizstrategien der früheren Gegenkulturen, die Mischung von Erleben und Empfinden oder von Magie und Emanzipation. Auch ganz geschlossene Erziehungsstaaten haben diesen kulturellen Wandel nicht verhindern können.

Die Hauptfrage, die sich mit der Geschichte der Reformpädagogik verbindet, geht dahin, in welcher Hinsicht und wie weit die Schule des 19. Jahrhunderts überwunden werden kann. Wendekreis und Waldorfschule stellen, je für sich, entschiedene und weite Abweichungen von der Normalform dar, die eine als *Entschulung*, die andere als dezidiert *neue Schule*. Beide Konzepte widersprechen sich extrem, aber sind doch Teil derselben Bewegung, die oszilliert und immer neu ansetzt, ohne zum Stillstand zu kommen. Die Reformpädagogik hinterlässt eine unruhige Reflexion, die ihre praktische Form nicht findet, obwohl sie vor allem danach sucht. Aber die Reflexionshöhe, der Erwartungsansatz verbieten die Harmonie, die angestrebt wird.

Zur Bewältigung seiner Erfahrungen an der „Wendeschule" schrieb FRITZ JÖDE ein pädagogisches Poem, in dem diese Grundantinomie treffend zum Ausdruck kommt:

> „wir sahen das eine nicht
> kommt der mensch wirklich an den tag
> hört die schule auf"
> (JÖDE 1921, S. 24).

6. Ästhetische Signaturen

Wie kommt eine sichtbare und wirkungsvolle Modernisierung der Erziehung zustande? Wie kann „alt“ und „neu“ nicht nur ständig behauptet, sondern als *darstell-* und *beobachtbare* Differenz unterschieden werden? Zur Beantwortung dieser Frage reicht die Semantik von Argumenten oder die Analyse von Dogmen nicht aus. Die öffentliche Wirksamkeit von „Reformpädagogik“ hat eine ästhetische Seite, ohne die der Erfolg nicht erklärt werden kann. Die „neue Erziehung“ ist in dieser Hinsicht nicht einfach eine Neuauflage älterer Tendenzen, und zwar gerade *weil* das „Neue“, nimmt man die Sprache der Behauptungen oder den stereotypen Verweis auf Praxis, bei näherem Hinsehen oft das Alte ist. Es gibt, wie gesagt, starke sprachliche und kommunikative Übereinstimmungen zwischen verschiedenen Epochen, aber dann wäre die entscheidende Frage, wie eine Generation von Pädagoginnen und Pädagogen um 1900 den Eindruck gewinnen konnte, ausgerechnet ihre Konzepte repräsentierten einen Umbruch der Tradition oder einen radikalen Schub der Erneuerung.

LILLY JANNASCH, eine der übersehenen Frauen der Reformpädagogik vor 1914, skizzierte für den 1906 gegründeten „Deutschen Bund für weltliche Schule und Moralunterricht“ eine demokratische, nach parlamentarischen Regeln verfahrende Schule, die zu entwickeln „für alle modernen Pädagogen eine dringende Aufgabe“ sei (JANNASCH 1912, S. 212).[1] Ihr Konzept der *Schulgemeinde* wurde in der zeitgenössischen Diskussion wahrgenommen als Schulstaat *ohne* demokratische Voraussetzungen, wobei sehr schnell die Selbstbetätigung der Schüler, also der didaktische Kern des Konzepts, historisiert und als deutsche Tradition eigener Art behauptet wurde (METZENTHIN 1915). Wieder wäre das Moderne das Alte, zumal die politische Differenz in der deutschen Reformpädagogik selten wahrgenommen wird. „Selbstverwaltung der Schüler“ korreliert nicht zwingend mit Demokratie, wie Schulreform generell in allen gesellschaftlichen Systemen stattfinden und als „modern“ angesehen werden kann (ENGELBERT 1914).

1 LILLY JANNASCH (geb. 1872) war Lehrerin in Berlin. Sie war Tochter eines deutschen Bankdirektors und einer Französin. Der „Deutsche Bund für weltliche Schule und Moralunterricht“ entstand als Antwort auf die klerikale Reaktion nach dem (gescheiterten) Schulgesetz in Preußen. Der Bund wurde am 5. November 1906 in Berlin gegründet mit RUDOLF PENZIG als Vorsitzendem und LILLY JANNASCH als Schriftführerin. Der Bund zählte zu diesem Zeitpunkt 450 Mitglieder. JANNASCH (1924) hat sich in der Weimarer Republik entschieden gegen den preußisch-deutschen Militarismus engagiert.

Wenn eine bestimmte Generation die eigene Tradition verändern will, muss sie mehr tun, als „Modernität" zu beanspruchen. Sie kann im Prinzip drei Optionen wählen, erstens die Überlegenheit einer neuen Technologie behaupten, die es vorher nicht gab und die alle bisherigen Verfahren signifikant verbessert und erleichtert, zweitens den Denkansatz der alten Pädagogik generell und radikal in Frage stellen und drittens neue Themen ins Spiel bringen und Überzeugungen verstärken, die zuvor unbekannt oder nur versteckt vorhanden waren. Die „neue Erziehung" um 1900 versucht, alle drei Kriterien zu erfüllen, aber sie realisiert praktisch folgenreich nur das dritte, die Lancierung neuer Themen und Überzeugungen, und das auch nur für die expandierende Publizistik ihrer Zeit.

Neue Technologien aus der experimentellen Psychologie waren entweder nicht erfolgreich gewesen oder sind, wo sie erfolgreich waren, wie BINETS Intelligenztest, nicht als Teil der „neuen Erziehung" akzeptiert worden. Die technologische Absicht erschien dann gerade als das *Problem*. Und sehr bald nach ihrer Verurteilung durch die Psychologie[2] erlebte die traditionelle Pädagogik ein Comeback, genauer: ihre Idealisierung wurde zur Begründung und Rechtfertigung der neuen Erziehung eingesetzt, die dann nicht wie ein Bruch mit der Vergangenheit angesehen werden konnte. Als JEAN PIAGET für den 15. Band der *Encyclopédie Française* (1939) die „neuen Methoden" der Erziehung vorstellte, konnte er sich wie selbstverständlich auf ROUSSEAU und zwei seiner Schüler – PESTALOZZI und FRÖBEL – berufen. Sie waren nicht mehr Teil der veralteten Pädagogik, sondern die Vorläufer (précurseurs) der modernen (PIAGET 1939, S. 15'26-5).

Man könne, so PIAGET, ohne Schwierigkeiten das entscheidende Prinzip der neuen Erziehung auch schon bei den großen Klassikern der Pädagogik finden, nämlich das Ideal der *Aktivität des Kindes*. Aber ein wesentlicher Unterschied trennt doch die Modernen von den Alten: „Malgré leur connaissance intuitive ou pratique de l'enfance, ils n'ont pas constitué la psychologie nécessaire à l'élaboration de techniques éducatives vraiment adaptées aux loix du développement mental" (ebd.). Die Elaboration von Techniken hinter der „neuen Erziehung" ließ sich freilich nicht unter Beweis stellen. Entweder waren die Methoden zu trivial oder die Entwicklungsgesetze zu allgemein. Die damit verknüpfte Modernisierungsabsicht aber ließ sich *zeigen*, unter Rückgriff auf Fälle und Bilder, also ästhetisch und nicht methodisch. Die wirkungssichere Pädagogik entstand nicht, bezieht man sie auf PIAGETS Programm; dafür war der ästhetische Effekt umso erfolgreicher, nicht zuletzt in der Bestimmung der *Grenzen* einer empirisch-psychologischen Reformpädagogik.

Ein berühmtes Beispiel sind die „films psychologiques" von OVIDE DECROLY,[3] die demonstrieren sollten, dass und wie die psychologischen Gesetze

2 „Supprimer *complètement* la pédagogie" (BINET/VASCHIDE 1898, S. 6).

3 OVIDE DECROLY (1871-1932) war Neurologe und Psychiater, der seit 1898 als Assistent der Poliklinik in Brüssel tätig war. Auf Anfrage der Société de Pédiatrie be-

der Entwicklung in der Erziehung kleiner Kinder angewendet werden können. Die Filme hießen entsprechend *L'imitation, la découverte d'un charançon, l'équilibre, le premier contact* oder *le test des boites à ouvrir* (Hommage au Dr. Decroly 1932, S. 95ff. 111ff.). Man sieht immer drei Aspekte, die Verhaltenssituation, die psychologische Beobachtung und eine bestimmte Deutung. Kinder verhalten sich gegenüber einem Psychologen, meistens DECROLY selbst, der eine Situation für sie arrangiert hat. Die Situation stellt eine Aufgabe dar, die Kinder sind mit einem Problem oder einem überraschenden Ereignis beschäftigt. Sie bilden etwas nach und lernen am Modell („L'imitation"), entdecken etwas und zeigen diese Entdeckung („La découverte d'un charançon"), begreifen einen Zusammenhang, den sie selbst hergestellt haben („L'équilibre"), machen Ersterfahrungen („Le premier contact") und lernen in einer Testsituation („Le test des boites à ouvrir").

Keine dieser Szenen beschreibt eine reale Erziehungs- oder eine Schulsituation, schon gar nicht eine Situation der *Ecoles Nouvelles*. Demonstriert werden sollen ein psychologisches Gesetz und eine darauf bezogene Anwendung. Sieht man nun DECROLY *nicht* in der Rolle des Psychologen, sondern des Lehrers und Erziehers, dann verändert sich sofort die ganze Darstellung. Der Stil wechselt und andere Motive treten in den Vordergrund, weil nicht mehr Verhalten beobachtet, sondern Unterrichts- und Lernsequenzen registriert werden, an denen der Erwachsene unmittelbar und engagiert beteiligt ist. DECROLY erklärt und demonstriert seinen Schülern einen Zusammenhang (ebd., S. 79/80), es werden typische Lehrsituationen arrangiert (ebd., S. 64/65), eine alternative Schule entsteht, die unmittelbar als „Schule" erkennbar ist (ebd.), und es fehlt auch nicht der symbolische Tribut an den charismatischen Lehrer (ebd.).[4]

Eine solche Differenz entsteht nicht zufällig. Offenbar müssen das „Pädagogische" und seine Modernität anders symbolisiert werden als ein psychologisches Experiment. Die ästhetischen Signaturen der Reformpädagogik wenigstens folgen *nicht* der psychologischen Modernisierung, soweit diese sich auf psychotechnische Verfahren festgelegt hat. Der Erzieher ist kein Ingenieur, der gegenüber seinem Objekt Distanz wahren kann, er steht in einem *Bezug* zum Kind, das moralisch aufgewertet wird, ohne zugleich die Gesetze seiner Entwicklung zu beherrschen. Die von PIAGET gezogene Schlussfolgerung, „l'unité de ces techniques, c'est l'enfant" (PIAGET 1939a, S. 15'28-13), wäre dann nicht die Lösung, sondern die Provokation, einfach weil das *Bild* des Kindes der Technisierbarkeit widerspricht. Die Bilder und ihre Publizität

---

schäftigte er sich seit 1901 mit geistig zurück gebliebenen Kindern und gründete in seinem Haus ein kleines Internat. 1907 übernahm er die Leitung der *Ecole de l'Ermitage* in Brüssel und entwickelte hier die Grundzüge der *Méthode Decroly*, die 1920 in den meisten Schulen der Stadt Brüssel eingeführt wurde. 1927 zog die *Ecole de l'Ermitage* in die Villa Montana um, hier spielen die Filme.

4 OVIDE DECROLY als Heiliger (DEPAEPE/SIMON/VAN GORP 2003).

nehmen unmittelbar Einfluss auf die legitime Wahl von Bezugstheorien, soweit diese Erziehungsreform und ihr Engagement begründen sollen.

1932, in der Festschrift für DECROLY, die als repräsentative Sammlung der internationalen Reformpädagogik zu diesem Zeitpunkt angesehen werden kann, legte BEATRICE ENSOR einen Kanon zulässiger Theorieansätze fest. Sie bezieht sich auf FREUD, JUNG und ADLER, auf BERGSON, DEWEY und MONTESSORI, aber nicht auf BINET, MEUMANN oder MÜNSTERBERG, die wie die Psychologen der *alten* Welt erscheinen müssen (ENSOR 1932, S. 223). DECROLY selbst wird charakterisiert als „one of the pioneers of modern education", weil er *mehr* sei als der Exponent einer Methode, nämlich eine Philosophie entwickelt habe – *pour la vie par la vie* –, die angebe, dass und wie die Erziehung alles das bereitstellen könne, was das Kind zum Ausdruck seiner selbst (self-expression) benötige (ebd., S. 225). Dieses Bild – das kreative Kind und der verständige Erzieher – setzte sich publizistisch durch. Die *wahre Erziehung*, so liest man am 25. April 1933 in der Pariser Zeitschrift „Vie Intellectuelle", habe Voraussetzungen, die jeder Psychotechnik widerstreiten, der Respekt vor der Persönlichkeit des Kindes, die Spontaneität des Erlebens und die innere Entwicklung der Seele. Daraus resultiert eine gänzlich andere Maxime als die der exakten Verfahren, und *diese* Maxime prägt weitgehend das psychologische Selbstverständnis der Reformpädagogen: „Une âme ne se forme que dans le contact avec une autre âme" (ROLLAND 1933, S. 342).[5]

Die Seele des Kindes, der „pädagogische Bezug", die Haltung des „echten Erziehers" (ROTTEN 1932, S. 445), die Aufgabe für die Jugend (Ebd., S. 448) – diese Stichworte prägen ein Selbstverständnis, das sich nicht technologisch verwirklichen kann. Mindestens ästhetisch sind Reformpädagogen nie Ingenieure, die nach Plan etwas herstellen, obwohl oder weil eine Semantik des „Plans" kennzeichnend ist für die Sprache der „neuen Erziehung".[6] Aber da, wo Kinder praktisch tätig sind und bestimmte Fertigkeiten erlernen sollen, sieht man in reformpädagogischen Darstellungen Szenen der *Selbsttätigkeit*, nicht der Bearbeitung von Seelenmaterial. Das Pädagogische wird zur *indirekten* Kausalität, zur Gestaltung von Umwelt oder zur Inszenierung von Wirksamkeit. Die Autonomie des Kindes verbietet eine paternale Phantasie von „Einwirkung", während zugleich die Darstellung dieser Autonomie ästhetische Autorität gewinnt. Die Abweichungen sind minimal, was als Modernisierung vorgestellt werden soll, hat nur geringe Variationen, es sind *wenige*, aber *starke* Bilder, die zur „neuen Erziehung"

5 Diese These findet sich quer zu den nationalen Kontexten, etwa wenn ALOYS FISCHER das Dilemma von Freiheit oder Zwang in der Erziehung mit dem Hinweis auflöst, wesentlich an der Erziehung sei, „dass irgend ein persönliches Verhältnis von Erzieher und Zögling da sein muss" (FISCHER 1917, S. 24). Genauso argumentiert später HERMAN NOHL und mit ihm viele andere.

6 Wie gezeigt: *Dalton-Plan, Jena-Plan, Winnetka-Plan* usw.; gemeint sind fast immer Organisationsmodelle für die Schulreform.

erziehen sollen. Sie sind repetitiv wie die Slogans, die sich fast automatisch mit ihnen verbinden.

Ästhetische Signaturen definieren *Abstände.* An ihren Grenzen unterscheiden sich „alt" und „neu", „Innen" und „Außen", das *Eigene* und das *Fremde*. Die Identität pädagogischer Gruppen wird dadurch weit mehr bestimmt als durch konkurrierende psychologische Theorien, die sich nie oder wiederum nur symbolisch auf *einen* Nenner bringen lassen. Nicht zufällig muss PIAGET sagen, das Gemeinsame sei „das Kind", eine appellativ starke, aber vage Bestimmung, die sich sofort auflöst, wenn ein theoretischer Zugriff erfolgt. Gemeinsamkeit ist daher nur in der Verstärkung des *Bildes* möglich, und das geschieht nicht nur moralisch, sondern wesentlich ästhetisch, immer jedoch so, dass die Ästhetik Funktion der Moral bleibt. Sie ist nie eine eigenständige oder unabhängige Größe. Das gilt freilich auch in umgekehrter Hinsicht: Keine Entwicklungspsychologie darf dem vorausgesetzten Bild des Kindes widersprechen.

Das lässt sich zunächst an den frühen Landerziehungsheimen demonstrieren, die insofern ein Testfall sind, als sie keineswegs „kindorientiert" waren und doch, mindestens in der europäischen Diskussion, als „neue Schulen" erscheinen konnten. Der Identitätskern – die *Erziehungsschule* – wurde durch Abgrenzung gewonnen, die auch eine ästhetische Konzeption einschloss. Die Landerziehungsheime waren Privatschulen und mussten daher um öffentliches Interesse besorgt sein. Interesse erzeugt man durch Propagierung der Überlegenheit des eigenen Produkts, also der pädagogischen Ziele und der erfolgreichen Praxis gleichermaßen. Das geschah durch Demonstration des Abstandes, durch eine Ästhetik des ganz Anderen, die sich sofort zu einem gemeinsamen Bild verdichtete. Landerziehungsheime warben mit ihrer Individualität, mit dem Ungewöhnlichen, das sie darstellen, aber sie präsentierten sich wie eine einheitliche Größe.

Nach zehn Jahren Praxis ließ CECIL REDDIE 1900 eine Dokumentation der Erfahrungen von *Abbotsholme* erscheinen. Noch vor der Titelei des Buches steht als Motto ein Zitat von WILLIAM BLAKE, das die „Young Men of the New Age" beschwört, die von der steif gewordenen klassischen Bildung Abstand nehmen und sich auf ihre eigenen Imaginationen verlassen, soweit diese mit dem christlichen Kosmos vereinbar sind.[7] Die neue Schule soll diesen Weg zur Selbständigkeit unterstützen, und das wird propagiert. In der Bildästhetik ist diese neue Schule überaus großzügig angelegt und innovativ in jeder

7 Das Zitat collagiert die Einleitung zu WILLIAM BLAKES Poem über MILTON (1804). REDDIE zitiert die erste Zeile des zweiten Absatzes, aber übergeht die kontextbestimmende Fortsetzung: „Rouze up O Young Men of the New Age! set your foreheads against the ignorant Hirelings! For we have Hirelings in the Camp, the Court & the University". Die abschließende Forderung BLAKES („We do not want either Greek or Roman Models if we are but just & true to our own Imaginations") versieht REDDIE mit einem anti-semitischen Zusatz: „We do not Want either Greek or Roman (nor yet Hebrew) Models ..."

Hinsicht, methodisch in der Realisierung der Arbeitsschule, didaktisch durch das Zusammenspiel von Schule und Umwelt, schließlich experimentell durch die Realisierung neuer Formen der Darstellung und nicht zuletzt sozial durch die Etablierung einer Schulgemeinschaft, die wie eine große, fröhliche Familie präsentiert wird (REDDIE 1900, Tafeln 1, 12, 17, 9/8, 22) (Abb. 1-6).

Abb. 1: REDDIE 1900, Tafel 1

Abb. 2: REDDIE 1900, Tafel 12

Abb. 3: REDDIE 1900, Tafel 17

Abb. 4: REDDIE 1900, Tafel 9

Abb. 5: REDDIE 1900, Tafel 8

Abb. 6: REDDIE 1900, Tafel 22

Abb. 7: REDDIE 1900, Tafel 14

Abb. 8: KLIEBARD 1986, Tafel 7

Die Motive in den Darstellungen der „neuen Schule" sind oft identisch. Ohne Kenntnis des Kontextes könnte man nicht entscheiden, ob die Lerneinheit „Putting up the Cricket Pavillon" wirklich im Sommer 1892 in *Abbotsholme* stattgefunden hat oder nicht vielmehr acht Jahre später in der

Laboratory School, wo ein ganz ähnliches Bild das „Clubhouse Project"[8] zeigt (REDDIE 1900, Tafel 14; KLIEBARD 1986, Tafel 7) (Abb. 7/8). Die Szene könnte auch in *Haubinda* spielen (LIETZ 1913, S. 5) (Abb. 9) oder in irgendeinem anderen Landerziehungsheim. Aber sie muss exklusiv den *Reformschulen* zurechenbar sein. Eine Abgrenzung ist nur möglich, wenn das gleiche Motiv nicht auch die Staatsschulen bestimmt. Die neue Erziehung, sollen die Bilder sagen, ist nur auf Lande möglich, während es viele Darstellungen etwa von Schulreisen oder Schulgärten gibt, die auch das Gegenteil nahe legen.

Abb. 9: LIETZ 1913, S. 5

Wie weit die Ästhetik der Abgrenzung geht, lässt sich an der Propagierung der „Deutschen Land-Erziehungs-Heime" zeigen, die von HERMANN LIETZ wie ein einheitliches Produkt vermarktet wurden. Statt BLAKE bildet PARZIVAL das Motto, regelrecht zum Signet erweitert (Abb. 10), das auf unverwechselbare Weise die Sinnrichtung der Landerziehungsheime anzeigen sollte. Es erscheint auf allen Veröffentlichungen wie ein Markenzeichen für Originalität, Zuverlässigkeit und Erfolg. Die Randleisten des Bildes enthalten einen Sinnspruch:

---

8 Die *didaktische* Idee unterscheidet sich grundlegend. Für DEWEY war das Clubhouse-Projekt keine „Arbeitsschule" und auch kein „erziehender Unterricht", sondern eine Elementarerfahrung, mit der, parallel zum praktischen Produkt, zugleich grundlegende Fertigkeiten gelernt werden sollten (KLIEBARD 1986, S. 78f.).

„DOCH EIN GETREVER .
. STARKER . SINN ...
. DER . WANDELT . LICHT
ZVM LICHTE HIN
PARZIVAL“

Abb. 10: Lietz 1913, Deckblatt

„Parzival“ ist ein Jugendstil-Holzschnitt.[9] Man sieht den mit Lanze, Schwert und Schild bewaffneten Ritter, der die Gralsburg sucht.[10] Die Burg erscheint im Hintergrund. Der Weg zu ihr ist markiert, er führt aus dem Wald heraus über Wiesen und Felder auf eine Anhöhe, von der herab das Ziel dem Suchenden entgegenleuchtet. Es ist umgeben von einem Strahlenkranz, der es fern, verlockend und unverwechselbar erscheinen lässt. Der Weg muss persönlich erschlossen werden, und es gibt nur *einen* Weg zum Gral oder, was dasselbe ist, zum Licht und zum Glück. Weg und Ziel sind exklusiv; nur wenige finden ihn, weil nur wenige auserwählt sind zu suchen.

Die Bilder von Schloss Bieberstein, dem dritten Landerziehungsheim, das Hermann Lietz gründete, gleichen dem Signet (Lietz 1935, gegenüber S. 121). Man sieht eine kompakte, unzugängliche Schlossanlage hoch über der Landschaft, zu der hinauf ein Weg führt, der mühsam erschlossen werden muss. Die Höhe des Ziels und die befreiende Anstrengung, das Ziel zu erreichen, symbolisieren den pädagogischen Anspruch; nur hier, soll man lernen, ist wahre Erziehung möglich. Einzig als Gralsburg ist ein Erziehungsstaat denkbar, der vom gewöhnlichen Leben unterschieden sein muss, um auf das Leben vorzubereiten. Dem entspricht exakt eine Schülerzeichnung, die Lietz seiner Darstellung der Landerziehungsheime von 1913

9 Der Schriftzug erinnert an den Maler und Grafiker Otto Eckmann (1865-1902). Mittelalterlichen Motive sind zwischen Fidus und Heinrich Vogeler von vielen Jugendstil-Autoren verwendet worden. Fritz Rehm hat sich in der „Jugend“ über die damit oft verknüpften Pädagogisierungsprogramme lustig gemacht („Vor und nach der Gründung des Verschönerungsvereins“: Die Jugend Jg. 1898).

10 Das Motiv ist über die 1882 uraufgeführte Oper Richard Wagners, aber auch über Maler wie Heinrich Boecklin und den Mittelalter-Kult am Ende des 19. Jahrhunderts präsent. Die Adaption geht auf Wolfram von Eschenbach Versepos *Parzival* zurück, das zwischen 1884 (Paul Anton Bötticher) und 1897 (Wolfgang Pannier und Wilhelm Hertz) verschiedentlich neu übersetzt wurde.

voranstellte (LIETZ 1913, S. 3) (Abb. 11). „Schloss Bieberstein“ ist ein pädagogisches Elysium; höher als bis hier kann die Erziehung nicht gelangen.

Abb. 11: LIETZ 1913, S. 3

Signets wie dieses sind für die reformpädagogischen Gründungen durchaus nicht ungewöhnlich, denn sie alle mussten ihr *vie différente* dokumentieren. MARTIN LUSERKE (1925)[11] etwa wählte für die *Schule am Meer* ein Motiv, das den Ort und die hier gegebene Einheit der Naturerfahrung (Sonne, Licht und See) darstellen sollte. Die Jaques-Dalcroze Schule in Dresden-Hellerau[12] präsentierte sich mit einem Yin- und Yang-Symbol (Der Rhythmus 1911, Titel). Die „Hamburger Lehrervereinigung für die Pflege der künstlerischen Bildung“ beschrieb mit einem pädagogischen Säemann[13] ihr Anliegen der Schulreform. Die englische Zeitschrift *The New Era* bildete das Kind als Engel der Welt ab, der zwar fliegen kann, aber dem die Augen verbunden sind. Er muss befreit, von den Fesseln der alten Erziehung gelöst werden, um so die Welt neu erziehen zu können. Das *Bureau International d'Education* in Genf dagegen, dessen Direktor JEAN PIAGET war, stellte sein Anliegen mit

11 MARTIN LUSERKE (1880-1968) leitete die *Freie Schulgemeinde Wickersdorf* nach dem Ausscheiden WYNEKENS und gründete anschließend die „Schule am Meer“ auf der Nordseeinsel Juist. LUSERKES Schulkonzept war stark der musischen Bildung und dem künstlerischen Ausdruck verpflichtet. Den Zusammenhang mit der national-politischen Pädagogik LUSERKES untersucht SCHWERDT (1993).

12 EMILE JAQUES-DALCROZE (1865-1950) entwickelte die *rhythmische Gymnastik;* daraus entstand die „Methode Jaques-Dalcroze“, nach der in Hellerau unterrichtet wurde. Der Unterricht selbst begann am 17. Oktober 1910; die Grundsteinlegung für den eigenen Institutsbau erfolgte am 22. April 1911. Die Schülerliste für den Kursbetrieb 1910/1911 weist ein internationales Publikum nach (Der Rhythmus 1911, S. 72ff.).

13 Der „Säemann“ war das Signet der Hamburger Lehrervereinigung. Es wurde ihren Publikationen vorangestellt. Die spätere „Monatsschrift für pädagogische Reform“ *Der Säemann* (1905ff.) übernahm das Signet. Das Motiv selbst ist keineswegs exklusiv, eine Zeichnung „Der Säemann“ (1901) lässt sich etwa von HANS THOMA nachweisen. Selbst der Zeitschriftentitel ist keineswegs neu. „Der Säemann“ war eine kurzfristige „Volksschrift für Belehrung und Unterhaltung“, die in drei Jahrgängen von 1846 bis 1848 in Berlin herauskam, aber auch eine langlebige „Wochenschrift für Mission in der Heimat und häuslichen Erbauung“ in Wuppertal-Elberfeld (89 Jahrgänge von 1851 bis 1939).

einer machtvollen Bildungsinstitution vor, in der die „neue Erziehung" Schulwirklichkeit werden würde, *ut per juvenes ascendat mundus.* Das *Institut Jean-Jacques Rousseau*, schließlich, definierte sich selbst als (männlichen) „pädagogischer Bezug". Dazu passt, nicht nur als Pointe, dass die 1910 gegründete katholische „Monatsschrift für Orientierung in der gesamten Pädagogik" *Pharus* ihr Anliegen der Reform mit einem erziehenden Leuchtturm in der Finsternis verdeutlichte (Abb. 12-18).

Abb. 12: Luserke 1925, Signet

Abb. 13: Der Rhythmus 1911, Signet

Abb. 14: Der Säemann 1905, Signet

Abb. 15: The New Era 1922, Signet

Abb. 16: Bureau International d'Education 1925, Signet

Abb. 17: Institut Jean-Jacques Rousseau 1912, Signet

Abb. 18: Pharus 1910, Signet

Demonstrative Hinweise auf die guten Absichten sind ebenso stilprägend für die Ästhetik der Reformpädagogik wie Idyllen, die den Ort und den Geist der neuen Erziehung beschreiben sollen. Die Verwendung von Bildquellen, Stilmotiven oder Farbelementen ist immer instrumentell. Die Ästhetik wirkt nicht unabhängig vom pädagogischen Konzept, sondern soll dieses Konzept propagieren und gegenüber den Gegnern oder auch der Konkurrenz in den eigenen Reihen als einzigartig hinstellen. Daher pflegt auch die Inszenierung von „Reformpädagogik" Harmonien und vermeidet das Schrille ebenso wie das Abgründige oder das Unzähmbare. Das Erhabene fehlt, aber der Horror auch, insofern sind alle Anleihen der Romantik abgeflacht und einer populären Publikumserwartung angepasst. Es gibt zudem keine Ironie, weil der didaktische Zweck Distanz verbietet. Die Darstellungen sollen selbst erziehen, wobei fast immer das Kindliche mit dem Natürlichen gleichgesetzt wird, genauso wie man es von der Theorielage her erwarten muss. Die Korrespondenz von „Kind" und „Natur" ist konventionell und kommt ohne Brüche aus. Nur diejenigen Natursymbole werden gewählt, die sich harmonisch gegenüber dem Bild des Kindes verhalten, das dadurch zugleich auf Dauer gestellt wird. Insofern enthält die Ästhetik der Reformpädagogik weder Zumutungen noch Überraschungen.

Das lässt sich an einem Beispiel demonstrieren, das das Gegenteil erwarten lassen könnte, HAN CORAYS *Neulandfahrten* aus dem Jahre 1912, der Bericht eines Schweizer Primarlehrers[14] über alternative Formen des Unterrichts, in dem besonders der Unterricht im Freien, die Naturbegegnung und die Erlebnisschulung dargestellt werden.[15] CORAY war zu diesem Zeitpunkt

14 HAN CORAY (auch CORRAY) (eigentlich KARL HEINRICH ULRICH ANTON) (1880-1974) wurde am evangelischen Seminar Unterstrass in der Stadt Zürich ausgebildet und übernahm seine erste Lehrerstelle in Ried-Gibswil im Kanton Zürich.

15 Darauf spielt die Chiffre *Neulandfahrten* an. CORAY beruft sich auf den „natürlichen Unterricht" und die Schule des Erlebnisses von SCHARRELMANN. Das Konzept des Unterrichts im Freien, aus Anlass natürlicher Gelegenheiten, geht, für die deutsche

Lehrer in der Gemeinde Kilchberg im Kanton Zürich. Er wurde 1912 Direktor der Pestalozzischule in der Stadt Zürich, die nach reformpädagogischen Ideen geführt wurde.[16] Die Schule war zugleich ein hauptsächlicher Ort des Zürcher Dadaismus[17] und CORAY agierte als einer der wenigen schweizerischen Förderer der Bewegung, der im Januar 1917 die erste Dada-Ausstellung durchführte, für die Eröffnung der „Galerie Dada" sorgte und HANS ARP und OTTO VAN REES Wandbilder in der Pestalozzischule erstellen ließ. Wegen dieser Verbindungen und insbesondere wegen des Verdachts, sie beeinflussten seine pädagogische Konzeption, wurde CORAY als Direktor der Pestalozzischule abgelöst (MEYER 1990, S. 81-88; KOELLA 2002).

Die *Neulandfahrten* sind von allen Assoziationen moderner Kunst unberührt. Sie sind reform*pädagogisch* abgefasst, ihre Illustration *dient* diesem Zweck, sie ist nicht ästhetisch autonom. Die Kopfleisten vor und die Schlussvignetten nach den einzelnen Kapiteln des Buches sind, wie ausdrücklich vermerkt wird (CORAY 1912, S. X), „selbständige" Schülerarbeiten, also Produkte der neuen Erziehung. Ähnlich wie bei der Zeichnung von „Schloss Bieberstein" sieht man hier einen ästhetischen Spiegel der Reformpädagogik aus der Sicht ihrer Objekte. „Lehrer und Schüler" gehen auf eine gemeinsame Wanderschaft (ebd., S. 3), das traditionelle Schulhaus ist verschlossen (ebd., S.15), der Unterricht gilt der Natur und muss so das Schulschema überwinden (ebd., S. 19); die Natur selbst ist eine offene, stimmungsvolle Landschaft, die einlädt zum Lernen (ebd., S. 127), sofern die Gesetze des Lebens und der Rhythmus der Natur beachtet werden. Der Lehrer ist dann tatsächlich der *Sämann* der Kinder (ebd., S. 145) (Abb. 19-23).[18]

Reformpädagogik, auf ARTHUR SCHULZ (1893) zurück. Die im Text dargestellte Kritik am Aufsatzunterricht sowie den Ansatz für Alternativen übernimmt CORAY von JENSEN/LAMSZUS (1911).

16 Die Pestalozzischule war die Nachfolgerin des Beustschen Instituts. Die Pestalozzischule wurde finanziert vom Zürcher Mäzen HERMANN REIFF-FRANK, sie sollte nach modernen reformpädagogischen Prinzipien geführt werden. HAN CORAY war bis 1917 ihr erster Direktor.

17 Neben dem Sprünglihaus an der Bahnhofstrasse, wo die Galerie Dada untergebracht war. Die Pestalozzischule hatte zwei Ateliers und eine Wohnung, in denen verschiedene Dadaisten wie LEONHARD FRANK oder FRIEDRICH GLAUSER wohnten und arbeiteten. HAN CORAY unterhielt enge Verbindungen zu HUGO BALL, HANS ARP und HANS RICHTER .

18 Das entspricht exakt dem Selbstbild des Lehrers. CORAY (1912, S. XII) schreibt im Vorwort der *Neulandfahrten*: „Wie ein tüchtiger Gärtner, der in seinem Berufe ein Künstler ist, jede Pflanze genau studiert und weiß, wieviel Sonne, Halblicht und Feuchtigkeit sie braucht, um zur vollkommensten Entfaltung ihrer Blüten oder Blätter heranzuwachsen; wie er zur rechten Zeit schädliche oder nutzlose Schosse sorgfältig abschneidet, damit alle Säfte den guten Trieben zugeführt werden, so sollen auch wir unsere Schüler als eigenartige und wertvolle Pflänzlein betrachten lernen und sie mit liebender Sorgfalt pflegen".

Abb. 19: CORAY 1912, S. 3

Abb. 20: CORAY 1912, S. 15

Abb. 21: CORAY 1912, S. 19

Abb. 22: CORAY 1912, S. 127

Abb. 23: CORAY 1912, S. 145

Wenn nur Harmonie zugelassen ist, wenn Idyllen das Bild beherrschen, wenn die Erziehung aussehen muss, als sei sie eine einzige Gartenlaube, wie hat es da die Reformpädagogik geschafft, *modern* zu erscheinen? Die *éducation nouvelle* oder die *progressive education* stellen Modernisierungsprogramme dar, aber wie entsteht, jenseits der Selbstbehauptungen, dieser Eindruck? Welches Problem sich mit diesen Fragen verbindet, kann an einer der typisch reformpädagogischen Zeitschriften des 19. Jahrhunderts aufgezeigt werden, dem *American Journal of Education*, das von HENRY BARNARD herausgegeben wurde.[19] Das Journal stand der Kindergartenbewegung nahe, war, be-

19 HENRY BARNARD (1811-1900) war von 1867 bis 1870 der erste United States Commissioner of Education. Er entwickelte ein Konzept der Elementarbildung auf der Grundlage PESTALOZZIS. Er übersetzte *Lienhard und Gertrud* sowie andere Texte PESTALOZZIS (1860) und schrieb eine einflussreiche Darstellung der Pestalozzi-Bewegung in Amerika (1862). Nach dem Vorbild von Yverdon gründete BARNARD Lehrerseminare und in diesem Zusammenhang auch das „American Journal of Education" (1855; neue Serie ab 1876). Das Journal war die erste international operierende pädagogische Zeitschrift in den Vereinigten Staaten. Ihr Einfluss muss im Zusammenhang mit der kindzentrierten amerikanischen Kindergartenbewegung gesehen werden.

einflusst von Anhängern PESTALOZZIS und FRÖBELS, interessiert an kindorientierten Schulreformen und diskutierte in sehr dichter Folge die diesbezüglichen Theorien und Projekte.

Im Bildteil des sechsten Jahrgangs (1881) sieht man das typische „Kindergarten Material“ in der Ästhetik der Publikumszeitschriften des 19. Jahrhunderts, also präzise gezeichnet, schraffiert oder gestochen (American Journal of Education 1881, S. 774ff.). Man sieht auch Abbildungen des Personals der Reformen und nicht zuletzt genaue Beschreibungen der Reformen selbst, also Grundrisse für kindgerechte Schulen, Entwürfe für zeitgemäße Interieurs und Musterbilder für Schulbauten (Abb. 24-28). Was so als *Image* der Schulreform propagiert wurde, war kaum dreißig Jahre später veraltet. Keines der ästhetischen Mittel wurde zu Beginn des 20. Jahrhunderts noch zur Darstellung von „Reformpädagogik“ verwendete, das Bildmaterial des *American Journal of Education* konnte umstandslos der *alten*, der paternalen und kinderfeindlichen Erziehung zugerechnet werden. Die „neue Erziehung“ musste alle damit zusammenhängenden ästhetischen Konnotationen ausschließen, die Strenge der Schule ebenso wie die Ordnung, die rigide Professionalität, die viereckige Architektur Innen wie Außen, kurz: die Schulkultur des 19. Jahrhunderts, obwohl – oder *weil* – sie für die eigene Gegenwart ebenfalls „Reformpädagogik“ gewesen war.

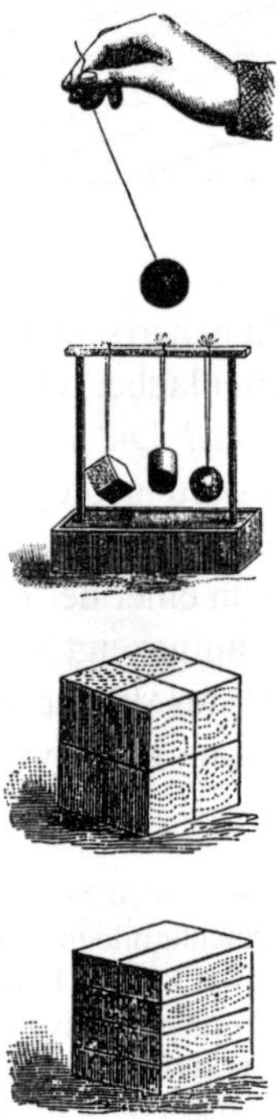

Abb. 24: American Journal of Education 1881

Abb. 25: American Journal of Education 1881

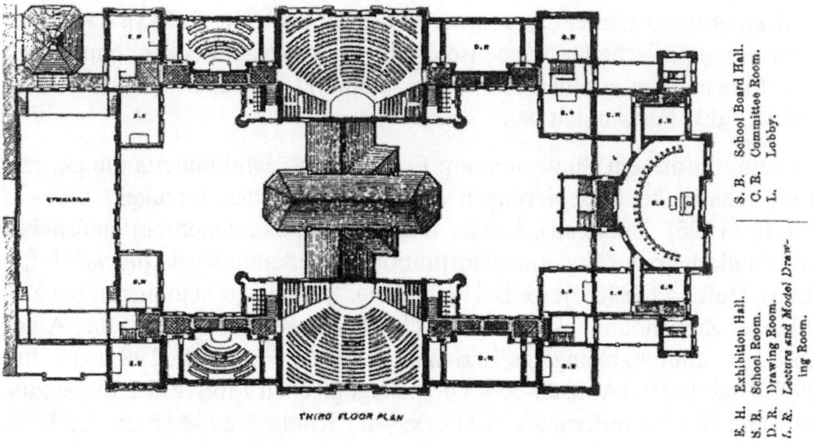

Abb. 26: American Journal of Education 1881

Abb. 27: American Journal of Education 1881

Abb. 28: American Journal of Education 1881

Die Differenz ist für die sich bildenden Überzeugungen aufschlussreich: Man sieht im „American Journal" wohl Spielgaben, aber keine spielenden Kinder, man sieht Grundrisse, aber kein Schulleben, man sieht wohlmeinende Reformer, aber nur Reformen, die kurz darauf keine mehr sind. Doch das zu erkennen, ist erst später möglich, und es muss ein ästhetischer Gestaltwandel vorausgesetzt werden, der die Kontinuität der Reformsemantik unterläuft und zu Anpassungen zwingt, die vorher ausgeschlossen waren. Dabei müssen sich sprachliche und sogar literarische Referenzen keineswegs ändern. Die Berufung auf PESTALOZZI oder FRÖBEL ist auch dreißig Jahre später selbstverständlich, und wenn das „American Journal" 1881 an ELIZABETH BARRETT BROWNINGS[20] berühmtes Gedicht *The Cry of the*

20 ELIZABETH BARRETT-BROWNING (1806-1861) war die Frau des englischen Lyrikers ROBERT BROWNING (1812-1889). Ihrer beider Briefe gehörten zum Lektürekanon etwa der deutschen Jugendbewegung (bis 1923 erschienen allein zehn deutsche Auflagen). ELIZABETH BARRETT-BROWNINGS *Portugiesische Sonette* (1847) sind auch von RAINER MARIA RILKE (1907) übersetzt worden. ROBERT BROWNINGS *The Pied Piper of Hamelin* (1842) gehört zu den einflussreichsten englischen Kinderbüchern im 19. Jahrhundert. Vgl.: http://www.browninglibrary.org

Children erinnert (American Journal of Education 1881, S. 733), dann lässt sich diese literarische Geste ebenso dreißig Jahre später denken, ohne einen Bedeutungsverlust erleiden zu müssen, während sich doch das ästhetische Umfeld radikal gewandelt hat.

„Modern" in diesem Sinne sind am Ende des 19. Jahrhunderts innige, fast partnerschaftliche Inszenierungen des „pädagogischen Bezuges" (*Jugend* Heft 40 (1896), Titelblatt), Kinder und Jugendliche, denen ein natürliches Leben außerhalb der Erziehungsinstitutionen zuerkannt wird (*Jugend* Heft 5 (1896), Heft 44 (1896), jeweils Titelblätter),[21] also Eigenständigkeit bei einfühlender Zuwendung (Werbung für *The Westend Review*, 1898) und Autonomie als schulunabhängiges Erziehungsziel (*La Plume* Nr. 198 v. 15. Juli 1897, Titelblatt)[22] (Abb. 29-33). Die pädagogischen Motive der Liebe zum Kind und der Beförderung des Glücks von Kindern mussten an die Konsumkultur angeschlossen werden, um einen Modernisierungseffekt zu erreichen. Das geschah in der Produktwerbung[23] ebenso wie in der Entwicklung von Moden und ästhetischer Individualisierung. Die Programme der institutionellen Bildung und der politischen Erziehung konnten sich dieser Assimilation ebenso wenig entziehen wie die Familienrollen und so die Definition von sozialer Kontrolle und Distanz in den Familien.

Insofern ist die Werbung für „neue Erziehung" Teil einer Reformpädagogik *in* der Konsumkultur. Sie definiert eine normative Individualität der „guten Mutter" ebenso wie der emanzipierten Weiblichkeit, denen sich die anderen pädagogischen Rollen anpassen. Die „gute" Erziehung, also gleichermaßen Bildung und Benimm, wird dann zunehmend zu einem Topos der konservativen Pädagogik. Sie will Werte wach halten, die ästhetisch nicht mehr inszeniert werden. Wer also „modern" erscheinen will, muss sich davon unterscheiden oder sich mindestens anders inszenieren.

---

21 Titel von JOSEF RUDOLF WITZEL (40/1896), AUGUST VON MEISSL (5/1896) und ROBERT ENGELS (44/1896) Das deutliche Vorbild für WITZELS Bild ist ein Werbeplakat von ALFONS MUCHA für die „Chemins de fer d'Orléans et du Midi" von 1895 (ELLRIDGE 1992, S. 52).

22 Jeweils Bilder von ALFONS MUCHA (vgl. ELLRIDGE 1992, S. 159, 55). ALFONS MUCHA (1860-1939) studierte von 1885 bis 1887 an der Münchner Akademie der Künste. Der Durchbruch gelang ihm im Dezember 1894 in Paris, MUCHA entwarf ein Plakat für die Schauspielerin SARAH BERNHARD in dem Stück *Gismonda*, das ihn über Nacht berühmt machte. Danach prägte MUCHA den Pariser *art nouveaux* und war von 1904 auch in den Vereinigten Staaten erfolgreich.

23 Etwa eine Mutter: Kind-Ikone in „Nestlé's Food for Children" oder eine Mutter: Töchter-Idealisierung für die „Compagnie française des chocolats et des thés" (1897). Beide Bilder stammen von MUCHA (ELLRIDGE 1992, S. 87, 157). (Abb. 34/35)

Abb. 29: Jugend Heft 40 (1896), Titel

Abb. 30: Jugend Heft 5 (1896), Titel

Abb. 31: Jugend Heft 44 (1896), Titel

Abb. 32: Werbung für Westend Review 1898 (ELLRIDGE 1992, S. 159)

Abb. 33: La Plume Nr. 198 v.
15. Juli 1897, Titel (ELLRIDGE 1992, S. 55)

Abb. 34: Nestlé's Food for Infants
(ELLRIDGE 1992, S. 87)

Abb. 35: Werbung für „Compagnie
française des chocolats et des thés
(ELLRIDGE 1992, S. 157)

Im 20. Jahrhundert sind beide Modelle verschwunden, die „gute Erziehung" des bürgerlichen Hauses und die Disziplinierung durch Schule und Unterricht. Der Wandel verlangt mindestens drei Faktoren, neue Theorien der Erziehung oder mindestens Theorien, die als neu erscheinen können, neue Anschauungen und überzeugende Beispiele, die die öffentlichen Einstellungen der Reform herausfordern können. Dabei ist nicht entscheidend, dass eine ästhetische Avantgarde erreicht wird; der Mainstream der Reformpädagogik musste sich nicht mit dem Dadaismus verbünden, um Erfolg zu haben. Eher ist eine zur Ernsthaftigkeit des Anliegens passende Darstellung notwendig gewesen, die Modernität unter Beweis stellen und die Schulästhetik des 19. Jahrhunderts überwinden konnte, ohne das Anliegen harmonischer Utopien oder idyllischer Erziehungswelten aufzugeben.

Das erklärt, warum die Arts & Crafts-Bewegung Einfluss nehmen konnte auf die internationale Reformpädagogik, warum WILLIAM MORRIS und JOHN RUSKIN als Modernisierer der Erziehung galten, der Jugendstil zulässig erschien, während radikale Experimente ausgeschlossen oder in Randzonen gehalten wurden. *Décadence* war ebenso wenig ein pädagogisches Thema wie die *morbid beauty* des Fin de Siècle oder die Stil- und Verhaltensrevolution des Expressionismus. Positive Spuren von FRANK WEDEKINDS *Frühlingserwachen* sind in der pädagogischen Literatur ebenso wenig nachweisbar wie von WALTER HASENCLEVERS Autoritätsdrama *Der Sohn*,[24] obwohl oder weil in beiden Fällen traditionelle Auffassungen von Erziehung eine radikale Umdeutung erfuhren. Die Erotik der Jugend war für die zeitgenössische Pädagogik ebenso wenig fassbar wie die Revolte gegen die väterliche Autorität, während beides längst zum Thema der Medien avanciert war und unaufhaltsam pädagogische Realität wurde.

Auch für die „moderne" Reformpädagogik bleiben dies noch überwiegend Ereignisse in ihrem *Umfeld*, die sie gerade zugunsten der „neuen Erziehung" ignorieren konnte. Mit ihr waren die Bilder der höheren Moral und so der Reinheit und des Guten verbunden, die sich mit der ästhetischen Moderne nicht mehr vereinbaren ließen, ausgenommen zur Abgrenzung oder zur Sanktionierung des Defizits. Aber die Doppelbödigkeit des Guten, die Gebrochenheit jeder Behauptung moralischer Überlegenheit, die Fehlbarkeit der menschlichen Natur, anders gesagt: die Erfahrungen der ästhetischen Moderne, die auf eine Verweigerung gegenüber der Idylle hinausliefen, wurden ignoriert und mussten wohl auch ignoriert werden, sollte die pädagogische Moral wirklich ungeteilt erhalten bleiben. Sie kann mit Paradoxien ebenso

24 FRANK WEDEKINDS Jugenddrama *Frühlings Erwachen* (im Untertitel „Eine Kindertragödie") war 1891 ein öffentlicher Skandal, vor allem weil die Tabus der Erotik verletzt wurden. „Jugend" war gleichbedeutend mit einer Emanzipation, die die pädagogischen Institutionen gerade verhindern wollten. WALTER HASENCLEVERS *Der Sohn* (Uraufführung am 30. September 1916) beschreibt den Autoritätskonflikt der Erziehung des ausgehenden 19. Jahrhunderts, also ebenfalls eine Emanzipation, die nach 1918 von der Kritik gefeiert wurde.

wenig umgehen wie mit irritierenden Spiegelungen, Brechungen, einer distanzierten Beobachtung, die sich nicht sofort dem Engagement unterwirft, sondern gerade die Erziehung ironisch zu betrachten lernt.

Dabei stehen Literatur und Kunst deutlich auf Seiten der Reformpädagogik. Sie ist *modern*, ohne es ästhetisch zu sein, oder anders: die Darstellung der „modernen" Pädagogik passt sich ästhetischen Modernisierungen nur dort an, wo sie das Anliegen der „neuen Erziehung" nicht stören, sondern unterstützen. Literaten und Künstler sind am Aufbau der Reputation der „neuen Erziehung" maßgeblich beteiligt, durch sie vor allem findet die Reformpädagogik Eingang in den Diskurs der Moderne, wie sich etwa an THOMAS MANN zeigen ließe (FERTIG 1993). Aber sie ist zugleich das Anliegen von Erziehungsexperten, die *nicht* zur modernen Kunst gehören oder wenigstens für ihre Anliegen nur sehr am Rande die Mittel dieser Moderne verwenden. Die Selbststilisierung muss auf den Mainstream achten und so auf Erwartungen und Motive, die vor und unabhängig von der ästhetischen Moderne vorhanden sind. Das *schöne* Kind, die *unschuldige* Natur, die *reine* Tugend mussten sich ikonographisch ungebrochen überliefern, damit ein ästhetischer Rechtsgrund für die literarische Erziehungskritik überhaupt entstehen konnte. Das Assoziationsfeld „neue Erziehung" hat offenbar ein moralisches Kraftzentrum, das eine dissonante, verstörende Aesthetik abstößt.

Abb. 36: CASPARI/CASPARI 1908, Titel

GERTRUD und WALTHER CASPARI ließen 1908 unter dem Titel *Kinderland, du Zauberland* „Schöne Kinderlieder aus neuer und neuester Zeit" erscheinen, die als Bilderbuch für Kinder angeboten wurden.[25] Das Titelbild zeigt einen Ausblick auf dieses Zauberland, nämlich eine Idylle des Kindlichen (Abb. 36), in das man durch ein rosenbekränztes Tor schreitet, vor dem ein lustiger Zerberus steht, der weniger wie ein Wächter, sondern mehr wie ein einladender guter Geist erscheint, ein Kobold, ein Zwerg, ein Zeremonienmeister für Kinder. Er steht *vor* dem Tor und *neben* der einladend geöffneten Zauntüre, als wolle er für alle Besucher den Weg freigeben. Die Szene beschreibt eine Erwartung, die Öffnung des Kinderlandes, bevor noch irgendein Kind das Land betreten hat. Man sieht eine Wiese, einen See, Bäume,

25 *Kinderland, du Zauberland* erschien 1908 bei Hahn in Leipzig. Bis 1912 wurden vier Auflagen erreicht, die jeweils Bearbeitungen der Autoren darstellten. Danach erschienen diverse Nachdrucke. GERTRUD CASPARI (1873-1948) und ihr Bruder WALTHER CASPARI (1869-1913) waren stilprägende Autoren des Bilderbuches im frühen 20. Jahrhundert.

lustige Tiere, ahnt den Weg um die Wiese herum zum See und erkennt im Hintergrund auch eine Grenze, nämlich einen Gebirgszug, der hinter dem See verlaufen muss und das Paradies weiträumig umschließt.

Es ist offen für jedes Kind, nichts deutet auf eine Beschränkung hin. Die Szene spielt am Morgen, die strahlende Sonne hat die Wolken unter sich gelassen, aber sie steht noch nicht hoch, die Dämmerung ist vorbei, alles Licht kann leuchten und der ganze Kindertag steht noch bevor. Sein Ort ist eine geschützte Landschaft, ein großer, natürlich scheinender Garten, der gänzlich ohne Gefahren erschlossen werden kann. Er spiegelt die Seele des Kindes, und entspricht allen drei Bedingungen der natürlichen Erziehung, der Reinheit, der Tugend und der Unschuld. Das Böse, gleich in welcher Form, ist abwesend, nur so – und nur hier –, soll man lernen, kann Erziehung gedeihen. Sie gibt Schutz, wenn sie selbst geschützt ist, sie kann die Natur entwickeln, wenn sie selbst „Natur" ist, freilich keine gefährliche, keine wilde und unberechenbare, sondern eine harmlose und beherrschbare Natur. Jede Dialektik wird ausgeschlossen, aber auch jede ästhetische Störung, jede Verunsicherung des schönen Scheins, an den man glauben muss, wenn man Alternativen sucht.

Im Mittelpunkt der reformpädagogischen Ästhetik steht das *erlebende, freie* und *natürliche* Kind, das publizistisch verstärkt und in Erziehungskritik umgesetzt wird. Dieses Bild überlagert alle Darstellungen von „Erziehungsstaaten", Schulgemeinden oder Kinderrepubliken, und das Durchsetzen dieses Bildes im öffentlichen Verständnis von Erziehung macht den Erfolg der Reformpädagogik aus. Erst *mit* diesem Bild wirkt die alte Schule „alt" und verspricht die neue Schule eine wirkliche Innovation. Was PIAGET als *école traditionelle* bezeichnete, die Schule der Lektionen, der Lehrerautorität, der verbalen Operationen, der abstrakten Intelligenz (1939a, S. 15'28-10), muss für sich genommen keineswegs ein Innovationshindernis sein, geht man etwa von ökonomischen oder sozialen Verteilungsproblemen aus und unterstellt ein Minimum an Effizienz für große Zahlen. Erst die Verknüpfung mit dem *Bild* des Kindes macht aus der traditionellen Schule einen Störfaktor, ohne dass die didaktische oder auch nur methodische Überlegenheit des „Neuen" für die *Breite* des Problems auch wirklich unter Beweis gestellt werden könnte. Die Generalisierung folgt wiederum dem Bild: Kinder *überhaupt* sind selbsttätig, kreativ, neugierig und benötigen *insofern* innovative Methoden und das Ideal der *Ecole Active* (ebd.).

Die ästhetische Seite des Wandels zeigt sich auch in den Lehrmitteln der Schule. Erst nach der reformpädagogischen Modernisierung wurden andere als sachliche Illustrationen verwendet, oft Darstellungen von Kindern selbst, die wie eine Spiegelung der Absichten und Probleme des Unterrichts didaktisiert werden, als animierende Illustration des entdeckenden Lernens, als ästhetische Ermahnung für den Lehrer, den Unterricht vom Vermögen der Kinder her zu konzipieren oder als Hinweis, dass und wie spielendes

Lernen möglich sei.[26] Die Lehrbücher des 19. Jahrhunderts hatten auch dort keine Ästhetik des Kindlichen nötig, wo sie ausdrücklich den „Lehrer der Kleinen" ansprechen wollten.[27]

Abb. 37: Das Kind und die Schule 1914, S. 405

Abb. 38: Das Kind und die Schule 1918, S. 413

Alle diese ästhetischen Bewegungen müssen zusammen in Rechnung gestellt werden, wenn erklärt werden soll wie die Reformpädagogik „modern" erscheinen konnte, obwohl sie es in ihrem Theoriebestand vielfach gar nicht war oder auch nicht sein wollte. Die sprachliche Modernisierung ist ausgesprochen schwach, vielfach überwiegen die traditionellen Formeln der pädagogischen Kommunikation, ein dezidierter Traditionsbezug wird ja ausdrücklich gesucht. Auch die von den Reformpädagogen präferierte Psychologie ver-

26 Ich beziehe mich auf Verlagsanzeigen für deutsche Lehrbücher vor dem Ersten Weltkrieg. Sie betreffen eine Neue Fibel, nämlich RICHARD LANGES *Leselust*, mit Bildern von OTTO UBBELOHDE, ein Rechenbuch, HEINRICH KEMPINSKY, *Der Rechenlehrer der Kleinen* (1914), sowie ein Buch für den Werkunterricht, GEORG STIEHLER, *Formen in Ton und Plastilina* (die Anzeigen sind entnommen dem Band *Das Kind und die Schule*, 1914, S. 405, 413, 431). OTTO UBBELOHDE (1867-1922) wurde vor allem, bekannt durch seine Illustrationen der Grimmschen Märchen. GEORG STIEHLER war Seminaroberlehrer in Leipzig. (Abb. 37-39)

27 FRANZ WIEDEMANNS *Lehrer der Kleinen* erschien erstmals 1869 als „praktischer Ratgeber" für den Anfangsunterricht. Das Buch wurde 1873 auf der Wiener Weltausstellung prämiert und erreichte sechs Auflagen bis 1885. Das Motto lautet: „Willst Du Kinder heranbilden,//so *sei* mit ihnen ein Kind" (WIEDEMANN 1885, Titel).

harrt in klassischen Seelenlehren und ist resistent gegenüber allzu weitgehenden Neuerungen, die das das Bild des Kindes bedrohen könnten. Dagegen ist ein Stil- und Formwandel der Darstellung von Erziehung, vor allem von „neuer Erziehung", nicht zu übersehen.[28]

Abb. 39: Das Kind und die Schule 1914, S. 431

Das gilt gerade dann, wenn man in Rechnung stellt, wie dominant die Idyllen des 19. Jahrhunderts sind,[29] denkt man nur an die Familien- und Landschaftsdarstellungen LUDWIG RICHTERS oder an die Märchenillustrationen von WALTER CRANE.[30] Sie sorgen für Kontinuität, nicht nur weil sie ununterbrochen präsent sind, sondern vor allem weil sie moralische Norm

---

28 Einhergehend mit veränderten Auffassungen der künstlerischen Anforderungen der Volksbildung, wie sie etwa GOTTFRIED SEMPER (1803-1879) 1852 im Anschluss an die Weltausstellung in London formuliert hatte. Eine Folge dieses Manifests war die Gründung von Kunstgewerbeschulen in Deutschland, die der Entwicklung von Design für das Massenpublikum gewidmet waren. Der „Deutsche Werkbund" wurde 1907 in genau gleicher Absicht gegründet, als „Wiedereroberung harmonischer Kultur" für ein möglichst breites Publikum und in ebenso kommerzieller wie pädagogischer Absicht (SCHUMACHER 1908). Auf diese Tradition berief sich zum Beispiel WALTER GROPIUS in der Rechtfertigung der besonderen pädagogischen Aufgabe des Bauhauses (am 9.7.1920 vor dem Thüringischen Landtag).

29 Etwa in Publikationen für die Familienerziehung wie *Das fröhliche Buch* (1910) oder *Kinderland* (HARTWIG 1908), in Zeitschriften wie „Kind und Kunst" (Untertitel: „Belehrende Aufsätze für Eltern und Kinder") oder, wie erwähnt, in zeitgenössischen Bilderbüchern.

30 Deutsche Übersetzungen waren ab 1873 stets unmittelbar nach dem Erscheinen der englishen Originale zugänglich. 1882 gab der Leipziger Verlag Twietmeyer eine Sammlung *Walter Crane's Bilderbücher* heraus. Die Übersetzungen der Grimmschen Märchen erschienen zunächst in Einzelausgaben (ab 1873); eine zusammenfassende deutsche Ausgabe der *Household Stories* ist allerdings nie entstanden (Angaben nach RIES 1992, S. 477f.). WALTER CRANE (1845-1915) machte sich von 1870 an als Illustrator von Kinderbüchern einen Namen, war daneben Maler und Designer. Er war 1888 erster Präsident der Art and Crafts Exhibition Society und wurde 1893 Director of Design der Manchester School of Art. 1897/1898 war Principal des Royal College of Art.

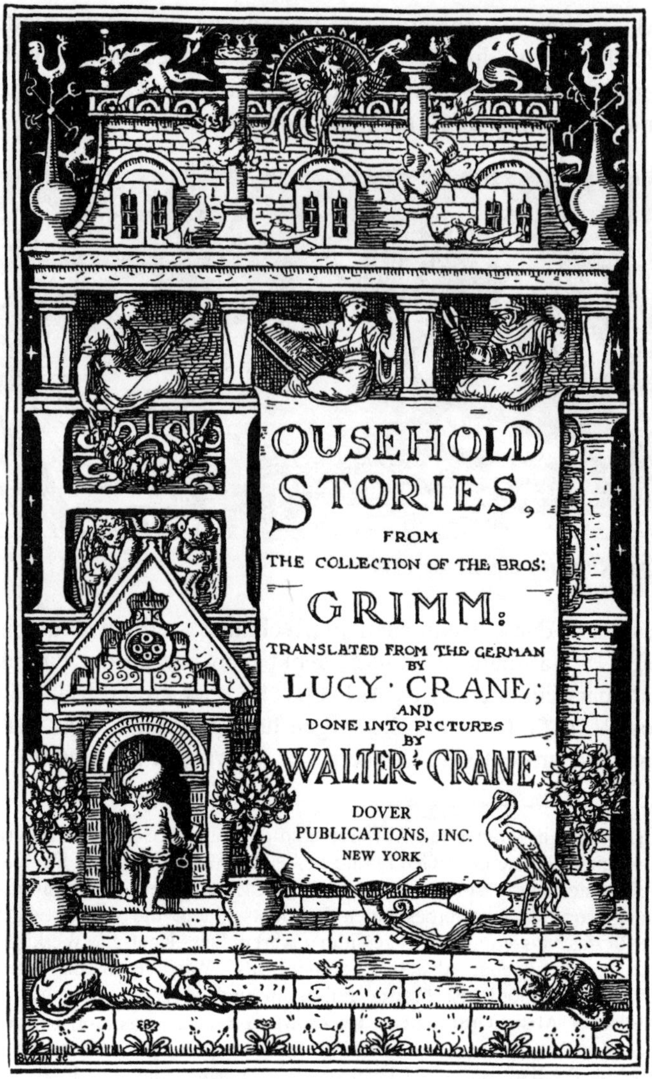

Abb. 40: Household Stories 1963, Deckblatt

definieren. An sie schließen die pädagogischen Jugendstildarstellungen an, typischerweise unter Verzicht der Erotisierungen, die diesem Stil ansonsten erst die Modernität verliehen haben. Die Neuerung *impliziert* die Tradition, nur so kann das Neue *modern* und doch *passend* scheinen. CRANES Illustrationen der von LUCY CRANE übersetzten Hausmärchen der Brüder Grimm (1886) wären dafür ein prominentes Beispiel. Das Deckblatt (Abb. 40) etwa zeigt das Märchenhaus, für das die Kinder den Schlüssel besitzen; es ist *ihr* Domizil, eine Weihestätte des Kindlichen, die durch ein Portal betreten werden muss, das an den Eingang einer Kirche erinnert. Die

Kinder selbst schließen es auf, genauer: das einzelne Kinder entdeckt für sich seine Märchenwelt. CRANE zeichnet keine Gruppe von Kindern; die Hausmärchen sollen jedem Kind individuell ehören und so zugleich *allen* Kindern.

Verglichen mit den Illustrationen der deutschen Ausgaben sind CRANES Bilder an keiner Stelle bieder oder blass; sie sind oft eigene Kommentare zu den Märchen, präzise und gleichwohl unterhaltsam, aber sie überschreiten die Grenze des Kindgemäßen nicht. Radikal anders wird Kindheit auch in der ersten Hälfte des 20. Jahrhunderts nicht dargestellt; die ästhetische Signatur ist stabil und wird lediglich publizistisch ausgeweitet.[31] Sie gewinnt an Einfluss, ohne sich in ihrer Struktur verändern zu müssen. Viele „reformpädagogische" Postulate schließen hier an und können sich zugleich als „neu" behaupten, einfach weil genügend Unterstützung im Wahrnehmungsfeld vorhanden ist. Das *Kindliche* ist hinreichend präsent, um die pädagogischen Forderungen einer Erziehung „vom Kinde aus" plausibel erscheinen zu lassen. Anders gesagt, „das Kind" hätte vorher und unabhängig von diesen stilistischen und motivationalen Inszenierungen nicht zum generellen Postulat der Erziehungsreform avancieren können, obgleich die pädagogische Literatur unablässig die Entwicklung oder das Lernen von Kindern vor Augen hatte. Aber ROUSSEAUS „Kind" ist kaum theoretisch, aber erst recht nicht ästhetisch das Kind der Reformpädagogik.

31 Das gilt für den gesamten *Kult des Kindes* (ich folge einer These von BOAS 1990).

Abbildungsverzeichnis

Literatur

Quellen und zeitgenössische Darstellungen

ALBERTS, H.: Aus dem Leben der Berthold-Otto-Schule. Berlin (1925). (= Die Lebensschule, hrsg. v. F. HILKER, Bd. 18)

ALEXI, F.: Über die Zahl der Schulstunden und deren Vertheilung auf die Tageszeiten. In: Deutsche Vierteljahrsschrift für öffentliche Gesundheitspflege XI (1890), S. 28-46.

American Journal of Education Vol. 6 (1881).

AMMON, O.: Die Gesellschaftsordnung und ihre natürlichen Grundlagen. Entwurf einer Sozial-Anthropologie zum Gebrauch für alle Gebildeten, die sich mit sozialen Fragen befassen. Jena 1895.

ARNOLD, A.: Pädagogik, oder Erziehungs- und Unterrichts-Lehre nach den Anforderungen der Gegenwart. Königsberg in der Neumark 1837.

Art and Education. By J. DEWEY, A. C. BARNES et. al. Merion, PA: The Barnes Foundation Press 1929.

BADLEY, J.: Co-Education in Practice. Cambridge: Heffer 1914.

BACH, T.: Wanderungen, Turnfahrten und Schülerreisen. Erster Teil. 2., wesentl. verm. Aufl. Leipzig 1885. (erste Aufl. 1877)

BÄCKER, M.: Die Landerziehungsheime in Frankreich. (Ecoles Nouvelles à la Campagne). Langensalza 1913. (= Pädagogisches Magazin, Heft 535)

BAHR, H.: Der Antisemitismus. Ein internationales Interview. Berlin 1894.

BALDWIN, J.: Mental Development in the Child and in the Race. New York: The Macmillan Company 1896.

BAROLIN, J.C.: Der Schulstaat. Vorschläge zur Völkerversöhnung und Herbeiführung eines dauernden Friedens durch die Schule. Wien/Leipzig 1909.

BARTH, E.: Die Gliederung der Großstädte. In: Jahrbuch des Vereins für wissenschaftliche Pädagogik 26 (1894), S. 253-271.

BATTISTA, L.: Probleme der Erziehung und des Unterrichtes in der Großstadt. In: Pharus 2 (1911), S. 398-416, 508-526.

BAUERMEISTER, F.: Vom Klassenkampf der Jugend. In: Der Aufbruch Heft 1 (1915), S. 2-14.

BÄUMER, G.: Koedukation. Der gemeinsame Unterricht der Geschlechter. In: A. SCHREIBER (Hrsg.): Das Buch vom Kinde. Bd. II. Leipzig/Berlin 1907, S. 44-48.

BAUR, G.A.L.: Grundzüge der Erziehungslehre. Giessen: J. Ricker'sche Buchhandlung 1844.

BAUR, G.: Fußreisen. In: K.A. SCHMID (Hrsg.): Encyklopädie des gesammten Erziehungs- und Unterrichtswesens bearbeitet von einer Anzahl Schulmänner und Gelehrten. Bd. II. Gotha 1860, S. 574-579.

BAYET, Ch.: L'art dans ses rapports avec la démocratie et avec l'école. In: Annuaire de l'enseignement primaire 18(1902), 392-418.

BECK, F.A.: Die Grundübel in der modernen Jugendbildung, mit vorzüglicher Berücksichtigung des Gymnasialunterrichts. Reformvorschläge eines Schulmannes. Berlin 1872.

BECKER, Th.: Luft und Bewegung: Zur Gesundheitspflege in den Schulen. Frankfurt a.M. 1867.

BEECHER, C.: Suggestions Respecting Improvements in Education. Presented to the Trustees. Hartford: Packard&Butler 1829.

BEECHER STOWE, L.: Youths' Republics. In: Normal Instructor (February 1908).

BELOHOUBEK, V.: Die ersten zehn Jahre der österreichischen Bundeserziehungsanstalten. Ein Beitrag zur Geschichte der Mittelschule in Österreich. Wien/Leipzig 1931.
BENDA, T.: Nervenhygiene und Schule. Berlin 1900.
BENEDICT, A. E.: Progress to Freedom. The Story of American Education. New York: G. M. Putnam's Sons 1942.
BERGER, W.: Wie steht's um die Volksschule? Ein Befundbericht. Dresden 1927.
BEUST, Fr.: Die pädagogische Schulreise. Lehrern, Eltern und seinen ehemaligen Schülern gewidmet. Zürich: Orell, Füssli&Co 1885. (Separatdruck aus der „Praxis der schweizerischen Volks- und Mittelschule" Heft I, Band 5).
BIEDERMANN, K.: Die Erziehung zur Arbeit, eine Forderung des Lebens an die Schule. Leipzig 1852.
BINET, A.: Perceptions d'enfants. In: Revue philosophique tome XXX (1890), S. 582-614.
BINET, A./VISCHIDE, N.: La Psychologie à l'école primaire. In: L'année psychologique, quatrième année. Paris: Librairie C. Reinwald, Schleicher Frères Editeurs 1898, S. 1-14.
BIRNBAUM, F.: Erziehungstechnik. In: S. LAZARSFELD (Hrsg.): Technik der Erziehung. Ein Leitfaden für Eltern und Lehrer. Leipzig 1929, S. 29-39.
BLEWITT, T. (Ed.): The Modern Schools Handbook. With an Introduction by A. WILLIAMS-ELLIS. London: Victor Gollancz 1934.
BLONSKJI, P.P.: Die Arbeitsschule (Trudovaja skola). Vollständige Ausgabe und Neuübersetzung des ersten und zweiten Teils. Hrsg. v. H.E. WITTIG. Paderborn 1973. (= Schöninghs Sammlung Pädagogischer Schriften. Quellen zur Historischen, Empirischen und Vergleichenden Erziehungswissenschaft, hrsg. v. Th. RUTT) (russ. Orig. 1919)
BLÜHER, H.: Die deutsche Wandervogelbewegung als erotisches Phänomen. Ein Beitrag zur Erkenntnis der sexuellen Inversion. 2., verb. u. verm. Aufl. Tempelhof-Berlin 1914.
BLÜHER, H.: Führer und Volk in der Jugendbewegung. Jena 1917.
BLÜHER, H.: Wandervogel. Geschichte einer Jugendbewegung. Erster Teil: Heimat und Aufgang. Zweiter Teil: Blüte und Niedergang. 6. Aufl. Prien (Chiemsee) 1922. (Erste Aufl. 1912)
BOAS, F.: Anthropological Investigations in Schools. In: Pedagogical Seminary I, 2 (1891), S. 225-228.
BOCKEMÜHL, E.: Vom Leid des Kindes. In: Die neue Erziehung VII (1925), S. 902-207; VIII (1926), S. 19-26.
BODE, R.: Die Kulturbedeutung der körperlichen Erziehung. In: Die Tat 11. Jg., H. 11 (Februar 1920), S. 801-810.
BODE, R.: Vom Wesen des Urtanzes. In: Die Tat 13. Jg., H. 11 (Februar 1922), S. 809-817.
BODE, R.: Rhythmus und Erziehung. Fünf Abhandlungen. Jena 1923.
BONDY, M.: Das neue Weltbild in der Erziehung. 2., umgearb. Aufl. Berlin 1925. (Erste Aufl. 1922)
BONUS, A.: Vom Kulturwert der deutschen Schule. Berlin 1906.
BÖRNE, L.: Briefe aus Paris. Hrsg. v. A. ESTERMANN. Frankfurt 1986. (Erstausg. 1831-1834)
BÖRNE, L.: Über die Nachteile der Schulversäumnisse. (1819) In: Kritische Schriften. Hrsg. v. E. SCHUMACHER. Zürich/Stuttgart 1964, S. 361-366.
BORNEMANN, E.G.R.: Leipzig und seine Bildungsanstalten. Führer für die Festgenossen der Fünfzehnten Allgemeinen Deutschen Lehrerversammlung zu Leipzig am 5.-8. Juni 1865. Mit 50 Ansichten, einem Orientierungs-Plan und einer Karte der Umgebung von Leipzig. Leipzig: J.J. Weber 1865.

BORNHAK, C.: Das preußische Unterrichtswesen als Staatsinstitut in rechtsgeschichtlicher Entwicklung. In: Archiv für öffentliches Recht 4 (1889), S. 101-146.
BOUGLÉ, C.: Pour la démocratie française. Conférence populaire. Paris: Cornély 1900.
BOVET, P.: Bergson et le problème de l'éducation. In: Educateur LXXVII (1941), S. 169-171, 185-187.
BRANDENBURG, H.: Der moderne Tanz. München 1917.
BRAUNSCHVIG, M.: L'art et l'enfant. Essai sur l'éducation esthétique. Préface de J. LAHOR. Troisième édition, revue et augmentée. Toulouse/Paris: E. Privat/ H. Didier 1910. (Erste Aufl. 1907)
BREITING, C.: Untersuchung betr. den Kohlensäuregehalt der Luft in Schulzimmern. Bericht aus dem Sanitätscollegium v. Basel-Stadt. Basel 1871.
BRINKMANN, C.: Demokratie und Erziehung in Amerika. Berlin 1927.
BUBER, M.: Die Aufgabe. In: Das werdende Zeitalter 1, 2 (April 1922), S. 33/34.
BUBER, M.: Pfade in Utopia. Über Gemeinschaft und deren Verwirklichung. Erheblich erweiterte Neuausgabe. Hrsg. v. A. SCHAPIRA. Heidelberg 1985. (hebr. Orig. 1947; erste deutsche Aufl. 1950)
BUBER, M.: Reden über Erziehung. Unveränderte Neuausgabe. Heidelberg 1986.
BÜCHER, K.: Die gewerbliche Bildungsfrage und der industrielle Rückgang. Leipzig 1879. (= Pädagogische Studien, hrsg. v. W. REIN, Heft 13)
BUCHHEIT, O.: Die pädagogische Tagespresse in Deutschland von der Reichsgründung bis zum Weltkrieg 1871-1914. Mit einem Anhang: Gesamtverzeichnis der deutschsprachigen pädagogischen Presse 1871-1914. Würzburg-Aumühle: Konrad Triltsch Verlag 1939. (= Zeitung und Leben, hrsg. v. K. D'ESTER, Band 57)
BUCHHOLD, M.: Liebe. In: Die Wende 1. Blatt (November 1918), S. 5-7.
BUCHHOLD, M.: Seele. In: F. JÖDE (Hrsg.): Pädagogik deines Wesens. Gedanken der Erneuerung aus dem Wendekreis. Hamburg 1920, S. 15-17.
BUDDE, G.: Philosophisch-pädagogische Strömungen der Gegenwart. In: Deutsche Blätter für erziehenden Unterricht XLIII, No. 41 (1915/16), S. 321-324, 329-332.
BUGNION, I.: Über die Erziehung nach modernen Ideen. In: Neue Weltanschauung 3, 9 (September 1910), S. 317-326.
BÜHLER, K.: Die geistige Entwicklung des Kindes. Dritte Auflage. Jena: Verlag von Gustav Fischer 1922. (erste Aufl. 1918)
BÜHLER, K.: Die Zukunft der Psychologie und die Schule. Wien/Leipzig o.J. (1936) (= Schriften des Pädagogischen Instituts der Stadt Wien, Heft 11)
BÜNGER, R.: Staat und Volkserziehung in ihrer Wechselwirkung. Altona 1869.
BURDACH, K.F.: Propädeutik zum Studium der gesammten Heilkunst. Ein Leitfaden akademischer Vorlesungen. Leipzig 1800.
BURKHARDT, C. : Klassengemeinschaftsleben. Tagebuchblätter aus der Knabensekundarschule Basel. Berlin-Zehlendorf: Mathilde-Zimmer-Haus 1911.
BUYSE, O.: Méthodes américaines d'Education générale et techniques. Paris 1906.
CAMP MAYHEW, K./CAMP EDWARDS, A.C.: The Dewey School. New York: Appleton-Century-Crofts 1936. (Neuausgabe 1968)
CASPARI, G./CASPARI, W.: Kinderland, du Zauberland. Schöne Kinderlieder aus neuer und neuester Zeit. Herrsching 1985. (Erste Ausg. 1908)
CHMIEL, E.: Heinrich Scharrelmann. In: Pädagogische Warte XXX. Jg., Heft 15 (1. August 1923), S. 481-485.
CHRISTENSEN, J.L.: Der moderne Bildungsschwindel in Schule und Familie, sowie im täglichen Verkehr. 2. Aufl., vermehrt durch einen Nachtrag. Leipzig: Verlag von B. Elischer 1886. (Erste Aufl. 1884)
CIZEK, F.: Papier-Schneide- und Klebearbeiten. Ihre technischen Grundlagen sowie ihre erzieherische Bedeutung im Unterricht besprochen und erläutert an der Hand von Arbeiten des Kurses für Jugendkunst an der Kunstgewerbeschule des KK Österrei-

chischen Museums für Kunst und Industrie vom Leiter des Kurses. Wien; Verlag von Anton Schroll&Co. 1914.

CLAPARÈDE, E.: Psychologie de l'enfant et pédagogie expérimentale. 2e éd., revue et augmentée. Genève: Librairie Kündig 1909.

CLAPARÈDE, E.: Kinderpsychologie und experimentelle Pädagogik. Nach der 4. frz. Aufl. übers. v. F. HOFFMANN. Leipzig 1911.

CLAPARÈDE, E.: J.-J. Rousseau et la conception fonctionelle de l'enfance, In: Revue de Métaphysique et de Morale 20, 3 (mai 1912), S. 391-416.

CLAPERÈDE, E.: Un institut des sciences de l'éducation et les besoins auxquels il répond. In: Archives de Psychologie XII (1912a), S. 21-60.

CLAPARÈDE, E.: La pédagogie de M. John Dewey. In: J. DEWEY: L'école et l'enfant. Trad. par L.-S. PIDOUX. Neuchâtel: Delachaux & Niestlé S.A. Ed. (1913), S. V-XXXII. (= Collection d'actualités pédagogiques. Publiées sous les auspices de l'Institut J.-J. Rousseau)

CLASSEN, F.J.: Großstadtheimat. Beobachtungen zur Naturgeschichte des Großstadtvolkes. Hamburg 1908.

CLAUDIUS, H.: Lieder der Unruh. Neue, vermehrte Auflage. Lübeck 1923.

COHN, H.L.: Untersuchungen der Augen von 10'060 Schulkindern, nebst Vorschlägen zur Verbesserung der den Augen nachtheiligen Schuleinrichtungen. Eine ätiologische Studie. Mit einer Figurentafel und zwei Druckbeilagen. Leipzig 1867.

COHN, H.L.: Die Schulhäuser auf der Pariser Weltausstellung. In: Berlinische Klinische Wochenschrift Nr. 41 (1867).

COHN, H.L.: Die Schulhäuser und Schultische auf der Wiener Weltausstellung. Breslau 1873.

COHN, H.L.: Über die Nothwendigkeit der Einführung von Schulärzten. Leipzig 1886.

COHN, H.L: Die Schule der Zukunft. Vortrag, zum Besten der ärztlichen Witwenkasse gehalten am 27. Februar 1890 im Musiksaale der Kgl. Universität (Breslau). In: Die Neue Deutsche Schule II, H. 3 (1890), S. 365-368.

COHN, J.: Gustav Wynekens Erziehungslehre. Darstellung und Kritik. In: Logos V, 3 (1915), S. 267-275.

COMPAYRE, G.: L'évolution intellectuelle et morale de l'enfant. Paris: Librairie Hachette 1893.

COMPAYRE, G.: Seine Majestät das Kind. In: Zeitschrift für Jugenderziehung und Jugendfürsorge III (1912), S. 33-39, 68-71, 100-103.

CONRAD, (M.): Aus der Praxis des Anschauungsunterrichts: für Schule und Haus. Kitzingen a.M.: Wirth 1906.

CORAY, H.: Neulandfahrten. Ein Buch für Eltern, Lehrer und Kinder. Leipzig/Aarau/Wien 1912.

CRAMER, F.: Selbstbetätigung und Selbstverantwortung der Schüler auf erziehlichem Gebiet. In: Monatsschrift für höhere Schulen VIII (1909), S. 495-498.

CURTMANN, W.J.G.: Die Schule und das Leben, eine gekrönte Preisschrift. 2. verb. u. verm. Aufl. Friedberg an der Wetterau 1847.

DANNEIL, J.F.: Einige Bemerkungen über Körperbildung durch die Gymnastik. Beilage zum Programm des Gymnasiums Salzwedel. Salzwedel 1832, S. 33-40.

Das fröhliche Buch. Aus deutscher Dichter und Maler Kunst gesammelt von FERDINAND AVENARIUS. Hrsg. v. Kunstwart. München 1910.

Das Kind und die Schule. Ausdruck, Entwicklung, Bildung. Zur Sonderausstellung „Schule und Buchgewerbe" im Rahmen der Internationalen Ausstellung für Buchgewerbe und Graphik Leipzig 1914. Leipzig 1914.

DECROLY, O./BOON, G.: Vers l'école renovée. Bruxelles: Lebégue 1921.

DEITERS, H. (Hrsg.): Die Schule der Gemeinschaft. Leipzig o. J. (1925)

DEITERS, H.: Die deutsche Schulreform nach dem Weltkriege. Beiträge zu ihrer Analyse. Berlin 1935. (= Werdende Gegenwart, hrsg. v. R. KÄMMERER, Reihe A/B)
DE LAPRADE, V.: L'éducation homicide. Plaidoyer pour l'enfance. Paris: E. Dentu, Librairie Editeur 1867.
DE LAPRADE, V.: L'éducation libérale. L'hygiène, la morale, les études. Paris: Didier et Cie. 1873.
DEMAN, H.: La coéducation des sexes. In: Pour l'ère nouvelle I, no. 2 (avril 1922), S. 39-43.
DEMOLINS, E.: A quoi tient la supériorité des Anglo-Saxons? Paris: Firmin-Didot 1897.
DEMOLINS, E.: L'Education nouvelle. L'Ecole des Roches. Paris: Firmin-Didot 1901. (Erste Auflage 1898)
DE MONTMORENCY, J.E.G.: The Progress of Education in England: A Sketch of the Development of English Educational Organization from Early Times to the Year 1904. London: Knight&Co. La Belle Sauvage, Ludgate Hill, E.C. 1904.
Denkschrift der Schule des Wendekreises. In: Der Leib 1, 3 (April 1920), S. 114-116.
Der Deutsche Bund für Erziehung und Unterricht 1908-1915. Leipzig/Berlin 1917.
Der Kinder-Advokat. Von H.v.O., geb. v. St. Berlin 1866.
Der Leib. Blätter zur Erkenntnis wesentlichen Lebens aus der des Leibes. Hrsg.v. M. TEPP. 2. Jg., Heft 1 (Oktober 1920).
Der Pestalozzi der Deutschen. Hermann Lietz in Anekdoten, Briefstellen, Kernworten. Dem deutschen Volke ein Führer aus der Erniedrigung. Denk- und Dankschrift zum 28. April 1924. Als Manuskript gedruckt. (Veckenstedt 1924).
Der Rhythmus. Ein Jahrbuch. Herausgegeben von der Bildungsanstalt Jaques-Dalcroze Dresden Hellerau. I. Band. Jena 1911.
Der Säemann. Monatsschrift für pädagogische Reform. Herausgegeben von der Hamburger Vereinigung für die Pflege der künstlerischen Bildung. 1. Jahrgang (1905) 11. Jahrgang (1935).
Der Schulkampf in Österreich. In: Schulreform IV (1925), S. 262-268.
Der Schullehrer des neunzehnten Jahrhunderts oder Darstellung des gesamten Unterrichts, wie er von Stunde zu Stunde ertheilt werden soll. Zeitschrift für Väter und Lehrer. Bd. I-IV. Stuttgart 1832-1837.
Der suchende Lehrer Das schaffende Kind. Berichte und Anregungen. Leipzig: Verlag List&von Bressensdorf 1925.
DEWEY, J.: The Early Works, 1882-1898. Vol. 5: 1895-1898 Early Essays. Carbondale/ Edwardsville, London/Amsterdam: Southern Illinois University Press, Feffer & Simons 1972. (Zit. als „E.W." mit Bandangabe und Seitenzahl)
DEWEY, J.: The Middle Works, 1899-1924. Ed. by J.A. BOYDSTON. Vol 1: 1899-1901, intr. by J.R. BURNETT. Vol. 2: 1902-1903, intr. by S. HOOK. Vol. 3: 1903-1906, intr. by D. RUCKER. Vol. 6: 1910-1911, intr. by H. S. THAYER/V.T. THAYER. Vol. 8: 1915. Intr. by S. HOOK. Vol. 9: Democracy and Education. 1916. intr. by S. HOOK. Carbondale/Edwardsville, London/Amsterdam: Southern Illinois University Press, Feffer & Simons 1976, 1977, 1978, 1979 1980. (Zit. als „M.W." mit Bandangabe und Seitenzahl)
DEWEY, J.: Later Works, Vol. 4: 1929. The Quest for Certainty. Ed. by J.A. BOYDSTON; intr. by St. TOULMIN. Carbondale/Edwardsville: Southern Illinois University Press 1988. (Zit. als „L.W." mit Bandangabe und Seitenzahl)
DEWEY, J.: The Public and its Problems. New York: Henry Holt and Company 1927.
DEWEY, J.: Schule und öffentliches Leben. Übers. v. E. GURLITT; eingel. v. L. GURLITT. Berlin 1905. (amerik. Orig. 1899)
DEWEY, J.: Pädagogische Abhandlungen (1900-1944). Mit einer Einleitung neu hrsg. v. R. HORLACHER/J. OELKERS. Zürch: Verlag Pestalozzianum 2002.

DEWEY, J.: Wie wir denken. Mit einem Nachwort neu hrsg. v. R. HORLACHER/J. OELKERS. Zürich: Verlag Pestalozzianum 2003. (amerik. Orig.1910)

DEWEY, J.: Verhalten und menschliche Natur. Mit einem Nachwort neu hrsg. v. R. HORLACHER/J. OELKERS. Zürich: Verlag Pestalozzianum 2004. (amerik. Orig. 1922)

DEWEY, J./DEWEY, E.: Schools of To-Morrow. New York: E.P. Dutton 1915.

DEWEY, J./KILPATRICK, W.H.: Der Projekt-Plan. Grundlegung und Praxis. Übers. v. G. SCHULZ/E. WIESENTHAL. Weimar 1935. (= Pädagogik des Auslands, hrsg. v. P. PETERSEN, Bd. VI)

Die Arbeitsschule. Beiträge aus Theorie und Praxis. Arbeiten aus der Methodischen Abteilung des Leipziger Lehrervereins. Leipzig: Hahn 1909.

Die Hochschullehrer gegen die konfessionelle Schule. In: Der Säemann II (1906), S. 137/138.

Die Lichtwark-Schule. Idee und Gestalt. Hrsg. v. Arbeitskreis Lichtwarkschule Hamburg 1979.

Die neue deutsche Schule. In: Neues Dresdner Tageblatt No. 35 vom 5. Februar 1890, S. 1/2.

Die neue Erziehung. Jahrgang 1 (1919).

Die Reform. Pädagogische Vierteljahrsschrift Bd. X (1866).

Die Reichsschulkonferentz 1920. Ihre Vorgeschichte und Vorbereitung und ihre Verhandlungen. Amtlicher Bericht, erstattet vom Reichsministerium des Innern. Unveränderter Nachdruck der Ausgabe Leipzig 1921. Glashütten im Taunus: Verlag Detlev Auvermann KG 1972.

DIEDERICHS, E.: Neue Erziehung. In: Die Tat 11. Jg., H. 10 (Januar 1920), S. 772/773.

DIESTERWEG, F.A.W.: Die deutsche Nationalerziehung und das Prinzip germanischen Lebens. (1854) In: F.A.W. DIESTERWEG: Sämtliche Werke, hrsg. v. R. ALT u.a. I. Abteilung/Bd. XI. Hrsg. v. R. HOHENDORF. Berlin 1972, S.76-153.

DINKLER, R.: Der Begriff der Naturgemäßheit in den ersten Stadien seiner geschichtlichen Entwicklung, vornehmlich bei den Reformpädagogen des 16. und 17. Jahrhunderts. Diss. phil. Leipzig. Druck: Königsee (Thür.) 1897.

DITTES, F.: Methodik der Volksschule. Auf geschichtlicher Grundlage. 4., verb. Aufl. Leipzig/Wien 1878. (erste Aufl. 1874)

DÖPP-VORWALD, H.: Pädagogischer Realismus als Gegenwartsaufgabe. Weimar 1935. (= Forschungen und Werke zur Erziehungswissenschaft, hrsg. v. P. PETERSEN, Bd. 22)

DORNBLÜTH, F.: Die Schule der Gesundheit. Ärztliche Belehrungen für Familie und Haus, Krankheiten zu verhüten, zu erkennen und solche durch naturgemäße Lebens- und Behandlungsweise zu heben. Über Speise und Trank, deren Auswahl und Bereitung. Die Pflege und geistige Erziehung der Kinder, Wartung der Krankheiten etc. Mit zahlreichen in den Text gedruckten Abbildungen. Leipzig 1874.

DÖRPFELD, F.W.: Die freie Schulgemeinde und ihre Anstalten auf dem Boden der freien Kirche im freien Staate. Beiträge zur Theorie des Schulwesens. Gütersloh 1863.

Dortmunder Arbeitsschule. Ein Beitrag zur Reform des Volksschulunterrichts. Herausgegeben vom Kollegium der Augustaschule zu Dortmund. Mit Stoffplanentwurf, Lehrbeispielen und 66 Abbildungen. Leipzig/Berlin: B.G. Teubner 1911.

DOTTRENS, R.: L'éducation nouvelle en Autriche. Préface de P. BOVET. Neuchâtel/Paris: Editions Delachaux & Niestlé S.A. 1927. (= Collection d'actualités pédagogiques. Publiés sous les auspices de l'Institut J.J. Rousseau et de la Société Belge de Pédotechnie)

DU BOIS-REYMOND, E.: Culturgeschichte und Naturwissenschaft. In: Deutsche Rundschau Bd. XIII (October-November-December 1877), S. 214-250.

DYSERICK, A.G. (éd.): Mémoires sur l'Éducation morale. Présentés aux deuxième Congrès international d'éducation morale à La Haye 22-27 Août 1912. La Haye : Maritinus Nijhoff 1912.

EBERHARD, O.: Welterziehungsbewegung. Kräfte und Gegenkräfte in der Völkerpädagogik. Berlin o.J. (1930).
EBERMAIER: Bemerkungen über den Einfluss der jetzigen Gymnasialbildung auf den Gesundheitszustand. In: Medicinische Zeitung, hrsg. v. d. Verein für Heilkunde in Preußen V. Jg., No. 21 (25. Mai 1836), S. 101-104.
ECKHARDT, T.: Die Arbeit als Erziehungsmittel. Wien 1875.
EHRENTREICH, A.: Pädagogische Odyssee. Im Wandel der Erziehungsformen. Weinheim/Ratingen 1967.
EMERSON, R.W.: Nature. In: The Works of Ralph Waldo Emerson: Nature, Adresses, and Lectures. Representative Men. Boston/New York: The Jefferson Press 1883, S. 7-80.
ENGEL, E. (Hrsg.): Die Gemeinschaftsschulen (Hamburg und Berlin). Ein Bild aus der Gegenwartspädagogik. Prag/Leipzig/Wien 1922. (= Versuchsschulen und Schulversuche, Heft 1)
ENGELBERT, F.: Die Selbstverwaltung der Schüler. Erstrebtes und Erreichtes. Berlin-Schöneberg 1914. (= Beilage zum Jahrestag des Werner Siemens-Realgymnasiums zu Berlin-Schöneberg. Ostern 1914)
ENGELMANN, S.: Die Erziehung des Mädchens. Leipzig 1929.
ENSOR, B.: Neue Erziehung in Amerika. In: Das werdende Zeitalter V (1926).
ENSOR, B.: The Outlook Tower. In: The New Era vol. 10, no. 40 (October 1929), S. 197-204.
ENSOR, B.: The New Education Towards a New Social Order. In: Hommage au Dr. Decroly. Saint-Nicolas-W.: Les usines réunies Scheerders-Van Kerchove (1932), S. 223-227.
ERNST, O.: Flachsmann als Erzieher. Eine Komödie in drei Aufzügen. Leipzig 1901.
ERNST, O.: Des Kindes Freiheit und Freude. Leipzig 1907.
ERNST, O.: Semper der Jüngling. Ein Bildungsroman. Leipzig 1908.
ERNST, O.: Nietzsche der falsche Prophet. Leipzig 1914.
ERNST, O.: Der wildgewordene Pädagoge. Leipzig-Gaschwitz 1920.
Erster Deutscher Kongress für Jugendbildung u. Jugendkunde zu Dresden am 6., 7. und 8. Oktober 1911. Erster Teil: Die Arbeitsschule. Vorträge und Verhandlungen am Freitag, dem 6. Okt. 1911. Dresden 1912.
ESCHENMAYR, C.A.: Psychologie. Hrsg. v. P. KRUMME. Frankfurt/Berlin/Wien 1982. (Orig. 1817)
EUCKEN, R.: Der Kampf um einen geistigen Lebensinhalt. Neue Grundlegung einer Weltanschauung. 2., neugest. Aufl. Leipzig 1907. (erste Aufl. 1895)
EUCKEN, R.: Zur Sammlung der Geister. Leipzig 1914.
EUCKEN, R.: Erkennen und Leben. Berlin/Leipzig 1923. (erste Ausg. 1912)
EULER, C.: Geschichte der Methodik des Turnunterrichts. Gotha 1891. (= Geschichte der Methodik des Volksschulunterrichts, hrsg. v. C. KEHR, Band V)
FADRUS, V.: La réforme scolaire en Autriche. Regards en arrière et regards en avant. In: Annuaire de l'instruction publique en Suisse XV (1924), S. 201-212.
FADRUS, V.: Die Neugestaltung der Volksschule. In: Zeitschrift für Schulreform 5 (1926), S. 112-132.
FADRUS, V.: Austria. In: I.L. KANDEL (Ed.): Educational Yearbook 1926 of the International Institute of Teachers College Columbia University. New York: Columbia University Press 1926a, S. 1-44.
FAHRNER, H. K.: Das Kind und der Schultisch: die schlechte Haltung der Kinder beim Schreiben und ihre Folgen, sowie die Mittel, derselben in Schule und Haus abzuhelfen. Zürich: Schulthess 1865.
FALK, F.: Die sanitätspolizeiliche Überwachung höherer und niederer Schulen und ihre Aufgaben. Leipzig: Veit & Comp. 1868.

FALK, J.: Von dem Einen, was unsern Gymnasien und Volksschulen in ihrem jetzigen Zustande noth thut. Nebst einem Sendschreiben an Professor Lindner in Leipzig. Leipzig 1821.

FERBER, G.: Berthold Ottos Pädagogisches Wollen und Wirken. Anhang: B. Ottos Entwicklungsgang. Langensalza 1925. (= Erziehungswissenschaftliche Arbeiten, hrsg. v. G. DEUCHLER, Heft 2 (Pädagogisches Magazin, Heft 102))

FERRIÈRE, A.: L'éducation nouvelle: Le bilan de 1904. In: Journal de Genève 1er janvier (1905).

FERRIÈRE, A.: Une école nouvelle en 1820. In: La Semaine Littéraire (Genève) quinzième année, no. 700/701 (1907), S. 262-264, 267-269.

FERRIÈRE, A.: Les écoles nouvelles – L'Angleterre et l'Allemagne. In: Revue Illustrée (Paris) vingt-sixième année No. 18 (25 septembre 1911), S. 611-631.

FERRIÈRE, A.: Biogenetik und Arbeitsschule. Ein Programm zur Ausgestaltung der Volksschule. Langensalza 1912. (= Beiträge zur Kinderforschung und Heilerziehung, hrsg. v. J. TRÜPER, Heft 101)

FERRIÈRE, A.: Das Landeserziehungsheim als Versuchsstätte der neuen Erziehungsrichtung. In: Wissen und Leben VII (1914), S. 622-627, 687-704, 734-746.

FERRIÈRE, A.: L'activité spontanée chez l'enfant. Genève: Editions internationales populaires 1922.

FERRIÈRE, A.: La coéducation des sexes dans ses rapports avec la crise de la famille et la transformation de l'école. In: L'Education en Suisse. Annuaire des Ecoles, Universités, Pensionats etc. 16me Année 1927/1928, S. 5-68.

FERRIÈRE, A.: Trois pionniers de l'Education Nouvelle. Lietz, Lombardo-Radice, Bakulé. Paris: Flammarion 1928.

FERRIÈRE, A.: La pratique de l'école active. Expériences et directives. Genève: Editions Forum 1929.

FERRIÈRE, A.: L'école active. Quatrième édition revue et réduite à une volume. Genève: Editions Forum 1930. (Erste Aufl. 1922)

FIALKOWSKI, R.: Analyse des Zeichnens nach der Anschauung. Wien 1856.

FICK, A.: Betrachtungen über die Gymnasialbildung. In: Pädagogisches Archiv Bd. XVIII (1876), S. 449-466.

FICKER, P.: Didaktik der Neuen Schule. Eine Gesamtdarstellung arbeitsunterrichtlicher Technik. 2./3. Aufl. Osterwieck/Leipzig 1932.

FINKELNBURG, C.: Einfluss der heutigen Unterrichtsgrundsätze in den Schulen auf die Gesundheit des heranwachsenden Geschlechts. In: Deutsche Vierteljahrsschrift für öffentliche Gesundheitspflege X (1878), S. 23-50.

FISCHER, A.: Arbeit und Lernen. Psychologische Betrachtungen zur heutigen Schulreformbewegung. In: Zweites Jahrbuch der Pädagogischen Zentrale des Deutschen Lehrervereins 1912: Das Arbeitsprinzip im naturwissenschaftlichen Unterricht. Leipzig/Berlin 1912, S. 1-61.

FISCHER, A.: Der Einheitsgedanke der Schulorganisation. Jena 1914.

FISCHER, A.: Zwang, Freiwilligkeit und Selbstbestimmung als Erziehungsmächte. In: Schriften der Zentralstelle für Volkswohlfahrt Bd. 13 (1917), S. 14-47.

FISCHER, A.: Psychologie der Arbeit. In: Die Arbeitsschule XXXIX (1925), S. 1-15, 65-76.

FISCHER, A.: Arbeits- und Erlebnispädagogik. In: Sächsische Schulzeitung LXXXXIII (1926), S. 351ff., 383ff.

FISCHER, I.: Das erste Jahr der natürlichen Schule. Potsdam 1907.

FISCHL, H.: Katastrophe oder Krisis? (Die Frage der Einheitsschule im Lichte der Statistik.) In: Volkserziehung. Nachrichten des österreichischen Unterrichtsamtes. Pädagogischer Teil. Jahrgang 1921. Wien 1922, S. 15-32.

FISCHL, H.: Entweder – Oder! Eine Auseinandersetzung mit den geläufigsten Einwänden gegen die „Leitsätze für den allgemeinen Aufbau der Schule." In: Volkserziehung. Nachrichten des österreichischen Unterrichtsamtes. Pädagogischer Teil. Jahrgang 1921. Wien 1922a, S. 558-576.

FISCHL, H.: Wesen und Werden der Schulreform in Österreich. Wien/Leipzig 1929. (= Lehrerbücherei, hrsg. v. V. FADRUS/E. BURGER, Bd. 78)

FLINZER, F.: Einige Worte über den jetzigen Zeichenunterricht und die Nothwendigkeit einer Bildungsanstalt für Zeichenlehrer. Vortrag, bei Gelegenheit der 12. allgemeinen sächsischen Lehrerversammlung. Chemnitz 1864.

FLITNER, W.: Die Reformpädagogik und ihre internationale Beziehung. In: Internationale Zeitschrift für Erziehungswissenschaft I, 1 (1931), S. 39-56.

FLITNER, W.: Die drei Phasen der pädagogischen Reformbewegung. (1928) In: W. FLITNER: Theorie des pädagogischen Weges. 8. Aufl. Weinheim/Berlin 1968, S. 71-82.

FLITNER, W./KUDRITZKI, G. (Hrsg.): Die Deutsche Reformpädagogik. Bd. 1: Die Pioniere der pädagogischen Bewegung. 2. Aufl. Düsseldorf/München 1967. Bd. II: Ausbau und Selbstkritik. Düsseldorf/München 1962. (Neuausgabe: 1995)

Florian: Wickersdorf und Wyneken. In: Die Weltbühne 24 (1928), S. 438-444.

FOERSTER, F. W.: Schule und Charakter. Beiträge zur Pädagogik des Gehorsams und zur Reform der Schuldisziplin. 4. Aufl. Zürich 1908. (Erste Aufl. 1907)

FOERSTER, F.W.: Christentum und Klassenkampf. Sozialethische und sozialpädagogische Betrachtungen. Zürich 1908a.

FREI, W.: Landerziehungsheime. Darstellung und Kritik einer modernen Reformschule. Leipzig 1902.

FREINET, C.: L'Education du Travail. Cinquième édition. Paris: Délachaux et Niestlé 1978. (erste Ausg. 1946)

FREYER, H.: Revolution von rechts. Jena 1931.

FRÖBEL, F.: Das kleine Kind, oder die Bedeutsamkeit des allerersten Kinderthuns. In: F. FRÖBEL: Gesammelte pädagogische Schriften. Hrsg. v. W. LANGE. Erste Abteilung/ Bd. II: Ideen Friedrich Fröbels über die Menschenerziehung und Aufsätze verschiedenen Inhalts. Neudruck der Ausgabe 1863. Osnabrück 1966, S. 384-396.

GAGGELL, G.: Die Selbstregierung der Schüler. M.e. Geleitw. v. A. FISCHER. München 1920.

GANSBERG, F.: Streifzüge durch die Welt der Großstadtkinder. Leipzig 1905.

GANSBERG, F.: „Glückliche Kindheit." Vortrag im Bremer Elternbund am 11. Mai 1906. Auszugsweise abgedruckt. In: Bremer Nachrichten Nr. 130 vom 13. Mai 1906, S. 5.

GANSBERG, F.: Auf dem Weg zur weltlichen Schule. In: Der Säemann II (1906a), S. 155-164.

GANSBERG, F.: Menschen, seid menschlich. Rousseau-Worte im Auftrage des großen Erziehers herausgegeben. Leipzig (1906b).

GANSBERG, F. (Hrsg.): Religionsunterricht? Achtzig Gutachten. Ergebnis einer von der Vereinigung für Schulreform in Bremen veranstalteten allgemeinen deutschen Umfrage. Leipzig: R. Voigtländer Verlag 1906c.

GANSBERG, F.: Produktive Arbeit. Beiträge zur neuen Pädagogik. Leipzig 1909.

GANSBERG, F.: Demokratische Pädagogik. Ein Weckruf zur Selbstbetätigung im Unterricht. Leipzig 1911.

GANSBERG, F.: Methodik und Systematik des sittlichen Unterrichts. Vollständigkeit und Ordnung des Stoffes. In: R. PENZIG (Hrsg.): Die Harmonie zwischen Religions- und Moralunterricht. Vorträge auf der „Konferenz über sittliche Willensbildung in der Schule," gehalten am 29., 30. September und 1. Oktober 1912 in Berlin. Berlin 1912, S. 146-152.

GANSBERG, F.: Grundlinien der Schulorganisation im neuen Volksstaate. Ein Vortrag vor der Bremischen Lehrerschaft im März 1919 gehalten. Berlin-Fichtenau 1920.

GANSBERG, F.: Schaffensfreude. Anregungen zur Belebung des Unterrichts. 5. Aufl. Leipzig/Berlin 1921. (Erste Aufl. 1902)
GAST, Dr.: Ärztliche Beiträge zur Reform des Volksschulwesens in Sachsen, mit specieller Berücksichtigung der Dresdner Schulen. Leipzig 1863.
GAUDIG, H.: Die Erziehung zur Selbsttätigkeit. In: 30. Bericht über die Höhere Schule für Mädchen und das Lehrerinnenseminar zu Leipzig. Leipzig 1902, S. 3-26.
GAUDIG, H.: Die Arbeitsschule als Reformschule. In: Zeitschrift für pädagogische Psychologie und experimentelle Pädagogik 12 (1911), S. 545-553.
GAUDIG, H.: Der Handfertigkeitsunterricht und die Reform der deutschen Schule. In: Die Arbeitsschule 26 (1912), S. 3-7.
GAUDIG, H.: Didaktische Ketzereien. 3. Aufl. Leipzig/Berlin 1915. (erste Auflage 1904)
GAUDIG, H.: Schulreform? Gedanken zur Reform des Reformierens. Leipzig 1920.
GAUDIG, H.: Die Schule im Dienste der werdenden Persönlichkeit. 2 Bände. 2. Aufl. Leipzig 1922. (Erste Aufl. 1917)
GAUDIG, H.: Die Idee der Persönlichkeit und ihre Bedeutung für die Pädagogik. Leipzig 1923.
GAUDIG, H.: Schule und Schulleben. Leipzig 1923a.
GAUDIG, H. (Hrsg.): Freie Geistige Schularbeit in Theorie und Praxis. Im Auftrage des Zentralinstituts für Erziehung und Unterricht herausgegeben. 3. Aufl. Breslau 1924.
GEBHARD, J.: Der Sinn der Schule. Göttingen 1923. (= Göttinger Studien zur Pädagogik, hrsg. v. H. NOHL, Heft 1)
GEBHARD, J.: Die Schule am Dulsberg. Das Werden einer neuen Hamburger Volksschule. Jena 1927. (= Zeitwende. Schriften zum Aufbau neuer Erziehung)
GEBHARD, J.: Alfred Lichtwark und die Kunsterziehungsbewegung in Hamburg, Hamburg 1947.
GEHEEB, P.: Die Zukunft des Landerziehungsheimes. In: Blätter für Volkskultur 31 (1911-12), S. 371-377.
GEHEEB, P.: Koedukation als Lebensanschauung. In: Die Tat 5 (1913/1914), S. 1238-1249.
GEHEEB, P.: The Odenwaldschule – after Twenty Years. In: The New Era (December 1930), S. 187-190.
GEHEEB, P.: Ein Dank. In: Neue Zürcher Zeitung Nr. 1204 v. 7. Juli 1946, S.4.
GEHEEB, P.: Koedukation als Lebensanschauung. (1913) In: Erziehung zur Humanität. Paul Geheeb zum 90. Geburtstag. Heidelberg 1960, S. 116-127.
GLAGAU, O.: Der Bankrott des Nationalliberalismus und die „Reaktion." 8. Aufl. Berlin 1878.
GLAGAU, O.: Des Reiches Noth und der neue Culturkampf. Leipzig 1879.
GLÄSER, J. (Hrsg.): Vom Kinde aus. Arbeiten des Pädagogischen Ausschusses der Gesellschaft der Freunde des vaterländischen Schul- und Erziehungswesens zu Hamburg. Hamburg/Braunschweig 1920.
GLÄSS, Th.: Die Entstehung der Hamburger Gemeinschaftsschulen und die pädagogische Aufgabe der Gegenwart. Diss.phil. Giessen 1932.
GLÄSS, Th. (Hrsg.): „Pädagogik vom Kinde aus." Aufsätze Hamburger Lehrer. Weinheim/Bergstr. 1961. (= Kleine Pädagogische Texte, hrsg. V. E. BLOCHMANN u.a., Heft 26)
GLÖCKEL, O.: Drillschule, Lernschule, Arbeitsschule. Wien 1928.
GLÖCKEL, O.: Selbstbiographie. Sein Lebenswerk: Die Wiener Schulreform. Hrsg. v. J.H. Zürich 1939.
GÖBELBECKER, L.F.: Unterrichtspraxis im Sinne naturgemäßer Reformbestrebungen. Band I/II. Leipzig: Nemnich 1904.
GOLDBECK, E.: Normale Kinderängste. In: Die Neue Erziehung VII (1925), S. 734-752.

GOLTZ, B.: Die Bildung und die Gebildeten. Eine Beleuchtung der modernen Zustände. Bd.I/II. 2. Aufl. Berlin: Otto Janke 1867. (erste Aufl. 1864)

GOLTZ, B.: Die Weltklugheit und die Lebens-Weisheit mit ihren correspondirenden Studien. Band I/II. Berlin: Otto Janke 1869.

GOLTZ, B.: Buch der Kindheit. Hrsg. v. K. MUTHESIUS. Langensalza 1908. (= Bibliothek pädagogischer Klassiker, Bd. 43) (Erstausg. 1847)

GÖRING, H.: Johann Bernhard Basedow. Ein Lebensbild. In: J.B. BASEDOW: Ausgewählte Schriften. Mit Basedow's Biographie, Einleitungen und Anmerkungen hrsg. v. H. GÖRING. Langensalza 1880, S. I-CXII. (= H. Beyer's Bibliothek pädagogischer Classiker, hrsg. v. F. MANN)

GÖRING, H.:W. Preyer's Auftreten für Abschaffung des Gymnasialmonopols. In: Deutsche Blätter für erziehenden Unterricht XIV, No. 46 (1887), S. 365-368.

GÖRING, H.: Die neue deutsche Schule. Ein Weg zur Verwirklichung vaterländischer Erziehung. Leipzig 1890.

GÖRRES, J.: Rheinischer Merkur. Hrsg. v. A. DUCH. München 1921. (= Der deutsche Staatsgedanke, begr. v. A. DUCH, Erste Reihe: Führer und Denker, Bd. XI/I)

GÖTZE, C.: Zeichnen. In: Versuche und Ergebnisse der Lehrervereinigung für die Pflege der künstlerischen Bildung in Hamburg. 3. Aufl. Hamburg 1902, S. 25-36.

GÖTZE, C.: Die Pädagogik der Tat. In: Pädagogische Reform 1, 2 (April-Juni 1904), S. 1-17.

GÖTZE, E.: Die Volkspoesie und das Kind. In: Jahrbuch des Vereins für wissenschaftliche Pädagogik 4 (1872), S. 172-285.

GRAEBER, C.: Ideal-Schulgärten im XX. Jahrhundert. Frankfurt/Oder 1907.

GRADAUS, E.: Zur Reform der Volksschule. Offene Briefe an Herrn Seminardirektor Dr. Curtmann zu Friedberg. Darmstadt 1852.

GRAF, A.: Schülerjahre. Erlebnisse und Urteile namhafter Zeitgenossen. Berlin-Schöneberg 1912.

GRAFF, E.G.: Die für die Einführung eines erziehenden Unterrichts nothwendige Umwandlung der Schulen: . Leipzig 1818.

GRÄFE, H.: Allgemeine Pädagogik in drei Büchern. Bd. 1/2. Leipzig 1845.

GRÄFE, H.: Die deutsche Volksschule nach der Gesammtheit ihrer Verhältnisse. 2 Bände. Leipzig 1847.

GRAMZOW, O.: Friedrich Nietzsches Herrenmoral. In: Die Deutsche Schule V(1901), S. 721-760.

GRAZZA, K.: Aus dem Tagebuch eines Volksschullehrers. Studien zur Pädagogik der Grossstadt. In: Freie Bühne für den Entwickelungskampf der Zeit III (1892), S. 313-320, 417-422.

GRIMME, A. (Hrsg.): Wesen und Wege der Schulreform. Berlin 1930.

GROHMANN, J. CHR. A.: Ideen zu einer Geschichte der Entwicklung des kindlichen Alters. Elberfeld 1824.

GROSS, O.: Zur Überwindung der kulturellen Krise. In: Die Aktion. Bd. 3. 1913, S. 384-387.

GRUBE, A.W.: Der Elementar- und Volksschulunterricht im Zusammenhange dargestellt zur Lösung der Frage: „Wie ist der Volksschulunterricht von seiner abstrakten Richtung zu erlösen und für die Gemüthsbildung fruchtbar zu machen?“ Für die Lehrer, Freunde und Regenten der Volksschule. Erfurt/Leipzig 1851.

GRUBE, A.W.: Studien und Kritiken für Pädagogen und Theologen. Neue Reihe. Leipzig: Friedr. Brandstetter 1871.

GRUNDER, F.: Le mouvement des écoles nouvelles en Angleterre et en France. Etude historique et critique. Thèse pour le doctorat d'Université (lettres). Présentée à la Faculté des Lettres de l'Université de Paris. Paris: Emile Larose, Libraire-Editeur 1910.

GUDENBERG, V.: Inselstaat. Zur Kritik der Schulgemeinde. In: Die Tat (1928/ 29), S. 144-149.

GUEX, F. : Histoire de l'instruction et de l'éducation. Lausanne: Payot: 1906.

GUILLAUME, L.: Hygiène Scolaire. Considérations sur l'état hygiénique des écoles publiques présentées aux autorités scolaires, aux instituteurs et aux parents. Genève/ Paris: L. Cherbuliez 1864. (deutsche Übersetzung 1865)

GURLITT, L.: Der Deutsche und sein Vaterland. Politisch-pädagogische Betrachtungen eines Modernen. 8. Aufl. Berlin 1903. (Erste Aufl. 1902)

GURLITT, L.: Der Deutsche und seine Schule. Erinnerungen, Beobachtungen und Wünsche eines Lehrers. Berlin 1905.

GURLITT, L.: Erziehung zur Mannhaftigkeit. 2. Aufl. Berlin 1906.

GURLITT, L.: Die Schule. Frankfurt/M. 1907. (= Die Gesellschaft, hrsg. v. M. BUBER, Bd. 16)

GURLITT, L. (Hrsg.): Pestalozzi. Eine Auswahl aus seinen Schriften. Stuttgart o.J. (1907a) (= Bücher der Weisheit und Schönheit, hrsg. v. J.E. FREIHERR VON GROTTHUSS)

GURLITT, L.: Paulsen. In: Die Zukunft 16. Jahrgang, Band 64. Berlin 1908, S. 404-412.

GURLITT, L.: Erziehungslehre. Berlin 1909.

Gutachten der königlich-preußischen Wissenschaftlichen Deputation für das Medicinalwesen betreffend die Überbürdung der Schüler. In: Centralblatt für die gesamte Unterrichts-Verwaltung in Preußen. Berlin 1883.

Gutachten der Special-Commission für Schulgesundheitspflege und Bericht über den gegenwärtigen Stand der Schulbankfrage in Basel. Erstattet von H. HIS, Präsident der Specialcommission für Schulgesundheitspflege. Basel 1871.

GUTZKOW, K.: Briefe aus Paris. Erster und zweiter Theil. Leipzig: F.A. Brockhaus 1842.

HAECKEL, E.: Die heutige Entwickelungslehre im Verhältnisse zur Gesamtwissenschaft. Vortrag in der ersten öffentlichen Sitzung der fünfzigsten Versammlung Deutscher Naturforscher und Ärzte zu München am 18. September 1877. Zweiter unveränderter Abdruck. Stuttgart 1877.

HAECKEL, E.: Zellseelen und Seelenzellen. In: Deutsche Rundschau Bd. XVI (Juli-August-September 1878), S. 40-59.

HAECKEL, E.: Freie Wissenschaft und freie Lehre. Eine Entgegnung auf Rudolf Virchow's Münchner Rede über „Die Freiheit der Wissenschaft im modernen Staat." Mit einer Einleitung von Dr. H. SCHMIDT: „Haeckel, Virchow und Reinke." Leipzig 1908.

HALL, G.St.: Children's Lies. In: American Journal of Psychology, vol. 2 (January 1890), S. 59-70.

HALL, G. St.: Child Study: The Basis of Exact Education. In: Forum (December 1893), S. 429-441.

HALL, G.St.: Ausgewählte Beiträge zur Kinderpsychologie und Pädagogik. Autorisierte Übers. v. J. STIMPFL. Altenburg 1902. (= Internationale Bibliothek für Pädagogik und deren Hilfswissenschaften, hrsg. v. Ch. UFER, Bd. IV)

HALL, G.St.: Adolescence. Its Psychology and its Relations to Physiology, Anthropology, Sociology, Sex, Crime, Religion and Education. Vol. I/II. New York: D. Appleton and Company 1904. (repr. 1969)

HALLMEYER, A.: Freideutsche Jugend. In: Münchner Neueste Nachrichten (Vorabend-Blatt) Nr. 551 v. 28. Oktober 1913, S. 2.

HANEWALD, R./HEDICKE, F. (Hrsg.): Wachstum und Unterricht. Beiträge zu einer Pädagogik von Innen. Berlin-Lichterfelde 1930. (= Wachstum und Unterricht, Heft 1/1930)

HANSCHMANN, B.: Die Handarbeit in der Knabenschule. Kassel 1876.

HART, H./HART, J./LANDAUER, G./HOLLÄNDER, F.: Die neue Gemeinschaft, ein Orden vom wahren Leben. Vorträge und Ansprachen, gehalten bei den Weihefesten, den Versammlungen und Liebesmahlen der Neuen Gemeinschaft. Leipzig 1901. (= Das Reich der Erfüllung, Heft 2)

HARTLAUB, G. F.: Der Genius im Kinde. Ein Versuch über die zeichnerische Anlage des Kindes. 2, stark umgearb. u. erw. Aufl. Breslau 1930. (erste Aufl. 1922)

HARTNACKE, W.: Naturgrenzen geistiger Bildung. Inflation der Bildung – Schwindendes Führertum – Herrschaft der Urteilslosen. Leipzig 1930.

HARTWIG, P.H.: Kinderland. Illustriert v. F. GÖTZ. Berlin/Leipzig/Wien: Buchverlag fürs Deutsche Haus 1908.

HASSE, P.: Die Überbürdung unserer Jugend auf den Höheren Lehranstalten im Zusammenhange mit der Entstehung von Geistesstörungen. Vortrag, gehalten auf der Versammlung der Deutschen Irrenärzte zu Eisenach am 3. und 4. August 1880. Braunschweig 1880.

HAUFE, E.: Die natürliche Erziehung. Grundzüge eines objectiven Systems. Meran 1889.

HAUFE, E.: Aus dem Leben eines freien Pädagogen. Leipzig 1894.

HAUFE, E. : Die Erziehung zur Arbeitstüchtigkeit, eine Hauptforderung an die moderne Schule. Znaim: Fournier&Haberler 1896.

HAUFE, E.: Das Evangelium der natürlichen Erziehung. Leipzig 1904.

HAUSCHILD, E.J.: Die leibliche Pflege der Kinder zu Hause und in der Schule. Gemeinfasslich dargestellt und mit 40 Abbildungen erläutert. Leipzig 1858.

HAVENSTEIN, M.: Nietzsche als Erzieher. Berlin 1922.

HELM, F.E.: Geschichte der Methodik des naturgeschichtlichen Unterrichtes in der Volksschule. In: Geschichte der Methodik des Unterrichts in den Realien. Bearbeitet von C. DIERCKE u.a. Gotha 1888, S. 133-174.

HENNIG, G.A.: Die ästhetische Bildung in der Volksschule. Ein Beitrag zur Schul-Erziehung. Leipzig 1874.

HENNIG, R.: Die Entwicklung des Naturgefühls. Das Wesen der Inspiration. Leipzig 1912. (= Schriften der Gesellschaft für psychologische Forschung, Heft 17)

HENNINGSEN, N.: Wegweiser zur neuen Schule. In: Neue Hamburger Zeitung Nr. 228 (Abendausgabe) vom 19. Mai 1921.

HEPP, J.: Die Selbstregierung der Schüler. Erfahrungen mit F.W. Försters Vorschlägen für eine vertiefte Charakterbildung in der Schule. Zürich: Schulthess&Co. 1911.

HERGET, A.: Die wichtigsten Strömungen im pädagogischen Leben der Gegenwart. Bd. I: Kunsterziehung. Arbeitsschule. Staatsbürgerliche Erziehung. Moralpädagogik. Prag/Wien/Leipzig: Schulwissenschaftlicher Verlag Althaase 1917. Bd. II: Die experimentelle Pädagogik mit besonderer Rücksicht auf die Begabungsforschung. Die Sozialpädagogik. Die Individualpädagogik. Die Persönlichkeitspädagogik. Die Nationalschule – Einheitsschule. Die natürliche Erziehung. 3., erw. Aufl. Leipzig/Prag Annahof/Wien: Schulwissenschaftlicher Verlag Althaase 1920. (erste Aufl. 1914)

HERMANN, B.F.J. VON: Über die Einführung des Studiums der Technologie, oder, Über die Lehre von Handwerken, Künsten, Manufakturen und Fabriken. Wien: In der Bernardischen Buchhandlung, 1781.

HERTEL, F. : Formen als Prinzip des Anschauungsunterrichts an der 3. Bürgerschule zu Zwickau während der Schuljahre 1907-10. In: Pädagogisches Jahrbuch 1911. Herausgegeben von der Pädagogischen Zentrale des Deutschen Lehrervereins. Leipzig/ Berlin: Julius Klinkhardt 1911, S. 221-227.

HESSEN, S.: Die Methode der Maria Montessori und ihr Schicksal. Ein Beitrag zur Pädagogik des Vorschulalters. Halle 1936. (= Pädagogik in Geschichte, Theorie und Praxis, hrsg. v. K. GRUBE, Bd. IV)

HEUSINGER, J. H. G.: Die Familie Werthheim. Eine theoretisch-praktische Anleitung zu einer regelmäßigen Erziehung der Kinder; vorzüglich von dem sechsten bis in das

vierzehnte Jahr. Für Eltern und Erzieher. Zweiter Theil. Neue unveränderte Auflage. Gotha 1800.
HILKER, F.: Der Bildungsgedanke im neuen Russland. In: Die Neue Erziehung Jg. 1922, S. 186-191.
HILKER, F. (Hrsg.): Kunst und Schule. (Entschiedene Schulreform IV) Wege und Ziele schöpferischer Gestaltung, festgelegt auf der Kunsttagung des Bundes entschiedener Schulreformer in Lankwitz. Berlin 1922a. (= Die Lebensschule, hrsg. v. F. HILKER, Bd. 10)
HILKER, F. (Hrsg.): Deutsche Schulversuche. Berlin 1924.
HILLEBRAND, K.: Zwölf Briefe eines ästhetischen Ketzers. Berlin 1874.
HIRTH, G.: Die Leibesübungen deutscher Jugend. Leipzig 1877.
HIRTH, G.: Ideen über Zeichenunterricht und künstlerische Berufsbildung. 4. Aufl. München/Leipzig 1894. (Erste Aufl. 1887)
HITLER, A.: Mein Kampf. Zwei Bände in einem Band. 11. Aufl. München 1942. (Erstaufl. 1925/1927)
HOFMANNSTHAL, H. v.: Reden und Aufsätze I. 1891-1913. Hrsg. v. B. SCHOELLER. Frankfurt 1979.
HOFMANN-OEDENKOVEN, I.: Monte Verità – Wahrheit ohne Dichtung. Lorch Württemberg 1906.
HOLMES, W.H.: School Organization and the Individual Child. Worcester/ Mass.: The David Press 1912.
HOLTSCH, H.: Bewegungen der Gegenwart auf pädagogischem Gebiet. In: Deutsche Blätter für erziehenden Unterricht XVI, No. 1-7 (1889), S. 1-3,13-16, 21-24, 29-33, 37-40, 45-48, 53-56.
Hommage au Dr. Decroly. Ed. par le Comité organisateur de la Manifestation Decroly. Edition numérotée. Saint-Nicolas-W.: Les usines réunies Scheerders – Van Kerchove (1932).
HONIGSHEIM, P.: Kulturkrise, Gesellschaftskrise und Lehrerschaft. In: Die neue Erziehung Heft 10 (Oktober 1925), S. 715-717.
HÖRDT, Ph.: Grundformen volkhafter Bildung. 3. Aufl. Frankfurt/M. 1933.
HÖRDT, Ph.: Der Durchbruch der Volkheit und die Schule. 4. Aufl. Leipzig 1933a.
HOSAEUS, A.: Die Überbürdung der Jugend mit Schularbeiten. In: Deutsche Vierteljahrsschrift für öffentliche Gesundheitspflege XIII (1881), S. 533-542.
Household Storys from the Collection of the Bros. Grimm. Transl. by L. CRANE; illustr. by W. CRANE. New York: Dover Publ. 1963. (erste engl. Ausg. 1886)
HUEPPE, F.: Über Unterricht und Erziehung vom sozial-hygienischen und sozial-anthropologischen Standpunkte. In: Zeitschrift für Socialwissenschaft VIII (1905), S. 490-549.
HUNDT, W.: Bei Heinrich Vogeler in Worpswede. Erinnerungen. Mit einem Nachwort von B. STENZIG. Worpswede 1981.
HYLLA, E.: Die Schule der Demokratie. Ein Aufriss des Bildungswesens der Vereinigten Staaten. Langensalza/Berlin/Leipzig 1928.
JACUSIEL, DR.: Die deutsche Schule der Zukunft. Gedanken und Vorschläge zu einer gründlichen Umgestaltung unseres Schulwesens. Berlin 1886.
JÄGER, E. V.: Schrift-Scalen. 3. Aufl. Wien 1860.
JÄGER, O.H.: Die Emancipation der Schüler eine Forderung der Zeit. Ein Wort an Eltern und Lehrer. Stuttgart 1864.
JAHN, F.L.: Deutsches Volksthum. Lübeck 1810.
JAHN, F.L.: Werke. Neu herausgegeben, mit einer Einleitung und mit erläuternden Anmerkungen versehen von C. EULER. 2 Bände. Hof 1884, 1887.
JAHN, F.L./EISELEN, E.: Die Deutsche Turnkunst zur Errichtung der Turnplätze. Berlin 1816.

JÄNICKE, E.: Geschichte der Methodik des Rechenunterrichts. In: Geschichte des Unterrichts in den mathematischen Lehrfächern in der Volksschule. Bearbeitet von E. JÄNICKE/G. SCHURIG. Gotha 1888, S. 1-180.

JANNASCH, L.: Thesen zur Ausgestaltung der Schulgemeinde. In: R. PENZIG (Hrsg.): Die Harmonie zwischen Religions- und Moralunterricht. Vorträge aus der „Konferenz über sittliche Willensbildung in der Schule," gehalten am 29., 30. September und 1. Oktober 1912 in Berlin. Berlin 1912, S. 212-214.

JANNASCH, L.: Das Liebeswerk der Quäker. Frankfurt/M. 1920.

JANNASCH, L. (Hrsg.): Untaten des preussisch-deutschen Militarismus im besetzten Frankreich und Belgien. Wiesbaden 1924.

JENSEN, A./LAMSZUS, W.: Unser Schulaufsatz ein verkappter Schundliterat. Hamburg 1911.

JOCHMANN, C.G.: Die unzeitige Wahrheit. Aphorismen, Glossen und der Essay „Über die Öffentlichkeit." Hrsg. v. E. HAUFE. Berlin (West) 1981. Urspr.: CARL GUSTAV JOCHMANN's Reliquien. Aus seinen nachgelassenen Papieren. Hrsg. v. HEINRICH ZSCHOKKE. Bd. 1-3. Hechingen 1836-1838.

JÖDE, F.: Und eins war Not. In: Die Wende 1. Blatt (November 1918), S. 7-10.

JÖDE, F.: Die Dinge. In: Die Wende 1. Blatt (November 1918a), S. 28.

JÖDE, F.: Lehrergemeinschaften und Gemeinschaftsleben in der Schule. In: Pädagogische Reform Nr. 9 v. 26. 2. 1919.

JÖDE, F. (Hrsg.): Pädagogik deines Wesens. Gedanken der Erneuerung aus dem Wendekreis. Hamburg 1920.

JÖDE, F.: Wendeschule – Wendehof. In: Wende. Blätter vom Werden und Wesen. Hrsg. v. F. JÖDE. Lauenburg/Elbe 1920a, S. 93-96.

JÖDE, F.: Die Lebensfrage der neuen Schule. Lauenburg/Elbe 1921.

JÖDE, F.: Musik und Erziehung. Ein pädagogischer Versuch und eine Reihe Lebensbilder aus der Schule. Wolfenbüttel 1924.

JONCKHEERE, T.: Les Grandes Directions de l'Education Moderne. Bruxelles: Imprimerie A. Maeck-Jaminon 1911.

JÜNGER, E.: Die totale Mobilmachung. In: E. JÜNGER (Hrsg.): Krieg und Krieger. Berlin 1930, S. 9-20.

JUST, A.: Kehrt zur Natur zurück! Die neue, wahre naturgemäße Heil- und Lebensweise. Wasser. Licht, Luft, Erde, Früchte, wahres Christentum u.s.w. Stapelburg-Harz 1898.

KAATZ, H.: Die Weltanschauung Friedrich Nietzsches. Erster Teil: Cultur und Moral. Dresden/Leipzig 1892.

KAMPFFMEYER, H.: Die Gartenstadtbewegung. 2. Aufl. Leipzig/Berlin 1913.

KANITZ, O. F.: Familienerziehung, Staatserziehung und Gesellschaftserziehung. Diss. phil. Wien o. J. (1922)

KANITZ, O. F.: Lasst doch die Kinder auch Kinder sein! In: Die Sozialistische Erziehung (Wien) 2. Jahrgang (1922a), S. 143-145.

KANITZ, O. F.: Gefühlsbildung durch Symbole. In: Sozialistische Erziehung (Wien) 5 (1925), S. 254-262.

KANITZ, O.F.: Unsere Arbeit. Handbuch für die Tätigkeit in der sozialistischen Jugendbewegung. Wien 1928.

KANITZ, O.F.: Kinderfreunde und Sozialistische Arbeiterjugend. In: Die Praxis 10, 5 (Mai 1931), S. 135/136.

KANITZ, O. F.: Das proletarische Kind in der bürgerlichen Gesellschaft. Hrsg. v. L. v. WERDER. Frankfurt 1974.

KAPP, F.: Aufruf zur Umgestaltung der deutschen National-Erziehung. 2. verm. Aufl. Arnsberg 1848.

KARSEN, F.: Die Schule der werdenden Gesellschaft. Stuttgart/Berlin 1921.

KARSEN, F.: Deutsche Versuchsschulen der Gegenwart und ihre Probleme. Leipzig 1923.
KARSEN, F. (Hrsg.): Die neuen Schulen in Deutschland. Berichte von J. HEIN u.a. Mit einem Vorwort von W. PAULSEN. Langensalza o. J. (1924)
KARSEN, F.: Sinn und Gestalt der Arbeitsschule. In: A. GRIMME (Hrsg.): Wesen und Wege der Schulreform. Berlin 1930, S. 100-119.
KARSTÄDT, O.: Versuchsschulen und Schulversuche. In: H. NOHL/L. PALLAT (Hrsg.): Handbuch der Pädagogik. Bd. IV: Die Theorie der Schule und der Schulaufbau. Langensalza 1928, S. 333-364.
KARSTÄDT, O.: Methodische Strömungen der Gegenwart. 19. Aufl. Leipzig 1931 (erste Aufl. 1920).
KAWERAU, S.: Der Leidensweg und die Erlösung der Jugend. Eine Charfreitagsrede. In: P. OESTREICH (Hrsg.): Schöpferische Erziehung. Entschiedene Schulreform II. Vorträge, gehalten auf der freien Reichsschulkonferenz des Bundes entschiedener Schulreformer im Herrenhause zu Berlin vom 31. März - 2. April 1920. Berlin-Fichtenau 1920, S. 102-108.
KAWERAU, S.: Soziologische Pädagogik. Leipzig 1921.
KAWERAU, S.: Der Bund entschiedener Schulreformer. Werden und Wesen. Berlin 1922. (= Entschiedene Schulreform, hrsg. v. P. OESTREICH, Heft 1)
KEMENY, F.: L'âme de l'école. In: Minerva. Revue Internationale et Polyglotte de Documentation Educative 2me Année, No. 1 (1er octobre 1910), S. 6-11.
KERN, F.: Gegenwart und Zukunft der Blödsinnigenbildung. In: Allgemeine Zeitschrift für Psychiatrie XII (1855), S. 521-574.
KERSCHENSTEINER, G.: Produktive Arbeit und ihr Erziehungswert. In: Der Säemann II (1906), S. 101-121.
KERSCHENSTEINER, G.: Arbeitsschulen und Arbeitsunterricht. In: Handwörterbuch der Kommunal-Wissenschaft, hrsg. v. J. BRIX u.a. Erste Lieferung. Jena 1914, S. 145-174.
KERSCHENSTEINER, G.: Die Erziehung zur Pflicht. In: Die weibliche Dienstpflicht, hrsg. v. Institut für soziale Arbeit, München. 1916, S. 41-58.
KERSCHENSTEINER, G.: Die Erziehung zum Staatsbürger. In: Neues Reich Nr. 6 (1920), S. 6-8.
KERSCHENSTEINER, G.: Begriff der Arbeitsschule. 7., verb. Aufl. Leipzig/Berlin 1928. (Erstaufl. 1912)
KERSCHENSTEINER, G.: Ausgewählte pädagogische Schriften. Hrsg. v. G. WEHLE. Bd. II: Texte zum pädagogischen Begriff der Arbeit und zur Arbeitsschule. Paderborn 1968. (= Schöninghs Sammlung pädagogischer Schriften. Quellen zur Geschichte der Pädagogik, hrsg. v. Th. RUTT)
KETTIGER, J.: Die am häufigsten vorkommenden Fehler und Mängel in der Schulführung. In: Pädagogische Monatsschrift für die Schweiz 1856, S. 37-54.
KEY, E.: Das Jahrhundert des Kindes. Studien. Übers. v. F. MARO, 14. Aufl. Berlin 1908. (schwed. Orig. 1900)
KEY, E.: Ein Gottsucher (Rainer Maria Rilke). In: E. KEY: Seelen und Werke. Essays. Übers. von M. FRANZOS. Berlin 1911, S. 153-232. (schwed. Orig. 1904/1910)
KEY, E.: Ein internationales Institut für die Entwicklung der Erziehungswissenschaften. In: Das monistische Jahrhundert 6 (1912), S. 468-474, 495-502.
KEY, E.: Die junge Generation. Übers. v. C. MORBURGER. München 1913.
KIESEWETTER, J. G. C.: Fassliche Darstellung der Erfahrungsseelenlehre zur Selbstbelehrung für Nichtstudierende. Hamburg 1806.
KILPATRICK, W. H.: The Montessori System Examined. Boston/New York/Chicago: Houghton Mifflin Company; Cambridge: The Riverside Press 1914. (= Riverside Educational Monographs, ed. by H. SUZZALLO)

KILPATRICK, W.H.: The Project-Method. In: Teachers College Record Vol. XIX, No. 4 (September 1918), S. 319-335.
KILPATRICK, W.H.: Introductory Statement: Definition of Terms. In: Teachers College Record Vol. XXII, No. 4 (September 1921), S. 283-288.
KILPATRICK, W.H.: Foundations of Method. Informal Talks on Teaching. New York: The Macmillan Company 1925.
KILPATRICK, W.H.: Education for a Changing Civilization. New York: The Macmillan Company 1926.
KIRSTE, E.: Das Prinzip der Kindgemäßheit und seine psychologischen Probleme. Eine pädagogische Studie. Leipzig 1916.
KLATT, W.: Self-government im Schulwesen der Vereinigten Staaten Amerikas und bei uns. In: Jahrbuch des Vereins für wissenschaftliche Pädagogik 43 (1911), S. 298-329.
KLEIN, G.W.: Die Freie Schulgemeinde Wickersdorf. Ein soziologischer Versuch. Jena 1921.
KLUMPP, F.W.: Das Turnen. Ein deutsch-nationales Entwickelungsmoment. Stuttgart/ Tübingen 1842.
KNABE, K.: Reformschulen. In: W. REIN (hrsg.): Enczykopädisches Handbuch der Pädagogik. Bd. V: Nachahmung – Römische Erziehung. Langensalza 1898, S. 776-785.
KNORR, M.: Erster Bericht der gymnastisch-orthopädischen und electrischen Heilanstalt in München. Umfassend die ersten zwei Jahre ihrer Wirksamkeit. München 1860.
KÖCHLY, H.: Zur Gymnasialreform. Theoretisches und Praktisches. Dresden: Arnold 1846.
KOSSATZ, B.: Das Erziehungsheim „Am Urban" in Zehlendorf bei Berlin. Die Verwirklichung sozial-pädagogischer und sozial-politischer Ideen. Berlin: Carl Heymann 1905.
KOTELMANN,C.: Die Augen der Gymnasiasten und Realschüler mit besonderer Rücksicht auf die neusten Untersuchungen. In: Neue Jahrbücher für Philologie und Paedagogik Jg. 47/Bd. 116 (Leipzig 1877), S. 295-313, 329-341.
KRETSCHMANN, J.: Freier Gesamtunterricht in der Dorfschule. Berlin (1925). (= Pädagogischer Wegweiser, hrsg. v. A. POTTAG, Heft 4)
KRIECK, E.: Völkischer Gesamtstaat und nationale Erziehung. 3. Aufl. Heidelberg 1933.
KRÜGER, E.: Für und wider die moderne Erziehungslehre. Gütersloh: C. Bertelsmann 1879.
KUCKEI, M.: Das Ende der Schule. Kettwig-Ruhr 1924.
KUCKEI, M. (Hrsg.): Lebensstätten der Jugend. Kettwig an der Ruhr 1923.
KUHLMANN, F.: Handschrift und Körperkultur. In: Die Tat 13. Jg., H. 11 (Februar 1922), S. 854-853.
LABAN, R. V.: Symbole des Tanzes und Tanz als Symbol. In: Die Tat 11. Jg., Bd. II (1919/1920), S. 669-675.
LABAN, R. V.: Festwille und Festkultur. In: Die Tat 13. Jg., H. 11 (Februar 1922), S. 846-848.
LABAN, R. V.: Des Kindes Gymnastik und Tanz. Oldenburg 1926.
LACROIX, W.: Vom Sinn der Politik. Vortrag anlässlich der Arbeitstagung des Deutschen Roten Kreuzes, Reichsfrauenbund, am 12. November 1936. (München 1936).
LAGARDE, P. de: Deutsche Schriften. Göttingen 1878.
LAGARDE, P. de: Schriften für das deutsche Volk. Bd. 1: Deutsche Schriften. Hrsg. v. K. A. FISCHER. 2. Aufl. München 1934.
LAMSZUS, W.: Das Menschenschlachthaus. Bilder vom kommenden Krieg. Hamburg/ Berlin 1912.
LAMSZUS, W.: Der Kinder Land. Gedanken zum Neuaufbau. Hamburg 1919.

LAMSZUS, W.: Der Weg der Hamburger Gemeinschaftsschule. In: F. KARSEN (Hrsg.): Die neuen Schulen in Deutschland. Berichte von J. HEIN u.a. LANGENSALZA (1924a), S. 24-85.
LAMSZUS, W.: Die Tragödie der deutschen Schule, In: Hamburger Lehrerzeitung 3. Jg. Nr. 5 (1924), S. 53-55.
LANDAUER, G.: Anarchistische Gedanken über Anarchismus. In: Die Zukunft 37 (1901), S. 134-140.
LANDAUER, G.: Sozialistisches Beginnen. In: Der Sozialist. Herausgegeben von revolutionären Kreisen der Schweiz. Organ des sozialistischen Bundes 1(1909), Nr. 14, S. 105-107.
LANGBEIN, W.: Militärische Uebungen für Schülerturnplätze. Exercier-Reglement für ein Infanterie-Bataillon von 120 Mann in zweigliedrigen Zügen. Mit erläuternden Figuren. Stettin 1852.
LANGE, K.: Die künstlerische Erziehung der deutschen Jugend. Darmstadt 1893.
LANGE, W.: Die Autonomie der modernen Pädagogik. In: Rheinische Blätter für Erziehung und Unterricht, Jg. 1884, Heft 11 (März-April), S. 99-117.
LANGERMANN, J.: Steins politisch-pädagogisches Testament – Volksgesundung durch Erziehung. Berlin-Zehlendorf 1910.
LAUCKHARD, C.F.: Ueber die Erziehung in der Schule. Eine pädagogische Abhandlung. Diss. phil. Giessen 1855. (Druck: Darmstadt 1855)
LAY, W.A.: Über Kämpfe und Fortschritte der experimentellen Pädagogik. In: Die Experimentelle Pädagogik, hrsg. v. W.A. LAY/E. MEUMANN, II. Band. Leipzig 1906, S. 96-117.
LAVISSE, E. et. al.: L'éducation de la démocratie. Leçons professées à l'école des hautes études sociales. 2e éd. Paris: Félix Alcan 1907.
LAZARSFELD, S. (Hrsg.): Technik der Erziehung. Ein Leitfaden für Eltern und Erzieher. Leipzig 1929.
LE BON, G.: Psychologie de l'éducation. Paris: Ernest Flammarion Editeur 1902
Lehrervereinigung für die Pflege der künstlerischen Bildung Hamburg: Das Kind als Künstler. Ausstellung von freien Kinderzeichnungen in der Kunsthalle zu Hamburg. O.O. (Hamburg 1898).
Leitsätze für den allgemeinen Aufbau der Schule. (1920) In: H. FISCHL: Wesen und Werden der Schulreform in Österreich. Wien/Leipzig 1929, S. 79-83.
Le Self-Government à l'école. Genève: Bureau International d'Education 1934.
LEHMANN, R.: Die pädagogische Bewegung im Beginn des 20. Jahrhunderts. In Jahrbuch des Zentralinstituts für Erziehung und Unterricht, Bd. 2 (1920), S. 61-107.
LEHMUS, G. A: Die Gewerbsschule als Staatsanstalt in ihrer Wichtigkeit und Ausführbarkeit gewürdigt und für Deutschland überhaupt sowohl, als insbesondere für das Königreich Bayern dargestellt. Nürnberg 1833.
LESSING, Th.: Die Landerziehungsheimbewegung. In: Dokumente des Fortschritts. Internationale Revue 1. Jg., Heft 5 (1908), S. 437-447.
LEXIS, W. (Hrsg.): Die Reform des höheren Schulwesens in Preußen. Halle a.S. 1902.
LEXIS, W. (Hrsg.): Das Unterrichtswesen im Deutschen Reich. Aus Anlass der Weltausstellung in St. Louis unter Mitwirkung zahlreicher Fachmänner herausgegeben, Bd. III: Das Volksschulwesen und das Lehrerbildungswesen. Von P. VON GIZYCKI u.a. Berlin 1904.
LHOTZKY, H.: Die Seele deines Kindes. Düsseldorf/Leipzig 1908.
LICHTWARK, A.: Einleitung. In: Versuche und Ergebnisse der Lehrervereinigung für die Pflege der künstlerischen Bildung in Hamburg. 3. Aufl. Hamburg 1902, S. 1-7.
LICHTWARK, A.: Der Deutsche der Zukunft. Berlin 1905.
LIETZ, H.: Die Probleme im Begriff der Gesellschaft bei Auguste Comte im Gesamtzusammenhang seines Systems. Diss. phil. Jena 1891.

LIETZ, H.: Emlohstobba. Roman oder Wirklichkeit? Bilder aus dem Schulleben der Vergangenheit, Gegenwart oder Zukunft? Berlin 1897.
LIETZ, H.: Die Erziehung in der Religion Jesu im Unterschiede zu der im dogmatischen Christentum. Ein Beitrag zur Abhilfe eines unerträglichen Notstandes in unserer Jugenderziehung. In: W. REIN (Hrsg.): Aus dem pädagogischen Universitätsseminar. Bd. 7. Langensalza 1897a, S. 86-153.
LIETZ, H.: Die Deutsche Nationalschule. Beiträge zur Schulreform aus den Deutschen Landeserziehungsheimen. Leipzig 1911.
LIETZ, H.: Das fünfzehnte Jahr in Deutschen Land-Erziehungs-Heimen. Beiträge zur Schulreform. Leipzig 1913.
LIETZ, H.: Deutsche Land-Erziehungs-Heime. Grundsätze und Einrichtungen. Leipzig 1913a.
LIETZ, H.: Die ersten drei Deutschen Land-Erziehungs-Heime bei Ilsenburg (Harz), Haubinda (Thür.), Bieberstein (Röhn). Entwicklung, Grundsätze, Einrichtungen, Ordnung und Bestimmungen. Veckenstedt am Harz 1918.
LIETZ, H.: Lebenserinnerungen. Neu hrsg. u. erg. v. A. ANDREESEN. 4./5. Aufl. Weimar 1935.
LIETZ, H.: Der Gründungsaufruf von 1898. In: Th. DIETRICH (Hrsg.): Die Landerziehungsheimbewegung. Bad Heilbrunn/Obb. 1967, S. 15-17.
LION sen., A.: Die Hygiene der Schule. In: Monatsblatt für medizinische Statistik und öffentliche Gesundheitspflege (Beilage zur Deutschen Klinik) No. 2 v. 21. Februar 1863, S. 9-12; No. 3 v. 21. März 1863, S. 17-23.
LIPPS, Th.: Die ethischen Grundfragen. Zehn Vorträge. Teilweise gehalten im Volkshochschulverein zu München. Hamburg/Leipzig 1899.
LOMBERG, A.: Über Schulwanderungen. In: Deutsche Blätter für den erziehenden Unterricht XIV (1887), S. 1-4, 13-16, 21-24, 29-31, 39-41, 47-49, 55-57, 63-65, 71-73, 79-81.
LORENZ, K.: Erziehung zur Mannhaftigkeit. Auch eine Buchbesprechung. In: Der Säemann II (1906), S. 357-363.
LORINSER, K.I.: Zum Schutze der Gesundheit in den Schulen. In: Medicinische Zeitung, hrsg. v. d. Vereine für Heilkunde in Preußen, Nr. 1 (6. Januar 1836), S. 1-4.
LOTTIG, W.: Alle Kräfte werden gelöst, gepflegt und entwickelt! Vortrag, gehalten in der Gesellschaft der Freunde des vaterländischen Schul- und Erziehungswesens. In: Pädagogische Reform XXXIII, Nr. 46 v. 17. November 1909, Nr. 47 v. 24. November 1909. Wieder in: Th. GLÄSS (Hrsg.): „Pädagogik vom Kinde aus". Aufsätze Hamburger Lehrer. Weinheim/Bergstrasse 1961, S. 63-77.
LOTTIG, W.: Das Zerrbild der neuen Schule. In: Das werdende Zeitalter 6 (1927), S. 141-148.
LUSERKE, M.: Schulgemeinde. Der Aufbau der neuen Schule. Berlin 1919.
LUSERKE, M.: Schule am Meer. Ein Buch vom Wachsen deutscher Jugend geradeaus vom Ursprünglichen bis ins Letzte. Bremen 1925.
LÜTKENS, Ch: Die deutsche Jugendbewegung. Ein soziologischer Versuch. Frankfurt/M. 1925.
MACH, E.: Der relative Bildungswert der philologischen und der mathematisch-naturwissenschaftlichen Unterrichtsfächer der Höheren Schulen. Vortrag gehalten vor der Delegirtenversammlung des deutschen Realschulmännervereins zu Dortmund am 16. April 1886. Leipzig/Prag 1886.
MARET, E.: Die Schule und der Lehrstoff. In: Deutsche Vierteljahrsschrift für öffentliche Gesundheitspflege XI (1879), S. 127-137.
MARION, H.: Le mouvement des idées pédagogiques en France depuis 1870. Paris: Imprimerie Nationale 1889.

MASSO, F.: Die staatliche Aufsicht über die Gesundheit in den Schulen. In: Berliner Blätter für Schule und Erziehung III (1862), S. 75ff. und passim.
MEDICI, A.: L'éducation nouvelle. Ses fondateurs – son évolution. Paris: Alcan/ Presses Universitaires de France 1940.
MEDICI, A.: Les progrès de l'Education Nouvelle. Paris: Presses Universitaires de France 1940a. („Que sais-je?")
MEINHOLD, E.: Deutsche Rassenpolitik und die Erziehung zu nationalem Ehrgefühl. München o. J. (1908).
MEISTER, R.: Der Bildungswert der Antike und der Einheitsschulgedanke. Wien 1920.
MEISTER, R.: Zum gegenwärtigen Stand der Schulreform. In: Volkserziehung. Nachrichten des österreichischen Unterrichtsamtes – Pädagogischer Teil. Jg. 1921, Stück XXIV, S. 533-557; Jg. 1922, Stück 111, S. 67-77.
MEISTER, R.: (Stellungnahme) In: Die Erfahrungen der Mittelschule mit der Volksschulreform. Wien 1925, S. 197-227.
MEISTER, R.: Die neuen österreichischen Schulgesetze. In: Südwestdeutsche Schulblätter Jg. 1927, S. 390-396.
MENGE, R.: Gymnasium und Kunst. Ein Versuch, die ästhetische Erziehung zu fördern durch Berücksichtigung der bildenden Künste im Unterrichte der höheren Schulen. Leipzig 1879. (= Pädagogische Studien, hrsg. v. W. REIN, Heft 12)
MESSER, M.: Die moderne Seele. Leipzig 1899.
METZENTHIN, E.: Die Selbstbetätigung der Schüler auf dem Gebiet der Schulerziehung in früherer Zeit. Ein Beitrag zur Geschichte des „Schulstaats." Langensalza 1915. (= Pädagogisches Magazin, Heft 604)
MEYER, A.E.: Modern European Educators and Their Work: Freeport, N.Y.: Books for Libraries Press 1971. (repr.) (Erstausg. 1934)
MEYER, B.: Das Ästhetische als Erziehungsmittel und Unterrichtsgegenstand. Berlin 1868.
MEYER, B.: Aus der ästhetischen Pädagogik. Sechs Vorträge. Berlin 1873.
MEYER, H.: Die Mechanik der Skoliose. Ein Beitrag von den Missgestaltungen des Knochengerüstes. In: Archiv für pathologische Anatomie und Physiologie und für klinische Medicin Bd. XXXV (Dritte Folge Bd. V), Heft 2 (1866), S. 225-253.
MEYER, H.: Die Mechanik des Sitzens mit besonderer Rücksicht auf die Schulbankfrage. In: Archiv für pathologische Anatomie und Physiologie und für klinische Medizin XXXVIII (1867), S. 15-30.
MEYER, J.: Die nationale Erziehung. Eine pädagogische Monographie. 2. Aufl. Leipzig 1879. (= Pädagogische Sammelmappe, Heft 29)
MEYER, J.B.: Grundzüge der Schulreform. Hamburg 1862.
MEYER, W.: Die moderne Berechtigungsjagd auf unsern höheren Schulen. Hannover: Norddeutsche Verlagsanstalt 1885.
MOGGE, W./REULECKE, J. (Hrsg.): Hoher Meissner 1913. Der Erste Freideutsche Jugendtag in Dokumenten, Deutungen und Bildern. Köln 1988. (= Edition Archiv der deutschen Jugendbewegung, hrsg. v. W. MOGGE, Bd. 5)
MOLESCHOTT, J.: Die Physiologie der Nahrungsmittel. Ein Handbuch der Diätetik. Friedrich Tiedemann's Lehre „von dem Nahrungsbedürfnis, dem Nahrungstrieb und den Nahrungsmitteln des Menschen", nach dem heutigen Standpunkte der physiologischen Chemie völlig umgearbeitet. Darmstadt 1850.
MOLT, E.: Entwurf meiner Lebensbeschreibung. Mit einem dokumentarischen Anhang von J. TAUTZ. Stuttgart: Verlag Freies Geistesleben 1972.
MONTESSORI, M.: Antropologia pedagogica. Milano: Vallardi 1910.
MONTESSORI, M.: Selbsttätige Erziehung im frühen Kindesalter. Nach den Grundsätzen der wissenschaftlichen Pädagogik methodisch dargelegt. Übers. v. O. KNAPP. Stuttgart 1913. (ital. Orig. 1909)

MONTESSORI, M.: Mein Handbuch. Grundsätze und Anwendung meiner neuen Methode der Selbsterziehung der Kinder. Stuttgart 1922.

MONTESSORI, M.: Grundlinien meiner Erziehungsmethode. (Aus dem Vortrage an der Universität zu Berlin am 27.10.22). In: M. MONTESSORI u.a.: Die Selbsterziehung des Kindes. Berlin 1923, S. 8-12. (= Die Lebensschule, hrsg. v. F. HILKER, Heft 12)

MONTESSORI, M.: Montessori-Erziehung für Schulkinder. Bd. I: Betätigungsdrang und Erziehung. Übers. v. I. HOHENEMSER. Stuttgart 1926. (ital. Orig. 1916)

MONTESSORI, M.: Die Erziehung des Kindes. In: Das werdende Zeitalter IX (1930), S. 1/2.

MONTESSORI, M.: Kinder sind anders. The Secret of Childhood. Il segreto dell'infanzia. Übers. v. P. ECKSTEIN u.a. 8. Aufl. Stuttgart 1967. (engl. Orig. 1936)

MONTESSORI, M.: Das kreative Kind. Der absorbierende Geist. Übers. v. Chr. CALLORI DI VIGNALE; hrsg. u. eingel. v. P. OSWALD/G. SCHULZ-BENESCH. 7. Aufl. Freiburg/Br. 1989. (engl. Orig. 1949)

MÜLLER, A.: Kritische/ästhetische und philosophische Schriften Kritische Ausgabe hrsg. v. W. SCHROEDER/W. SIEBERT. Band 2. Neuwied/Berlin 1967.

MÜNCH, W.: Die Erziehung zur Vaterlandsliebe. In: Paedagogium IX (1887), S. 627-664.

MÜNCH, W.: Zukunftspädagogik. Berichte und Kritiken, Betrachtungen und Vorschläge. 3. Aufl. m.e.Vorw. v. A. MATTHIAS. Berlin 1913. (Erste Aufl. 1904)

MÜNSTERBERG, H.: School Reform. In: Atlantic Monthly 85 (May 1900), S. 656-669.

MÜNSTERBERG, H.: Grundzüge der Psychotechnik. 2., verm. Aufl. Leipzig: Johann Ambrosius Barth 1920.

NATORP, P.: Sozialpädagogik. Theorie der Willenserziehung auf der Grundlage der Gemeinschaft. Stuttgart 1899.

NAVILLE, F.-M.-L.: De l'éducation publique considerée dans ses rapports avec le Développement des Facultés, la marche progressive de la civilisation et les besoins actuels de la France. Paris: Audin 1832.

NAVILLE, F.-M.-L.: Mémoire explicatif du tableau des études dans l'établissement d'éducation de Vernier. Genève: Imprimerie de Jules-Gme Fick 1845.

NEILL, A.: Hearts Not Heads in the School. London: Herbert Jenkins Limited o. J. (1945)

NIETZSCHE, Fr.: Sämtliche Werke. Kritische Studienausgabe in 15 Bänden. Hrsg. v. G. COLLI/M. MONTINARI. München 1980. (Zit. als „S.W." mit Bandangabe und Seitenzahl)

NISSEN, B.M.: Der Rembrandtdeutsche Julius Langbehn. Von seinem Freunde. Durchgesehene Ausgabe. Freiburg/Br. 1929.

NOHL, C.: Lehrbuch der Reform-Pädagogik für höhere Lehranstalten. Bd. I/II. 2. Aufl. Essen 1901.

NOHL, H.: Pädagogik aus dreißig Jahren. Frankfurt/M. 1949.

NOHL, H.: Die pädagogische Bewegung in Deutschland und ihre Theorie. 7. Aufl. Frankfurt 1970. (Erste Aufl. 1933/1935)

NOHL, H.: Die Deutsche Bewegung. Vorlesungen und Aufsätze zur Geistesgeschichte von 1770-1830. Hrsg. v. O. F. BOLLNOW/F. RODI. Göttingen 1970a.

NOHL, H./PALLAT, L. (Hrsg.): Handbuch der Pädagogik. Bd. 1: Die Theorie und Entwicklung des Bildungswesens. Langensalza/Berlin/Leipzig 1933.

NOIRÉ, L.: Pädagogisches Skizzenbuch. Leipzig 1874.

NORDAU, M.: Die conventionellen Lügen der Kulturmenschheit. 4. Aufl. Leipzig: Verlag von B. Elischer Nachfolger 1883. (erste Aufl. 1883)

NORDAU, M.: Entartung. Band 1, Berlin 1892; Band 2, Berlin 1893.

NÜCHTER, Fr.: Von der individualistischen zur sozialen Demokratie – ein Problem der amerikanischen Pädagogik. John Deweys soziale Pädagogik. In: Jahrbuch des Vereins für wissenschaftliche Pädagogik 47 (1915), S. 15-73.
NYDAHL, J. (Hrsg.): Das Berliner Schulwesen. Bearb. unter Mitw. Berliner Schulmänner v. E. KALISCHER. Berlin 1928.
OBACH, C.: Neue, die Hand der kleinen Zeichner leitende Zeichenschule zum ersten Unterricht und Selbstunterhaltung der Kinder von 5 bis 8 Jahren. Heft 1 und 2. Carlsruhe 1856.
O'BRIAN HARRIS, M.: Towards Freedom. The Howard Plan of Individual Time Tables. With a Preface by J. ADAMS. London: University of London Press 1923.
Odenwaldschule. Oberhambach bei Heppenheim 1930.
OESTREICH, P. (Hrsg.): Schöpferische Erziehung. Entschiedene Schulreform II. Vorträge, gehalten auf der freien Reichsschulkonferenz des Bundes entschiedener Schulreformer im Herrenhause zu Berlin vom 31. März - 2. April 1920. Berlin-Fichtenau 1920.
OESTREICH, P.: Die elastische Einheitsschule: Lebens- und Produktionsschule. Berlin 1921. (= Die Lebensschule, Heft 4)
OESTREICH, P.: Das deutsche Erziehungsproblem und die entschiedene Schulreform. In: Leipziger Lehrerzeitung 29 (1922), S. 185-188, 206-209.
OESTREICH, P.: Es reut mich nicht! Schulpolitische Kämpfe zwischen Revolution und Kapp-Putsch. Gesammelte Aufsätze. Leipzig (1923). (= Entschiedene Schulreform, hrsg. v. P. OESTREICH, H. 14)
OESTREICH, P.: Unabhängige Kulturpolitik. Vom graden Weg eines „Disziplinlosen." Gesammelte Aufsätze. Leipzig/Wien o.J. (1924) (= Entschiedene Schulreform, hrsg. v. P. OESTREICH, Heft 42)
OESTREICH, P.: (Selbstdarstellung) In: E. HAHN (Hrsg.): Die Pädagogik der Gegenwart in Selbstdarstellungen. Leipzig 1926, S. 139-177.
OESTREICH, P.: Zehn Jahre Bund. In: Die Neue Erziehung XI (1929), S. 766-768.
OSTWALD, W.: Wider das Schulelend. Ein Notruf. Leipzig 1909.
OSTWALD, W. : Der energetische Imperativ. Erste Reihe. Leipzig: Akademische Verlagsgesellschaft 1912.
OTTO, B.: Die Schulreform im zwanzigsten Jahrhundert. Vortrag gehalten vor dem Landesverband Sachsen-Thüringen im deutschen Schriftstellerverband am 3. Dezember 1897. Leipzig 1898.
OTTO, B.: Beiträge zur Psychologie des Unterrichts. Leipzig 1903.
OTTO, B.: Kind und Politik. Gross-Lichterfelde 1904.
OTTO, B.: Unser Besuch im Kieler Kriegshafen. Leipzig 1905. (= Hauslehrer-Schriften, Heft 4)
OTTO, B.: Vom königlichen Amt der Eltern. Leipzig o.J. (1906)
OTTO, B.: Deutsche Erziehung und Hauslehrerbestrebungen. Ein Reformprogramm. Großlichterfelde 1907.
OTTO, B.: Geistiger Verkehr mit Schülern im Gesamtunterricht. Unterrichtsprotokolle. Großlichterfelde 1907a.
OTTO, B.: Kindesmundart. Berlin 1908. (= Führer ins Leben, hrsg. v. W. MOHR, Bd. 1)
OTTO, B.: Der Zukunftsstaat als sozialistische Monarchie. Berlin 1910.
OTTO B.: Wozu der Hauslehrer da ist und was er bringt und leistet. In: Der Hauslehrer Nr. 25 v. 19. Juni (1910a), S. 253-255.
OTTO, B.: Die Reformation der Schule. Großlichterfelde 1912.
OTTO, B.: Der Lehrgang der Zukunftsschule. Formale Bildung ohne Fremdsprache. 2. Aufl. Berlin-Lichterfelde 1912a.
OTTO, B.: Volksorganische Einrichtungen der Zukunftsschule. Berlin-Lichterfelde 1914.

OTTO, B.: Der Gesamtunterricht. In: E. NEUENDORFF (Hrsg.): Die Schulgemeinde. Gedanken über ihr Wesen und Anregungen zu ihrem Aufbau. Leipzig/ Berlin 1921, S. 199-207.

OTTO, B.: Volksorganisches Denken. Vorübungen zur Neubegründung der Geisteswissenschaften. Erster Teil: Aufgaben. Berlin-Lichterfelde 1925.

OVERBECK, F.: Briefe an Peter Gast. In: Neue Rundschau (Januar 1906), S. 26-51.

PALLAT, L./HILKER, F. (Hrsg.): Künstlerische Körperschulung. 2. Aufl. Breslau 1925.

PALMGREEN, K. E. : Einige Erfahrungen über die Samskola. (1897) In: K. E. PALMGREEN: Erziehungsfragen. Gesammelte Aufsätze. Altenburg 1904, S. 91-111. (= Internationale Bibliothek für Pädagogik und deren Hilfswissenschaften, hrsg. v. Chr. UFER, Bd. VI)

PANNWITZ, R.: Der Volksschullehrer und die deutsche Sprache. Berlin-Schöneberg 1908.

PANNWITZ, R.: Die Erziehung. Frankfurt 1909. (= Die Gesellschaft, hrsg. v. M. BUBER, Band 32)

PANNWITZ, R.: Das Werk der deutschen Erzieher. Berlin 1909a.

PAPE-CARPENTIER, M.: Enseignement pratique dans les écoles maternelles ou premières leçons à donner aux petits enfants. Paris: Hachette 1849.

PAPPENHEIM, L.: Handbuch der Sanitäts-Polizei. Nach eigenen Untersuchungen bearbeitet. Bd. II: Die Schule und die Gesundheit der Schüler. Berlin 1858.

PARKHURST, H.: Education on the Dalton Plan. With an Introduction by P.T. NUNN and Contributions by R. BESSETT, J. EADES AND B. RENNIE. London: G. Bell and Sons 1926. (repr.)

PASSOW, F.: „Turnziel," Turnfreunden und Turnfeinden. Breslau 1818.

PAULSEN, F.: Rezension von: Ferdinand Tönnies. Gemeinschaft und Gesellschaft. Abhandlung des Communismus und Socialismus als empirischer Culturformen. Leipzig 1887. In: Vierteljahrsschrift für wissenschaftliche Psychologie 12 (1888), S. 111-119.

PAULSEN, F.: Moderne Erziehung und geschlechtliche Sittlichkeit. Einige pädagogische und moralische Betrachtungen für das Jahrhundert des Kindes. Berlin 1908.

PAULSEN, F.: Gesammelte Pädagogische Abhandlungen. Hrsg. v. E. SPRANGER. Stuttgart/ Berlin 1912.

PAULSEN, W.: Versuch einer natürlichen Schulordnung in der Großstadt. In: Pädagogische Reform v. 3. März 1920.

PAULSEN, W.: Gemeinschaftsschulen. Die Neue Zeit 40/11 (Nr. 22 v. August 1922), S. 509-517.

PAULSEN, W.: Die Überwindung der Schule. Begründung und Darstellung der Gemeinschaftsschule. Leipzig 1926.

PEETERS, E.: Sa majesté l'enfant. Etudes sur l'Education et l'Enseignement. Oostende: Edition de la Nouvelle Bibliothèque Pédagogique (1910).

PENZIG, R.: Ernste Antworten auf Kinderfragen. Ausgewählte Kapitel einer praktischen Pädagogik fürs Haus. Berlin: Dümmler 1897.

PENZIG, R.: Zum Kulturkampf um die Schule. Ein Mahnwort an Denkende. Berlin 1905.

PEREZ, B.: Le développement des idées abstraites chez l'enfant. In: Revue Philosophique tome XL (novembre 1895), S. 449-467.

PETER, K. (Hrsg.): Die politische Romantik in Deutschland. Eine Textsammlung. Stuttgart 1985.

PETERMANN, F. A.: Die Schäden, hervorgerufen durch unsere heutige Schulbildung und Vorschläge zu ihrer Abhilfe. Ein Mahnwort an Eltern und Lehrer. Braunschweig 1881.

PETERSEN, P.: Die Neueuropäische Erziehungsbewegung. Weimar 1926.

PETERSEN, P.: Schulleben und Unterricht einer freien allgemeinen Volksschule nach den Grundsätzen Neuer Erziehung. Weimar 1930. (= Eine freie allgemeine Volksschule nach den Grundsätzen Neuer Erziehung (Der Jena-Plan), Bd. I)

PETERSEN, P.: Der Ursprung der Pädagogik (II. Teil der „Allgemeinen Erziehungswissenschaft"). Berlin/Leipzig 1931.

PETERSEN, P.: Pädagogik. Berlin 1932.

PETERSEN, P. (Hrsg.): Die Praxis der Schulen nach dem Jenaplan. Weimar 1934. (= Eine freie allgemeine Volksschule nach den Grundsätzen Neuer Erziehung (Der Jena-Plan), Bd.III)

PETERSEN, P.: Psychologische Bedeutung der politischen Symbole. In: Zeitschrift für Jugendkunde IV, 1 (1934a), S. 10-14.

PETERSEN, P.: Der Jena-Plan einer freien allgemeinen Volksschule. Kleiner Jena-Plan. 7./8. neu durchges.u. erw. Aufl. Langensalza/Berlin/Leipzig 1936.

PETERSEN, P.: Pädagogik der Gegenwart. Ein Handbuch der neuen Erziehungswissenschaft und Pädagogik. Zweite Auflage der „Pädagogik." Berlin 1937.

PETERSEN, P.: Führungslehre des Unterrichts. Langensalza/Berlin/Leipzig 1937a.

PETERSEN, P.: Allgemeine Erziehungswissenschaft. 2. Aufl. Berlin (West) 1962. (Erste Aufl. 1924)

PETERSEN, P.: Der Kleine Jena-Plan. 47./51. Aufl. Weinheim/Berlin 1968. (Erste Aufl. 1927)

PETERSEN, P./WOLFF, H. (Hrsg.): Eine Grundschule nach den Grundsätzen der Arbeits- und Lebensgemeinschaftsschule. Weimar 1925.

PETERSEN, U.-K.: Der Jena-Plan. Die integrative Schulwirklichkeit im Bilde von Briefen und Dokumenten aus dem Nachlass Peter Petersens. Frankfurt/Bern/New York/Paris 1991.

Pharus. Monatsschrift für Orientierung in der gesamten Pädagogik. Jg. 1 (1910).

PFEIL, L. V.: Unser höheres Schulwesen ist schwer krank. Ein Mahnruf an deutsche Eltern und Lehrer. Breslau 1882.

PIAGET, J.: Les méthodes nouvelles. Les bases psychologiques. In: Encyclopédie Française. Tome XV: Education et Instruction. Paris: Société de Gestion de l'Encyclopédie Française/Librairie Larousse 1939, S. 15'26-5 – 15'26-16.

PIAGET, J.: Examen des méthodes nouvelles. In: Encyclopédie Française. Tome XV: Education et Instruction. Paris: Société de Gestion de l'Encyclopédie Française/ Librairie Larousse 1939a, S. 15'28-1 – 15'28-13.

PIPER, F.: Über die Einführung der monumentalen, insbesondere der christlichmonumentalen Studien in den Gymnasialunterricht. In: Verhandlungen der dreiundzwanzigsten Versammlung Deutscher Philologen und Schulmänner in Hannover ... Leipzig 1865, S. 85-102.

PLESSNER, H.: Grenzen der Gemeinschaft. Eine Kritik des sozialen Radikalismus. Bonn 1924.

POPPER, K.: Über die Stellung des Lehrers zu Schule und Schüler. In: Schulreform 4 (1925), S. 204-208.

POPPER, K.: Die Gedächtnispflege unter dem Gesichtspunkt der Selbsttätigkeit. In: Die Quelle 81 (1931) S. 607-619.

PORUBSZKY, G.: Das neue Schulgesetz. In: Zeitschrift für Kirchenrecht IX (1870), S. 53-74.

PÖSCHE, H.: Die Grundgesetze einer Reform der Volkserziehung. In: Rheinische Blätter für Erziehung und Unterricht 1856, S. 148-173, S. 259-291.

PÖSCHE, H.: Fr. Froebel's entwickelnd-erziehende Menschenbildung als System. Hamburg 1862.

Pour L'Ere Nouvelle. Revue internationale d'éducation nouvelle. Organe de la Ligue Internationale pour l'Éducation Nouvelle. Paris mars 1922.

PRANTL, R.: Dewey als Pädagoge. In: Vierteljahrsschrift für wissenschaftliche Pädagogik I (1925), S. 271-300, 387-420, 572-637.

PRETZEL, C.L.A./HYLLA, E.: Neuzeitliche Volksschularbeit. Winke zur Durchführung der neuen preußischen Lehrplanrichtlinien. Langensalza 1925.

PREUSKER, K.: Bausteine. Andeutungen über Sonntags-, Real- und Gewerbeschulen, Cameralstudium, Bibliotheken, Vereine und andere Förderungsmittel des Gehwerbfleißes und allgemeiner Volksbildung. 2., verm. u. gänz. umgearb. Aufl. Erster Theil: Zur Ausbildung der Jugend mittels Real-, Gewerb- und höhere Bürgerschulen. Zweiter Theil: Zur Ausbildung junger Oekonomen, Kaufleute, Fabrikanten und Handwerker, Techniker und Cameralisten, mittels Lehranstalten und Selbstbildung. Dritter Theil: Zur Fortbildung der Gewerbtreibenden mittelst Schriften, Sammlungen, ökonomischer und Gewerbvereine etc. Leipzig: C.H.F. Hartmann 1835.

PREYER, W.: Über die Grenzen der Tonwahrnehmung. Jena 1876.

PREYER,W.: Naturwissenschaftliche Thatsachen und Probleme. Populäre Vorträge. Berlin 1880.

PREYER, W.: Elemente der Allgemeinen Physiologie kurz und leichtfasslich dargestellt. Leipzig 1883.

PREYER, W.: Naturforschung und Schule. 3. Aufl. Stuttgart 1887.

PREYER, W.: Die Zukunft der Schulen in Deutschland. In: Die Neue Deutsche Schule I, 8 (1889), S. 351-356.

PREYER, W.: Unser Kaiser und die Schulreform. Dresden 1900.

PREYER, W.: Die Seele des Kindes. Beobachtungen über die geistige Entwicklung des Menschen in den ersten Lebensjahren. 9. Aufl., bearb. u. hrsg. v. K.L. SCHAEFER. Leipzig 1923. (erste Aufl. 1882).

Progressive Education. A Quarterly Review of the Newer Tendencies in Education April/May/June (1926): Creative Expression through Art. Washington, D.C.: The Progressive Education Association 1926.

PUDOR, H.: Die neue Erziehung. Essays über die Erziehung zur Kunst und zum Leben. Leipzig 1902.

REBLE, A. (Hrsg.): Die Arbeitsschule. Texte zur Arbeitsschulbewegung. 4., verb. Aufl. Bad Heilbrunn/Obb. 1979.

REDDERSEN, H.O.: Das Turnen und die Schule. Ein Beitrag zur Orientierung auf dem Gebiete des Schulturnwesens. Stade 1864.

REDDIE, C.: Abbotsholme 1889-1899 or Ten Years Work in an Educational Laboratory. London: George Allen 1900.

REICHARDT, C.: Schule und Leben. Eine Grenzbetrachtung. In: Neue Jahrbücher für Pädagogik VIII (1905), S. 387-410.

REICHWEIN, A.: Ausgewählte Pädagogische Schriften. Hrsg. v. H. E. RUPPERT/ H. E. WITTIG. Paderborn 1978. (= Schöninghs Sammlung Pädagogischer Schriften. Quellen zur Historischen, Empirischen und Vergleichenden Erziehungswissenschaft, hrsg. v. Th. RUTT)

REICHWEIN, A.: Schaffendes Schulvolk – Film in der Schule. Die Tiefenseer Schulschriften. Kommentierte Neuausgabe. Hrsg. v. W. KLAFKI u.a. Weinheim/Basel 1993.

REIN, W.: Alte und neue Pädagogik. In: Deutsche Revue 20, 1 (Januar-März 1895), S. 283-290.

REIN, W.: Bildende Kunst und Schule. Eine Studie zur Innenseite der Schulreform. 2. Aufl. Langensalza 1905.

REIN, W.: Die nationale Einheitsschule. Leipzig 1913.

Rembrandt als Erzieher. Von einem Deutschen. 49. Aufl. Leipzig 1909. (Erste Aufl. 1890)

REINLEIN, H.: Der Versuchsschulgedanke und seine praktische Durchführung in Deutschland. Gotha 1919. (= Deutscher Bund für Erziehung und Unterricht, Heft 9)
RIBOT, Th.: Enquête sur les idées générales. In: Revue philosophique (oct. 1891), S. 376-388.
RIBOT, Th.: Die Schöpferkraft der Phantasie. (L'imagination créatrice) Übers. v. W. MECKLENBURG. Bonn 1902. (frz. Orig. 1900)
RICCI, C.: Kinderkunst. Autorisierte Übersetzung von E. RANCALLI. Mit einem Vorwort von K. LAMPRECHT. Leipzig 1906. (ital. Orig. 1887)
RICE, J.M.: The Public-School System of the United States. New York: The Century Co. 1893.
RICHTER, R.: Friedrich Nietzsche. Sein Leben und sein Werk. Leipzig 1903.
RICHTER, J.: Die Entwicklung des kunsterzieherischen Gedankens. Als Kulturproblem der Gegenwart nach Hauptgesichtspunkten dargestellt. Leipzig 1909. (zgl. Diss. phil. Leipzig 1908)
RIEDEL, K.: Zur eigenständigen Schulgestaltung. In: Die Neue Erziehung IX (1927), S. 446/447.
RIEHL, W. H.: Die Naturgeschichte des Volks als Grundlage einer deutschen Sozialpolitik. Vierter Band. Wanderbuch als zweiter Teil zu „Land und Leute." 4. Aufl. Stuttgart/Berlin 1903. (Erste Aufl. 1869)
RIEKEL, A.: Aufgaben und Grenzen der öffentlichen Erziehung. Osterwieck/ Harz: Zickfeldt 1926.
RILKE, R.M.: Sämtliche Werke, hrsg. v. E. ZINN, Bd. 5: Worpswede – Rodin – Aufsätze. Frankfurt 1965. (zitiert als „S.W." mit Bandangabe)
RILKE, R.M.: Briefe aus den Jahren 1902 bis 1906. Hrsg. v. R. SIEBER-RILKE/ C. SIEBER. Leipzig 1930.
RILKE, R.M.: Gedichte. Aus den Jahren 1902 bis 1917. Taschenbuch-Ausgabe der 1931 als Privatdruck erschienenen Edition der Handschrift Rainer Maria Rilkes. Illustriert von M. SLEVOGT. Frankfurt am Main: Insel 1983.
RILKE, R.M.: Briefe. Hrsg. v. K. ALTHEIM. Bd. 1. Frankfurt 1987.
RILKE, R.M./KEY, E.: Briefwechsel. Mit Briefen von und an Clara Rilke Westhoff. Hrsg. v. TH. FIEDLER. Frankfurt/Leipzig 1993.
RISSMANN, R.: Geschichte des Arbeitsunterrichts in Deutschland. Gotha 1882.
RISSMANN, R.: Geschichte des Deutschen Lehrervereins. Leipzig: Julius Klinkhardt 1908.
RISSMANN, R.: Die Arbeitsschule. Grundsätzliche Erörterungen. In: Die Deutsche Schule XV (1911), S. 65-82.
ROBERT, Ch.: De l'ignorance des populations ouvrières et rurales de la France. Paris: Montbéliard 1863.
ROBIEN, P.: Siedlungs-Aktion. Wien 1921.
ROLLAND, E.: Réflexions pédagogiques. In: La Vie Intellectuelle (Paris) 25 avril 1933, S. 324-342.
ROMAN, F.W.: The New Education in Europe: an Account of Recent Fundamental Changes in the Educational Philosophy of Great Britain, France and Germany. New York: George Routledge 1923.
ROSENZWEIG, F.: Der Stern der Erlösung. Mit einer Einführung von R. MEIER und einer Gedenkrede von G. SHOLEM. Frankfurt 1988. (Erstausg. 1921)
ROTH, K.L.: Gymnasial-Pädagogik. Stuttgart 1865.
ROTH, H.: Psychologie der Jugendgruppe. Aufbau, Sinn und Wert jugendlichen Gemeinschaftslebens. Berlin 1938.
ROTHSTEIN, H.: Die Gymnastik, nach dem System des schwedischen Gymnasiarchen P. H. Ling. Zweiter Abschnitt: Die pädagogische Gymnastik. 2. Aufl. Berlin 1857.

RÖTTGER, K.: Kind und Gottesidee. Berlin 1908. (= Führer ins Leben, hrsg. v. W. MOHR, Bd. 2)
ROTTEN, E. (Hrsg.): Die Entfaltung der schöpferischen Kräfte im Kinde. Bericht der Dritten Internationalen Pädagogischen Konferenz des Internationalen Arbeitskreises für Erneuerung der Erziehung in Heidelberg vom 2. bis 15. August 1925. Gotha 1926.
ROTTEN, E.: Der soziale Wandel und der Erzieher. In: Hommage au Dr. Decroly. Saint-Nicolas-W.: Les usines réunies Scheerders – Van Kerchove (1932), S. 439-448.
ROTTEN, E.: Children's Communities. A Way of Life for War Victims. Genève: UNESCO 1949.
ROTTEN, E./WILKER, K.: Weltanschauung oder nicht? Eine Betrachtung nach zehn Jahren internationaler Zusammenarbeit. In: Das werdende Zeitalter IX, 1 (Januar 1930), S. 3-7.
RUDE, A.: Die Neue Schule und ihre Unterrichtslehre. Bd. I: Die Neue Schule. Osterwieck-Harz/Leipzig 1927. (= Der Bücherschatz des Lehrers, hrsg. v. K.O. BEETZ/A. RUDE, Bd. XI)
RUGG, H./SHUMAKER, A.: The Child-Centered School. An Appraisal of the New Education. Yonkers-on-Hudson/Chicago: World Book Company 1928.
RÜHLE, O.: Neues Kinderland. Ein kommunistisches Schul- und Erziehungsprogramm. Berlin-Fichtenau 1920.
RUSKIN, J.: Ausgewählte Werke, Bd. III: Der Kranz von Olivenzweigen. Vier Vorträge über Industrie und Krieg. Übers. v. A. HENSCHKE. Leipzig 1901.
SACHS, J.J.: Die vielfachen Fehler und Uebel in der jetzigen häuslichen und öffentlichen Erziehung, mit Andeutungen zum Vermeiden derselben nach der nothwendigen künftigen Stellung der Erziehungswissenschaft. Eine dringende Mahnung an Eltern, Lehrer und Erzieher. Berlin 1830.
SACHSE, FR.: Nationale Pädagogik. In: Paedagogium IX (1887), S. 510-525.
SCHALLENFELDT, R.: Der Handarbeits-Unterricht in Schulen. Werth, Inhalt, Lehrgang und Methodik desselben. M.e. Vorw. v. K. BORMANN. Frankfurt/M. 1861.
SCHARRELMANN, H.: Aus meiner Werkstatt. Präparationen für Anschauungsunterricht und Heimatkunde. 1909.
SCHARRELMANN, H.: Erlebte Pädagogik. Gesammelte Aufsätze und Unterrichtsproben. Hamburg/Berlin 1912.
SCHARRELMANN, H.: Weg zur Kraft. Des „Herzhaften Unterrichts" zweiter Teil. Braunschweig/Hamburg 1920. (Erste Ausgabe 1904)
SCHARRELMANN, H. (Hrsg.): Die Großstadt. Bd. 1: Spaziergänge in die Großstadt. Braunschweig/Hamburg 1921. (erste Ausg. 1914)
SCHARRELMANN, H.: Bausteine für intime Pädagogik. Erstes Heft. Braunschweig 1922.
SCHARRELMANN, H.: Von der großen Umkehr. Beiträge zu einer intimen Pädagogik. Braunschweig/Hamburg 1924.
SCHARRELMANN, H.: Von der Lernschule über die Arbeitsschule zur Charakterschule. Leipzig-Dürr 1937.
SCHEIBE, W.: Abriss der Deutschen Erziehungsgeschichte. Leipzig 1944.
SCHEIBNER, O.: Der erste Deutsche Kongress für Jugendbildung und Jugendkunde. In: Zeitschrift für pädagogische Psychologie und experimentelle Pädagogik 12 (1911), S. 553ff.
SCHEIBNER, O.: Arbeitsschule in Idee und Gestaltung. Gesammelte Abhandlungen. 5. Aufl., durchges.u. hrsg. v. W. FLITNER. Heidelberg 1962. (Erste Ausgabe 1927)
SCHELER, M.: Jugendbewegung. In: Berliner Tagblatt Nr. 154 v. 1. April 1923.
SCHENKENDORFF, E.V.: Der Praktische Unterricht, eine Forderung der Zeit. Sein erziehlicher, volkswirthschaftlicher und socialer Werth. Breslau: Ferdinand Hirt 1880.

SCHIEKER, F.: Die Grundschule und das Kind. Einblicke in die Notwendigkeiten. Für Schule und Haus. Stuttgart: Holland & Josenhans 1924.
SCHILDBACH, C.H.: Zur Ätiologie der habituellen Skoliose. In: Archiv für pathologische Anatomie und Physiologie und für klinische Medicin Bd. 41 (Vierte Folge: Erster Band) (1867), S. 15-23.
SCHILDBACH, C.H.: Die Schulbankfrage und die Kunze'sche Schulbank. Unter Mitwirkung v. ERNST KUNZE in Chemnitz. Mit II in den Text gedr. Abbildungen (in Holzschnitt). Leipzig: Keil 1869.
„Schillerschule in Bremen." (Eingabe des Guttemplerordens an die hohe Senatskommission für das Unterrichtswesen zu Bremen vom 7. Dezember 1905). In: Der Säemann II (1906), S. 60-63.
SCHINZ, A.: La moralité de l'enfant. In: Revue philosophique tome XLV (1898), S.259-295.
SCHLOTTERBECK, B.: Sinnenbildung. Versuch einer historisch-kritischen Darstellung des Anschauungsunterrichts, nebst Aufstellung eines Lehrganges für denselben auf der Grundlage der Sinnenbildung. Glogau 1860.
SCHLÜNZ, F.: Die Wende. In: Die Wende 1. Blatt (November 1918), S. 1-5.
SCHLÜNZ, F.: Die Entfesselung der Seele. Absage an die vorrevolutionäre Gesellschaft und ihr Bildungswesen. Hamburg 1919.
SCHLÜNZ, F.: Wandervogel wach auf. Hamburg 1919a.
SCHLÜNZ, F.: Von der wesentlichen Haltung. Wider die Schulreform. Hamburg 1920.
SCHLÜTER, G.: Vom Kinde aus. (1920) In: Chr. HOFER/J. OELKERS (Hrsg): Schule als Erlebnis. Vergessene Texte der Reformpädagogik. Braunschweig: Westermann 1998, S. 98-102.
SCHMIDKUNZ, H.: Psychogenesis und Pädagogik. In: Lehrproben und Lehrgänge aus der Praxis der Gymnasien und Realschulen Heft LXIV (1900), S. 1-25.
SCHMIDT, A.: Die Würde des Kindes und ihre Betrachtung von Seiten des Lehrers. Ein Vortrag, welcher für die XIV. allgemeine deutsche Lehrerversammlung in Mannheim bestimmt war. Naumburg a/S. 1864.
SCHMIDT, K.: Zur Reform der Lehrerseminare und der Volksschule. Cöthen 1863.
SCHMIDT, K.: Die Anthropologie. Die Wissenschaft vom Menschen in ihrer geschichtlichen Entwicklung und auf ihrem gegenwärtigen Standpunkte. Den Bildnern der deutschen Nation gewidmet. Erster Theil. Einleitung und Geschichte der Anthropologie. 2., gänzl. umgearb. Aufl. d. „Anthropologischen Briefe." Dresden 1865. Zweiter Theil. Die Wissenschaft vom Menschen in seinem Leben und in seinen Thaten mit besonderer Berücksichtigung der Menschenerziehung. 2., gänzl. umgearb. Aufl. d. „Anthropologischen Briefe." Dresden 1865.
SCHMIDT, K.: Geschichte der Pädagogik dargestellt in weltgeschichtlicher Entwicklung und im organischen Zusammenhange mit dem Culturleben der Völker. 2., vielf. verm. u. verb. Aufl., besorgt durch W. LANGE. Bd. 4: Die Geschichte der Pädagogik von Pestalozzi bis zur Gegenwart. Cöthen 1867.
SCHMIDT, O.: Theoretische und praktische Grundlagen zur Ausgestaltung des Arbeitsunterrichts. Leipzig/Berlin 1912.
SCHMITT, C.: Politische Romantik. 3. Aufl. Berlin (West) 1968. (Erste Aufl. 1919)
SCHNEIDER, E.: Zur Schulreform. Vorträge und Aufsätze. Bern 1916.
SCHNELL, J. J.: Über die Nothwendigkeit der Gründung polytechnischer Vereine und Schulen im Allgemeinen und über dringend nothwendige Errichtung eines solchen Vereins und Schule zu Nürnberg, für den Rezatkreis insbesondere. Nürnberg 1821.
SCHNELL, F.: Zur Pädagogik der That. Praktische Punkte der Erziehung und Bildung, nebst einem Anhange, Schulgesetze betreffend. Berlin 1864.
SCHNELL, F.: Die Anschauung. Eine pädagogische Monographie. Cöthen 1865.

SCHNELL, F.: Der Lernact. Worin besteht er, und wodurch wird er gehemmt und gefördert? Langensalza 1867.
SCHRAUBE, O.: Die Sorge für die Gesundheit in den Schulen In: (Adolph Henke's) Zeitschrift für die Staatsarzneikunde Jg. 40 (1860), S. 244-285.
SCHREBER, D.G.M.: Das Buch der Gesundheit. Eine Orthobiotik nach den Gesetzen der Natur und dem Baue des menschlichen Organismus. Leipzig 1839.
SCHREBER, D.G.M.: Die schädlichen Körperhaltungen und Gewohnheiten der Kinder nebst Angabe der Mittel dagegen. Für Aeltern und Erzieher. Leipzig 1853.
SCHREBER, D.G.M.: Ärztliche Zimmergymnastik oder Darstellung und Anwendung der unmittelbaren – d.h. ohne Geräth und Beistand, mithin stets und überall ausführbaren – heilgymnastischen Bewegungen für jedes Alter und Geschlecht und für die verschiedenen speciellen Gebrauchszwecke als ein einfach natürliches System entworfen. Leipzig 1855.
SCHREBER, D.G.M.: Ein ärztlicher Blick in das Schulwesen in der Absicht: zu heilen, und nicht: zu verletzen. Mit Abbildungen. Leipzig 1858.
SCHREBER, D.G.M.: Kallipädie oder Erziehung zur Schönheit durch naturgetreue und gleichmäßige Forderung normaler Körperbildung, lebenstüchtiger Gesundheit und geistiger Veredelung und insbesondere durch möglichste Benutzung specieller Erziehungsmittel. Für Aeltern, Erzieher und Lehrer. Mit 72 Abbildungen im Text. Leipzig 1858a.
SCHREBER, D.G.M.: Die planmäßige Schärfung der Sinnesorgane als eine Grundlage und leicht zu erfüllende Aufgabe der Erziehung, besonders der Schulbildung. Leipzig 1859.
SCHREBER, D.G.M.: Über Volkserziehung und zeitgemäße Entwickelung derselben durch Hebung des Lehrerstandes und durch Annäherung von Schule und Haus. Eine dringliche Lebensfrage der Culturstaaten. Leipzig 1860.
SCHREBER, D.G.M.: Der Hausfreund als Erzieher und Führer zu Familienglück, Volksgesundheit und Menschenveredelung für Väter und Mütter des deutschen Volkes. Leipzig 1861.
SCHREIBER, A. (Hrsg.): Das Buch vom Kinde. Ein Sammelwerk für die wichtigsten Fragen der Kindheit unter Mitarbeit zahlreicher Fachleute herausgegeben. Mit Buchschmuck von H. Höppener-Fidus und E. Rehm-Vietor. Band I/II. Leipzig/ Berlin: B.G. Teubner 1907.
SCHREYER, L.: Der neue Mensch. In: F. JÖDE (Hrsg.): Pädagogik deines Wesens. Gedanken der Erneuerung aus dem Wendekreis. Hamburg 1920, S. 9-14.
SCHULER, A.: Fragmente und Vorträge aus dem Nachlass. Mit Einführung von L. KLAGES. Leipzig: Ambrosius Barth 1940.
SCHULTHEISS, W.K.: Das Schulehalten im neunzehnten Jahrhundert oder vom Element an lückenlos fortschreitender, ineinander greifender Unterricht für zweytausend und achtzig Lehrstunden in der Volksschule. Band 1: Methodenbuch zu dem Anfangs-Unterricht in Volksschulen und Privatlehranstalten. Nürnberg: Selbstverlag des Verfassers 1835.
SCHULTZE, E.: Die Zerstörung der Kindheit. In: Zeitschrift für Jugenderziehung, Gemeinnützigkeit und Volkswohlfahrt II (1911/12), S. 230-236, 264-270, 308-312.
SCHULZ, A.: Der Mensch und seine natürliche Ausbildung. Wider das althergebrachte Verfahren in Erziehung und Unterricht. Berlin 1893.
SCHULZ, H.: Die Schulreform der Sozialdemokratie. Leipzig 1911.
SCHULZE, G.: Die Berthold-Otto-Schule in Magdeburg. Ein Versuch zur Reform der höheren Schule. In: Die Sammlung 5 (1950), S. 682-688.
SCHUMACHER, F.: Die Wiedereroberung harmonischer Kultur. In: Kunstwart XXI (Januar 1908), S. 135-138.

SCHÜRMAYER, I.H.: Handbuch der medicinischen Polizei. Nach den Grundsätzen des Rechtsstaates zu academischen Vorlesungen und zum Selbstunterrichte für Ärzte und Juristen. 2., verb. u.m.e. Sachreg. vers. Aufl. Erlangen 1856.

SCHWAB, E.: Die österreichische Musterschule für Landgemeinden auf dem Weltausstellungsplatze. Im Auftrage des Comités der Schulfreunde verfasst. Wien 1873.

SCHWAB, E.: Die Arbeitsschule als organischer Bestandteil der Volksschule. Ein Beitrag zur Lösung der Aufgabe unserer Volkserziehung. Wien/Olmütz 1873a.

SCHWAB, E.: Der Schulgarten. Ein Beitrag zur Lösung der Aufgabe unserer öffentlichen Erziehung. 4. Aufl. Wien 1876.

SEIDEL, R.: Der Arbeits-Unterricht eine pädagogische und soziale Notwendigkeit zugleich eine Kritik der gegen ihn erhobenen Einwände. Tübingen 1885.

SEIDEL, R.: Die Schule der Zukunft eine Arbeitsschule. Kritik des Vortrages von Stadtschulrat Dr. Kerschensteiner aus München. 2. verm. Aufl. Zürich 1909.

SEMPER, G.: Wissenschaft, Industrie und Kunst. Braunschweig 1852.

Septemberbrief der Arbeitsschule Barkenhof. In: Der Leib 2,1 (Oktober 1920), S. 96-97.

SHAW, B.: Misalliance, The Dark Lady of the Sonnets, and Fanny's First Play. With a Treatise on Parents and Children. London: Constable and Company Ltd. 1914.

SIEGL, M.H.: Reform of Elementary Education in Austria. Submitted in Partial Fulfillment to the Requirements for the Degree of Doctor of Philosophy in the Faculty of Education Columbia University. New York, N.Y. 1933.

SIEMSEN, A.: Beruf und Erziehung. Berlin 1926.

SIMMEL, G.: „Rembrandt als Erzieher." In: Vossische Zeitung vom 1. Juni 1890.

SIMMEL, G.: Die Bedeutung des Geldes für das Tempo des Lebens. In: Neue Deutsche Rundschau 8 (1897), S. 111-122.

SIMMEL, G.: Die Großstädte und das Geistesleben. In: Die Großstadt. Vorträge und Aufsätze zur Städteausstellung. Jahrbuch der Gehe-Gesellschaft 9 (1903), S. 185-206.

SIMON, J.: L'Ecole. Paris: Librairie Internationale A. Lacroix, Verboeckhoven&Ce., Editeurs 1865.

SNELL, A.: Comenius, Fröbel und Haufe. In: Neues Leben Nr. 6 (1911).

SPANN, O.: Die Kulturkrise der Gegenwart. Vortrag am 23. Februar 1929 im Auditorium Maximum der Universität München. In: Mitteilungen des Kampfbundes für deutsche Kultur I, 3 (März 1929), S. 33-44.

SPENCER, H.: Die Erziehung in geistiger, sittlicher und leiblicher Hinsicht. Mit des Verfassers Bewilligung nach der 3. englischen Auflage in deutscher Übersetzung herausgegeben von F. SCHULTZE. 2., verb. Aufl. Jena 1881. (engl. Orig. 1854-1859)

SPENCER, H.: The Man versus the State. With Six Essays on Government, Society, and Freedom. Foreword by E. MACK; intr. by A. J. NOCK. Indianapolis: Liberty Fund 1982. (erste Ausg.1884)

SPENGLER, O.: Der Untergang des Abendlandes. Umrisse einer Morphologie der Weltgeschichte. Mit einem Nachwort von A. M. KOKTANEK. Bd. 1: Gestalt und Wirklichkeit. Bd. 2: Welthistorische Perspektiven. 2. Aufl. München 1973. (Orig. ausg. 1918/1922).

SPRANGER, E.: An die Jugend. In: Der Säemann, Jg. 1914, S. 386-393.

SPRANGER, E.: Das humanistische und das politische Bildungsideal im heutigen Deutschland. Berlin 1916. (= Deutsche Abende im Zentralinstitut für Erziehung und Unterricht. Sechster Vortrag)

STARK, B.: Kunst und Schule. Zur deutschen Schulreform. Jena 1848.

STEELE, E.W.: Freeing the Child through Art. In: Progressive Education April/May/June (1926), S. 168-177.

STEIGL, F.: Die Hauptrichtungen des Schulzeichenunterrichts in Deutschland. In: Pädagogisches Jahrbuch, Band VIII. Wien 1886, S. 89-103.

STEIN, L.: Friedrich Nietzsches Weltanschauung und ihre Gefahren. Berlin 1893.

STEINER, R.: Friedrich Nietzsche – Ein Kämpfer gegen die Zeit. Weimar 1895.
STEINTHAL, H.: Einleitung in die Psychologie und Sprachwissenschaft. 2., verm. Aufl. Berlin 1881.
STEPHANI, H.: Handbuch der Erziehungskunst nach der bildenden Methode für Volksschullehrer. Erlangen 1936.
STERN, P.: Einfühlung und Association in der neueren Ästhetik. Ein Beitrag zur psychologischen Analyse der ästhetischen Anschauung. Hamburg/Leipzig 1898. (= Beiträge zur Ästhetik, hrsg. v. Th. LIPPS/R. M. WERNER, Bd. V)
STERN, W.: Psychologie der frühen Kindheit bis zum sechsten Lebensjahre. Mit Benutzung ungedruckter Tagebücher von C. STERN/und Beiträgen von K. LEWIN und H. WERNER. 5. überarb. u. erw. Aufl. Leipzig 1928. (Erstaufl. 1914)
STERN, M.R. v.: Die Selbsterziehung als Grundlage der sozialen Reform. Leipzig 1904.
STERNBERGER, D.: Panorama oder Ansichten vom 19. Jahrhundert. Frankfurt 1974 (Erstausg. 1938)
STIRNER, M.: Das unwahre Prinzip unserer Erziehung oder Humanismus und Realismus. (1842) In: M. STIRNER: Parerga, Kritiken, Repliken. Hrsg. v. B. A. LASKA. Nürnberg 1986, S. 75-97.
STRAUSS, F.: Ueber die Nothwendigkeit geordneter Leibesübungen für die gelehrten Schulen. Leipzig 1828.
STROHMAYER, W.: Vorlesung über die Psychopathologie des Kindesalters für Mediziner und Pädagogen. Tübingen 1910.
STUHLFAHRTH, W.: Vom Werden der Arbeitsschule. Stimmen ihrer Vorkämpfer aus vier Jahrhunderten. Osterwieck/Harz 1922.
STURM, K.F.: Die pädagogische Reformbewegung der jüngsten deutschen Vergangenheit. Osterwieck 1930.
STURM, K.F.: Deutsche Erziehung im Werden. Von der pädagogischen Reformbewegung zur völkischen und politischen Erziehung. 5. verb. u. verm. Aufl. Osterwieck/Berlin 1942.
SULLY, J.: Studies of Childhood. New Edition with Corrections and Additions. London/New York/Bombay: Longmans, Green, and Co. 1903. (Erste Aufl. 1895)
TEPP, M.: Vom Sinn des Körpers und der Lüge des Geistes. In: Die Wende 1. Blatt (November 1918), S. 10-12.
TEPP, M.: Tanz. Ein Bekenntnis zum Menschen. Wolfenbüttel 1919.
TEPP, M.: Die neue Schule. Hamburg (1920).
TEPP, M.: Erklärung. In: Der Leib I, 3 (April 1920a), S. 117.
TEPP, M.: Wendehof-Holtorf. In: Der Leib II, 1 (Oktober 1920b), S. 71/72.
TEPP, M.: Ich rufe dich. Vom Untergang der Schule und vom allgemeinen Lehrertum. Kettwig/Ruhr 1924.
TESAR, L.E.: Gesellschaft und Schule. Berlin 1925.
TESAR, L.E.: Schulreform in Österreich. In: H. NOHL/L. PALLAT (Hrsg.): Handbuch der Pädagogik, Bd. IV: Die Theorie der Schule und der Schulaufbau. Langensalza 1928, S. 313-324.
TESAREK, A.: Du und dein Kind. Eine Seelenkunde des Kindes für alle. Wien 1936.
TEWS, J.: Die Ferienkolonien und ihre Weiterentwicklung. In: Deutsche Blätter für erziehenden Unterricht XIV, No. 25 (1887), S. 197/198.
TEWS, J.: Schulkämpfe der Gegenwart. Vorträge zum Kampf um die Volksschule in Preußen gehalten in der Humboldt-Akademie in Berlin. Leipzig 1906.
TEWS, J.: Großstadtpädagogik. Vorträge, gehalten in der Humboldt-Akademie zu Berlin. Leipzig 1911.
TEWS, J.: Der Stand der pädagogischen Fachpresse in Deutschland. In: Das Kind und die Schule. Ausdruck – Entwicklung – Bildung. Leipzig o.J. (1914), S. 352-356.
The American Journal of Education, ed. by H. BARNARD, Vol. 6 (1881).

The Creative Self-Expression of the Child. Being a Report of Lectures given on the First Summer Conference held by The New Education Fellowship Calais, 1921. London: The New Education Fellowship 1921.
The New Era Vol. 3 (1922).
Theorie und Praxis der Arbeitsschule. Herausgegeben vom Zentralinstitut für Erziehung und Unterricht Berlin. Berlin 1922.
THIERBACH, E.: Die Schule ist die Pflanzstätte des kommenden Geschlechts. Oder die wahren Erwartungen von der Wirksamkeit der Volksschulen. Sondershausen 1836.
Thomas Arnold. Aus seinen Briefen und aus Nachrichten seiner Freunde geschildert. Frei nach dem Englischen des A.P. STANLEY von K. HEINTZ. Potsdam 1847.
TIEDEMANN, H.C.W.: Beiträge zur naturgemäßen Erziehung nebst vermischten Aufsätzen. Hamburg 1864.
TIESMEYER, L.: Die Praxis des Jünglingsvereins. Barmen 1895.
TOLSTOJ, L. N.: Die Schule von Jasnaja Poljana. Hrsg. v. St. BLANKERTZ. Wetzlar 1980. (= Bibliothek der Schulkritiker, Bd. 1)
TÖNNIES, F.: Gemeinschaft und Gesellschaft. Grundbegriffe der reinen Soziologie. 3., durchges.u. bericht. repr. Nachdr. d. Ausg. Darmstadt 1968. Darmstadt 1972. (Erste Aufl. 1887)
TRACY, R/STIMPFL, J.: Psychologie der Kindheit. Eine Gesamtdarstellung der Kinderpsychologie für Seminaristen, Studierende und Lehrer. 4., verb. Aufl. Leipzig 1912.
TRÜPER, J.: Psychopathische Minderwertigkeiten im Kindesalter. Gütersloh 1893.
TRÜPER, J.: Pädagogik und Medizin. In: W. REIN (Hrsg.): Encyklopädisches Handbuch der Pädagogik. Bd. V: Nachahmung – Römische Erziehung. Langensalza 1898, S. 183-187.
TSCHUMI, A.: Routine et progrès sur les écoles secondaires et primaires. Genève: J. Jullien, Librarie-Editeur 1883.
TÜMPEL, R.: Überbürdung. In: W. REIN (Hrsg.): Encyklopädisches Handbuch der Pädagogik. Bd. VII: Tabakrauchen – Zwingli. Nachträge. Register. Langensalza 1899, S. 175-186.
TÜRK, W.C.C. VON: Beiträge zur Kenntnisse einiger deutscher Elementarschulanstalten, namentlich der zu Dessau, Leipzig, Heidelberg, Frankfurt am Mayn. Leipzig 1806.
TUMLIRZ, O.: Das Problem der „Einheitsschule“ und des „Aufstiegs der Begabten.“ Einige grundsätzliche Erörterungen. In: Die Deutsche Schule XXIII (1920), S. 456-466, 503-512.
TUMLIRZ, O.: Austrian Education in the Past Fifteen Years. In: School and Society 41 (1935), S. 197-203.
VAN DER LEEUW, G.: La tâche de l'Education dans la crise mondiale. In: Pour l'ère nouvelle (décembre 1932), S. 312-318.
Verhandlungen über Fragen des höheren Unterrichts. Berlin, 4. bis 17. Dezember 1890. Im Auftrage des Ministers der geistlichen, Unterrichts und Medizinalangelegenheiten. Berlin 1891.
Verhandlungen der Direktoren-Versammlungen in den Provinzen des Königreichs Preußen seit dem Jahre 1879. Bd. 48: Erste Direktoren-Versammlung in der Provinz Hessen-Nassau. Berlin 1912.
Versuche und Ergebnisse der Lehrervereinigung für die Pflege der künstlerischen Bildung in Hamburg. 3. Aufl. Hamburg 1902.
VIERORDT, K.V.: Physiologie des Kindesalters. In: C. HENNING/W. HENKE/K.V. VIERORDT: Geschichte der Kinderkrankheiten. Anatomie und Physiologie des Kindesalters. Mit 68 Holzschnitten. 2., umgearb. und. verm. Aufl. Tübingen 1881.
VINET, A.: Notice sur l'Ecole supérieure des jeunes filles à Lausanne. In: Journal de la Société vaudoise d'utilité publique X (février 1842), S. 81-99.

VIRCHOW, R.: Über den Fortschritt in der Entwicklung der Humanitäts-Anstalten. In: Amtlicher Bericht über die Fünfunddreißigste Versammlung Deutscher Naturforscher und Aerzte in Königsberg in Preußen im September 1860. Königsberg 1860, S. 41-43.

VIRCHOW, R.: Über gewisse die Gesundheit benachtheiligende Einflüsse der Schulen. Ein Bericht. Berlin 1869.

VIRCHOW, R.: Die Freiheit der Wissenschaft im modernen Staat. Rede gehalten in der dritten allgemeinen Sitzung der fünfzigsten Versammlung deutscher Naturforscher und Ärzte zu München am 22. September 1877. 2. Aufl. Berlin 1877.

VIRCHOW, R./GUTTSTADT, A. (Hrsg.): Die Anstalten der Stadt Berlin für die öffentliche Gesundheitspflege und für den naturwissenschaftlichen Unterricht. Berlin 1886.

VOGELER, H.: Lebensschule. In: Wende. Blätter vom Werden und Wesen. Hrsg. v. F. JÖDE. Lauenburg/Elbe 1920, S. 121-123.

VOGELER, H.: Unsere Taterziehung auf dem Barkenhof. In: Die Arbeitsschule 35 (1921), S. 175-179.

VOGELER, H.: Kosmisches Werden und menschliche Erfüllung. Hamburg 1921a.

VOGELER, H.: Die Arbeitsschule als Aufbauzelle der klassenlosen menschlichen Gesellschaft. Den Bürgern gewidmet, die ihre letzte gestaltende Kraft nicht an den Selbstmord hingeben wollen. Hamburg 1921b.

VOGELER, H.: Zur Frage des Kommunismus. In: Mahnrufe deutscher Intellektueller. 30 Antworten zur Frage des Kommunismus. Berlin 1924, S. 25.

VOGELER, H.: Reise durch Russland. Die Geburt des neuen Menschen. Dresden (1925).

VOGELER, H.: Erinnerungen. Hrsg. v. E. WEINERT. Berlin 1952.

VOLKELT, J.: Pädagogische „Einfühlung." Eine psychologische Betrachtung. In: Vierteljahresschrift für philosophische Pädagogik 1 (1917), S. 36-42.

VOSS, J.H.: Freimüthige aber wahrhafte Bemerkungen über den Schulstand und was demselben Noth thut. Nebst Bitten an meinen König. Barmen 1819.

WACHSNER, F.: Ist Berthold Ottos Pädagogik wissenschaftlich begründet? Eine Untersuchung über ihre ethischen und psychologischen Voraussetzungen. Leipzig 1910.

WAGNER, Ch.: Jeunesse. Ouvrage couronné par l'Académie française. Sixième Edition. Paris: Librairie Fischbacher 1892.

Waldorf-Nachrichten. Herausgegeben von der Waldorf-Astoria Zigarettenfabrik-Aktiengesellschaft Jg. 1, Nr. 19 (Oktober 1919), S. 357-388.

WASHBURNE, C.: The Philosophy of the Winnetka-Curriculum. In: 26th Yearbook of Education: Curriculum-making: Past and Present. Chapter 11. New York 1927.

WEBER, A.: Die Großstadt und ihre sozialen Probleme. Bonn/Leipzig 1908.

WEBER, E.: Experimentier-Pädagogik. In: Der Säemann: Monatsschrift für Jugendbildung und Jugendkunde/hrsg. von der Hamburger Lehrervereinigung für die Pflege der künstlerischen Bildung 1(1905), S. 21-27.

WEBER, E.: Die pädagogischen Gedanken des jungen Nietzsche im Zusammenhang mit seiner Welt- und Lebensanschauung. Leipzig 1907.

WEBER, E.: Kunsterziehung und Erziehungskunst. Leipzig 1914. (= Pädagogium. Eine Methoden-Sammlung für Erziehung und Unterricht, hrsg. v. O. MESSMER, Bd. IV)

WEIGAND, H.-J.: Die Wichtigkeit der Elementarschule, deren Beaufsichtigung und das eine, was derselben Noth thut, zur Beherzigung für alle deutschen Fürsten, für die hohe Bundes-Versammlung in Frankfurt a.M., für alle hohen Regierungen geistlichen und weltlichen Standes und für alle Landstände in ganz Deutschland. Freiburg im Breisgau 1838.

WEINGART, J.F.: Volks-Schulverbesserungsplan für Deutschland. Zur Beherzigung für alle Schulbehörden und Schulmänner geschrieben, und der hohen Bundesversammlung zu Frankfurt zur Prüfung vorgelegt. Sonderhausen 1817.

WENDLING, K.: Wider den pädagogischen Anarchismus. Strassburg 1913.

WERNAER, R. M.: Die Einfühlung und das Symbol. In: Zeitschrift für Philosophie und philosophische Kritik Bd. 126 (1905), S. 29-44.
WETEKAMP, W./BORCHERT, P: Selbstbetätigung und Schaffensfreude in Erziehung und Unterricht mit besonderer Berücksichtigung des ersten Schuljahres. Leipzig: Teubner 1910.
WHITMAN, W.: Grashalme. In Auswahl übertragen von J. SCHLAF. Nachwort von J. URZIDIL. Stuttgart 1986. (amerik. Orig. 1855ff.)
WIEDEMANN, F.: Der Lehrer der Kleinen. Ein praktischer Ratgeber für junge Elementarlehrer. Überhaupt ein Buch für alle, welche sich für die Erziehung der Kleinen interessieren. 6. Aufl. Leipzig 1885. (Erste Aufl. 1869)
Wie kann die Volksschule und der Wehrstand sich gegenseitig nützen und unterstützen? Gedanken eines Preußen. Strassburg: Köhler 1851.
WIESE, L.: Pädagogische Ideale und Proteste. Berlin: Wiegandt und Grieben 1884.
WIESENTHAL, M.: Friedrich Nietzsche und die griechische Sophistik. Heidelberg 1904 [Separatdruck von Das humanistische Gymnasium 14(1903)].
WIESSNER, E.: Geschichte des Handfertigkeitsunterrichts für Knaben. In: Geschichte des Unterrichts in den technischen Fertigkeiten in der Volksschule. Bearbeitet von C. HEY u.a. Gotha 1889, S. 257-344.
WIGGE, H.: Ein deutsches Landerziehungsheim. In: Pädagogisches Monatsblatt (Leipzig) Heft 4 (1898). Wieder in: C. REDDIE: Abbotsholme. London: George Allen 1900, S. 398-406.
WIGGE, H.: Die Gefahren der Arbeitsschulbewegung. Langensalza 1913. (= Pädagogisches Magazin, Heft 526)
WIGGE, H./MARTIN, P.: Die Unnatur der modernen Schule. Grundlagen zur naturgemäßen Umgestaltung des gesamten Volksschulwesens. Leipzig 1888.
WILL, H.: Geschichte und Gesicht der bremischen Lehrerschaft. Gestalten und Generationen aus hundert Jahren (1848-1948). Ein Beitrag zur Geschichte der deutschen Volksschule. Band I/II. Bremen: Krohn 1950.
WILSON, F.M.: The Child as Artist. Some Conversations with Professor Cizek. London: Children's Art Exhibition Fund 1921.
WINTER, A.: Die Kindesseele in ihrer tiefinnersten Ergründung, in ihrer zartesten Entwickelung und in ihrer vorbereitenden Erziehung durch die Verwahr- und Kleinkinderschulen und Kindergärten, oder Rathschläge für Lehrer und Lehrerinnen zu deren gedeihlichen Leitung, besonders in Beziehung auf Verpflegung, Unterricht, Ueberwachung, Disciplin, Belohnungen und Strafen. Nach langjährigen Erfahrungen und Beziehung der französischen Schrift des Fräulein Carpentier. Weimar 1855.
WOLGAST, H.: Der Bureaukratismus in der Schule. (1887) In: Chr. HOFER/J. OELKERS (Hrsg.). Schule als Erlebnis, Vergessene Texte der Reformpädagogik. Braunschweig: Westermann 1998, S. 24-35.
WOODS, A.: Advance in Co-Education. Articles by Various Authors. [S.1.]: Sidgwick & Jackson 1918.
WUNTSCHLI, B. G. (d.i. K. Fr. W. WANDER): Pädagogische Briefe vom Rhein an den Verfasser der Volksschule als Staatsanstalt. Mannheim 1845.
WYNEKEN, G.: Die Kirche. Leipzig/Coburg 1901.
WYNEKEN, G.: Schule und Jugendkultur. Jena 1914.
WYNEKEN, G.: Der Krieg und die Jugend. Öffentlicher Vortrag gehalten am 25. November 1914 in der Münchner Freien Studentenschaft. München 1915. (= Schriften der Münchner Freien Studentenschaft, Heft 4)
WYNEKEN, G.: Die Jugendburg. In: Tätiger Geist! Zweites der Zieljahrbücher 1917/1918. Hrsg. v. K. HILLER. München/Berlin 1918, S. 354-374.

WYNEKEN, G.: Was ist „Jugendkultur“? Öffentlicher Vortrag gehalten am 30. Oktober 1913 in der Pädagogischen Abteilung der Münchner Freien Studentenschaft. 6./7. Aufl. München 1919.

WYNEKEN, G.: Wickersdorf. Lauenburg (Elbe) 1922.

WYNEKEN, G.: Eros. Lauenburg (Elbe) 1924.

WYNEKEN, G.: Weltanschauung. 2. Aufl. München 1947.

WYNEKEN, G.: Musikalische Weltanschauung. Eine Vorlesung. München 1948.

WYNEKEN, G.: Jugend! Philister über dir! 2. Aufl. M. e. Nachw. v. O. STECKHAN. Frankfurt/M. 1965.

ZANG, Dr.: Die Schulbank-Frage vom gesundheitlichen Standpunkte. In: Ärztliches Intelligenz-Blatt 15 (1868). S. 8-11.

ZEIDLER, K.: Vom erziehenden Eros. Hamburg 1919.

ZEIDLER, K.: Die andere Seite der neuen Schule. In: Hamburger Lehrerzeitung 1. Jg., Nr. 11 (15. März 1922).

ZEIDLER, K.: Die Wiederentdeckung der Grenze. Beiträge zur Formgebung der werdenden Schule. Jena 1926. (= Zeitwende. Schriften zum Aufbau neuer Erziehung)

ZENZ, A.: Turnunterricht für Blinde. Wien 1883.

ZERRENNER, C. Chr. G.: Methodenbuch für Volksschullehrer. 3., sehr verm. u. verb. Aufl. Magdeburg 1820.

ZIEGLER, Th.: Zur Genesis eines ästhetischen Begriffs. In: Zeitschrift für vergleichende Literaturgeschichte, N. F. Bd. VII (1894), S. 113-120.

ZIERTMANN, P.: Die gemeinsame Erziehung von Knaben und Mädchen in Deutschland und in Amerika. Leipzig: Quelle & Meyer, 1909.

ZIMMER, F.: Die Töchterheime der Mathilde-Zimmer-Stiftung. Erster Bericht. Berlin-Zehlendorf: Mathilde Zimmer Haus G.m.b.H. 1909.

ZOLLINGER, E.: Schule und Friedensbestrebungen. Dresden/Leipzig/Wien 1894.

Zum achtzigsten Geburtstage von Friedrich Beust. Zürich: Zücher&Furrer 1897.

Darstellungen

AMLUNG, U./HAUBFLEISCH, D./LINK, J.-W./SCHMITT, H. (Hrsg.): „Die alte Schule überwinden.“. Reformpädagogische Versuchsschulen zwischen Kaiserreich und Nationalsozialismus. Frankfurt/M. 1993.

ANDRESEN, S.: Krisenwahrnehmung und die Suche nach Vorbildern. Zum pädagogischen Einsatz männlicher Ikonen. Ms. Zürich/Heidelberg 2003.

ANDRESEN, S.: Kindheit und Politik. Sozialistische Kindheitskonzepte im Spannungsfeld von Sozialpolitik, Sozialpädagogik und Sozialwissenschaft. Habilitationsschrift Universität Zürich, Philosophische Fakultät. Ms. Zürich 2003a.

ANNEN, M.: Säkularisierung im 19. Jahrhundert. Die Volksschule des Kantons Schwyz als historisches Fallbeispiel. Diss. phil. Universität Zürich, Pädagogisches Institut (Fachbereich Allgemeine Pädagogik). Ms. Zürich 2003.

AUDOIN-ROUZEAU, St: La guerre des enfants 1914-1918. Essay d'histoire culturelle. Paris: Armand Colin 1933.

AUFMUTH, U.: Die deutsche Wandervogelbewegung unter soziologischem Aspekt. Göttingen 1979. (= Studien zum Wandel von Gesellschaft und Bildung im 19. Jahrhundert, hrsg. v. O. NEULOH/W. RÜEGG, Bd. 16)

BAUMANN, P.: Berthold Otto. Der Mann – die Zeit – das Werk – das Vermächtnis. Bd. I-VI. München 1958-1962.

BEINEKE, J.A.: And There Were Giants in the Land. The Life of William Heard Kilpatrick. New York: Peter Lang 1998.

BENNER, D.: Die Permanenz der Reformpädagogik. In: T. RÜLCKER/J. OELKERS (Hrsg.): Politische Reformpädagogik. Bern et. al.: Peter Lang 1998, S. 16-36.

BENNER, D./KEMPER, H.: Theorie und Geschichte der Reformpädagogik. 4 Bde. Weinheim: Beltz 2001-2003.
BERGMANN, K.: Agrarromantik und Großstadtfeindschaft. Meisenheim/Gl. 1970. (= Marburger Abhandlungen zur Politischen Wissenschaft, hrsg. v. W. ABENDROTH, Bd. 20)
BERNHARD, A./EIERDANZ, J. (Hrsg.): Der Bund der entschiedenen Schulreformer. Frankfurt/M. 1991. (= Sozialhistorische Untersuchungen zur Reformpädagogik und Erwachsenenbildung, hrsg. v. K.Chr. LINGELBACH/W. FABIAN, Bd. 11)
BIENZEISLER, R.: Der Bremer Reformpädagoge Fritz Gansberg. Bochum 1986.
BITTNER, St.: Learning by Dewey? John Dewey und die deutsche Pädagogik 1900-2000. Bad Heilbrunn/Obb.: Klinkhardt 2001.
BLOCK, R.: Der Alphabetisierungsverlauf im Preußen des 19. Jahrhunderts. Quantitative Explorationen aus bildungshistorischer Perspektive. Frankfurt am Main et.al. 1994.
BOAS, G.: The Cult of Childhood. Dallas: Spring Publications 1990. (erste Ausg. 1966)
BÖHM, W.: Maria Montessori. Hintergrund und Prinzipien ihres pädagogischen Denkens. Bad Heilbrunn/Obb. 1969.
BÖHM, W.: Kulturpolitik und Pädagogik Paul Oestreichs. Bad Heilbrunn/Obb. 1973.
BOUCHET, H. : L'individualisation de l'Enseignement. Paris: Alcan 1933.
BRODERSEN, M.: Spinne im eigenen Netz. Walter Benjamin – Leben und Werk. Bühl-Moos 1990.
BROOKS, R.: King Alfred School and the Progressive Movement, 1898-1998. Cardiff: University of Wales Press 1998.
BRÜNDEL, St.: Volksgemeinschaft oder Volksstaat. Die „Ideen von 1914“ und die Neuordnung Deutschlands im Ersten Weltkrieg. Berlin: Akademie Verlag 2003.
BUCHHOLZ, K./LATOCHA, R./PECKMANN, H./WOLBERT, K. (Hrsg.): Die Lebensreform. Entwürfe zur Neugestaltung von Leben und Kunst um 1900. Band I/II. Darmstadt: Verlag Häusser 2001.
CHICKERING, R.: Imperial Germany and a World Without War. The Peace Movement and German Society, 1892-1914. Princeton/N.J.: Princeton University Press 1975.
CHRISTADLER, M.: Zur nationalpädagogischen Funktion kollektiver Mythen in Frankreich. In: J. LINK/W. WÜLFING (Hrsg.): Nationale Mythen und Symbole in der zweiten Hälfte des 19. Jahrhunderts. Strukturen und Funktionen von Konzepten nationaler Identität. Stuttgart 1991, S. 199-211. (= Sprache und Geschichte, hrsg. v. R. KOSELLECK/KH. STIERLE, Bd. 16)
COBB, W.H.: Radical Education in the Rural South. Commonwealth College, 1922-1940. Detroit: Wayne University Press 2000.
COIGNARD, C.: Ellen Key. Clairvoyance et audace d'un esprit libre. Lausanne: Editions des Sentiers 2000.
CONSTABLE, L./DENISOFF, D./POTOLSKY, M: Perennial Decay: On the Aesthetics and Politics of Decadence. Philadelphia PA: University of Pennsylvania Press 1999.
CREMIN, L.: The Transformation of the School. Progressivism in American Education, 1876-1957. New York: Alfred A. Knopf 1961.
CREMIN, L.A.: American Education. The Metropolitan Experience 1876-1980. New York: Harper & Row 1988.
CROALL, J.: Neill of Summerhill. The Permanent Rebel. London/Melbourne/ Henley: Routledge & Kegan Paul 1983.
DE LA IGLESIA, M.E. (Ed.): Dartington Hall School. Staff Memories of the Early Years. Exeter Devon: Folly Island Press 1996.
DEPAEPE, M.: Rezension von D. Benner/H. Kemper: Theorie und Geschichte der Reformpädagogik. 4 Bde. Weinheim: Beltz 2001-2003. In: Zeitschrift für Pädagogik 3/2003, S. 314-320.

DEPAEPE, M./SIMON, F./VAN GORP, A.: The Canonization of Ovide Decroly as a „Saint" of the New Education. In: History of Education Querterly Vol. 43, No. 2 (Summer 2003), S. 224-249.

DEPENCIER, I. B.: The History of the Laboratory School. The University of Chicago, 1896-1965. Chicago: Quandrangle Books 1967.

DOMINICK III, R.H.: The Environmental Movement in Germany. Prophets & Pioneers 1871-1971. Bloomington/Indianapolis: Indiana University Press 1991.

DÖPP, R.: Jenaplan-Pädagogik im Nationalsozialismus. Ein Beitrag zum Ende der Eindeutigkeit. Münster/Hamburg/London: LIOT Verlag 2003. (= Pädagogik und Zeitgeschehen. Erziehungswissenschaftliche Beiträge, hrsg. v. K.-I. FLESSAU, Bd. 4)

DÜHLMEIER, B.: Und die Schule bewegte sich doch. Unbekannte Reformpädagogen und ihre Projekte in der Nachkriegszeit. Bad Heilbrunn/Obb.: Klinkhardt Verlag 2004.

DYKHUIZEN, G.: The Life and Mind of John Dewey. Intr. by H. TAYLOR, ed. by J.A. BOYDSTON. Carbondale/Edwardsville, London/Amsterdam: Southern Illinois University Press, Feffer & Simons 1973.

EGAN, K.: Getting it Wrong From the Beginning. Our Progressive Inheritance from Herbert Spencer, John Dewey, and Jean Piaget. New Haven/London: Yale University Press 2002.

EHM, A.: L'éducation nouvelle. Ses principes, son évolution historique, son expansion mondiale. Préface d' Ad. FERRIÈRE. Paris: Edition Alsatia 1938.

EHM, A.: F.W. Foerster, sa pédagogie morale. Préface d'Ad. FERRIÈRE. Paris: Edition Alsatia 1938.

ELLERBROCK, W.: Bildungspolitik und Schulkampf bei Paul Oestreich nach 1945. Weinheim/München 1992.

ELLRIDGE, A.: Mucha und der Sieg des Jugendstils. Übers. v. D. H. KLEIN. Bayreuth 1992. (frz. Orig. 1992)

FEIDEL-MERTZ, H. (Hrsg.): Schulen im Exil. Die verdrängte Pädagogik nach 1933. Reinbek b. Hamburg 1983.

FEIDEL-MERTZ, H./KRAUSE, J.P.: Der andere Hermann Lietz. Theo Zollmann und das Landwaisenheim Veckenstedt. Frankfurt/M. 1989. (= Pädagogische Beispiele. Institutionengeschichte in Einzeldarstellungen, hrsg. v. H. FEIDEL-MERTZ, Bd. 6)

FERTIG, L.: Vor-Leben. Bekenntnis und Erziehung bei Thomas Mann. Darmstadt 1993.

FIEDLER, G.: Jugend im Krieg. Bürgerliche Jugendbewegung, Erster Weltkrieg und sozialer Wandel 1914-1923. Köln 1989. (= Edition Archiv der deutschen Jugendbewegung, hrsg. v. W. MOGGE, Bd. 6)

FLECK, P.: „Darmstädter Realismus" im Vormärz. Realschulwesen, Berufsbildungsfrage und höhere technische Bildung im Großherzogtum Hessen. Darmstadt/Marburg: Hessische Historische Kommission 1999. (= Quellen und Forschungen zur hessischen Geschichte, Bd. 119).

FRECOT, J.: Landkrone über Europa. Der Monte Verità als zentrales Versuchsfeld für alternative Lebensformen zwischen Jahrhundertwende und erstem Weltkrieg. In: Monte Verità – Berg der Wahrheit. Lokale Anthropologie als Beitrag zur Wiederentdeckung einer neuzeitlichen sakralen Topographie. Milano 1978, S. 55-64.

FRIEDMAN, M.: Martin Buber's Life and Work. Vol. 1: The Early Years 1878-1923, New York: E.P. Dutton 1981. Vol. 2: The Middle Years 1923-1945. New York: E.P. Dutton 1983.

GASMAN, D.: The Scientific Origins of National Socialism. Social Darwinism in Ernst Haeckel and the German Monist League. London/New York: Macdonald, American Elsevier Inc. 1971.

GATTO, J. T.: The Underground History of American Education. A Schoolteacher's Intimate Investigation into the Problem of Modern Schooling. New York: The Oxford Village Press 2001.

GEDRATH, V.: Vergessene Traditionen der Sozialpädagogik. Weinheim/München: Juventa 2003.

GEISS, Ph. H.: Das Leben des Turnpädagogen Adolf Spiess (1810-1858). Ein Beitrag zur Geschichte des deutschen und des schweizer Schulturnens. Idstein: Schulz-Kirchner Verlag 1991.

GLEIM, B.: Der Lehrer als Künstler. Zur praktischen Schulkritik der Bremer und Hamburger Reformpädagogen. Weinheim/Basel 1985.

GIBBONEY, R.A.: The Stone Trumpet. A Story of Practical School Reform 1960-1990. Albany: State University of New York Press 1994.

GONON, PH.: Arbeitsschule und Qualifikation. Arbeit und Schule im 19. Jahrhundert. Kerschensteiner und die heutigen Debatten zur beruflichen Qualifikation. Bern/New York 1992. (= Explorationen. Studien zur Erziehungswissenschaft, hrsg. v. J. OELKERS, Bd. 3)

GREEN, M.: Mountain of Truth. The Counterculture Begins. Ascona, 1900-1920. Hannover/London: University Press of New England 1986.

GROSCHOPP, H.: Dissidenten. Freidenkerei und Kultur in Deutschland. Berlin: Dietz-Verlag 1997.

GRUNDER, H.-U.: Das schweizerische Landerziehungsheim zu Beginn des 20. Jahrhunderts. Bern 1987.

GUILBERT, L.: Danser avec le IIIe Reich. Les danseurs modernes sous le nazisme. Bruxelles: Editions Complexe 2000.

GUTH, A.: Rudolf Pannwitz. Un Européen, penseur et poète allemand en quête de totalité 1881-1969. Paris: Librairie C. Klincksieck 1973.

HACOHEN, M.H.: Karl Popper – The Formative Years, 1902-1945. Politics and Philosophy in Interwar Vienna. Cambridge: Cambridge University Press 2001.

HAGENER, D.: Radikale Schulreform zwischen Programmatik und Realität. Die schulpolitischen Kämpfe in Bremen vor dem Ersten Weltkrieg und in der Entstehungsphase der Weimarer Republik. Bremen 1973. (= Veröffentlichungen aus dem Staatsarchiv der Freien Hansestadt Bremen, hrsg. v. K. H. SCHWEBEL, Bd. 39)

HAMELINE, D.: Adolphe Ferrière (1879-1960). In : Prospects. The Quarterly Review of Comparative Education Vol. XXIII, No. 1/2 (1993), S. 373-401.

HANSEN-SCHABERG, I./SCHONING, B. (Hrsg.): Basiswissen Pädagogik. Reformpädagogische Schulkonzepte. Baltmannsweiler: Schneider-Verlag Hohengehren 2002.

HATJE-KLEIN, U.: Für Friedrich Schiekler: 1894-1977, seine Schule am Kräherwald 1925-1936 und seine einstigen Schüler. Eine Dokumentation. Stuttgart: Hatje-Klein 1995.

HECKMANN, Ch.: Begleiten und Vertrauen. Pädagogische Erfahrungen im Exil 1934-1946. Hrsg. v. I. HANSEN-SCHABERG/B. SCHONIG. Frankfurt am Main: Peter Lang 1995.

HERRICK, M.J.: Assessment of Student Achievement and Learning. What would Dewey Say? A 'Recent' Interview with Dewey. In: Journal of Vocational and Technical Education Vol. 13, No. 1 (Fall 1996).
http://scholar.lib.vt.edu/ejournals/JVTE/v13n1/herrick.hmtl

HERRMANN, U.: Von der Revolution der Schule zur Wiederentdeckung der Grenze. Zur Selbstrevision und Historisierung der deutschen Reformpädagogik in der Weimarer Republik: In: Zeitschrift für Pädagogik 41 (1995), S. 121-136.

HERRMANN, U.G.: Sozialgeschichte des Bildungswesens als Regionalanalyse. Die höheren Schulen Westfalens im 19. Jahrhundert. Köln/Weimar/Wien 1991. (= Bochumer Schriften zur Bildungsforschung, hrsg. v. J.H. KNOLL/ D.K. MÜLLER, Bd. 2)

HESPE, R.: Der Begriff der Freien Kinderzeichnung in der Geschichte des Zeichen- und Kunstunterrichts von ca. 1890-1920. Eine problemgeschichtliche Untersuchung. M.e.Vorw. v. W. EBERT. Frankfurt/Bern/New York/Nancy 1985.

HOFER, Chr.: Die pädagogische Anthropologie Maria Montessoris oder: Die Erziehung zum neuen Menschen. Würzburg 2001.

HOFER, Chr./OELKERS, J. (Hrsg.): Schule als Erlebnis. Vergessene Texte der Reformpädagogik. Braunschweig: Westermann 1998.

HOFER, U.: Bildbar und verwertbar. Utilitätsdenken und Vorstellungen der Bildbarkeit behinderter Menschen Ende 18. und Anfang 19. Jahrhunderts in Frankreich. Würzburg: Edition Bentheim 2000.

Hommage a l'Ecole Vinet 1839-1939. Lausanne: Imprimerie La Condorde 1939.

HOLMES, B.: Entstehung und Entwicklung der Reformpädagogik in England. In: H. RÖHRS/V. LENHART (Hrsg.): Die Reformpädagogik auf den Kontinenten. Ein Handbuch. Frankfurt/M. u.a. 1994, S. 51-72.

HURWITZ, E.: Otto Gross: Paradies-Sucher zwischen Freud und Jung. Zürich 1979.

HUSSON, J.: Les Mouvements d'Education Nouvelle. Vence (Alpes-Maritimes): L'imprimerie à l'Ecole 1946.

ISRAELS, H.: Schreber: Vater und Sohn. Eine Biographie. Übers. v. W. FOCKE. München/Wien 1989. (holl. Orig. 1980)

JANZ, C.P.: Friedrich Nietzsche Biographie. Band 1: Kindheit und Jugend. Die zehn Basler Jahre, Band 2: Die zehn Jahre freien Philosophierens. Band 3: Die Jahre des Siechtums. München: Deutscher Taschenbuch Verlag 1981.

KAMP, J.-M.: Kinderrepubliken. Geschichte, Praxis und Theorie radikaler Selbstregierung in Kinder- und Jugendheimen. Opladen 1995.

KELLY, A.: The Descent of Darwin. The Popularization of Darwinism in Germany, 1860-1914. Chapel Hill: The University of North Carolina Press 1981.

KIRCHNER STONE, M. (Ed.): Between Home and Community. Chronicle of the Francis W. Parker School 1901-1976. Chicago, Ill.: Francis W. Parker School 1976.

KLENNER, A.: Reformpädagogik konkret: Leben und Werk des Lehrers Carl Friedrich Wagner. Ein Reformpädagoge an der Hamburger Versuchsschule Telemannstrasse 10. Hamburg: Verlag Dr. Kovac 2003. (= Hamburger Schriftenreihe zur Schul- und Unterrichtsgeschichte, hrsg. v. R. LEHBERGER, Band 10)

KLIEBARD, H.M.: The Struggle for the American Curriculum 1893-1958. Second Edition. New York/London: Routledge 1995.

KLUGE, B.: Peter Petersen. Lebenslauf und Lebensgeschichte. Auf dem Weg zu einer Biographie. Heinsberg 1992.

KNOLL, M.: Calvin M. Woodward und die Anfänge der Projektmethode. Ein Kapitel aus der amerikanischen Erziehungsgeschichte, 1876-1900. In: Zeitschrift für Pädagogik 32 (1988), S. 501-517.

KNOLL, M.: Europa – nicht Amerika. Zum Ursprung der Projektmethode in der Pädagogik, 1702-1875. In: Pädagogische Rundschau 45 (1991), S. 41-58.

KNOLL, M.: John Dewey und die Projektmethode. Zur Aufklärung eines Missverständnisses. In: Bildung und Erziehung 45 (1992), S. 89-108.

KNOLL, M.: Die Projektmethode – ihre Entstehung und Rezeption. Zum 75. Jahrestag des Aufsatzes von William H. Kilpatrick. In: Pädagogik und Schulalltag 48 (1993), S. 338-351.

KOEGLER, H.: Vom Ausdruckstanz zum „Bewegungschor" des deutschen Volkes: Rudolf von Laban. In: K. CORINO (Hrsg.): Intellektuelle im Bann des Nationalsozialismus. Hamburg 1980, S. 165-179.

KOELLA, R.: Das Leben des Han Coray. Zürich 2002.

KOLLER, A.: Strukturwandel der Öffentlichkeit in Westeuropa und den USA. Theoretische, metatheoretische und empirische Reformulierung und transatlantische Integration der Klassiker. Diss.phil. Universität Zürich. Ms. Zürich 2004.

KONTZE, A.: Der Reformpädagoge Prof. Dr. Ludwig Gurlitt (1855-1931) – bedeutender Reformpädagoge oder „Erziehungsanarchist“? Ein Lebensbild als Beitrag zur Historiographie der Reformpädagogik. Göttingen: Cuvillier 2001.

KRABBE, W.R.: Gesellschaftsveränderung durch Lebensreform. Strukturmerkmale einer sozialreformerischen Bewegung im Deutschland der Industrialisierungsperiode. Göttingen 1974. (= Studien zum Wandel von Gesellschaft und Bildung im 19. Jahrhundert, hrsg. v. O. NEULOH/W. RÜEGG, Bd. 9)

KUHLEMANN, F.-M.: Modernisierung und Disziplinierung. Sozialgeschichte des preußischen Volksschulwesens 1794-1872. Göttingen 1992. (= Kritische Studien zur Geschichtswissenschaft, hrsg. v. H. BERDING/J. KOCKA/H.-U. WEHLER, Bd. 96)

KÜHN, H.: „Sie wollen ihn feiern, doch sie kennen ihn nicht“ – Die Berliner Lehrerschaft und Pestalozzi in der Mitte des 19. Jahrhunderts. In: F.-P. HAGER/D. TRÖHLER (Hrsg.): Pestalozzi – Wirkungsgeschichtliche Aspekte. Dokumentationsband zum Pestalozzi-Symposium 1996. Bern/Stuttgart/Wien: Verlag Paul Haupt 1996, S. 449-461.

KUPFFER, H.: Gustav Wyneken. Stuttgart: Klett 1970.

LAMBERTI, M.: State, Society, and the Elementary School in Imperial Germany. New York/Oxford: Oxford University Press 1989.

LAMBERTI, M.: The Politics of Education. Teachers and School Reform in Weimar Germany. New York: Berghahn Books 2002. (= Monographs in German History, Vol. 8).

LEENDERS, H.: Der Fall Montessori. Die Geschichte einer reformpädagogischen Erziehungskonzeption im italienischen Faschismus. Übers. v. P. KORTE. Bad Heilbrunn/Obb.: Verlag Julius Klinkhardt 2001. (niederl. Orig. 1999)

LEES, A.: Cities, Sin, and Social Reform in Imperal Germany. Ann Arbor: University of Michigan Press 2002.

LEHBERGER, R.: Die Lichtwarkschule. Das pädagogische Profil einer Reformschule des höheren Schulwesens der Weimarer Republik. Darstellung und Quellen. Geschichte – Schauplatz Hamburg. Hamburg 1996.

LEVY, A./MACKENTHUN, G. (Hrsg.): Gestalten um Alfred Adler. Pioniere der Individualpsychologie. Würzburg: Königshausen+Neumann 2001.

LINSE, U. (Hrsg.): Zurück, o Mensch, zur Mutter Erde. Landkommunen in Deutschland 1890-1933. München 1983.

MACCARTHY, F.: William Morris. A Life For Our Time. London: Faber & Faber 1994.

MACK, E.C.: Public Schools and British Opinion since 1860. The Relationship Between Contemporary Ideas and the Evolution of an English Institution. New York: Columbia University Press 1941.

MARTIN, J.: The Education of John Dewey. A Biography. New York: Columbia University Press 2002.

MATTHES, E./HOF, Chr.: Helene Lange und Gertrud Bäumer. Ihr Beitrag zum Erziehungs- und Bildungsdiskurs vom Wilhelminischen Kaiserreich bis in die NS-Zeit. Bad Heilbrunn/Obb.: Verlag Julius Klinkhardt 2002.

MCGERR, M.: A Fierce Discontent: The Rise and Fall of the Progressive Movement in America, 1870-1920. New York: The Free Press 2003.

MESSERLI, A.: Lesen und Schreiben 1700 bis 1900. Untersuchung zur Durchsetzung der Literalität in der Schweiz. Tübingen: Max Niemeyer Verlag 2002.

MEYER, R.: Dada in Zürich. Die Akteure, die Schauplätze. Frankfurt/M. 1990.

MONDALE, S./PATTON, S. (Eds.): School. The Story of American Public Education. Boston: Beacon Press 2001.

MÜLLER, H.: Der Dichter und sein Guru. Hermann Hesse – Gusto Gräser eine Freundschaft. 2. Aufl. Werdorf 1979.

NABEL, G.: Verwirklichung der Menschenrechte. Erziehungsziel und Lebensreform. Hans Maeder und die Stockbridge School. Frankfurt/M. 1985. (= Pädagogische Beispiele. Institutionengeschichte in Einzeldarstellungen, hrsg. v. H. FEIDEL-MERTZ, Bd. 1)

NÄF, M.: Paul Geheeb. Ein Beitrag zu seiner Biographie und zur Entstehungsgeschichte der Odenwaldschule bis 1910. Diss. phil. Bern 1996.

NÄF, M.: Paul und Edith Geheeb-Cassirer. Gründer der Odenwaldschule und der Evole d'Humanité. Deutsche, schweizerische und internationale Reformpädagogik im Spiegel ihrer Biographie. Ms. Basel 2004.

NEUNER, I.: Der Bund entschiedener Schulreformer 1919-1933. Programmatik und Realisation. Bad Heilbrunn/Obb. 1980. (= Würzburger Arbeiten zur Erziehungswissenschaft, hrsg. v. A. REBLE)

NICOLAS, S.: Les débuts de la psychologie de l'enfant vue à travers l'œuvre de Bernard Perez (1836-1903). In: Bulletin de Psychologie 53 (2000), S. 553-600.

NIEMEYER, Chr.: Nietzsches andere Vernunft. Psychologische Aspekte in Biographie und Werk. Darmstadt: Wissenschaftliche Buchgesellschaft 1998.

NODDINGS, N.: Hutchins and Dewey Revisited: Two Views of Democracy. In: Zeitschrift für pädagogische Historiographie 9. Jahrgang, Heft 1 (2003), S.15-20.

OELKERS, J.: Die große Aspiration. Zur Herausbildung der Erziehungswissenschaft im 19. Jahrhundert. Darmstadt 1989.

OELKERS, J.: Erziehung und Gemeinschaft: Eine historische Analyse reformpädagogischer Optionen. In: Chr. BERG/S. ELLGER-RÜTTGARDT (Hrsg.): „Du bist nichts, dein Volk ist alles." Forschungen zum Verhältnis von Pädagogik und Nationalsozialismus. Weinheim 1991, S. 22-45.

OELKERS, J.: Erziehung, Staat und Gesellschaft. Überlegungen zur politischen Theorie der Reformpädagogik. In Carolo-Wilhelmina. Mitteilungen der TU Braunschweig XIV, H. 2 (1994), S. 70-77.

OELKERS, J.: Wilhelm Rein und die Konstruktion von „Reformpädagogik". In: R. CORIAND/M. WINKLER (Hrsg.): Der Herbartianismus – Die vergessene Wissenschaftsgeschichte. Weinheim: Deutscher Studien Verlag 1998, S. 129-154.

OELKERS, J.: Die Geschichte der Pädagogik und ihre Probleme. In: Zeitschrift für Pädagogik 45, 4 (1999), S. 461-483.

OELKERS, J.: Die Natur des Kindes vor und neben Rousseau. In: Zeitschrift für pädagogische Historiographie Heft 1 (2002), S. 19-27.

OELKERS, J.: Rousseau and the Image of „Modern Education". In: Journal of Curriculum Studies Vol. 34, No. 6 (2002a), S. 679-698.

OELKERS, J.: Kanon und Variation: Zur historischen Wirkkraft klassischer Bildung. Ms. Zürich 2003a.

OELKERS, J.: Erziehung. In: D. BENNER/J. OELKERS (Hrsg.): Historisches Wörterbuch der Pädagogik. Weinheim/Basel/Berlin: Beltz Verlag 2004, S. 303-340.

OELKERS, J.: German Pedagogy and the Question of Military Education in the Twentieth Century. Ms. Zürich 2004a.

OELKERS, J.: Nohl, Durkheim, and Mead: Three Different Types of History of Education. In: Studies in Philosophy and Education Vol 23, Nos. 5-6 (2004b), S. 347-366.

OELKERS, J./OSTERWALDER, F./TENORTH. H.-E. (Hrsg.): Das verdrängte Erbe. Pädagogik im Kontext von Religion und Theologie. Weinheim/Basel/Berlin: Beltz Verlag 2002.

OSTERWALDER, F.: Pestalozzi als Kult. Weinheim/Basel 1995.

PASCAL, M.: Pädagogische und politische Kritik im Lebenswerk Friedrich Wilhelm Foersters (1869-1966). Stuttgart: ibidem-Verlag 1999.

PIELER, P.-H.: „Mit uns zieht die neue Zeit". Der Verleger Alfred Janssen und die Reformbewegung. Herzberg: Verlag Traugott Bauth 1994.

POPP, S.: Der Daltonplan in Theorie und Praxis. Bad Heilbrunn/Obb.: Verlag Julius Klinkhardt 1995.

PREUSS, R.: Verlorene Söhne des Bürgertums. Linke Strömungen in der deutschen Jugendbewegung 1913-1919. M. e. Nachw. v. M. GREVEN. Köln 1991. (= Edition Archiv der deutschen Jugendbewegung, hrsg. v. W. MOGGE, Bd. 8)

PROMIES, U.: Karl Gutzkow – Romanautor und kritischer Pädagoge. Bielefeld: Aisthesis 2003.

PUNCH, M.: Dartington Hall School. Ph. D. Thesis. University of Essex 1973. Ms. 1973.

PUSCHNER, U./SCHMITZ, W./ULBRICHT, J.H. (Hrsg.): Handbuch zur „Völkischen Bewegung" 1871-1918. München: K.G. Saur 1999.

RADDE, G.: Fritz Karsen. Ein Berliner Schulreformer der Weimarer Zeit. Berlin (West) 1973. (= Historische und Pädagogische Studien, hrsg. v. O. BÜSCH/ G. HEINRICH, Bd. 4)

RADDE, G. u.a. (Hrsg.): Schulreform – Kontinuitäten und Brüche. Das Versuchsfeld Berlin-Neukölln. Bd. I: 1912 bis 1945. Bd. II: 1945 bis 1972. Opladen: Leske+Budrich 1993.

RAVITCH, D.: The Great School Wars, New York City, 1805-1973. A History of the Public Schools as Battlefield of Social Change. New York: Basic Books 1974. (2. Aufl. 1986)

RAVITCH, D.: Left Back. A Century of Failed School Reform. New York: Simon& Schuster 2000.

RAWSON, W.: The Werkplaats Adventure: an Account of Kees Boeke's Great Pioneer Comprehensive school: its Methods and Psychology. London: Vincent Stuart, 1956.

REESE, W.J.: Power and the Promise of School-Reform: Grass Roots Movements During the Progressive Era. Boston: Routledge & Kegan Paul 1986.

REINCKE, H.J.: Slöjd. Die schwedische Arbeitserziehung in der internationalen Reformpädagogik. Frankfurt/M. 1995.

RETHSCHULTE, C.: Daniel Gottlob Moritz Schreber. Seine Erziehungslehre und sein Beitrag zur Körperbehindertenhilfe im 19. Jahrhundert. Genese und historische Einordnung. Heidelberg 1995.

RETTER, H.: Der Reformpädagoge Peter Petersen (1884-1952). Zur Durchsetzung seiner Schul- und Lehrerbildungskonzeption in den zwanziger und dreißiger Jahren. In: Zeitschrift für Pädagogik 41 (1995), S. 205-223.

REYER, J.: Eugenik und Pädagogik. Erziehungswissenschaft in einer eugenisierten Gesellschaft. Weinheim/München: Juventa 2003.

RIES, H.: Illustration und Illustratoren des Kinder- und Jugendbuchs im deutschsprachigen Raum 1871-1914. Das Bildangebot der Wilhelminischen Zeit. Geschichte und Ästhetik der Original- und Drucktechniken. Internationales Lexikon der Illustratoren. Bibliographie ihrer Arbeiten in deutschsprachigen Büchern, Zeitschriften, aus Bilderbogen und Wandtafeln. Osnabrück 1992.

RÖDLER, K.: Vergessene Alternativschulen. Geschichte und Praxis der Hamburger Gemeinschaftsschulen 1919-1933. Weinheim/München 1987. (= Veröffentlichungen der Max-Traeger-Stiftung, Bd. 5)

RÖHRS, H.: Die Reformpädagogik. Ursprung und Verlauf unter internationalem Aspekt. 3., durchges. Aufl. Weinheim 1991.

RÖTTGER, H.: Otto zur Linde. Die Strukturen der Persönlichkeit und der geistigen Welt. Wuppertal/Ratingen/Kastellaun 1970.

ROYLE, E.: Robert Owen and the Commencement of the Millennium. A Study of the Harmony Community. Manchester/New York: Manchester University Press 1998.

RÜLCKER, T./KASSNER, P. (Hrsg.): Peter Petersen: Antimoderne als Fortschritt? Erziehungswissenschaftliche Theorie und pädagogische Praxis vor den Herausforderungen ihrer Zeit. Frankfurt/M. u.a. 1992.

SADOVNIK, A.R./SEMEL, S.F. (Eds.): Founding Mothers and Others. Women Educational Leaders During the Progressive Era. New York/ Houndmills, Basingstoke, Hampshire: Palgrave 2002.

SALFENAUER, H.: Parteipolitisch gebundene Jugendarbeit während der reformpädagogischen Zeit in Österreich. Beispiel: Sozialdemokratische Partei Österreichs. In: L. KRISS-RETTENBECK/M. LIEDTKE (Hrsg.): Regionale Schulentwicklung im 19. und 20. Jahrhundert. Vergleichende Studien zur Schulgeschichte, Jugendbewegung und Reformpädagogik im süddeutschen Raum. Bad Heilbrunn/Obb. 1984, S, 227-241. (= Schriftenreihe zum bayrischen Schulmuseum Ichenhausen, Bd. 2)

SCHEIBE, W.: Die Reformpädagogische Bewegung 1900-1932. Eine einführende Darstellung. 2., erg. Aufl. Weinheim/Berlin/Basel: Verlag Julius Beltz 1971.

SCHEIBE, W.: Die reformpädagogische Bewegung. Eine einführende Darstellung. Mit einem Nachwort von H.-E. TENORTH. Neuausgabe. Weinheim/Basel 1994.

SCHMITT, H.: Topographie der Reformschulen in der Weimarer Republik: Perspektiven ihrer Erforschung. In: U. AMLUNG/D. HAUBFLEISCH/L-W. LINK/ H. SCHMITT (Hrsg.): „Die alte Schule überwinden." Reformpädagogische Versuchsschulen zwischen Kaiserreich und Nationalsozialismus. Frankfurt/ M. 1993, S. 9-31.

SCHMITT, H.: Versuchsschulen als Instrumente schulpädagogischer Innovation vom 18. Jahrhundert bis zur Gegenwart. In: Jahrbuch für Historische Bildungsforschung, Band 1 (1993a), S. 153-178.

SCHMITT , H.: Zur Realität der Schulreform in der Weimarer Republik. In: T. RÜLCKER/ J. OELKERS (Hrsg.): Poltische Reformpädagogik. Bern et. al.: Peter Lang 1998, S. 619-643. (= Explorationen. Studien zur Erziehungswissenschaft, hrsg. v. J. OELKERS, Bd. 21)

SCHULTE, Chr.: Psychopathologie des Fin de Siècle. Max Nordau, der Kulturkritiker, Arzt und Zionist. Frankfurt am Main: Fischer 1997.

SCHWARZ, K.: Die Kurzschulen Kurt Hahns. Düsseldorf 1968.

SCHWERDT, U.: Martin Luserke (1880-1968). Reformpädagogik im Spannungsfeld von pädagogischer Innovation und kulturkritischer Ideologie. Eine biographische Rekonstruktion. Frankfurt a.M. u.a. 1993. (= Studien zur Bildungsreform, hrsg. v. W. KEIM, Bd. 23)

SEMEL, S.F.: The Transformation of Progressive Practice: a Case Study of Education on the Dalton Plan. In: Paedagogica Historica N.S. Vol. XXXI, no. 1 (1995), S. 181-208.

SHIRLEY, D.: The Politics of Progressive Education. The Odenwaldschule in Nazi-Germany. Cambridge/London: Harvard University Press 1992.

SIMON, L.: Shaw on Education. New York: Columbia University Press 1958.

SKIERA, E.: Reformpädagogik in Geschichte und Gegenwart. Eine kritische Einführung. München: Oldenburg 2003.

SMITH, J.K.: Ella Flagg Young. Portrait of a Leader. Ames, Iowa: Educational Studies Press 1979.

Société Alfred Binet Thédore Simon Bulletin No. 623/II (1990).

SOMMERFELD, D.: Peter Petersen und „Der Kleine Jena-Plan" im Spannungsfeld der Schulreform in der SBZ/DDR 1945-1950. Frankfurt/M. u.a. 1995.

STEWART, W.A.C.: The Educational Innovators. Vol. II: Progressive Schools 1881-1967. London, Melbourne, Toronto/New York: Macmillan, St. Martin's Press 1968.

SUCHLAND, J./JOST, L.: Wegbereiter einer neuen Schule. Die Pädagogik der Gaudigschule. Einsichten – Erfahrungen – Prinzipien. Schaffhausen 1978.

TANNER, L.N.: Dewey's Laboratory School. Lessons for Today. Foreword by Ph. W. JACKSON. New York/London: Teachers College Press 1997.

TOBLER, E.: Instituts-Erziehung. Ein Beitrag zur Geschichte der praktischen Erziehung in der Schweiz von der Zeit Pestalozzis bis zum Ende des 19. Jahrhunderts. Aarau 1944.

TROMBETTA, C.: Edouard Claparède Psicologo. Roma: Armando Editore 1989.

TYACK, D.: Seeking Common Ground. Public Schools in a Diverse Society. Cambridge/Mass./London: Harvard University Press 2003.

TYACK, D./CUBAN, L.: Tinkering Toward Utopia. A Century of Public School Reform. Cambridge/Mass., London: Harvard University Press 1995.

VISSER, A.D.A.F.: Zedelikheid en Zelfwerkzaamheid. (Christen-) anarchisten en theosofen en de ‚beweging' voor humanitair onderwijs 1902-1939. Universität Utrecht. Ms. 1995.

VREUGDENHIL, C.: De Führungslehre van Petersen. Deel 1/2. Academisch Proefschrift Universiteit van Amsterdam. Groningen: Wolters-Noordhoff bv 1992.

WALLACE, J.M.: Liberal Journalism and American Education, 1914-1941. New Brunswick/London: Rutgers University Press 1991.

WEHLER, H.-U.: Deutsche Gesellschaftsgeschichte. Bd. II: Von der Reformära bis zur industriellen und politischen „Deutschen Doppelrevolution" 1815-1845/49. München 1987.

WEINGART, P./KROLL, J./BAYERTZ, K.: Rasse, Blut und Gene, Geschichte der Eugenik und Rassenhygiene in Deutschland. Frankfurt 1988.

WEINHÄUPL, W.: Pädagogik vom Kinde aus. Viktor Fadrus – Ein Leben für die Schulreform. Vorw. v. R. GÖNNER. Wien/München 1981.

WESTBROOK, R.B.: John Dewey and American Democracy. Ithaca/London: Cornell University Press 1991.

WHITE, B.A.: The Beechers Sisters. New Haven/Conn.: Yale University Press 2003.

WIEGAND PETZET, H.: Von Worpswede nach Moskau. Heinrich Vogeler – Ein Künstler zwischen den Zeiten. Köln 1972.

WIRTH, A. G.: John Dewey as Educator. His Design for Work in Education (1894-904). Lanham/New York/London: University Press of America 1989. (Erste Ausg. 1966)

WÖRNER-HEIL, O.: Von der Utopie zur Sozialreform. Jugendsiedlung Frankenfeld im Hessischen Ried und Frauensiedlung Schwarze Erde in der Rhön 1915-1933. Darmstadt/Marburg: Verlag der Historischen Kommission für Hessen 1996. (= Quellen und Forschungen zur hessischen Geschichte, Band 104)

YOUNG, M.: The Elmhirsts of Dartington. The Creation of a Utopian Community. London: Routledge and Kegan Paul 1982.

ZILIUS, W.: Das Gemeinschaftserlebnis und der Lebensstil der Wandervögel. In: O. NEULOH/W. ZILIUS: Die Wandervögel. Eine empirisch-soziologische Untersuchung der frühen deutschen Jugendbewegung. Göttingen 1982, S. 65-185. (= Studien zum Wandel von Gesellschaft und Bildung im 19. Jahrhundert, hrsg. v. O. NEULOH/W. RÜEGG, Bd. 19)

ZILVERSMIT, A.: Changing Schools. Progressive Education Theory and Practice, 1930-1960. Chicago/London: The University of Chicago Press 1993.

ZUDRELL, P.: Der Kulturkritiker und Schriftsteller Max Nordau: Zwischen Zionismus, Deutschtum und Judentum. Würzburg: Koenigshausen+Neumann 2003.

ZYMEK, B.: Das Ausland als Argument in der pädagogischen Reformdiskussion. Schulpolitische Selbstrechtfertigung, Auslandspropaganda, internationale Verständigung und Ansätze zu einer Vergleichenden Erziehungswissenschaft in der internationalen Berichterstattung deutscher pädagogischer Zeitschriften 1871-1952. Ratingen/ Kastellaun 1975.

Personenregister

Unter Mitarbeit von PHILLIP ZIMMERMANN

Sachregister

Unter Mitarbeit von ESTHER BERNER und FELIX BÜRCHLER